Welch, Was zählt

Jack Welch
mit John A. Byrne

WAS ZÄHLT

Die Autobiografie des besten Managers der Welt

Aus dem Amerikanischen von Stephan Gebauer und Ulrike Zehetmayr

Econ

Die amerikanische Originalausgabe erschien im September 2001 unter dem Titel:
Jack. Straight From the Gut *bei* Warner Books, *New York.*

Der Econ Verlag ist ein Unternehmen der
Econ Ullstein List Verlag GmbH & Co. KG, München

4. Auflage 2002

ISBN 3-430-19568-3

Gesetzt aus der Cheltenham und Frutiger bei
Franzis print & media GmbH, München
Druck und Bindearbeiten: Bercker, Kevelaer

Für die vielen hunderttausend GE-Mitarbeiter, deren Ideen und deren Einsatz dieses Buch möglich machten.

Der Autor stiftet sein Honorar wohltätigen Organisationen

Inhalt

TEIL III
HÖHEN UND TIEFEN

TEIL IV
WIR SPIELEN NEUE SPIELE

TEIL V
EIN BLICK ZURÜCK UND EIN BLICK NACH VORN

Vorbemerkung des Autors

Gleich zu Beginn ein Geständnis: Ich hasse es, in der ersten Person zu schreiben. Dies mag beim Autor einer Autobiografie seltsam wirken. Doch fast alles, was ich in meinem Leben geleistet habe, habe ich gemeinsam mit anderen Menschen erreicht. Aber wenn man ein Buch wie dieses schreibt, ist man gezwungen, in die Rolle des Ich-Erzählers zu schlüpfen, selbst wenn man weiß, dass es eigentlich auf das *Wir* ankommt.

Ich wollte die Namen all der Menschen erwähnen, die mich auf meiner Reise begleitet haben. Die Lektoren versuchten alles, um dies zu verhindern. Schließlich gelangten wir zu einem Kompromiss. Daher sind die Danksagungen am Ende dieses Buches etwas lang. Bitte denken Sie daran, dass jedes »Ich« auf den folgenden Seiten all diese Kollegen und Freunde beinhaltet – auch diejenigen, die zu erwähnen ich möglicherweise vergessen habe.

Vorwort

Den Samstagvormittag nach dem Thanksgivingfest des Jahres 2000 verbrachte ich damit, auf den »neuen Mann« zu warten. Dies war der Deckname für meinen Nachfolger.

Am Freitagabend hatte der Board einstimmig die Ernennung von Jeff Immelt zum neuen Chairman und CEO von General Electric (GE) beschlossen. Ich rief ihn sofort an. »Ich habe erfreuliche Nachrichten für Sie. Können Sie mit Ihrer Familie über das Wochenende nach Florida kommen?«

Offenkundig wusste er, worum es ging. Doch wir ließen es unausgesprochen und beschränkten uns darauf, seine Reise nach Florida zu arrangieren.

Den ganzen Samstagmorgen wartete ich also ungeduldig auf seine Ankunft. Der langwierige Auswahlprozess für den neuen CEO war vorüber. Ich stand bereits vor der Tür, als Jeffs Wagen in die Auffahrt einbog. Ein breites Lächeln lag auf seinem Gesicht, als er ausstieg. Ich umarmte ihn und sagte genau dieselben Worte, die Reg Jones vor 20 Jahren zu mir gesagt hatte.

»Herzlichen Glückwunsch, Mr. Chairman!«

Als wir uns in den Armen lagen, wusste ich, dass sich der Kreis geschlossen hatte.

In diesem Augenblick kam mir der Tag in den Sinn, an dem Reg in mein Büro in Fairfield, Connecticut, gekommen war und mich auf dieselbe Art umarmt hatte: Derart emotionale Reaktionen lagen nicht in Regs Natur. Doch an jenem Dezembertag des Jahres 1980, als er mich lächelnd in die Arme schloss, war ich der glücklichste Mann in Amerika. Und zweifellos hatte ich großes Glück, denn es gab in keinem

Unternehmen der Welt einen besseren Job. Man hatte mir die Leitung einer unglaublichen Vielfalt von Geschäftsbereichen überlassen, die von Flugzeugtriebwerken und Stromturbinen über Kunststoffe und Fernsehnetworks bis zu Finanzdienstleistungen reichten. Die Unternehmensbereiche von GE berühren praktisch jeden Menschen in den Vereinigten Staaten.

Doch das Wichtigste für mich war, dass 75 Prozent meiner Tätigkeit mit Menschen und nur rund 25 Prozent mit anderen Dingen zu tun hatten. Ich durfte mit einigen der klügsten, kreativsten und durchsetzungsfähigsten Menschen in der Welt zusammenarbeiten – viele von ihnen waren sehr viel klüger als ich.

Als ich im Jahr 1960 im Alter von 24 Jahren zu General Electric gekommen war, war mein Horizont sehr beschränkt gewesen. Ich hatte gerade meinen Abschluss als Ingenieur gemacht, und GE bot mir ein Jahresgehalt von 10 500 Dollar an. Bis zu meinem 30. Geburtstag wollte ich 30 000 daraus machen. Das war mein einziges Ziel. Ich steckte meine ganze Energie in meine Tätigkeit und hatte große Freude an der Arbeit. Dann kamen die ersten Beförderungen, und mein Horizont erweiterte sich. Mitte der 70er Jahre begann ich über die Möglichkeit nachzudenken, eines Tages dieses Unternehmen zu führen.

Doch meine Chancen standen schlecht. Viele meiner Kollegen waren der Ansicht, ich passe nicht in das Unternehmen. Ich war von brutaler Aufrichtigkeit und sagte stets unverblümt meine Meinung. Ich war ungeduldig und hatte Schwierigkeiten im Umgang mit den Kollegen. Mein Verhalten entsprach nicht der Norm, besonders nicht meine Gewohnheit, große und kleine Erfolge in den Bars der Umgebung zu feiern. Glücklicherweise fanden dennoch einige Leute bei GE Gefallen an meiner Arbeit. Zu diesen Leuten zählte auch Reg Jones.

Auf den ersten Blick hätten Reg und ich nicht unterschiedlicher sein können. Reg stammte aus Großbritannien. Er war stets makellos gekleidet und trat würdevoll wie ein Staatsmann auf. Ich war als einziger Sohn eines irischstämmigen Eisenbahnschaffners etwa 25 Kilometer nördlich von Boston in Salem aufgewachsen. Reg war zurückhaltend und förmlich, ich war laut und leicht reizbar. Ich sprach mit einem bodenständigen Bostoner Akzent und geriet leicht ins Stottern. Reg war der angesehenste Manager Amerikas und genoss großen Einfluss in Washington. Mich kannte außerhalb von GE niemand, und ich besaß keine politische Erfahrung.

Und dennoch hatte ich stets einen guten Draht zu Reg. Er zeigte nur selten seine Gefühle und ließ sich nicht anmerken, was er von anderen Menschen hielt. Trotzdem hatte ich das Gefühl, er verstehe mich. In mancher Hinsicht waren wir verwandte Seelen. Wir hegten Respekt für die Andersartigkeit des anderen und hatten einige wichtige Dinge gemein. So hatten wir beide eine Vorliebe für das analytische Vorgehen, maßen den Zahlen großen Wert bei und planten unsere Schritte sorgfältig. Und beide liebten wir General Electric. Reg wusste, dass sich das Unternehmen würde ändern müssen, und er war davon überzeugt, dass ich die Leidenschaft und die Fähigkeiten mitbrachte, die erforderlich waren, um den Wandel herbeizuführen. Ich bin mir nicht sicher, ob er eine Vorstellung davon hatte, wie sehr ich GE ändern wollte, doch er unterstützte mich in meinen 20 Jahren an der Konzernspitze unerschütterlich.

Der Wettbewerb um den Chefsessel von GE war brutal. Er wurde zu einer politischen Auseinandersetzung zwischen egozentrischen Spitzenmanagern, zu denen ich auch mich selbst zähle. Es war scheußlich. Anfangs nahmen sieben Manager aus verschiedenen Unternehmensbereichen das Rennen um Regs Nachfolge auf. Doch entgegen seinem Vorhaben spaltete die hochgradig politisierte Auseinandersetzung das Unternehmen.

In diesen Jahren beging ich einige Fehler, die sich jedoch nicht als verhängnisvoll erwiesen. Als Reg den Vorstand am 19. Dezember 1980 dazu bewegte, mich zu seinem Nachfolger zu bestellen, war die Wahl nicht auf den nahe liegenden Kandidaten gefallen. Kurz nachdem die Entscheidung bekannt gegeben worden war, schnappte ein befreundeter Kollege in einer vom GE-Personal frequentierten Bar die folgende Äußerung eines altgedienten Managers auf, der in sein Martiniglas murmelte: »Ich gebe ihm zwei Jahre.«

Er lag um mehr als 20 Jahre daneben!

In all den Jahren, die ich dem Unternehmen als Chairman und CEO vorstand, widmeten mir die Medien große Aufmerksamkeit. Ich stand im Mittelpunkt guter und schlechter Nachrichten und es war die lange Reportage in der Zeitschrift *Business Week* im Juni 1998, die eine wahre Flut von Briefen auslöste und mich dazu bewog, dieses Buch zu schreiben.

Warum? Als Reaktion auf den Artikel schrieben mir hunderte fremde Menschen bewegende und inspirierende Briefe über ihre Karrieren. Sie erklärten, in ihren Unternehmen großem Druck ausgesetzt zu sein, sich in Personen zu verwandeln, die sie nicht waren, um erfolgreich zu sein. Es gefiel ihnen, dass ich meinem Wesen stets treu geblieben war. Die Botschaft des Artikels lautete, dass ich eines der größten Unternehmen der Welt dazu gebracht hatte, sich ein wenig mehr wie jene Gemeinschaft zu verhalten, in der ich aufgewachsen war. Gemeinsam mit tausenden anderen versuchten wir, in einem Großkonzern die unmittelbare Atmosphäre des Lebensmittelladens um die Ecke zu schaffen.

Selbstverständlich war die Geschichte in Wahrheit vielschichtiger. In den ersten Jahren versuchte ich verzweifelt, ehrlich zu mir zu sein und die bürokratischen Auswüchse zu bekämpfen, selbst wenn dies meinen Erfolg bei GE verhindern würde. Damals war auch ich diesem ungeheuren Druck ausgesetzt, mich in jemanden zu verwandeln, der ich nicht war. Und ich spielte das Spiel manchmal mit.

In einer der ersten Boardsitzungen, an denen ich als Vice Chairman teilnahm, erschien ich in einem perfekt sitzenden dunkelblauen Anzug. Ich trug ein gestärktes weißes Hemd und eine energische rote Krawatte. Ich wählte meine Worte sorgfältig. Ich wollte den Anwesenden beweisen, dass ich reifer war, als meine 42 Jahre vermuten ließen. Vermutlich wollte ich genauso aussehen und auftreten wie der typische Vice Chairman von GE.

Bei der Cocktailparty im Anschluss an die Sitzung trat Paul Austin an mich heran, ein langjähriges Mitglied des Boards von GE und Chairman von Coca-Cola.

»Jack«, sagte er, wobei er auf meinen Anzug deutete, »das sind doch nicht Sie. Sie sahen vorher sehr viel besser aus, als Sie einfach Sie selbst waren.«

Ich bin Paul Austin dankbar für den Hinweis, dass ich eine Rolle spielte – und ich danke ihm dafür, dass ihm genug an mir lag, um mich darauf hinzuweisen. Der Versuch, jemand zu sein, der ich nicht war, hätte katastrophale Folgen für mich haben können.

In meinen 41 Jahren bei General Electric habe ich viele Höhen und Tiefen erlebt. Die Medien ernannten mich abwechselnd zum Helden und zum Schurken.

In den frühen Tagen, als ich im jungen Kunststoffbereich des Unternehmens arbeitete, bezeichnete mich jemand als Verrückten und als Wilden. Als ich vor zwei Jahrzehnten CEO wurde, fragte die Wall

Street: »Jack Wer?« Als ich Anfang der 80er Jahre versuchte, die Wettbewerbsfähigkeit von GE zu erhöhen, indem ich das Personal reduzierte, verliehen mir die Medien den wenig schmeichelhaften Spitznamen »Neutronen-Jack«. Als bekannt wurde, dass wir uns bei GE auf Werte und auf die Kultur konzentrierten, machte in der Öffentlichkeit die Frage die Runde, ob ich weich geworden sei. Ich war »No. 1 or No. 2 Jack«, ich war der »Dienstleistungs-Jack«, ich war der »globale Jack«, und in den letzten Jahren war ich »Six Sigma Jack« und »E-Business Jack«. Als wir im Oktober 2000 die Übernahme von Honeywell versuchten und ich mich bereit erklärte, das Unternehmen noch durch die Fusion zu führen, bezeichneten mich manche als »Klammer-Jack«, der nicht von seinem Job als Unternehmensleiter lassen könne.

All diese Bezeichnungen verraten mehr über die Entwicklung unseres Unternehmens als über meine Person. Um die Wahrheit zu sagen: Ich bin im Grunde noch heute derselbe Junge, den meine Mutter in Salem im US-amerikanischen Bundesstaat Massachusetts aufzog.

Als ich im Jahr 1981 die Reise am Steuer dieses Schiffes begann und im Hotel Pierre in New York zum ersten Mal vor den Börsenanalysten stand, erklärte ich, ich wolle General Electric in das »wettbewerbsfähigste Unternehmen der Erde« verwandeln. Mein Ziel war es, einem großen Unternehmenskörper die Seele eines Kleinunternehmens einzupflanzen und ein klassisches Industrieunternehmen in eine Organisation zu verwandeln, die geistig wendiger, anpassungsfähiger und beweglicher als all jene Unternehmen sein würde, die 50-mal kleiner waren als GE. Und ich erklärte, ich wolle ein Unternehmen aufbauen, »in dem die Menschen es wagen, Neues auszuprobieren, in dem sie in der Gewissheit arbeiten, dass es nur von den Grenzen ihrer eigenen Kreativität und Motivation und von ihren eigenen Leistungsmaßstäben abhängt, was sie erreichen können«.

In den mehr als 40 Jahren, die ich Teil von GE sein durfte, habe ich jeden Tag all meine geistige und emotionale Kraft in diese Reise gesteckt. Mit diesem Buch möchte ich dem Leser die Möglichkeit geben, diese Reise mit mir zu erleben. Ich denke, wir haben es geschafft, ein lernendes Unternehmen mit einer grenzenlosen Kultur zu schaffen, dem es besser als jedem anderen Unternehmen gelingt, die Entfaltung seiner Mitarbeiter zu fördern. Doch urteilen Sie selbst, ob wir das Ziel erreicht haben, das ich in jener Rede im Hotel Pierre im Jahr 1981 formuliert hatte.

Dies ist keine perfekte Unternehmensgeschichte. Ich glaube, ein gutes Unternehmen hat große Ähnlichkeit mit einem erstklassigen Restaurant. Wenn man einen Blick in die Küche wirft, sehen die Speisen nie so gut aus wie in dem Moment, da sie fertig angerichtet am Tisch serviert werden. Die Unternehmenstätigkeit ist unübersichtlich und chaotisch. Doch hoffentlich werden Sie in unserer Küche etwas finden, das Ihnen dabei helfen kann, Ihre eigenen Träume zu verwirklichen.

Dies ist kein Handbuch für Manager. Doch das Buch enthält die Philosophie, die ich im Verlauf meiner Reise entwickelt habe. Ich habe stets an einigen nützlichen Grundsätzen festgehalten. Integrität steht seit jeher an erster Stelle für mich. Ich habe immer an einen einfachen und direkten Zugang geglaubt. In diesem Buch werde ich versuchen zu zeigen, wie ein Unternehmen und seine Angehörigen lernen können, indem sie ihren Geist für neue Ideen öffnen.

Ich habe gelernt, dass man aus Fehlern oft ebenso viel lernen kann wie aus Erfolgen.

Es führt kein direkter Weg zur Verwirklichung eines Traumes. Ich bin der lebende Beweis dafür. Dies ist die Geschichte eines vom Glück begünstigten Mannes, eines untypischen Unternehmensmanagers, der immer wieder ins Straucheln geriet und trotzdem seinen Weg machte; eines Mannes, dem es gelang, in einem der berühmtesten Unternehmen der Welt zu überleben und letzten Endes zu triumphieren. Zugleich ist es jedoch die Geschichte eines Mannes aus einer US-amerikanischen Kleinstadt. Auch als mir die Augen für eine Welt geöffnet wurden, von deren Existenz ich nicht gewusst hatte, blieb ich mir meiner Wurzeln stets bewusst.

Doch vor allem ist dies die Geschichte dessen, was tausende intelligente, zuversichtliche und motivierte Mitarbeiter erreichten, die einander lehrten, wie sie die Grenzen der herkömmlichen Industrietätigkeit sprengen und ein Unternehmen aufbauen konnten, das Industrieproduktion, Dienstleistungen und Technologie miteinander verschmolz. Die Anstrengungen und der Erfolg all dieser Menschen machten meine Reise zu einer wunderbaren Erfahrung. Ich hatte das Glück, diese Reise leiten zu dürfen, da Reg Jones vor 21 Jahren in mein Büro kam und mir jene unvergessliche Umarmung zuteil werden ließ.

TEIL I
DIE FRÜHEN JAHRE

1 Selbstvertrauen

Wir hatten das letzte Eishockeyspiel einer miserablen Saison hinter uns. Ich war zweiter Spielführer der Salem Witches, der Schulmannschaft der Salem High School. Wir hatten die ersten drei Saisonspiele gegen Danvers, Revere und Marblehead gewonnen, anschließend jedoch die nächsten sechs Begegnungen verloren, wobei wir bei fünf Gelegenheiten mit nur einem Tor Unterschied unterlegen waren. Doch unser letztes Heimspiel gegen unseren Erzrivalen Beverly High wollten wir um jeden Preis gewinnen. Wir rechneten uns echte Chancen aus, und es entwickelte sich ein gutes Spiel, das mit 2:2 in die Verlängerung ging.

Doch kurz nach Beginn der Nachspielzeit gelang der gegnerischen Mannschaft der entscheidende Treffer, womit wir die siebte Niederlage in Folge hinnehmen mussten. In meiner Enttäuschung schleuderte ich meinen Schläger auf das Eis und musste noch einmal auf die Spielfläche hinaus, um ihn mir wiederzuholen. Als ich in die Umkleidekabine kam, war die übrige Mannschaft bereits dort versammelt. Plötzlich flog die Tür auf und meine Mutter stürmte herein.

Es wurde mucksmäuschenstill im Raum. Alle Augen waren auf die irische Frau mittleren Alters gerichtet, die sich in einem geblümten Kleid ihren Weg zwischen nackten Jugendlichen hindurchbahnte, auf mich losging und mich am Trikot packte.

»Du Holzkopf!«, brüllte sie. »Wenn du nicht verlieren kannst, wirst du nie gewinnen lernen! Dann solltest du gar nicht erst spielen!«

Sie hatte mich vor meinen Freunden gedemütigt, doch ich vergaß nie, was sie mich an jenem Tag lehrte. Ihr Vorstoß in die Umkleidekabine war ein Beweis ihrer Leidenschaft und Energie, ihrer Enttäuschung, aber auch ihrer Liebe. Kein anderer Mensch hat derart großen Einfluss auf mich genommen wie Grace Welch. Sie lehrte mich den Wert des Wettbewerbs, und sie brachte mir bei, Siege zu genießen und Niederlagen mit Anstand hinzunehmen.

Wenn ich einen Führungsstil, eine Methode zur Motivation von Menschen habe, so verdanke ich ihn meiner Mutter. Diese harte und aggressive, zugleich warmherzige und großzügige Frau besaß große Menschenkenntnis. Sie bildete sich über alle Menschen, denen sie begegnete, ihr eigenes Urteil. Sie konnte »einen falschen Fuffziger auf eine Meile Entfernung riechen«, wie sie stets erklärte. Sie besaß großes Mitgefühl und war ihren Freunden gegenüber großzügig. Machte ihr eine Verwandte oder eine Nachbarin bei einem Besuch Komplimente für ihre schönen Wassergläser, so zögerte sie nicht, diese zu verschenken. Doch wer ihr in die Quere kam, musste sich in Acht nehmen. Menschen, die ihr Vertrauen missbrauchten, verzieh sie ihr Leben lang nicht.

Diese Beschreibung meiner Mutter trifft ebenso gut auf mich selbst zu. All meine Grundsätze für das Management wurden von ihr geprägt: Stelle dich dem Wettbewerb. Stelle dich der Wirklichkeit. Motiviere die Menschen durch Zuckerbrot und Peitsche. Stecke dir anspruchsvolle Ziele. Lasse die Leute nie aus den Augen, damit sie ihre Aufgaben auch tatsächlich erfüllen. Die Lektionen, die sie mir einschärfte, habe ich nie vergessen. Sie bestand stets darauf, sich den Tatsachen zu stellen. Eine ihrer Lieblingsaussagen lautete: »Mach dir nichts vor. Die Dinge sind, wie sie sind.«

»Wenn du nicht lernst«, warnte sie mich immer wieder, »wirst du niemand sein. Absolut niemand. Es gibt keine Abkürzungen. Mach dir nichts vor!« Diese harten und schonungslosen Ermahnungen sind in mein Gedächtnis eingebrannt. Wann immer ich dazu neige, mich der Illusion hinzugeben, ein geschäftliches oder betriebliches Problem werde auf wunderbare Weise verschwinden, holen mich ihre Worte in die Wirklichkeit zurück.

Vom ersten Schultag an schärfte sie mir die Notwendigkeit ein, herausragende Leistungen zu erbringen. Sie fasste mich hart an, doch sie war auch liebevoll. Sie zeigte mir stets, wie sehr sie mich liebte. Wenn ich mit vier Einsen und einer Zwei im Zeugnis nach Hause kam, fragte meine Mutter, warum ich die Zwei bekommen habe. Doch sie beendete das Gespräch stets mit Umarmungen und Lob für die Einsen.

Sie kontrollierte laufend, ob ich meine Hausaufgaben machte, so wie ich jeden Tag kontrolliere, ob die Mitarbeiter ihre Aufgaben erfüllen. Ich erinnere mich daran, wie ich in meinem Zimmer im ersten Stock an den Hausaufgaben saß. Sie pflegte aus dem Wohnzimmer heraufzurufen: »Bist du schon fertig? Du kommst besser nicht herunter, bevor du fertig bist!«

Beim Kartenspiel am Küchentisch lernte ich, wie viel Spaß der Wettbewerb machte. Ich erinnere mich daran, wie ich in der ersten Klasse von der Schule zum Mittagessen nach Hause eilte, erfüllt von der Vorfreude auf das Rommé-Spiel mit ihr. Wenn sie mich besiegte – was oft geschah – schmetterte sie die Karten auf den Tisch und schrie »ROMME!« Ihre Triumphschreie trieben mich zur Weißglut, doch am nächsten Tag konnte ich es nicht erwarten, nach Hause zu kommen und eine neue Chance zu erhalten. In diesen Kartenspielen wurde wahrscheinlich jener Wettbewerbsgeist geweckt, der mich mein Leben lang erfüllte: auf dem Baseballplatz, auf der Eisfläche, auf dem Golfplatz und im Beruf.

Doch die vielleicht wertvollste Eigenschaft, die mir meine Mutter mitgab, war Selbstvertrauen. Diese Eigenschaft versuchte auch ich bei jedem Manager zu fördern, der je mit mir zusammenarbeitete. Selbstvertrauen gibt Mut und vergrößert den Handlungsspielraum. Es ermöglicht es uns, größere Risiken einzugehen und mehr zu erreichen, als wir uns je zugetraut hätten. Es ist ein wesentlicher Bestandteil guter Führung, das Selbstvertrauen der Mitarbeiter zu fördern. Das erreicht man, indem man den Menschen Möglichkeiten eröffnet, sie mit Herausforderungen konfrontiert und sie dazu bewegt, Dinge zu tun, die sie sich nie zugetraut hätten. Und für jeden Erfolg muss man sie so gut wie möglich belohnen.

Meine Mutter führte niemals Mitarbeiter, doch sie wusste sehr viel darüber, wie man das Selbstvertrauen eines Menschen aufbaut. Ich wuchs mit einer Sprachstörung auf, mit einem Stottern, von dem ich mich einfach nicht befreien konnte. Manchmal geriet ich in komische oder auch peinliche Situationen. Auf der Universität bestellte ich am Freitag, an dem mir als Katholik der Verzehr von Fleisch verboten war, in der Mensa oft ein Thunfischsandwich. Es war unvermeidlich, dass die Kellnerin mich falsch verstand und mit zwei Sandwiches zurückkehrte, denn ich sagte stets: »Tu-tuna sandwich«.

Meine Mutter hatte die beste Entschuldigung für mein Stottern parat: »Das liegt daran, dass du so intelligent bist. Keine Zunge könnte mit der Geschwindigkeit eines solchen Gehirns Schritt halten.« Tatsächlich machte es mir jahrelang nichts aus, dass ich stotterte. Ich glaubte meiner Mutter und dachte, mein Gehirn arbeite schneller als mein Mund.

Ich verstand erst nach vielen Jahren, wie viel Selbstvertrauen sie mir eingepflanzt hatte. Als ich vor einigen Jahren auf Kinderfotos stieß, auf denen ich in meiner Sportmannschaft zu sehen war, verblüffte es mich, dass ich fast immer das kleinste und schmächtigste Kind auf dem Bild war. In der Grundschule waren die anderen Spieler der Basketballmannschaft fast um ein Viertel größer als ich. Doch ich fühlte mich nie kleiner als sie. Heute muss ich beim Anblick dieser Fotos über jenen Zwerg inmitten lauter Riesen lachen. Es ist einfach komisch, dass ich mir meiner niedrigen Statur nicht bewusst war. Doch das zeigt, was eine Mutter bewirken kann. Sie flößte mir ungeheures Selbstvertrauen ein. Sie überzeugte mich davon, dass ich alles sein konnte, was ich wollte. Es lag nur an mir. »Du musst es nur wollen«, sagte sie immer.

Die Beziehung zu meiner Mutter war eng und einzigartig. Sie gab mir Wärme und Kraft. Sie war meine Vertraute und meine beste Freundin. Zum Teil lag dies wohl daran, dass ich ein spät geborenes Einzelkind war: Meine Mutter war 36 und mein Vater 41 Jahre alt, als ich am 19. November 1935 in Peabody im US-amerikanischen Bundesstaat Massachusetts zur Welt kam. Meine Eltern hatten viele Jahre lang vergeblich versucht, Kinder zu bekommen. So war ich ein unerhofft gefundener Schatz für sie und wurde von meiner Mutter mit Liebe überhäuft.

Ich kam nicht mit einem Silberlöffel im Mund zur Welt. Aber ich hatte etwas viel Wertvolleres: Liebe im Übermaß. Meine Eltern stammten beide von irischen Einwanderern ab. Weder meine Großeltern noch meine Eltern hatten einen Mittelschulabschluss. Als ich neun Jahre alt war, kauften meine Eltern ihr erstes Haus: ein bescheidenes zweigeschossiges Heim in einem irischen Arbeiterviertel von Salem. Auf der anderen Straßenseite stand eine kleine Fabrik. Mein Vater wies mich immer wieder darauf hin, dass dies ein Vorteil sei. »Eine Fabrik ist ein guter Nachbar. Die Leute sind am Wochenende nicht da. Sie stören dich nicht. Sie sind ruhig.« Ich glaubte ihm, denn ich begriff nicht, dass diese Interpretation ebenfalls ein Trick war, um das eigene Selbstwertgefühl zu heben.

Mein Vater arbeitete hart als Eisenbahnschaffner auf der Pendlerstrecke zwischen Boston und Newburyport. Wenn »Big Jack« um fünf

Uhr morgens in seiner makellosen dunkelblauen Uniform mit einem von meiner Mutter perfekt gestärkten weißen Hemd das Haus verließ, sah er aus, als könne er den Allmächtigen in Person begrüßen. Seine Tage bestanden in einer immer gleichen Reise auf einer Strecke von rund 40 Meilen, die ihn wieder und wieder zu denselben zehn Stationen führte: Newburyport, Ipswich, Hamilton/Wenham, North Beverly, Beverly, Salem, Swamspscott, Lynn, das Werk von General Electric, Boston. Und dieselbe Strecke zurück. Später erfuhr ich zu meiner großen Freude, dass er regelmäßig beim Turbinenwerk von GE in Lynn am Stadtrand von Boston Halt machte.

Er freute sich jeden Tag darauf, wieder den Zug zu besteigen, den er stets als sein Eigentum betrachtete. Mein Vater liebte es, die Fahrgäste zu begrüßen und interessanten Menschen zu begegnen. Er bewegte sich wie ein Botschafter durch die Waggons, verbreitete gute Laune, zwickte Fahrkarten, begrüßte bekannte Fahrgäste wie enge Freunde und betrieb ein wenig irische Flunkerei. Das fröhliche Wesen, das er den Fahrgästen zeigte, stand in deutlichem Kontrast zu seinem stillen und zurückhaltenden Auftreten zu Hause. Meine Mutter litt darunter und beklagte sich mit den Worten: »Warum bringst du nicht ein wenig von deinem lustigen Geschwätz aus dem Zug mit nach Hause?« Doch er konnte sich nur selten dazu überwinden.

Mein Vater war ein pflichtbewusster Angestellter, der in seinem Leben nicht einen einzigen Tag am Arbeitsplatz gefehlt hatte. War der Wetterbericht schlecht, so bat er meine Mutter, ihn schon am Vorabend zum Bahnhof zu bringen. Dann schlief er in einem der Waggons seines Zuges. Er kam nur selten vor sieben Uhr abends nach Hause. Wenn meine Mutter ihn im Familienauto vom Bahnhof abholte, trug er einen Stapel Zeitungen unter dem Arm, die von den Passagieren im Zug zurückgelassen worden waren. Ab meinem sechsten Lebensjahr erhielt ich dank der *Boston Globes, Heralds* und *Records* meine tägliche Dosis aktueller Ereignisse. Die abendliche Zeitungslektüre wurde zu einer Gewohnheit, von der ich mich nie wieder trennen konnte. Ich bin bis zum heutigen Tag süchtig nach Nachrichten.

Mein Vater gab mir nicht nur den Anstoß, mich mit der Außenwelt zu beschäftigen, sondern vermittelte mir durch sein Beispiel auch den Wert harter Arbeit. Eine weitere lebenslange Leidenschaft, die er mir nahe brachte, war Golf. Mein Vater erzählte mir, die großen Tiere in seinem Zug würden ständig über Golf reden. Er meinte, ich solle mich diesem Sport widmen, anstatt meine Zeit mit Baseball, Football und

Eishockey zu verbringen. Einige ältere Kinder in der Nachbarschaft waren Caddies. So begann ich auf sein Drängen im frühen Alter von neun Jahren, im nahe gelegenen Kernwood Country Club als Caddie zu arbeiten.

Ich war vollkommen von meinen Eltern abhängig. Oft hatte der Zug, mit dem mein Vater heimkehrte, Verspätung. Als ich zwölf oder 13 Jahre alt war, hatte ich jedes Mal, wenn meine Eltern länger als geplant ausblieben, furchtbare Angst, es könne ihnen etwas zugestoßen sein. Ich verließ das Haus und lief mit rasendem Herz die Lovett Street hinunter, um nachzusehen, ob sie vielleicht schon um die Ecke kamen. Ich hätte es nicht ertragen können, sie zu verlieren. Sie bedeuteten alles für mich.

Diese Angst hätte ich nicht hegen sollen, denn das Erziehungsziel meine Mutter lautete, mich zu einer starken, widerstandsfähigen und unabhängigen Persönlichkeit zu machen. Sie fürchtete stets, sie könne an einem in ihrer Familie häufigen Herzleiden erkranken und jung sterben. Daher spornte mich meine Mutter ab meinem zehnten Lebensjahr zur Selbständigkeit an. Sie drängte mich, allein nach Boston zu fahren, um mir eine Sportveranstaltung oder einen Kinofilm anzusehen. Ich kam mir sehr unabhängig vor – allerdings nur so lange, bis meine Mutter mit dem Auto losfuhr, um meinen Vater abzuholen, und nicht zur angekündigten Zeit wieder daheim war.

Salem war ein guter Ort für einen heranwachsenden Jungen. Diese Kleinstadt zeichnete sich durch eine ausgeprägte Arbeitsethik und stabile Wertvorstellungen aus. In jenen Tagen verschloss niemand seine Haustür. Die Eltern mussten sich keine Gedanken machen, wenn ihre Kinder am Samstagabend ins Zentrum gingen, um sich im Paramount einen Film anzusehen. Für einen Vierteldollar konnte man zwei Filme sehen und eine Schachtel Popcorn kaufen und hatte noch genug Geld übrig, um sich auf dem Heimweg ein Eis zu leisten. Am Sonntag waren die Kirchen voll.

Salem war aber auch ein rauer Ort, an dem ein erbitterter Wettbewerb herrschte. Meine Freunde und ich waren ebenfalls vom Konkurrenzdenken beherrscht. Wir waren alle leidenschaftliche Sportler. Wir veranstalteten Baseball-, Basketball-, Football- und Eishockeyturniere in der Nachbarschaft. Die Spiele wurden auf einem von Bäumen umgebenen, staubigen Stück Ödland ausgetragen, das an die Hinterhöfe der North Street angrenzte. Im Frühjahr und Sommer kehrten wir den Kies von unserem Spielfeld, stellten die Mannschaften zusammen und vereinbarten einen Turnierplan. Wir spielten vom frühen Morgen bis zum Abend. Um Viertel vor neun ging jeden Tag die Feuerwehrsirene los, das Signal, nach Hause zu gehen.

In jenen Tagen herrschte ein intensiver sportlicher Wettbewerb zwischen den Schulen in den einzelnen Stadtvierteln, der schon in der Grundschule begann. Ich war der Quarterback des sechsköpfigen Footballteams der Pickering Grammar School. Ich war furchtbar langsam, aber ich warf gute Pässe. Da wir einige schnelle Läufer in der Mannschaft hatten, gewannen wir die Schulmeisterschaft. Ich war auch der Werfer in unserer Baseballmannschaft und lernte, die Bälle gefährlich anzuschneiden.

In der Salem High School musste ich jedoch erkennen, dass ich meinen Zenit als Football- und Baseballspieler sehr früh erreicht hatte. Ich war zu langsam für Football, und die für die Gegenseite verheerenden Würfe des zwölfjährigen Pitchers Jack Welch erzielten keine große Wirkung mehr, als ich 16 Jahre alt war. Da die Schläger keine Mühe mehr mit meinen Bällen hatten, nahm ich bald auf der Reservebank Platz. Auf dem Eishockeyplatz konnte ich mich in der Mittelschule noch als Mannschaftskapitän und bester Torschütze behaupten, doch im College wurde ich erneut Opfer meiner mangelnden Schnelligkeit. Ich musste das Eishockey aufgeben.

Doch zum Glück gab es da noch Golf, einen Sport, der keine Schnelligkeit erfordert. Jeden Samstagmorgen warteten meine Freunde und ich vor dem Eingangstor des Friedhofs Green Lawn am Straßenrand auf ein Mitglied des Golfklubs, der uns in seinem Auto zum Platz einige Meilen außerhalb der Stadt mitnehmen würde. An heißen Sommertagen schlichen wir uns zu einem versteckten Platz, den wir als »Black Rock« bezeichneten und sprangen nackt in den Danvers' River, um uns abzukühlen. Doch die meiste Zeit saßen wir auf einem grasbewachsenen Hügel neben der Caddie-Hütte und warteten darauf, dass der Caddiemaster »Swank« Sweeney unsere Namen brüllte. Sweeney, ein großer, dünner Mann mit gelocktem Haar und Brille, holte die Taschen aus der Hütte, stellte sie vor die Tür und brüllte »Welch«, woraufhin ich von einem Kartenspiel aufsprang oder einen Ringkampf unterbrach, um meinen Pflichten nachzugehen.

Alle Caddies hofften, Ray Bradys Schläger tragen zu dürfen, denn er war der großzügigste Spieler auf einem Platz, wo die Trinkgelder dürftig waren. Ansonsten erhielt man für einen ganzen Kurs von 18

Löchern anderthalb Dollar. Doch vor allem sehnten wir den Montagmorgen herbei. An diesem Tag wurden die von den Spielern angerichteten Schäden am Rasen behoben. Dies war der Morgen, an dem die Caddies die verlorenen Bälle einsammeln und mit ihren zusammengeflickten Schlägern 18 Löcher spielen durften. Wir fingen im Morgengrauen zu spielen an, denn pünktlich um zwölf Uhr mittags warfen sie uns vom Platz.

Als Caddie konnte ich ein wenig Geld verdienen und, was viel wichtiger war, das Spiel erlernen. Zudem kam ich frühzeitig mit Menschen in Kontakt, die ein gewisses Maß an Erfolg hatten. Ich lernte früh, aus dem Verhalten der Menschen auf einem Golfplatz darauf zu schließen, wie gescheit oder dumm sie waren.

Neben meiner Tätigkeit auf dem Golfplatz ging ich einer Reihe weiterer Jobs nach. Eine Zeit lang trug ich die *Salem Evening News* aus. In den Ferien arbeitete ich im örtlichen Postamt. Drei Jahre lang verkaufte ich gegen Provision Schuhe im Laden von Thom McCann in der Essex Street. Wir erhielten sieben Cent für jedes verkaufte Paar Schuhe. Für einen Modeschuh erhielt man sogar 25 oder 50 Cent. Diese Schuhe trug ich jedesmal hinaus, presste ein Paar stinkender Füße hinein und sagte: »Diese stehen Ihnen gut.« Was hätte ich in jenen Tagen nicht alles für einen Vierteldollar extra gesagt!

In einem Sommerjob lernte ich eine wichtige Lektion: Damals wurde mir klar, was ich *nicht* wollte. Ich hatte in der Spielzeugfabrik von Parker Brothers in Salem eine Bohrmaschine zu bedienen. Meine Tätigkeit bestand darin, ein kleines Stück Korken zu nehmen, ein Loch hineinzubohren, indem ich ein Pedal mit dem Fuß bediente, und den Korken in eine große runde Papptrommel zu werfen. Diesen Vorgang wiederholte ich täglich mehrere tausend Mal.

Um mir die Zeit zu vertreiben, versuchte ich, den Boden des Fasses mit durchbohrten Korken zu bedecken, bevor der Vorarbeiter vorbeikam, um das Fass zu lehren. Das gelang mir nur selten. Was für eine Frustration. Ich ging mit Kopfschmerzen nach Hause. Ich hasste diese Arbeit und hielt es keine drei Wochen dort aus. Doch ich habe eine Menge daraus gelernt.

Bis ich alt genug war zu arbeiten, fuhr ich jeden Sommer mit meinen Spielkameraden aus Salem einmal in einem Sonderzug nach Maine in den Vergnügungspark Old Orchard. Dies war der Höhepunkt jedes Sommers. Wir stiegen um halb sieben am Morgen in den Zug und trafen zwei Stunden später an unserem Bestimmungsort ein. Innerhalb von zwei Stunden hatten die meisten von uns die fünf Dollar, die wir mitgebracht hatten, für die verschiedenen Attraktionen verbraucht. Dann machte sich jedes Mal große Enttäuschung breit, da wir noch den ganzen Tag vor uns hatten. Also gingen wir zum Strand, fragten die Sonnenanbeter, ob wir ihre leeren Pfandflaschen mitnehmen durften, und holten uns den Einsatz. Mit dem so gesammelten Geld konnten wir uns vor der Heimfahrt noch einen Hotdog und ein paar Fahrten leisten.

Doch ich hatte nie das Gefühl, dass mir etwas vorenthalten würde. Ich war zufrieden mit dem, was ich hatte. Meine Eltern brachten viele Opfer, um mir einen schönen Baseballhandschuh oder ein gutes Fahrrad kaufen zu können. Und ohne jemals selbst Dank dafür zu verlangen, gab mein Vater meiner Mutter die Möglichkeit, mich zu verwöhnen. Und sie nutzte diese Möglichkeit.

Sie brachte mich zum Baseball in den Fenway Park, wo ich von einem billigen Stehplatz aus zusehen konnte, wie Ted Williams für die Boston Red Sox spielte. Sie holte mich am frühen Nachmittag von der Schule ab und fuhr mich zum Golfklub, damit ich vor den anderen Caddies dort war. Da sie eine sehr gläubige Frau war, brachte sie mich in die Kirche St. Thomas the Apostle, damit ich als Messdiener an der Sechsuhrmesse teilnehmen konnte, wobei sie in der ersten Reihe betete. Sie war mein leidenschaftlicher Fan und rief die Lokalzeitungen an, um dafür zu sorgen, dass sie über meine kleinen Triumphe berichteten, sei es mein Diplom an der University of Massachusetts oder meine Promotion. Die Zeitungsausschnitte klebte sie in ein großes Sammelbuch. Was dies anbelangte, zeigte sie nicht die geringste Scham.

Meine Mutter war diejenige, die in der Familie die Disziplin aufrecht erhielt. Als mich mein Vater einmal am St. Patrick's Day in seinem Zug erwischte, als ich auf dem Heimweg von den Feiern in South Boston war, verlor er vor meinen Freunden kein Wort darüber, dass ich die Schule geschwänzt hatte, obwohl wir alle einen Schwips von einem billigen Muskateller hatten. Er berichtete lediglich meiner Mutter von dem Vorfall, die mich zur Rede stellte und bestrafte. Bei einer anderen Gelegenheit schwänzte ich den Messdienst, um auf einem zugefrorenen Teich im Mack Park mit meinen Freunden Eishockey zu spielen. Doch wir brachen auf dem Eis ein und nahmen ein kaltes Bad. Um das Geschehene zu vertuschen, zogen wir unsere durchnässte Kleidung aus und hängten sie über einem Feuer auf, das wir angefacht hatten. Wir zitterten in der beißenden Januarkälte und warteten darauf, dass unsere Kleider trocknen würden. Ich hielt dies für ein schlaues Vertuschungsmanöver, bis ich durch die Haustür trat.

Meine Mutter witterte sofort den Rauch in meiner Kleidung. Der Messdienst hatte große Bedeutung für jemanden wie sie, die ein Kruzifix über dem Bett hängen hatte, den Rosenkranz betete und in unserem Pastor James Cronin einen Heiligen sah. Sie presste ein Geständnis aus mir heraus und erlegte mir eine eigenwillige Buße auf: Sie verprügelte mich mit einem nassen Schuh, den sie mir ausgezogen hatte.

Doch ihrer großen Strenge stand eine ebenso große Sanftmut gegenüber. Im Alter von elf Jahren stahl ich auf einem Rummelplatz einen jener schäbigen Bälle, die man nach aufeinander getürmten Dosen wirft, um ein Stofftier zu gewinnen. Es dauerte nicht lange, bis meine Mutter den Ball fand und mich fragte, woher ich ihn habe. Als ich den Diebstahl gestand, wies sie mich an, zu Vater Cronin zu gehen, ihm den Ball auszuhändigen und ihm mein Vergehen zu beichten. Da mich alle Priester als Messdiener kannten, war ich davon überzeugt, dass sie mich im Beichtstuhl erkennen würden, sobald ich den Mund öffnete. Ich hatte große Angst vor den Priestern. Ich flehte meine Mutter an, mir zu erlauben, den Ball in den North Canal, einen trüben Fluss, zu werfen, der durch die Stadt floss. Nach langwierigen Verhandlungen gab sie nach. Sie fuhr mich zur Brücke in der North Street und sah mir dabei zu, wie ich den Ball in den Fluss warf.

Bei einer anderen Gelegenheit, ich war schon in der Oberstufe, begleitete ich eines der geizigsten Mitglieder des Kernwood Club als Caddie. Ich arbeitete schon seit acht Jahren auf dem Golfplatz, und das war wahrscheinlich etwas zu lange, um noch gut für mich zu sein. Wir kamen an das sechste Loch, bei dem der Abschlag nur etwa 90 Meter weit gehen musste, um das Wasserhindernis zu überwinden. Doch an diesem Tag schlug mein Spieler den Ball direkt ins Wasser. Der Ball flog mindestens drei Meter weit in den schlammigen Tümpel. Der Spieler forderte mich auf, Schuhe und Socken auszuziehen und den Ball aus dem Tümpel herauszuholen. Ich weigerte mich. Als er auf seiner Forderung beharrte, sagte ich ihm, er solle sich zum Teufel scheren. Ich warf seine Schläger ins Wasser, erklärte ihm, er könne sie selbst wieder herausholen, und lief davon. Mein Verhalten war dumm, noch schlimmer als der Fehltritt an jenem Tag, an dem ich den Eishockeyschläger auf das Eis geschleudert hatte. Meine Mutter war enttäuscht, da dieser Vorfall meine Caddie-Ausbildung beendete. Doch anscheinend verstand sie meine Empfindungen und machte kein großes Aufheben davon.

Eine noch größere Enttäuschung erlebte ich, als mir die Gelegenheit entging, mit einem Stipendium der amerikanischen Marine vier Jahre lang kostenlos die Universität zu besuchen. Drei Schüler der Salem High bestanden das Examen: ich und zwei meiner besten Freunde, George Ryan und Mike Tivnan. Mein Vater bewegte Vertreter des Bundesstaats dazu, mir Empfehlungen zu schreiben, und ich unterzog mich einer Reihe von Bewerbungsgesprächen. Meine beiden Freunde schafften es. George erhielt ein Stipendium für die Tufts University, Mike ging an die Columbia University. Ich hatte gehofft, nach Dartmouth oder an die Columbia gehen zu können, doch die Navy lehnte mich ab. Ich fand nie heraus warum.

Es ist eine Ironie, dass sich dieser Rückschlag nachträglich als Vorteil erwies. Ich war ein guter Schüler, der hart für gute Noten arbeitete, doch niemand hätte mir vorwerfen können, ein brillanter Schüler zu sein. Also bewarb ich mich bei der University of Massachusetts in Amherst, einer staatlichen Hochschule, die 50 Dollar im Semester kostete. Dort konnte ich einschließlich Unterkunft und Verpflegung für weniger als 1000 Dollar einen Abschluss erwerben. Mit Ausnahme eines Vetters war ich das erste Mitglied meiner Familie, das eine Universität besuchte. Das einzige Rollenvorbild, an dem ich mich orientieren konnte, war mein Onkel Bill Andrews, der als »Ingenieur« in der Elektrizitätszentrale von Salem arbeitete. Es schien mir erstrebenswert, Ingenieur zu werden. Da mir Chemie gefiel, schrieb ich mich für technische Chemie ein.

Ich wusste so wenig über die Universität, dass ich es beinahe nicht bis dorthin geschafft hätte. In der Annahme, die Noten aus der Aufnahmeprüfung für das Marinestipendium würden genügen, trat ich zur üblichen Universitätseignungsprüfung erst gar nicht an. Die Bestätigung meiner Aufnahme traf erst im Juni 1953 ein, wenige Tage, bevor ich meinen Abschluss an der High School machte. Wahrscheinlich hatte ich auf der Warteliste gestanden, aber das wurde mir nie bewusst. Doch der Besuch einer weniger anspruchsvollen Schule statt der von mir angestrebten Columbia University erwies sich letzten Endes als großer Vorteil. Die Qualität der Konkurrenten, auf die ich an der UMass traf, erleichterten es mir, aus der Masse herauszuragen. Und obwohl es mir nie an Selbstvertrauen mangelte, wurde die erste

Woche im College zu einer harten Prüfung für mich. Ich litt unter derart großem Heimweh, dass meine Mutter die dreistündige Reise nach Amherst auf sich nehmen musste, um mich zu besuchen und aufzumuntern.

»Sieh dir die anderen Jungs an. Sie denken nicht darüber nach, wann sie wieder nach Hause können. Du bist ebenso gut oder besser als sie.« Sie hatte Recht. Daheim in Salem hatte ich Baseball gespielt und war zahlreichen anderen Beschäftigungen nachgegangen. Ich war Klassensprecher und Kapitän der Eishockey- und der Golfmannschaft gewesen. Doch ich war nie auch nur eine einzige Nacht von zu Hause weg gewesen. In meinem Viertel hatte ich mich stark gefühlt, hatte mich auf der Straße behauptet und war mir sehr unabhängig vorgekommen. Doch nun war ich am Boden zerstört, weil ich das Nest hatte verlassen müssen. Als besonders beängstigend empfand ich die Tatsache, dass ich nicht annähernd so gut auf die Universität vorbereitet war wie manche meiner Studienkollegen. Da waren Studenten aus Vorbereitungsschulen in New England und von der angesehenen Boston Latin, die mir in Mathematik weit voraus waren. Auch mit Physik hatte ich große Schwierigkeiten. Meine Mutter ließ das alles nicht gelten. Die Anfeuerungsrede wirkte. Meine Angst verflog innerhalb einer Woche.

Im ersten Jahr hielt ich mich nur mühsam über Wasser, doch bei den Examen schnitt ich gut ab. Ich stand in jedem der vier Studienjahre auf der Dekanatsliste der besten Studenten. Im zweiten Jahr bewarb ich mich um Aufnahme in die Studentenverbindung Phi Sigma Kappa und zog in das Verbindungshaus auf dem Campus um. In unserer Verbindung, deren Bierkonsum rekordverdächtig war, fanden mehr nächtliche Pokerspiele und bessere Partys statt als in den meisten anderen. Es war ein fantastischer Haufen, und obwohl wir einoder zweimal verwarnt wurden, konnte ich mich vergnügen und dennoch die Arbeit erledigen. Ich liebte die Atmosphäre in unserem Verbindungshaus.

Meine Professoren an der UMass, insbesondere Ernie Lindsey, der Leiter der Abteilung technische Chemie, machten aus meiner Betreuung so etwas wie ein Fürsorgeprojekt. Lindsey mochte mich und förderte mich wie einen Sohn. Seine Unterstützung gab mir wie der Beistand meiner Mutter viel Selbstvertrauen. Ich erhielt Sommerjobs als technischer Chemiker bei Sun Oil in Swarthmore (Pennsylvania) und bei Columbia Southern (heute PPG Industries) in Ohio. Im Jahr 1957 war ich einer der beiden besten Absolventen in technischer Chemie. Am MIT wäre ich ein durchschnittlicher Student gewesen. Meine stolzen Eltern schenkten mir einen nagelneuen VW-Käfer.

Im letzten Studienjahr erhielt ich gute Angebote von zahlreichen Unternehmen. Doch meine Professoren bewegten mich dazu, das Studium fortzusetzen. Ich sagte den Unternehmen ab und entschloss mich, an die University of Illinois in Champaign zu gehen, wo man mir ein Forschungsstipendium anbot. Diese Universität zählte zu den besten fünf Hochschulen im Bereich der technischen Chemie.

Nach zwei Wochen auf dem Campus lernte ich ein hübsches Mädchen kennen und fragte sie, ob sie mit mir ausgehen wolle. Unsere Verabredung am Samstagabend entwickelte sich so gut, dass wir in einem Wald nahe einem Parkplatz des Campus landeten. Die Fenster meines neuen VW waren schon beschlagen, als der Wagen plötzlich hell erleuchtet wurde. Ein Mitglied der Campuspolizei hatte uns in einer peinlichen Lage überrascht. Ich war wie gelähmt angesichts der schrecklichen Konsequenzen, die dies für mich haben konnte. In jenen Tagen hatten diese Dinge noch einen ganz anderen Stellenwert. Die 50er Jahre waren konservativ, und wir befanden uns im konservativen mittleren Westen. Die Polizisten nahmen uns mit zur Wache auf dem Universitätsgelände, wo sie uns bis vier oder fünf Uhr morgens festhielten. Mein Leben lief vor meinem inneren Auge ab. Ich war sicher, alles zu verlieren: mein Stipendium, meine Chance auf ein Diplom, meine Karriere. Doch meine größte Sorge galt der Reaktion meiner Mutter. Mein Schicksal würde sich am Montagmorgen in einem Gespräch mit dem Rektor entscheiden, der die Disziplinarmaßnahmen festlegen würde.

Am Sonntagmorgen nahm ich all meinen Mut zusammen und rief Dr. Harry Drickamer an, den Leiter der Abteilung technische Chemie. Ich kannte ihn nicht persönlich. Er stand in dem Ruf, sehr schroff zu sein. Doch in meiner Angst sah ich in ihm meine einzige Hoffnung.

»Dr. Drickamer«, sagte ich, »ich bin in wirklichen Schwierigkeiten. Die Campuspolizei hat mich beim Herummachen mit einem Mädchen erwischt. Ich bin verzweifelt und brauche Hilfe.«

Ich machte mir fast in die Hosen, als ich ihm offenbarte, was ich angestellt hatte.

»Verdammt«, antwortete er. »Unter allen Studenten, die ich hier gehabt habe, sind Sie der Erste, der so etwas tut. Ich werde mich um die Sache kümmern, aber Sie behalten in Zukunft besser die Hosen an!«

Was immer Drickamer tat, es rettete meinen Hintern. Ich musste zwar noch eine schwierige Sitzung beim Vorsteher hinter mich bringen, doch ich wurde nicht von der Universität verwiesen. Dieses schreckliche Erlebnis brachte mich Harry sehr viel näher. Zwischen uns entstand eine wunderbare Freundschaft. Er behandelte mich ebenfalls wie einen Sohn. Wir schlossen Wetten auf Footballspiele ab. Wir diskutierten über Politik. Harry nahm mich erbarmungslos auf den Arm und machte Späße über die Red Sox oder mein bereits schütter werdendes Haar. Er nahm wesentlichen Einfluss auf mein Leben und stand mir während meiner Zeit in Champaign stets als Ratgeber zur Seite. Und ich brauchte seine Hilfe. Auf die University of Illinois war ich nicht so gut vorbereitet wie die Studenten von der Brooklyn Polytechnic oder von der Columbia University. Daher hatte ich auch dort im ersten Jahr Schwierigkeiten. Ich musste wirklich um meine Noten kämpfen. Ich war alles andere als ein herausragender Student.

Als ich nach meinem ersten Jahr in Illinois vor dem Abschluss des Masters-Diploms stand, gerieten die Vereinigten Staaten in eine Rezession. Statt 20 erhielt ich nur zwei Stellenangebote: eines von einer Erdölraffinerie in Oklahoma und eines von der Ethyl Corp. in Baton Rouge (Louisiana). Auf dem Rückflug vom Bewerbungsgespräch bei Ethyl saß ich mit einem meiner Studienkollegen im Flugzeug, als etwas Seltsames geschah. Die Stewardess wandte sich an mich mit den Worten: »Mr. Welch, hätten Sie gern einen Drink?« Dann wandte sie sich meinem Sitznachbar zu und fragte: »Dr. Gaertner, hätten Sie gern einen Drink?«

Ich dachte, Dr. Gaertner klinge sehr viel besser als Mr. Welch. Um diesen wohlklingenden Titel tragen zu können, musste ich lediglich ein paar Jahre länger auf der Universität bleiben. Dieser Ansporn genügte, um mich dazu zu bewegen, ein Promotionsstudium aufzunehmen. Bestärkt wurde ich in diesem Vorhaben durch die schlechte Lage auf dem Stellenmarkt. Hinzu kam, dass ich meine Professoren in Illinois wirklich mochte, insbesondere Drickamer und meinen Doktorvater Dr. Jim Westwater.

In den höheren Fachsemestern, insbesondere bei einer Promotion, lebt man im Laboratorium. Man kommt um acht Uhr morgens zur Arbeit und geht um elf Uhr nachts nach Hause. Manchmal hatte ich das Gefühl, aufgrund der Anzahl der Stunden beurteilt zu werden, die ich im Labor verbrachte. Das Thema meiner Doktorarbeit war die Kondensation in Dampfzufuhrsystemen. Ich verbrachte Stunden damit,

Wasser zu verdunsten und seine Kondensation auf einer Kupferplatte zu beobachten. Tagein, tagaus machte ich Hochgeschwindigkeitsaufnahmen der Geometrie der kondensierenden Tropfen auf der Oberfläche. Aus diesen Experimenten leitete ich Wärmeübertragungsgleichungen ab. Das Lustige an einer Doktorarbeit ist, dass man derart tief darin versinkt, dass man zu der Überzeugung gelangt, eine Arbeit zu leisten, die des Nobelpreises würdig ist.

Mit Unterstützung von Jim Westwater erlangte ich schneller als alle anderen Doktoranden, nämlich innerhalb von drei Jahren, meinen Doktortitel. Im Durchschnitt brauchten die Studenten vier bis fünf Jahre dafür. Ich war kaum das Genie in meinem Jahrgang. Um den Erfordernissen des Programms zu genügen, büffelte ich in einem Sommer drei Monate lang Tag und Nacht Französisch und Deutsch. Ich setzte mich in einen Prüfungsraum, klopfte mir an den Kopf, und alles Wissen, das ich in mein Gehirn gestopft hatte, quoll heraus. Ich bestand die Examen, doch hätte man mich eine Woche später aufgefordert, einen Satz in Französisch oder Deutsch zu sagen, so wäre ich verloren gewesen. Mein »Wissen« verschwand in dem Moment, da ich die Prüfungsbögen abgab.

Ich war nicht der brillanteste Kopf, doch ich besaß die Zielstrebigkeit, die erforderlich war, um die mir gestellten Aufgaben zu bewältigen. Einige intelligentere Doktoranden hatten Schwierigkeiten, ihre Dissertationen abzuschließen. Sie konnten keinen Abschluss finden. Was diesen Aspekt anbelangte, so war ich aufgrund meiner Ungeduld im Vorteil.

Ich bin stets der Auffassung gewesen, dass die technische Chemie eine der besten Grundlagen für eine Unternehmenskarriere darstellt, denn sowohl im Unterricht als auch bei der Dissertation lernt man eine wichtige Lektion: Auf viele Fragen gibt es keine endgültigen Antworten. Entscheidend ist der Denkprozess. Eine typische Prüfungsfrage lautet etwa so: Ein Eisläufer wiegt 150 Pfund und läuft auf einer 2,5 Zentimeter dicken Eisfläche Achterschleifen. Die Temperatur steigt alle zehn Minuten um ein halbes Grad auf 5 Grad Celsius, und die Windgeschwindigkeit beträgt 30 Stundenkilometer. Wann wird der Eisläufer einbrechen? Es gibt keine Formel, anhand derer man diese Frage beantworten könnte. Dasselbe gilt für die meisten Probleme, mit denen man in einem Unternehmen konfrontiert wird. Dank des Denkprozesses kann man dem dunkleren Grauton näher kommen. Die Antworten Schwarz oder Weiß treffen nur selten zu. In der Wirtschaft geht es zumeist ebenso um Instinkt wie um Zahlen. Wer auf die perfekte Antwort wartet, wird vom Leben zurückgelassen.

Als ich die University of Illinois im Jahr 1960 verließ, wusste ich, worauf ich mich verstand und was ich tun wollte. Und was ebenso wichtig war: Ich wusste, was ich nicht so gut konnte. Meine technischen Kenntnisse waren gut, doch ich war kein sehr guter Wissenschaftler. Verglichen mit vielen meiner Studienkollegen war ich extrovertiert. Ich fühlte mich eher zu Menschen als zu Büchern hingezogen, und der Sport weckte größere Leidenschaft in mir als wissenschaftliche Erkenntnisse. Ich gelangte zu dem Schluss, dass mich diese Fähigkeiten und Interessen am ehesten für eine Tätigkeit prädestinierten, in der die Forschung und das Geschäft miteinander verschmolzen.

Diese Erkenntnis hatte Ähnlichkeit mit der, dass ich ein guter Sportler war – allerdings bei weitem kein herausragender. Meine Vorhaben unterschieden sich von denen der meisten Akademiker. Normalerweise strebten sie eine Karriere als Hochschullehrer oder als Forscher in der Industrie an. Ich spielte ebenfalls mit dem Gedanken zu unterrichten und stellte mich sogar an den Universitäten von Syracuse und West Virginia vor, verwarf diese Möglichkeit dann aber wieder.

Abgesehen davon, dass ich an der University of Illinois einen Doktortitel erwarb, dauerhafte Freundschaften schloss und eine Methode zur Problemlösung erlernte, fand ich dort auch eine großartige Ehefrau. Carolyn Osburn fiel mir zum ersten Mal bei einer Messe in der katholischen Kirche auf dem Universitätscampus auf. Doch ich lernte sie erst kennen, als ein gemeinsamer Freund sie mir in einer Bar in Champaign vorstellte.

Carolyn war groß, hübsch und intelligent. Sie hatte am Marietta College einen Abschluss mit Auszeichnung gemacht und war mit einem 1500-Dollar-Stipendium nach Illinois gekommen, um hier einen Master in englischer Literatur zu erwerben. Nach unserer ersten Verabredung zu einem Basketballspiel im Januar 1959 waren wir unzertrennlich. Fünf Monate später verlobten wir uns, und am 21. November, zwei Tage nach meinem 24. Geburtstag, heirateten wir in ihrem Heimatort Arlington Heights in Illinois.

Wir verbrachten den Großteil unserer Flitterwochen, indem wir in meinem Käfer quer durch die Staaten bis nach Kanada fuhren, wobei ich Bewerbungsgespräche führte. Ich hatte das Glück, zwischen mehreren Angeboten wählen zu können, von denen mir zwei wirklich zusagten: das eine von Exxon, wo man mir einen Job in einem Entwicklungslaboratorium im texanischen Baytown anbot, und das andere von General Electric, wo ich in einem neuen Chemiebereich in Pittsfield (Massachusetts) arbeiten sollte. GE lud mich nach Pittsfield ein, wo ich Dr. Dan Fox traf, einen Wissenschaftler, der für die neuen Chemiekonzepte des Unternehmens zuständig war. Dieser Job reizte mich am meisten. Die Entwicklungseinheit war klein und arbeitete an neuen Kunststoffen. Zudem gefiel mir die Idee, nach Massachusetts zurückzukehren. Wie meine Lehrer machte Fox auf mich den Eindruck, intelligent und vertrauenswürdig zu sein. Er wurde zu einem Betreuer und zu einem Vorbild für mich, denn er brachte in allen seinen Mitarbeitern das Beste zum Vorschein.

Bei GE galt er als Held, denn er hatte den Kunststoff Lexan für das Unternehmen entdeckt. Dieses Material war hart wie Stahl und durchsichtig wie Glas. GE begann 1957 mit dem Verkauf dieses potenziellen Metallersatzes. Lexan kam in elektrischen Kaffeemaschinen und in den Tragflächenverschalungen von Überschallflugzeugen zum Einsatz. Wie die meisten Erfinder hatte sich Fox schon dem nächsten Projekt zugewandt und setzte sich für einen neuen Thermoplast-Kunststoff namens PPO (Polyphenylenoxid) ein. Er überzeugte mich davon, dass seiner Abteilung mit PPO der nächste Durchbruch gelingen werde. Er schilderte mir die beispiellose Fähigkeit dieses Kunststoffs, hohen Temperaturen zu widerstehen. PPO hatte das Potenzial, Kupferrohre und medizinische Instrumente aus rostfreiem Stahl zu ersetzen. Er schloss seinen Überzeugungsversuch mit der Erklärung ab, ich werde dafür zuständig sein, das Produkt aus dem Laboratorium in die Produktion zu bringen. Eine Woche später nahm ich sein Angebot an.

Als ich am 17. Oktober 1960 meine neue Tätigkeit antrat, ahnte ich nicht, wie schnell Frustration an die Stelle meiner anfänglichen Begeisterung treten sollte. Innerhalb eines Jahres trieb mich die Bürokratie von GE fast aus dem Unternehmen.

2 Ich will nicht dem Fußvolk angehören

Im Jahr 1961, ich arbeitete damals seit einem Jahr als Ingenieur bei GE und verdiente 10500 Dollar im Jahr, gestand mir mein erster Chef eine Gehaltserhöhung von 1000 Dollar zu. Ich war zufrieden damit – bis ich ein paar Stunden später herausfand, dass die drei Kollegen, mit denen ich das Büro teilte, genau dieselbe Gehaltserhöhung bekommen hatten. Ich war der Meinung, mehr verdient zu haben als die »Standarderhöhung«.

Ich redete mit meinem Chef, erreichte aber nichts.

In meiner Enttäuschung begann ich, mich nach einem anderen Job umzusehen. Ich fing an, die Stellenanzeigen in der *Chemical Week* und im *Wall Street Journal* zu lesen und hoffte, rasch einen besseren Job zu finden. Denn ich hatte das Gefühl, in der großen Masse am unteren Ende der Hierarchie unterzugehen. Ich wollte dort raus. Tatsächlich erhielt ich ein gutes Angebot von International Minerals & Chemicals in Chicago. Nicht weit entfernt lebte die Mutter meiner Frau. Ich sah eine Chance, von GE wegzukommen.

Dass ich nicht mehr als die übliche Gehaltserhöhung bekommen hatte, war nur einer der Gründe für meine Verärgerung über das Unternehmen, das ich für ziemlich knauserig hielt. Als GE mich angeworben hatte, hatte es einen roten Teppich für mich ausgerollt. Man erklärte mir, ich sei genau die Person, die sie für die Entwicklung des neuen Kunststoffs PPO brauchten.

Als Carolyn und ich in Pittsfield in Massachusetts ankamen, erwartete ich, dass diese zuvorkommende Behandlung andauern würde. Bei unserer Ankunft hatten wir nicht viel mehr als Wechselgeld in der Tasche. Wir waren über 1500 Kilometer von Illinois in meinem klapprigen schwarzen VW-Käfer gefahren. Als ich im Oktober 1960 bei GE anfing, befand sich die lokale Gewerkschaft gerade im Streik. Um die Streikposten zu umgehen, gab ich mich als »Prozessentwicklungsexperte« in einem Warenhaus vor Ort aus.

Mein neuer Chef Burt Coplan, ein Entwicklungsmanager Mitte 40, stellte rasch klar, dass die Zeit der Freundlichkeiten vorbei war. Coplan fragte mich, ob wir schon eine Wohnung gefunden hätten. Als ich sagte, dass wir vorerst in ein Hotel gezogen seien, erklärte er: »Sie müssen aber wissen, dass wir dafür nicht aufkommen.«

Ich konnte es nicht glauben. Wäre es nicht meine erste Arbeitswoche gewesen, so hätte ich ihm ordentlich die Meinung gesagt. Doch ich beherrschte mich und hielt den Mund. In der Einstellungsphase hätte Coplan nicht liebenswürdiger sein können. Im Grunde war er ein anständiger Kerl. Er betrachtete es lediglich als seine Aufgabe, an allen Ecken und Enden zu sparen. Dabei benahm er sich, als stünde GE kurz vor dem Bankrott.

Die euphorische Stimmung, in der ich zu GE gekommen war, verflog rasch. Wir zogen aus dem Hotel aus, und ich nahm mir ein Zimmer in einem billigen Motel, während Carolyn ein paar Wochen bei meinen Eltern in Salem verbrachte. Schließlich zogen wir in eine kleine Wohnung in einem Fachwerkhaus in der First Street. Die Vermieterin wollte offensichtlich bei den Heizkosten sparen, denn in unserer Wohnung war es oft unerträglich kalt. Wir mussten an die Wand klopfen, um sie dazu zu bringen, das Thermostat höher zu drehen. Doch selbst dann rief sie uns oft durch die dünnen Wände zu, wir sollten uns lieber einen Pullover anziehen. Meine Eltern gaben uns 1000 Dollar für eine Couch und ein Bett.

Doch nicht alles in diesem ersten Jahr war schrecklich. Es gab auch Dinge, die mir gefielen: die Aufgabe, selbständig eine neue Pilotanlage für die Herstellung von PPO zu entwerfen und zu bauen und das Gefühl, einem sehr familiären Unternehmen anzugehören.

Ich arbeitete eng mit Dr. Al Gowen zusammen, der im selben Monat zu GE gekommen war wie ich. Er leitete die ersten Experimente mit dem neuen Kunststoff. Ich entwarf die Kessel, um die größeren Chargen zu testen, und ließ sie in einer Maschinenwerkstatt herstellen. In einem kleinen Nebengebäude hinter unseren Büros bauten wir eine völlig neue Pilotanlage. Jeden Tag führten wir Experimente durch und testeten verschiedene Verfahren. Für jemanden, der gerade von der Universität gekommen war, war das ein echtes Abenteuer.

Für die Arbeit mit einem neuen Kunststoff wie PPO brauchten wir unbedingt wissenschaftliche Hilfe. Also stieg ich mindestens zweimal im Monat ins Auto und fuhr 90 Kilometer weit zum zentralen Forschungs- und Entwicklungslabor von GE in Schenectady im Bundesstaat New York, wo der Kunststoff erfunden worden war. Ich verbrachte den ganzen Tag mit den Forschern und Wissenschaftlern und versuchte, ihre Begeisterung für das Potenzial des Produkts zu wecken.

Zu jener Zeit wurde das Forschungszentrum zur Gänze von der Zentrale finanziert. Daher hatten die Laborwissenschaftler keinen unmittelbaren Anreiz, sich auf einen bestimmten Geschäftsbereich oder wie in diesem Fall auf eine Kommerzialisierung ihrer Neuerungen zu konzentrieren. Sie beschäftigten sich am liebsten mit Pionierforschung. Meine Aufgabe bestand darin, sie dazu zu bewegen, sich nicht auf Erfindungen zu beschränken, sondern auch an der Entwicklung des Produkts teilzunehmen. Da ich keinerlei Autorität hatte, musste ich es mit Überredungskunst versuchen. Es fiel mir nicht schwer, Al Hay, den Erfinder des Kunststoffs, und einige seiner Mitarbeiter zu motivieren, aber etliche andere hatten nicht das geringste Interesse an der Kommerzialisierung der Produkte.

Ich freute mich immer auf diese Ausflüge ins Forschungszentrum, weil es mir Spaß machte, mein Projekt zu »verkaufen« – und die Leute im Labor waren eine echte Hilfe. Außerdem stellten sich die Fahrten als relativ lukrativ heraus. Ich fuhr mit meinem VW, und das Benzin kostete mich einen Dollar – vier Gallonen zu 25 Cent je Gallone*. GE zahlte mir ein Fahrgeld von sieben Cent pro Meile. Also verdiente ich an jeder Fahrt nach Schenectady rund sieben Dollar. Heute hört sich das lächerlich an, aber damals waren wir froh über jeden Zusatzverdienst.

Doch diese kleinen Freuden änderten nichts daran, dass meine Enttäuschung über das Unternehmen von Tag zu Tag wuchs. Die Knauserigkeit, mit der ich an meinem ersten Tag Bekanntschaft gemacht hatte, war allgegenwärtig. In einem Ziegelbau in der Plastics Avenue saßen wir zu viert in einem kleinen, bis unter die Decke voll gestopften Büro. Wir mussten praktisch über die Schreibtische klettern, um den Hörer zu erreichen, wenn eines der zwei Telefone klingelte, die wir uns teilten. Auf Geschäftsreisen mussten wir zu zweit in einem Zimmer schlafen.

* Etwa 4,5 Liter.

Die »übliche« Gehaltserhöhung von 1000 Dollar war dann der Tropfen, der das Fass zum Überlaufen brachte. Also ging ich zu Coplan und kündigte. Als ich gerade dabei war, meine Zelte in Pittsfield abzubrechen, rief Coplans Vorgesetzter an. Reuben Gutoff, ein junger Manager, der in Connecticut arbeitete, lud Carolyn und mich zum Abendessen in ein Restaurant ein. Gutoff war mir nicht unbekannt. Wir waren einander bei mehreren Geschäftsbesprechungen begegnet. Ich war ihm wohl aufgefallen, weil ich immer mehr leistete, als er erwartete. Als kleiner Entwicklungsingenieur hatte ich eine vollständige Analyse der Kosten und der Festigkeitseigenschaften unseres neuen Kunststoffs im Vergleich zu allen wichtigen Konkurrenzprodukten erstellt, die von DuPont, Dow Chemical oder Celanese angeboten wurden. Die Analyse umfasste eine Kalkulation der langfristigen Kosten von Nylon, Polypropylen und Acryl im Vergleich zu unserem Produkt.

Das war keine weltbewegende Leistung, aber offensichtlich mehr, als man von einem Typ im weißen Labormantel gemeinhin erwartete. Ich versuchte mich von der Masse abzuheben. Wenn ich nur seine Fragen beantwortet hätte, wäre ich ihm wohl kaum aufgefallen. Vorgesetzte haben im Allgemeinen schon eine Antwort im Kopf, wenn sie eine Frage stellen. Sie suchen nur nach einer Bestätigung. Um mich von den anderen abzuheben, dachte ich mir, musste ich weiterdenken und über die gestellte Frage hinausgehen. Ich musste nicht nur eine Antwort geben, sondern auch einen unerwarteten, neuen Gedanken äußern.

Gutoff waren meine Bemühungen offensichtlich aufgefallen. Beim Abendessen versuchte er vier Stunden lang, mich zum Bleiben zu bewegen. Er stellte mir eine größere Gehaltserhöhung in Aussicht und versprach, mir die Bürokratie des Unternehmens vom Leib zu halten. Ich war überrascht, zu erfahren, dass die Bürokratie bei GE ihn nicht weniger frustrierte als mich.

Ich hatte ungeheures Glück, denn viele Vorgesetzte bei GE hätten mich gehen lassen, ohne mir eine Träne nachzuweinen. Coplan hielt mich zweifellos für eine Nervensäge. Doch zum Glück war Gutoff anderer Meinung. (Er musste sich allerdings auch nicht Tag für Tag mit mir auseinander setzen.) Als das Abendessen zu Ende war, hatte ich ihm noch immer keine Antwort gegeben. Um ein Uhr nachts, Carolyn und ich lagen bereits im Bett, rief Gutoff erneut an. Er befand sich auf der Rückfahrt nach Westport (Connecticut) und hatte bei einer

Telefonzelle angehalten, um weiter mit mir zu verhandeln. Reuben ließ einfach nicht locker.

Er bot mir mehr Geld (auf die 1000 Dollar Gehaltserhöhung, die ich von Coplan bekommen hatte, legte er noch 2000 Dollar drauf) und versprach, mir mehr Verantwortung zu übertragen und bürokratische Hürden aus dem Weg zu räumen. Damit bewies er mir, dass ihm wirklich etwas an meiner Mitarbeit lag.

Am Morgen vor meinem Ausstand entschied ich mich, doch bei GE zu bleiben. Bei der vermeintlichen Abschiedsfeier in Coplans Haus teilte ich meinen Kollegen mit, dass ich nicht weggehen würde. Die meisten schienen sich darüber zu freuen. Burt hingegen machte keinen sehr glücklichen Eindruck.

Gutoffs Bereitschaft, mir seine Wertschätzung zu zeigen, machte großen Eindruck auf mich. Seit damals ist die differenzierte Behandlung der Mitarbeiter ein Grundbestandteil meines Führungsstils. Jene Standardgehaltserhöhung vor über 40 Jahren bewegte mich dazu, in dieser Hinsicht einen möglicherweise sehr extremen Standpunkt einzunehmen. Aber bei der differenzierten Behandlung der Mitarbeiter geht es schließlich um Extremfälle, um die Anerkennung der Besten und das Aussieben der Ineffektiven. Nur eine strikte Differenzierung bringt echte Stars hervor – und Stars bauen großartige Unternehmen auf.

Manche Leute meinen, die Differenzierung sei kontraproduktiv und schade der Moral. Angeblich untergräbt die unterschiedliche Behandlung der Mitarbeiter das Konzept der Teamarbeit. Nun, nicht in meiner Welt. Man baut starke Teams auf, indem man die Leute unterschiedlich behandelt. Denken Sie nur daran, wie in einem Baseballteam erfolgreiche Werfer und Schläger bezahlt werden. Obwohl der relative Beitrag dieser Spieler leicht anhand ihrer Erfolgsquote zu messen ist, sind sie Mitglieder eines Teams.

Alle Teammitglieder müssen das Gefühl haben, einen wertvollen Beitrag zu leisten. Das bedeutet jedoch nicht, dass sie alle gleich behandelt werden müssten.

Schon als junger Sportler lernte ich, wie wichtig es ist, die besten Spieler aufzustellen. Wer das beste Team aufs Feld schickte, gewann das Spiel. Das Verhalten von Reuben Gutoff zeigte mir, dass es in der Wirtschaft nicht anders ist. Siegerteams entstehen durch die differenzierte Behandlung der Teammitglieder – die Besten werden belohnt, die Schlechtesten aussortiert und die Latte für das gesamte Team wird immer höher gelegt.

Ich hatte das Glück, mich vom Fußvolk lösen zu können und diese Lektion in meinem ersten Jahr bei GE zu lernen – wenn auch erst in letzter Sekunde, als ich dem Unternehmen bereits den Rücken kehren wollte.

3 Abheben

Viele Jahre, bevor man mir den Spitznamen »Neutronen-Jack« verlieh, jagte ich eine Fabrik in die Luft. Man schrieb das Jahr 1963, und ich stand am Anfang meiner Laufbahn bei GE. Ich war 28 Jahre alt und arbeitete seit drei Jahren für das Unternehmen. Ich erinnere mich an diesen Frühlingstag, als wäre es gestern gewesen. Es war eines der schrecklichsten Ereignisse meines ganzen Lebens.

Ich saß gerade in meinem Büro in Pittsfield, als es in der benachbarten Pilotanlage zu einer Explosion kam. Mit einem gewaltigen Knall wurde das Dach vom Gebäude gerissen, und alle Fenster im obersten Stock gingen zu Bruch. Die Explosion ging uns allen, besonders mir, durch Mark und Bein.

Während mir der Explosionslärm noch in den Ohren dröhnte, rannte ich aus meinem Büro zu dem 100 Meter entfernten Ziegelgebäude an der Plastics Avenue hinüber. Ich flehte zu Gott, dass niemand verletzt sei. Überall lagen Dachschindeln und Glasscherben herum. Über dem Gebäude hing eine Wolke aus Rauch und Staub.

Ich stürmte über die Treppe in den dritten Stock hinauf. Ich hatte schreckliche Angst. Mein Herz pochte wie wild und ich war schweißgebadet. Der Schaden, den die Explosion angerichtet hatte, war noch schlimmer, als ich befürchtet hatte. Ein großes Stück des Daches und der Decke waren eingestürzt.

Doch wie durch ein Wunder war niemand ernsthaft verletzt worden.

Wir experimentierten damals gerade mit einem chemischen Verfahren. Wir perlten Sauerstoff durch eine sehr leicht flüchtige Lösung in einen großen Behälter. Die Explosion wurde durch einen Funken ausgelöst, dessen Herkunft uns unerklärlich war. Wir hatten Glück, denn die Sicherheitsriegel gaben wie vorgesehen nach, sodass der Deckel geradewegs durch die Decke sausen konnte.

Da ich das Projekt leitete, lag die Verantwortung eindeutig bei mir. Am nächsten Tag musste ich die 160 Kilometer nach Bridgeport in Connecticut fahren, um einem Vorgesetzten namens Charlie Reed zu erklären, wie es zu dem Unfall hatte kommen können. Reed stand in der Hierarchie über Reuben Gutoff, meinem direkten Vorgesetzten, der mich überredet hatte, bei GE zu bleiben. Gutoff würde ebenfalls an dem Gespräch teilnehmen, doch ich war derjenige, der für die Explosion geradestehen musste. Ich war auf das Schlimmste gefasst.

Die Führung von GE erwartete alles Mögliche von ihren Managern. Sie sollten Ideen für neue Produkte vorlegen, in neue Märkte vorstoßen und die Einnahmen erhöhen. Was sicher nicht erwartet wurde, war, dass sie Anlagen in die Luft sprengten.

Ich konnte erklären, wie es zu der Explosion gekommen war und hatte auch einige Ideen, wie das Problem behoben werden konnte. Aber ich war mit den Nerven völlig am Ende. Mein Selbstvertrauen war fast in so schlechtem Zustand wie die Anlage.

Ich kannte Charlie Reed nicht besonders gut. Doch als ich in sein Büro in Bridgeport kam, nahm er sofort den schrecklichen Druck von mir, der auf mir gelastet hatte. Charlie, der am MIT technische Chemie studiert hatte, war ein brillanter Wissenschaftler. Er hatte am MIT fünf Jahre angewandte Mathematik unterrichtet, bevor er 1942 zu GE gekommen war. Er interessierte sich sehr für die Technologie. Charlie war sozusagen mit dem Unternehmen verheiratet und der höchstrangige leitende Angestellte bei GE, der praktische Erfahrung mit Chemikalien besaß. Er wusste, was passieren konnte, wenn man bei hohen Temperaturen mit leicht flüchtigen Stoffen arbeitete.

Er war sehr verständnisvoll. Seine Reaktion auf den Unfall war geradezu sokratisch. Er wollte vor allem wissen, was ich aus der Explosion gelernt hatte und ob ich den Reaktorprozess in den Griff bekommen würde. Er fragte, ob wir das Projekt fortsetzen sollten. Dabei zeigte er keine Emotionen, sondern ging vollkommen sachlich an das Problem heran. »Es ist besser, dieses Problem jetzt zu entdecken als später in einem groß angelegten Betrieb«, sagte er. »Gott sei Dank wurde niemand verletzt.« Charlies Reaktion machte enormen Eindruck auf mich.

Wenn Mitarbeiter Fehler machen, ist Bestrafung das Letzte, was ihnen weiterhilft. In solchen Situationen brauchen sie jemanden, der sie ermutigt und ihr Selbstvertrauen stärkt. Auf einem Fehler herumzureiten, wenn jemand ohnehin schon am Boden zerstört ist, gehört zu den schlimmsten Dingen, die man tun kann. Bei GE befolgen wir in solchen Situationen ein eigenartiges Ritual. Wenn der Leiter eines Unternehmensbereichs in einer Betriebsanalyse für einen Fehler kritisiert wird und einer seiner Kollegen auf den fahrenden Zug aufspringt, schreiten die Leute aus den Stabsabteilungen ein und weisen ihn zurecht.

Wenn in einem Moment der Schwäche auf Fehlern herumgeritten wird, können die Betroffenen in eine Abwärtsspirale geraten, die ich als »GE Vortex«* bezeichne. Das kann überall passieren. In diesen Strudel gerät eine Führungskraft, wenn sie ihr Selbstvertrauen verliert, in Panik gerät und immer tiefer im Sumpf der Selbstzweifel versinkt. Ich habe miterlebt, wie ausgesprochen intelligente und selbstbewusste Leiter von Milliarden Dollar schweren Geschäftsbereichen in eine solche Lage gerieten. Lange Zeit lief alles hervorragend, doch irgendwann können sie einen Betriebsplan nicht einhalten oder sie schließen ein schlechtes Geschäft ab. Die Selbstzweifel beginnen an ihnen zu nagen. Dann sind sie bereit, allem zuzustimmen, nur um aus dem Büro des Vorgesetzten herauszukommen und einen weiteren Tag zu überstehen.

Es ist furchtbar, so etwas mit ansehen zu müssen. Nur wenige kommen aus dem »Strudel« wieder heraus. Ich habe mich stets bemüht, den Leuten in einer solchen Situation zu helfen – oder sie überhaupt zu vermeiden.

Verstehen Sie mich nicht falsch. Ich liebe es, die Ideen anderer Menschen infrage zu stellen. Niemand hat mehr Freude an einer harten, leidenschaftlichen Diskussion als ich. Es geht nicht darum, einer direkten und ehrlichen Auseinandersetzung aus dem Weg zu gehen. Aufrichtigkeit gehört zum Job. Und auch ein Gespür dafür, ob jemand ein aufmunterndes Wort oder einen Tritt in den Hintern braucht. Arrogante Menschen, die sich weigern, aus ihren Fehlern zu lernen, müssen natürlich aus einem Unternehmen entfernt werden. Doch wenn sich gute Leute aufgrund eines Fehlers mit Selbstvorwürfen peinigen, ist es unsere Aufgabe, ihnen beizustehen.

---

* Etwa »GE Strudel«.

Das heißt nicht, dass man seinen Führungskräften alles durchgehen lassen sollte. Ein Beispiel: Letztes Jahr plauderte ich am Abend vor unserer jährlichen Führungskräfteversammlung mit einem unserer besten Manager, der die weltweite F&E-Verantwortung für einen der größten Geschäftsbereiche von GE trägt. Ich war kurz zuvor in Indien gewesen, um mir unseren dortigen F&E-Betrieb anzusehen, und war begeistert zurückgekehrt. Als ich ihm erzählte, welchen Eindruck sein Betrieb auf mich gemacht hatte, erklärte er mir, die Leute in Indien hätten mich offensichtlich für dumm verkauft. »Die Qualität der Arbeit dort ist nicht annähernd so gut, wie Sie glauben«, sagte er abschätzig.

Ich ärgerte mich über diese Bemerkung. Ich konnte es gar nicht fassen. Obwohl die Techniker und Wissenschaftler in Indien auf *seiner* Gehaltsliste standen, unterschied er zwischen den Leuten an seinem Standort »hier« in den USA und den Leuten »dort« in Indien. Ich wusste, dass wir Schwierigkeiten hatten, das Konzept des globalen geistigen Kapitals in der ganzen Organisation durchzusetzen. Doch diese Bemerkung von einem meiner besten Mitarbeiter führte mir deutlich vor Augen, dass die Schwierigkeiten wesentlich größer waren, als ich gedacht hatte.

Ohne seinen Namen zu nennen, erzählte ich die Geschichte am nächsten Morgen vor 170 Topmanagern. Ich verwendete sie als Beispiel dafür, dass unser Unternehmen offensichtlich nicht verstanden hatte, worum es bei der Nutzung des globalen geistigen Kapitals ging. Ich forderte jeden Einzelnen auf, seine Einstellung zu diesem Thema zu prüfen. Es war nicht akzeptabel, dass die F&E-Teams in den USA alle interessanten Projekte für sich beanspruchten und die weniger spannenden Ländern wie Indien aufhalsten. Meine Besuche in Indien hatten mir bewiesen, dass in den dortigen Forschungslabors Wissenschaftler arbeiteten, die mindestens ebenso qualifiziert waren wie ihre Kollegen in den USA – und zwar nicht nur im Softwarebereich.

Verständlicherweise hatte der besagte Topmanager das Gefühl, ich habe ihn öffentlich und vor seinen Kollegen erniedrigt. Ich hätte das sicher nicht getan, wenn er nicht einer der intelligentesten und selbstbewusstesten Führungskräfte von GE gewesen wäre. Er war einer unserer Stars, kein Versager.

Ein oder zwei Tage nach dem Meeting bekam ich einen kurzen Brief von ihm, in dem er erklärte, er habe ungewollt »die beträchtlichen Fortschritte des Teams in Indien herabgesetzt« und mir dadurch einen falschen Eindruck vermittelt. Ich dankte ihm sofort für seinen Brief und versicherte ihm, dass die Sache damit für mich erledigt sei.

Es liegt auf der Hand, dass man nicht jedermann als negatives Beispiel verwenden kann. Dies kann man nur mit den allerbesten Leuten tun – solange diese die Gewissheit haben, zu den Besten zu gehören. Ich verwende gern Rollenmodelle, um einer größeren Gruppe meinen Standpunkt zu veranschaulichen.

Dasselbe gilt für Leute, die zum »großen Schlag« ausholen und den Ball verfehlen. Einer der wesentlichen Vorteile eines großen Unternehmens besteht darin, dass es das Wagnis eingehen kann, sich auf große Projekte mit enormem Potenzial einzulassen. Diesen Vorteil macht man allerdings zunichte, wenn man jenen Leuten, die den Mut haben zu träumen und die bei dem Versuch, nach den Sternen zu greifen, scheitern, den Garaus macht. Mit einem solchen Vorgehen schafft man lediglich eine Kultur, die dem Risiko abgeneigt ist.

Um Träume zu verwirklichen und die Mitarbeiter dazu zu bewegen, über sich hinauszugehen, bietet man ihnen am besten kleine Ideen mit großem Potenzial an, gibt positive Rollenmodelle vor und stattet die Mitarbeiter mit ausreichend Ressourcen aus, um aus einem kleinen Projekt ein großes Geschäft zu machen.

Ein Beispiel: Anfang der 70er Jahre versuchten wir, eine revolutionäre neue Glühbirne namens Halarc zu entwickeln. Diese Glühbirne sollte zehnmal länger leben als normale Glühbirnen, aber nur einen Bruchteil der Energie verbrauchen. Uns schwebte ein perfektes, überaus umweltfreundliches Produkt vor. Das Halarc-Projekt war ein »großer Schlag«, der 50 Millionen Dollar kostete.

Das Problem war nur, dass niemand bereit war, knapp elf Dollar für eine einzige Glühbirne zu bezahlen, egal wie »grün« oder revolutionär sie sein mochte. Unser Projekt scheiterte. Doch statt die Verantwortlichen zu »bestrafen«, feierten wir ihre beeindruckenden Bemühungen. Wir vergaben Managementauszeichnungen in Form von Bargeld und beförderten einige Leute, die an dem Projekt beteiligt gewesen waren. Obwohl niemand mit den erzielten Ergebnissen zufrieden war, ließen wir keinen Zweifel daran, dass wir die Bemühungen des Teams zu schätzen wussten. Wir wollten dem ganzen Unternehmen zu verstehen geben, dass es in Ordnung war, zu einem großen Schlag auszuholen und ins Leere zu hauen.

Im Jahr 1964 war unsere Arbeit an dem neuen Kunststoff weit fortgeschritten. Es würde nicht mehr lange dauern, bis das Produkt für den Markt reif war. Gutoff übertrug einem General Manager namens Bob Finholt die Verantwortung für das Produkt. Finholt überzeugte seine Vorgesetzten rasch davon, dass wir in Pittsfield ein viel versprechendes Produkt entwickelt hatten. 1964 brachte Charlie Reed den Vorstand dazu, die Errichtung einer Produktionsanlage für unseren neuen Kunststoff zu genehmigen.

Diese zehn Millionen Dollar teure Anlage würde das PPO herstellen, das mich zu GE geführt hatte; dasselbe Produkt, das die Explosion in der Pilotanlage ausgelöst hatte. Die Finanzierung beruhte auf der Annahme, dass wir einen bahnbrechenden neuen Kunststoff entwickelt hatten, der dem ersten von GE entwickelten Kunststoff namens Lexan, der neue Maßstäbe gesetzt hatte, deutlich überlegen war.

Es war nicht einfach, unsere Wünsche bezüglich der Anlage durchzusetzen. Vor allem wollten wir nicht nach Mount Vernon in Indiana übersiedeln, wo unsere Lexanfabrik stand. Stattdessen wollten wir unsere Anlage auf einem Grundstück in Selkirk im Staat New York errichten. Ich hatte den Platz an einem Sonntagnachmittag bei einem Ausflug mit meiner Frau und unseren drei Kindern entdeckt. Wir stiegen aus dem Auto und gingen das ganze Gelände ab. Es war ein hübsches Stück Land, ein ehemaliger Verschiebebahnhof der New York Central Railroad mit Zugang zum Hudson River. Ich verliebte mich sofort in das Grundstück und wäre noch stundenlang dort geblieben, wenn die Kinder nicht müde geworden wären.

Einige leitende Angestellte von GE hatten Bedenken, weil der Standort nur 50 Kilometer von Schenectady entfernt war, wo bereits eine der größten und ältesten Produktionsanlagen von GE in Betrieb war. Unser Wunsch war nicht ganz uneigennützig. Wir wollten möglichst autonom sein und dort bleiben, wo wir waren. Als Begründung führten wir an, dass wir ein technisch sehr anspruchsvolles Produkt entwickelten und auf eine enge Zusammenarbeit mit den Chemikern und Wissenschaftlern im F&E-Zentrum in Schenectady sowie mit unserem eigenen, etwa 80 Kilometer entfernten Forschungslaboratorium in Pittsfield angewiesen seien.

Wir setzten uns durch und bekamen das Geld. Zu dieser Zeit wurde Ben Finholt aufgrund seiner kreativen Fähigkeiten befördert und in die strategische Planung in der Zentrale versetzt. Da nun die Stelle des General Managers frei war, bewarb ich mich um den Posten.

Nach einem Abendessen in Selkirk mit Gutoff und dem Rest unseres Teams begleitete ich Gutoff zu seinem Auto und sprang mit einem Satz auf den Beifahrersitz seines VW-Cabrio.

»Was spricht dagegen, dass ich Bobs Nachfolger werde?«, fragte ich.

»Willst du mich auf den Arm nehmen?«, erwiderte Gutoff. »Jack, du hast keine Ahnung von Marketing. Und bei der Einführung dieses neuen Produkts geht es um nichts anderes.«

Ich war nicht bereit, ein Nein zu akzeptieren. Ich blieb an diesem kalten Abend über eine Stunde in Gutoffs Auto sitzen und zählte ihm jeden noch so geringen Grund auf, der für mich sprach.

Nun war es an mir, Gutoff zu überzeugen. Ich erinnerte ihn daran, wie er mich überredet hatte, bei GE zu bleiben. Er gab mir an diesem Abend keine Antwort, doch als wir vom Parkplatz fuhren, wusste er zumindest, wie viel mir an dem Job lag. In den folgenden Tagen rief ich ihn immer wieder an, um ihm weitere Vorzüge meiner Person zu nennen. Nach einer Woche rief er mich zurück und bat mich, in sein Büro in Bridgeport zu kommen.

»Du Schlitzohr«, sagte er. »Du hast mich überzeugt. Ich gebe dir den Job. Mach mir bloß keine Schande.« An diesem Tag kehrte ich als neuer General Manager des Bereichs Polymerprodukte nach Pittsfield zurück.

Ich hatte allerdings nicht viel Zeit zum Feiern. Kurz nachdem ich den neuen Job bekommen hatte und die Arbeiten auf der Baustelle begonnen hatten, fanden wir heraus, dass unser PPO-Produkt einen schwer wiegenden Mangel aufwies: Die Alterungstests ergaben, dass es mit der Zeit spröde und bei den hohen Temperaturen, denen es eigentlich standhalten musste, rissig wurde. Damit schied es als Ersatz für Heißwasser-Kupferrohre – einen seiner wichtigsten potenziellen Einsatzbereiche – definitiv aus.

Ich hatte mich selbst in eine Situation manövriert, die das Ende meiner Karriere bei GE bedeuten konnte. Eine Szene wird mir für immer im Gedächtnis bleiben: An einem Wintertag im Jahr 1965 fuhr ich mit Gutoff und Allan Hay, dem Wissenschaftler aus dem GE-Forschungslabor, der PPO erfunden hatte, zur Baustelle in Selkirk hinaus. Wir standen am Rand eines etwa zehn Meter tiefen Lochs, in dem wir alle bei unserer Beerdigung bequem Platz gefunden hätten.

Ich dachte an die technischen Mängel des Produkts, die wir gerade entdeckt hatten, blickte in das gigantische Loch hinab und sah meine Karriere bei GE den Bach runtergehen.

»Al, Sie müssen uns helfen, diese Mängel zu beheben, oder wir können uns gleich in diese Grube legen«, sagte ich. Hay wandte sich uns zu und antwortete ruhig und gelassen: »Ach, deswegen brauchen Sie sich keine Sorgen zu machen. Ich habe noch zwei andere neue Kunststoffe im Ärmel.«

Ich hatte gute Lust, ihn in das Loch zu stoßen. Ich fragte mich, warum in aller Welt ich mich in dieses Schlamassel gebracht hatte. Wir hatten uns selbst von rechts überholt. Wir hatten es hier mit einer Zehn-Millionen-Dollar-Investition in einen Geschäftsbereich zu tun, von dem das Unternehmen wenig verstand. Nun war klar, dass wir kein Produkt hatten, das in der Anlage hergestellt werden konnte. Und noch dazu hatte der Wissenschaftler, der es erfunden hatte, keine Ahnung, wie es verbessert werden konnte.

Es dauerte sechs mörderische Monate, bis wir eine Lösung für das Problem gefunden hatten. In dieser Zeit lebte ich praktisch im Laboratorium. Wir versuchten einfach alles: Wir fügten dem PPO jede erdenkliche chemische Verbindung hinzu, in der Hoffnung, die Rissbildung in den Griff zu bekommen. Und tatsächlich fand Dan Fox, der Chemiker, der mich überredet hatte, bei GE anzufangen, mit seinen Leuten in Pittsfield schließlich die Lösung: Sie mischten das PPO mit billigem Polystyrol und etwas Gummi.

Wir mussten den Plan für die Anlage ändern, um Platz für die Mischanlagen zu schaffen, aber es funktionierte. Die Geschichte hatte ein Happyend. Der neue Kunststoff bekam den Namen Noryl und entwickelte sich zu einem Blockbuster, der heute weltweit über eine Milliarde Dollar Umsatz im Jahr bringt.

Dass der Kunststoff doch noch ein Erfolg wurde, lag daran, dass wir eine Truppe von Verrückten waren, die sich fast alles zutrauten. Wir hatten die Hosen gestrichen voll, ließen uns von unseren Träumen aber nicht abbringen – und waren verrückt genug, alles zu versuchen, um dieses Produkt zu retten. Wir arbeiteten zwar für einen der größten Konzerne der Welt, aber in Pittsfield oder in Selkirk fühlten wir uns wie in einem sehr kleinen Familienbetrieb, der die Rückendeckung einer großen »Bank« genoss.

Ich weiß nicht, ob man hier von Glück sprechen kann. Es war, als würde Gott zu mir sagen: »Jack, das ist deine Gelegenheit. Nutze sie.« Ich war damals noch ziemlich grün hinter den Ohren. Ich erinnere mich noch gut an das erste Mal, als ein Vertreter Carolyn und mich zum Abendessen einlud. Das fand ich ungeheuer aufregend. Ich war

Projektmanager und kaufte Rohstoffe von seiner Firma, der Pittsburgh Consolidated Coal. Er führte uns ins Mill on the Floss aus, das beste Restaurant in der Gegend, und bezahlte alles!

Heute wirkt das vielleicht naiv, aber damals war das alles neu für mich. Ich genoss jede Minute und freute mich über die kleinsten Dinge. Wenn wir das Werk in Indiana besuchten, in dem Lexan hergestellt wurde, flogen wir immer in einem zweimotorigen Jet von Hartford in Connecticut nach Chigaco. Die Stewardess servierte uns bei jedem Flug eine Dose Macademia-Nüsse und zwei winzige Flaschen Scotch. Wir freuten uns schon den ganzen Weg zum Flughafen darauf.

Manchmal konnte ich nicht glauben, dass ich für all diese Dinge bezahlt wurde. Meine Mutter übrigens auch nicht. Als ich 1964 das erste Mal geschäftlich nach Europa reiste, hatte sie schreckliche Angst, dass GE mir die Kosten nicht zurückerstatten würde. »Bist du sicher, dass sie dafür aufkommen werden?«, fragte sie.

Wir machten all diese neuen Erfahrungen, weil wir einen Geschäftsbereich aus dem Nichts aufbauten. Wir sahen in so ziemlich allem einen Grund zum Feiern. Wenn wir einen Auftrag für Kunststoffkügelchen über 500 Dollar an Land gezogen hatten, kauften wir auf dem Heimweg eine Ladung Bier, um darauf anzustoßen. Wir hängten Zettel mit den Namen aller Kunden, die für 500 Dollar oder mehr bei uns kauften, an die Wand und nahmen sie in unseren »500er-Club« auf. Jedes Mal, wenn der Club zehn neue Mitglieder hatte, veranstalteten wir eine Party. Die Bier- und Pizzapartys wurden nicht im Silicon Valley erfunden. In Selkirk und Pittsfield standen sie schon Mitte der 60er Jahre auf der Tagesordnung!

Jede vorzeitige Beförderung, jeder Bonus und jede Gehaltserhöhung war ein Grund zum Feiern. Als ich 1964 einen Bonus von 3000 Dollar bekam, lud ich alle meine Kollegen und Mitarbeiter in das neue Haus ein, das ich kurz zuvor gekauft hatte. Es stand in der Cambridge Avenue in einem Arbeiterviertel von Pittsfield. Am Montag darauf kaufte ich mir mein erstes Cabrio, einen grünen Pontiac LeMans. Ich hatte das Gefühl, die ganze Welt liege mir zu Füßen – doch schon wenig später wurde ich unsanft daran erinnert, wie schnell sich die Dinge ändern können.

Außer dem Auto kaufte ich mir auch einen neuen Anzug. Damals legte ich Wert darauf, mich durch die Kleidung von den anderen abzuheben. Im Sommer trug ich oft teure khakifarbene Popelineanzüge mit blauen Button-down-Hemden und gestreiften Krawatten. Heute klingt es kindisch, aber damals liebte ich es, wenn mich jemand mit »Dr. Welch« anredete.

An einem herrlichen Frühlingstag ging ich nach der Arbeit zum Parkplatz und stieg in mein blitzendes neues Auto. Ich drückte zum ersten Mal den Knopf, um das Dach zu öffnen. In diesem Augenblick riss der hydraulische Schlauch, und dunkles, schmieriges Öl spritzte auf meinen Anzug und ruinierte den Lack auf der Motorhaube meines schönen neuen Autos.

Ich konnte es nicht fassen. Gerade hatte ich mich noch als Herr der Welt gefühlt, und im Handumdrehen wurde ich auf den Boden der Tatsachen zurückgeholt. Es war eine unvergessliche Lektion. Gerade, wenn du glaubst, der Größte zu sein, passiert etwas, das dich wieder Demut lehrt. Es war nicht das letzte Mal, dass ich diese Erfahrung machte.

Nichtsdestotrotz wurde unser Familienbetrieb immer größer, und auch mit mir ging es bergauf. Sobald die Anlage in Selkirk fertig war und wir mit dem Verkauf von Noryl beginnen konnten, stieg der Umsatz rasch. Zwischen 1965 und 1968 wuchs unser Unternehmensbereich mit großer Geschwindigkeit. Zu diesem Zeitpunkt gelang mir mein nächster großer Karrieresprung. Anfang Juni 1968, acht Jahre nach meinem Eintritt in das Unternehmen, wurde ich zum General Manager des 26 Millionen Dollar schweren Kunststoffbereichs befördert. Ich war damals 32 Jahre alt und der jüngste General Manager des Unternehmens.

Das war mein Eintritt in die Oberliga mit all den netten Begleiterscheinungen: Ich erhielt eine Einladung zum jährlichen Meeting des Topmanagements in Florida und meine ersten Aktienoptionen.

Ich war auf dem Weg nach ganz oben.

4 Unter dem Radar

Das Leben schien vollkommen. Nur eines betrübte mich: Ich konnte meinen Erfolg nicht mehr mit meinen Eltern teilen. Meine Mutter starb am 25. Januar 1965. Dies war der traurigste Tag in meinem Leben. Sie war erst 66 Jahre alt, doch sie hatte jahrelang unter Herzbeschwerden gelitten.

Ihren ersten Herzinfarkt hatte sie, als ich noch im Grundstudium an der University of Massachusetts in Amherst war. Als meine Tante damals anrief, um mir die Nachricht mitzuteilen, war ich derart schockiert, dass ich tatsächlich aus dem Studentenheim stürmte und an der Autobahn entlang nach Salem lief, das etwa 175 Kilometer entfernt war. Ich war derart von meinen Gefühlen übermannt, dass ich nicht am Straßenrand stehen bleiben und darauf warten konnte, bis jemand anhielt, um mich nach Salem mitzunehmen.

Nach drei Wochen im Krankenhaus kehrte sie ausgeruht und gut erholt nach Hause zurück. In jener Zeit gab es noch keine Betablocker und Bypass-Operationen (die mir später das Leben retteten). Drei Jahre später erlitt sie einen zweiten Herzanfall und durchlief den gleichen Genesungsprozess ein weiteres Mal. Drei weitere Jahre darauf ereilte sie der dritte Infarkt, den sie nicht überlebte. Zu jenem Zeitpunkt befand sie sich gemeinsam mit meinem Vater auf Urlaubsreise in Florida. Ich hatte ihnen 1000 Dollar von meiner Bonuszahlung gegeben, damit sie dem harten Winter in Neuengland entfliehen konnten.

Dieses Geld bedeutete viel für uns beide. Als ich ihr das Geld übergab, platzte sie fast vor Stolz. Sie hatte mir ab dem Tag meiner Geburt alles gegeben. Mit meinem bescheidenen Geschenk konnte ich mich endlich bei ihr dafür bedanken. Für sie war dieses Geschenk Ausdruck des Erfolgs »ihres Produkts«. Sie war unglaublich stolz. Ich danke Gott dafür, dass ich noch Gelegenheit hatte, das für sie zu tun. Es stimmt mich heute noch traurig, dass sie nicht erleben kann, was ich ihr heute geben könnte.

Als mir mein Vater mitteilte, dass meine Mutter in Fort Lauderdale in einem Krankenhaus liege, flog ich sofort von Pittsfield aus nach Florida. Bei meinem Eintreffen war sie in schlechter Verfassung. Sie war schwach und wirkte zerbrechlich. In der Nacht, als sie starb, saß ich an ihrem Bett. Sie bat mich, ihr den Rücken zu waschen. Ich wusch sie mit warmem Wasser und Seife, was sie glücklich machte. Anschließend fuhr ich mit meinem Vater in das Motel, in dem sie gemeinsam gewohnt hatten. Wir sahen sie nicht mehr lebend.

Ich war am Boden zerstört. Mein Vater und meine Tante kehrten mit dem Leichnam meiner Mutter im Zug nach Salem zurück, während ich den Wagen meines Vaters nach Hause brachte. Ich fuhr die ganze Nacht in nördlicher Richtung. In North Carolina machte ich in einem Motel am Straßenrand Halt, um mich etwas auszuruhen, doch nachdem ich mich vier Stunden lang im Bett gewälzt hatte, brach ich wieder auf. Ich war ruhelos und von Wut erfüllt. Ich weinte die ganze Zeit. Ich fühlte mich betrogen und war zornig auf Gott, der mir meine Mutter genommen hatte.

Als ich zu Hause ankam, hatte ich genug geweint. Die Leichenmesse für meine Mutter in der Kirche St. Thomas the Apostle verwandelte sich in eine Feier ihres Lebens. In der Leichenhalle in Salem erschienen all unsere Verwandten, Nachbarn und hunderte Freunde, die ich nicht kannte. Jeder von ihnen wusste eine Geschichte zu erzählen, die ihnen meine Mutter über ihren Sohn Jackie berichtet hatte. Aus all den Erzählungen, mit denen sie ihre Freunde gelangweilt hatte, sprach ihr Stolz auf mich.

Auch für meinen Vater war ihr Tod ein schwerer Schlag. Er war ein guter und großzügiger Mensch. Er hatte mir ein neues Auto gekauft, ohne es sich leisten zu können. Seine Arbeit und die überwältigende Persönlichkeit meiner Mutter hatten ihn davon abgehalten, wesentlichen Einfluss auf mein Leben zu nehmen. Doch ich liebte ihn. Nun musste ich mit ansehen, wie er sich weigerte, sich an ein Leben ohne seine Frau zu gewöhnen.

Ohne sie war er ein im Feindesland verlorener Soldat. Meine Mutter hatte ihn auf eine strenge salzlose Diät gesetzt, da er an Wassersucht litt. Nun kümmerte er sich nicht mehr um seine Ernährung, und bald quoll sein Gesicht aufgrund der Wasseransammlung an. Er begann zuzunehmen.

Er aß sich einfach zu Tode. Schließlich hatte sich in seinem Körper so viel Wasser angesammelt, dass er ins Krankenhaus eingeliefert werden musste. Ich kehrte so schnell wie möglich von einer Geschäftsreise zurück, die mich nach Europa geführt hatte. Er lebte noch, als ich im Krankenhaus den Aufzug bestieg, um zu seinem Zimmer hinaufzufahren. Als ich an sein Bett trat, war er gerade gestorben. Seit dem Tod meiner Mutter waren nur 15 Monate vergangen. Mein Vater starb am 22. April 1966 im Alter von 71 Jahren.

Diese Schicksalsschläge brachten mich aus dem Gleichgewicht. Meine Mutter und mein Vater waren fort, und ich versank in Trauer. Zum Glück fing Carolyn mich auf. Sie war stark und klug und stand mir unerschütterlich zur Seite. Sie erinnerte mich immer wieder daran, wie viel Glück ich hatte. Ich hatte eine großartige Familie mit drei gesunden Kindern – Kathy, John und Anne (im April 1968 kam Mark dazu). In dieser und in anderen Situationen erwies sich Carolyn als Fels, an den ich mich klammern konnte.

Als ich das Unternehmen durcheinander schüttelte, begann ich mir Sorgen über die Konsequenzen zu machen. In dieser Situation ermutigte mich Carolyn, das zu tun, was ich für richtig hielt – ungeachtet dessen, was andere bei GE denken mochten. Sie feierte jede Beförderung, indem sie mit den Kindern das Haus und die Garageneinfahrt mit Krepppapier und Wimpeln schmückte.

Nach meiner Beförderung zum General Manager des Kunststoffbereichs sollte ich im Jahr 1969 der Unternehmenszeitschrift *Monogram* ein Interview geben. Als der Verfasser in Pittsfield eintraf, sprach er mich mit »Dr. Welch« an. »Ich mache keine Hausbesuche«, antwortete ich. »Sie können also Jack zu mir sagen.« Diese Aussage zitierte er in dem Artikel.

Ich wollte die Rolle des Ingenieurs gegen jene des Geschäftsmanns tauschen, weshalb ich unbedingt die Anrede »Dr. Welch« loswerden musste. Ich prahlte damit, dass meine Mitarbeiter »eine aufgedrehte Bande« seien, die ihre eigene »Elektrizität« erzeugten. Ich betonte, dass das Kunststoffgeschäft in meinem ersten Jahr als General Manager mehr gewachsen sei als in den vorangegangenen zehn Jahren. »Hier gibt es Gold, und wir haben das Glück gehabt, darauf zu stoßen.«

Was für ein egozentrischer Wichtigtuer ich war! Ohne Respekt für die früheren Leiter dieses Geschäfts behauptete ich, wir würden alle Umsatz- und Gewinnrekorde brechen. Jedem, der den Artikel las, mussten meine Worte übel aufstoßen. Zum Glück war ich von der GE-Bürokratie isoliert und flog unterhalb des Radars.

Als mir der gesamte Kunststoffbereich anvertraut wurde, der auch Lexan beinhaltete, glaubte ich tatsächlich, eine Goldmine geerbt zu haben. Verglichen mit Noryl war Lexan ein Vollblutpferd. Dieser Werkstoff war klar wie Glas und hart wie Stahl. Er war leicht und feuerfest. Boeing verarbeitete in jeder 747, die es in jenen Tagen baute, 2000 Kilogramm Lexan. In der Hälfte seiner Einsatzgebiete ersetzte es Metall.

Im Gegensatz dazu hatte sich Noryl jahrelang nicht wirklich durchgesetzt. Mit Noryl waren wir Bürger zweiter Klasse mit einem zweitklassigen Produkt. Es gelang uns, das Produkt mit einem niedrigeren Verkaufspreis in Büromaschinen, Rasensprengern, Haartrocknern, Wegwerfrasierern und Fernsehgeräten unterzubringen. Doch wir mussten um jeden Auftrag für eine halbe Tonne kämpfen. Als dann auch Lexan zu unserem Bereich gehörte, glaubte ich, wir könnten endlich die Welt erobern. Und ich war unverfroren genug, das auch noch laut zu sagen.

Noch unverschämter war meine Aussage in Anbetracht der Tatsache, dass die Kunststoffe im Unternehmen keinen sehr hohen Stellenwert genossen. Mein Vorgänger an der Spitze des Geschäftsbereichs war zum Leiter des Silikonbereichs befördert worden, der damals um fast die Hälfte größer war als der Kunststoffbereich. Das Silikongeschäft war sehr rentabel, während wir mit den Kunststoffen gerade erst die Gewinnschwelle erreichten.

Dennoch sah die Zukunft rosig aus. Zu jener Zeit wurde prognostiziert, die Kunststoffindustrie werde im kommenden Jahrzehnt schneller als jede andere Branche – einschließlich Computern und Elektronik – wachsen. Diese Botschaft erreichte sogar den Film. In *Die Reifeprüfung* erhielt Dustin Hoffman den Ratschlag, eine Karriere im Kunststoffgeschäft anzustreben!

Wir stellten Marketingexperten ein und begannen, die Kunststoffe anzupreisen, als handle es sich um Waschmittel. So engagierten wir den Pitcher Bob Gibson von den St. Louis Cardinals für eine Werbekampagne. Wir nahmen einen Werbespot auf, in dem ein Stier durch einen Porzellanladen lief, ohne jedoch Schaden anzurichten, da das

»Porzellan« aus Lexan bestand. Wir engagierten das Komikerpaar Bob und Ray, um unsere Kunststoffe in Detroit in der Hauptsendezeit im Radio anzupreisen. Die Radiospots wurden zwischen halb acht und acht Uhr morgens ausgestrahlt, wenn unsere Zielgruppe, die Automobilingenieure, auf dem Weg zu ihren Arbeitsplätzen bei General Motors, Ford und Chrysler im Verkehrsstau steckten. Auf allen Pendlerstrecken wurden Werbetafeln neben der Straße aufgestellt.

Der Baseballstar Denny McLain, der mit den Detroit Tigers gerade das 30. Spiel in Folge gewonnen hatte, warf Bälle nach einer unzerstörbaren Kunststofftafel aus Lexan, die ich auf dem Parkplatz vor unserer Niederlassung in Detroit hochhielt. Die lokale Presse widmete dieser Aktion großen Raum. Unsere Promotionsaktivitäten fanden viel Aufmerksamkeit, da sie sich deutlich von den üblichen Marketinganstrengungen für einen industriellen Kunststoff abhoben.

Wir wollten sämtliche Metallteile in den Autos durch Lexan ersetzen, von der Verkleidung des Armaturenbretts bis zu den Fensterkurbeln. Da unsere fünf Leute in Detroit mit einer 40-köpfigen Abteilung bei DuPont konkurrieren mussten, mussten wir schneller und kreativer sein als die Konkurrenten. Wir warfen den großen Chemieunternehmen den Fehdehandschuh hin, und wir taten gut daran, denn wir konnten sie tatsächlich übertrumpfen. Wir nutzten die Stärke eines großen Unternehmens und versuchten uns mit der Geschwindigkeit eines kleinen Unternehmens zu bewegen.

Wir schwammen auf einer Erfolgswelle. Schon im Jahr 1970 übertrafen wir meine kühne Voraussage, indem wir das Kunststoffgeschäft in weniger als drei Jahren verdoppelten. Doch trotz des offenkundigen Erfolgs war ich einigen mächtigen Leuten in der Konzernzentrale ein Dorn im Auge.

Eine dieser Personen war Roy Johnson, der Leiter des Personalwesens und die graue Eminenz des Unternehmens. Er unterstand direkt dem Chairman Fred Borch, später Reg Jones, und hatte großen Einfluss auf Personalentscheidungen.

Jahre später stieß ich auf ein Memo, das Johnson im Juli 1971 an den stellvertretenden Chairman Herm Weiss geschickt hatte. Zu jener Zeit zählte ich zu den Anwärtern auf eine Beförderung zum Leiter des Bereichs Chemie und Metallurgie. Diese Gruppe von Geschäftseinheiten erzielte einen Umsatz von 400 Millionen Dollar. In dem Memo erklärte Johnson, ich hätte die Beförderung verdient, wies jedoch darauf hin, diese Entscheidung berge »außergewöhnliche Risiken. Jacks vielen

Stärken stehen einige wesentliche Mängel gegenüber. Für ihn spricht, dass er die Ausdehnung eines Geschäfts vorangetrieben hat. Er besitzt unternehmerischen Instinkt, Kreativität und Aggressivität, ist ein geborener Führer und Organisator und verfügt über große technische Kompetenz. Auf der anderen Seite ist er ein wenig arrogant, reagiert (oder überreagiert) emotional – insbesondere auf Kritik –, beschäftigt sich zu viel mit geschäftlichen Details, neigt angesichts komplexer Situationen dazu, übermäßig auf seine gute Auffassungsgabe und seine Intuition zu vertrauen, anstatt solide zu planen und die Unterstützung seiner Mitarbeiter in Anspruch zu nehmen, und zeigt im Hinblick auf die Aktivitäten von General Electric außerhalb seiner eigenen Sphäre eine ablehnende Haltung gegenüber dem ‚Establishment'.«

Ich bin froh darüber, dass ich erst später auf diese Bewertung stieß, da ich sonst etwas Dummes getan hätte – selbst wenn einige seiner Beobachtungen sehr treffend waren. Zu jener Zeit hätte ich die Kritik wahrscheinlich nicht akzeptiert. Johnson führte meine »Beschränkungen« auf meine »Jugend« und »mangelnde Reife« zurück. Glücklicherweise konnte er letztlich nicht verhindern, dass mir die Leitung des Geschäftsbereichs übertragen wurde, denn Herm Weiss unterstützte mich.

Rückblickend muss ich feststellen, dass Johnson und andere Führungskräfte ausreichende Gründe für Vorbehalte hatten. Offenkundig passte ich von Natur aus nicht zu diesem Konzern. Ich hatte wenig für das Protokoll übrig und war insbesondere gegenüber Mitarbeitern, deren Leistungen unzureichend waren, ein ungeduldiger Manager.

Ich war geradeheraus, ehrlich und manchmal sogar grob. Meine Ausdrucksweise war ungeschliffen und oft unbedacht. Ich hatte nichts für vorbereitete Präsentationen übrig und setzte mich ungern hin, um Berichte zu lesen. Ich zog das persönliche Gespräch vor, wobei ich von den Managern erwartete, ihr Geschäft und die richtigen Antworten zu kennen.

Ich liebte den »konstruktiven Konflikt« und war der Meinung, eine von Offenheit und Ehrlichkeit gekennzeichnete Debatte über geschäftliche Fragen bringe die besten Entscheidungen hervor. Konnte sich eine Idee nicht in einer offenen Diskussion behaupten, so würde sie sich auch auf dem Markt nicht durchsetzen. Larry Bossidy, ein guter Freund und ehemaliger stellvertretender Chairman von GE, verglich unsere Meetings einmal mit Werbespots für Miller Lite: Sie waren laut, deftig und turbulent.

Ich hielt nie mit meinen Gedanken und Gefühlen hinter dem Berg. In Diskussionen war ich oft derart emotional bei der Sache, dass ich Dinge hervorstieß, die in den Ohren anderer sehr beleidigend klingen konnten. Hier einige meiner bevorzugten Redewendungen: »Mein sechsjähriger Sohn könnte das besser machen!« Oder: »Kommen Sie mir nicht auf die Walter-Cronkite-Tour!« (Jeder wusste, was damit gemeint war: »Sie erzählen mir die schlechten Nachrichten, aber nicht, wie die Probleme gelöst werden konnten.«)

Mitarbeiter, die sich in dieser informellen und von Unternehmergeist gekennzeichneten Atmosphäre nicht zurechtfanden, schieden aus oder wurden aufgefordert, ihren Hut zu nehmen. Die Verluste aufgrund von Entscheidungen für falsche Leute begrenzte ich durchwegs rasch, indem ich neue Mitarbeiter, deren Leistungen den Erwartungen nicht entsprachen, bald wieder hinauswarf. Arrogante Menschen und Wichtigtuer hatten keine Chance bei mir. Doch jene, die gute Leistungen erbrachten, wurden mit außergewöhnlich hohen Gehaltserhöhungen und Bonuszahlungen belohnt. Ich teilte in jeder Hinsicht mächtig aus, ob es nun Lob oder Tadel war.

Diese Eigenheiten stempelten mich zum Rebellen und lösten alles mögliche lächerliche Gerede aus. Die meisten Gerüchte über mich waren tatsächlich nicht mehr als Gerüchte. Sie lieferten geeigneten Stoff für unterhaltsames Geflüster beim Wasserspender, entbehrten jedoch zumeist jeder realen Grundlage. Beispielsweise wurde gemunkelt, ich sei derart temperamentvoll, dass ich in Konferenzen auf den Tisch springe. Diese Gerüchte kamen mir nicht unbedingt zugute.

Dennoch stieg ich weiter auf. Johnsons Einwänden zum Trotz wurde ich 1971 zum Leiter des Geschäftsbereichs Chemie und Metallurgie ernannt. Nun stand ich vor zahlreichen neuen Herausforderungen. Ich hatte elf Jahre im Kunststoffbereich von GE gearbeitet. Jetzt musste ich lernen, ein ganzes Bündel von Werkstoffbereichen zu leiten, darunter Karbidschneidewerkzeuge, Industriediamanten, Isolierstoffe und Elektroerzeugnisse. Und ich musste mit ganz anderen Leuten arbeiten.

Meine erste Aufgabe bestand darin, mir mein neues Team genau anzusehen. Abgesehen von wenigen Ausnahmen ließen die Leute zu wünschen übrig. Ich gebe bereitwillig zu, dass ich in jenen Tagen bei der Kündigung von Mitarbeitern oft impulsiv vorging. Doch im Lauf der Jahre lernte ich diesbezüglich viel dazu. Nichts ist so schwierig, wie einem Menschen seinen Arbeitsplatz zu nehmen. Und diese Aufgabe wird nie leichter.

Doch ich habe gelernt, dass man diesen Schritt für alle Beteiligten leichter machen kann, indem man dafür sorgt, dass die Aufforderung, das Unternehmen zu verlassen, für die Mitarbeiter nie aus heiterem Himmel kommt. Wann immer ich mich mit einem Manager zu einem Kündigungsgespräch zusammensetzte, hatte ich mich zuvor mindestens zwei- oder dreimal mit ihm getroffen, um meiner Unzufriedenheit mit seinen Leistungen Ausdruck zu verleihen und ihm die Chance zu geben, die Dinge zum Besseren zu wenden. Jede Leistungsbeurteilung ergänzte ich durch eine handschriftliche Anmerkung. Wahrscheinlich wussten nicht alle meine Offenherzigkeit zu schätzen, doch die Mitarbeiter wussten bei mir stets genau, wo sie standen.

Wenn überhaupt, so sollten Überraschung und Enttäuschung nicht erst bei der Kündigung, sondern im ersten Gespräch auftreten. Ich kann mich nicht an einen einzigen Fall erinnern, in dem jemand in unserem letzten Gespräch geschockt oder überrascht gewesen wäre. »Wie Sie wissen, haben wir es immer wieder versucht«, erklärte ich dann. »Es ist uns beiden klar, dass es nicht funktioniert. Es ist an der Zeit, die Zusammenarbeit zu beenden.«

Ein gewisses Maß an Enttäuschung ist in dieser Situation unvermeidlich. Doch zumeist sind die Menschen erleichtert. Bei Kündigungsgesprächen kommen wir bald darauf zu sprechen, wie das Unternehmen den Mitarbeiter zu entschädigen gedenkt. Ich habe das Glück gehabt, für ein Unternehmen zu arbeiten, das über ausreichende finanzielle Mittel verfügt, um die Härte dieses Schlages etwas zu mildern.

An diesem Punkt besteht die wichtigste Aufgabe darin, dafür zu sorgen, dass die Leute den Blick nach vorn richten. Man muss ihnen klarmachen, dass es sich um eine Übergangsphase handelt, in der sie die Chance auf einen Neubeginn haben. Es ist wie der Übergang von der Schule zur Universität oder von der Universität zum ersten Job. Sie können in einer neuen Umgebung, in der alle vergangenen Fehler ausgelöscht sind, von vorn beginnen.

Ich habe viele Menschen gesehen, die erfolglose Tätigkeiten hinter sich ließen und ein besseres und glücklicheres Leben fanden. Wir alle sind dafür verantwortlich, dies zu ermöglichen.

Ich musste schließlich drei Führungskräften, die mir in meiner neuen Funktion unterstanden, die schlechte Nachricht mitteilen. An meine Stelle im Kunststoffbereich setzte ich Tom Fitzgerald, einen wilden

Iren. Die meisten Führungskräfte im Kunststoffbereich waren Techniker. Tom war der einzige echte Geschäftsmann.

Wir waren enge Freunde und hegten ähnliche Vorstellungen bezüglich der Geschäftstätigkeit. Ich entfernte den Manager des Silikonbereichs und fand jemanden aus meiner Vergangenheit: Walt Robb, den Forscher, der mich in Illinois angeworben hatte. Walt hatte das Laboratorium inzwischen verlassen und die Leitung eines kleinen Unternehmens übernommen, das medizinische Entwicklungsarbeit betrieb.

An die Spitze des Laminatbereichs, dessen Manager ebenfalls gehen musste, setzte ich Chuck Carson, der mein Finanzchef im Kunststoffbereich gewesen war und später unser Lexan-Geschäft geleitet hatte. Die Laminate waren ein schwieriges Geschäft. Das wichtigste Konkurrenzprodukt, Formica von American Cyanamid, beherrschte den Markt und drückte unsere Marke Textolite an die Wand. Wir hatten die schwächsten Vertriebspartner. Chuck war von der harten Sorte. Wir tauften ihn nach einem harten Kerl in der Fernsehserie *Die Unbestechlichen* auf den Spitznamen »Frank Nitti«. Chuck erfüllte immer die Budgetvorgaben, konnte jedoch kaum etwas tun, um die geringen Margen zu erhöhen und die schlechte Wettbewerbsposition des Geschäftsbereichs zu verbessern.

Gemeinsam versuchten wir alles, um aus diesem Kieselstein einen Diamanten zu schleifen. Zum ersten Mal sah ich die Traurigkeit von Menschen, die sich in einem schlechten Geschäft über Wasser zu halten versuchten, gegen einen nahezu unüberwindlichen Widersacher kämpften und kaum Hoffnung auf eine Besserung ihrer Lage hatten.

Bis dahin hatte ich geglaubt, jedes Business könne aufregend sein. Ich war davon überzeugt gewesen, dass Forschung und Geld automatisch Produkte und in der Folge Wachstum und Erfolg hervorbringen würden. Doch hier wurde ich zum ersten Mal mit der Realität eines schlechten Unternehmens konfrontiert. Diese Lektion beeinflusste meine gesamte Laufbahn. Zum Glück verdienten unsere anderen Geschäftsbereiche alle Geld. Insbesondere der Kunststoffbereich war ein echter Wachstumsmotor.

Ich versuchte, die Leute in diesen neuen Geschäftsbereichen zu verstehen. Beispielsweise setzte ich mich im Rahmen einer ersten Personalbewertung in unserem Metallurgiebereich in Detroit mit der Verkaufsabteilung zusammen. Die Qualität dieses Teams war schockierend schlecht. Sie lieferten stumpfe, förmliche Präsentationen ab, hegten keinerlei Begeisterung für ihre Tätigkeit und konnten nicht einmal die einfachsten Routinefragen beantworten. Diese Verkäufer waren in meinen Augen selbst dann nicht in der Lage, neue Kunden zu finden, wenn ihr Leben davon abhing.

Im Anschluss an die Bewertung wurden zwei Manager entfernt, doch ich stieß auf einen ungewöhnlichen Burschen namens John Opie, der zu jener Zeit in der Marktentwicklung tätig war. Er war 35 Jahre alt und schon seit einem Dutzend Jahren im Unternehmen. Ich beförderte ihn am Tag unserer ersten Begegnung »auf dem Schlachtfeld« zum nationalen Verkaufsleiter. Nachdem ich seine »neuen« regionalen Verkaufsleiter gesehen hatte, teilte ich Opie mit, an seiner Stelle würde ich im Lauf des folgenden Jahres alle sechs entlassen. Schließlich verließen fünf dieser Manager das Unternehmen.

Diese Vorgehensweise war offenkundig ungewöhnlich – absolut ungewöhnlich. Doch sie rüttelte das Team auf und flößte dem Bereich neue Energie ein. Opie war ein unermüdlicher und aufopfernder Arbeiter und wurde zu einem der besten Betriebsmanager von GE. Schließlich wurde er zu einem meiner stellvertretenden Chairmen.

Ich legte es nicht auf Konflikte mit der Bürokratie an, doch ich war anders und wirkte auf einige Leute im Unternehmen bedrohlich. In Roy Johnsons Kommentaren kam mein Konflikt mit der Zentrale in New York zum Ausdruck. Wann immer ich einen Schlüsselmanager engagieren wollte, legte die Zentrale ihre eigene Liste von Kandidaten für die Stabspositionen in Finanz-, Personal- und Rechtswesen vor. Ich musste um jede Person kämpfen, die ich für diese Funktionen einstellen wollte.

Ich bekam nicht immer die Leute, die ich wollte. Bei mehreren Gelegenheiten musste ich mich mit den von der Zentrale vorgeschlagenen Kandidaten abfinden. Einige Finanzmanager, die man mir aufzwang, waren alles andere als kompetent, weshalb ich sie letzten Endes wieder ersetzen musste.

Eine meiner schwersten Niederlagen musste ich hinnehmen, als ich vergeblich versuchte, einen jungen Rechtsanwalt namens Bob Wright zum Hauptanwalt des Kunststoffbereichs zu machen.

In meinen Augen war er viel mehr als ein Anwalt. Bob war 27 Jahre alt und kam aus einer privaten Anwaltskanzlei. Als man mir die Leitung des Gesamtbereichs übertrug, nahm ich meinen Hauptanwalt Art Puccini aus dem Kunststoffbereich mit. Bob war der perfekte Nachfolgekandidat. Die Rechtsabteilung in der Zentrale war jedoch anderer Ansicht. Sie hielt Bob aufgrund seiner Jugend und seiner mangelnden Erfahrung für ungeeignet. Also legte mir der Hauptanwalt in der Zentrale eine Liste seiner Gefolgsleute vor.

Ich nahm einen dieser Kandidaten. Das Problem der fehlgeschlagenen Beförderung von Bob Wright löste ich, indem ich ihn im Jahr 1973 aufforderte, die Leitung der Strategieentwicklung im Kunststoffbereich zu übernehmen. Diese Position konnte ich ohne Einmischung der Zentrale besetzen. Obwohl es sich um einen ungewöhnlichen Job für einen Rechtsanwalt handelte, bewältigte Bob die Aufgabe mit Bravour. Er hatte unzählige Ideen und erfüllte die Position mit neuem Leben. Innerhalb von 18 Monaten machten wir ihn zum nationalen Verkaufsleiter des Kunststoffbereichs. Sein scharfer Verstand und seine extrovertierte Persönlichkeit prädestinierten ihn für diese Tätigkeit, in der er Erfahrungen sammeln konnte, von denen er sein Leben lang profitieren würde. Bob wurde schließlich Leiter von NBC. Heute ist er einer der Vice Chairmen von GE – er hat einen weiten Weg zurückgelegt, seit ihn die Zentrale nicht als Rechtsberater eines Geschäftsbereichs mit weniger als 100 Millionen Dollar Jahresumsatz akzeptieren wollte.

Spannungen zwischen der Zentrale und den Geschäftseinheiten sind in jedem Unternehmen an der Tagesordnung. Im Fall von Bob Wright fand ich einen Weg, um das System zu besiegen, ohne es dabei offen herauszufordern. 20 Jahre lang hoffte ich stets, dass sich die Leute in den Unternehmensbereichen für ihre Wunschkandidaten einsetzten – selbst wenn mein Stab und ich versuchten, ihnen unsere eigenen Kandidaten aufzuzwingen.

Obwohl ich oft unter der Bürokratie litt, bemühte ich mich sehr, mich mit offener Kritik an ihr und insbesondere an ihren hochrangigen Vertretern zurückzuhalten. Anfang der 70er Jahre kam mir erstmals die Möglichkeit in den Sinn, General Electric eines Tages zu leiten. Im Jahr 1973 sprach ich diesen Gedanken sogar laut aus: In meiner Leistungsbeurteilung gab ich anmaßend zu Protokoll, mein langfristiges Karriereziel sei es, Unternehmensleiter zu werden. Ich war entschlossen, meinen Traum nicht kaputtzumachen, indem ich gegen Windmühlen kämpfte. Wenn ich über das System schimpfte und klagte, würde es mir den Garaus machen.

Ich hatte Glück. Das System gab nach. Das Unternehmen gab mir die Chance, eine unglaubliche Zahl unterschiedlicher Erfahrungen zu sammeln. Und dabei konnte ich mir zumeist treu bleiben.

5 Auf dem Sprung in die oberste Spielklasse

Im Juni 1973 gelang mir der nächste große Sprung. Reuben Gutoff wurde an die Spitze der strategischen Planung für den Gesamtkonzern berufen, und ich erhielt seinen bisherigen Job als Bereichsgruppenleiter. Diese Beförderung bedeutete, dass ich in die Konzernzentrale umziehen musste. Neben den Bereichen Chemie und Metallurgie, die ich bereits von Pittsfield aus leitete, war ich nun für eine Reihe weiterer Geschäftsbereiche zuständig: für die medizinischen Systeme, die in Milwaukee ansässig waren, für Gerätebauteile (Fort Wayne) und für elektronische Bauteile (Syracuse).

Ich hatte es also mit einem vielfältigen Produktportfolio zu tun. Der Jahresumsatz dieser Tätigkeiten belief sich auf zwei Milliarden Dollar. Die Gruppe beschäftigte in 44 Produktionsanlagen in den Vereinigten Staaten 46 000 Mitarbeiter und hatte Niederlassungen in Belgien, Irland, Italien, Japan, den Niederlanden, Singapur und der Türkei.

Die Beförderung war eine große Sache. Es war nur 16 Monate her, dass ich im Alter von 36 Jahren zum Vice President ernannt worden war. In dieser Funktion tauchte ich auf dem Radarschirm der Unternehmensführung auf und wurde zu einem wichtigen Akteur. Ich fuhr nach New York, um mir in der Zentrale einige Musterbüros anzusehen, die ähnlich aussahen wie jene am geplanten neuen Unternehmenssitz in Fairfield in Connecticut. GE sollte im August 1974 dort einziehen. Ich suchte mir die Möbel für mein Büro samt einer feststehenden Zahl von Deckenfliesen aus, die meinem neuen Status im Konzern Ausdruck verliehen.

Es gab nur ein Problem, das allerdings gravierend war: Ich wollte nicht in die neue Zentrale in Fairfield umziehen. In den 13 Jahren, die ich in Pittsfield verbracht hatte, hatte ich dort das ideale Leben für meine Familie und mich aufgebaut. Ich liebte die Berkshires. Von der beengten Wohnung, die Carolyn und ich im Jahr 1960 bezogen hatten, waren wir bald von einem Haus in das nächste umgezogen, bis wir schließlich eines der in meinen Augen schönsten Häuser in der Stadt unser Eigen nennen durften.

Wir hatten eine Reihe enger Freundschaften geschlossen. Unsere vier Kinder waren noch jung und besuchten in Pittsfield öffentliche Schulen. Der von Bergen und Seen umgebene Ort eignete sich ausgezeichnet, um Kinder großzuziehen. Ich hatte wunderbare Freunde im Pittsfield Country Club, wo wir »auf Leben und Tod« Golf und Paddle-Tennis spielten. Ich spielte noch jenseits der 30 Eishockey und ich kannte fast jedermann in der Stadt.

In Pittsfield fühlte ich mich wie der größte Fisch in einem kleinen Teich. Ich wollte dieses Leben nicht aufgeben. Und Pittsfield hatte noch einen weiteren Vorteil: Dort lebte ich fern von der Ellbogengesellschaft in der Zentrale.

In jenem Sommer flog ich nach New York, um Herm Weiss zu treffen, der damals Vice Chairman war. Als zukünftiger Bereichsgruppenleiter würde ich Herm unterstehen. Er war ein großer und beeindruckender Mann, schlank und breitschultrig. Dieser bescheidene Mann war auf der Universität ein großer Football- und Baseballstar gewesen und von *Sports Illustrated* mit dem Silver Anniversary Award ausgezeichnet worden.

Ich hatte ihn wirklich gern. Wir spielten beide leidenschaftlich Golf, machten gern Scherze und wetteten auf Footballspiele. Herm, der anfangs ein Vorgesetzter war und später mein Verbündeter und Freund wurde, nahm mich unter seine Fittiche. Anscheinend fand ich überall, wo ich hinkam, einen Mentor. Ich war nicht auf der Suche nach einem Ersatzvater, doch es tauchten immer wohlmeinende Menschen in meiner Umgebung auf, die mir bereitwillig zur Seite standen.

Normalerweise freute ich mich auf die Treffen mit Herm. Doch diesmal fürchtete ich mich zu Tode, als ich sein Büro betrat. Ich war gekommen, um ihn zu bitten, in Pittsfield bleiben zu dürfen. Ich erklärte ihm, ich werde ohnehin die meiste Zeit außer Haus sein, um die Geschäftseinheiten zu betreuen und ich versprach ihm, niemals zu spät zu den monatlichen Sitzungen in der Zentrale zu kommen.

In einer Anwandlung von Schwäche oder Gutmütigkeit oder beidem willigte Herm ein. Ich wäre beinahe aufgesprungen, um ihn zu küssen. Ich machte mich dann aber rasch wieder aus dem Staub, bevor er seine Meinung ändern oder Reg seine Entscheidung mitteilen konnte. Ich war sicher, dass mich Reg in der Zentrale haben wollte. Als Reg von Herms Entscheidung erfuhr, konnte er es nicht glauben.

Ich zog aus meinem alten Büro in der Plastics Avenue aus und bezog mit einem fünfköpfigen Mitarbeiterstab eine 300 Quadratmeter große Bürosuite im zweiten Stock des Berkshire Hilton in Pittsfield. In den folgenden fünf Jahren hielt ich mein Versprechen und verpasste nicht eine einzige Sitzung in der Zentrale. Wenn die Gefahr bestand, dass der Flughafen von Pittsfield aufgrund von Schlechtwetter geschlossen wurde, flog ich schon am Vorabend der Sitzungen nach New York. Wurden wir von einem Schlechtwettereinbruch überrascht, so sprang ich um fünf Uhr morgens ins Auto und raste wie ein Verrückter nach New York.

Der Job an der Spitze der Bereichsgruppe war der beste, den ich bis dahin gehabt hatte. In der neuen Mischung von Geschäften boten sich mir zahlreiche Möglichkeiten, das bisher Gelernte anzuwenden. Der Bereich Chemie und Metallurgie, der auch die Kunststoffe beinhaltete, wuchs. Die Gerätekomponenten umfassten Motoren und Vorrichtungen, die gute Gewinne abwarfen, wobei jedoch die Hälfte des Umsatzes mit der Belieferung anderer GE-Einheiten erzielt wurde. Der Bereich der elektronischen Bauteile umfasste eine Mischung verschiedener Produkte, darunter Halbleiter, Bildröhren und Kondensatoren. Einige dieser Elektronikprodukte behaupteten sich gut auf dem Markt, während wir mit anderen nur rote Zahlen schrieben. So hatte beispielsweise der Bereich medizinische Geräte, der in erster Linie Röntgenapparate verkaufte, großes Potenzial, erzielte jedoch im Jahr 1973 Verluste.

In dieser Funktion hatte ich die Chance, ein neues Team zusammenzustellen. Ich fand eine Reihe intelligenter, kenntnisreicher und hartgesottener Leute mit einander ergänzenden Fähigkeiten in den Bereichen Finanzen, Personalwesen, Strategie und Rechtswesen. Nachdem ich mir jahrelang von der Zentrale Kandidaten hatte aufzwingen lassen müssen, die keineswegs die besten waren, konnte ich nun endlich zwei ausgezeichnete Stabsmanager aus dem »System« engagieren: Tom Thorsen und Ralph Hubregsen.

Tom, mein Finanzchef, war außergewöhnlich intelligent und durchsetzungsfähig. Er sah gut aus und amüsierte sich gern. Ralph, mein Personalchef, war eine wilde Erscheinung. Er hatte ein schroffes Gesicht und rauchte seine Zigarren bis auf den Stummel, wobei er die Asche überall verstreute. Er war ein Verwaltungsalbtraum und blieb oft die ganze Nacht auf, um die Mappen für unsere Präsentationen in der Zentrale fertigzustellen. Doch es gab niemanden mit einer besseren Nase für gute Leute.

Den Leiter für strategische Planung suchte ich außerhalb des Unternehmens. Ich stieß auf Greg Liemandt von Booz · Allen & Hamilton. Er war der Erste von vielen begabten Managern, die ich mir aus Beratungsunternehmen holte, was ungewöhnlich war, da ich eigentlich eine Abneigung gegen Consultingfirmen hatte. Greg war ein Querdenker, der stets die herkömmlichen Auffassungen infrage stellte.

Und schließlich beförderte ich erneut Art Puccini, meinen früheren Hauptanwalt, den ich zum Leiter der Rechtsabteilung der Bereichsgruppe machte. Art, der aus Brooklyn stammte und einen Abschluss in Pharmazeutik und Recht hatte, war erst seit wenigen Jahren bei GE. Er zeichnete sich durch eine gute Mischung von Intelligenz und praktischer Schlauheit aus.

Man hätte keine buntere Zusammenstellung von Charakteren finden können. Doch all diese Leute – ob sie nun aus dem Unternehmen oder von außerhalb stammten – waren bodenständige, unprätentiöse Personen, die stets offen ihre Meinung sagten.

Da kein Vorgesetzter aus der Zentrale in Sicht war, trugen wir am Arbeitsplatz Jeans und Pullover. Wir riefen uns durch die offenen Türen Fragen zu. Die Atmosphäre erinnerte mich an mein Verbindungshaus in der Universität.

Am Freitagabend versammelten wir uns oft in der Bar auf dem Dach des Hotels, um bei einem Bier die Ereignisse der Woche Revue passieren zu lassen. Wir gingen um halb sieben hinauf, und zwei Stunden später stießen unsere Frauen dazu. Bis zu diesem Zeitpunkt hatten wir unsere übertriebenen Abenteuerberichte über die vergangene Woche fast hinter uns. Unseren Kriegserzählungen zuzuhören war nicht das größte Vergnügen für unsere Frauen, doch sie bewiesen großen Sportsgeist. Sie verstanden sich untereinander ebenso gut wie wir. Oft gingen wir am Samstagabend alle miteinander essen oder feierten am Sonntagnachmittag Partys, zu denen wir manchmal die Kinder mitbrachten. Wir hatten die schönste Zeit unseres Lebens und wurden obendrein dafür bezahlt.

Wir verbrachten den Großteil unserer Zeit in den verschiedenen Geschäftseinheiten, wo wir die Mitarbeiter unterstützten und die Geschäftsstrategien entwickelten. Wir charterten einen Citation-Jet, um uns frei bewegen zu können. Ich war sehr glücklich darüber, ein Flugzeug zu haben. Carolyn war da anderer Ansicht. »Du bist ein solcher Narr, Jack«, sagte sie. »Sie geben dir das Flugzeug, damit du dich zu Tode arbeiten kannst.«

Sie hatte nicht ganz Unrecht, doch ich liebte das Flugzeug trotzdem. Manchmal flogen wir am Montagmorgen los und kehrten erst am Freitagabend zurück. Wir besuchten Fort Wayne, Indiana, Milwaukee, Wisconsin und Columbus (Ohio), als handle es sich um Nachbarorte. Einige der Manager fluchten sicher darüber, dass wir ständig vor der Tür standen. Immer verbrachten wir Stunden hinter verschlossenen Türen und zerlegten alle Probleme bis ins Detail. Manche Manager hatten Spaß an den Sitzungen und nannten sie eine große intellektuelle Herausforderung, während sich andere ebenso sehr darauf freuten wie auf eine Zahnwurzelbehandlung.

Wir genossen die Vorzüge beider Welten: Einerseits verfügten wir über die Mittel eines großen Unternehmens, andererseits lebten wir jedoch in einer ähnlich familiären Atmosphäre wie im Kunststoffbereich. Als ich versuchte, all die unterschiedlichen Unternehmensbereiche an weit auseinander liegenden Orten zu überblicken, erkannte ich deutlicher als je zuvor, dass mein Erfolg weitgehend von den Mitarbeitern abhängen würde, mit denen ich mich umgab. Schon im Kunststoffbereich war mir klar geworden, wie wichtig es war, die richtigen Leute zu engagieren. Jeder herausragende Mitarbeiter würde mich entscheidend voranbringen.

Doch dies lernte ich nur, indem ich einige schwere Fehler beging. Die Unbeständigkeit meiner frühen Personalpolitik war lachhaft. Ich neigte dazu, mich bei der Wahl meiner Mitarbeiter von ihrem äußeren Erscheinungsbild beeinflussen zu lassen. Für die Marketingabteilung engagierte ich teilweise gut aussehende, redegewandte Bewerber. Einige verstanden ihr Handwerk, doch bei anderen verbarg sich hinter der schönen Fassade nur wenig Substanz.

Aber dies waren nicht meine einzigen Fehltritte. Ich war 30 Jahre alt, als ich in Asien nach Mitarbeitern zu suchen begann. Natürlich sprach ich kein Japanisch und verstand wenig von der Kultur. Also tat ich das Naheliegende: Sprach ein japanischer Bewerber gut Englisch, so stellte ich ihn normalerweise ein. Ich brauchte eine Weile, bis ich herausfand, dass sich Sprachkenntnisse kaum als Einstellungskriterium eigneten.

Viele meiner Rekrutierungsfehler waren das Ergebnis plumper Vorurteile. Akademische Stammbäume beeindruckten mich, was vermutlich daran lag, dass ich die University of Massachusetts besucht hatte, eine frühere Landwirtschaftsschule, die sich gerade erst einen Ruf als technische Hochschule zu erwerben begann. Auf der Suche nach begabten Technikern versuchte ich, Absolventen des MIT, aus Princeton oder vom Cal Tech für uns zu gewinnen. Ich hätte mich daran erinnern sollen, wo ich selbst hergekommen war. Oft musste ich im Nachhinein feststellen, dass die Qualität der Bewerber nichts mit ihrer Herkunft zu tun hatte.

Anfangs faszinierten mich großartige Lebensläufe, in denen zahlreiche Abschlüsse in verschiedenen Fächern aufgelistet waren. Tatsächlich mochten diese Leute sehr klug und von großer intellektueller Neugierde sein. Doch oft erwiesen sie sich als wenig zielstrebige Dilettanten, die nicht bereit waren, sich wirklich zu engagieren und eine Aufgabe mit Leidenschaft zu verfolgen. In den Händen eines jungen und unerfahrenen Managers können Lebensläufe zu gefährlichen Waffen werden.

Schließlich lernte ich, dass ich in Wirklichkeit nach Menschen suchen musste, die von dem leidenschaftlichen Wunsch erfüllt waren, ihre Aufgaben zu bewältigen. Ein Lebenslauf verriet nicht viel darüber, ob jemand diese Leidenschaft besaß. Um dies herauszufinden, musste ich mich auf mein Gespür verlassen.

In der neuen Funktion an der Spitze der Bereichsgruppe wurde mir klar, dass ich kein Geschäft je so gut verstehen würde wie das mit Kunststoffen. Dies bedeutete eine wesentliche Änderung meiner Einstellung: Ich konnte nicht länger jedes Detail persönlich kontrollieren. So wurde meine Besessenheit für die Wahl der richtigen Mitarbeiter noch ausgeprägter.

Gemeinsam mit meinem Personalchef Ralph Hubregsen machte ich mich auf den Weg in die einzelnen Unternehmensbereiche, wo ich jeweils einen ganzen Tag mit dem General Manager und seinem Personalchef und anschließend mit all seinen direkten Untergebenen in einem Konferenzraum verbrachte. Nach zehn bis zwölf Stunden intensiver Diskussionen hatte ich ein gutes Bild davon gewonnen, welche Talente auf den oberen zwei bis drei Ebenen der Organisation zu finden waren.

Das Unternehmen war geschockt. Niemand war an derart intensive Diskussionen über die Stärken und Schwächen sämtlicher Mitarbeiter gewöhnt. Die Hauptlast dieser Debatten trugen die Vice Presidents der vier mir unterstehenden Bereiche: Julian Charlier (medizinische Geräte), Walter Robb (Chemie und Metallurgie), George Farnsworth (Elektronische Bauteile) und Fred Holt (Gerätekomponenten).

Farnsworth war ein mit allen Wassern gewaschener GE-Insider mit einer sehr eigenwilligen Persönlichkeit. Er flog offene Flugzeuge und war zynisch, aber unterhaltsam. Ich schloss ihn ins Herz. Holt war ebenfalls ein erfahrener GE-Manager. Er kannte alle Schliche und setzte seine Vorhaben im Konzern zumeist durch. Fred war etwa 20 Jahre älter als ich und hatte viel gesehen. Er betrachtete mich als Bauchweh, das rasch vorübergehen würde.

George und Fred waren die ersten Manager aus dem harten Kern des Konzerns, die ich je geführt hatte. Sie glaubten oft, dass ich danebenliege, schienen jedoch zumindest meinen Enthusiasmus zu respektieren. Für Fred war es offenkundig seine letzte Tätigkeit vor dem Ruhestand, und George war nicht vom Karrierestreben besessen, obwohl er später in den Genuss einer wichtigen Beförderung kam und unseren Luftfahrtbereich übernahm.

Der medizinische Bereich wurde nun von Charlier geleitet, einem Belgier, der aus einem von GE übernommenen kleinen Unternehmen in Lüttich stammte. Ich hatte ihn einige Jahre beobachtet, als wir beide für Gutoff arbeiteten. Charlier war ein Europäer urbaner Prägung, der ständig grandiose Ideen hatte, jedoch nicht sehr daran interessiert war, sie auch in die Tat umzusetzen. Er hatte außerhalb von Milwaukee eine schöne neue Zentrale für den medizinischen Bereich errichtet, die dieser Einheit neuen Glanz verlieh. Ich mochte seine Lebensfreude und Kreativität, doch seine Unfähigkeit, Aufgaben zu bewältigen, trieb mich zum Wahnsinn, als ich sein Vorgesetzter wurde.

Ich versuchte, Charlier bei mir zu behalten, da ich ihn mochte, doch seine Methode, alles aus der Vogelperspektive zu betrachten, funktionierte einfach nicht. Nachdem wir mehrfach darüber und über die lausigen Ergebnisse seines Bereichs diskutiert hatten, gelangten wir zu dem Schluss, es sei besser, ihn nach Europa zurückzuschicken und dort in einem Unternehmen unterzubringen.

Um ihn zu ersetzen, rief ich an einem Sonntagabend Walt Robb an. In meiner Zeit im Kunststoffbereich hatte er mich auch oft am Sonntagabend angerufen, um mir Unterstützung und Ratschläge anzubieten und mich über die neuesten Gerüchte auf dem Laufenden zu halten. Nun war es an mir, ihn am Wochenende mit einem Anruf zu beglücken. Ich fragte in, ob er den medizinischen Bereich übernehmen wolle. Er war völlig von den Socken über mein Angebot. »Sie lieben die Technologie, und Sie sind neugierig«, sagte ich. »Sie sind der ideale Mann für diesen Bereich.«

Walt hielt mich für verrückt. Innerhalb von 20 Monaten war er vom Leiter eines kleinen medizinischen Entwicklungsbereichs mit 7,5 Millionen Dollar Umsatz zum Manager des Unternehmensbereichs Chemie und Metallurgie aufgestiegen, der mit einem Jahresumsatz von 500 Millionen Dollar zu den rentabelsten Geschäftsbereichen von General Electric zählte.

Er war erst vier Monate in dieser Funktion tätig und fand Gefallen daran. Und nun forderte ich ihn auf, den medizinischen Bereich zu übernehmen, dessen Einnahmen halb so hoch waren – und obendrein Geld verlor. Es fiel Walt schwer, in meinem Angebot zur Leitung eines im Herzen von Wisconsin angesiedelten unrentablen Unternehmensbereichs, der Röntgengeräte, Herzschrittmacher und Herzmonitoren herstellte, die »Chance seines Lebens« zu sehen. Doch er nahm den Job an, denn die Technologie und einige meiner Argumente wirkten verlockend auf ihn.

Walt erbte einen Bereich, der in erster Linie Röntgenapparate produzierte, die an Radiologen und Zahnärzte verkauft wurden. Kurz nach Walts Ankunft brachte das englische Elektronikunternehmen EMI (die heutige Plattenfirma) eine bahnbrechende Technologie auf den Markt: die Computertomographie (CT). Diese Entwicklung war eine große Bedrohung für unser Röntgengeschäft, stellte zugleich jedoch eine gewaltige Herausforderung dar, die unseren Wettbewerbsgeist weckte.

Walt, der im Forschungslaboratorium von GE in Schenectady begonnen hatte, wandte sich sofort an seine dortigen Freunde um Hilfe. Es fiel ihm nicht schwer, die Forscher für diese neue Chance zu begeistern, denn EMIs Erfindung hatte die Aufmerksamkeit der wissenschaftlichen Welt geweckt. Mein einziger Beitrag bestand darin, die Fortschritte des Teams wöchentlich zu verfolgen, wobei ich mich das eine Mal als Antreiber und ein anderes Mal als Aufmunterer betätigte. Etwa 80 Personen arbeiteten rund um die Uhr an der Entwicklung eines Geräts, das schneller bessere Bilder liefern sollte als das Modell von EMI. Das Projekt hatte den Charakter eines Start-ups. Die Forscher lebten praktisch im Labor und aßen Pizza aus dem Pappkarton. Unsere ersten Scanner bauten wir in einem gemieteten Lebensmittelladen in Milwaukee zusammen.

Zu Beginn des Jahres 1976 nahmen wir erste Aufträge für den 650 000 Dollar teuren Apparat entgegen. Es zeigte sich ein weiteres Mal, welche enormen Vorteile es hatte, wie ein kleines Unternehmen zu arbeiten. Auch heute erzielen wir noch am ehesten große Erfolge, indem wir das Projekt ins Rampenlicht rücken, ausgezeichnete Mitarbeiter dafür abstellen und sie mit ausreichenden finanziellen Ressourcen ausstatten.

Das CT veränderte den medizinischen Bereich für immer. Ein unrentabler Unternehmensbereich mit einem Umsatz von 215 Millionen Dollar verwandelte sich unter Walts Führung in eines der Prunkstücke des Konzerns. Im Jahr 2000 erzielte dieser Bereich bei Umsätzen von mehr als sieben Milliarden Dollar einen Reingewinn von 1,7 Milliarden Dollar.

Ich spaltete den Bereich Chemie und Metallurgie, den Walt geleitet hatte, und gliederte den rasch wachsenden Kunststoffbereich aus. Dann betraute ich Chuck Carson, den bisherigen Leiter unseres Laminatbereichs, mit der Führung der übrigen, langsamer wachsenden, aber sehr rentablen Werkstoffbereiche.

Bei den Kunststoffen standen wir vor einem Dilemma. Mein Freund Tom Fitzgerald, der zu jener Zeit den Silikonbereich leitete, war der nahe liegende Kandidat für die Leitung des Kunststoffbereichs. Doch da er mein engster Freund im Unternehmen war, sah ich sowohl seine Stärken als auch seine Schwächen deutlicher als jeder andere. Ich entschloss mich, Tom mit den besten Kandidaten zu vergleichen, die ich außerhalb des Unternehmens finden konnte.

Ich habe bereits erwähnt, dass ich bei der Wahl meiner Mitarbeiter einige Fehler machte. Nun beging ich den schlimmsten Fehler meiner Laufbahn. Ich überging Tom und engagierte einen Außenstehenden, der einst den Silikonbereich von GE geleitet hatte. Als junger Manager im Kunststoffbereich war ich Anfang der 60er Jahre von den Präsentationen begeistert gewesen, die er bei den Versammlungen der Bereichsleiter gehalten hatte. Er war der redegewandteste unter unseren Managern. Auf mich wirkten seine rhetorischen Fähigkeiten besonders beeindruckend, da ich nicht einmal eine gute Rede hätte halten können, wenn es um mein Leben gegangen wäre. Bevor ich meinen ersten Vortrag vor einigen 100 GE-Managern hielt, musste ich mich zweimal aus der ersten Reihe im Zuhörersaal wegschleichen, um mich auf die Toilette zu verdrücken.

Ich war sehr stolz darauf, dass es mir gelungen war, ihn zur Rückkehr ins Unternehmen zu bewegen. Er schien die Idealbesetzung für den Posten zu sein: Er war gut gekleidet und redegewandt, ein Mensch, der einen blendenden Eindruck machte. Er hatte GE verlassen, um nach einer besseren Chance in der chemischen Industrie zu suchen, was mich nur noch mehr beeindruckte. Mir gelang ein großer Coup, indem ich ihn als Corporate Vice President ins Unternehmen zurückholte. Dazu musste ich die Genehmigung der Personalabteilung in der Konzernzentrale in Fairfield sowie die Zustimmung von Herm und Reg einholen.

Doch es dauerte nicht sehr lange, da musste ich erkennen, dass mein neuer Mann der Aufgabe nicht gewachsen war. Ich hatte jemanden aufgrund des Bildes engagiert, das ich mir 15 Jahre früher von ihm gemacht hatte. Ich musste die Notbremse ziehen und ich steckte in einem echten Dilemma. Ich glaubte, zu den Kandidaten für die Nachfolge von Reg zu zählen. Um diesen Mann von außerhalb engagieren zu können, hatte ich mich gegen den Personalchef Roy Johnson stellen müssen, der stets interne Kandidaten vorzog. Dies konnte verheerende Folgen für mich haben.

Nach nur sechs Monaten musste ich in die Zentrale pilgern, um Roy Johnson, Herm Weiss und Reg Jones mitzuteilen, dass ich Mist gebaut hatte und den neuen Mann wieder loswerden musste. Ich durchlebte einen schweren Tag, denn ich hatte mich mit dem System angelegt – und ich hatte einen erwartungsfrohen Freund übergangen, der die Beförderung verdient hatte, wie ich rückblickend gestehen muss. Meine Entscheidung war mir peinlich, denn mein Mann war offenkundig nicht für diesen Job geeignet.

Herm unterstützte mich. »Sie haben einen Fehler begangen. Ich bin froh, dass Sie so rasch reagieren, um ihn zu korrigieren.« Reg sagte lediglich »In Ordnung«, behielt seine Gedanken jedoch für sich. Johnson sah in dem Vorfall ein weiteres Beispiel für meine Unreife.

Holt und Farnsworth waren nicht nur gute Kerle, sondern auch gewiefte Kenner des GE-Systems. Sie öffneten mir die Augen für das »traditionelle GE«.

Über Fred Holt gibt es tausende Geschichten zu erzählen, doch besonders eigenwillig war er in seiner Einschätzung der Mitarbeiter. Einmal legte er bei einer Personalbeurteilung in Fort Wayne eine enthusiastische Bewertung eines mir bekannten Managers vor.

»Wie zum Teufel kannst du so etwas schreiben, Fred?«, fragte ich. »Der Mann ist nicht so gut. Wir wissen beide, dass er eine Niete ist. Diese Bewertung ist lächerlich.«

Zu meiner Überraschung stimmte Fred mir zu. »Willst du die richtige Bewertung sehen?«, fragte er. »Ich kann sie nicht an die Zentrale weiterleiten. Sie würden von mir verlangen, den Burschen in Stücke zu reißen.«

Fred war nicht der Einzige, der sich so verhielt. Er glaubte, etwas Gutes zu tun, indem er Leute schützte, die ihren Aufgaben nicht gewachsen waren. Niemand wollte die schlechten Nachrichten überbringen. Damals war es üblich, dass man im Formular für die Leistungsbeurteilung zumindest den Job des direkten Vorgesetzten als Karriereziel angab. Die Reaktion des Vorgesetzten bestand normalerweise in der Stellungnahme »Umfassend qualifiziert für die nächste übergeordnete Position« – selbst wenn beide wussten, dass dies nicht der Wahrheit entsprach.

Viele dieser »netten« Leistungsbeurteilungen erwiesen sich Anfang der 80er Jahre, als wir den Personalstand verringern mussten, als Bumerangs. Die verfluchte falsche »Nettigkeit« führte die Leute lediglich in die Irre und machte eine Entlassung zu einem noch schockierenderen Erlebnis.

George Farnsworth und seinem Bereich elektronische Bauteile verdanke ich zwei Erfahrungen: Zunächst einmal erhielt ich erstmals wirklichen Einblick in das Halbleitergeschäft, das mir auf Anhieb missfiel. Das Wachstumspotenzial war zugegebenermaßen gewaltig, doch für meinen Geschmack war diese Branche zu anfällig für Konjunkturschwankungen. Und sie verschlang ungeheuer viel Kapital. Ich brauchte fast ein ganzes Jahrzehnt, um aus diesem Geschäft herauszukommen.

Das zweite, das mir George mitgab, begleitete mich die nächsten 25 Jahre: die Kontroverse über PCB (Polychlorbiphenyl). George leitete den Kondensatorbereich in Hudson Falls (New York). Dort wurden elektrische Isolierstoffe aus PCB hergestellt. In diesem Geschäft kam ich zum ersten Mal mit dem Staat in Kontakt.

Zwischen 1971 und 1977 wuchs mein Verantwortungsbereich stetig. Vom Manager einer Einheit mit 100 Millionen Dollar Umsatz stieg ich zum Leiter eines 400 Millionen Dollar schweren Unternehmensbereichs auf, um bald darauf die Führung einer Bereichsgruppe mit zwei

Milliarden Dollar Umsatz zu übernehmen. Ich lernte, die Bedeutung der Mitarbeiter zu würdigen: Die Besten mussten nachdrücklich gefördert, die Schlechtesten entfernt werden. Ich lernte, wachstumsstarke Bereiche wie medizinische Geräte und Kunststoffe zu unterstützen und aus den langsam wachsenden Geschäften alles herauszupressen. Diese Erfahrungen erwiesen sich als ungeheuer wertvoll.

Gegen Ende des Jahres 1977 rief mich Reg aus Fairfield an. Er wollte mich sobald wie möglich sehen. Am nächsten Morgen war ich bei ihm.

»Ich halte viel von Ihnen, Jack«, sagte er, »aber Sie verstehen General Electric noch nicht. Sie haben erst zehn Prozent des Unternehmens gesehen. GE ist sehr viel mehr als das. Ich habe eine neue Aufgabe für Sie. Ich möchte Sie zum Leiter des Konsumgütersektors machen. Doch für diesen Job müssen Sie nach Fairfield kommen, Jack. Sie können jetzt nicht mehr den großen Fisch im kleinen Teich spielen. Wenn Sie für größere Aufgaben infrage kommen wollen, müssen Sie hierher kommen.«

Ich fand den Gedanken einer weiteren Beförderung verlockend – selbst wenn ich Pittsfield schließlich doch verlassen musste. Carolyn wollte unbedingt weiterziehen. Sie freute sich auf einen Neubeginn an einem neuen Ort und war der Ansicht, der Umzug würde der Entwicklung unserer Kinder zugute kommen.

Zwei unserer vier Kinder, Kathy und John, waren mittlerweile in der High School. Anne besuchte die Mittelschule, und Mark absolvierte das letzte Jahr der Grundschule. Trotz meiner verrückten Arbeitsgewohnheiten war der Zusammenhalt in unserer Familie ausgeprägt. Wir fuhren jeden Winter gemeinsam eine Woche in Skiurlaub und mieteten im Sommer stets für zwei Wochen ein Haus am Cape.

Allerdings fiel es mir schwer, zwei Wochen durchgehend Urlaub zu nehmen. Am Meer schlich ich mich ein paar Mal täglich vom Strand weg und rief von einem öffentlichen Telefon aus im Büro an. Im Skiurlaub tat ich dasselbe vom Aufenthaltsraum im Hotel aus.

Dennoch verbrachten wir in den Ferien viel Zeit miteinander. Wir spielten stundenlang Brettspiele und trieben Sport miteinander. Ich versuchte, diese Zeiten mit möglichst viel Vergnügen und Wettbewerben zu füllen, indem ich die Kinder anstachelte. Wenn wir nach Hause zurückkehrten, fertigte ich hölzerne Plaketten für den »besten Sportler« oder den »besten Minigolfer« an und übergab sie den Kindern. Vermutlich ahmte ich damit die Rommé-Partien mit meiner Mutter nach. Einige meiner Kinder gerieten nach mir: Sie sind keine sehr guten Verlierer.

Wie die meisten Teenager hatten sie keine große Lust, die Zelte abzubrechen und fortzuziehen. Sie hatten in Pittsfield ein schönes Leben. Sie waren alle erfolgreiche Schüler und hatten dort sehr viele gute Freunde.

Es war nicht immer leicht für sie. Eines Morgens saß mein Sohn John im Schulbus, als ein Klassenkamerad zustieg, geradewegs auf ihn zuging und ihn aus heiterem Himmel ins Gesicht schlug. Der Kampf war rasch beendet, doch der arme John, der damals nicht älter als acht oder neun Jahre war, wusste überhaupt nicht, wie ihm geschehen war.

Als er mir beim Abendessen die Geschichte erzählte, erklärte ich ihm, dass ich dem Vater jenes Jungen gekündigt hatte. John tat uns allen furchtbar leid, insbesondere natürlich mir. Ich erinnere mich heute noch an die Geschichte, als hätte sie sich gestern zugetragen.

So sehr ich mich auf meine neue Tätigkeit freute, so traurig war ich, Pittsfield verlassen zu müssen. Um die Bindung an den Ort aufrechtzuerhalten, kaufte ich unmittelbar vor unserer Abreise zwei Hektar billigen Grundes auf einem Berg im nahe gelegenen Lenox. An dem Tag, an dem wir mit unserem zum Bersten gefüllten Buick-Kombi und mit den vier Kindern auf den Rücksitzen aufbrachen, hielten wir beim Immobilienbüro an, um den Kaufvertrag zu unterschreiben. Dies gab mir ein Gefühl der Sicherheit.

In Fairfield erklomm ich als »Sektorenleiter« eine neue Stufe der Unternehmenshierarchie. Bei GE gab es so wie bei jedem anderen großen Unternehmen eine Hierarchie, und ich hatte das Glück, darin aufzusteigen. Manchmal hatte man den Eindruck, eine Beamtenkarriere zu durchlaufen, denn es gab 29 Ebenen und Dutzende Titel. Der Aufstieg begann im Laboratorium und führte über eine Einheit zu einer Untersektion, einer Sektion, einer Abteilung und schließlich zu einem Bereich und einer (Bereichs-)Gruppe. Die Leitung eines Sektors war mit Ebene 27 gleichzusetzen. Ich befand mich also nur noch zwei kleine Stufen unter der 29. Ebene, die Regs Job entsprach.

Dies war ein großer Schritt. Ich nahm am Rennen um Regs Nachfolge teil. Die Möglichkeiten erfüllten mich mit freudiger Erregung, doch ich war mir nicht sicher, ob meine in Pittsfield erprobte Führungsmethode auch in der bürokratischen Organisation in Fairfield funktionieren würde.

6 In einem größeren Teich

An einem Dezembermorgen des Jahres 1977 fuhr ich am Wachmann am Eingangstor der GE-Zentrale in Fairfield vorbei und die geschlängelte Einfahrt hinauf. Auf dem schneebedeckten Boden erhoben sich kahle Bäume. Ich bog in die Tiefgarage ein, stellte meinen Wagen auf einem leeren Platz ab, stieg in den Aufzug und fuhr in den dritten Stock des Westflügels hinauf. Dort ging ich einen breiten Flur entlang bis zu dem Eckbüro mit der Glastür. Kein Büro war weiter von dem des Unternehmensleiters Reg Jones entfernt als meines.

Die Konzernzentrale war ein sehr ruhiger und förmlicher Ort – man könnte auch sagen: kalt und abweisend. Ich hatte keine Sekretärin und keinen Mitarbeiterstab mit Ausnahme von drei Managern, die für einen meiner wichtigsten Widersacher im Rennen um Regs Job gearbeitet hatten. Ich kannte nur wenige der mehreren 100 Personen, die in Fairfield beschäftigt waren. Reuben Gutoff, der Mann, der mich einst dazu überredet hatte, bei GE zu bleiben, hatte das Unternehmen zwei Jahre zuvor verlassen.

Es gab in der Zentrale nur wenige vertraute Personen, die mir mit Freundlichkeit begegneten. Charlie Reed, der so verständnisvoll gewesen war, als ich das Werk in Pittsfield in die Luft gesprengt hatte, war mittlerweile Technologieleiter des Unternehmens und saß in Fairfield. Mike Allen, ein ehemaliger Berater von McKinsey, den ich in meiner Zeit im Kunststoffbereich kennen gelernt hatte, war nun in der strategischen Planung in der Zentrale tätig. Beide saßen weit von mir entfernt, und ich sah sie nur selten, da sie mit anderen Dingen beschäftigt waren.

Besonders getroffen hatte mich, dass ich Herm Weiss, meinen guten Freund und Förderer in Fairfield, verloren hatte. Herm, einer der Vice Chairmen von GE, war ein Jahr zuvor an Lungenkrebs gestorben. Er war meine einzige wirkliche Verbindung zur Konzernspitze gewesen. In einer letzten Demonstration seiner Unterstützung hatte Herm im Juli 1976 bei einem Golfausflug des Boards drei Löcher mit mir gespielt. Sechs Wochen später, im September 1976, war er im New York Hospital gestorben. Nachträglich erfuhr ich, dass er Reg an einem seiner letzten Lebenstage geraten hatte, mich im Auge zu behalten, da ich »eine große Zukunft« vor mir habe.

Ich war sehr einsam. In Fairfield war ich nicht ein kleiner Fisch in einem großen Teich, sondern eine Elritze im Ozean. Ich war schon oft in der Zentrale gewesen, um an Routinesitzungen teilzunehmen, einen Geschäftsplan vorzulegen oder finanzielle Mittel für die Errichtung eines neuen Werkes zu beantragen. Doch selbst bei diesen Gelegenheiten war ich glücklich gewesen, am Abend nach getaner Arbeit nach Pittsfield zurückkehren zu können. Nun musste ich auf Dauer hier bleiben.

Mein Leben änderte sich grundlegend. Ich konnte nun nicht mehr in Jeans und Sweatshirt ins Büro gehen, um dort mit fünf engen Freunden zusammenzuarbeiten. Indem ich meine Mitarbeiter zu Freunden gemacht und Beziehungen zu ihren Familien geknüpft hatte, hatte ich wahrscheinlich eine der grundlegenden Verhaltensregeln des Konzerns gebrochen.

Aber wir hatten unsere Arbeit gemacht und Spaß dabei gehabt. Wir fühlten uns nicht als Unternehmen, sondern als eine »Familie«. Das war nun vorbei. Das Gefühl, »in der Fremde« zu leben, wurde dadurch verstärkt, dass ich vier Monate lang im Stamford Marriott aus einem Koffer leben musste, bevor Carolyn und die Kinder in unser neues Haus in Connecticut einziehen konnten. Doch meine Isolation hatte auch etwas für sich: Ich konnte mich vollkommen auf meine neue Tätigkeit konzentrieren.

Der Umzug nach Fairfield war mit einem deutlichen Aufstieg verbunden, denn mit meiner Beförderung erreichte ich eine neu geschaffene Managementebene: Ich war nun einer von fünf Sektorenleitern, die allesamt offizielle Kandidaten für die Nachfolge von Konzernchef Reg Jones waren. Zu diesen Bewerbern kamen noch Al Way, der Finanzchef des Konzerns, und Bob Frederick, der Chef des Planungsstabs im Konzern.

Die vier anderen Sektorenleiter waren John Burlingame, ein Physiker, der die internationalen Aktivitäten des Unternehmens leitete; Ed Hood, ein Atomingenieur, der für den Sektor technische Produkte und Dienstleistungen zuständig war; Stan Gault, ein altgedienter Manager aus dem Bereich Haushaltsgeräte, der den Industriesektor übernahm; und Tom Vanderslice, ein ehemaliger Lehrer aus Fulbright, der für die Energiesysteme zuständig war.

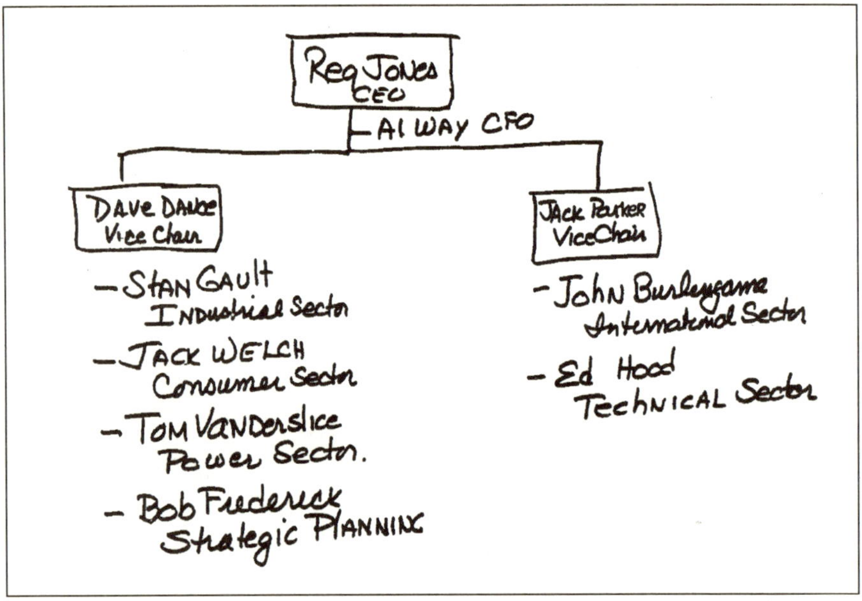

Reg hatte diese neue Managementebene geschaffen, um uns zu beobachten und Aufschluss darüber zu gewinnen, ob wir in der Lage waren, Portfolios mit mehreren Milliarden Dollar Umsatz zu managen, mit denen wir keine Erfahrung hatten. Ich erhielt den Sektor Konsumgüter und Dienstleistungen, den einzigen bereits bestehenden, den Reg ein Jahr zuvor ins Leben gerufen hatte, um seine Idee zu testen. In dieser Funktion war ich für eine Gruppe von Unternehmensbereichen verantwortlich, auf die 4,2 Milliarden Dollar oder rund 20 Prozent des Konzernumsatzes entfielen. Zu meinen Zuständigkeitsbereichen zählten Haushaltsgeräte, Klimaanlagen, Beleuchtungs- und Audioprodukte, Fernsehgeräte, Radio- und Fernsehsendergruppen sowie die GE Credit Corp.

Für Reg erfüllte die Struktur ihren Zweck. Sie erleichterte ihm die Wahl seines Nachfolgers. Doch ich hatte ein Problem: Mein direkter

Vorgesetzter, Vice Chairman Walter »Dave« Dance, bevorzugte einen anderen Kandidaten, seinen langjährigen Schützling Stan Gault. Dieser hatte so wie Dance praktisch seine gesamte Karriere in den Haushaltsgerätebereich investiert.

Es war unübersehbar, dass Dance Stan Gault unterstützte. Selbstverständlich hatte er ein Recht auf seinen Standpunkt, doch sein Verhalten machte mir das Leben schwer. Zum ersten Mal in meinen 17 Jahren bei GE hatte ich einen Vorgesetzten, der sich nicht für mich einsetzte. Es war auch nicht von Vorteil, dass Gault meinen Sektor im vorhergehenden Jahr geleitet hatte. Dies brachte mich eher in eine missliche Lage, denn jeder meiner Schritte konnte den Eindruck erwecken, ich wolle ihn oder Dance in ein schlechtes Licht rücken.

Der andere Vice Chairman, Jack Parker, bevorzugte ebenfalls bestimmte Thronanwärter. Ich gehörte nicht zu ihnen. Parker zählte zu den Pionieren des Bereichs Flugzeugtriebwerke bei GE und unterstützte stets die Leute aus diesem Bereich. Daher hatte er eine Vorliebe für seine beiden direkten Untergebenen: Burlingame und Hood. Das bedeutete, dass Tom Vanderslice und ich die schlechtesten Karten hatten.

Hoffnung schöpfte ich aus der Tatsache, dass Dance und Parker weder zueinander noch zu Reg eine sehr enge Beziehung hatten. Tatsächlich hatte Reg seine beiden Stellvertreter nicht für seine Nachfolge in Erwägung gezogen. Er hatte Dance und Parker von seinem Vorgänger »geerbt«. Beide waren Rivalen um den Job gewesen. Sie waren keine schlechten Manager – doch sie waren enttäuscht, da sie Regs Job nicht bekommen würden.

Es gibt wahrscheinlich nichts Schlimmeres für einen Manager, als für einen Vorgesetzten arbeiten zu müssen, der nicht an seinem Aufstieg interessiert ist. Ein solcher Fall kann auf jeder Ebene eintreten und kommt wahrscheinlich häufiger vor, als wir glauben. Bevor ich Dance unterstellt wurde, war mir dieses Schicksal nie widerfahren. Ich überlebte die Situation nur, indem ich tat, was ich für richtig hielt. Ich vertraute darauf, dass Reg und das System fair sein würden. Hätte ich diese Funktion auf Dauer ausüben sollen, so hätte ich sie abgelehnt. Ich hätte meine Karriere oder meine geistige Gesundheit nicht aufs Spiel gesetzt, indem ich mich dieser Situation zu lange ausgesetzt hätte. Dazu ist das Leben zu kurz. Ich befand mich wahrscheinlich in einer einfacheren Lage als andere. Ich wusste, was ich wollte. Und ich würde nicht lange brauchen, um herauszufinden, ob ich es bekommen würde.

Das Nachfolgerennen war vom ersten Tag an von politischen Manövern gekennzeichnet. Man konnte die Spannung im Gebäude förmlich spüren. Die fünf Sektorenleiter waren allesamt im so genannten Westflügel des aus zwei Gebäuden bestehenden Komplexes in Fairfield untergebracht. Wir saßen jeweils in einem Eckbüro, zu dem ein Konferenzzimmer und Räumlichkeiten für den engen Mitarbeiterstab gehörten. Jedes Mal, wenn wir in der Stadt waren, gerieten wir beim Mittagessen in der Kantine in eine unangenehme Situation. Da saßen wir dann, kauten auf unseren Sandwiches herum und hüteten uns, ein falsches Wort zu sagen. Es war scheußlich.

Im Außendienst konnte ich mich von den politischen Ränken in der Zentrale erholen. Glücklicherweise musste ich nur wenig Zeit in Fairfield verbringen, um meine Aufgaben zu bewältigen. Hinter mir stand ein begabtes Team. David Orselet, mein Personalmanager, hatte eine gute Nase für talentierte Mitarbeiter und genoss allgemeines Vertrauen – ein unschätzbarer Vorzug bei einem Personalmanager.

Zu jener Zeit wusste ich es nicht, doch Daves Unterstützung sollte sich in der Endauswahl als sehr wichtig erweisen. Dick Schlegel, ein warmherziger Mensch und gewiefter Finanzexperte, stand mir ebenfalls zur Seite.

Dick half mir, zwei Leute zu finden, die wesentlichen Einfluss auf den Verlauf meiner Karriere nehmen sollten: Dennis Dammerman von GE Credit und Bob Nelson, ein Finanzanalyst, der viele Jahre im Bereich Haushaltsgeräte tätig gewesen war.

Dennis war auf einer Farm in Iowa aufgewachsen. Als Kind steckten sie ihn auf dem elterlichen Hof in die mit der frisch geschorenen Schafwolle gefüllten Leinensäcke, damit er sie zusammendrückte. Im Teenageralter begann er, als Elektrikerlehrling im väterlichen Betrieb Dammerman Electric zu arbeiten.

Nachdem er 1967 seinen Abschluss an der University of Dubuque gemacht hatte, besuchte Dennis Freunde in Bloomington (Illinois), wo in einem GE-Werk elektrische Bauteile hergestellt wurden. Eines Tages ging er hin und fragte den Wachmann am Werkstor nach einem Job. Glücklicherweise verwies ihn dieser an einen Manager, der Dennis für das Finanzmanagementprogramm von GE engagierte. Dennis war brillant, beharrlich und absolut zuverlässig. Er war ungemein leistungsfähig und liebte herausfordernde Aufgaben.

Bob Nelson war der Intellektuelle in meinem Team. Er hatte am Carleton College Politikwissenschaft und Geschichte studiert und besaß fabelhafte analytische Fähigkeiten. Eigentlich hätte ein Universitätsprofessor aus ihm werden müssen. Nachdem er einen Master in Geisteswissenschaften an der University of Chicago erworben hatte, begann er mit einer Dissertation in Amerikanistik. Im Jahr 1966 machte er einen Abstecher in die Wirtschaft und schloss sich unserem Finanzmanagementprogramm an.

Dennis und Bob wurden meine Berater in Finanzfragen, und ich werde mich bis zu meinem Ausscheiden bei GE auf ihr Urteilsvermögen verlassen. Dennis wurde mein Finanzchef, CEO von GE Capital Services und ein Vice Chairman des Konzerns. Bob wurde zum Leiter der Abteilung Finanzanalysen.

Ich holte auch meinen Freund Norm Blake aus Pittsfield in die Zentrale und übertrug ihm wie im Kunststoffbereich die Leitung der Geschäftsentwicklung. Norm war ein kluger, beharrlicher und rastloser Entrepreneur. Später stieg er zum Geschäftsführer von GE Capital auf und verließ 1984 das Unternehmen, um die Leitung von Heller International zu übernehmen.

Ich verbiss mich wie gewohnt in meine neue Aufgabe. Nur startete unser Flugzeug nun nicht mehr in Pittsfield, sondern in Fairfield, um uns zu den Unternehmen und Menschen zu bringen, die wir kennen lernen wollten. Üblicherweise begannen wir um halb acht am Morgen mit unserer Analyse und verbrachten Stunden damit, den Betrieb genau zu sezieren. Wir waren nur selten vor acht oder neun Uhr abends mit der Arbeit fertig. Dann gingen wir gemeinsam essen, besprachen die Ergebnisse unserer Betriebsprüfung und schätzten ein, wie groß das Reservoir an Talenten im betreffenden Unternehmensbereich war.

Weil es mir an Unterstützung seitens meines Vorgesetzten mangelte, tat ich so, als sei er überhaupt nicht anwesend. Die schwierigsten Fragen waren im Haushaltsgerätebereich zu lösen. Ein Kurswechsel konnte als Angriff auf meine Vorgänger Dance und Gault gewertet werden. Sie hatten den Bereich mehr als ein Jahrzehnt lang geleitet. Er war seit Jahren ein Lieblingskind von GE. Dance und Gault hatten Pläne für eine umfassende Expansion geschmiedet und wollten unseren großen Produktionsstandort in Kentucky, den Appliance Park in Louisville, durch eine Replik in Columbia (Maryland) ergänzen. Für einen späteren Zeitpunkt war die Errichtung eines weiteren Appliance Park in Salt Lake City (Utah) geplant.

In ihren ehrgeizigen Plänen spiegelte sich die herkömmliche, sehr zuversichtliche Bewertung dieses Geschäftsbereichs durch den Konzern wider. Dieser Optimismus beruhte auf dem Aufschwung nach dem Zweiten Weltkrieg, als die Angehörigen einer aufstrebenden Mittelklasse ihre neuen Küchen mit neuen Geräten zu füllen begannen. Es stand außer Zweifel, dass dieser Geschäftsbereich weiter wachsen würde. Doch es stellte sich die dringliche Frage, wie schnell dieses Wachstum in Zukunft ausfallen würde und wie gut wir im Vergleich zu unseren wichtigsten amerikanischen und internationalen Konkurrenten positioniert waren. Meine neuen Berater Bob Nelson und Dennis Dammerman, die beide im Haushaltsgerätebereich tätig gewesen waren, zerpflückten die Zahlen und die herkömmlichen Annahmen.

Wir gelangten zu dem Schluss, dass das Wachstum dieses Bereichs eher langsam ausfallen werde. Die großartigen Expansionspläne mussten überprüft werden. Der Fairness halber muss ich sagen, dass Dance und Gault wohl zu dem gleichen Schluss gelangten. Noch wichtiger als die Expansion war unsere Lage in Louisville. Wir mussten den Betrieb verbessern. Denn während der Umsatz und die Gewinne gut waren, ging die Produktivität stetig zurück.

Die Zentrale hatte jahrelang eine sehr optimistische Einschätzung der Entwicklung im Bereich Haushaltsgeräte zu hören bekommen. In Louisville setzte sich ein Heer von strategischen Planern und Finanzexperten für den Bereich ein. Sie weigerten sich einzugestehen, dass sich die Nachkriegsblüte ihrem Ende zuneigte. Und sie waren nicht die Einzigen. Ein Großteil der amerikanischen Industrie teilte ihren Glauben an ein unbegrenztes Wachstum.

In Louisville war das Führungsteam des Bereichs Haushaltsgeräte aus dem Entwicklungs- und Produktionszentrum in eine Bürosuite im 15. Stock eines knapp acht Kilometer entfernten Hochhauses umgezogen. Dies hatte großen Symbolwert: Sie hatten sich in einen abgelegenen Elfenbeinturm zurückgezogen, während die Arbeiter im Appliance Park die Geräte zusammensetzten.

Mit der Analyse meines Teams bewaffnet, ging ich zu Dance, um deutliche Kürzungen in jenem Geschäftsbereich zu empfehlen, den er so viele Jahre lang geleitet hatte. Ich hatte mit Widerstand gerechnet, doch dieser blieb aus. Stattdessen sah er in meinen Empfehlungen wohl eher einen weiteren Beweis für meine Impulsivität. Er stimmte meinem Plan zu.

Wir schritten rasch zur Tat, um die Wettbewerbsfähigkeit des Unternehmensbereichs in Louisville zu erhöhen, indem wir den vorhandenen Betrieb zurechtstutzten und die Pläne für den Bau weiterer Appliance Parks in den Papierkorb warfen.

Die Entlassungen waren in Louisville nicht populär. Glücklicherweise hatte ich einen Verbündeten in Dick Donegan, dem Leiter des Haushaltsgerätebereichs. Dick war ein Mann von Dance und Gault. Er erklärte sich mit den neuen Plänen einverstanden und war mutig genug, sie trotz seiner früheren Beziehungen in die Tat umzusetzen. Die schmerzhaften Änderungen im Appliance Park lösten nicht alle Kostenprobleme, doch sie machten uns wettbewerbsfähiger, rentabler und dynamischer.

In den folgenden 20 Jahren wurden in diesem Bereich immer wieder ähnliche Maßnahmen durchgeführt. Ein Unternehmensbereich, in dem im Jahr 1977 über 47 000 Menschen beschäftigt waren, hat heute weniger als halb so viele Beschäftigte, das heißt rund 19 800 fest angestellte und pro Stunde bezahlte Arbeitskräfte. Derartige Personalkürzungen sind scheußlich. Der Wandel der Wettbewerbsbedingungen beraubt hart arbeitende Menschen ihrer Arbeitsplätze. In schwierigen Branchen enden diese Einschnitte nie. Ich weiß nicht, wie oft ich Anfang der 80er Jahre die folgende Frage zu hören bekam: »Ist es jetzt genug?« Unglücklicherweise ist es nie genug.

Viele der Produkte, auf denen die Wirtschaftsblüte der Nachkriegszeit beruhte, verwandelten sich in Massengüter, die in langsam wachsenden Märkten nur noch geringe Gewinne abwarfen. Der Wandel der Marktbedingungen trieb viele unserer Konkurrenten aus dem Geschäft: Philco (Ford Motor), Frigidaire (General Motors), Westinghouse. General Electric entschloss sich, nicht aufzugeben und in einer sehr harten Branche weiterzukämpfen. Doch um uns auf dem Markt behaupten zu können, mussten wir einen größeren Teil dieser Produkte außerhalb der Vereinigten Staaten erzeugen. Ein Kühlschrank, der im Jahr 1980 zwischen 1000 und 1200 Dollar kostete, hat mittlerweile nur noch einen Marktwert von 700 bis 800 Dollar.

Das einzig Gute am erbitterten Wettbewerb in dieser Branche ist, dass die asiatischen Konkurrenten bisher kaum Fortschritte auf dem amerikanischen Markt gemacht haben. Diese Erfahrung steht in deutlichem Gegensatz zur Entwicklung in der Automobilindustrie, in der die stetigen Preiserhöhungen zahlreiche ausländische Konkurrenten auf den Plan riefen.

Keiner der Unternehmensbereiche, die mir im Jahr 1977 anvertraut wurden, schien derart vielversprechend wie die GE Credit Corp. So wie der Kunststoffbereich hatte GE Credit wenig mit dem Kerngeschäft des Konzerns zu tun, und so wie der Kunststoffbereich hatte auch dieses Geschäft in meinen Augen großes Wachstumspotenzial. Niemand schenkte GE Credit große Aufmerksamkeit. Es war das Stiefkind einer in der Produktion groß gewordenen Konzernmutter. Das Unternehmen wurde fast zufällig in diesem Geschäft tätig, als GE im Jahr 1933 auf dem Höhepunkt der Weltwirtschaftskrise den Händlern von GE-Haushaltsgeräten dabei half, ihre Lagerbestände an Kühlschränken und Öfen abzubauen, indem es den Verbrauchern Konsumkredite anbot. Darüber hinaus finanzierte GE den Möbelabsatz, da die meisten seiner Händler auch diese Produkte führten. Doch viel mehr tat das Unternehmen bis in die 50er Jahre in diesem Geschäft nicht.

Dann begannen wir, den Kauf von Caterpillar-Baumaschinen zu finanzieren, die wir als Yellow Iron bezeichneten. Es dauerte bis Ende der 60er Jahre, bis wir anfingen, weitere Ausrüstungen in unser Leasingangebot aufzunehmen. Ende der 70er Jahre war GE Credit ein diversifiziertes Unternehmen, wenn auch immer noch eines von geringer Größe. Zu diesem Zeitpunkt finanzierten wir Fertighäuser, Zweithypotheken, Bürogebäude, Industriekredite und -leasingverträge sowie Unternehmenskreditkarten.

In diesen frühen Tagen verstand ich die Feinheiten des Finanzwesens nicht. Ich ließ mir von meinen Leuten den ganzen Fachjargon in für den Laien verständliche Erläuterungen übersetzen. Es handelte sich um »Finanzen für den kleinen Mann«, wie ich sie nannte, doch genau das brauchte ich. Ich büffelte diesen Stoff wie in der Schule, damit ich mitreden konnte.

Mein Gefühl sagte mir, dass man in diesem Geschäft verglichen mit den mir vertrauten industriellen Tätigkeiten leicht Geld verdienen konnte. Man musste keine riesigen Summen in F&E investieren, Fabriken errichten und Tag für Tag Metall verbiegen. Man musste keine Größenvorteile erreichen, um sich im Wettbewerb behaupten zu können. In diesem Geschäft brauchte man nur intellektuelles Kapital – man musste intelligente und kreative Leute finden und General Electrics finanzielle Stärke nutzen. In meinen Augen war dieses Geschäft eine »Goldmine«.

Das intellektuelle Kapital zu nutzen ist leichter, als Produkte zu erzeugen. Nirgendwo traten die Vorteile der Finanzen gegenüber der

Produktion deutlicher zutage als in den Gewinnen pro Mitarbeiter: Im Jahr 1977 verdiente GE Credit mit weniger als 7000 Mitarbeitern 67 Millionen Dollar. Demgegenüber wurden im Bereich Haushaltsgeräte 47 000 Mitarbeiter benötigt, um einen Gewinn von 100 Millionen Dollar zu erzielen.

Heute dürfte dies jedermann klar sein, doch für mich war es im Jahr 1977 eine bedeutsame Erkenntnis. Schließlich war ich ein Ingenieur und verstand lediglich, wie man »Dinge macht«.

Die Ergebnisse, die GE Credit Ende der 70er Jahre auswies, waren nicht schlecht. Seine Gewinne und sein Betrieb wuchsen jedes Jahr. Ich hatte lediglich den Eindruck, dass es in Anbetracht seiner gewaltigen Möglichkeiten nicht schnell genug wuchs. In den ersten Sitzungen mit der Leitung dieses Unternehmensbereichs im Frühjahr 1978 war ich von den Leuten enttäuscht. Ich versammelte sie in einem Raum – es waren mehrere Managementebenen vertreten – und fragte sie über ihre Tätigkeit aus. »Lassen Sie uns so tun, als wären wir in der Schule«, sagte ich. »Erklären Sie mir die Grundlagen.«

Bei einer Gelegenheit stellte ich einem Manager der Versicherungsabteilung eine recht einfache Frage. Im Verlauf seiner Erläuterung verwendete er einige Begriffe, die mir fremd waren. Also unterbrach ich ihn mit der Frage: »Was ist der Unterschied zwischen einer Fakultativ- und einer Vertragsversicherung?« Nachdem er sich mehrere Minuten mit einer langwierigen Antwort gequält hatte, die ich nicht verstand, stieß er schließlich verzweifelt hervor: »Wie soll ich Ihnen in fünf Minuten beibringen, was ich in 25 Jahren gelernt habe!« Ich muss nicht extra darauf hinweisen, dass er nicht mehr lange bei uns war.

Dies war kein Einzelfall. Solche Vorfälle ereigneten sich immer wieder. Wenn GE Credit mit den vorhandenen Leuten derart viel Geld verdienen konnte, so stellte sich die Frage, wozu dieser Unternehmensbereich in der Lage wäre, wenn man ihn mit ausgezeichneten Mitarbeitern besetzte.

Wir hatten nicht genug herausragende Leute, um uns eine in meinen Augen leichte Beute zu sichern. John Stanger, der damalige Leiter des Unternehmens, war ein scharfsinniger Geschäftsmann. Doch er war ein Produkt des Systems und wollte die Organisation nicht umkrempeln. Er neigte dazu, sich mit den vorhandenen Leuten durchzuschlagen, und er wusste nichts von dem großen Reservoir an talentierten Mitarbeitern in anderen Unternehmensbereichen.

Im Verlauf der Personalbeurteilungen im Frühjahr 1978 stellte ich sämtliche Manager von GE Credit infrage. An diesem Tag ging es hart zur Sache. Am Abend luden wir sie alle in den nahe gelegenen Landmark Club in Stamford ein, um sie in einer geselligen Atmosphäre genauer kennen zu lernen. Die meisten machten auch nach mehreren Stunden noch keinen besseren Eindruck als während des Tages.

Stanger war sehr intelligent. Wir mussten ihn nur mit besseren Leuten zusammenbringen. Sobald er sie hatte, blühte sein Bereich auf. In den folgenden Jahren wechselten wir mehr als die Hälfte der Führungsmannschaft von GE Credit aus. Viele der neuen Manager kamen aus anderen Teilen von GE und wurden teilweise tief aus dem Bauch der Organisation geholt. Sie veränderten GE Credit vollkommen.

Es gab bei GE Credit eine Führungskraft, die deutlich aus der Masse herausragte. Es handelte sich um einen brüsken, schlauen, lustigen und schnell sprechenden Burschen, der den Bereich Handels- und Industriefinanzierung leitete. Sein Name war Larry Bossidy, und als ich ihm das erste Mal begegnete, dachte ich: »Wo zum Teufel haben sie den aufgetrieben?«

Wir lernten uns Anfang 1978 in Hawaii bei einer Managementsitzung von GE Credit kennen. Irgendwie ergab sich ein Tischtennisspiel auf der Terrasse des Hotels. Wir spielten, als hinge unser Leben davon ab, und stürzten uns in die Hecken, um Schmetterbälle zurückzuspielen. Es war ein intensiver Kampf, und wir holten alles aus diesem kleinen weißen Ball heraus. Carolyn rief vom Balkon unseres Hotelzimmers nach mir, weil wir unser Flugzeug zu verpassen drohten. Aber ich wollte gar nicht fahren. Ich war fasziniert von diesem Burschen, der so voller Leben und so kämpferisch war.

Nach dem Spiel unterhielten wir uns kurz. Er beeindruckte mich mit seiner hohen Auffassungsgabe und treffenden Bemerkungen, die mich in meiner schlechten Meinung über das mittlere Management von GE Credit bestätigten. Als ich gerade glaubte, ein Wunderkind entdeckt zu haben, ließ Larry eine Bombe platzen. Er vertraute mir an, dass er das Unternehmen verlassen und zu Lone Star Cement gehen werde. So wie ich Jahre zuvor war er enttäuscht von der Bürokratie. Ich bat ihn zu bleiben.

»Was zum Teufel wollen Sie bei einem Zementhersteller?« – »Dieses Unternehmen macht mich verrückt!« antwortete er. »Geben Sie mir eine Chance«, sagte ich. »Sie sind genau der Mann, den wir brauchen. Das Unternehmen wird sich verändern.«

Bossidy ging nicht. Ein Jahr später machte ich ihn mit Regs Unterstützung zum COO von GE Credit. Gemeinsam mit Stanger baute er jenen Geschäftsbereich auf, der unser wichtigster Wachstumsmotor werden sollte. Nach meiner Ernennung zum Chairman zog Larry im Jahr 1981 als Sektorenleiter in Fairfield ein und wurde drei Jahre später zu einem meiner Vice Chairmen. Er stand mir in den folgenden sieben Jahren als großartiger Partner zur Seite, bevor er bei GE ausschied, um die Leitung von AlliedSignal zu übernehmen.

Larry spielte eine zentrale Rolle in der Entwicklung von GE Capital. Ausgehend von einer kleinen Basis – im Jahr 1977 weniger als 7000 Mitarbeiter und ein Gewinn von 67 Millionen Dollar – wuchs dieser Unternehmensbereich enorm. Im Jahr 2000 belief sich der Gewinn von GE Capital, das mittlerweile mehr als 89 000 Mitarbeiter hatte, auf 5,2 Milliarden Dollar. Zu verdanken hatten wir diese Entwicklung einer Reihe herausragender Führungskräfte.

Doch nicht alles, was ich anfasste, wurde zu Gold. Auf halbem Weg im Rennen um Regs Nachfolge versuchte ich eine große Übernahme durchzusetzen, um unsere Präsenz in der Fernsehbranche zu erhöhen. Gemeinsam mit Norm Blake, dem Leiter meiner Geschäftsentwicklung, handelte ich den Kauf des Kabel- und Rundfunkbereichs von Cox Communications aus.

Im Frühjahr 1978 erhielt ich die Zustimmung des Boards zu dem Geschäft. Ich war davon überzeugt, dass sich diese Übernahme als sehr vorteilhaft für GE erweisen würde. Wir besaßen bereits einige Fernsehsender, und GE zählte zu den Pionieren der Kabeltechnologie. In den 70er Jahren hatte das Unternehmen beschlossen, aus dem Kabelgeschäft auszusteigen, da man der Ansicht war, die Branche sei überreguliert. Norm und ich waren anderer Ansicht. Wir glaubten an die Zukunft des Kabelfernsehens, dessen Durchbruch unserer Meinung nach unmittelbar bevorstand. Reg teilte unsere Einschätzung.

Während wir uns in den folgenden 14 Monaten um die erforderlichen Genehmigungen der Kommunikationsbehörde FCC (Federal Communications Commission) bemühten, wuchs der Markt für das Kabelfernsehen explosionsartig. Ich wollte so rasch wie möglich das Potenzial von Cox nutzen, weshalb ich Bob Wright aus dem Kunststoffbereich abzog und nach Atlanta in die Zentrale von Cox schickte, um die Leitung des Kabelbereichs zu übernehmen – noch bevor wir die Kontrolle über Cox Broadcasting übernahmen. Ich hatte gesehen, wie Bob die Verkaufsabteilung im Kunststoffbereich geführt hatte, und hielt ihn aufgrund seiner extrovertierten Persönlichkeit und seiner rechtlichen Kenntnisse für den richtigen Mann in der rasch wachsenden Kabelbranche. Das Management von Cox liebte Bob, doch als sich die Genehmigung der FCC verzögerte, begann die Familie Cox, den Preis hinaufzuschrauben. Nach einiger Zeit wurde mir klar, dass sie den Vertrag mit uns nicht unterschreiben würden.

Die Rechtsberater von Cox hatten die Vereinbarung geschickt gestaltet. Es stellte sich heraus, dass es sich weniger um einen Kaufvertrag als um eine Vereinbarung handelte, die Cox die Option einräumte, nach seinem Gutdünken zu verkaufen.

Ich hatte mich sehr weit aus dem Fenster gelehnt, um Reg und den Board davon zu überzeugen, dass dieses Geschäft, das uns mehrere 100 Millionen Dollar kosten würde, lohnend war. Nun, da der Preis bei jedem Treffen mit den Leuten von Cox stieg, gelangte ich zu dem Schluss, dass das Geschäft zu keinem Preis geschlossen werden konnte. Die Familie Cox hatte ihre Meinung geändert und benutzte die Preisforderungen, um den Verkauf platzen zu lassen. Doch wenn dieses Geschäft in der aufgrund des Nachfolgerennens gespannten Atmosphäre platzte, konnte dies katastrophale Folgen für mich haben.

Da so viel davon abhing, wollten wir das Geschäft unbedingt unter Dach und Fach bringen. Norm und ich brüteten stundenlang über der Frage, ob sie den Vertrag jemals unterschreiben würden. Wir wollten nicht aufgeben. Norm hatte mir bereits im Kunststoffbereich zur Seite gestanden, und unsere Familien waren eng verbunden. Wir debattierten zehn Tage lang im Büro und abwechselnd bei mir oder bei ihm zu Hause über das Geschäft. Nachdem wir lange genug in uns gegangen waren, entschloss ich mich, vom Kauf zurückzutreten.

Im Sommer 1979 teilte ich Reg meine Entscheidung mit. Er willigte ein, forderte mich jedoch auf, der Unternehmensführung in der nächsten Sitzung des Boards, die in St. Louis stattfinden würde, meine Beweggründe zu erläutern. Es genügte also nicht, dass ich Reg meine Seele ausschüttete. Ich musste mich den Direktoren offenbaren. Die Versammlung fiel mit einem jährlichen Golfausflug des Topmanagements und des Boards zusammen. Dies machte es noch schwieriger, vor sie zu treten und meinen Irrtum einzugestehen. Ich wusste nicht, wie sie reagieren würden. Also blieb mir nichts anderes übrig, als mich der schwierigen Situation unerschrocken zu stellen.

In einer morgendlichen Sitzung des Boards schlug ich vor, das Geschäft nicht weiterzuverfolgen. Die Direktoren stellten zahlreiche

Fragen, darunter auch die folgende: »Warum sind Sie nicht bereit, einen höheren Preis zu bezahlen?« Nachdem ich sechs Wochen lang mit den Vertretern der Familie Cox verhandelt hatte, war ich mir vollkommen sicher, dass sie unter keinen Umständen verkaufen würden. Allerdings konnte ich das nicht beweisen. Doch es war nicht richtig, dass GE diesem Geschäft weiter nachlief.

Ich hatte das Gefühl, die Sitzung sei gut verlaufen. Ich hegte die Hoffnung, die Direktoren würden über meine Unfähigkeit, das Geschäft abzuschließen, hinweggehen und zu schätzen wissen, dass ich bereit war, eine für mich schwere Entscheidung zu fällen. Doch ich wusste wenig darüber, was sie wirklich dachten. Am Nachmittag erhielt ich bei einem Golfspiel mit drei Mitglieder des Boards etwas Aufmunterung. Als ich mich auf den Abschlag an einem Par-3-Loch vorbereitete, foppte mich Dick Baker, ein ehemaliger Leiter von Ernst & Whinney, der sich durch einen ausgeprägten Sinn für Humor auszeichnete, mit der Bemerkung: »Ich hoffe, die Tatsache, dass Sie Mist gebaut haben, wird Ihren Abschlag nicht beeinträchtigen!«

Ich ließ mein Siebener-Eisen fallen und schrie: »Foul!« Die beiden anderen Direktoren brachen in Gelächter aus. Ich deutete dies als positives Zeichen, denn ich sah diese sonst sehr ernsten Leute zum ersten Mal Scherze treiben. Ich war davon überzeugt, dass sie keine Späße auf meine Kosten machen würden, wenn ich angeschlagen wäre. Später erfuhr ich, dass einige Mitglieder des Boards, denen mein ausgeprägtes Konkurrenzdenken Sorgen bereitete, Gefallen daran gefunden hatten, dass ich in der Lage gewesen war, einen Fehler einzugestehen.

All diese Veränderungen spielten sich vor dem Hintergrund des Rennens um Regs Nachfolge ab. Alle Thronanwärter versuchten, ihre Widersacher in den Schatten zu stellen. Wir schufteten alle wie besessen, um uns in den Vordergrund zu drängen. Mein Vorgesetzter Dance äußerte sich überhaupt nicht zu meiner Tätigkeit. Beispielsweise leistete er beim Umbau von GE Credit weder Unterstützung noch Widerstand. Und ich wusste eigentlich nicht, wo Reg stand. Mein Gefühl sagte mir stets, dass er auf meiner Seite sei, doch ich erhielt niemals Gewissheit darüber.

Allen Jockeys und Pferden in diesem Galopprennen waren die Augen verbunden worden. Niemand außer Reg wusste, wer in Führung lag. Und Reg dachte nicht daran, irgendeinem Kandidaten zu sagen, ob er gut im Rennen lag.

Den Gerüchten zufolge war Al Way sein Favorit. Er stammte wie Reg aus dem Finanzwesen und arbeitete als Finanzchef des Konzerns täglich mit ihm zusammen. Al leistete einen wichtigen Beitrag zu Regs größter Übernahme – jener von Utah International – und half ihm dabei, unseren defizitären Computerbereich an Honeywell zu verkaufen. Unterdessen stand Dance unerschütterlich zu Gault, der den Industriesektor leitete. Ebenso unverbrüchlich war die Unterstützung, die Parker seinen Schützlingen Burlingame und Hood gewährte.

Mein Gespür sagte mir, dass Reg mit dem, was ich tat, einverstanden war, doch ich wurde von nagenden Zweifeln gepeinigt. Die Ungewissheit bewegte mich dazu, mitten im Rennen darüber nachzudenken, GE zu verlassen. Wie jeder Manager von GE wurde ich laufend von Headhuntern angesprochen. Von Selbstzweifeln gequält, reagierte ich positiv auf einen Anruf von Gerry Roche von Heidrick & Struggles, der mir die Leitung von Allied Chemical antrug.

Rückblickend muss ich sagen, dass ich lediglich das Terrain sondierte. Ich wollte GE nicht wirklich verlassen, doch ich wusste einfach nicht, woran ich war. Dies war die Kehrseite meines geringen Selbstvertrauens.

Zu jener Zeit wusste ich wenig über den Auswahlprozess für den neuen Unternehmensleiter. Ich hatte keine Ahnung davon, dass mein Name nicht auf der ursprünglichen Liste von 19 Kandidaten stand, die Ende 1974 zusammengestellt worden war (damals war ich noch in Pittsfield). Ich wusste nicht, dass ich auch noch nicht zu den Kandidaten zählte, als die Liste Anfang 1975 auf zehn Namen gekürzt wurde. Ich wusste nicht, dass der Personalchef Roy Johnson meine Berücksichtigung verhindert hatte. In einer offiziellen Bewertung der Personalabteilung aus jener Zeit hieß es über mich: »Trotz vergangener Erfolge in der Betriebsführung nicht auf der Liste der besten Kandidaten. Übermäßige Konzentration auf Ergebnisse. Neigt zur Einschüchterung von Untergebenen. Erste Zweifel bezüglich der Fähigkeit zur Führung des Unternehmens. Gegenwärtige Abneigung der Unternehmensbereiche wird sich als harter Test erweisen. Genau zu beobachten.«

Die Übersetzung war einfach. Johnson hielt mich für zu jung und zu ungestüm. Und auf meiner Stirn war das Monogramm von GE nicht eingebrannt. Er glaubte, ich sei zu rücksichtslos in meinem Streben nach Ergebnissen und hege keinen Respekt für die Rituale und Traditionen des Unternehmens. Doch Johnsons Vorbehalte hinderten

Reg nicht daran, mich in den Kandidatenkreis aufzunehmen. Er glaubte, aufgrund meiner Leistungen hätte ich zumindest eine Chance verdient. So wurde ich als Kandidat für eine »intensive Entwicklung« – mit anderen Worten: für größere Aufgaben – ins Auge gefasst.

Zu meinem Glück gab Johnson die Leitung des Personalwesens im Jahr 1979 an Ted LeVino ab. Dieser nahm wesentlichen Einfluss auf den Auswahlprozess. Er hatte die ersten Listen für Reg zusammengestellt und beobachtete das Nachfolgerennen täglich. Ted revolutionierte die Personalabteilung von GE. Er stellte das Senioritätsprinzip infrage und setzte sich für die Beförderung aufgrund von Leistungen ein. Reg begann, Ted als wichtigen Vertrauten zu betrachten.

Ende Januar 1979 bat mich Reg in sein Büro, um eines der ersten seiner berühmten »Flugzeuginterviews« mit mir zu führen, denen er alle Kandidaten unterzog. Sein Vorgänger Fred Borch hatte sich in einem ähnlichen Gespräch für Reg entschieden.

»Jack, nehmen wir an, Sie und ich sitzen in einem der Firmenjets, und die Maschine stürzt ab. Wer soll der nächste Chairman von General Electric werden?« Die meisten Kandidaten, ich eingeschlossen, versuchten instinktiv, aus dem Flugzeugwrack herauszukriechen und die Führung des Unternehmens selbst zu übernehmen. Doch Reg warf höflich ein, dass dies nicht möglich sei.

Ich versuchte ihm zu erklären, dass ich den Absturz überlebt hätte. »Nein, nein«, sagte er. »Sie und ich sind tot. Wer soll der nächste Chairman sein?« Ich suchte angestrengt nach einer Antwort. Ich sagte ihm, ich sei derart fest davon überzeugt, der beste Kandidat zu sein, dass es mir schwer falle, ihm jemand anderen zu nennen.

»In Ordnung«, sagte Reg. »Aber Sie leben nicht mehr. Wer soll den Job bekommen?« Schließlich gab ich meine Stimme Ed Hood, der für die technischen Produkte und Dienstleistungen zuständig war. »Er ist intelligent und geht bedacht vor. Tom Vanderslice würde ich zu seinem Stellvertreter machen. Er ist entschlossen und ungemein durchsetzungsfähig. Sie würden einander gut ergänzen.« Tom leitete den Sektor Energiesysteme und wurde wie ich von keinem der stellvertretenden Vorsitzenden unterstützt.

Als Nächstes bat mich Reg um meine Einschätzung der übrigen Bewerber. Er wollte von mir wissen, wie ich jeden einzelnen Kandidaten in Bezug auf folgende Faktoren einstufte: Intelligenz, Führungsfähigkeiten, Integrität und öffentliches Image. Er versuchte herauszufinden, wer mit wem zusammenarbeiten konnte. Er hatte nicht vor, seinen Nachfolger mit einer Reihe unglücklicher Stellvertreter zusammenzuspannen, denn dieses Schicksal hatte er am eigenen Leib erlitten. In seinen Flugzeuginterviews, die sich über mehrere Monate hinzogen, sammelte Reg die Einschätzungen sämtlicher Spitzenmanager einschließlich jener, die nicht am Rennen um seinen Posten teilnahmen.

Als Reg die Ergebnisse der Sitzungen mit neun Führungskräften auswertete, hatte ich keine einzige Stimme erhalten. Sieben Befragte gaben Stan Gault den Vorzug. Zwei nannten Hood. Im Juni bat mich Reg erneut in sein Büro.

»Erinnern Sie sich an unser Flugzeuggespräch?«, fragte er. »Sicher«, antwortete ich. »Sie haben mich umgebracht.« Reg lachte. »Nun, auch diesmal sind wir in einem Flugzeug unterwegs, das abstürzt.« »Nicht schon wieder«, sagte ich unwillig. »Aber diesmal bin nur ich tot, Jack. Sie haben überlebt. Wer soll nun der nächste Chairman von General Electric werden?«

»Das ist schon besser. Ich bin der richtige Mann«, sagte ich, ohne zu zögern. Reg fragte, wen von den anderen Kandidaten ich in mein Führungsteam nehmen würde. Ich erklärte, am liebsten würde ich mit Hood und John Burlingame arbeiten. Ich wies erneut darauf hin, dass Hood und Burlingame am besten zu mir passten. Burlingame nannte ich, weil ich seine Intelligenz, seine analytischen Fähigkeiten und sein Selbstbewusstsein schätzte.

»In Ordnung. Nehmen wir an, die Führung des Unternehmens wird Ihnen übertragen. Welches sind die größten Herausforderungen, die das Unternehmen in Zukunft bewältigen muss?«

Ich sagte Reg genau das, was ich dachte. Ich bin überzeugt davon, dass alle Kandidaten dies taten. Reg legte unsere Einschätzungen dem Boardausschuss für Managemententwicklung und -gehälter vor, der zu jener Zeit von Ralph Lazarus (dem Leiter von Federated Department Stores) geleitet wurde. Anscheinend schnitt ich diesmal, als Reg die Ergebnisse der Sitzungen auswertete, in denen er die Kandidaten aufgefordert hatte, drei ihrer Mitbewerber in ihre Führungsmannschaft aufzunehmen, sehr viel besser ab. Gault erhielt auch hier die meisten Stimmen (sieben), während Hood und ich mit jeweils sechs Nominierungen gleichauf lagen.

In diesen Interviews bewahrte Reg stets den für ihn typischen Gleichmut. Er gab uns nie auch nur den geringsten Hinweis darauf, ob wir gut im Rennen lagen oder nicht. Zeitweilig wirkte er distanziert und unzugänglich. Wenigstens mir gegenüber ließ er nie erkennen, wem oder was er den Vorzug gab, und aufgrund der zahlreichen augenscheinlichen Unterschiede zwischen uns war ich keineswegs sicher, dass seine Wahl schließlich auf mich fallen würde. Während er wie ein englischer Staatsmann wirkte, konnte man mich mit einem irischen Straßenkind vergleichen. Zumindest oberflächlich betrachtet schien er also das genaue Gegenteil von mir zu sein.

Doch kaum jemand wusste, dass Reg nicht mit einem Silberlöffel im Mund zur Welt gekommen war. Er wurde als klassischer Staatsmann beschrieben. Er hatte drei amerikanischen Präsidenten und ihren Regierungen als Berater gedient. Ein Reporter erklärte, er wirke wie ein »betriebsamer Kirchendiakon«. All diese Beschreibungen trafen und treffen auf ihn zu. Doch vielen Leuten entging, dass Reg keiner privilegierten Gesellschaftsgruppe entstammte. Er war ein Selfmademan, der aus dem Arbeitermilieu stammte und hart für seinen Erfolg hatte kämpfen müssen. In Abwandlung eines Zitats von Bob Hope beschrieb sich Reg selbst am besten: »Ich bin Engländer. Ich bin verflucht noch mal zu arm, um Brite zu sein.«

Reg wuchs in einem Arbeiterviertel in der mittelenglischen Industriestadt Stoke-on-Trent auf. Sein Vater war Vorarbeiter in einem Stahlwerk, und seine Mutter sehnte sich nach einem besseren Leben in Amerika. Als seine Familie schließlich die Reise über den Atlantik antrat, war Reg achteinhalb Jahre alt. Bei der Ankunft in den Vereinigten Staaten trug der Junge noch seine englische Schuluniform. Die Familie siedelte sich am Stadtrand von Trenton in New Jersey an. Auf dem Schulhof prügelten ihm seine Kameraden, die sich durch den intelligenten Außenseiter bedroht fühlten, rasch seinen fremdartigen Akzent aus. Seine Eltern fanden Arbeit in einer Gummifabrik. Seine Mutter sortierte und verpackte Gummiringe für die Deckel von Marmeladengläsern. Sein Vater arbeitete als Aushilfselektriker.

In der Schule fiel Reg durch herausragende Leistungen auf. Er verdiente sich sein Studium an der University of Pennsylvania, indem er andere Studenten betreute und in der Universitätsbibliothek arbeitete. Nach seinem Abschluss im Jahr 1939 ging er direkt zu GE und begann seinen Aufstieg in der mächtigen Finanzabteilung des Unternehmens. Als Mitglied des Finanzprüfungsstabs absolvierte er eine acht Jahre dauernde Tour durch das Unternehmen, die ihn in fast jedes Werk in sämtlichen Unternehmensbereichen führte. Reg war in der Betriebsführung mehrerer Bereiche tätig gewesen, bevor er 1968 zum Finanzleiter ernannt wurde. Vier Jahre später wurde er zum Chairman berufen.

Reg und ich waren offenkundig sehr verschiedene Menschen. Doch unter der Oberfläche gab es zahlreiche Gemeinsamkeiten zwischen uns. Wir waren beide sehr arbeitsame Menschen, die aus einfachen Verhältnissen stammten. Er war das einzige Kind von Eltern, die bemerkenswerte Parallelen mit meinen aufwiesen. Unser Aufstieg in dem einzigen Unternehmen, für das wir je arbeiteten, bewies, dass bei GE Leistungen belohnt wurden.

Wir hatten beide eine Vorliebe für Zahlen und Analysen. Wir liebten beide eine gründliche Vorbereitung und hatten wenig für Personen übrig, die darauf verzichten wollten. Die außen stehenden Beobachter, die sich jahrelang nicht erklären konnten, wie es möglich war, dass sich Reg für jemanden entschieden hatte, der sich derart grundlegend von ihm unterschied, begriffen nicht, dass wir vieles gemein hatten.

Ich selbst verstand es erst, als ich begann, dieses Buch zu schreiben. Wir waren uns sehr viel ähnlicher als allgemein angenommen.

Die erste deutliche Zäsur im Rennen um Regs Posten kam Anfang August 1979 – anderthalb Jahre nach meinem Umzug nach Fairfield. Am 2. August des Jahres, es war ein Donnerstag, setzte sich Reg am Abend nach einer Sitzung des Boards im Blind Brook Country Club in der Nähe von Rye (New York) mit seinen beiden Stellvertretern zusammen und erklärte ihnen, dass er die Zahl der Nachfolgekandidaten auf drei verringert habe. Die Auserwählten waren Burlingame, Hood und ich.

Die übrigen Kandidaten konnten ihre gegenwärtigen Jobs behalten oder das Unternehmen verlassen. Reg würde den Board am nächsten Morgen um die Genehmigung bitten, seine drei Kandidaten zu stellvertretenden Chairmen zu ernennen. Parker und Dance würden sich bis Jahresende von ihren Posten zurückziehen müssen.

Am Morgen nahmen Parker und Dance vor dem versammelten Board Stellung zu der neuen Situation – im Wesentlichen leisteten sie Widerstand gegen Regs Entscheidung, mich zum dritten Kandidaten zu machen. Mindestens eines der mächtigsten Boardmitglieder unterstützte Gault, und Way genoss aufgrund seiner Finanzkenntnisse einige Rückendeckung. Doch schließlich ließ der Board Reg seinen Willen. Auch Parker und Dance gaben nach, und Regs Vorschlag wurde einstimmig angenommen.

Ich muss Parker zugute halten, dass er mich in seiner offenkundigen Enttäuschung zu einem klärenden Gespräch in sein Büro zitierte. »Ich möchte, dass Sie dies nicht von jemand anderem, sondern von mir selbst hören«, sagte er. »Ich habe Sie nicht unterstützt, und ich glaube weiterhin nicht, dass Sie geeignet sind, GE zu führen. Ich möchte nicht, dass Sie dieses Unternehmen kaputtmachen.« Obwohl seine Einschätzung völlig inakzeptabel für mich war, bewunderte ich seine Offenheit.

Erst viele Jahre später erfuhr ich, dass sich Reg zu diesem Zeitpunkt bereits entschieden hatte. Er wollte mich zum nächsten CEO des Unternehmens machen. Doch ein paar Mitglieder des Boards bevorzugten immer noch andere Kandidaten. Indem er uns drei als Vice Chairmen in den Board aufnahm, hoffte Reg, die Boardmitglieder dazu zu bewegen, nach genauerer Betrachtung der Bewerber mir den Vorzug zu geben.

In den folgenden Monaten verließen Gault, Vanderslice, Way, Parker und Dance das Unternehmen. Burlingame, Hood und ich unterstanden nun zwei Jahre direkt Reg Jones. Die Lage hellte sich auf und die politischen Ränke fanden ein Ende. In den Flugzeuginterviews hatte Reg die Gewissheit gewonnen, dass wir gut zusammenarbeiten würden. Und tatsächlich taten wir es.

Kurz vor der endgültigen Entscheidung richtete Reg eine letzte Forderung an uns. Er verlangte von jedem Kandidaten, ein detailliertes Memo zu verfassen, in dem wir unsere Leistungen bewerten sollten. Zudem sollten wir unsere persönliche Entwicklung und unsere Einstellung zum »Verwalteramt« (stewardship) von GE beschreiben – diesen Begriff verwendete Reg, um die Beiträge des Unternehmens zur gesellschaftlichen Entwicklung zu beschreiben.

Mir machte immer noch eine grundlegendere Sorge zu schaffen: Ich befürchtete, Reg und der Board könnten sich aufgrund meines Alters gegen mich entscheiden. Mit 44 Jahren war ich der jüngste der drei verbliebenen Kandidaten. Burlingame war 58 und Ed Hood 50 Jahre alt. Daher dachte ich daran, in meinem Memo zu versprechen, mein Amt nach spätestens zehn Jahren abzugeben – sofern ich den Posten bekam. Eine solche Zusicherung würde vielleicht die Sorge zerstreuen, ich könne zu lange auf dem Posten bleiben.

Als ich meinem guten Freund Anthony »Lofie« LoFrisco, einem in New York ansässigen Rechtsanwalt, davon erzählte, sagte er, ich sei nicht richtig bei Verstand. Ich hatte Lofie kurz nach meiner Ankunft in Fairfield im Silver Spring Country Club kennen gelernt. Als wir an einem Sonntagnachmittag bei mir zu Hause in New Canaan am Pool saßen, entbrannte zwischen uns ein erhitzter Streit über meine Idee der »beschränkten Amtszeit«. Lofie meinte, einen solchen Schritt würde ich mein Leben lang bereuen. »Wenn du dieses Büro einmal betreten hast, wirst du es nie mehr aufgeben wollen«, sagte er. »Um dich dort wieder herauszubringen, werden sie dich in einem Hochofenabschlussblock einschließen müssen.«

»Lass mich zufrieden!«, erwiderte ich. »Du spinnst ja.« Larry Bossidy und seine Familie waren ebenfalls zu Gast, und Larry schloss sich LoFriscos Einschätzung an. Schließlich stimmte ich ihnen zu und verzichtete auf diesen Vorstoß. (Lofie erinnert mich seit zehn Jahren regelmäßig an seinen wertvollen Beitrag zu meiner Karriere.)

Später fand ich heraus, dass meine Bedenken berechtigt gewesen waren, obwohl das Problem offensichtlich nicht ganz so gravierend war, wie ich geglaubt hatte. Eine Reihe von der Boardmitglieder schlug vor, für eine kurze Übergangsphase Burlingame zum Chairman zu machen, um den Posten anschließend mir anzuvertrauen. Diesen Vorschlag brachte Reg anscheinend zu Fall, indem er dem Board erklärte, dass ich das Unternehmen höchstwahrscheinlich verlassen würde, wenn ich den Job nicht erhielte. Er hatte Recht.

Ich verbrachte viel Zeit damit, ein acht Seiten langes Memo zu verfassen, das ich Reg mit folgender Randbemerkung schickte: »Enthält möglicherweise mehr über Welch, als wir beide wissen müssen oder wissen sollten.« Heute würde ich kein derart steifes und förmliches Memo mehr schreiben. Doch im Alter von 44 Jahren glaubte ich, mich so ausdrücken zu müssen, um einen reiferen Eindruck zu erwecken. Wie dem auch sei: Das Memo enthielt viele jener Ideen, die ich in den folgenden 20 Jahren tatsächlich umsetzen sollte.

Ich befasste mich unverblümt mit den Bedenken, die einige Kollegen in Bezug auf meine Person hegten. Beispielsweise sprach ich über meinen anscheinenden Mangel an Reife und Feingefühl. Ich erklärte, die Erfahrungen, die ich in mehr als 20 Jahren bei GE gesammelt hätte, hätten mir gemeinsam mit meiner persönlichen Entwicklung die nötige Reife und Sensibilität vermittelt, um das »Verwalteramt« des CEO ausfüllen zu können.

Mein anspruchsvolles Wesen versuchte ich folgendermaßen zu erklären: »Ich habe von den Mitarbeitern stets verlangt und werde auch weiterhin von ihnen verlangen, hohe Leistungsstandards zu erreichen.

Doch ich habe viel versprechenden Mitarbeitern auch zahlreiche Chancen zur ›sprunghaften Entwicklung‹ eröffnet und zur Schaffung einer Atmosphäre beigetragen, die begabte und ehrgeizige Menschen anzieht.«

Besonders gut gefiel mir eine Aussage, in der ich meine Vorstellung von guter Führung zusammenfasste: »Die Menschen, die mit mir zusammenarbeiten, arbeiten härter, genießen ihre Tätigkeit mehr (wenn auch nicht immer von Anfang an) und entwickeln größeren Respekt für sich selbst sowie größeres Selbstvertrauen, indem sie Aufgaben bewältigen, denen sie sich ursprünglich nicht gewachsen fühlten.«

Ich erklärte, aus der fehlgeschlagenen Übernahme von Cox eine wertvolle Lehre gezogen zu haben. Ich hatte entdeckt, dass die Wall Street sowohl auf das Übernahmeangebot als auch auf den Widerruf der Vereinbarung mit »allgemeinem Desinteresse« reagiert hatte, obwohl die Übernahme mehrere 100 Millionen Dollar gekostet hätte und eine sehr attraktive und prominente Branche betraf. Doch aufgrund der Größe von General Electric maß die Börse dem Geschäft keine Bedeutung für unsere Entwicklung bei.

»Dies bestärkt mich in der Überzeugung, dass das Wesentliche, was wir als Unternehmen den Investoren anzubieten haben, ein beständiges überdurchschnittliches und von den Konjunkturschwankungen nicht betroffenes Ertragswachstum ist«, schrieb ich. »Aufgrund unserer Größe ist dies möglicherweise unsere einzige Wahl. Entscheidend für das Funktionieren einer solchen Strategie ist die Fähigkeit, kurzfristige und langfristige Erwägungen miteinander in Einklang zu bringen.« Als ich diesen Brief verfasste, ahnte ich noch nicht, als wie richtig sich diese grundlegende Einschätzung erweisen würde.

Schließlich führte ich ein starkes Argument für mich ins Feld: »Gegenwärtig sind wir drei weit von dem Niveau entfernt, auf dem Sie sich befinden. Doch ich glaube, die nötige intellektuelle Kraft und Offenheit, die Disziplin und vor allem die Führungsfähigkeiten zu besitzen, die nötig sind, um dorthin zu gelangen. Mein Berufsleben gehört General Electric, und das Unternehmen hat in den vergangenen Jahren stetig an Bedeutung für mich gewonnen. Ob ich in der Lage bin, der vielgestaltigen Verantwortung gerecht zu werden, müssen andere beurteilen – doch es besteht kein Zweifel daran, dass ich gern die Chance dazu erhielte.«

Ich forderte Spielraum – die Möglichkeit zu wachsen, die ich jedem von mir ernannten Mitarbeiter einräumte. Ich setzte *immer* auf Spielraum. Ich hielt es für besser, ein Risiko mit den Leuten einzugehen, indem ich sie schon zu Beginn ihrer Laufbahn mit anspruchsvollen Aufgaben betraute. In der überwiegenden Mehrzahl der Fälle reagierten sie, indem sie ihrer Tätigkeit mit sehr viel größerer Leidenschaft nachgingen. Dies kam ihrer persönlichen Entwicklung dann sehr zugute.

Was meine eigene Zukunft anbelangte, so begann ich im Sommer 1980 positive Signale zu empfangen. Mein Personalchef Dave Orselet, der auch ein wirklicher Freund war, schnappte Dinge auf, die der Personalchef des Konzerns, Ted LeVino, fallen ließ. Dave unterstand Ted und war ihm gegenüber loyal, doch er konnte sich meinen unablässigen Bitten um Fingerzeige nicht entziehen.

Einmal drückte ich den armen Dave während einer Party in meinem Haus in der Küche gegen den Kühlschrank und verhörte ihn zum vermutlichen Ausgang des Rennens. Dies war wahrscheinlich der schlimmste Übergriff, den ich mir zuschulden kommen ließ. Dave hätte mir nie erzählt, dass ich in Führung lag, doch er rückte widerstrebend genug Informationen heraus, um mich in Bezug auf das Ergebnis des Wettkampfs zuversichtlich zu stimmen.

Im September 1980 erhielt ich erstmals vom Board einen Hinweis darauf, dass ich die Nase vorn hatte. Boardmitglied Ed Littlefield, der ehemalige Chairman von Utah International, der mit dem Verkauf von Utah International an GE Ende der 70er Jahre zu einem unserer größten Aktionäre geworden war, forderte mich auf, ihn als Golfpartner zum Cypress-Point-Member-Guest-Turnier in Kalifornien zu begleiten. Er hätte mich kaum eingeladen, wenn Regs Wahl nicht auf mich gefallen wäre.

Ich war zum ersten Mal in Cypress Point und stand vor einer riesigen Herausforderung. Ed wollte mich mit all seinen Freunden an der Westküste bekannt machen. Und dann schlug wieder einmal dieses irische Glück zu. Am ersten Tag des Turniers gelang mir an einem Par-3-Loch ein Hole-in-one. Zum ersten Mal in 30 Jahren hatte ich den Ball direkt ins Loch getroffen. Auf die Art lernten mich natürlich alle Gäste sehr rasch kennen.

Littlefield war eines der vielen Boardmitglieder, deren offene Unterstützung mir wesentlich half. Littlefield zählte gemeinsam mit Si Cathcart, G.G. Michelson, Henry Hillman, Walter Wriston und John Lawrence zu meinen entschiedenen Fürsprechern. Der Beistand dieser fünf von insgesamt sechs Boardmitgliedern sollte in den folgenden Jahren sehr wichtig für mich werden.

Si, der damals Chairman von Illinois Tool Works war, zählt zu den umgänglichsten und natürlichsten Menschen, denen ich je begegnet bin. Ich mochte ihn auf Anhieb. Er besaß einen bemerkenswerten Hausverstand und ein unvergleichliches Gespür für Situationen. Si half mir in all den Jahren an der Spitze von GE und erklärte sich sogar bereit, aus dem Ruhestand zurückzukehren, um das ins Trudeln geratene Kidder, Peabody wieder auf Kurs zu bringen.

G.G. von R.H. Macy & Co., die relativ neu im Board war, machte von Anfang an großen Eindruck auf mich, obwohl ich erst später erkannte, wie unglaublich intelligent und kreativ sie war. Sie stand mir stets als einsichtige Vertraute zur Seite und nahm wesentlichen Einfluss auf jede wichtige geschäftliche Entscheidung, die ich fällte. Henry Hillman war ein faszinierender Entrepreneur, der das Risiko liebte, und ein fantastischer Gesprächspartner. Er war klug, reich und unterhaltsam, und er nahm sich selbst nie allzu ernst. Er verabscheute den Pomp ebenso wie ich. Seine Standardfrage lautete: »Bewegen wir uns schnell genug?« John Lawrence, ein kultivierter Abkömmling einer alten Bostoner Familie, der im globalen Baumwollhandel tätig war, war mit dem Pendlerzug gefahren, in dem mein Vater als Schaffner gearbeitet hatte. Lawrence saß seit 23 Jahren im Board von GE. Er war ein leidenschaftlicher Anhänger des Golfsports und spielte bei GE-Veranstaltungen stets eine Runde mit mir. Wir hatten immer viel Spaß miteinander. Er besaß große Erfahrung und war ein enger Vertrauter von Reg. Kurz nach meiner Beförderung ging er in den Ruhestand.

Walter Wriston zählte als Chairman der Citicorp zu den einflussreichsten Angehörigen des Boards. In den 70er und 80er Jahren war er Amerikas führender Banker. Ich begegnete ihm zum ersten Mal im Jahr 1979 bei einem Ausflug des Boards nach Disney World. Er versuchte, Dennis Dammerman, der damals Vice President und Controller bei GE Capital war, für einen wichtigen Job bei der Citicorp abzuwerben. Ich hänselte ihn, weil er als Boardmitglied versuchte, uns einen unserer besten Manager abzuwerben.

Ich glaube, mein »Angriff« stachelte ihn auf. Diese Offenheit konnte der Beginn einer lebenslangen Feindschaft oder einer dauerhaften Freundschaft sein. Es wurde eine enge Freundschaft. Walter war klug und hartgesotten wie kaum ein anderer und hatte einen ziemlich verdrehten Humor. Doch wenn er jemanden mochte, unterstützte er ihn vorbehaltlos. Er stand mir vom ersten Tag an zur Seite.

Dies waren die Leute, die Reg im Board Rückendeckung und damit die Möglichkeit gaben, am 15. Dezember 1980 in mein Büro zu kommen, um mich in die Arme zu schließen. An diesem Wintermorgen teilte mir Reg mit, dass er mich am 20. November als seinen Nachfolger vorgeschlagen hatte und dass der Board seinen Vorschlag einstimmig angenommen hatte. Reg hatte ihm einen Monat Zeit gegeben, um über die Entscheidung nachzudenken und anschließend alle Fragen aufzuwerfen, die nachträglich auftauchen konnten. Doch es gab keine Diskussion mehr. Reg erklärte mir, ich werde in der nächsten Boardsitzung am Freitag, dem 19. Dezember, förmlich zum Chairman gewählt werden. Hood und Burlingame würden als meine Stellvertreter im Unternehmen bleiben. Er selbst würde mir in den folgenden drei Monaten bis zu meinem offiziellen Amtsantritt am 1. April 1981 für den Übergang zur Verfügung stehen.

Dies alles war nur möglich, weil Reg mutig genug war, sich für jemanden zu entscheiden, der das genaue Gegenteil des »Modellmanagers« von GE war.

Es war ein schwerer Kampf gewesen. Nun hatte ich mein Ziel erreicht, aber es waren noch nicht alle politischen Zwistigkeiten beigelegt. Das folgende Beispiel soll Ihnen einen Eindruck davon vermitteln, wie tief die Gräben zwischen den verschiedenen Lagern waren: Paolo Fresco, der damals Vice President war, erinnert sich daran, dass er in Fairfield auf dem Gang von einem übereifrigen Manager, der Burlingame unterstand, jedoch mich unterstützte, beinahe tätlich angegriffen wurde. Fresco wurde als »Trottel« bezeichnet, nur weil er seinem Vorgesetzten gegenüber loyal war. Kurz nach meiner Ernennung zum Chairman trat Paolo an mich heran.

»Jack«, sagte er in bestem italienischen Stil, »ich möchte Sie von meinem Rücktritt in Kenntnis setzen. Ich möchte, dass Sie wissen, dass ich Burlingame unterstützt habe, und mein Kandidat hat verloren.« Ich sagte ihm, er solle das mit dem Rücktritt wieder vergessen. Ich machte mir keine Gedanken darüber, wer mich unterstützt hatte und wer nicht. Fresco, der weltgewandteste Mensch, dem ich je begegnet bin, wurde später einer meiner engsten Freunde. Als Vice Chairman trug er wesentlich zur Umwandlung von GE in einen wirklich globalen Konzern bei.

Doch abgesehen von diesen Nachwehen des Nachfolgestreits war es eine Zeit zum Feiern. Im Bericht des *Wall Street Journal* über die Entscheidung hieß es, GE habe sich entschlossen, »eine Legende durch ein Energiebündel« zu ersetzen. Um mich in die Elite der Unternehmenswelt einzuführen, plante Reg eine Feier im Helmsley Palace in New York. Das Fest sollte am 24. Februar stattfinden. Reg wollte mich seinen Freunden vorstellen und seine Beziehungen auf mich übertragen. Es war ein großes Ereignis, das die Leiter der größten Unternehmen des Landes zusammenführte.

Es war fantastisch. Man veranstaltete einen Ball zu meinen Ehren. Alle Gäste waren entspannt, und mit Ausnahme von Reg tranken eigentlich alle ein wenig zu viel. Reg wollte mich unbedingt jedem einzelnen der 50 bis 60 Gäste vorstellen. Er wollte mir einen perfekten Start sichern. Doch als er mich zu meiner Überraschung spät am Abend aufforderte, einige Worte zu sagen, sprach ich anscheinend schon ein wenig undeutlich.

Am nächsten Morgen stürmte er in mein Büro. Ich hatte ihn noch nie so wütend gesehen. »Ich bin in meinem ganzen Leben nicht derart gedemütigt worden«, fuhr er mich an. »Sie haben mich und das Unternehmen bloßgestellt.«

Ich war fassungslos. Ich hatte mich großartig amüsiert und geglaubt, es sei eine tolle Party gewesen. In den folgenden vier Stunden durchlebte ich alle Emotionen, die von einem Menschen Besitz ergreifen können. Es tat mir furchtbar Leid, dass ich Reg enttäuscht hatte. Und ich war zornig auf ihn, weil er in meinen Augen zu prüde war. Ich tat mir selbst Leid, weil ich möglicherweise doch nicht so einen hervorragenden Eindruck gemacht hatte wie geglaubt. Ich konnte nicht glauben, dass sich unsere Gäste nicht amüsiert hatten. So sehr konnten sie sich doch nicht verstellt haben. Ich war auf genug Festen gewesen, um zu wissen, was eine gute Party war. Doch zu Mittag wechselte der Wind.

Reg kam erneut in mein Büro. »Ich will mit Ihnen sprechen«, sagte er. »Ich habe in den letzten drei Stunden über 20 Anrufe erhalten, und jedermann schwärmt von der besten Party, die er in den letzten zehn Jahren in New York besucht hat. Es tut mir Leid. Ich war zu hart zu Ihnen. Alle haben sich gut amüsiert. Ich höre nur Gutes über Sie und das Fest. Die Leute mögen Sie. Ich habe die Ereignisse einfach falsch gedeutet.«

Mir fiel ein Stein vom Herzen. Ich konnte es nicht erwarten, endlich an die Arbeit zu gehen.

TEIL II
EINE PHILOSOPHIE ENTSTEHT

7 Wir stellen uns der Wirklichkeit und machen Schluss mit der »oberflächlichen Geistesverwandtschaft«

Am 1. April 1981 erwischte der Hund endlich den Bus. Ich hatte den Job. Trotz all der Erfahrungen, die mich bis dorthin geführt hatten, war ich nicht annähernd so selbstsicher, wie ich vorgab. Nach außen zeigte ich beträchtliches Selbstvertrauen, und wer mich kannte, hätte mich als selbstbewusst, forsch, entschlossen, schnell und hart beschrieben. Doch hinter dieser Fassade verbarg sich ein Mensch, der immer noch zahlreiche Selbstzweifel hegte. Wenn ich einen Vortrag vor Publikum halten musste, hatte ich immer noch mit meiner Sprachhemmung zu ringen. Ich versuchte den Rückzug meines Haaransatzes mit einem Toupé zu vertuschen. Und wenn mich jemand nach meiner Körpergröße fragte, machte ich mich glauben, zumindest vier Zentimeter größer zu sein als die 1,72, die ich tatsächlich maß.

Als ich die Führung des Unternehmens übernahm, verstand ich wenig von den externen Aufgaben eines CEOs. Ich hatte kaum je mit der Politik in Washington zu tun gehabt, obwohl die Regierung mehr in die Wirtschaft intervenierte als je zuvor. Ich besaß wenig Erfahrung im Umgang mit den Medien. Meine einzige, bis ins kleinste Detail geplante Pressekonferenz hatte ich an dem Tag abgehalten, an dem GE meine Ernennung zum Chairman bekannt gegeben hatte. Ich hatte nur ein- oder zweimal kurz vor den Börsenanalysten gesprochen, die GE beobachteten. Und die halbe Million Aktionäre des Unternehmens hatten keine Ahnung, wer Jack Welch war und ob er imstande sein würde, in die Fußstapfen des angesehensten Managers in Amerika zu treten.

Allerdings wusste ich genau, welchen »Geist« ich dem Unternehmen vermitteln wollte. In jenen Tagen sprach ich nicht von einer »Kultur«, obwohl es sich genau darum handelte. Ich wusste, dass sich das Unternehmen ändern musste.

General Electric hatte offenkundig viele Stärken. Das Unternehmen erzielte einen jährlichen Umsatz von 25 Milliarden Dollar und verdiente 1,5 Milliarden. Es hatte 404 000 Mitarbeiter. Seine Kreditwürdigkeit wurde mit Triple-A bewertet, und mit seinen Produkten und Dienstleistungen war es in fast allen Wirtschaftszweigen vertreten – vom Toaster bis zum Elektrizitätswerk. Manche unserer Mitarbeiter bezeichneten das Unternehmen stolz als »Supertanker« – es zog ruhig und unanfechtbar seine Bahnen. Ich respektierte diese Einschätzung, doch mir schwebte eher ein bewegliches Schnellboot vor, das in der Lage sein würde, innerhalb von Augenblicken den Kurs zu wechseln.

Wenn es nach mir ging, sollte GE eher wie der informelle Kunststoffbereich funktionieren, in dem ich angefangen hatte: Es sollte mit selbstbewussten Unternehmern gefüllt sein, die sich Tag für Tag der Realität stellten. Wenn es nach mir ging, würde beim Erreichen jedes Meilensteins eine Feier veranstaltet, sodass die Arbeit Spaß machen würde. Abgesehen von wenigen rühmlichen Ausnahmen war Spaß an der Arbeit damals nicht die Norm.

Ich wusste, welche Vorteile es hatte, klein zu bleiben, selbst wenn das Unternehmen wuchs. Die guten Unternehmensbereiche mussten von den schlechten getrennt werden. Ich wollte, dass GE nur in Geschäften blieb, in denen es den ersten oder zweiten Rang auf dem Markt einnahm. Wir mussten rascher handeln und die verfluchte Bürokratie beseitigen.

Tatsächlich war GE im Jahr 1981 wie viele große amerikanische Industrieunternehmen eine riesige, streng geregelte Bürokratie. Es hatte zu viele Managementschichten. Der Betrieb wurde von mehr als 25 000 Managern geführt, die durchschnittlich sieben direkte Untergebene hatten. Zwischen den Werkshallen und meinem Büro lagen nicht weniger als zwölf Hierarchieebenen. Mehr als 130 Führungskräfte hatten den Rang eines Vice President oder bekleideten ein noch höheres Amt. Mit diesen Ämtern waren alle möglichen Titel und Unterstützungsstäbe verbunden: »Vice President for Corporate Financial Administration«, »Vice President for Corporate Consulting«, »Vice President for Corporate Operating Services«.

Es gab acht über das ganze Land verteilte regionale Vice Presidents für »Verbraucherbeziehungen«, die keine direkte Verantwortung für den Umsatz trugen. Diese Struktur erforderte eine gewaltige Bürokratie. (Heute haben wir in einem Unternehmen, das sechsmal so groß ist, rund 25 Prozent mehr Vice Presidents und weniger Manager, die nun im Durchschnitt 15 statt bisher sieben direkten Untergebenen vorstehen. In den meisten Fällen liegen weniger als sechs Managementebenen zwischen der Werkshalle und dem CEO.)

Es dauerte nicht lange, bis ich zum Kampf gegen einige der schlimmsten bürokratischen Auswüchse antrat. Als ich einige Monate im neuen Amt war, besuchte mich Art Bueche, der Leiter unserer F&E-Abteilung, in meinem Büro. Er drückte mir eine Reihe von Karten in die Hand, auf denen Fragen für die kommenden Planungssitzungen mit den Leitern der Geschäftsbereiche standen. Im Mittelpunkt dieser Sitzungen, die jeden Juli stattfanden, standen dicke Planungsbücher, die detaillierte Umsatz-, Gewinn- und Investitionsprognosen sowie zahllose weitere Daten für die nächsten fünf Jahre enthielten. Diese Bücher waren das Lebensblut der Bürokratie. Einige Leute im Konzernstab in Fairfield verliehen ihnen sogar Noten, wobei sie wahrhaftig Punkte für die Attraktivität der Umschlaggestaltung vergaben. Es war völlig verrückt.

Ich sah mir die Karten an und stellte zu meiner Überraschung fest, dass es sich um Pfuschzettel handelte. »Was zum Teufel soll ich damit machen?«, fragte ich. »Diese Fragen werden immer für die Unternehmensleitung vorbereitet«, antwortete er. »So können Sie den Leuten im Betrieb zeigen, dass Sie sich mit den Planungsbüchern beschäftigt haben.« »Art, das ist verrückt«, sagte ich. »Diese Sitzungen müssen spontan sein. Ich will die Vorlagen dort zum ersten Mal sehen und darauf reagieren. Die Planungsbücher sollen die Diskussion in Gang bringen.«

Das Letzte, was ich wollte, waren harmlose technische Fragen, um ein paar Punkte zu sammeln. Wozu leitete ich das Unternehmen, wenn ich keine eigenen Fragen stellen konnte? Die Stabskräfte in der Konzernzentrale wandten dem Betrieb den Rücken zu. Sie waren zu beschäftigt damit, einen guten Eindruck auf die Unternehmensleitung zu machen.

Der CEO und seine Stellvertreter waren nicht die einzigen in der Zentrale, die mit Pfuschzetteln ausgestattet wurden. Bei jeder Bereichsanalyse arbeiteten die Leute in der Zentrale für ihre Stabsleiter Fragen aus.

Dutzende unserer Leute gingen routinemäßig die »toten Bücher« durch, wie ich sie nannte. In meiner ganzen Laufbahn wollte ich nie ein Planungsbuch sehen, bevor es offiziell vorgelegt wurde. In meinen Augen lag der Wert der Planungssitzungen nicht in den Büchern, sondern in den Köpfen und Herzen der Bereichsleiter, die nach Fairfield kamen. Ich wollte tiefer bohren und feststellen, was diese Leute dachten. Ich musste die Körpersprache und die Leidenschaft sehen, mit der sie ihre Argumente vortrugen.

Es gab zu viele passive Prüfungen. Ein jährliches Ritual bestand in einem Frühlingsausflug zum Haushaltsgerätebereich in Louisville, wo eine Produktbewertung stattfand. Ein Team von Designern und Ingenieuren führte Papp- und Plastikmodelle vor und fragte die Besucher aus Fairfield nach ihrer Meinung zu futuristischen Kühlschränken, Herden und Spülmaschinen.

Ich werde nie erfahren, wie viele dieser Modelle tatsächlich bis in die Ausstellungsräume der Händler kamen. Doch ich weiß, dass von einigen Modellen der Staub abgewischt werden musste, da sie schon bei früheren Produktbewertungen vorgeführt worden waren. Ich wusste auch, dass die Kommentare der Delegation aus Fairfield – einschließlich der meiner Person – von geringem Wert für die Produktentwickler waren. Das Ritual war reine Zeitverschwendung.

Ich wollte mit diesen Routinevorführungen Schluss machen. Wir mussten uns von der Vorstellung trennen, die Rolle der Hierarchie bestehe in der passiven »Bewertung und Genehmigung«.

Nach den Planungssitzungen in meinem ersten Sommer an der Unternehmensspitze versuchte ich, für meinen eigenen Mitarbeiterstab das von mir angestrebte Umfeld zu schaffen. Um das Eis zu brechen, wollte ich einige Tage mit allen Mitarbeitern verreisen. Ich hielt dies für eine gute Idee. In meinen früheren Tätigkeiten hatten wir stets einen Weg gefunden, um in erstklassigen Golfklubs (wie Harbor Town in Hilton Head) die Arbeit mit einer Dosis Golf zu verbinden.

Ich war gerade Mitglied in Laurel Valley, einem wundervollen Golfklub außerhalb von Pittsburgh, geworden. Also lud ich im Herbst 1981 14 Manager für zwei Tage nach Laurel ein. Die Gruppe umfasste alle Abteilungsleiter und unsere sieben Sektorenleiter. Es handelte sich um meinen ersten Versuch, eine kollegiale Gruppe an der Unternehmensspitze zusammenzuschweißen. Später wurde daraus der CEC oder Corporate Executive Council.

Eine Kerngruppe von sieben bis acht Führungskräften unterstützte meine Veränderungsvorhaben. Reg hatte Recht gehabt, als er John

Burlingame und Ed Hood zu stellvertretenden Direktoren gemacht hatte. Sie unterstützten mich und torpedierten kein einziges meiner Vorhaben, obwohl sie einige Vorbehalte bezüglich der Geschwindigkeit des Wandels äußerten. Tatsächlich wirkten sie mäßigend auf mich.

Larry Bossidy, der Mann, den ich beim Tischtennis kennen gelernt hatte, war 1981 als Sektorenleiter nach Fairfield gekommen und teilte meine Auffassungen in Bezug auf die Unternehmenstätigkeit. Wir hassten beide die Bürokratie. Wertvolle Unterstützung erhielt ich auch von zwei hochrangigen Stabsmanagern, das heißt von meinem Finanzchef Tom Thorsen und vom Personalchef Ted LeVino.

Tom war ein alter Kollege aus Pittsfield. Er war einige Jahre zuvor von Reg als Finanzchef in die Zentrale geholt worden. Er verstand, worum es mir ging. Für ihn war es ein Sport, mich zu attackieren, doch ich mochte ihn sehr für seine Offenheit und seine Klugheit. LeVino schlug eine Brücke zwischen dem alten und dem neuen General Electric. Seine Unterstützung für viele meiner frühen Initiativen war entscheidend.

Wenn ich auch noch nicht alle 14 Spitzenmanager hinter mir hatte, so war meine Position doch stark genug, um die Veränderungen in die Wege zu leiten. Am ersten Morgen in Laurel Valley füllte ich ein Konferenzzimmer mit Flipcharts, die darauf warteten, mit den Gedanken der Manager gefüllt zu werden. Ich trat vor die versammelte Führungsmannschaft und fragte sie, was sie von unserer Strategie hielten, in jedem unserer Tätigkeitsbereiche nur den ersten oder zweiten Platz zu akzeptieren. Ich fragte sie, was ihnen am Unternehmen gefiel, was ihnen missfiel und was wir ihrer Meinung nach rasch ändern sollten. Wir diskutierten über die kurz zuvor abgeschlossenen Planungssitzungen und über Möglichkeiten zu ihrer Verbesserung. Es erwies sich als schwierig, ein offenes Gespräch zu führen. Nur jene, die eng mit mir zusammenarbeiteten, waren bereit, geradeheraus ihre Meinung zu sagen. Die Mehrheit der Anwesenden wollte sich keine Blöße geben. Also beteiligte sich nur etwa die Hälfte der Gruppe an der Diskussion.

Nach einem vergnüglichen Nachmittag auf dem Golfplatz und einigen Drinks beim Abendessen löste sich die Spannung ein wenig, und einige bis dahin zurückhaltende Manager schalteten sich in das Gespräch ein. Am nächsten Tag war alles wieder beim Alten. Vielleicht war mein Versuch verfrüht. Viele der Führungskräfte wussten nicht genau, wo sie standen oder womit sie es zu tun hatten. Es gelang uns nicht, einen Konsens bezüglich der Veränderung herzustellen.

Ich hielt eine Revolution für nötig. Es war offensichtlich, dass wir sie mit diesem Führungsteam nicht bewerkstelligen würden. GEs Unternehmenskultur hatte sich in einer Zeit entwickelt, in der eine hierarchische Befehlsstruktur sinnvoll gewesen war. Da ich in den Unternehmensbereichen groß geworden war, hegte ich eine ausgeprägte Abneigung gegen die meisten Angehörigen der Zentrale. Ich war der Ansicht, sie praktizierten eine »oberflächliche Geistesverwandtschaft« – nach außen gaben sie sich liebenswürdig, während sie im Inneren misstrauisch und bösartig waren. Diese Aussage fasst das typische Verhalten von Bürokraten zusammen, die stets ein freundliches Gesicht zeigen, während sie hinter dem Rücken des anderen nach einer Möglichkeit suchen, ihm zu schaden.

Die zahlreichen Managementschichten waren ein weiteres Nebenprodukt des Wachstums. Es war so, als hätte man sich zu viele Pullover angezogen. Diese wirken isolierend. Wenn man aus dem Haus geht und vier Pullover trägt, spürt man nicht mehr, wie kalt es ist.

Bei einem Rundgang in einer Triebwerksfabrik in Lynn (Massachusetts) landete ich im Heizungsraum mit einer Gruppe von Mitarbeitern, die viele der Burschen kannten, mit denen ich in Salem aufgewachsen war. Im Verlauf eines beiläufigen Gesprächs über die alten Zeiten erfuhr ich zufällig, dass der Betrieb des Heizkessels von vier Managementebenen überwacht wurde. Ich konnte es nicht fassen. Es war eine skurrile Lektion zum Thema Managementschichten. Ich verwendete diese Geschichte bei jeder Gelegenheit als Beispiel für die Fehlentwicklungen im Unternehmen.

Eine weitere einleuchtende Analogie bestand darin, die Organisation mit einem Haus zu vergleichen. Die Stockwerke stellen die Managementebenen und die Wände die Abteilungsgrenzen dar. Um das Beste aus einer Organisation herauszuholen, müssen die Stockwerke reduziert und die Wände niedergerissen werden, damit ein offener Raum entsteht, in dem die Ideen unabhängig von Rang oder Abteilung ungehindert fließen können.

In den 70er und 80er Jahren hatten die Großunternehmen zu viele Managementschichten – zu viele Pullover, zu viele Stockwerke und Wände. Welche Auswirkungen dies hatte, zeigte sich am deutlichsten an der Kapitalzuteilung. Als ich CEO wurde, wurde mir fast jeder bedeutsame Antrag auf finanzielle Mittel zur Genehmigung vorgelegt.

Man legte mir einen Stapel Papiere auf den Tisch, die ich unterzeichnen musste, damit ein Unternehmensbereich einen Großrechner im Wert von 50 Millionen Dollar kaufen konnte. In manchen Fällen waren derartige Anträge bereits von 16 anderen Personen unterschrieben worden, und es fehlte nur noch meine Unterschrift. Welchen Nutzen hatte sie?

Ich schaffte dieses Verfahren ab. Seit 18 Jahren habe ich keine Kapitalbewilligung mehr unterschrieben. Die Leiter der Geschäftsbereiche haben dieselbe Befugnis, die der Board mir erteilt hat. Am Anfang jedes Jahres rechtfertigt jeder Bereich seine Kapitalbedürfnisse. Wir teilen die Mittel zu, die zwischen 50 und mehreren 100 Millionen Dollar betragen. Die Bereichsleiter entscheiden selbst, inwieweit sie die Ausgabenhoheit delegieren wollen. Die Leute, die die Arbeit machen, wissen am besten, was sie benötigen. Sie tragen größere Verantwortung und überlegen sich ihre Empfehlungen genauer, da sie wissen, dass nach ihnen nicht weitere zehn Personen ihre Unterschrift unter die Kapitalbewilligung setzen werden.

In jenen Tagen warf ich laufend Handgranaten, um die Traditionen und Rituale in die Luft zu sprengen, die uns meiner Meinung nach bremsten. Im Herbst 1981 warf ich eine solche Granate in die Elfun Society, einen internen Managementklub bei GE. (Elfun war das Kürzel für Electrical Funds, ein offener Investmentfonds, in den die Mitglieder der Organisation einzahlen konnten.) Diese Gruppe war ein Netzwerk für Geistesarbeiter im Unternehmen. Die Zugehörigkeit zu Elfun galt als »Eintrittskarte« zum Management.

Ich hegte keinen großen Respekt für die Aktivität von Elfun, denn in meinen Augen handelte es sich um ein typisches Beispiel für »oberflächliche Geistesverwandtschaft«. Elfun hatte sich zu einem Forum mit elitärem Anspruch entwickelt, das den Leuten die Möglichkeit gab, bei Dinnervorträgen mit ihren Chefs oder den Chefs ihrer Chefs in Kontakt zu treten. Zu Beginn meiner Karriere war ich bei einigen dieser Veranstaltungen gewesen. Wenn ein Vice President aus der Zentrale, der ein örtliches Unternehmen besuchte, zu Gast war, hatten sie ein volles Haus. Alle Welt rannte hin, um Punkte zu sammeln und gesehen zu werden. War der Redner nicht wichtig für die Karriere der Leute, so hatte Elfun Schwierigkeiten, einen kleinen Konferenzraum zu füllen.

Als ich CEO geworden war, lud mich die Organisation ein, auf ihrer jährlichen Führungskonferenz im Herbst 1981 eine Rede zu halten. Es sollte ein nettes Treffen werden, bei dem vom neuen Chef eine jener typischen Aufmunterungsreden erwartet wurde. Ich erschien im Longshore Country Club in Westport (Connecticut), wo sich rund 100 Elfun-Vertreter aus sämtlichen lokalen Vereinigungen in den USA versammelt hatten. Nach dem Essen trat ich ans Rednerpult und hielt eine Ansprache, die ein Zeuge als »klassische Messer-in-den-Bauch-Rede« in Erinnerung behalten hat.

»Ich danke Ihnen für die Einladung. Ich möchte ehrlich sein und Ihnen zunächst deutlich sagen, dass ich ernste Bedenken in Bezug auf Ihre Organisation hege.« Ich beschrieb Elfun als Einrichtung, die Methoden von gestern anwende, und sagte ihnen, dass ich mich mit ihren Aktivitäten keinesfalls identifizieren könne. »Ich kann keinerlei Wert in dem sehen, was Sie tun«, sagte ich. »Sie sind ein hierarchischer gesellschaftlicher und politischer Klub. Ich werde Ihnen nicht vorschreiben, was Sie tun oder wer Sie sein sollen. Es liegt an Ihnen, sich eine Rolle zu suchen, die für Sie und das Unternehmen sinnvoll ist.« Als ich meine Rede beendet hatte, herrschte fassungslose Stille. Ich versuchte, die Härte des Schlages zu mildern, indem ich noch eine Stunde an der Bar herumsaß. Doch niemand war in der Stimmung, mit mir anzustoßen.

Am nächsten Morgen ging Frank Doyle, einer unserer leitenden Manager, wie jedes Jahr zur Eröffnungssitzung des Jahrestreffens. Er hatte alle Hände voll zu tun, um die Trümmer aufzulesen, die ich am Vorabend hinterlassen hatte. Der arme Frank platzte in eine Totenwache hinein. Die Leute fühlten sich, als wären sie von einem Zug überfahren worden. So wie ich am Abend zuvor, forderte er sie auf, einen Neubeginn zu versuchen.

Einen Monat später rief mich Cal Neithamer, der Präsident von Elfun, an und bat um ein Gespräch. Cal war ein Ingenieur aus dem Transportbereich in Erie (Pennsylvania). Ich lud ihn nach Fairfield zum Mittagessen ein. Er schleppte einen Haufen Diagramme heran, doch vor allem hatte er ein neues Konzept für Elfun entwickelt. Seine Idee bestand darin, die Organisation in ein Heer von GE-Freiwilligen zu verwandeln. Gerade hatte der damalige Präsident Ronald Reagan die Amerikaner aufgefordert, in jenen Bereichen, aus denen sich der Staat zurückzog, Freiwilligendienste zu leisten.

Ich war restlos begeistert von Cals Vision! Ich werde dieses Mittagessen nie vergessen. Obwohl Cal wenige Jahre später in den Ruhestand ging, höre ich immer noch jedes Jahr von ihm. Er und seine

Nachfolger leisteten fantastische Arbeit. Heute hat Elfun mehr als 42 000 Mitglieder, darunter auch pensionierte Mitarbeiter. Sie arbeiten als Freiwillige in den Gemeinden, in denen GE Produktionsstätten oder Büros hat. Mit ihren Förderprogrammen für Mittelschüler haben sie bemerkenswerte Resultate erzielt.

In der Aiken High School, einer Schule in einem verwahrlosten Innenstadtbezirk von Cincinnati, erhöhte die Betreuung durch Freiwillige von GE den Anteil der Schüler, die Aufnahme in einer Universität finden, in zehn Jahren von weniger als zehn auf über 50 Prozent. Ähnliche Programme laufen in Schulen in allen wichtigen Gemeinden, in denen GE tätig ist, darunter Albuquerque, Cleveland, Durham, Erie, Houston, Richmond und Schenectady.

Unsere Freiwilligen errichten Parks, Spielplätze und Bibliotheken oder reparieren Kassettenrekorder für Blinde. Heute ist niemand mehr aus der Organisation ausgeschlossen, sei er nun ein Fabrikarbeiter oder ein Spitzenmanager. Die einzige Voraussetzung für die Mitgliedschaft ist der Wunsch, im Dienst der Gemeinschaft zu arbeiten. Eine Vereinigung, der ich beinahe den Rücken kehrte, hat sich in einen der besten Bestandteile von GE verwandelt. Ich liebe sie, ihre Angehörigen, ihre Ideen und ihre Leistungen.

Elfuns selbst gestaltete Wandlung wurde zu einem wichtigen Symbol. Genau danach hatte ich gesucht.

Die Änderungen, die mir vorschwebten, betrafen nicht nur die Zentrale. Einige wichtige Hinweise auf erforderliche Veränderungen erhielt ich fernab von meinem Büro. Den Großteil des Jahres 1981 verbrachte ich mit einem Mitarbeiterteam vor Ort in den Unternehmensbereichen. Etwa ein Drittel des Unternehmens kannte ich gut, und den Rest wollte ich kennen lernen.

Ich entdeckte bald, dass die Bürokratie, mit der ich als Leiter der Bereiche Haushaltsgeräte und Leuchtmittel konfrontiert gewesen war, nichts im Vergleich zu jener war, die in anderen Unternehmensbereichen wucherte. Je größer der Bereich war, desto geringer schien das Engagement der Mitarbeiter zu sein. Von den Gabelstaplerfahrern in einer Fabrik bis zu den Ingenieuren in ihren verglasten Büros sah ich zu viele Leute, die lediglich das Nötigste taten.

Wirklich engagierte Mitarbeiter waren kaum zu finden. Besonders enttäuschend war unser Turbinenbereich GE Power Systems in Schenectady. Er war lange Zeit das Flaggschiff von GE gewesen und hatte den Bereich Leuchtmittel als Kernstück des Unternehmens abgelöst. Der Bereich verfügte über großartige Technologie, seine Gasturbinen genossen Weltruhm. Mit zwei Milliarden Dollar Umsatz und 26 000 Beschäftigten, von denen mehr als 20 000 am Standort in Schenectady tätig waren, war es ein wichtiger Bereich – und er hielt sich für wichtig, obwohl sein Reingewinn lediglich bei 61 Millionen Dollar lag.

Bei Power Systems musste sich viel ändern. Damit waren nicht die Technologie und die Produkte, sondern die Mitarbeiter und ihre Einstellung gemeint. Zu viele Manager betrachteten ihre Position als Belohnung für treue Dienste am Unternehmen. Sie sahen in einer Beförderung eher einen Karriereschritt als eine neue Chance. Sie waren der Ansicht, die Kunden hätten »Glück«, ihre »wunderbaren« Maschinen bestellen zu dürfen. Die langen Produktlebenszyklen und die Auftragsrückstände, die in Jahren gemessen wurden, trugen zusätzlich zum Mangel an Geschwindigkeit, Begeisterung und Energie bei.

Im Verlauf all dieser Besuche stolperte ich über einen relativ kleinen Unternehmensbereich, der ins Trudeln geraten war, sich jedoch als große Hilfe erweisen sollte. Es handelte sich um unseren Kernreaktorbereich im kalifornischen San Jose. Die Kernenergie zählte in den 60er Jahren neben Computern und Flugzeugtriebwerken zu den drei großen Geschäftsbereichen von GE. Unser Triebwerksbereich machte weiterhin Gewinne, doch der Computerbereich war bereits verkauft worden, und das Atomgeschäft lebte in erster Linie von der Hoffnung.

Keine Branche erlebte damals größere Veränderungen als die Atomenergie. Nur zwei Jahre zuvor, im Jahr 1979, hatte der Reaktorunfall auf Three Mile Island in Pennsylvania die Kernenergie jenes letzte bisschen öffentliche Unterstützung gekostet, das sie noch genossen hatte. Die Versorgungsunternehmen und die staatlichen Verwaltungen unterzogen ihre Investitionspläne für die Kernenergie einer Neubewertung. Es mag ironisch klingen, doch gerade dieser einst viel versprechende GE-Bereich sollte sich in das perfekte Rollenvorbild für meine »Konfrontation mit der Wirklichkeit« verwandeln.

Die Mitarbeiter in San Jose zählten zu den besten und intelligentesten Menschen, die man zu jener Zeit auf dem Arbeitsmarkt finden konnte. Sie hatten ihre Hochschulausbildung in den 50er und 60er Jahren abgeschlossen und ihr Leben der viel versprechenden Kernenergie gewidmet. Sie waren die Bill Gates' ihrer Generation und hofften, unser Leben und unsere Arbeit grundlegend zu verändern.

Im Frühjahr 1981 stattete ich diesem mehrere Milliarden Dollar schweren Bereich einen zweitägigen Besuch ab. Das Führungsteam legte einen optimistischen Plan vor, in dem von drei Bestellungen für Kernreaktoren pro Jahr ausgegangen wurde. Anfang der 70er Jahre hatten sie fantastische Ergebnisse erzielt und drei bis vier Reaktoren pro Jahr verkauft. Die Katastrophe von Three Mile Island betrachteten sie lediglich als einen kleinen Störfall.

Ihre Einschätzung hatte nichts mit der Realität zu tun. Sie hatten seit zwei Jahren keine neuen Aufträge erhalten und im Jahr 1980 einen Verlust von 13 Millionen Dollar hinnehmen müssen. Und obwohl sie für dieses Jahr einen geringen Gewinn erwarteten, steuerte das Reaktorgeschäft an sich auf einen Verlust von 27 Millionen Dollar zu.

Ich hörte ihnen eine Weile zu, um dann eine Feststellung einzuwerfen, die wie eine Bombe einschlug. »Jungs, ihr werdet keine drei Aufträge pro Jahr erhalten«, sagte ich. »Meiner Meinung nach wird in den Vereinigten Staaten nie wieder jemand einen Atomreaktor bestellen.«

Sie waren geschockt. Sie widersprachen mir, wobei sie mehr oder weniger deutlich durchblicken ließen, dass ich ihr Geschäft nicht wirklich verstehe. Damit hatten sie wahrscheinlich Recht, doch ich hatte den Vorteil der Unvoreingenommenheit. Ich hatte nicht mein Leben in dieses Geschäft gesteckt. Ich bewunderte ihr Engagement, doch ich hielt es für irregeleitet. Sie warfen große Leidenschaft, aber keine Fakten in die Waagschale. Ich forderte sie auf, den Plan umzuformulieren – und zwar ausgehend von der Annahme, dass sie in den USA nie wieder einen Auftrag für einen Reaktor erhalten würden.

»Denken Sie darüber nach, wie Sie Geld verdienen können, indem Sie ausschließlich Brennstäbe und Dienstleistungen für die vorhandenen Kraftwerke verkaufen«, sagte ich. Zu jener Zeit betreute General Electric 72 Reaktoren, die in Betrieb waren. Der Sicherheit galt die größte Sorge der Versorgungsunternehmen und der staatlichen Behörden. Die Aufrechterhaltung des sicheren Betriebs dieser Reaktoren stellte für uns sowohl eine Verpflichtung als auch eine Chance dar. Diese Betriebsprüfung verlief natürlich überhaupt nicht gut. Ich hatte ihre Träume zerstört. Am Ende unserer Sitzung griffen sie in ihrer Verzweiflung nach einem der beliebtesten Strohhalme in der Wirtschaft.

»Wenn wir die Aufträge aus dem Plan herausnehmen, zerstören wir die Moral. Dann können wir das Unternehmen nicht mehr mobilisieren, wenn erneut Aufträge hereinkommen.« Es war weder das erste noch das letzte Mal, dass ich dieses Argument von einem verzweifelten Management zu hören bekam. Dieser Gedanke gehört in dieselbe Kategorie wie jene andere Verteidigungstaktik, die ich in schwierigen Zeiten oft zu hören bekam: »Sie haben das ganze Fett weggeschnitten. Nun schneiden Sie in den Knochen. Wenn Sie noch tiefer schneiden, werden Sie uns umbringen.«

Beide Argumente verfehlen das Ziel. Das Management neigt stets dazu, so wenig wie möglich an der Kostenschraube zu drehen. Doch wenn die Märkte schrumpfen, müssen die Manager zwangsläufig weiter und weiter kürzen. Diese Vorgehensweise führt lediglich dazu, dass die Unsicherheit in der Belegschaft zunimmt. Ich habe noch nie gesehen, dass ein Unternehmen zugrunde ging, weil es seine Kosten zu schnell und zu stark senkte. Ich habe immer wieder beobachten können, dass die Managementteams in dem Augenblick, da wieder bessere Zeiten anbrachen, rasch zur Tat schritten und die Situation nutzten.

Glücklicherweise war der Leiter dieses Bereichs, Dr. Roy Beaton, der realistischste Manager im Raum. Er fand sich widerstrebend mit der neuen Herausforderung ab. Als ich abreiste, wusste ich nicht, welches Ergebnis ich erwarten durfte. Im Lauf des Sommers kam es zu einigen weiteren hitzigen Auseinandersetzungen, da uns das Management dazu bewegen wollte, die Auftragsprognose lediglich von drei Reaktoren auf einen oder zwei zu senken. Ich beharrte auf der Null im Plan und auf der völligen Konzentration auf ein Brennstoff- und Wartungsgeschäft.

Dem Führungsteam des Reaktorbereichs muss zugute gehalten werden, dass es ihm gelang, bis Herbst 1981 unter der Führung von Warren Bruggeman, der den pensionierten Beaton ersetzt hatte, einen neuen Plan vorzulegen. Von 2410 fest angestellten Mitarbeitern im Jahr 1980 waren fünf Jahre später nur noch 160 übrig. Der Großteil der Infrastruktur des Reaktorgeschäfts wurde beseitigt, und sie konzentrierten sich völlig auf die Erforschung fortschrittlicher Reaktoren – für den Fall, dass die Welt ihre Einstellung zur Kernenergie eines Tages ändern würde. Der Wartungsbereich wurde sehr erfolgreich, was auch ein Hinweis darauf war, dass die Dienstleistungen eines Tages wesentlich zum Geschäft von GE beitragen konnten. So stieg der Reingewinn des Nuklearbereichs von 14 Millionen Dollar im Jahr 1981 auf 78 Millionen Dollar im Jahr 1982 und auf 116 Millionen Dollar im Jahr darauf.

In den 20 Jahren, die seit jener Sitzung vergangen sind, hat der Bereich lediglich Aufträge für vier seiner technologisch fortschrittlichen Reaktoren erhalten. Keiner dieser Aufträge kam aus den Vereinigten Staaten. Stattdessen sichert das Brennstoff- und Wartungsgeschäft dem Bereich jährlich steigende Gewinne. GE ist seiner Verantwortung für die bestehenden Reaktoren gerecht geworden und investiert laufend in die Erforschung fortschrittlicher Reaktorentechnologie.

Diese Erfolgsgeschichte zählt zu jenen, die mir in den frühen Tagen an der Spitze des Unternehmens am meisten Vergnügen bereiteten. Sie hatte wenig mit wirtschaftlichen Aspekten, aber viel mit dem »Unternehmensgeist« zu tun, nach dem ich suchte. Die Leute, die den Umbau unseres Nuklearbereichs planten, waren keine »typischen Jack Welchs«. Sie waren nicht jung, laut oder streitlustig. Sie betrachteten die Bürokratie keinesfalls als ihren Feind. Sie gehörten dem GE-Mainstream an und wollten im Unternehmen Karriere machen.

Es erwies sich als bahnbrechende Erkenntnis, dass auch Menschen zu Helden werden konnten, die keine Schüler von Jack Welch waren. Die Botschaft war klar: Man musste keinem Stereotyp entsprechen, um sich im neuen GE durchzusetzen. Man konnte ein Held werden, gleichgültig wie man aussah oder auftrat. Man musste sich lediglich der Wirklichkeit stellen und Leistungen erbringen. Diese Botschaft war sehr bedeutsam in einer Zeit, als manchen Leuten im Unternehmen nicht klar war, wo sie standen und ob sie es nicht vielleicht mit einer Art von »Verrücktem« an der Unternehmensspitze zu tun hatten.

In den ersten Jahren als CEO verwendete ich die Geschichte der Kernreaktoren immer wieder, um den Leuten klar zu machen, dass sie sich der Realität stellen mussten. Man möchte meinen, es sei ganz einfach, dies zu tun. Doch es fiel mir schwer, die Leute dazu zu bewegen, die gegenwärtige nicht mit der früheren Situation zu verwechseln oder sich an eine Realität zu klammern, die nur in ihren Köpfen existierte.

»Mach dir nichts vor. Die Dinge sind, wie sie sind.« Die Warnung meiner Mutter galt auch für GE.

In einem Geschäftsplan sollte kein Platz für Wunschdenken sein. Der Selbstbetrug kann von einem ganzen Unternehmen Besitz ergreifen und seine Angehörigen zu geradezu lächerlichen Fehlurteilen verleiten. Ob es sich um die Haushaltsgeräte Ende der 70er Jahre, um die Kernreaktoren Anfang der 80er Jahre oder um die Dotcoms zu Beginn des neuen Jahrtausends handelte: Der erste Schritt zu einer vernünftigen Lösung bestand durchwegs darin, die Menschen dazu zu bewegen, sich der Realität zu stellen.

Als ich die Leitung von General Electric übernahm, erbte ich ein Unternehmen mit zahlreichen Vorzügen. Doch die Auseinandersetzung mit der Wirklichkeit gehörte nicht zu seinen Stärken. Die »oberflächliche Geistesverwandtschaft« machte es ungemein schwer, der Ehrlichkeit zum Durchbruch zu verhelfen. Doch ich hatte Glück: Die Veränderungen in unserem Kernreaktorbereich sowie der Wandel von Elfun dienten mir als anschauliche Beispiele für den »Geist«, den ich GE vermitteln wollte.

Ich erzählte diese Geschichten wieder und wieder, vor jedem Publikum im Unternehmen und bei jeder Gelegenheit. Und auch in den folgenden Jahren betätigte ich mich als Geschichtenerzähler, um neue Ideen im Unternehmen zu verbreiten.

Und das Unternehmen begann mir zuzuhören.

8 The Vision Thing

Als ich zum ersten Mal als Chairman vor den Börsenanalysten stand, ließ ich eine weitere Bombe platzen.

Ich leitete das Unternehmen seit acht Monaten, als ich am 8. Dezember 1981 nach New York flog, um die frohe Botschaft vom »neuen GE« zu verkünden. Ich hatte meine Rede mehrfach umgeschrieben und immer wieder einstudiert und ich wollte unbedingt mit einem Paukenschlag debütieren.

Schließlich handelte es sich um meine erste öffentliche Stellungnahme zu meinen Plänen für GE. Sie wissen schon, die Sache mit der Vision.

Doch die Analysten erwarteten von mir Angaben zu den finanziellen Ergebnissen und zu den Erfolgen, die das Unternehmen im Lauf des Jahres gefeiert hatte. Sie rechneten mit einer detaillierten Aufschlüsselung der finanziellen Kennzahlen. Diese wollten sie anschließend in ihre Modelle eingeben, um Schätzungen bezüglich unserer Erträge in den verschiedenen Geschäftsbereichen anstellen zu können. Die Analysten liebten diese Aufgabe. Doch in meiner 20 Minuten dauernden Ansprache bekamen sie wenig von dem zu hören, was sie hören wollten. Stattdessen ging ich rasch zu einer qualitativen Diskussion über meine Vision für das Unternehmen über.

Als Rahmen für dieses Ereignis hatten wir den prunkvollen Ballsaal des Pierre Hotel in der Fifth Avenue gewählt. Die Zeremonienmeister von GE hatten dort einen Tag lang Vorbereitungsarbeiten geleistet. Schon Stunden, bevor die Analysten eintrafen, stand ich am Rednerpult und probte meine Ansprache. Heute fällt es uns schwer, uns vorzustellen, wie förmlich derartige Veranstaltungen damals waren.

Meine »bedeutsame« Botschaft (siehe Anhang) bestand in einer Beschreibung der Eigenschaften zukünftiger Gewinner. Bei diesen würde es sich meiner Ansicht nach um Unternehmen handeln, die »in der Lage sind, die wirklichen Wachstumsbranchen aufzuspüren und darin tätig zu werden, und die darauf beharren, in jeder Branche, in der sie sich engagieren, den ersten oder zweiten Rang zu erobern – sie müssen das schlankste oder zweitschlankste Unternehmen in der Branche sein, die niedrigsten oder zweitniedrigsten Kosten haben und weltweit hochwertige Güter und Dienstleistungen anbieten. ... Jene Unternehmensführungen und Unternehmen, die dies in den 80er Jahren nicht tun, die sich aus welchen Gründen auch immer – Tradition, Gefühl, eigene Managementschwächen – an Verlierer klammern, werden im Jahr 1990 vom Markt verschwunden sein.«

Die Nummer eins oder zwei in jeder Branche zu werden, war kein bloßes Ziel. Vielmehr handelte es sich um ein Erfordernis. Wurden wir ihm gerecht, so würden wir am Ende des Jahrzehnts über eine weltweit einzigartige Kombination von Geschäften verfügen. Das war die »harte« Botschaft des Tages.

Als ich zu »weichen« Themen wie Realität, Qualität, Vortrefflichkeit und (wer hätte es gedacht?) dem »menschlichen Faktor« überging, wurde mir klar, dass das Interesse meiner Zuhörer rasch schwand. Um uns als Sieger durchzusetzen, mussten wir das »harte« zentrale Konzept der Führerschaft in Wachstumsbranchen mit schwerer greifbaren »weichen« Wertvorstellungen verknüpfen, um jenen »Unternehmensgeist« zu entwickeln, der unsere neue Kultur kennzeichnen sollte. Als ich etwa die Hälfte meines Vortrags hinter mir hatte, gewann ich den Eindruck, dass das Interesse meines Publikums nicht geringer gewesen wäre, wenn ich über meine Dissertation zum Thema Kondensation gesprochen hätte.

Ich fuhr unbeirrt von den leeren Blicken der Analysten fort. Heute kann ich bei einem Blick auf diese Rede kaum glauben, wie förmlich sie war.

»Wir müssen allen Mitarbeitern dieses Unternehmens eine Einstellung einpflanzen, die es ihnen ermöglicht, die Dinge so zu sehen, wie sie sind, anstatt darin zu sehen, was sie sich zu sehen wünschen. Die Verbreitung dieser Vorstellung von der Realität im gesamten Unternehmen ist eine Voraussetzung für die Umsetzung unseres zentralen Konzepts, das heißt der Notwendigkeit, den ersten oder zweiten Rang in jedem unserer Tätigkeitsbereiche zu erreichen.«

Ich erklärte, dass Qualität und herausragende Leistungen eine Atmosphäre schaffen würden, in der alle unsere Mitarbeiter ohne Angst bis an ihre Grenzen und darüber hinaus gehen konnten, sodass wir besser werden konnten, als wir uns je zugetraut hatten. Dieses »menschliche Element« würde eine Umgebung schaffen, in der es die Leute wagen würden, Neues auszuprobieren, in der sie in dem Wissen arbeiten könnten, dass es »nur von den Grenzen ihrer Kreativität und ihrer Motivation abhängen wird, wie weit und wie rasch sie vorstoßen können«.

Indem GE diese »harten« und »weichen« Botschaften miteinander verschmolz, würde es zu einem Unternehmen werden, das »geistig offener, anpassungsfähiger und beweglicher« sein würde als Unternehmen, die nur einen Bruchteil unseres Umfangs hatten. Wir würden nicht bloß im Gleichschritt mit dem Bruttosozialprodukt wachsen (ein Ziel, das damals viele Großunternehmen verfolgten). Stattdessen würde sich GE in die Lokomotive verwandeln, »die das Bruttosozialprodukt zieht«.

Die Reaktionen des Publikums zeigten deutlich, dass die Analysten der Meinung waren, mit leeren Floskeln abgespeist zu werden. Einer unserer Mitarbeiter hörte einen der Analysten murren: »Wovon zum Teufel redet er?« Ich verließ den Ballsaal mit der Erkenntnis, dass ich einen besseren Weg finden musste, um unsere Geschichte zu erzählen. Die Wall Street hatte mir zugehört, und sie hatte gegähnt. Unsere Aktie stieg um lächerliche zwölf Cent. Wahrscheinlich konnte ich von Glück reden, dass sie nicht fiel.

Ich war fest vom Wert des Konzepts überzeugt. Es war mir nur nicht gelungen, es zu vermitteln. Ein neuer Mann hatte auf einer Bühne Worte von sich gegeben, die niemandem etwas bedeuteten.

Der sehr förmliche Ablauf der Analystenversammlungen von GE erschwerte meine Aufgabe zusätzlich. Diese Veranstaltungen waren bis ins letzte Detail geplant. Selbst die Anordnung der Sitze war vorgegeben. Die Analysten saßen höflich auf ihren Plätzen. Mitarbeiter des Unternehmens liefen in den Gängen auf und ab und sammelten Karten ein, auf denen die Analysten ihre Fragen aufgeschrieben hatten. Diese Karten wurden drei weiteren Angehörigen von GE übergeben, die an einem langen Tisch an einer Seite des Raumes saßen. Einer dieser drei Mitarbeiter war unser Finanzleiter. Dieses Team hatte die Aufgabe, potenziell unangenehme, umstrittene oder harte Fragen auszusortieren, die der Chairman ihrer Ansicht nach nicht beantworten wollte oder konnte.

Die »sauberen« Fragen wurden mir übergeben.

Heute laufen die Treffen mit den Analysten ganz anders ab. Es gibt keine Skripts mehr. Wir arbeiten mit Schaubildern, und fast zu jedem werden Fragen oder Kritik laut. Es entwickeln sich Streitgespräche wie bei den internen Leistungsbeurteilungen von GE. In den Versammlungen mit den Analysten lernen wir viel darüber, was die Investoren beschäftigt, und die Analysten sind besser über die Perspektiven und die strategische Ausrichtung des Unternehmens informiert.

Mein erstes Treffen mit den Analysten war ein Fehlschlag. Doch alles, was wir in den folgenden 20 Jahren taten, in denen wir zwei Schritte nach vorn und einen zurück machten, brachte uns der Vision näher, die ich an jenem Tag beschrieb. Wir stellten uns der harten Realität, um zu klären, in welchen Geschäftsbereichen wir den ersten oder zweiten Rang erobern konnten, und kämpften wie besessen darum, dem Unternehmen jenen »Geist« zu vermitteln, der uns vorschwebte.

Das zentrale Konzept beruhte auf meinen früheren Erfahrungen mit guten und schlechten Geschäftsbereichen und stützte sich auf Peter Druckers Denken. Ich begann Ende der 70er Jahre, mich mit Peters Arbeiten zu beschäftigen, und Reg stellte ihn mir während meiner Einführung in mein neues Amt vor. Wenn es je einen wirklichen Managementweisen gegeben hat, so ist es Peter Drucker. Jedes seiner vielen Managementbücher enthält einige wesentliche Erkenntnisse.

Das klare Ziel, überall Nummer eins oder zwei zu werden, formulierte ich in Reaktion auf einige harte Fragen, die Drucker stellte: »Würden Sie heute in dieser Branche tätig werden, wenn Sie nicht bereits dort aktiv wären?« Und wenn die Antwort nein war: »Was werden Sie nun tun?«

Einfache Fragen – doch wie so viele einfache Fragen betrafen auch diese Grundlegendes. Wir bei General Electric hatten es besonders nötig, uns mit diesen Fragen auseinander zu setzen. Wir waren in einer Vielzahl verschiedener Branchen tätig. In jenen Tagen zog man sich nicht aus einer Branche zurück, solange sie rentabel war. Man verschwendete keinen Gedanken an die Möglichkeit, sich aus langsam wachsenden Branchen mit geringen Gewinnmargen zurückzuziehen und stattdessen in rasch wachsende globale Branchen mit hohen Margen einzusteigen.

Zu jener Zeit sah niemand innerhalb oder außerhalb des Unternehmens eine Krise. General Electric war ein Symbol der amerikanischen Industrie. Es war gemessen an seiner Größe und Marktkapitalisierung der zehntgrößte Konzern. Der Angriff der asiatischen Produzenten war über eine Branche nach der anderen hinweggefegt: Radios, Fotoapparate, Fernsehgeräte, Stahl, Schiffe, Autos. Wir wurden Zeugen, wie die globale Konkurrenz – insbesondere die Japaner – im Geschäft mit Fernsehgeräten unsere Gewinne schrumpfen ließ. Eine Reihe unserer Geschäftsbereiche, darunter die Haushaltsgeräte und die Unterhaltungselektronik, waren ebenfalls verwundbar.

Doch wenn man sich damals unseren Haushaltsgerätebereich ansah, der massenweise Toaster und Bügeleisen produzierte, so war man leicht versucht, sich mit den satten Gewinnen zufrieden zu geben. Heute noch führen wir diese absurden Gespräche, in denen wir gefragt werden: »Ja gut, aber ihr macht doch Gewinne. Was stimmt also nicht?«

Nun, manchmal stimmt vieles nicht. Wenn einem Unternehmensbereich ein langfristiges Wettbewerbskonzept fehlt, ist sein Untergang nur eine Frage der Zeit.

Die auf den ersten oder zweiten Rang zielende Strategie von »restrukturieren, verkaufen oder schließen« bestand den Test der Einfachheit. Die Leute verstanden diese Strategie und konnten sich intellektuell dazu bekennen. Doch wenn es darum ging, die Strategie umzusetzen, fiel es ihnen sehr schwer, sich auch gefühlsmäßig dazu zu bekennen. Wer in einem Unternehmensbereich arbeitete, der eindeutig die Nummer eins war, hatte kein Problem. Doch in Unternehmensbereichen, die keine Führungsposition auf ihren Märkten innehatten, standen die Leute unter ungeheurem Druck. Sie mussten sich der Tatsache stellen, dass ihr Bereich rasch handeln musste, da ihn der neue Mann in Fairfield ansonsten abstoßen würde.

Wie jedes Ziel, das wir uns steckten, wiederholte ich auch das Konzept des ersten und zweiten Ranges so lange, bis mir die Worte fast zum Hals heraushingen. Ich propagierte sowohl die intellektuellen als auch die emotionalen Argumente, die für das Konzept sprachen. Die Mitarbeiter mussten sehen können, dass jede Maßnahme des Managements der Vision entsprach.

Doch wie die meisten Visionen stieß auch unser Traum von lauter ersten und zweiten Rängen an seine Grenzen. Offenkundig war in einigen Branchen mit einer Führungsposition kaum noch ein Wettbewerbsvorteil verbunden, da die Produkte dieser Wirtschaftszweige zu Massengütern geworden waren. Beispielsweise hatten wir wenig vom ersten Rang auf dem Markt für Toaster oder Bügeleisen, da wir uns nicht über den Preis durchsetzen konnten und mit Importen aus Ländern mit niedrigen Produktionskosten konkurrieren mussten.

Auf Märkten, die wie jener für Finanzdienstleistungen einige Billionen Dollar wert sind, muss man nicht unbedingt die Nummer eins oder zwei sein, solange man in seiner Nische (Produkt oder Region) stark ist.

Die Vision war einfach, aber es fiel mir ungemein schwer, sie den 42 strategischen Geschäftseinheiten von General Electric zu vermitteln. Ich dachte seit langem darüber nach, wie ich die Botschaft klarer formulieren konnte. Die Antwort fand ich im Januar 1983 auf einer Serviette.

Ich gehe den Leuten in meiner Umgebung oft damit auf die Nerven, meine Gedanken jederzeit und überall zu Papier zu bringen. Genau das tat ich an jenem Wintertag in einem Restaurant in New Canaan, während ich versuchte, meiner Frau Carolyn die Vision zu erklären. Ich holte einen schwarzen Filzstift hervor und begann, auf die Serviette, die unter meinem Glas gelegen hatte, eine Zeichnung zu kritzeln. Ich zog drei Kreise und ordnete unsere Geschäftsbereiche einem von drei Kategorien zu: Herstellung von Kernprodukten, Technologie und Dienstleistungen. In den Kreis mit den Kernprodukten gehörten Leuchtmittel, Haushaltsgeräte, Motoren, Turbinen, Transport und Baumaschinen.

Jeden Geschäftsbereich außerhalb dieser Kreise, erklärte ich Carolyn, würden wir restrukturieren, verkaufen oder schließen. Diese Bereiche brachten mangelhafte Leistungen, waren auf wachstumsschwachen Märkten tätig oder hatten einfach keine passende Strategie. Das Konzept mit den drei Kreisen gefiel mir. In den folgenden Wochen erweiterte ich es und ergänzte mit Unterstützung meines Teams eine Reihe von Details.

Das Schaubild zeigte tatsächlich Wirkung. Endlich hatte ich jenes einfache konzeptuelle Werkzeug gefunden, das ich gebraucht hatte, um die Vision zu vermitteln und umzusetzen. Ich begann, das Schaubild überall einzusetzen, und schließlich verwendete es das Magazin *Forbes* im März 1984 für seine Titelgeschichte über General Electric.

Die Mitarbeiter von Unternehmensbereichen, die sich innerhalb der Kreise befanden, bezogen Stolz und ein Gefühl der Sicherheit daraus. Hingegen löste es in Bereichen, die außerhalb der Kreise lagen, Unruhe aus. Dies galt insbesondere für solche, die traditionell zum Kern

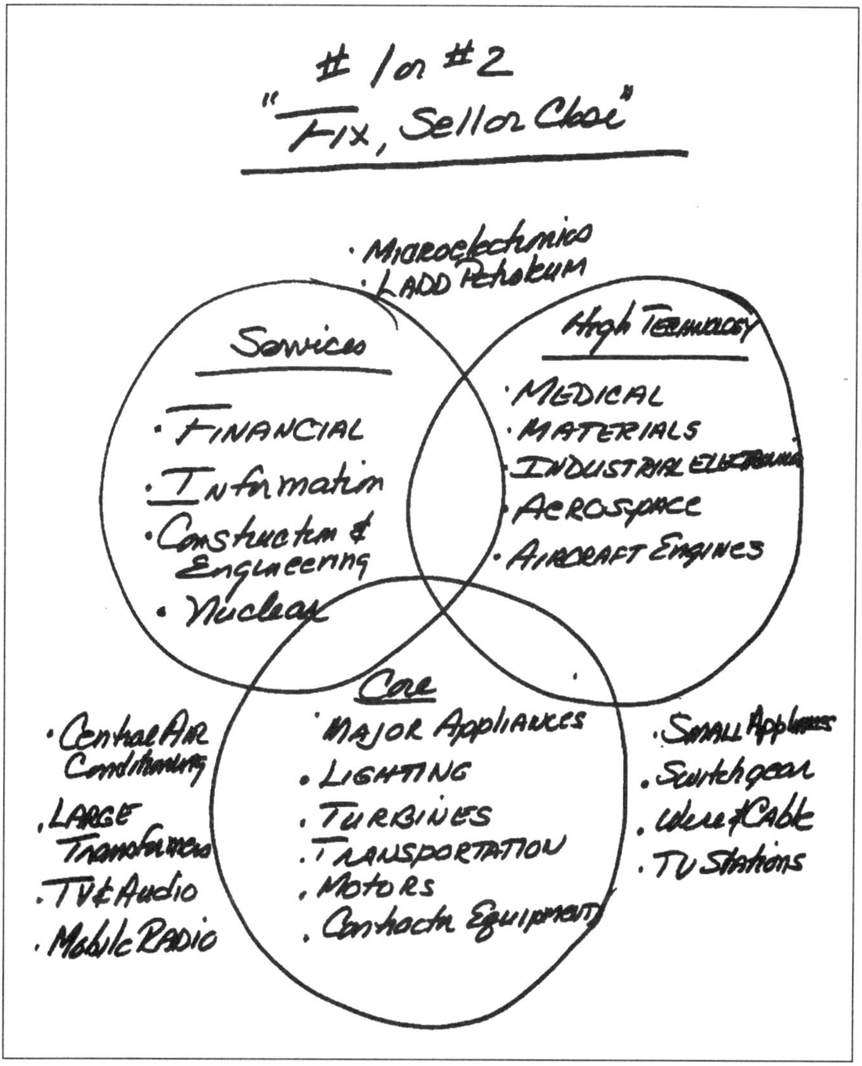

von GE gehörten, darunter Klimaanlagen, kleine Haushaltsgeräte, Fernsehgeräte, Audioprodukte und Halbleiter. Die Leute in diesen für »restrukturieren, verkaufen oder schließen« vorgesehenen Bereichen waren natürlich beunruhigt.

Sie waren wütend und fühlten sich betrogen. Manch einer erklärte: »Lebe ich in einer Leprakolonie? Dafür bin ich nicht zu GE gekommen.« Gewerkschaftsführer und Stadtväter reichten Beschwerden ein. Die Diskussion schlug höhere Wellen, als ich erwartet hatte. Ich wusste, dass dies etwas war, was ich klären musste.

In den ersten zwei Jahren wurde mit Blick auf die Strategie des ersten oder zweiten Ranges eine Reihe von Maßnahmen ergriffen, wobei die meisten von geringer Tragweite waren. Wir verkauften 71 Unternehmensbereiche und Produktlinien und erzielten damit Einnahmen von etwas mehr als 500 Millionen Dollar. Wir schlossen 118 weitere Geschäfte im Wert von einer Milliarde ab, darunter Übernahmen, Jointventures und Minderheitsbeteiligungen. Das war Kleinkram, doch die kulturelle Wirkung dieser Betriebsamkeit war im gesamten Konzern zu spüren. Als besonders wirkungsvoll erwies sich der Verkauf der Klimaanlagenproduktion.

Mit drei Produktionsanlagen und 2300 Mitarbeitern zählte der Bereich Klimaanlagen zu den größeren Unternehmensbereichen von GE. Leider waren die Klimaanlagen nicht sehr rentabel. Der Verkauf des Bereichs an Trane Co. im Jahr 1982, mit dem wir 135 Millionen Dollar in bar verdienten, stieß auf einige Skepsis, denn die Klimaanlagen gehörten zu den traditionellen Produkten des Unternehmens. Der Bereich gehörte zu den in Louisville angesiedelten großen Haushaltsgeräten. Doch sein Marktanteil von zehn Prozent war sehr gering, verglichen mit jenen unserer übrigen Haushaltsgeräte.

Mir hatte der Bereich bereits missfallen, als ich als Sektorenleiter erstmals mit ihm in Kontakt gekommen war. Ich hatte den Eindruck, dass er keinen Einfluss auf unser Schicksal hatte. Unser Markenprodukt wurde an einen örtlichen Vertriebspartner wie »Ace Plumbing« verkauft, der es mit seinen Hämmern und Schraubenziehern beim Kunden einbaute, um anschließend seines Weges zu gehen. Wenn Ace unsere Klimaanlagen falsch installierte oder im Kundendienst versagte, fiel dies auf General Electric zurück. Wir erhielten häufig Kundenbeschwerden, die nichts mit uns zu tun hatten. Wir waren Problemen ausgeliefert, auf die wir keinen Einfluss nehmen konnten.

Aufgrund unseres niedrigen Marktanteils hatten unsere Konkurrenten die besten Vertriebspartner und unabhängige Subunternehmer. GE hatte in diesem Geschäft nichts verloren. Doch die Reaktionen auf den Verkauf ließen das Gegenteil vermuten. Louisville stand Kopf.

Der Verkauf des Klimaanlagenbereichs an Trane bestätigte mich in meiner Überzeugung, dass es für alle Beteiligten von Vorteil war, wenn ein schwacher Betrieb in ein stärkeres Unternehmen integriert wurde. Trane war ein Marktführer. Mit dem Verkauf fanden unsere Leute im Klimaanlagenbereich Aufnahme in ein Spitzenteam. Einen Monat nach dem Verkauf erhielt ich die Bestätigung. Ich rief Stan Gorsik an, den

Leiter unseres ehemaligen Geschäftsbereichs, der mit zu Trane gegangen war.

»Wie läuft es, Stan?«, fragte ich. »Ich bin glücklich hier, Jack«, antwortete er. »Wenn ich morgens ins Büro komme, treffe ich auf einen Chef, der den ganzen Tag nur über Klimaanlagen nachdenkt. Er liebt Klimaanlagen. Wenn ich mit Ihnen telefonierte, ging es immer um Kundenbeschwerden oder um die zu geringen Gewinnmargen. Sie hatten nichts für Klimaanlagen übrig. In Louisville war ich ein Stiefkind. Hier sind wir Teil einer Familie und werden respektiert.«

»Stan, Sie haben meinen Tag gerettet«, sagte ich zum Abschied.

Stans Aussage bestärkte mich darin, aller Kritik zum Trotz unbeirrt an meiner Strategie festzuhalten. Der Verkauf der Klimaanlagen stellte auch die Grundlage für ein weiteres Prinzip dar: Wir verwendeten den Verkaufserlös von 135 Millionen Dollar für die Umstrukturierung anderer Bereiche.

Jedes Mal, wenn wir einen Unternehmensbereich verkauften, gingen wir auf die gleiche Weise vor. Wir schlugen die Einnahmen nie dem Reingewinn zu. Stattdessen verwendeten wir sie, um die Wettbewerbsfähigkeit des Unternehmens zu verbessern. In 20 Jahren erlaubten wir weder uns noch einem unserer Unternehmensbereiche jemals, einmalige Umstrukturierungskosten als Ausrede für die Nichterfüllung einer Ertragsvorgabe zu benutzen.

Von dem Tag an, da ich Reg in besagtem Memo meine Qualifikation für den Posten des CEO beschrieb, gehörte das »stetige Ertragswachstum« zu meinen Leitsätzen. Glücklicherweise hatten wir eine ganze Reihe starker und vielgestaltiger Geschäftsbereiche, die dieses Versprechen einlösen konnten. Wir steuerten Unternehmen, keine Gewinne.

Wenn wir einen Geschäftsbereich wie die Klimaanlagen verkauften und einen Buchgewinn sowie Bareinnahmen erzielten, gewannen wir zusätzliche Flexibilität, um in ein anderes Geschäft zu investieren oder seine Mängel zu beheben. Das erwarteten die Aktionäre von uns, und dafür bezahlten sie uns.

Ich vergleiche unseren Umgang mit diesen Erträgen mit der Reparatur eines Hauses. Hat man nicht genug Geld, um ein Loch im Dach zu reparieren, so stellt man einen Eimer unter die undichte Stelle, um die Tropfen aufzufangen. Hat man etwas Geld übrig, so repariert man das Leck. Genau das taten wir bei GE mit dem Geld aus Verkäufen.

Wir ergriffen Maßnahmen, um unsere verbleibenden Unternehmensbereiche auf lange Sicht zu stärken.

Hin und wieder äußerte ein Kritiker Zweifel an unserer Methode, »stetiges Ertragswachstum« zu bewerkstelligen. Ein Journalist meinte sogar, wir würden kein stetiges Ertragswachstum erzielen, wenn wir für die Schließung eines Unternehmensbereichs in einem Quartal einen Verlust und für den Verkauf eines anderen Unternehmensbereichs im folgenden Quartal einen Gewinn verbuchen würden.

Was für ein Unfug! Unsere Aufgabe besteht darin, das Leck zu stopfen, wenn wir das Geld dafür in der Kasse haben.

Tut man dies nicht, so managt man nichts. Wenn man den Cashflow verfolgt, sieht man, was in einem Unternehmen wirklich vor sich geht. Die Buchhaltung erzeugt keinen Cash, das Management von Geschäften hingegen sehr wohl.

Der Ausstieg aus dem Geschäft mit Klimaanlagen löste einen Wirbelsturm aus, der jedoch weitgehend auf Louisville beschränkt blieb. In eine sehr viel schwierigere Situation brachte mich der folgende Verkauf von Utah International. Dieses Unternehmen hatte Reg Jones im Jahr 1977 für 2,3 Milliarden Dollar erworben. Damals war es die größte Firmenübernahme der Geschichte – für Reg, für General Electric und für die amerikanische Unternehmenswelt.

Utah war ein ausgezeichnetes Unternehmen, das hohe Gewinne abwarf. Seine Einnahmen erzielte es in erster Linie mit dem Verkauf von Hüttenkoks an japanische Stahlproduzenten. Dazu kamen ein kleines amerikanisches Erdöl- und Erdgasunternehmen sowie große nachgewiesene, jedoch unerschlossene Kupfervorkommen in Chile. Reg hatte Utah gekauft, um GE gegen die in den 70er Jahren galoppierende Inflation abzusichern.

Da die Inflation abflaute, passte das Unternehmen nicht mehr in mein Konzept des stetigen Ertragswachstums. Seine schwankenden Erträge widersprachen meinem Wunsch, allen Unternehmensbereichen das Gefühl zu geben, dass ihr individueller Beitrag zählte.

GE verdiente sein Geld in jedem Quartal, indem es die Erträge aus allen Winkeln der Welt Cent für Cent zusammenzählte. Jeden Tag zählte der Beitrag jedes Einzelnen. Als Sektorenleiter und Vice Chairman hatte ich mit meinen Kollegen in den Sitzungen gesessen und zugehört, wie jeder Einzelne erklärte, über sich hinausgegangen zu sein, um die Ertragsvorgaben für das Quartal oder das Jahr zu erfüllen.

Dann erhob sich der Leiter von Utah und entwertete unbewusst unsere Leistungen.

Beispielsweise sagte er: »Aufgrund des Streiks im Kohlenbergwerk werden wir unsere Gewinnprognose um 50 Millionen verfehlen.« Wir anderen konnten die Zahl kaum fassen. Ein anderes Mal kam er in die Sitzung und erklärte leichthin: »Der Preis für Kohle ist um zehn Dollar gestiegen, daher kann ich 50 Millionen zusätzlich in den Topf werfen.« Es gelang Utah jedesmal, unsere hart erkämpften Beiträge, bei denen es auf jeden Cent ankam, fruchtlos erscheinen zu lassen.

Ich hatte den Eindruck, dass die zyklische Natur des Geschäfts von Utah unserem Streben nach stetigen Erträgen widersprach. Ich mochte das Rohstoffgeschäft nicht, in dem sich die Ereignisse oft jeder Kontrolle entzogen. Und in der Erdölindustrie erstickte das Kartell den Einfallsreichtum der einzelnen Akteure.

Nebenbei bemerkt bin ich der Ansicht, dass die Übernahme von Conoco durch DuPont im Jahr 1981 ähnliche Auswirkungen hatte. Conoco wurde ebenfalls zur Absicherung gegen den Anstieg des Erdölpreises erworben. Und auch Conoco war groß genug, um die individuellen Anstrengungen vieler Geschäftsbereiche von DuPont sinnlos erscheinen zu lassen. Einige meiner Studienkollegen aus Illinois waren bei DuPont. Ich hörte von ihnen und anderen Angehörigen des Kunststoffbereichs von DuPont, wie enervierend die Ertragsschwankungen bei Conoco sein konnten. Schließlich trennte sich DuPont im Jahr 1998 von Conoco. Das Rohstoffgeschäft sollte man den Rohstoffunternehmen überlassen.

Trotz meiner Empfindungen in Bezug auf Utah zögerte ich, Regs größten Deal, der erst vier Jahre zurücklag, rückgängig zu machen. Ich verdankte Reg alles. Ich wollte nicht respektlos erscheinen, indem ich Utah sofort wieder abstieß. Also schickte ich Reg eine schriftliche Begründung meines Verkaufsvorhabens, bevor ich die Entscheidung fällte. Ich rief ihn an und bat ihn, über meinen Vorschlag nachzudenken. In all den Jahren konsultierte ich Reg immer wieder.

Obwohl er sich am Tag meines Amtsantritts aus dem Board zurückgezogen hatte, tat ich keinen wichtigen Schritt, ohne ihn zuvor darüber zu informieren.

Einige Tage nach unserem Telefongespräch über Utah rief Reg zurück. Nachdem er mich eine Weile auf die Folter gespannt hatte, stimmte er meinem Vorhaben zu. Tatsächlich stellte er mehr als 20

Jahre lang meine Entscheidungen weder innerhalb noch außerhalb des Unternehmens jemals infrage.

Bereits ein Jahr nach meinem Amtsantritt hatte ich mich in den Waldorf Towers in New York privat mit Hugh Liedtke, dem Geschäftsführer von Pennzoil, getroffen. Ich bot ihm Utah an. Er dachte eine Weile darüber nach, gelangte jedoch zu dem Schluss, das Unternehmen passe nicht zu Pennzoil. Er war auf fettere Beute aus und ließ sich schließlich mit Texaco auf eine Aufsehen erregende Übernahmeschlacht um Getty Oil ein. Ich wandte mich an andere potenzielle Käufer in den USA, stieß jedoch auf wenig Interesse.

Glücklicherweise hatte mein Vice Chairman John Burlingame eine bessere Idee. John fand den in seinen Augen besten strategischen Käufer für Utah, die Broken Hill Proprietary (BHP) Co. Dieser in Australien ansässige Rohstoffkonzern schien perfekt zu Utah zu passen. John sprach BHP an, und diese zeigte tatsächlich Interesse. John bildete ein Verkaufsteam, dem Frank Doyle und sein alter Freund Paolo Fresco angehörten. John und Frank planten die Abwicklungsgespräche, während Paolo, der extra für diese Aufgabe aus Europa zurückgeholt worden war, für die direkten Verhandlungen zuständig war.

Die Gespräche mit BHP zogen sich über mehrere Monate hin. Die Größe der Unternehmen und die geografische Verteilung ihrer Bereiche erschwerten die Verhandlungen. Während Utahs Zentrale in San Francisco ansässig war, waren seine Betriebseinheiten über alle Welt verstreut. BHP hatte seinen Sitz in Melbourne. Nach dem üblichen Hin und Her einigten sich die beiden Seiten Mitte Dezember 1982 auf eine Absichtserklärung.

Wir waren euphorisch. Dies war ein riesiger Besitz mit einem hohen Preis, für den es nicht allzu viele Käufer gab. Der Verkauf war ein großer Erfolg für uns und fügte sich wunderbar in unsere Strategie ein. Dieselbe Wirkung hatte der Kauf auf BHP. Wir wollten das Geschäft in der ordentlichen Sitzung des Boards im Dezember den Direktoren zur Genehmigung vorlegen.

Am Abend vor der Sitzung versammelten sich alle leitenden Manager des Unternehmens und unsere Direktoren im Park Lane Hotel in New York zu einem Weihnachtsessen mit anschließendem Tanz. Ich hatte diese Veranstaltung ein Jahr zuvor eingeführt, um die Bindung zwischen Management und Board zu festigen. Diesmal waren alle Anwesenden wegen des Utah-Geschäfts in guter Stimmung. Doch gegen elf Uhr abends bemerkte ich, wie ein Mitarbeiter von John Burlingame an diesen herantrat und ihn eilig von der Tanzfläche führte. Als John, der normalerweise keinerlei Emotionen zeigte, nach einer halben Stunde zurückkehrte, war er sichtlich angeschlagen, obwohl er in Anbetracht der Geschehnisse immer noch bemerkenswert gelassen wirkte.

Er war mit Sicherheit gelassener, als ich es war, nachdem ich die schlechte Nachricht von ihm erfahren hatte.

Er kam zu meinem Tisch und sagte: »Jack, das Geschäft ist geplatzt. Ich habe gerade einen Anruf von Paolo erhalten. BHP hat ihm mitgeteilt, dass sich sein Board nicht einigen konnte. Sie können den Kauf finanziell nicht bewältigen.«

Ich war am Boden zerstört. Ich hatte fest mit einem Erfolg gerechnet. Der Verkauf von Utah wäre der erste wichtige Schritt auf dem Weg zur Verwirklichung meiner Strategie gewesen. Während die Band weiterspielte, sah ich alles in sich zusammenbrechen. Carolyn und ich blieben bis zum Ende des Festes. Anschließend kehrten wir in die Suite im Waldorf zurück, die wir mit Si Cathcart und seiner Frau Corky teilten.

Si hatte sich im Board rasch in einen engen Vertrauten verwandelt. Wir blieben bis drei Uhr morgens auf und debattierten über mögliche Alternativen. Wir tappten im Dunkeln, denn es fehlten uns viele Detailinformationen darüber, was tatsächlich schief gelaufen war. Ich war sehr niedergeschlagen, und der arme Si musste sich bis spät in die Nacht meine Klagen anhören.

Am nächsten Morgen überbrachten Burlingame und ich den Direktoren die Nachricht. Sie waren enttäuscht, ermutigten uns jedoch, einen neuen Anlauf zu unternehmen. Als ich am Abend in mein Hotelzimmer zurückkehrte, fand ich auf meinem Bett einen Teddybären vor, der den Daumen in den Mund steckte. Si hatte einen Zettel an dem Präsent befestigt, auf dem zu lesen stand: »Lass dich nicht unterkriegen. Du wirst eine Lösung finden.«

Ich war noch keine zwei Jahre im Amt und war mir nicht sicher, ob ich nicht einen entscheidenden Rückschlag erlitten hatte. Sis Aufmunterung kam zum richtigen Zeitpunkt. Dies war die erste von vielen Gelegenheiten, bei denen er sich als große Hilfe erwies. Er war nicht der Einzige. Ich genoss seit dem ersten Tag an der Unternehmensspitze große Unterstützung seitens des Boards. Ich sollte sie noch oft benötigen.

Nach Weihnachten machte sich das Team erneut an die Arbeit, um den Deal zu retten. Um auf die finanziellen Grenzen von BHP Rücksicht zu nehmen, boten wir an, einige Bereiche aus dem Unternehmen herauszunehmen, darunter den amerikanischen Erdöl- und Erdgasproduzenten Ladd Petroleum. Damit wurde das Geschäft für Broken Hill akzeptabel, und BHP erwarb die übrigen Bestandteile unserer Tochtergesellschaft Utah vor dem Ende des zweiten Quartals 1984 für 2,4 Milliarden Dollar. Es dauerte ein weiteres Jahr, um alle nötigen behördlichen Bewilligungen zu erhalten. Sechs Jahre später verkauften wir das letzte Stück, Ladd, für 515 Millionen Dollar.

Die Veräußerung der Klimaanlagen und der Verkauf von Utah stimmten mich zuversichtlich, was die Umsetzung unserer Strategie anbelangte – vermutlich ein wenig zu zuversichtlich. Der Verkauf der Klimaanlagen hatte lediglich die Angehörigen des Geschäftsbereichs Haushaltsgeräte, zu dem die Klimaanlagen gehört hatten, aus der Ruhe gebracht. Und der Verkauf von Utah löste überhaupt keine Reaktion aus. Das Unternehmen hatte nur kurz zu uns gehört und war eigentlich nie Teil von GE geworden.

Ganz anders sah es bei unserem nächsten Schachzug aus: Wir wollten die kleinen Haushaltsgeräte abstoßen.

Ich war fast sechs Jahre für die kleinen Haushaltsgeräte zuständig gewesen und hielt das Geschäft für furchtbar. Dampfbügeleisen, Toaster, Föhne und Mixer sind nicht gerade aufregende Produkte. Ich erinnere mich, dass ein elektrischer Kartoffelschäler als »bahnbrechende« Entwicklung betrachtet wurde. Das war nicht die Art von »heißer Technologie«, die wir brauchten.

Diese Produkte waren nichts für das neue General Electric, und wir waren ein leichtes Ziel für die Angriffe der asiatischen Konkurrenten. Die Hersteller in dieser Branche waren in erster Linie amerikanische Unternehmen, die allesamt unter hohen Produktionskosten litten. Die Eintrittsbarrieren waren niedrig, und die Konzentration im Einzelhandel untergrub jede Markentreue.

Ich hatte den Bereich außerhalb der drei Kreise eingetragen. In meinen Augen konnte es keinen Zweifel daran geben, dass wir dieses Geschäft abstoßen mussten. Wir würden nichts damit verlieren und die Voraussetzungen für die Verwirklichung unserer Strategie der beiden ersten Ränge verbessern. Black & Decker hatte anscheinend erfahren, wie wir über das Geschäft dachten, und glaubte, der Bereich könne in sein Unternehmen passen. Black & Decker hatte eine starke Marke bei den Elektrowerkzeugen und hielt eine ausgezeichnete Position auf dem europäischen Markt, wo wir nicht aktiv waren. Seine Führung wollte aggressiv in einen neuen Tätigkeitsbereich vorstoßen und interessierte sich für die Haushaltsgeräte.

Im November 1983 erhielt ich einen Anruf von Pete Peterson, einem Investmentbanker, der dem Board von Black & Decker angehörte. Ich war Peterson einige Male begegnet.

»Sind Sie am Verkauf Ihres Haushaltsgerätebereichs interessiert?«, fragte er. »Ist diese Frage ernst gemeint?«, fragte ich zurück. Wir spielten ein wenig Katz und Maus. Dann erklärte Peterson, er rufe im Namen von Larry Farley an. Farley war der Geschäftsführer von Black & Decker. »In Ordnung«, sagte ich. »Wenn es Ihnen ernst ist, können wir darüber reden.«

»Wo würden Sie Ihren Verkaufswunsch auf einer Skala zwischen eins und fünf einstufen, wobei eins bedeutet, dass Sie nie verkaufen würden, während Sie bei zwei nur für einen hohen Preis und bei drei für einen fairen Preis verkaufen würden?«

»Die großen Haushaltsgeräte liegen irgendwo zwischen eins und zwei«, antwortete ich. »Den Bereich der kleinen Haushaltsgeräte würde ich bei drei einstufen.« »Nun, genau daran sind wir interessiert«, sagte Pete.

Wenige Tage später, am 18. November, traf ich mich mit Pete und Larry im New Yorker Büro von GE in der Lexington Avenue. Larry stellte mir eine Reihe von Fragen, und ich beantwortete die meisten. Dann fragte mich Pete geradeheraus, wie viel ich für den Bereich haben wolle.

»Keinen Penny weniger als 300 Millionen, und der General Manager Bob Wright ist nicht im Handel inbegriffen.« Ich hatte Bob erst kurz zuvor von Cox Cable zu GE zurückgeholt und ihm vorläufig die Leitung des Haushaltsgerätebereichs übertragen, bis sich eine größere Aufgabe für ihn fand. Ich wollte ihn nicht erneut verlieren. Am nächsten Tag traf ich mich mit Bob, um ihn über das Gespräch zu informieren. Ich sagte ihm: »Keine Sorge. Ich habe bald einen besseren Job für Sie.«

Es dauerte nicht lange, da meldeten sich Larry und Pete erneut. Sie waren bereit, den nächsten Schritt zu tun. Während die sorgfältige Prüfung des Geschäfts voranschritt, begann intern eine Debatte über den bevorstehenden Verkauf. Die Traditionalisten bei GE erklärten, das Unternehmen profitiere sehr davon, dass diese Haushaltsgeräte unseren Namen und unser Logo trugen. Wir gaben eine Studie in Auftrag, die das Gegenteil bewies: Die Wahrnehmung der Verbraucher von Lockenstäben und Bügeleisen von GE war positiv, doch bei weitem nicht wertvoll für GE. Andererseits genießen die großen Haushaltsgeräte auch heute noch einen ausgezeichneten Ruf bei den Konsumenten.

Die Verhandlungen kamen rasch voran. Wir hatten Vertrauen zueinander und wollten das Geschäft alle unter Dach und Fach bringen. Wann immer ein Problem auftauchte, lösten wir es umgehend. Petes geradliniges Vorgehen und seine große Integrität sollten nicht zum letzten Mal bedeutsam für mich sein. Wenige Wochen nach dem ersten Telefongespräch war der Bereich verkauft.

Die reibungslosen Verhandlungen über den Verkauf führten zu großem Aufruhr innerhalb des Unternehmens. Die Mitarbeiter vieler traditioneller Unternehmensbereiche waren erbost. Dem zwei Milliarden Dollar schweren Utah hatte das Unternehmen keine Träne nachgeweint, doch der Verkauf dieses anspruchslosen 300-Millionen-Dollar-Bereichs löste bewegende Trauerbekundungen aus. Ich erhielt zum ersten Mal Beschwerdebriefe von erbosten Mitarbeitern.

Hätte es damals schon das E-Mail gegeben, so wären wohl sämtliche internen Server zusammengebrochen. Der Tenor der Briefe lautete: »GE ohne Bügeleisen und Toaster ist nicht mehr GE« oder »Was für ein Mensch sind Sie? Wenn Sie das fertig bringen, sind Sie zu allem imstande!« Das Gerede bei den Kaffeeautomaten war nicht gut.

Und dem Unternehmen stand noch mehr bevor, noch sehr viel mehr.

9 Die Jahre des Neutronen-Jack

Anfang der 80er Jahre musste man nicht in einem zum Verkauf stehenden Unternehmensbereich von GE tätig sein, um sich zu fragen, ob Jack Welch eigentlich wusste, was er tat oder worauf er hinauswollte. Aufruhr, Angst und Verwirrung hatten vom Unternehmen Besitz ergriffen. Die Ursachen waren die Strategie des ersten oder zweiten Ranges, das Konzept der drei Kreise, der Verkauf von Unternehmensbereichen und die Personalkürzungen, die in vielen Teilen des Unternehmens begonnen hatten.

Innerhalb von fünf Jahren musste jeder vierte Mitarbeiter das Unternehmen verlassen. Alles in allem waren dies 118 000 Menschen, darunter 37 000 Mitarbeiter von Unternehmensbereichen, die verkauft wurden. Überall im Unternehmen bemühten sich die Menschen angestrengt darum, mit der Ungewissheit fertig zu werden.

Zusätzliches Öl goss ich ins Feuer, indem ich viele Millionen Dollar in Dinge investierte, die manche als »unproduktiv« bezeichnen würden. Ich ließ in der Zentrale ein Fitnesscenter, ein Gästehaus und ein Konferenzzentrum errichten und wälzte Pläne für einen umfassenden Ausbau unseres Schulungszentrums in Crotonville. Ich war der Ansicht, dass all diese Investitionen, die sich auf beinahe 75 Millionen Dollar beliefen, dem Ziel der »Vortrefflichkeit« dienten, das ich zu Beginn meiner Amtszeit im Pierre Hotel verkündet hatte.

Doch viele Mitarbeiter sahen das anders. In ihren Augen hatte ich den Bezug zur Wirklichkeit verloren.

Es spielte keine Rolle, dass die Beträge, die ich in Laufbänder, Konferenzsäle und Gästezimmer investierte, Kleingeld für ein Unternehmen waren, das im selben Zeitraum zwölf Milliarden Dollar für neue

Anlagen und Ausrüstungen ausgab. Diese zwölf Milliarden, die auf Produktionsstandorte in aller Welt verteilt wurden, waren unsichtbar und zählten zur Betriebsroutine.

Die 75 Millionen hatten derart große symbolische Bedeutung, dass die Leute kein Verständnis dafür hatten. Mir war klar, warum es für viele Mitarbeiter von GE schwer war, mein Verhalten nachzuvollziehen. Doch tief in meinem Inneren war ich mir sicher, dass ich das Richtige tat.

Wichtigen Beistand leistete mir in jener Zeit, in der ich Geld ausgab und gleichzeitig den Personalstand senkte, der Personalchef Ted Levino. Er war ein Fels in der Brandung, ein durch die Hierarchie von GE aufgestiegenes Bindeglied zur Vergangenheit, der den Respekt des Systems genoss. Die Ehrenhaftigkeit seiner Beweggründe und seine Integrität zog niemand in Zweifel. Ich weiß, dass sich viele niedergeschlagene Manager, die ihre erste Begegnung mit mir hinter sich hatten, bei Ted ausweinten. Und Ted leistete zahlreichen Führungskräften Beistand, die das Unternehmen verlassen mussten. Er hatte mich während der Auswahlphase unterstützt, und, was noch wichtiger war, er wusste, dass GE diese Veränderungen brauchte.

Seine Unterstützung war wichtig für mich, da die Leute über die angesprochenen Investitionen empört waren. Ich konnte sagen oder tun, was ich wollte: Nichts konnte meine Gegner beschwichtigen oder dem Unternehmen die Nervosität nehmen. Doch ich hatte nicht vor, mich zu verstecken. Ich nutzte jede Gelegenheit, um den Kontakt zu den Mitarbeitern zu suchen. Anfang des Jahres 1982 begann ich, alle zwei Wochen Diskussionsrunden mit Gruppen von etwa 25 Mitarbeitern abzuhalten. Ob es sich um Verwaltungsangestellte oder Manager handelte: Die Fragen waren stets dieselben.

Die wichtigste Frage lautete durchwegs: »Wie können Sie es rechtfertigen, Geld für Laufbänder, Gästezimmer und Konferenzzentren auszugeben und gleichzeitig Werke zu schließen und Mitarbeiter zu entlassen?«

Ich genoss diese Debatten. Ich behielt in den Diskussionen nicht zwangsläufig die Oberhand, doch ich musste versuchen, die Leute einen nach dem anderen für mein Vorhaben zu gewinnen. Ich versuchte ihnen klarzumachen, dass diese Kombination von Ausgaben und Einsparungen unseren Zielsetzungen entsprach.

Ich wollte die Regeln des Engagements ändern und von weniger Menschen mehr verlangen und ich beharrte darauf, dass wir nur die besten Leute brauchten. Ich erklärte ihnen, dass wir von unseren besten Mitarbeitern nicht verlangen konnten, an einer vierwöchigen Schulung in einem heruntergekommenen Schulungszentrum teilzunehmen und in winzigen, trostlosen Schlafzellen zu übernachten. Wir konnten keine Gäste in die Zentrale einladen und sie in einem drittklassigen Motel unterbringen. Wer ausgezeichnete Leistungen wollte, musste auch ein ausgezeichnetes Umfeld dafür schaffen.

In diesen Diskussionsrunden erklärte ich auch, dass es mir bei dem Fitnesscenter nicht nur um die Gesundheit der Mitarbeiter, sondern auch darum ging, das Gemeinschaftsgefühl zu festigen. In einer Unternehmenszentrale wimmelt es von Spezialisten, die nichts herstellen und nichts verkaufen. Die Arbeit in der Zentrale ist grundverschieden von der Arbeit in den Unternehmensbereichen, wo jedermann die befriedigende Erfahrung machen kann, einen neuen Auftrag an Land zu ziehen oder ein neues Produkt einzuführen. In der Zentrale von General Electric parkten die Leute ihre Autos in einer Tiefgarage, stiegen in einen Aufzug und fuhren in ihr Stockwerk hinauf, wo sie bis zum Abend in einem Winkel des weitläufigen Gebäudes arbeiteten. Die Cafeteria war ein Ort der Begegnung, doch zumeist saßen die Leute dort nur mit jenen Kollegen zusammen, mit denen sie auch arbeiteten.

Ich war der Meinung, ein Fitnesscenter wäre geeignet, um die Menschen unabhängig von ihrer Abteilung und ihrer Position in der Unternehmenshierarchie zusammenzubringen. Ich verglich es gern mit dem Hinterzimmer eines Ladens, in dem die Angestellten gemeinsam ihre Mittagspause verbringen. Wenn man dies mit einer Investition von etwas mehr als einer Million Dollar erreichen konnte, so war es das Geld wert. Doch ungeachtet meiner guten Absichten fiel es den Mitarbeitern angesichts der Entlassungen schwer zu begreifen, dass die Investition in ein Fitnesscenter sinnvoll sei.

Ähnlichen Beweggründen entsprang die Entscheidung, für 25 Millionen Dollar ein Gästehaus und ein Konferenzzentrum zu errichten. Fairfield war eine Insel. Die Zentrale befand sich knapp 100 Kilometer nördlich von New York auf dem Land. Es gab keinen Ort, an dem man sich nach der Arbeit hätte treffen können. In Fairfield und Umgebung gab es kein akzeptables Hotel, in dem man Mitarbeiter von anderen Standorten und Besucher aus aller Welt hätte unterbringen können. Ich wollte ein erstklassiges Zentrum errichten, in dem die Gäste wohnen, arbeiten und miteinander in Kontakt treten konnten.

Die Aufenthaltsräume waren mit Kaminen ausgestattet, und es gab eine gemütliche Bar, in der sich die Leute in entspannter Atmosphäre treffen konnten.

Die Traditionalisten waren schockiert. Ich beharrte auf meinem Vorhaben, denn ich wollte eine familiäre Atmosphäre schaffen. Überall wo ich hinkam, predigte ich die Notwendigkeit, in jedem Bereich vortrefflich zu werden. Und dies hatte ich durch meine Taten zu demonstrieren.

Die Geschichte von Crotonville hatte einen ähnlichen Hintergrund. Unser Schulungszentrum war bereits ein Vierteljahrhundert alt – und sah unglücklicherweise auch so aus. Die Kursteilnehmer wurden in dürftigen Quartieren untergebracht, die an ein billiges Motel erinnerten. Wir mussten unseren Mitarbeitern und den Kunden, die nach Crotonville kamen, das Gefühl geben, dass sie es mit einem erstklassigen Unternehmen zu tun hatten. Doch einige Kritiker begannen, das neue Gebäude als »Jacks Kathedrale« zu bezeichnen.

Meine Antwort auf die Klagen, die ich Anfang der 80er Jahre zu hören bekam, lautete, dass die Unternehmenstätigkeit paradox sei:

Wir gaben Millionen für Anlagen aus, in denen nichts erzeugt wurde, während wir nicht wettbewerbsfähige Fabriken schlossen, in denen Güter produziert wurden

Diese beiden Maßnahmen dienten unserem Vorhaben, uns in ein Weltklasseunternehmen zu verwandeln. Es würde uns nicht gelingen, die besten Leute an uns zu binden und gleichzeitig der kostengünstigste Anbieter von Gütern und Dienstleistungen zu werden, ohne beides zu tun.

Wir wollten die höchsten Gehälter zahlen und die niedrigsten Lohnkosten haben.

Wir mussten die besten Mitarbeiter für uns gewinnen und sie ausgezeichnet bezahlen. Doch wir konnten keine Leute mitschleppen, die wir nicht brauchten. Wir brauchten bessere Leute, wenn wir mit weniger Mitarbeitern die Produktivität erhöhen wollten.

Wir managten langfristig, »aßen« jedoch kurzfristig.

Ich war stets der Meinung, jeder Holzkopf könne eines dieser beiden Dinge tun. Indem man auf Kosten der zukünftigen Entwicklung Einsparungen vornimmt, kann man die Ergebnisse in einem Quartal, einem Jahr und vielleicht sogar zwei Jahren verbessern. Das ist nicht schwer. Noch viel leichter ist es, von der Zukunft zu träumen und dafür kurzfristig auf gute Ergebnisse zu verzichten. Der gute Manager zeichnet sich dadurch aus, dass er beide Vorhaben miteinander in Einklang bringt. Ein in den letzten Jahren besonders oft geäußerter Vorwurf lautete: »GE und Sie konzentrieren sich zu sehr auf die kurzfristigen Ergebnisse.« Hier handelt es sich lediglich um eine weitere beliebte Ausrede für Untätigkeit.

Wir mussten »hart« sein, um »weich« sein zu können.

Nur wer zu harten Entscheidungen in Bezug auf Menschen und Anlagen bereit ist, erwirbt sich das Recht, über »weiche« Werte wie »Vortrefflichkeit« oder die »lernende Organisation« zu sprechen. Die auf den Menschen zielenden Maßnahmen werden nicht funktionieren, wenn ihnen keine Demonstration der Härte vorangeht. Sie funktionieren nur in einer Kultur, welche die Leistung in den Mittelpunkt stellt.

Diese Gegensätze und Paradoxa versuchte ich zu bewältigen. Wir mussten mehr Output mit weniger Input erzeugen. Wir mussten einige Geschäftsbereiche vergrößern, während wir andere verkleinerten oder verkauften. Wir mussten als ein Unternehmen funktionieren, doch unsere Vielfalt verlangte unterschiedliche Stile. Und wir mussten die Mitarbeiter ausgezeichnet behandeln, wenn wir die Besten anlocken und an uns binden wollten.

Die vernünftige Begründung für diese Paradoxa fiel in einer von derart großer Unsicherheit beherrschten Umgebung nicht auf fruchtbaren Boden. Tatsächlich war der interne Aufruhr derart groß, dass er auf die Umwelt übergriff. Mitte 1982 griff das Magazin *Newsweek* den internen Spitznamen »Neutron Jack« auf: Man bezeichnete mich als den Mann, der die Menschen auslöschte, die Gebäude jedoch stehen ließ.

Dieser Spitzname war sehr verletzend. Ich hasste ihn. Doch noch viel größer war mein Hass auf die Bürokratie und auf jede Form der Verschwendung. Ich verabscheute die Datenbesessenheit der Zentrale und die geringen Gewinnmargen des Turbinenbereichs. Also handelte ich, auch wenn ich dafür Schmähungen hinnehmen musste.

Bald hatte sich die Bezeichnung Neutronen-Jack in den Medien durchgesetzt. Anscheinend konnten die Journalisten keine Geschichte über GE mehr schreiben, ohne diesen sehr bildhaften und für mich quälenden Ausdruck zu verwenden. Jahrelang glaubten die Leute, ich sei ein vom Wachstum besessener Wilder, ich feuere zu viele Mitarbeiter und baue zu viele Anlagen – im Kunststoffbereich, im medizinischen Bereich und für GE Credit. Nun war ich der Neutronen-Jack. Ich nehme an, das war ebenfalls ein Paradox. Ich fand keinen Gefallen daran, doch ich konnte es verstehen.

Die Wahrheit war, dass wir das erste gesunde und rentable Großunternehmen in der herkömmlichen Industrie waren, das Maßnahmen ergriff, um seine Wettbewerbsfähigkeit zu erhöhen. Chrysler hatte bereits einige Jahre früher gehandelt, doch dort waren die Voraussetzungen anders gewesen: Die Regierung hatte eine Rettungsaktion für das Unternehmen starten müssen, das hart zu kämpfen hatte, um den Bankrott zu vermeiden.

Wir standen nicht unter einem derartigen Zwang. GE wirkte zu gut, zu stark, zu profitabel, um zu Restrukturierungsmaßnahmen gezwungen zu sein. Mit einem Umsatz von 25 Milliarden Dollar und einem Reingewinn von 1,5 Milliarden Dollar im Jahr 1980 war GE das zehntgrößte Unternehmen unter den Fortune 500 und nahm den neunten Rang unter den rentabelsten Unternehmen ein.

Doch für uns stellte sich die Realität etwas anders dar. Im Jahr 1980 befand sich die amerikanische Wirtschaft in einer Rezession. Die Inflation war hoch. Der Erdölpreis lag bei 30 Dollar pro Barrel, und manche Experten sahen ihn schon auf 100 Dollar steigen – wenn der Markt nicht überhaupt zusammenbrechen würde. Und die Japaner, die von einem schwachen Yen und ihrer guten Technologie profitierten, erhöhten ihre Exporte in vielen unserer traditionellen Branchen von Automobilen bis zur Unterhaltungselektronik.

Ich wollte mich dieser Realität stellen und unsere Wettbewerbsfähigkeit auf der Kostenseite erhöhen.

Ich konnte mit eigenen Augen verfolgen, wie sich diese Veränderungen im wirtschaftlichen Umfeld auf viele Unternehmensleiter in den drei Bundesstaaten New York, New Jersey und Connecticut auswirkten. Anfang der 80er Jahre leitete ich die Kampagne von United Way*. Wenn ich die Geschäftsführer anderer Unternehmen besuchte, um sie zu Beiträgen zu bewegen, bekam ich immer wieder zu hören: »Wir würden uns gern beteiligen, aber wir können nicht.« Oder sie sagten: »Wir können nicht mehr so viel wie früher beitragen. Die Zeiten sind zu hart.« Diese Erfahrung bestärkte mich in meiner Überzeugung, dass

* Eine gemeinnützige Organisation, die unter Beteiligung der Bürger Spenden für wohltätige Zwecke und Entwicklungsprojekte sammelt.

nur gesunde, wachsende und dynamische Unternehmen in der Lage sind, ihrer Verantwortung gegenüber den Menschen und dem Gemeinwesen gerecht zu werden.

Die Kosten für die Rettung eines bereits ins Schleudern geratenen Unternehmens sind ungeheuer hoch. Und die Einschnitte werden in einer Notsituation noch schmerzhafter. Wir hatten Glück. Unsere Vorgänger hatten uns ein gesundes Unternehmen hinterlassen. Wir konnten uns gegenüber den Menschen, die wir fortschicken mussten, human und großzügig verhalten – obwohl die meisten von ihnen damals wahrscheinlich anderer Ansicht waren. Wir hielten lange Kündigungsfristen ein und zahlten gute Entschädigungen. Viele unserer ehemaligen Mitarbeiter fanden dank unseres guten Rufes neue Arbeitsplätze – und da wir frühzeitig zur Tat schritten, fanden sie noch ein gutes Jobangebot vor. Dasselbe gilt in der Gegenwart: Die Mitarbeiter der ersten Dotcoms, die ihren Personalstand verringert hatten, fanden leicht eine neue Arbeit. Die Mitarbeiter der Nachzügler waren schon viel eher von Arbeitslosigkeit bedroht.

Doch manch einer dachte anders, als ein »gesundes« Traditionsunternehmen wie General Electric im Jahr 1982 eine Bügeleisenfabrik in Ontario (Kalifornien) schloss. Wir erfuhren, dass das populäre Fernsehmagazin *60 Minutes* seinen Starreporter Mike Wallace mit einer Filmcrew schicken würde, um über das Ereignis zu berichten. Ein Interview mit *60 Minutes* über eine Fabrikschließung versprach kaum angenehm zu werden. Und tatsächlich berichtete Wallace, wir hätten 825 Menschen auf die Straße gesetzt, weil wir mit den Gewinnen nicht zufrieden seien und die Produktion nach Mexiko, Singapur und Brasilien verlegen wollten. Er befragte frühere Mitarbeiter, die sich betrogen fühlten, sowie einen religiösen Führer, der die Schließung der Fabrik als »unmoralisch« verurteilte.

Diese Reaktionen waren verständlich, doch die Fakten sahen etwas anders aus. In der Fabrik wurden Bügeleisen aus Metall hergestellt, obwohl die Verbraucher bereits überwiegend Kunststoffmodelle vorzogen. Wir stellten in vier Werken Kunststoffbügeleisen her. Die in Ontario gefertigte Produktlinie musste eingestellt werden. Die Schließung bereitete niemandem Vergnügen, doch es war die Anlage mit den höchsten Kosten in unserem System. Und wir waren entschlossen, wettbewerbsfähig zu werden.

Der Fairness halber muss gesagt werden, dass in der Reportage für *60 Minutes* auch darauf hingewiesen wurde, dass wir unsere Mitarbeiter sechs Monate im Voraus über die Kündigung informiert hatten, während die durchschnittliche Kündigungsfrist zu jener Zeit eine Woche betrug. Wallace berichtete auch, dass wir uns an der Finanzierung einer staatlichen Arbeitsvermittlungsstelle auf einem Grundstück von GE beteiligt hatten, um Arbeit Suchende für Bewerbungsgespräche und andere Aufgaben zu schulen.

Wir taten noch viel mehr, da unsere finanzielle Lage es uns gestattete. Wir dehnten die Lebens- und Krankenversicherung auf ein Jahr aus und brachten bis zur Schließung 120 Arbeiter in anderen Jobs unter. Fast 600 Mitarbeiter hatten Anspruch auf eine Unternehmenspension, und wir fanden einen Käufer für die Fabrik, der viele ehemalige GE-Mitarbeiter übernahm. Trotz alledem war es für die Leute natürlich schrecklich, ihre Arbeit zu verlieren.

Ich hatte das Unternehmen noch nicht ein Jahr geleitet, als uns *60 Minutes* im Februar 1982 beschuldigte, »den Gewinnen Vorrang vor den Menschen« zu geben. Einige Kritiker verglichen uns mit Unternehmen wie IBM, die zu jener Zeit noch das Konzept der lebenslangen Beschäftigung vertraten. IBM startete im Jahr 1985 sogar eine Werbekampagne, in der es sich des Verzichts auf Massenentlassungen rühmte: »... Jobs mögen kommen und gehen. Doch die Menschen sollten bleiben.« Mehrere GE-Manager legten diese Werbeanzeigen in den Schulungen in Crotonville vor und stellten die beißende Frage: »Was sagen Sie dazu?«

Zu einer Zeit, als ich regelmäßig als Neutronen-Jack beschimpft wurde, kotzten mich diese Anzeigen wirklich an. Es war bedauerlich, aber auch für die Angehörigen von IBM kam die Zeit der Entlassungen, als das Unternehmen an Wettbewerbsfähigkeit verlor.

Ein Unternehmen, das glaubt, sichere Arbeitsplätze garantieren zu können, manövriert sich in eine Sackgasse. Nur zufriedene Kunden können die Arbeitsplätze sichern. Unternehmen sind dazu nicht in der Lage. Diese Tatsache erzwang die Kündigung des unausgesprochenen Vertrags, den die Unternehmen einst mit ihren Mitarbeitern geschlossen hatten. Dieser »Vertrag« beruhte auf der Vorstellung einer lebenslangen Beschäftigung und brachte eine paternalistische, feudale und unklare Loyalität hervor. Wer seine Zeit opferte und hart arbeitete, durfte davon ausgehen, dass das Unternehmen sein Leben lang für ihn sorgen würde.

Doch als sich das Spiel änderte, mussten sich die Menschen der Welt des Wettbewerbs stellen, in der kein Unternehmen sichere Arbeitsplätze garantieren konnte, sofern es sich nicht auf dem Markt behauptete.

Der unausgesprochene Vertrag musste geändert werden. Ich wollte einen neuen Vertrag vorlegen, der darauf beruhte, dass GE die besten Jobs in der Welt für Menschen schuf, die bereit waren, sich dem Wettbewerb zu stellen. Wenn die Mitarbeiter unterschrieben, würden wir sie hervorragend ausbilden und in einer Umgebung fördern, in der sie zahlreiche Möglichkeiten zum persönlichen und beruflichen Wachstum vorfinden würden. Wir konnten ihnen keine »lebenslange Beschäftigung« garantieren, doch würden wir alles tun, um sie mit Fähigkeiten auszustatten, die ihnen eine »lebenslange Beschäftigungsfähigkeit« garantieren würden.

Die Streichung von Arbeitsplätzen wird stets die schwerste Entscheidung sein, mit der ein Manager konfrontiert werden kann. Wer Vergnügen daran findet, sollte ebenso wenig Platz im Unternehmen haben wie derjenige, der nicht dazu in der Lage ist. Ich unterschätzte weder die Kosten noch die Folgen dieser Entlassungen für die Menschen und Gemeinden. In meinen Augen muss jede Handlung einer einfachen Prüfung standhalten: »Möchten wir selbst so behandelt werden? Sind wir fair und gerecht gewesen? Können wir jeden Tag in den Spiegel schauen und diese Fragen bejahen?«

Als Unternehmen konnten wir in den Spiegel schauen, als es darum ging, die mit den radikalen Veränderungen einhergehenden Härten zu mildern. Ich musste 1000-mal wiederholen: »Wir haben nicht die Mitarbeiter hinausgeworfen. Wir haben die Positionen hinausgeworfen, und die Mitarbeiter mussten gehen.«

Wir griffen nie auf zwei beim Management beliebte Maßnahmen zur Kostensenkung zurück: Wir nahmen nie »umfassende Personalkürzungen« vor oder froren die Löhne ein. Diese Maßnahmen unter dem Deckmantel des »geteilten Leids« werden von Managern ergriffen, die nicht bereit sind, sich der Wirklichkeit zu stellen.

Das hat nichts mit Management oder Führung zu tun. Eine allgemeine Personalverringerung um zehn Prozent oder eine Aussetzung der Lohnzahlungen macht es unmöglich, für die Besten zu sorgen. Im Frühjahr 2001 wurden in mehreren konjunkturabhängigen GE-Bereichen – darunter Kunststoffe, Leuchtmittel und Haushaltsgeräte – Personalkürzungen nötig. Zur selben Zeit fiel es anderen Unternehmensbereichen wie Stromturbinen, medizinischen Geräten und GE Capital schwer, ihren Personalbedarf zu befriedigen.

Leider sank die Beschäftigung in den 80er Jahren in den meisten Unternehmensbereichen. Die Zahl unserer Mitarbeiter ging von 411 000 Ende des Jahres 1980 auf 299 000 Ende 1985 zurück. Von den 112 000 Mitarbeitern, die uns verließen, waren rund 37 000 in Unternehmensbereichen tätig, die wir verkauften. Doch 81 000, das heißt jeder Fünfte in unseren Industriebereichen, verloren ihre Arbeitsplätze, weil wir die Produktivität erhöhen mussten.

Aus diesen Zahlen konnte man schließen, dass entweder ein Neutronen-Jack am Werk war oder dass die Zahl der Posten in diesem Unternehmen zu hoch war. Ich neigte natürlich der zweiten Auffassung zu, doch der Vergleich mit einer Neutronenbombe war trotzdem niederschmetternd. Glücklicherweise erhielt ich zu Hause, im Büro und im Board wertvolle Rückendeckung, die es mir erleichterte durchzuhalten. Oft kam ich ein wenig niedergeschlagen nach Hause, nachdem ich wieder einmal mit meinem schönen Spitznamen tituliert worden war. Doch gleich, wie hart die Medien mit mir ins Gericht gingen, Carolyn war mir stets eine Stütze. Sie beendete unsere Gespräche immer mit den Worten: »Jack, du musst tun, was du für das Richtige hältst.«

Die massiven Veränderungen bei GE in den 80er Jahren wären unmöglich gewesen, hätte ich im Unternehmen nicht auf eine Kerngruppe von unerschütterlichen Stützen zählen können. Meine beiden Vice Chairmen John Burlingame und Ed Hood, die einst Rivalen gewesen waren und mir jetzt als Partner zur Seite standen, unterstützten jeden meiner Schritte. Dasselbe galt für zwei der wichtigsten Stabsmanager in der Zentrale, das heißt für den Personalchef Ted LeVino und den Finanzchef Tom Thorsen, der eng mit mir zusammengearbeitet hatte, als ich Bereichsgruppenleiter in Pittsfield war. In jenen Tagen waren Tom und ich unzertrennlich gewesen, und wir waren beide glücklich, als wir in der Zentrale in höheren Funktionen erneut vereint waren. Larry Bossidy, den ich 1981 nach Fairfield geholt hatte, um ihn mit der Leitung eines neu geschaffenen Werkstoff- und Dienstleistungssektors zu betrauen, hatte sich in meinen Ansprechpartner, Vertrauten und engen Freund verwandelt.

Selbstverständlich hätten die Veränderungen ohne nachhaltige Unterstützung seitens des Board nie stattgefunden. Die Direktoren hörten all die Klagen – teilweise von wütenden Mitarbeitern, die sich mit kritischen Briefen direkt an sie wandten – und lasen all die negativen Presseberichte. Doch der Board schwankte in dieser Zeit nicht ein einziges Mal.

Als ich gerade CEO geworden war und noch keinen Finger gekrümmt hatte, lief Walter Wriston bereits in New York herum und erzählte jedem, dem er begegnete, ich sei der beste Geschäftsführer in der Geschichte des Unternehmens. Es tat sehr wohl, wenn jemand so etwas sagte, insbesondere in meinen Jahren als Neutronen-Jack. Walter war ein aufrechter, ungestümer Mann, der mir unentwegt sagte, ich müsse tun, was nötig sei, um das Unternehmen zu ändern. Und er war nicht der Einzige.

Auf mir lastete ein enormer Druck, einigen harten Entscheidungen aus dem Weg zu gehen. Ich stieß nicht nur im Unternehmen auf Widerstand, sondern wurde auch von Bürgermeistern, Gouverneuren und Abgeordneten unter Druck gesetzt.

Bei einer Gelegenheit, es war im Jahr 1988, traf ich mich im Regierungsgebäude von Massachusetts mit Gouverneur Michael Dukakis. »Es freut uns sehr, Sie in unserem Staat begrüßen zu können«, sagte Dukakis. »Wir würden uns wirklich freuen, wenn Sie hier mehr Arbeitsplätze schaffen würden.«

Am Tag zuvor hatte ich in diesem Bundesstaat unser Triebwerks- und Turbinenwerk in Lynn besucht. Die Belegschaftsvertretung dieses Werkes hatte sich wieder einmal dadurch ausgezeichnet, dass sie als einzige Organisation der GE-Gewerkschaft unsere neue landesweite Arbeitsvereinbarung abgelehnt hatte.

»Herr Gouverneur«, erwiderte ich, »ich muss Ihnen leider sagen, dass Lynn der letzte Ort auf der Erde ist, an dem ich neue Arbeitsplätze schaffen werde.« Die Mitarbeiter von Dukakis waren geschockt. Es trat Stille ein. Sie hatten von mir eine Versicherung zur Erhaltung der Arbeitsplätze in Massachusetts und die Aussicht auf Expansion erwartet. »Sie sind Politiker und wissen, wie man Stimmen zählt«, fuhr ich fort. »Sie bauen keine neuen Straßen in Bezirken, die nicht für Sie gestimmt haben.«

»Was wollen Sie damit sagen?«, fragte er. »Lynn ist der einzige Standort des Unternehmens, der unseren nationalen Gewerkschaftsvertrag abgelehnt hat. Das scheint hier zu einem Ritual geworden zu sein. Warum sollte ich an einem solchen Ort Arbeitsplätze schaffen und Geld investieren, wenn ich Fabriken an Orten bauen kann, wo die Leute sie wollen und sie verdienen?«

Der Gouverneur lachte in sich hinein. Er verstand sofort, worum es ging und schickte seinen Mann für Arbeitsangelegenheiten nach Lynn, um die Dinge zu regeln. Wir machen dort weiterhin nur langsam Fortschritte, um es vorsichtig auszudrücken, doch im Jahr 2000 stimmte Lynn tatsächlich für den nationalen Vertrag.

Anfang August 1984 landete ich einen weiteren Volltreffer, als mir die Zeitschrift *Fortune* den ersten Rang unter den »zehn härtesten Bossen Amerikas« zugestand. Dies war einer jener Fälle, in denen ich nicht unbedingt daran interessiert war, den ersten oder zweiten Platz zu erobern. Glücklicherweise wurde in dem Artikel auch einiges Gute über mich gesagt. Ein ehemaliger Mitarbeiter erklärte, er sei noch niemandem begegnet, der »derart viele kreative Geschäftsideen« gehabt habe wie ich. »Ich glaube, niemand holte je so viel aus meinem Gehirn heraus.« Ein anderer gestand mir sogar zu, »GE die Leidenschaft und das Engagement eingeimpft zu haben, durch die sich die besten Startups im Silicon Valley auszeichnen«.

Doch diese positiven Stellungnahmen wurden von Kommentaren »anonymer« ehemaliger Mitarbeiter überschattet, die mir vorwarfen, die Menschen zu verschleißen und kein eigenständiges Denken zu tolerieren. »Für ihn zu arbeiten ist wie ein Krieg«, erklärte eine weitere Person, die sich nicht zu erkennen geben wollte. »Viele Leute bleiben auf der Strecke, und die Überlebenden müssen in die nächste Schlacht ziehen.« In dem Artikel hieß es, ich attackiere die Menschen beinahe körperlich mit Fragen. Um es mit den Worten des Autors zu sagen: Ich kritisierte sie, erniedrigte sie, machte sie lächerlich und ich demütigte sie.

Tatsächlich waren die Sitzungen mit mir anders als das, was die Leute gewohnt waren. Das Gespräch war ehrlich, herausfordernd und anspruchsvoll. Wenn ein ehemaliger Manager nach einem Grund dafür suchte, warum er gescheitert war, konnte er dies natürlich ganz anders deuten.

Der Artikel wurde mir in die Hand gedrückt, als ich gerade das Büro verließ, um nach Kalifornien aufzubrechen, wo ich das Wochenende als Gast unseres Boardmitglieds Ed Littlefield im Bohemian Grove verbringen wollte. Als ich Ed die Geschichte vorlas, sagte er, ich solle sie rasch wieder vergessen. Doch mir ging sie nicht aus dem Sinn. Die Geschichte bewirkte, dass die Etiketten »Neutronen-Jack« und »Härtester Boss Amerikas« eine Weile lang an mir hafteten.

Das Komische an der Sache war, dass ich eigentlich nicht weit genug ging und nicht schnell genug vorankam. Als mich die MBA-Studenten der Harvard Business School Mitte der 80er Jahre fragten, was ich mit Blick auf meine ersten Jahre an der Spitze von General Electric am meisten bereute, sagte ich: »Ich handelte nicht schnell genug.« Die Studenten brachen in Gelächter aus, aber es war die Wahrheit.

Tatsächlich zögerte ich einige wichtige Entscheidungen zu lange hinaus. Ich ließ mir zu viel Zeit mit der Schließung nicht konkurrenzfähiger Produktionsstätten. Ich wartete zu lange damit, die Belegschaft der Zentrale zurechtzustutzen, und ließ Marketingberater, strategische Planer und reine Bürokraten sehr viel länger als nötig auf ihren Posten. Ich wartete bis 1986 mit der Zerschlagung unserer Sektorenstruktur, bei der es sich lediglich um eine weitere isolierende Managementschicht handelte, die in dem Augenblick, da das Nachfolgerennen entschieden war, hätte beseitigt werden müssen.

Die sieben Führungskräfte an der Spitze der Sektoren waren die besten Manager, die wir hatten. Sie hätten unsere Unternehmensbereiche leiten sollen. Ich vergeudete ihre Fähigkeiten in diesen Aufsichtsfunktionen. Wir beförderten unsere besten Führungskräfte in diese Funktionen, die sie lediglich in ein schlechtes Licht rückten. Als wir die Sektorenebene abgeschafft hatten, entdeckten wir bald, dass wir nun sehr viel besser verfolgen konnten, was in den Unternehmensbereichen vor sich ging.

Dies änderte alles. Innerhalb weniger Monate konnten wir deutlich sehen, wer seiner Aufgabe gewachsen war und wer nicht. Mitte des Jahres 1986 verließen vier hochrangige Vice Presidents das Unternehmen. Uns war ein Durchbruch gelungen.

Während sich die Medien mit den Entlassungen beschäftigten, konzentrierten wir uns auf die verbliebenen Mitarbeiter. Ich konnte mir den Mund fusselig reden über die Auseinandersetzung mit der Wirklichkeit, über erste oder zweite Ränge und über eine von stetiger Veränderung lebende Organisation, doch solange wir nicht in allen Positionen die richtigen Leute hatten, würde es uns nicht gelingen, jene Dynamik zu entwickeln, die wir brauchten, um das Unternehmen wirklich zu ändern. Ich hätte nicht so viel Zeit mit der Opposition vergeuden und darauf hoffen sollen, dass sich meine Gegner letzten Endes überzeugen lassen würden.

Als wir schließlich alle Schlüsselfunktionen mit den richtigen Leuten besetzt hatten, stellten sich die angestrebten Veränderungen rasch ein. Ich möchte anhand eines Beispiels zeigen, was die richtige Person in einer Führungsposition bewirken kann. Mir fällt kein besseres

Beispiel ein als die Ernennung von Dennis Dammerman zum Finanzleiter im März 1984.

Man hätte zu jener Zeit tausende Mitarbeiter nach dem geeigneten Nachfolger von Tom Thorsen fragen können, und kein einziger hätte Dennis genannt. Er saß ganz weit unten in der Hierarchie der Finanzabteilung.

Zwischen Tom Thorson und mir bestand stets eine ambivalente Beziehung. Ich hegte Hochachtung für seine Intelligenz, für seine Forschheit und seine Kameradschaft. Doch während er nach außen hin sehr dynamisch war und unsere Veränderungsvorhaben entschieden unterstützte, betrachtete er sich als Schutzherr der stärksten Abteilung im Unternehmen.

Seltsamerweise war er zugleich der scharfzüngigste Kritiker der Bürokratie im Unternehmen und er trat entschieden gegenüber allem und jedem auf, auch gegenüber mir. Doch wenn es um das Finanzwesen ging, konnte er sich nicht dazu durchringen, die sakrosankten Rechte dieser Abteilung anzutasten. Wir sprachen immer wieder darüber, gelangten jedoch nie zu einer Einigung. Also verließ uns Tom und ging als Finanzchef zu Travelers.

Mit 12 000 Mitarbeitern war die Finanzabteilung zu groß und viel zu bürokratisch geworden. Die meisten überflüssigen Studien hatten ihren Ursprung in dieser Abteilung, die zu jener Zeit allein für Betriebsanalysen zwischen 65 und 75 Millionen Dollar pro Jahr ausgab.

Das Finanzwesen war eine eigene Institution geworden. Sie verfügte über das beste Schulungsprogramm des Unternehmens. Die intelligentesten Absolventen fanden Aufnahme im Prüfungswesen, wo sie mehrere Jahre durch die verschiedenen Geschäftsbereiche geschleust wurden. Das Resultat war ein starkes, fähiges, zugleich jedoch auch verkrustetes Finanzwesen, das die Organisation einer strengen Kontrolle unterzog, jedoch weder das Unternehmen noch sich selbst ändern wollte.

Mit der Ernennung von Dennis zum Leiter des Finanzwesens verband ich die Hoffnung auf eine Revolution. Als ich ihm den Job anbot, leitete er die Immobilienabteilung von GE Capital. Er hatte noch nie eine Präsentation vor dem Board absolviert. Er war erst 38 Jahre alt, womit er zum jüngsten Finanzchef in der Geschichte des Unternehmens wurde.

Dennis hatte zwei Jahre lang für mich gearbeitet, als ich Sektorenleiter gewesen war. In dieser Zeit hatte er unglaubliche Intelligenz, großen Mut und Vielseitigkeit bewiesen. Er konnte an einem Tag den Haushaltsgerätebereich in seine Einzelteile zerlegen und am nächsten das komplexeste Geschäft bei GE Capital analysieren. In den Mitarbeiterbeurteilungen erkannte er sofort den Unterschied zwischen erst- und zweitklassigen Leuten.

Ebenso wichtig war, dass er nicht wie die nahe liegenden Kandidaten von der Bürokratie geprägt worden war. Ich betraute ihn mit der herausforderndsten aller Aufgaben. Dennis war sich nicht sicher, ob er für die Aufgabe tatsächlich qualifiziert sei, doch ich wusste, dass er sie bewältigen konnte, und war entschlossen, ihn vorbehaltlos zu unterstützen.

Dennis war von seiner Ernennung ebenso schockiert wie die Finanzorganisation. Er saß in seinem Büro bei GE Capital, als ich ihn eines Morgens im März 1984 um viertel nach sieben anrief und ihn für sechs Uhr abends in das Restaurant Gates bestellte, in dem ich gut ein Jahr zuvor drei Kreise auf eine Serviette gekritzelt hatte.

Ich sagte Dennis, er solle unsere Verabredung niemandem gegenüber erwähnen. Ich habe keine Ahnung, was ihm in den folgenden zehn Stunden durch den Kopf gegangen sein mag. Ich bin sicher, dass er mit einer erfreulichen Nachricht rechnete. Doch er kam gewiss nicht auf die Idee, dass ich ihm die Leitung des Finanzwesens anbieten würde.

Als ich im Gates eintraf, saß Dennis bereits an der Bar. Ich setzte mich zu ihm, bestellte mir einen Drink und kam gleich zur Sache.

»Dennis, ich möchte Sie noch in dieser Woche im Board für den Posten eines Senior Vice President vorschlagen und ihre Ernennung zum Finanzleiter beantragen. Sind Sie damit einverstanden?«

Er war vollkommen überrascht und murmelte lediglich: »Ja ... in Ordnung.«

Als er die erste Aufregung überwunden hatte, begann er, Fragen über den Job zu stellen. Er hörte nicht auf zu fragen, sodass ich schließlich zu Hause anrief und Carolyn fragte, ob sie nicht zu uns stoßen wolle, um mit Dennis zu feiern.

Als seine Ernennung bekannt wurde, liefen Schockwellen durch das Unternehmen und ließen die Finanzabteilung erbeben. Genau das hatte ich gewollt. Die Ernennung von Dennis löste die Krise aus, die wir brauchten. Um die Situation zusätzlich zu verschärfen, verfasste ich ein drei Seiten langes Memo an Dennis, in dem ich seine neue Funktion kritisierte. Dennis legte die Kritik seinem Team vor.

Im Mai 1984 schrieb ich in einem Brief: »Als Erstes möchte ich klarstellen, dass ich die Abteilung nicht ‚hasse'. Ich bin der Ansicht, dass sie dank ihrer Stärken ... zur besten Abteilung im Unternehmen wurde. Sie erwies sich als Klammer, die das Unternehmen zusammenhielt. Doch das ist Vergangenheit. Die Kontrolle, die in der Vergangenheit funktionierte, genügt nicht, um die Zukunft zu bewältigen ...

Alles, was in der Vergangenheit getan wurde, muss hinterfragt werden. Ich spreche von Fragen, nicht von Vorwürfen. Dies betrifft das Programm für das Finanzmanagement, seinen Input, seine Schulungsmaßnahmen sowie die Größe und die Funktion der Zentrale und der Finanzabteilungen in den Unternehmensbereichen.«

Veränderungen kann man nicht mit Slogans oder mit einer Rede bewirken. Sie werden nur möglich, wenn man die richtigen Leute einsetzt, um sie herbeizuführen. Die Menschen sind entscheidend. Die Strategie und alles andere kommt erst an zweiter Stelle. Dennis war in vielerlei Hinsicht genau der richtige »Außenseiter« in der Finanzabteilung, um das Unternehmen aus dem bürokratischen Würgegriff der Finanzabteilung zu befreien.

Im Lauf der Zeit gab Dennis dem Finanzwesen ein völlig anderes Aussehen. Nach zwei Jahren war sein Kampf mit der Bürokratie immer noch nicht beendet. Die Zentrale war verrückt nach Daten, und es dauerte Jahre, die Finanzleute davon abzubringen, die Zahlen übermäßig zu analysieren. Im Jahr 1986 landete eine detaillierte Analyse des internationalen Absatzes auf meinem Tisch, in der für jedes einzelne Land einschließlich der Insel Mauritius Gewinnprognosen für die kommenden fünf Jahre angestellt wurden.

Ich geriet in Rage. Der Bericht stammte von Dave Cote, einem Finanzanalysten in der Zentrale, der zwei Ebenen unter Dennis saß. Ich ließ Cote in mein Büro zitieren.

»Dave«, sagte ich, »Sie scheinen mir ein kluger Kopf zu sein. Warum belästigen Sie die Leute in den Geschäftseinheiten mit diesem Zeug? Umsatzprognosen für fünf Jahre? Für Mauritius? Ich zweifle daran, dass Sie überhaupt wissen, wo das liegt!«

Dave war sprachlos. Ich wusste nicht, dass er zwei Monate zuvor versucht hatte, den Bericht zu Fall zu bringen. An jenem Tag wurden wir das Dokument endgültig los. Dave trat ins Rampenlicht und wurde mehrmals innerhalb des Unternehmens befördert. Er schied im Jahr 1998 als CEO des Bereichs Haushaltsgeräte aus und ist mittlerweile Geschäftsführer von TRW in Cleveland.

Dennis Damerman ließ sich von diesem und zahllosen ähnlichen Vorfällen nicht beirren. In den ersten vier Jahren an der Spitze der Finanzabteilung verringerte er das Personal auf die Hälfte. Er vereinheitlichte die 150 verschiedenen Gehaltssysteme, die wir allein in den Vereinigten Staaten hatten. Er änderte das Finanzmanagementprogramm, das zu 90 Prozent aus Finanzmanagement und zu zehn Prozent aus allgemeinem Management bestanden hatte, sodass das Verhältnis nahezu ausgewogen war. Und er sorgte dafür, dass unsere Rechnungsprüfer ihre Aufgabe in der Unterstützung des Betriebs sahen, anstatt sich als Unternehmenspolizei zu betätigen.

Die Änderung der Rolle der Rechnungsprüfer sollte sich als Segen erweisen. Als sie zu Partnern der übrigen Abteilungen wurden, anstatt ihre Funktion darin zu sehen, sie bei Fehlern zu erwischen, änderte sich nicht nur ihre Rolle, sondern auch ihr Wesen. Drei unserer vier wichtigsten Initiativen - der Übergang zu den Dienstleistungen, Six Sigma und das E-Business - wären ohne die engagierte Führung und die volle Unterstützung dieser ausgezeichneten jungen Mitarbeiter nicht vorstellbar gewesen. Sie verbreiteten laufend die in einem GE-Bereich bewährten Methoden rund um den Erdball im gesamten Unternehmen.

Heute betrachten sich die Finanzleiter der GE-Bereiche nicht mehr als Controller, sondern als Stützen des Betriebs. Dennis war 14 Jahre lang Finanzchef, bevor er 1998 Vice Chairman wurde. In dieser Zeit verwandelte er eine auf ihre Kontrollfunktion fixierte Finanzabteilung in die beste Schule für die Unternehmensführung. Drei Leiter seines Prüfungsstabs zählen heute zu den wichtigsten Führungskräften von GE: John Rice (Energie) und Dave Calhount (Flugzeugturbinen) leiten mittlerweile unsere beiden größten Unternehmensbereiche. Jay Ireland wurde CEO der NBC-Sendergruppe. Charlene Begley, eine 36 Jahre alte Mutter von drei Kindern, leitete den 180 Mitarbeiter zählenden Prüfungsstab von GE und wurde Mitte des Jahres 2001 Finanzleiterin des Bereichs Spezialwerkstoffe. An Charlenes Stelle als Leiterin des Prüfungsstabs trat die 37 Jahre alte Lynn Calpeter, die zuvor Finanzchefin von NBC gewesen war.

Eine ähnliche Erfolgsgeschichte lässt sich über das Rechtswesen erzählen. Auf die Qualität unserer Rechtsabteilung war kein Verlass. Tauchte ein Problem auf, so taten unsere Rechtsexperten nicht viel mehr, als den richtigen Anwalt anzurufen. Der externe Rechtsberater übernahm die Sache, und unsere Leute gaben ihm Unterstützung. Anders als im Finanzwesen gab es keinen internen Kandidaten, der für die erforderliche Umwandlung geeignet gewesen wäre. Also wandte ich mich auf der Suche nach den besten Leuten an zahlreiche außenstehende Rechtsexperten.

So wie Dennis im Finanzwesen war auch mein neuer Hauptanwalt Ben Heineman kein nahe liegender Kandidat. Er war in Washington, D.C. im Verfassungsrecht tätig und auf Berufungen gegen Urteile des Supreme Court spezialisiert. Ben hatte in Rhodes unterrichtet, war als Reporter für die *Chicago Sun-Times* und als Chefredakteur des *Yale Law Journal* tätig gewesen, hatte beim Supreme Court gearbeitet und sich in Washington als Rechtsanwalt im öffentlichen Interesse betätigt. Sein erster Job nach dem als Bürokraft bei Richter Potter Stewart bestand in der Verteidigung geistig Behinderter. Er arbeitete als Staatssekretär im Ministerium für Gesundheit, Bildung und öffentliche Wohlfahrt und war leitender Partner des Washingtoner Büros von Sidley and Austin, als ich ihm im Jahr 1987 erstmals begegnete.

In den Augen vieler war Ben ein sehr unpassender Kandidat für die Leitung unserer Rechtsabteilung. Ich war anderer Meinung – obwohl auch ich meine Zweifel hatte. Vor unserem letzten Bewerbungsgespräch sagte er: »Vergessen Sie nicht, dass das Verfassungsrecht mein Gebiet ist. Ich bin kein Experte für Unternehmensrecht.«

»Das ist mir gleichgültig«, erwiderte ich. »Sie werden gute Anwälte engagieren. Das ist es, was ich von Ihnen erwarte.«

Ben fand kein ähnliches Reservoir an Talenten vor wie Dennis im Finanzwesen. Also suchte er außerhalb des Unternehmens nach geeigneten Leuten. Ich gab ihm freie Hand, so viel zu bezahlen wie die besten Anwaltskanzleien und den Leuten Aktienoptionen anzubieten. Es gelang ihm, einige der besten Anwälte abzuwerben. Ein klassischer Dominoeffekt.

Ben war verrückt nach Lebensläufen. Um über jemanden sprechen zu können, brauchte er eine exakte Beschreibung von dessen Laufbahn einschließlich Schulnoten und Namen der Bundesrichter, für die der Kandidat gearbeitet hatte. Wir nahmen ihn alle damit auf den Arm.

Doch ich gebe zu, dass die Lebensläufe in diesem Fall ihren Sinn hatten. Ben fand ausgezeichnete Leute. Er holte John Samuels ins Unternehmen, einen ehemaligen Partner von Dewey Ballantine, und betraute ihn mit der Leitung unserer Steuerabteilung. Brackett Denniston, ein früherer Stabschef des Gouverneurs von Massachusetts, Bill Weld, übernahm die Abteilung Rechtsstreitigkeiten. Pamela Daley, eine Partnerin von Morgan, Becker & Lewis in Philadelphia, wurde mit der Leitung der Abteilung Fusionen und Allianzen betraut. Steve Ramsey, ein früherer Leiter der Abteilung Rechtsstreitigkeiten in der Umweltbehörde EPA, wurde für Umweltgesundheit und Sicherheit zuständig, und Ron Stern, ein Kartellanwalt von Arnold & Porter, übernahm unsere Kartellrechtsabteilung in Washington. (Im Jahr 2001 verbrachte Ron den Großteil seiner Zeit in Brüssel, wo er eine Erfahrung machte, die man niemandem zumuten sollte.)

Ben besetzte auch die Posten der Hauptanwälte in fast allen GE-Bereichen mit talentierten Leuten. Von nun an wurden wir in Rechtsfragen immer mehr als gut beraten.

Drei von Bens Mitarbeitern verließen die Rechtsabteilung und übernahmen wichtige Funktionen in den Betriebseinheiten: Henry Hubschman, der frühere Hauptanwalt des Bereichs Flugzeugturbinen, leitet mittlerweile den Bereich Aviation Services bei GE Capital. Frank Blake, Hauptanwalt des Bereichs Energiesysteme, wurde Leiter unserer Geschäftsentwicklung. Jay Lapin, ehemaliger Hauptanwalt des Bereichs Haushaltsgeräte, wurde Präsident von GE Japan.

Ben stellte das Unternehmen auf den Kopf. Ich glaube, dass GE heute die beste Rechtsfirma der Welt hat (die meisten Beobachter stimmen zumindest der Einschätzung zu, dass es die beste Rechtsabteilung in einem Unternehmen ist). Unsere Anwälte gestalten die Arbeit und entwerfen die Strategie, wobei sie sich auf eine intime Kenntnis unseres Unternehmens und seiner Menschen stützen. Die außenstehenden Anwaltsfirmen arbeiten heute sehr viel enger mit uns zusammen. Sie sind Partner in unserer Firma geworden.

Ich hätte nicht so lange so viele Mitarbeiter mit mir herumschleppen müssen, die ihren Aufgaben nicht gewachsen sind. Rückblickend muss ich sagen, dass ich in all den Jahren vielfach zu vorsichtig war. Ich hätte die Strukturen früher zerschlagen sollen und schwache Unternehmensbereiche rascher abstoßen müssen. Beinahe alles hätte schneller geschehen können und sollen.

Doch der »härteste Boss Amerikas« war eben nicht hart und zielstrebig genug.

10 Der große RCA-Deal

Ich werde diesen Rundgang durch die Produktionsanlage in Japan nie vergessen. Es war Mitte der 70er Jahre. Wir hatten gerade ein Jointventure mit Yokogawa Medical Systems gegründet. Beim Besuch eines Werks von Yokogawa außerhalb von Tokio wurde ich Zeuge, wie dort Ultraschallgeräte zusammengebaut wurden. Ich war vollkommen fassungslos.

Derartiges hatte ich in den Vereinigten Staaten noch nie gesehen: Wenn die Geräte fertig waren, knöpfte ein Arbeiter sein Hemd auf, schmierte ein wenig Gel auf seine Brust und führte die Ultraschalltests am eigenen Körper durch, um eine rasche Qualitätsprüfung vorzunehmen. Anschließend packte er das Produkt zusammen, steckte es in eine Schachtel, klebte einen Versandschein darauf und trug sie zum Verladedeck.

In Milwaukee – einer der besten Fabriken von GE – hätten wir sehr viel mehr Personal benötigt, um das zu bewerkstelligen.

Die unglaubliche Effizienz der Japaner war gleichermaßen bewundernswert wie beängstigend. Was ich in Japan sah, betraf viele unserer Märkte. Die Japaner zerschlugen in einer Branche nach der anderen die Kostenstruktur. Sie überrannten die Märkte für Fernsehgeräte, Autos und Kopiergeräte.

Also machte ich mich auf die Suche nach einem Geschäft, in dem wir vor ihnen sicher waren.

Anfang der 80er Jahre schienen sich drei Branchen anzubieten: Nahrungsmittel, Pharmazeutika und Fernsehsender. Alle Menschen mussten essen, und die Vereinigten Staaten hielten eine starke Stellung im

Agrarsektor. Also nahmen wir eine Reihe von Nahrungsmittelherstellern unter die Lupe (darunter General Foods), kamen jedoch finanziell auf keinen grünen Zweig. Ihre Kurs-Gewinn-Verhältnisse waren sehr viel höher als unseres. Was die Pharmaindustrie anbelangte, so lagen Welten zwischen ihren und unseren Zahlen.

Die von der Regierung verhängten Beschränkungen für ausländische Beteiligungen an Fernsehsendern machten diese Branche attraktiv. Wie die Nahrungsmittelindustrie wies sie einen ausgezeichneten Cashflow auf, was der Stärkung und Ausdehnung unserer Geschäftsbereiche zugute kommen konnte.

Die Bedrohung durch die Japaner bewegte uns zu einem Vorstoß, der General Electric verändern sollte: Im Jahr 1985 erwarben wir für 6,3 Milliarden Dollar RCA. Damals war dies die größte Firmenübernahme der Geschichte außerhalb der Erdölindustrie. Wir kauften RCA vor allem, um an NBC heranzukommen. Was wir bei diesem Geschäft erwarben, sollte ein anderes Unternehmen aus GE machen.

Die Fernsehbranche hatte mich seit jeher fasziniert. Vor dem Deal mit RCA hätten wir beinahe CBS übernommen. Im Frühjahr 1985 versuchte Ted Turner eine feindliche Übernahme der Gesellschaft. Tom Wyman, der Chairman von CBS, besuchte mich in unserer Zentrale in Fairfield, und bei einem Abendessen besprachen wir, ob GE der Ritter in der goldenen Rüstung werden könne, der die bedrohte Jungfrau retten würde. Doch schließlich gelang es Wyman, Ted in Schach zu halten, und unsere Hilfe wurde nicht benötigt.

Allerdings war mein »geheimes« Treffen mit Wyman nicht unbemerkt geblieben. An der Wall Street gibt es keine Geheimnisse. Felix Rohatyn, ein Partner von Lazard Frères, stellte einige der größten Geschäfte jener Zeit auf die Beine. Obwohl ich noch keine Übernahme mit ihm abgewickelt hatte, war ich ein großer Bewunderer von Felix. Er hörte von meinem Interesse an CBS und wusste von meinem früheren Versuch, Cox Broadcasting zu übernehmen. Nun ergab es sich, dass Felix ein Freund von Thornton »Brad« Bradshaw war, dem Chairman von RCA. Die beiden hatten bereits Gespräche über die strategischen Optionen von RCA geführt.

Brad war Mitte des Jahres 1981 zu RCA geholt worden, um das angeschlagene Unternehmen wieder flott zu machen. Zuvor hatte er mit Erfolg ARCO geleitet. Er war ruhig, bescheiden und unglaublich klug. Er machte auf Anhieb einen sehr guten Eindruck auf mich. Brad hatte bei RCA gute Arbeit geleistet; insbesondere war es ihm gelungen, den Fernsehproduzenten Grant Tinker für die Leitung von NBC zu gewinnen.

Brad hatte von Anfang an nicht vor, auf Dauer bei RCA zu bleiben. Es war eine Ironie des Schicksals, dass er seinen Nachfolger in Bob Frederick fand, der bei GE am Rennen um die Nachfolge von Reg Jones teilgenommen hatte. Bob war seit drei Jahren als COO und Präsident bei RCA. 1985 wurde er zum CEO berufen. Brad blieb als Chairman im Board. Er hegte beträchtliche Zweifel daran, dass es RCA gelingen würde, sich alleine über Wasser zu halten.

In dieser Situation erhielt ich völlig überraschend einen Anruf von Felix, der mich fragte, ob ich an einem Treffen mit Brad interessiert sei. Wenige Tage später, am 6. November 1985, trafen wir uns in Felix' Appartment in New York auf einen Drink. Brad erschien im Smoking, da er noch zu einem offiziellen Dinner eingeladen war. Es stellte sich rasch heraus, dass er meine Sorge bezüglich der asiatischen Konkurrenz teilte. Er wollte ebenso wie ich unbedingt die Nummer eins oder zwei sein.

Wir sprachen an jenem Abend nicht über ein spezifisches Geschäft, doch es zeigte sich, dass wir gut miteinander auskamen. Felix verstand es, passende Partner zusammenzubringen. Brad und ich vertrauten einander und teilten dieselbe Auffassung bezüglich der strategischen Beweggründe für die Kombination zweier Unternehmen. Das Gespräch dauerte nur etwas weniger als eine Stunde. Als wir uns verabschiedeten, hatten wir kein zweites Treffen vereinbart. Wir waren nur einmal miteinander ausgegangen. Doch ich hatte das Gefühl, dass bald die Hochzeitsglocken läuten könnten.

Am nächsten Tag stellte ich ein Team zusammen, dem unser Leiter der Finanzabteilung, Dennis Dammerman, und der Leiter unserer Geschäftsentwicklung, Mike Carpenter, angehörten. Sie sollten RCA genau unter die Lupe nehmen. Das Projekt erhielt den Codenamen »Island«.

Am Vorabend des Erntedankfests trafen wir uns, um zu entscheiden, ob wir den nächsten Schritt tun sollten. Mehr als vier Stunden wälzten Larry Bossidy, das »Island«-Team und ich die Details, um das Für und Wider einer Übernahme abzuwägen. Das »Problemwälzen« war stets ein wichtiger Bestandteil unserer Arbeit bei GE: Wir versammelten eine Gruppe von Leuten ungeachtet ihres Ranges um einen Tisch, um eine besonders schwierige Frage zu klären. Die Aufgabe bestand darin, das Thema aus allen Blickwinkeln zu beleuchten und die Ansichten aller Beteiligten zu sammeln, ohne eine unmittelbare Lösung anzustreben.

Den Fall RCA wälzten wir so umfassend, dass wir erkannten, dass es sich hier um sehr viel mehr handelte als um ein Fernsehnetwork (terrestrisches Sendernetzwerk). Wir hatten einen kleinen Halbleiterbereich. Dasselbe galt für RCA. Wir hatten einen Luft- und Raumfahrtbereich. Dasselbe galt für RCA. Beide Unternehmen erzeugten Fernsehgeräte. Wenn es uns gelang, diese Geschäftsbereiche miteinander zu verschmelzen, würden sie sehr viel stärker werden.

Wir waren schon seit Jahren in der Fernsehbranche aktiv, und unsere kurze Brautwerbung um CBS hatte uns genug über das Geschäft gelehrt, um uns mit dem Fernsehen anzufreunden. Wir bewerteten den Fernsehbereich von RCA mit 3,5 Milliarden Dollar. Wenn wir den Rest des Konzerns für 2,5 Milliarden Dollar bekämen, würde das Geschäft klappen.

Die größten Zweifel hegten wir bezüglich der Bewertung von NBC. Seine Einschaltquoten im Jahr 1985 waren sehr gut, doch das Kabelfernsehen begann dem Network Zuschauer abspenstig zu machen. Also setzten wir unsere Prognosen für die Marktdurchdringung des Kabelfernsehens sehr hoch an. Dennoch gelangten wir zu dem Schluss, es mit einem vorteilhaften Geschäft zu tun zu haben.

Ich wiederholte ständig die folgende Frage: »Möchten Sie in zehn Jahren lieber im Geschäft mit Haushaltsgeräten oder in der Fernsehbranche sein?«

Wir beschlossen, auseinander zu gehen und das Geschäft über das verlängerte Feiertagswochenende noch einmal zu überdenken. Am Montagmorgen setzten wir uns wieder zusammen. Wir waren alle zu demselben Ergebnis gelangt: Die Zahlen stimmten, und abgesehen von der Sendergruppe passten die meisten Geschäftsbereiche von RCA perfekt zu unseren eigenen. Also konnte der Startschuss fallen.

Ich teilte Felix mit, zum richtigen Preis seien wir an RCA interessiert. Er arrangierte ein weiteres Treffen zwischen Brad und mir. Wir trafen uns am 5. Dezember in Brads Apartment im Dorset Hotel in Manhattan. Nach ein wenig Geplauder kamen wir rasch zur Sache.

»Ich möchte Ihr Unternehmen kaufen«, sagte ich. »Unsere beiden Unternehmen passen perfekt zusammen.« Er war derselben Meinung.

Ich bot einen Kaufpreis von 61 Dollar pro Aktie an, das heißt 13 Dollar mehr als die Börsennotierung zum damaligen Zeitpunkt. Er sagte eine Weile lang nichts, um mir dann auf seine bedächtige Art mitzuteilen, dass dies nicht genug sei. Als wir uns trennten, vereinbarten wir, weiter über das Geschäft zu sprechen, wobei über den Preis noch verhandelt werden musste.

Am folgenden Tag wurde die Angelegenheit ein wenig haarig. Es stellte sich heraus, dass Brad nicht mit Bob Frederick über unsere Treffen gesprochen hatte. Als Bob davon erfuhr, wurde er gelinde gesagt zornig. Er hatte das Gefühl, das Unternehmen solle hinter seinem Rücken verkauft werden. Es kam zu einem kurzen Zusammenstoß zwischen Bob und Brad, und Bob versuchte, im Board von RCA eine Opposition gegen das Geschäft zu mobilisieren. Doch als der Board am Sonntag, dem 8. Dezember, zusammentrat, konnte Brad die Mehrheit der Direktoren dazu bringen, den Deal abzusagen.

Anschließend rief er mich an, um mir die gute Nachricht mitzuteilen, wies jedoch darauf hin, dass der Preis immer noch nicht stimme. Er hatte Felix zu seinem Vertreter ernannt. Ich brauchte ebenfalls einen Investmentbanker und kam auf meinen alten Freund John Weinberg, der Goldman Sachs leitete.

In den folgenden Tagen trafen sich die Verhandlungsparteien in der Suite eines New Yorker Hotels: Brad, Frederick und Felix vertraten RCA, John und ich General Electric. Wie üblich, feilschten wir bis zum Ende um jeden Cent. Brads Forderung stand bei 67 Dollar pro Aktie, während ich bereit war, bis 65 Dollar zu gehen. Das Geschäft war unter Dach und Fach, als ich 66,50 Dollar anbot – wahrscheinlich 50 Cent mehr, als Brad erwartet hatte. Ich versuchte stets, ein Zeichen des guten Willens zu setzen, wenn das weitere Engagement des Verkäufers für den Erfolg des Unternehmens wichtig war.

Am Mittwochabend, es war der 11. Dezember, vereinbarten wir, RCA für insgesamt 6,3 Milliarden Dollar in bar zu kaufen.

Es gibt noch eine skurrile Randnotiz zu dieser Geschichte: Wenige Monate vor Abschluss des Geschäfts, im August 1985, hatte ein auf einer untergeordneten Ebene tätiger Rechtsanwalt von RCA einen unserer Anwälte angerufen und ihm erklärt, er wolle eine alte »Unterwerfungsentscheidung« aufheben lassen, die GE und RCA betraf. Denn die beiden Unternehmen hatten eine gemeinsame Vorgeschichte: Während des Ersten Weltkriegs hatte die amerikanische Regierung General Electric, AT&T und Westinghouse aufgefordert, im Dienst der Landesverteidigung die Radio Corporation of America zu gründen.

Im Jahr 1933 ordnete das Justizministerium an, dass wir RCA als eigenständiges Unternehmen ausgliedern sollten. Wir taten wie geheißen und übernahmen als Entschädigung ihr Zentralgebäude in der Lexington Avenue. Allerdings war es GE mit der entsprechenden Unterwerfungsentscheidung untersagt worden, Stammaktien von RCA zu erwerben. Das Justizministerium hob diese mehr als 50 Jahre alte Beschränkung im Oktober 1985 auf, womit der Weg für das Geschäft frei wurde, das wir zwei Monate später schlossen.

Das Glück des Dummen! Keiner von uns hatte die geringste Ahnung gehabt, dass diese Unterwerfungsentscheidung existierte.

Nachdem wir den Deal an jenem Mittwochabend unter Dach und Fach gebracht hatten, verließ ich die Büros der Rechtsanwälte von RCA und kehrte ins GE-Gebäude in der Lexington Avenue zurück, um das Geschäft zu feiern. Es war dasselbe Gebäude, das GE im Jahr 1933 für seinen Anteil an RCA erhalten hatte.

Was für eine Nacht! Wir ließen die Korken knallen. Wir lachten und ließen einander hochleben. Wir freuten uns wie Kinder. Ich werde nie die Begeisterung vergessen, als wir aus unseren Fenstern durch den Nebel das Zeichen von RCA von der Spitze ihres Gebäudes im Rockefeller Center leuchten sahen. Sie waren nur drei Blocks von uns entfernt. Wir konnten es kaum erwarten, das GE-Logo dort oben anzubringen. Wir empfanden dies als großen Triumph.

Es war die größte Fusion aller Zeiten außerhalb des Erdölsektors. Zwischen meinem ersten Treffen mit Bradshaw und der endgültigen Genehmigung durch den Board waren 36 Tage vergangen. Die Bekanntgabe der Fusion am 12. Dezember stellte einen Wendepunkt für GE dar. Die zahlreichen Kritiker konzentrierten sich auf die Tatsache, dass GE ins Fernsehen einstieg. Sie fragten: »Warum in aller Welt kauft ein Glühbirnenhersteller ein Fernsehnetwork?« Das Fernsehen verlieh uns Vitalität und einen ausgezeichneten Cashflow – und ein Rückzugsgebiet, in dem uns die ausländische Konkurrenz nicht belästigen konnte. Und der verborgene Wert lag in den weniger glamourösen Assets, die kaum Aufmerksamkeit fanden.

Mit dem Kauf von RCA sicherten wir uns eine ausgezeichnete Sendergruppe und zahlreiche weitere strategische Werte. Zudem verlieh das Geschäft GE neue Energie. Wir hatten turbulente Zeiten aufgrund unserer Umstrukturierung und unseres Downsizings hinter uns. Der Kauf von RCA änderte die Atmosphäre. Ich erinnere mich noch daran, wie ich einige Wochen später, im Januar 1986, in Boca, wo die

Versammlung unserer Betriebsmanager stattfand, bei der Eröffnungssitzung auf die Bühne trat.

Plötzlich erhoben sich 500 Menschen im Raum von ihren Plätzen, um mir eine spontane Ovation darzubringen. Der RCA-Deal hatte eine neue Ära eingeleitet.

Nachdem das Geschäft abgeschlossen war, stießen wir die nicht strategischen Assets von RCA ab, darunter die Plattenfirma, die Teppichproduktion und den Versicherungsbereich. Im Plattengeschäft missfiel uns die Kultur. Das Teppichgeschäft passte ebenso wie die kleine Versicherungsgesellschaft von RCA zu keiner unserer Tätigkeiten. Innerhalb eines Jahres holten wir uns von den 6,3 Milliarden Dollar, die wir für RCA bezahlt hatten, 1,3 Milliarden Dollar wieder zurück.

Ich bemühte mich sehr, Grant Tinker als Leiter von NBC zu halten. Gemeinsam mit seinem Partner Brandon Tartikoff hatte er die Sendergruppe mit einigen großen Erfolgen wieder auf Erfolgskurs gebracht. Zu ihren Volltreffern zählten die *Cosby Show* und *Cheers*. Tinker hatte bei NBC für fünf Jahre unterschrieben, und sein Vertrag lief im Juli aus. Er war wochenlang zwischen New York und Kalifornien gependelt und war es nun müde. Ich hoffte ihn zum Bleiben zu bewegen, obwohl er Brad vor der Übernahme gesagt hatte, dass er vorhabe zu gehen. Wir trafen uns zum Abendessen in New York und ich bot ihm ein in meinen Augen fantastisches Gehalt an. Doch es gab nichts, was ihn hätte umstimmen können.

Glücklicherweise hatte ich einen Notfallplan. Bob Wright leitete seit dem Verkauf der kleinen Haushaltsgeräte GE Capital. Als wir versucht hatten, Cox Broadcasting zu kaufen, hatte ich ihn dorthin entsandt, und er hatte drei Jahre Cox Cable geführt.

Bob passte perfekt zu NBC. Er hatte eine gute Nase für dieses Geschäft, kannte GE genau und war ein enger Verbündeter beim Vorstoß in unbekanntes Gebiet. Ich ernannte Bob im August 1986 zum Leiter von NBC. Die Medien fragten: »Wie soll dieser Mann von GE in der Lage sein, eine Sendergruppe zu führen?« – 15 Jahre später steht Bob dem Network immer noch vor und kann großartige Erfolge vorweisen.

Während wir NBC als eigenständiges Unternehmen weiterarbeiten ließen, begannen wir unverzüglich, die einander ergänzenden Tätigkeitsbereiche von RCA und GE zu verschmelzen. Wir senkten die Gemeinkosten, indem wir gemeinsame Teams bildeten, die sich wöchentlich mit uns trafen. Das Ziel dieser Teams lautete: 1 + 1 = 1. Ein GE-Mitarbeiter und ein RCA-Mitarbeiter entsprachen einem Mitarbeiter im fusionierten Unternehmen. Das Integrationsteam einigte sich darauf, dass jeweils der Bessere aus den beiden Unternehmen den Job bekommen sollte.

Das war kein leeres Gerede. GE erhielt die Spitzenposten, doch in den einander ergänzenden Geschäftsbereichen gingen die meisten wichtigen Jobs an die Leute von RCA. Das führende amerikanische Produktionsunternehmen wurde von einem RCA-Manager geleitet. Auch unsere gemeinsamen Luftfahrt- und Halbleiterbereiche wurden Führungskräften von RCA anvertraut. Gene Murphy von RCA, der später Leiter des Luftfahrt- und Flugzeugmotorengeschäfts von GE und sogar GE-Vice-Chairman wurde, übernahm die Leitung des Bereichs Öffentliche Dienste und Satellitenkommunikation. Gene, der sich durch ein militärisches Gehabe auszeichnete, hielt seine Zusagen stets ein. Ich bezeichnete ihn als Mr. Integrity.

Diese Assets gaben uns strategische Optionen, die uns bis dahin gefehlt hatten. Im folgenden Jahrzehnt sollte sich jedes einzelne von ihnen für GE bezahlt machen.

Während ich den größten Erfolg in meinem beruflichen Leben feierte, scheiterte die wichtigste Fusion in meinem Privatleben.

Carolyn und ich hatten seit vielen Jahren Eheprobleme. Ich war in all den Jahren ein besessener Arbeiter, während sie in der Erziehung unserer vier Kinder Großartiges leistete. Die Kinder waren alle auf dem besten Weg zu einem erfolgreichen Leben. Katharine, die Älteste, hatte ihren Abschluss an der Duke University gemacht und studierte im ersten Jahr an der Harvard Business School. Nachdem er sein Grundstudium an der University of Virginia abgeschlossen hatte, studierte unser ältester Sohn John gerade technische Chemie an der University of Illinois. Unsere zweite Tochter Anne ging mit einem Diplom der Brown University nach Harvard, wo sie Architektur studieren wollte. Unser Jüngster, Mark, studierte im ersten Jahr an der University of Vermont.

Carolyn und ich entdeckten einfach, dass wir uns auseinander entwickelt hatten. Mit Ausnahme unserer Freundschaft und gegenseitigen Respekts hielt uns kaum noch etwas zusammen. Die Trennung war schwierig und schmerzhaft, doch im April 1987 ließen wir uns nach 28 Jahren Ehe einvernehmlich scheiden. Carolyn begann zu studieren, erwarb ein Diplom in Rechtswissenschaft und heiratete schließlich ihren Studienfreund, der ebenfalls Jurist ist.

Plötzlich war ich wieder allein. Allein und begütert zu sein war so, als wäre ich 1,90 Meter groß und hätte wieder volles Haar. Alle Welt versuchte mich wieder unter die Haube zu bringen, und ich hatte zahlreiche Verabredungen mit interessanten und attraktiven Frauen.

Doch es wollte bei mir nicht wirklich funken, bis Walter Wriston und seine Frau Kathy ein Blind Date mit Jane Beasley arrangierten, einer attraktiven Rechtsanwältin, die für Kathys Bruder in der New Yorker Anwaltsfirma Shearman & Sterling tätig war. Als Jane einen Anruf ihres Chefs erhielt, der sie fragte, ob sie einmal mit Jack Welch ausgehen wolle, glaubte sie, es handle sich um einen anderen Rechtsanwalt in der Firma.

»Ich kann nicht mit einem Kollegen ausgehen«, winkte sie ab. »Den meine ich nicht«, sagte ihr Chef. »Dieser Jack Welch ist der Chef von General Electric, und er ist ein wenig älter als Sie.« »Das ist egal. Ich will den Kerl ja nicht heiraten.«

Damals hielt sich Jane im Auftrag ihrer Firma für längere Zeit in London auf. Sechs Monate später kehrte sie in die Staaten zurück, und im Oktober 1987 gingen wir gemeinsam mit den Wristons essen. Wir trafen uns in einem italienischen Restaurant mit Namen Tino's in New York.

In Walters Gegenwart war die Verabredung ein wenig steif. Ich musste mein bestes Benehmen zeigen. Doch um zehn Uhr verabschiedeten Jane und ich uns, um noch etwas trinken zu gehen. Der Abend endete im Café Luxembourg. Es wurde eine weitere Verabredung nötig. Diesmal trafen wir uns bei Smith & Wollenskys auf einen Hamburger. Dem Anlass entsprechend erschienen wir beide in Lederjacken und Jeans.

Jane ist intelligent, hart im Nehmen, witzig und 17 Jahre jünger als ich. Sie steht in jeder Beziehung mit beiden Beinen auf dem Boden. Jane stammt aus einer Kleinstadt in Alabama. Als Kind pflückte sie auf der Farm ihres Vaters im Morgengrauen Bohnen, bis ihr der Rücken wehtat. Ihre Mutter war Lehrerin, und in Gesellschaft von drei Brüdern entwickelte sich Jane zu einem Wildfang. Sie studierte an der University of Kentucky Recht und ging nach New York, wo sie sich als Anwältin auf Fusionen und Akquisitionen spezialisierte.

Unsere Begegnungen verliefen nicht immer problemlos. Im Sommer 1988 lud ich Jane auf ein Wochenende nach Nantucket ein. Sie musste harte Verhandlungen mit ihrem Chef führen, um frei zu bekommen. Am Freitagabend gingen wir miteinander essen.

Am nächsten Morgen stand ich auf, zog mich an und schickte mich an, das Haus zu verlassen.

»Wo zum Teufel gehst du hin?«, fragte sie. »Ich gehe Golf spielen«, antwortete ich. »Du nimmst mich auf den Arm«, sagte sie. »Ich musste beinahe auf mein Geburtsrecht verzichten, um für das Wochenende frei zu bekommen, und du gehst *Golf spielen*?« Ich war mir tatsächlich keiner Schuld bewusst. Denn es war genau das, was ich getan hatte, als ich verheiratet war. Ich hatte die ganze Woche lang hart gearbeitet, und am Samstagmorgen ging ich mit meinen Freunden Golf spielen. Jetzt war es damit vorbei.

Als die Sache zwischen uns ernst wurde, führten wir das Gespräch zum Thema »Warum es so nicht klappen wird«. Ich sagte ihr, dass es mir missfiel, dass sie nicht Ski fuhr oder Golf spielte. Sie sagte, dass es ihr missfiel, dass ich nicht in die Oper ging. Also machten wir ein Geschäft: Ich willigte ein, in die Oper zu gehen, und sie willigte ein, Golf spielen zu lernen. Tatsächlich suchte ich eine Fulltime-Partnerin, die bereit war, sich meinem Zeitplan anzupassen und mich auf meinen Geschäftsreisen zu begleiten. Doch dafür würde Jane ihre Karriere aufgeben müssen. Sie ließ sich für einige Zeit beurlauben, um dieses Leben auszuprobieren. Zu meinem Glück entschloss sie sich, das Leben an meiner Seite zu einer Ganztagsbeschäftigung zu machen.

Wir heirateten 1989 im Beisein meiner vier Kinder in unserem Haus in Nantucket. In den folgenden Jahren ging ich in die Oper, die ich als »eheliche Pflicht« bezeichnete. Schließlich enthob mich Jane dieser Verpflichtung.

Während meine Liebe zur Oper nicht wuchs, stieß ich im Golf in neue Dimensionen vor, während ich es ihr beibrachte.

Ich hatte seit Jahren ohne jeden Erfolg an Klubmeisterschaften teilgenommen. Doch mit Jane an meiner Seite wurde ich besser. Obwohl sie nie Golf gespielt hatte, bis wir uns kennen lernten, gewann Jane vier Jahre in Folge die Klubmeisterschaft in Sankaty Head in Nantucket – und ich siegte zweimal. Sie ist die perfekte Partnerin für mich.

Doch zurück zur Arbeit. Die erste Karte, die wir nach dem RCA-Deal ausspielten, war der Bereich Fernsehgeräte.

Im Juni 1987 flog ich gemeinsam mit Paolo Fresco nach Paris zu den French Open, weil wir zu diesem von NBC übertragenen Tennisturnier einige Kunden eingeladen hatten. Alain Gomez, der Vorstandsvorsitzende des staatlichen französischen Elektronikunternehmens Thomson, besuchte uns in unserer Gästesuite. Er war ein vergnüglicher und vitaler Bursche.

Wir hatten bereits vorgehabt, ihn am folgenden Morgen in seinem Büro aufzusuchen. Unser Treffen verlief ähnlich wie mein erstes Gespräch mit Bradshaw. Unsere Unternehmen hatten jeweils Geschäftsbereiche, die Hilfe brauchten. Thomson produzierte in einem Unternehmen namens CGR medizinische Monitore. CGR war schwach, ein typischer vierter oder fünfter Rang. Ich wollte CGR. Wir hielten in den USA den ersten Rang im Bereich der medizinischen Ausrüstung – Röntgen, Computertomographie, Magnetresonanztomographie. Wir konnten keine Position in Frankreich aufbauen, denn dieser Markt war uns versperrt, weil Thomson dem französischen Staat gehörte.

Alain Gomez machte deutlich, dass er kein Interesse daran hatte, seinen medizinischen Bereich zu verkaufen. Also versuchten Paolo und ich festzustellen, ob er vielleicht an einem Tauschgeschäft interessiert war. Wir wussten immer, auf welche Geschäftsbereiche unseres Portfolios wir verzichten konnten. Ich sprang auf und ging zu einem Flipchart im Konferenzzimmer, schnappte mir einen dicken Filzstift und begann, Unternehmensbereiche aufzuschreiben, die wir gegen ihren medizinischen Bereich eintauschen würden.

Als Erstes versuchte ich es mit dem Halbleiterbereich. Gomez biss nicht an. Also ging ich zu den Fernsehgeräten über. Diese Idee gefiel ihm auf Anhieb. Sein entsprechender Bereich war klein und auf Europa beschränkt. Für Alain war es ein gutes Geschäft, seinen defizitären medizinischen Bereich abzustoßen und sich über Nacht in den weltweit größten Produzenten von Fernsehgeräten zu verwandeln.

Wir waren alle drei begeistert von dem Geschäft. Wir vereinbarten, dass sich Paolo Fresco innerhalb einer Woche mit einem von Alains Mitarbeitern treffen würde, um die Gespräche aufzunehmen. Alain brachte uns zu unserem Wagen, der vor der Tür stand. Als der Wagen anfuhr, ergriff ich Paolos Arm. »Verflucht noch mal«, sagte ich. »Ich glaube, er will das Geschäft wirklich machen.« Wir waren beide außer uns vor Freude.

Ich bin sicher, dass Alain genau so empfand. Er wusste, dass sich Thomson mit seinem kleinen Fernsehgerätebereich nicht mit den Japanern messen konnte. Das Tauschgeschäft mit uns würde ihm Größenvorteile und eine Marktposition verschaffen, die es ihm ermöglichen würde, die asiatischen Konkurrenten herauszufordern. Unser Bereich Unterhaltungselektronik erzielte einen Jahresumsatz von drei Milliarden Dollar und hatte 31 000 Mitarbeiter. Thomson nahm im Jahr 750 Millionen Dollar aus dem Verkauf von medizinischen Geräten ein.

Mit diesem Tauschhandel würden wir unseren Marktanteil in Europa auf über 15 Prozent steigern, womit wir unsere Position gegenüber unserem größten Konkurrenten Siemens deutlich verbessern würden. Innerhalb von sechs Wochen war das Geschäft über die Bühne. Im Juli wurde es bekannt gegeben. Thomson legte noch eine Milliarde Dollar in bar und eine Reihe von Patenten drauf, die in den folgenden 15 Jahren Gewinne von jährlich 100 Millionen Dollar nach Steuern abwarfen. Der französische Konzern seinerseits verwandelte sich in den weltweit größten Hersteller von Fernsehgeräten.

Doch unser Rückzug aus dem Geschäft mit Fernsehgeräten war ein Brocken, den viele nur schwer schlucken konnten. Die Medien warfen uns vor, wir hätten mit dem Verkauf vor den japanischen Konkurrenten kapituliert. Manche bezeichneten das Geschäft als unamerikanisch und mich als Feigling.

Diese Kritik war bestenfalls medienwirksamer Unfug. Tatsächlich hatten wir nun einen wirklich globalen und technologisch fortschrittlicheren medizinischen Bereich. Und wir verdienten sehr viel Geld bei dem Geschäft. Innerhalb eines Jahres erzielten wir mit den Patenten höhere Einnahmen als im vorangegangenen Jahrzehnt mit Fernsehgeräten.

Beide Seiten hatten Anfangsschwierigkeiten zu überwinden. Wir verloren mit den medizinischen Geräten in Europa fast ein Jahrzehnt lang Geld. Thomson erging es im Geschäft mit der Unterhaltungselektronik nicht anders. Doch wir gaben uns beide nicht geschlagen und setzten uns letztlich durch.

Innerhalb von zwei Jahren fanden wir die Lösung für unseren Halbleiterbereich. Die Harris Corp. hatte so wie General Electric eine kleine Chipproduktion. Im Juli rief mich Jack Hartley an, der Leiter von Harris. Er wollte nach Fairfield kommen und die Möglichkeiten für einen Kauf unseres Bereichs ausloten. Harris war in erster Linie in der Rüstungsindustrie tätig und baute Halbleiter für militärische Zwecke. Hartley war der Ansicht, sein Unternehmen könne sich auf dem Halbleitermarkt nicht behaupten, wenn es in diesem Bereich nicht wuchs und industrielle Anwendungen ergänzte.

Ich hatte nie viel für die Halbleiter übrig. Für den Board drückte ich meine Einschätzung in einer Grafik aus (siehe unten). Das Geschäft war kapitalaufwändig und konjunkturabhängig, die Produktlebenszyklen waren kurz, und die meisten Marktteilnehmer erzielten nur sehr dürftige Gewinne. Ein Rückzug aus diesem Geschäft würde es uns ermöglichen, unser Kapital in profitablere Produkte zu stecken: Flugzeugtriebwerke, medizinische Geräte und Stromerzeugungsturbinen.

Zu unserem Glück blieben unsere wichtigsten globalen Konkurrenten den Halbleitern treu. Dieses Geschäft verschlang große Mengen ihres Kapitals und band die Aufmerksamkeit ihres Managements.

Mein Wunsch, dieses Geschäft loszuwerden, machte es Harry und mir sehr leicht, zu einer Einigung zu gelangen. Das einzige, was mich interessierte, war ein ehrenhafter Ausstieg. Beim Mittagessen planten Hartley und ich das Geschäft. Wir hielten die sechs wichtigsten Punkte unserer Vereinbarung auf einem Stück Papier fest, das wir unseren Finanzexperten vorlegten.

Zwei Monate später, im September 1988, wurde das Geschäft abgeschlossen. Harris übernahm unsere Mitarbeiter, unsere Anlagen und den Bereich und zahlte 206 Millionen Dollar in bar dafür.

UMSATZ IM HALBLEITERGESCHÄFT

EIGENSCHAFTEN DER BRANCHE

BOARDSITZUNG

- 20+ Jahre kräftigen Wachstums
- Aber:
  - sehr konjunkturabhängig
  - intensiver Wettbewerb
  - historisch niedrige Kapitalrendite ... die weiter sinkt

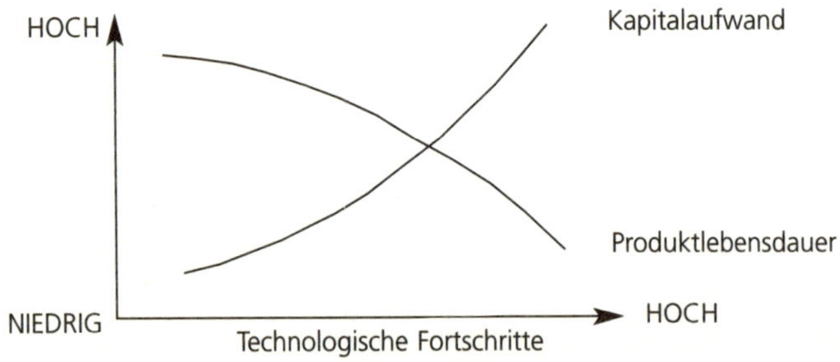

Sehr viel länger dauerte es, das Luft- und Raumfahrtgeschäft loszuwerden. Der Kalte Krieg war vorüber. Die Produktionskapazitäten überstiegen die Nachfrage bei weitem. Wir gelangten zu dem Schluss, dass wir uns aus dem Geschäft zurückziehen mussten. Der ideale Partner schien Martin Marietta zu sein, ein reines Luftfahrtunternehmen.

Ende Oktober 1992 nahm ich an einer Sitzung des Business Council teil, um Kontakt zu Norm Augustine, dem Leiter von Martin Marietta aufzunehmen. Norm ist ein ungemein integrer Mensch. Er ist intelligent, nachdenklich, belesen und ein ausgezeichneter Geschichtenerzähler. Wir kannten uns kaum, als wir einander in jenem Herbst im Aufenthaltsraum des Homestead Resort begegneten. Ich schlug ihm ein Gespräch darüber vor, was wir mit unseren jeweiligen Luftfahrtbereichen zu tun gedachten. Er hatte ähnliche Vorstellungen wie ich, war jedoch unter anderem deshalb nicht an uns herangetreten, weil er sich vor einem Übernahmeangebot für sein Unternehmen fürchtete.

»Wir legen großen Wert auf unsere Unabhängigkeit«, sagte er. »Ich unterhalte mich sehr gerne mit Ihnen, doch ich möchte nichts tun, was unsere Autonomie gefährden könnte.«

»Ich kann Ihnen versprechen, dass dies nicht in unserem Interesse liegt«, antwortete ich und schlug ihm vor, uns in ein privates Speisezimmer zurückzuziehen.

Einige Tage später besuchte mich Norm in Fairfield. Unser Team hatte bereits die Einzelheiten eines möglichen Geschäfts in Grafiken festgehalten. Norm setzte sich und aß seinen Fisch, während ich meine Argumente vorbrachte. Ein Geschäft lag eindeutig im Interesse beider Seiten. Martin Marietta musste größer werden. Wir hatten die Möglichkeit, uns erneut mit Anstand aus einem ungeliebten Geschäft zurückzuziehen. Die komplexen, geradezu byzantinischen staatlichen Beschaffungsverfahren machten GE zu einem leichten Ziel für Staatsanwälte, die ein Unternehmen zur Strecke bringen wollten.

Beim Essen einigten wir uns darauf, auf die üblichen taktischen Schachzüge zu verzichten und gemeinsam die nicht zur Verhandlung stehenden Punkte einer für beide Seiten annehmbaren Vereinbarung festzuhalten. Indem wir gleich zur Sache kamen und vernünftige Angebote vorlegten, hofften wir die Gefahr zu verringern, Martin Marietta könne sich zurückziehen. Als sich Norm verabschiedete, waren wir einer Einigung bereits sehr nahe.

Wir vereinbarten, die offenen Fragen ohne Investmentbanker oder außenstehende Rechtsanwaltsfirmen zu klären. Im Lauf der Verhandlungen kam Norm dreimal zu nächtlichen Geheimtreffen in unsere New Yorker Büros. Die 100 Spitzenmanager von Martin Marietta befanden sich zu jener Zeit gerade bei einer Konferenz auf Captiva Island in Florida. Augustine verbrachte den Tag in Captiva, um nach dem Abendessen rasch nach New York zu fliegen und die halbe Nacht lang mit Dennis Dammerman zu verhandeln. Dann flog er wieder zurück nach Florida, schlief im Flugzeug und nahm im Hotel rasch eine Dusche, bevor er sich wieder mit seinen Führungskräften versammelte.

Nach drei Nächten bestand Einigkeit über die Grundzüge der Vereinbarung, und wir besiegelten sie mit einem Handschlag. Das wechselseitige Vertrauen beschleunigte die Verhandlungen. Wir einigten uns auch darauf, den Rechtsanwälten und Bankern keine Möglichkeit zur Selbstdarstellung zu geben. Diese Experten zetteln oft Auseinandersetzungen an, um ihre Schlauheit unter Beweis zu stellen. Ich sagte zu Norm: »Falls es zu solchen Problemen kommt, sollten wir rasch zum Telefonhörer greifen, um sie auszuräumen.«

Genau das taten wir. Nach drei Wochen war das Geschäft unter Dach und Fach. Als es am 23. November 1992 bekannt gegeben wurde, stieg die Marktkapitalisierung beider Unternehmen innerhalb von vier Stunden um jeweils zwei Milliarden Dollar. Zwischen unserem ersten Abendessen in Fairfield und der Veröffentlichung des bis dahin größten Deals in der Luftfahrtindustrie waren 27 Tage vergangen.

Martin Marietta konnte nicht den gesamten Kaufpreis von drei Milliarden Dollar aufbringen. Sie hatten nur zwei Milliarden. Also gestaltete Dennis Dammerman ein Geschäft mit wandelbaren Vorzugsaktien, das uns einen Anteil von 25 Prozent an Martin Marietta sicherte.

Nun hatten wir ein nachhaltiges Interesse am Erfolg der Transaktion. Martin Marietta verdoppelte mit dem Kauf seine Größe und gab den Anstoß zu einer Konsolidierungswelle in der Luftfahrtindustrie. Zwei Jahre später kam es zur Fusion von Martin mit Lockheed. Als wir 1994 unseren Anteil an Martin verkauften, hatten unsere wandelbaren Aktien den ursprünglichen Kaufpreis von drei Milliarden Dollar um das Doppelte überstiegen.

Die Geschäfte mit Martin Marietta und Harris sowie der Tauschhandel mit Thomson wurden dank der mit RCA erworbenen Vermögenswerte möglich. Die Größenvorteile, die durch die Verbindung von Unternehmen in den Bereichen Luftfahrt, Halbleiter und Fernsehgeräte erreicht werden konnten, waren der Schlüssel zum Erfolg.

Die letzte Transaktion in Zusammenhang mit dem RCA-Deal wurde erst im Jahr 2001 abgeschlossen. Wir hatten den Satellitenbereich von RCA GE Capital zugeschlagen, das seinen Kapitalhunger leichter stillen konnte. Wir bauten ein starkes Satellitenunternehmen auf und weiteten das ursprüngliche Geschäft von RCA damit aus. Wir besaßen 20 Satelliten und hatten Zugang zu sämtlichen Kabelnetzen in den Vereinigten Staaten, womit wir 48 Millionen Haushalte erreichten. Doch obwohl wir der größte Anbieter auf dem US-amerikanischen Satellitenmarkt waren, mangelte es diesem Bereich an globaler Reichweite.

In unserer langfristigen Planungssitzung im Juli 2000 gelangte Denis Nayden, der Leiter von GE Capital, zu dem Schluss, dass wir den Bereich entweder mit einer großen Akquisition vergrößern oder an einen anderen Marktteilnehmer verkaufen müssten. Denis entwarf eine Strategie für die Partnersuche und schloss letztlich eine Vereinbarung mit SES, einem in Luxemburg ansässigen Unternehmen mit 22 Satelliten, die 88 Millionen Haushalte erreichen. Wir verkauften unsere Satelliten für fünf Milliarden Dollar an SES. Den Kaufpreis erhielten wir zu fast gleichen Teilen in Bargeld und Aktien. Damit erhielten wir einen Anteil von 27 Prozent an der neuen SES-Gruppe, die sich in einen wirklich globalen Marktteilnehmer verwandelte.

Der Kauf von RCA sicherte uns letzten Endes eine ausgezeichnete Sendergruppe, wertvolle Kabelassets, einen tatsächlich globalen medizinischen Bereich, einen wesentlichen Anteil an einem globalen Satellitenbetreiber und viele Milliarden Dollar in bar – und das alles für eine Investition von 6,3 Milliarden Dollar im Jahr 1985.

RCA erwies sich als großer strategischer Erfolg für General Electric. Noch wichtiger war der Motivationsschub, der von diesem Geschäft ausging.

11 Die Menschenfabrik

Joyce Hergenhan war die erste Führungskraft von außerhalb des Unternehmens, die ich nach meiner Ernennung zum Chairman einstellte. Damit zählte sie zu jener Hand voll Spitzenmanager, die nicht im Unternehmen groß geworden waren. Joyce war geradeheraus und ungemein hart. Diese smarte MBA-Absolventin hatte zu einer Zeit, da das Stromversorgungsunternehmen Con Edison sehr unter Stromausfällen litt und mehr Hitze als Licht erzeugte, die Abteilung Öffentlichkeitsarbeit des Unternehmens geleitet.

Vor unserem ersten Gespräch hatte ich ein wenig recherchiert und herausgefunden, dass sie ein wandelndes Sportlexikon war. Beim Abendessen entschloss ich mich, ihr zum Spaß einen scharf angeschnittenen Ball zuzuwerfen.

»Wer spielte in der Saison 1946 bei den Red Sox auf der zweiten Base?« »Bobby Doerr«, sagte sie ohne zu zögern. Ich war beeindruckt. Ich war seit meiner Kindheit ein Anhänger dieser Baseballmannschaft und erinnerte mich an die World Series des Jahres 1946, als wäre ich noch immer elf Jahre alt.

Ich entschloss mich zu einem weiteren Angriff. »So weit so gut, aber wer hielt den Ball zu lang?« »Ach so«, erwiderte sie nach einem kurzen Zögern, »Sie meinen, in jenem Spiel, in dem Enos Slaughter von der ersten Base aus punktete?« »Genau.« »Das war Johnny Pesky!«

Selbstverständlich stellte ich Joyce nicht ein, weil sie unglaublich viel über Baseball wusste. Sie hatte sehr viel mehr zu bieten. Über 16 Jahre lang trug sie als PR-Chefin wesentlich zum Ansehen von GE bei.

Joyce war nicht die Erste, die ich auf eine etwas ungewöhnliche Art engagierte. Fast 20 Jahre früher war ich in meinem VW-Käfer auf dem

New Jersey Turnpike unterwegs gewesen, als der Motor den Geist aufgab. Ich wurde in eine nahe gelegene Werkstatt abgeschleppt, in der ein deutscher Mechaniker namens Horst Oburst beschäftigt war. Während er sich in den nächsten zwei Tagen bemühte, die nötigen Ersatzteile zu beschaffen, lernten wir einander kennen. Von seinem leidenschaftlichen Einsatz beeindruckt, bot ich ihm einen Job an. Eine Woche später nahm er in Pittsfield bei GE Plastics die Arbeit auf. Horst arbeitete dort 35 Jahre lang und wurde mehrfach befördert.

Ausgezeichnete Mitarbeiter findet man auf verschiedenste Art und Weise. Ich war stets der Überzeugung, dass jedes Gespräch mit einem Menschen, den man kennen lernt, ein Bewerbungsgespräch ist.

Tatsächlich dreht sich bei GE alles darum, herausragende Mitarbeiter zu finden und aufzubauen. Es ist unerheblich, woher die Leute kommen. Ich neige in vielen Dingen zur Übertreibung, doch nirgendwo bin ich leidenschaftlicher als in meinem Bemühen, die Mitarbeiter zur Kernkompetenz von General Electric zu machen. Es mag seltsam erscheinen, doch gerade in diesem Fall spielt das System eine entscheidende Rolle. Ich verabscheue die Bürokratie und bekämpfe sie unermüdlich, doch nur die Strenge unseres Personalsystems ermöglicht die Auswahl der besten Mitarbeiter.

In einem Unternehmen mit mehr als 300 000 Mitarbeitern und 4000 hochrangigen Managern brauchen wir mehr als gute Absichten und Sensibilität für die Menschen. Es bedarf einer Struktur und genauer Richtlinien, damit die Mitarbeiter wissen, an welche Spielregeln sie sich zu halten haben. Im Mittelpunkt des Auswahlprozesses steht ein Personalbeurteilungszyklus, der aus den so genannten »Session C«-Versammlungen besteht. Im April findet an allen großen Betriebsstandorten eine eintägige Session C statt. Es folgt eine zweistündige Videokonferenz im Juli, der »Session C Follow-up«. Den Abschluss bilden die Session-C-II-Sitzungen im November, in denen die im April eingeleiteten Maßnahmen zu Ende geführt werden. Das ist der formale Ablauf.

Bei GE finden zugleich jeden Tag informelle, unausgesprochene Personalbeurteilungen statt – im Speisesaal, auf den Gängen, in den Sitzungen. Die Konzentration auf die Menschen, die in verschiedensten Umgebungen getestet werden, ist kennzeichnend für die Managementpraxis von General Electric. Wir bauen großartige Mitarbeiter auf, die anschließend großartige Produkte und Dienstleistungen hervorbringen.

Wir haben ein System samt Aktenordnern und feststehenden Tagesordnungen, doch dieses System ist keineswegs statisch. Abgesehen von der Tagesordnung, die sorgfältig vorbereitet wird, ist der Verlauf der Personalbeurteilungen nicht festgelegt.

Was auch immer wir in unsere Bücher aufnehmen (tatsächlich nehmen wir alles darin auf): Die Ordner sind nicht das Einzige, was zählt. Vielmehr kommt es auf das Engagement an, mit dem die Beteiligten an die Aufgabe herangehen. Wenn ein Manager seinen Kopf für seine direkten Untergebenen hinhält, lernt man ebenso viel über ihn wie über die Mitarbeiter, die beurteilt werden. Manchmal diskutieren wir eine Stunde über eine Seite.

Warum diese Sitzungen derart intensiv sind? Weil es uns um die Differenzierung geht.

In der Herstellung versuchen wir Abweichungen zu verhindern. Bei den Menschen sind wir auf Abweichungen angewiesen.

Die Differenzierung ist nicht einfach. Es gehörte zu unseren schwierigsten Aufgaben, einen Weg zu finden, um in einem derart großen Unternehmen wie dem unsrigen zwischen den Menschen zu unterscheiden. Im Lauf der Jahre verwendeten wir alle möglichen Kurven und Balkendiagramme, um das Talent zu erfassen und die Leistungen sowie das Potenzial einzustufen. Darüber hinaus führten wir »360-Grad-Beurteilungen« ein, in denen die Einschätzung von Kollegen und Untergebenen berücksichtigt wird.

An diesem Instrument fanden wir großen Gefallen, denn mit seiner Hilfe konnten wir in den ersten Jahren jene Leute herausfiltern, die »nach oben buckeln und nach unten treten«. Doch wie jedes System, das sich auf die Beiträge der Kollegen stützt, wird auch dieses mit der Zeit »ausgetrickst«: Die Mitarbeiter begannen, nur Vorteilhaftes über einander zu sagen, um alle gute Noten zu erhalten. Der »360er« bedienen wir uns heute nur noch unter besonderen Umständen.

Wir suchten stets nach einer besseren Methode zur Beurteilung der Organisation. Schließlich fanden wir eine, die uns wirklich zusagte. Wir bezeichneten sie als die »Vitalitätskurve«. Einmal im Jahr forderten wir alle Unternehmensbereiche auf, sämtliche Führungskräfte in einer Rangordnung einzustufen. Im Grunde ging es uns darum, die Bereichsleiter zur Differenzierung ihrer Führungsteams zu zwingen. Sie mussten erklären, welche ihrer Manager sie zu den besten 20 Prozent zählten, welche den 70 Prozent der »vitalen Mitte« angehörten und welche sie als die schlechtesten zehn Prozent einstuften. Wenn das

Management also 20 Personen umfasste, wollten wir wissen, welch vier den besten 20 und welche zwei den schlechtesten zehn Prozent angehörten – samt Namen, Positionen und Gehalt. Die Manager, deren Leistungen besonders schlecht waren, mussten das Unternehmen üblicherweise verlassen.

Derartige Urteile zu fällen ist nicht leicht, und natürlich sind sie nicht immer präzise. Es werden unweigerlich einige herausragende Leute und einige Spätstarter mit großem Potenzial durch das Sieb fallen. Doch die Chancen, ein Spitzenteam zu bilden, steigen beträchtlich. Auf diese Art werden herausragende Organisationen aufgebaut. Mit der Differenzierung wird die Latte Jahr für Jahr höher gelegt, und das Niveau der Gesamtorganisation steigt. Da der Prozess niemals endet, hat niemand eine Garantie dafür, auf Dauer in der Spitzengruppe zu bleiben. Alle Beteiligten müssen laufend beweisen, dass sie ihren Platz in dieser Gruppe verdienen.

Im Grunde geht es bei der Differenzierung darum, die A-, B- und C-Player auszusortieren.

Bei den A-Playern handelt es sich um Personen, die mit leidenschaftlichem Engagement ihre Ziele verfolgen, stets für neue Ideen offen sind und großes Potenzial haben. Sie sind in der Lage, nicht nur sich selbst, sondern auch all jene zu motivieren, die mit ihnen in Kontakt kommen. Sie sorgen gleichzeitig für Produktivität und Spaß an der Arbeit.

A-Player besitzen die »vier E der Führung«: Sie haben sehr viel *Energie (energy)*, sind imstande, andere mit Blick auf gemeinsame Ziele zu *energetisieren (energize)*, besitzen die *Entschlossenheit (edge)*, schwierige Entscheidungen zu fällen, und sind in der Lage, *Ergebnisse* zu liefern *(execute)*.

Eigentlich begannen wir mit drei E: Energie, energetisieren und Entschlossenheit. Als wir unsere ersten Personalbeurteilungen anhand der drei Es vornahmen, fanden wir zahlreiche Manager, die über große Energie verfügten, zur Motivation ihrer Teams in der Lage und sehr entschlossen waren. Doch bei unserer Analyse der Unternehmensbereiche stießen wir immer wieder auf ein oder zwei Manager, die zwar die drei E-Kriterien erfüllten, jedoch keinen guten Eindruck auf uns machten. Wir gelangten zu dem Schluss, dass uns etwas Wichtiges entging. Diesen Managern fehlte die Fähigkeit, *Ergebnisse* zu liefern.

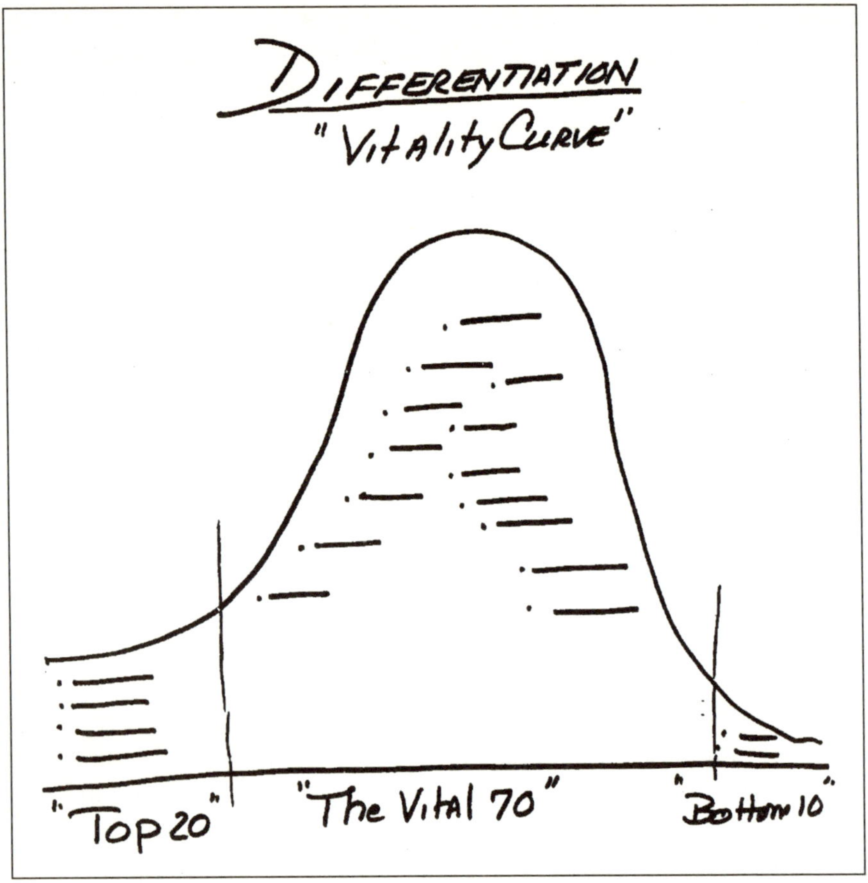

In meinen Augen werden die vier Es durch ein L zusammengehalten – durch die *Leidenschaft.*

Wahrscheinlich ist es in erster Linie diese Leidenschaft, die die besten von den guten Managern unterscheidet. Die guten Manager – die B-Player – sind das Herz des Unternehmens. Ohne sie würde sein Betrieb nicht funktionieren. Wir tun sehr viel, um die B-Player zu verbessern. Wir versuchen sie dazu zu bewegen, jeden Tag darüber nachzudenken, was ihnen zu A-Playern fehlt. Die Aufgabe ihrer Vorgesetzten besteht darin, ihnen dabei zu helfen, sich zu verbessern.

Der C-Player ist ein Mitarbeiter, der seine Arbeit nicht bewältigt. Solche Leute motivieren nicht, sondern rauben ihrer Umgebung eher Energie. Sie schieben ihre Aufgaben eher vor sich her, als sie zu erfüllen. Wir dürfen keine Zeit mit ihnen vergeuden, obwohl wir Geld investieren, um sie anderswo unterzubringen.

Die Vitalitätskurve dient dazu, A-, B- und C-Player voneinander zu trennen. Die Kurve ist das wichtigste Instrument für unsere Personalbeurteilungen. Wenn die Mitarbeiter in einem 20-70-10-Gitter eingetragen wurden, sind die Manager zu harten Entscheidungen gezwungen.

Die Vitalitätskurve entspricht nicht exakt meiner Einschätzung der Mitarbeiter in die Gruppen A, B und C. Es ist möglich und sogar wahrscheinlich, dass sich in der Gruppe der vitalen 70 Prozent A-Player verstecken. Der Grund dafür ist, dass nicht jeder ausgezeichnete Mitarbeiter den Ehrgeiz hat, im Unternehmen aufzusteigen. Doch diese Leute wollen immer noch die Besten in ihrem Tätigkeitsbereich sein. Manager, die sich nicht abheben können, sinken rasch in die Kategorie C ab.

Mit der Einstufung auf der Vitalitätskurve muss eine entsprechende Einstufung im Gehaltsschema einhergehen: Gehaltserhöhungen, Aktienoptionen und Beförderungen.

Die A-Player sollten mit Gehaltserhöhungen belohnt werden, die zwei- bis dreimal so hoch sein sollten wie jene der B-Player. Diese sollten für ihre Beiträge jedes Jahr mit deutlichen Gehaltserhöhungen belohnt werden. Den C-Playern sollte man hingegen nicht mehr Geld zugestehen. Wir geben den A-Playern bei jeder Gehaltserhöhung große Mengen an Aktienoptionen. Rund 60 bis 70 Prozent der B-Player erhalten ebenfalls Optionen, wenn auch nicht bei jeder Gehaltserhöhung. Bei jeder Gehaltserhöhung oder Beförderung orientieren wir uns an der Vitalitätskurve.

Einen A-Player gehen zu lassen ist eine Sünde. Man muss sie lieben, hätscheln und unbedingt an das Unternehmen binden. Wir führen nach dem Weggang eines A-Players Gespräche mit ihm, um Aufschluss über seine Beweggründe zu gewinnen, und ziehen das Management für den Verlust zur Verantwortung. Das funktioniert. Wir verlieren jedes Jahr weniger als ein Prozent unserer A-Player.

Natürlich hat dieses System wie jedes andere seine Schwächen. Die Beschäftigung mit den A-Playern ist ein Vergnügen. Die Entwicklung und Belohnung der wertvollen Mitarbeiter in der Gruppe der vitalen 70 Prozent stellt das Management kaum vor Probleme.

Die Auseinandersetzung mit den schlechtesten zehn Prozent ist hingegen schwieriger. Wenn sie das erste Mal aufgefordert werden, ihre schwächsten Mitarbeiter namentlich zu nennen, tun die Manager dies bereitwillig. Im zweiten Jahr fällt es ihnen nicht mehr so leicht.

Im dritten Jahr muss man sie mit Gewalt dazu zwingen.

Zu diesem Zeitpunkt haben die offenkundig schwächsten Mitarbeiter das Team verlassen, und viele Manager können sich nicht mehr überwinden, jemanden der Kategorie C zuzuordnen. Sie haben alle Mitglieder ihres Teams ins Herz geschlossen. Im dritten Jahr können sie unter 30 Angehörigen ihres Managementteams vielfach keinen einzigen, geschweige denn drei C-Player finden.

Also beginnen die Manager, alle erdenklichen Tricks auszuprobieren, um sich ihrer unangenehmen Pflicht zu entziehen. Manchmal schummeln sie Leute in die Liste, die ohnehin in diesem Jahr in den Ruhestand gehen wollten, oder greifen auf Mitarbeiter zurück, die bereits aufgefordert wurden, das Unternehmen zu verlassen. Es ist sogar schon vorgekommen, dass in den Listen die Namen von Mitarbeitern auftauchten, die gar nicht mehr im Unternehmen waren. Ein Unternehmensbereich ging so weit, den unteren zehn Prozent den Namen eines Mannes zuzuschlagen, der zwei Monate vor der Personalbeurteilung gestorben war.

Es handelt sich offenkundig um eine schwere Aufgabe. Kein Manager findet Gefallen an diesen harten Entscheidungen. Wir sehen uns ständig erbittertem Widerstand gegenüber. Ich habe selbst mit diesem Problem zu ringen gehabt und bin oft nicht in der Lage gewesen, die erforderliche Härte zu zeigen. Wir schauen instinktiv in die andere Richtung. Doch ich bekämpfte diesen Impuls. Legte ein Bereichsleiter Empfehlungen für Bonuszahlungen oder Aktienoptionen vor, ohne die schlechtesten zehn Prozent zu nennen, so verweigerte ich die Bewilligung so lange, bis er sich zur Differenzierung bereit erklärte.

Wie schädlich es ist, sich nicht ehrlich und direkt mit den C-Playern auseinander zu setzen, zeigt sich, wenn ein neuer Manager zum Team stößt. Da er nicht gefühlsmäßig an die Leute gebunden ist, fällt es ihm nicht schwer, die schlechtesten Mitarbeiter zu identifizieren.

Manche meinen, es sei grausam, die schlechtesten zehn Prozent unserer Leute zu entfernen. Das Gegenteil ist richtig. Ich halte es für grausam, Leute im Unternehmen zu behalten, die dort nicht gedeihen werden. Nichts ist so grausam wie jahrelang abzuwarten, um jemandem dann zu einem fortgeschrittenen Zeitpunkt in seiner Karriere – wenn er nur noch beschränkte Möglichkeiten auf dem Arbeitsmarkt hat, die Ausbildung seiner Kinder finanzieren oder eine Hypothek zurückzahlen muss – mitzuteilen, dass er nicht zum Unternehmen passt.

Die Einschätzung, die Vitalitätskurve sei grausam, beruht auf einem Denkfehler und ist das Ergebnis einer Kultur, die »falsche Güte« praktiziert. Warum sollten wir aufhören, die Leistungen zu messen, wenn die Leute die Universität verlassen?

Leistungsbewertungen sind ab dem ersten Schuljahr ein fester Bestandteil unseres Lebens. Die Differenzierung wird in Fußballmannschaften ebenso praktiziert wie in ehrenamtlichen Einrichtungen. Sie wird bei der Studienzulassung ebenso vorgenommen wie bei der Bewertung der Diplomarbeiten.

In den ersten 20 Lebensjahren müssen wir alle die Differenzierung über uns ergehen lassen. Warum sollte sie am Arbeitsplatz enden, an dem wir den Großteil unserer Tage verbringen?

Die Vitalitätskurve funktioniert, weil wir über ein Jahrzehnt damit verbracht haben, eine Leistungskultur aufzubauen, in der die Angehörigen des Unternehmens auf allen Ebenen mit einem ehrlichen Feedback rechnen können. Aufrichtigkeit und Offenheit sind die tragenden Säulen einer solchen Kultur. Einer Organisation, die noch keine Leistungskultur besitzt, sollte deshalb auch keine Vitalitätskurve aufgezwungen werden.

Wie verläuft eine typische Session-C-Leistungsbeurteilung?

Einen Monat vor dem Aufbruch in die Unternehmensbereiche stellen das Büro der Unternehmensleitung und unser Personalchef Bill Conaty eine Agenda auf, an die sich alle Unternehmensbereiche zu halten haben. (Die Agenda für unsere Session C im Jahr 2001 finden Sie im Anhang.)

Damit liegt der Ball bei den einzelnen Geschäftseinheiten, die nun die geforderte detaillierte Information vorzubereiten haben. Die Aufgabe besteht jedoch keinesfalls darin, einen Papierkrieg zu gewinnen. Vielmehr wollen wir herausfinden, wie unsere Humanressourcen-Strategie in den wichtigen Initiativen des Unternehmens letztlich umgesetzt wird.

Die Ordner, Diagramme und Raster mögen sehr gewichtig erscheinen, doch die eigentlichen Sitzungen sind von informellem Umgang, Vertrauen, Emotionen und Humor gekennzeichnet.

Dennoch steht sehr viel auf dem Spiel. Diese Beurteilung stellt die wichtigste Versammlung im Jahresverlauf dar. Die Sitzung verläuft folgendermaßen: Am Morgen sprechen wir über die Organisation und ihre Mitarbeiter. Beim Mittagessen konzentrieren wir uns auf die Vielfalt. Am Nachmittag analysieren wir die wesentlichen Initiativen und die Leute, von denen sie geleitet werden.

Am Morgen kommt es zu den hitzigsten Diskussionen. Wir sprechen über Karrieren, Beförderungen, die Vitalitätskurve, die Stärken und Schwächen der einzelnen Mitarbeiter. Es besteht grundsätzlich Einigkeit darüber, dass jede Person Vorzüge und Mängel aufweist, in bestimmten Bereichen stark ist und sich in anderen verbessern muss. Wir verbringen den Großteil der Zeit mit diesen Erfordernissen und mit der Diskussion der Frage, ob ein Manager verbesserungsfähig ist.

Die Stärken eines Produktionsleiters, den wir vor kurzem beurteilten, lagen im Bereich der Ergebnisse (großartige Produktivität, ein fantastischer Ertragsanstieg, ausgezeichnete Six-Sigma-Werte). Doch er zeigte auch deutliche Mängel: Er war zu hart zu den Mitarbeitern und lehnte die Ideen anderer ab. Nach einer langen Debatte über seine Vorzüge und Nachteile gelangten wir zu dem Schluss, dass er verwarnt werden sollte. Er musste sich ändern. Er lief Gefahr, in die Kategorie C abzusinken. Ein Mangel an Offenheit würde sein Ende bedeuten.

Selbstverständlich gab es auch Fälle, in denen wir es leichter hatten. Ich stellte praktisch jeden Mitarbeiter infrage, wobei ich oft über das Ziel hinausschoss. Die Ordner mit den Daten für die Personalbeurteilungen beinhalten Fotos und Kurzbiografien aller Führungskräfte. Waren auf einem Foto hängende Schultern oder müde Augen zu sehen, so zögerte ich nicht, darauf hinzuweisen und zu erklären: »Der Bursche sieht aus, als wäre er schon halbtot! Der kann nichts wert sein. Er sitzt seit sechs oder sieben Jahren auf dem Posten und hat nichts erreicht. Was zum Teufel ist hier los? Warum hat niemand etwas unternommen?«

Es liegt auf der Hand, dass ein Foto nicht unbedingt die ganze Geschichte erzählt. Tatsächlich ging es mir vor allem darum, eine lebhafte Diskussion in Gang zu bringen. Ich wollte hören, wie der Leiter eines Unternehmensbereichs für seine Leute kämpfte. Die Personalbeurteilungen sollten deutlich machen, dass die Menschen in diesem Spiel alles waren: Sie waren die Spieler, die Nationalhymne, die Hotdogs, die Halbzeitpause und das ganze Spiel.

Im März 2001 nahm ich gemeinsam mit unserem neuen CEO Jeff Immelt erneut an einer Session C in Pittsfield teil. Beim Durchblättern eines Ordners stieß ich auf ein lustiges Foto von einem der viel versprechenden Manager des Kunststoffbereichs. »Wenn dieser Kerl so gut ist, solltet ihr besser ein neues Bild von ihm besorgen«, sagte ich im Scherz. »Sonst bekommt noch jemand einen falschen Eindruck.«

Am selben Tag traf ich diesen Manager und nahm ihn ein wenig auf den Arm. »Nach dem Foto kann man aber überhaupt nicht auf Ihr Verhalten schließen. Das Bild passt nicht zu der ausgezeichneten Arbeit, die sie leisten.« Ich glaube, ich erschreckte ihn (und bewegte ihn wahrscheinlich dazu, ein neues Foto von sich machen zu lassen).

Neben dem Foto befindet sich stets ein Raster mit neun Feldern, in dem anhand eines Kreuzes die Position des Managers in den Dimensionen »Potenzial« und »Leistung« markiert ist. Das beste Ergebnis besteht in einem Kreuz im linken Kasten der oberen Reihe. Als Einstufungskriterien werden unsere Unternehmensziele herangezogen – die vier Es sowie unsere Hauptinitiativen: Kundenfokus, E-Business und Six Sigma.

Unter dem Raster finden sich einige Stichworte zu den Stärken und Schwächen des Managers. Zumeist handelt es sich um Stärken, doch unsere Regeln schreiben vor, dass zumindest ein negatives Merkmal in die Bewertung aufgenommen werden muss. Wir erlauben keine makellosen Ergebnisse. Einer der im Schaubild auf der nächsten Seite angeführten Manager hat Vorzüge wie »außergewöhnlich hartnäckig«, »ausgezeichnet im Prozessdenken«, »gewaltiges Potenzial« und »Verständnis für das E-Business«. Negativ vermerkt ist, dass er übermäßig ehrgeizig ist. Wir mögen es nicht, wenn Mitarbeiter mehr über ihre nächste Aufgabe als über jene nachdenken, der sie gegenwärtig nachgehen. Dies kann ihre Karriere beenden. Ein anderer Manager in unserem Beispiel wird als intelligent und engagiert eingeschätzt, während gegen ihn spricht, dass er Vorgaben mangelhaft umsetzt. Die Unfähigkeit, die zugesagten Ergebnisse zu liefern, ist für uns letztlich inakzeptabel.

Diese Zusammenfassungen beruhen auf detaillierten Leistungsbewertungen und Analysen der Entwicklungserfordernisse. Darüber hinaus wird jeder Mitarbeiter aufgefordert, sich selbst zu beurteilen. Diese Beurteilung steht auf derselben Seite wie die Analyse seines Vorgesetzten.

Vor einigen Jahren begannen wir, uns im Rahmen der Session C mit den besonders viel versprechenden Managern zu einem Mittagessen zusammenzusetzen. Jedem dieser Mitarbeiter mit »hohem Potenzial« wurde ein Mentor aus dem Führungsteam zugeteilt. Ich wies grüner Gürtel

Name:

Titel:

Monate in der Position:

Foto

Potenzial / Leistung

x		

+ Ausgezeichnete Kenntnisse der Technologie
+ Umfassendes Engagement, Konzentration auf den Kunden
+ Potential als Führungskraft
– Muss als Führungskraft noch reifen

grüner Gürtel

Name:

Titel:

Monate in der Position:

Foto

Potenzial / Leistung

x		

+ Außergewöhnlich hartnäckig
+ Ausgezeichnet im Prozessdenken
+ Gewaltiges Potenzial
+ Verständnis für das E-Business
– Übermäßiger Ehrgeiz

grüner Gürtel

Name:

Titel:

Monate in der Position:

Foto

Potenzial / Leistung

x		

+ Ausgezeichneter Betriebsmanager
+ Lernt außerordentlich schnell
+ Guter Mentor
+ Genießt Respekt der Kollegen
– Mangelnde Entschlussfreude

grüner Gürtel

Name:

Titel:

Monate in der Position:

Foto

Potenzial / Leistung

	x	

+ Intelligent, engagiert
+ Globales Denken
+ Wächst mit der Aufgabe
+ Ausgezeichneter Betreuer/Mentor
– Mangelnde Umsetzung der Vorgaben

im Lauf der Jahre immer wieder darauf hin, dass es in diesen Mentorenprogrammen nicht darum ging, die Gehaltspläne zu erklären. Wir sprachen über die Personalentwicklung und verwendeten dazu die Methoden der Produktentwicklung.

In diesem Fall waren die betreuten Manager die »Produkte«. Die Angehörigen der Unternehmensleitung – die Mentoren – waren für die Entwicklung dieser Produkte verantwortlich. Das bedeutete, ihre Schützlinge entweder auf die Ebene A zu führen oder neue Kandidaten zu suchen. Bei den Arbeitsessen sprachen wir offen über die Fortschritte des Programms. Sowohl die Mentoren als auch ihr Schützlinge akzeptierten die sehr harten Grundregeln. Beide Seiten verstanden, dass sie in unserer Leistungskultur zur Lieferung eines überlegenen Produkts verpflichtet waren und an den Ergebnissen gemessen würden. Die Führung wurde zur Rechenschaft gezogen. Es funktionierte. Über 80 Prozent der im Jahr 1999 betreuten Manager wurden befördert.

In den Sitzungen nach dem Essen beschäftigten wir uns mit den Initiativen. Wir wollten feststellen, wie sie geleitet wurden und wer zu den Teams gehörte. Die Teams legten ihre Ergebnisse vor, die an den Zielen für das Jahr gemessen wurden. Wir analysierten die vorbildlichen Verfahren, die an die anderen Unternehmensbereiche weitergegeben werden konnten. Und vor allem konnten sie auf diese Art feststellen, wie viel Unterstützung die Initiativen genossen.

Am Ende jeder Sitzung erstellten wir eine Liste mit exakten Vorgaben, die den Unternehmensbereichen übermittelt wurden. Zwei Monate später, im Juli, analysierten wir die Fortschritte in einer zweistündigen Videokonferenz. Dieselbe Liste diente im November als Agenda für die »Session II«-Sitzung, mit der sich der Kreis schloss.

Obwohl die Abläufe strikt festgelegt waren, überraschten mich die Stellungnahmen der Mitarbeiter in unseren jährlichen Studien zu den Einstellungen. Wir legten den Mitarbeitern 42 Fragen vor. Die wenigsten Kreuze erhielten wir durchwegs in Bezug auf die folgende Aussage: »Dieses Unternehmen geht entschlossen gegen Mitarbeiter vor, deren Leistungen unzureichend sind.«

Im Jahr 2001 stimmten nur 75 Prozent unserer Mitarbeiter dieser Aussage zu – und dies war schon eine Verbesserung gegenüber dem Jahr 1999, als die entsprechende Quote bei knapp 66 Prozent gelegen hatte. Die geringe Zufriedenheit in Bezug auf diese Frage steht in deutlichem Gegensatz zu den außerordentlich guten Werten, die wir in der übrigen Umfrage erreichten. (Auf die Frage, ob sich die Tätigkeit bei GE vorteilhaft auf den Mitarbeiter und seine Familie ausgewirkt habe, antworteten mehr als 90 Prozent der Befragten mit ja.) Die Ergebnisse zeigen deutlich, wie wichtig die Differenzierung auf allen Ebenen des Unternehmens ist und wie sehr unsere Mitarbeiter an einer noch entschlosseneren und aufrichtigeren Vorgehensweise interessiert sind.

Im Verlauf von Personalbeurteilungen an größeren Standorten verbrachten wir mindestens eine Stunde mit den lokalen Gewerkschaftsführern. Wir wollten, dass sie uns kennen lernten, und wir wollten wissen, worüber sie sich Sorgen machten.

Zwischen uns und den Gewerkschaftsführungen auf allen Ebenen bestand aufrichtiger gegenseitiger Respekt. Auf nationaler Ebene kämpften wir 15 Jahre lang bis aufs Blut mit Bill Bywater und anschließend mit seinem Nachfolger Ed Fire, die der International Union of Electrical Workers (IUE) vorstanden. Ein- bis zweimal im Jahr saß ich gemeinsam mit unserem Personalchef Frank Doyle und in den letzten sieben Jahren mit seinem Nachfolger Bill Conaty bei einem Abendessen der Gewerkschaftsführung gegenüber. Wir stritten über Löhne, Zusatzleistungen und andere typische Themen. Der größte Unterschied zwischen unseren Anschauungen hatte seinen Ursprung in meiner Ansicht, dass unsere Mitarbeiter keine Interessenvertretung brauchten, solange wir unsere Arbeit gut machten. Meine Position löste bei Bill und Ed stets eine wütende Reaktion aus, da sie unseren Widerstand gegen ihre Bemühungen um die Organisation der Belegschaft verurteilten. Wir trugen unsere Konflikte stets offen aus. Es gab keine verborgenen Schachzüge, und bei GE kam es in mehr als 20 Jahren nie zu einem größeren Streik.

Um allgemeine Beschäftigungsfragen zu verhandeln, hatte mein Vorgänger Reg Jones in den 70er Jahren eine Gruppe von rund zehn Arbeitnehmervertretern und zehn Geschäftsführern geleitet, in der George Meany und Lane Kirkland von der Gewerkschaft AFL-CIO aktiv waren. Mir gefiel die Idee sehr gut, und ich führte diese Gruppe zunächst mit Lane Kirkland und anschließend mit John Sweeney. John und ich konnten beide irische Sturheit an den Tag legen, doch wir hegten stets großen Respekt füreinander. Wir versuchten, in Fragen wie der medizinischen Versorgung und der Weiterbildung zu einer Einigung zu gelangen. Obwohl die Gruppe in Bezug auf die politischen Fragen kaum Erfolge erzielte, entwickelten wir im Verlauf der vielen

Sitzungen ein besseres Verständnis für die Standpunkte der anderen Seite.

Unser Umgang mit den Gewerkschaften unterschied sich nicht von unserem Verhalten gegenüber all unseren Mitarbeitern. Ich wurde oft von Außenstehenden gefragt: »Kann die GE-Kultur tatsächlich überall funktionieren?« Die Antwort auf diese Frage ist einfach: Man muss die Menschen respektvoll behandeln und ihnen eine Stimme geben. Diese Botschaft wird in der ganzen Welt verstanden.

Man kann sich nie genug mit den Menschen beschäftigen. Für mich standen sie stets im Mittelpunkt. Ich rief den Managern auf allen Ebenen immer wieder in Erinnerung, dass sie mein Engagement für die Menschen teilen müssten. Ich mochte der »große Boss« für sie sein, doch sie waren die »großen Bosse« für ihre Leute. Sie mussten ihren Mitarbeitern, für die Jack Welch niemand war, dieselbe Energie, dasselbe Engagement und dasselbe Verantwortungsbewusstsein zeigen, die ich ihnen gegenüber zeigte. Meine Exfrau Carolyn erinnerte mich immer wieder daran, dass ich zehn Jahre bei General Electric gearbeitet hatte, ohne den Namen des Chairman zu wissen. Daher forderte ich unsere Manager auf, sich stets vor Augen zu halten, dass »sie der Unternehmensleiter« waren, was ihre Mitarbeiter anbelangte. Selbst die größten Stars in unserem Unternehmen halten sich an die Spielregeln. Andy Lack, der Leiter von NBC, sagte einmal: »Jack und ich sind seit acht Jahren Freunde, und unsere Ehefrauen sehen sich ständig. Würde ich vier schwere Fehler begehen, so würde er mich mit Sicherheit hinauswerfen. Er würde mich umarmen, mir sein Bedauern ausdrücken und sagen, dass ich von nun an möglicherweise nicht mehr mit ihm zum Abendessen gehen wolle, aber er würde nicht zögern, mich auf die Straße zu setzen.«

12 Ein neues Crotonville für ein neues GE

Kaum jemand freut sich über Veränderungen. Und die Möglichkeit einer Revolution beunruhigt die Menschen noch viel mehr.

Anfang Januar 1981, nur zwei Wochen nach der Ernennung zum Chairman, nahm ich in Florida an der jährlichen Versammlung der General Manager teil. Ich besuchte diese Veranstaltung in Clearwater seit 1968 jedes Jahr. An einem Abend machte ich mich bei einem Cocktailempfang im Belleview Biltmore auf die Suche nach Jim Baughman. Er war ein Jahr zuvor zum Leiter unseres Managerschulungszentrums in Crotonville ernannt worden. Jim war ein bärtiger Akademiker, der früher an der Harvard Business School unterrichtet hatte und jahrelang als Berater für GE tätig gewesen war. Ich fand Jim im Gespräch mit einer Gruppe von Leuten.

»Sie sind der Mann, nach dem ich gesucht habe«, sagte ich. Ich nahm ihn beim Arm, stellte mich vor und brachte den Smalltalk rasch hinter mich. Ich sagte ihm, er solle sich auf das Abenteuer seines Lebens vorbereiten. »Wir werden eine Reihe von Veränderungen in diesem Unternehmen herbeiführen, und Crotonville soll dabei eine wichtige Rolle spielen.«

Wir brauchten Crotonville, um einem möglichst großen Publikum die Beweggründe für die Veränderungen nahe zu bringen. Unser Schulungszentrum Crotonville war dafür der ideale Ort. Es stand in Ossining (New York) auf einem 33 Hektar großen Gelände. Dieser Ort hatte schon einmal im Mittelpunkt einer Erneuerung des Managements gestanden. Der frühere Geschäftsführer Ralph Cordiner hatte die Anlage Mitte der 50er Jahre errichten lassen, um von dort aus sein Konzept der Dezentralisierung im Unternehmen zu verbreiten.

Tausende GE-Manager hatten in Crotonville gelernt, selbst die Kontrolle über ihren Betrieb und die Verantwortung für ihre Geschäftsergebnisse zu übernehmen. Viele Jahre lang leiteten die Lehrkräfte nützliche Schulungskurse, die auf den »Blue Books« beruhten, in denen auf fast 3500 Seiten die Aufgaben des Managements beschrieben waren. Tausende Manager verinnerlichten diese Lektionen. In jenen Tagen waren die in den blauen Büchern dargelegten POIM-Prinzipien (Planen – Organisieren – Integrieren – Messen) unantastbare Gebote.

Als sich die Dezentralisierung einmal durchgesetzt hatte, verlor Crotonville seine Funktion als Zentrum für die Managerausbildung und verwandelte sich in ein Forum, das der technischen Ausbildung diente und in Krisenzeiten für die Verbreitung wichtiger Botschaften genutzt wurde. In den 70er Jahren, als der rasante Anstieg des Ölpreises die Inflation anheizte, schickte Reg hunderte Manager in Seminare, in denen sie etwas über das Management in Zeiten der Inflation lernen konnten.

Im Jahr 1980 sah man der Anlage ihr Alter deutlich an. In Crotonville versammelten sich nicht mehr die besten Köpfe des Unternehmens. Der Besuch eines Kurses hatte sich zusehends in einen Trostpreis verwandelt. Die Teilnahme an den Programmen stand jedermann offen, und die Qualität der Teilnehmer schwankte erheblich. Ein Großteil der zukünftigen Führungskräfte machte sich nicht die Mühe, an den Kursen teilzunehmen. Nur zwei der sieben Bewerber um den Posten des Unternehmensleiters hatten den mehrwöchigen Managementkurs absolviert. Ich gehörte nicht dazu, obwohl ich Ende der 60er Jahre einmal einen einwöchigen Marketingkurs besucht hatte. Während mir der Kurs gefallen hatte, konnte ich dies von der Unterbringung nicht behaupten.

Im Jahr 1981 war Crotonville ein müder Ort, ein sehr müder Ort. Ich wollte ihn wieder zum Leben erwecken. Und dieser frühere Harvard-Professor sollte die Leitung des Vorhabens übernehmen. Crotonville sollte zu einem Ort werden, an dem man in einer offenen Atmosphäre Ideen verbreitete. Es konnte sich in den idealen Platz verwandeln, um die hierarchischen Grenzen zu überwinden. Ich wollte den Kontakt zu den Managern tief im Bauch der Organisation suchen, ohne die Botschaft von mehreren Führungsebenen filtern zu lassen.

Doch damit Crotonville seine neuen Aufgaben bewältigen konnte, musste es sich ändern. Wenige Wochen nach unserer ersten Begegnung in Florida traf ich mich mit Jim Baughman in Fairfield zu einem

Arbeitsessen. Wir debattierten drei Stunden lang über die Zukunft des Zentrums. Ich wollte einfach alles ändern: die Teilnehmer, die Lehrkräfte, die Inhalte und die Gestalt der Anlage. Ich wollte, dass sich Crotonville nicht mehr mit der spezifischen Funktionsausbildung, sondern mit der Entwicklung der Führungsfähigkeiten beschäftigte. Ich wollte von dort aus Herz und Verstand der besten Leute im Unternehmen erreichen. Es sollte den geistigen Klebstoff liefern, der das Unternehmen in einer Phase des Wandels zusammenhalten würde.

»Ich möchte, dass nur noch Leute mit großem Potenzial an den Kursen teilnehmen«, erklärte ich Jim. »Ich will, dass sich dort die Besten ein Stelldichein geben, nicht die Erschöpften, die eine letzte Belohnung verdient haben.«

Doch wenn wir die Besten dazu bewegen wollten, nach Crotonville zu gehen, mussten wir daraus eine Ausbildungsstätte von Weltklasse machen. Wir mussten inmitten schmerzhafter Veränderungen – gemeint sind die Neugestaltung unserer Unternehmenstätigkeit und das Downsizing – in neue Anlagen investieren. Wir begannen sofort mit der Renovierung des Pit (so nannten wir den zentralen Vorlesungssaal) und bauten einen Hubschrauberlandeplatz, damit unsere Führungskräfte schneller wieder zurückkommen konnten. (Eine Autofahrt von Fairfield aus dauerte hin und zurück zwei Stunden.) Ich bat Jim, eine Präsentation unseres Vorhabens für den Board vorzubereiten. Im Juni 1983 legte er den Direktoren das Konzept vor, das einen Antrag auf 46 Millionen Dollar für den Bau eines neuen Gästehauses beinhaltete. Jim erinnert sich noch daran, dass ich bei der Durchsicht seiner Präsentation die Rentabilitätsanalyse in der letzten Grafik durchstrich. Ich zeichnete ein »X« auf die Folie und kritzelte das Wort *Unendlich* neben die Grafik: Diese Investition würde für alle Zeiten Erträge abwerfen. Das war mein Ernst.

Das Projekt kam nur langsam voran. Meine erste Stunde mit einer Klasse von GE-Managern ging vorüber wie so viele meiner frühen Treffen. Da die Anlage in Crotonville noch nicht fertig gestellt war, wurden die Führungskräfte, die an einem vierwöchigen Managementkurs teilnahmen, zu einem »Abend mit dem Chairman« nach Fairfield kutschiert. Im Juni 1981 stand ich in unserem Vortragssaal in der Zentrale vor 50 Managern. Wir trugen alle Anzug und Krawatte. Die Kursteilnehmer saßen in den vorderen, die Leute aus der Personalabteilung in den hinteren Reihen. Im Mittelpunkt meines improvisierten Vortrags an jenem Abend standen meine Lieblingsthemen: die

Strategie des ersten oder zweiten Ranges und mein Wunsch, dem Unternehmen einen neuen »Geist« zu vermitteln. Nachdem ich dargelegt hatte, wohin ich das Unternehmen führen wollte, eröffnete ich die Diskussion.

Es wurden einige Fragen gestellt, doch niemand im Raum wollte sich kritisch zu meinen Thesen äußern. Dabei machten mindestens 70 Prozent der Anwesenden das »skeptische Gesicht« (jenen typischen Ausdruck, den die Leute aufsetzen, wenn sie nicht deiner Meinung sind).

Der Fairness halber muss gesagt werden, dass sie sicher eingeschüchtert waren. Da lief ich vor ihnen auf und ab und drohte mit »Restrukturieren, Verkaufen oder Schließen« der Unternehmensbereiche, in denen sie arbeiteten. Zur selben Zeit saßen die Leute, die über den weiteren Verlauf ihrer Karrieren entschieden, in ihrem Nacken. Ich muss ihnen schön auf die Nerven gegangen sein. Nur die wenigen Manager, die unter der Bürokratie litten, fanden Gefallen an meinen Ausführungen.

Ich verstand die Verwirrung und die Furcht, die im Raum herrschten. Diese Manager hatten für ein anderes, für ein traditionelleres GE unterschrieben. Ich kämpfte um die richtigen Worte und raubte damit meiner Botschaft die Wirkung. Themen wie Vortrefflichkeit, Qualität, Unternehmergeist, Eigentümerschaft, Konfrontation mit der Wirklichkeit und die Strategie des ersten oder zweiten Ranges erdrückten diese Leute, die sich Sorgen darüber machten, ob sie ihren Job bei GE noch lange haben würden.

Ich setzte die Vorträge im Auditorium von Fairfield fort. Die Manager wurden mit Bussen in die Zentrale gebracht, wo sie an einer abendlichen Vortragssitzung mit anschließendem Empfang teilnahmen. Langsam, aber sicher besserten sich die Dinge. Doch es war eine mühsame Arbeit.

Die Stimmung im Unternehmen schwankte mit der Berichterstattung in der Presse und dem Aktienkurs. Jeder freundliche Bericht in den Medien schien die Organisation aufzumuntern. Jeder negative Artikel gab den Zynikern Hoffnung.

Die Zeitschrift *Fortune* trat früh mit einer zuversichtlichen Bewertung unserer Entwicklung auf den Plan. Im Januar 1982 veröffentlichte sie einen Artikel mit dem Titel »Ein Versuch, die Lebensgeister von GE zu wecken«. Doch nur sechs Monate später wurde mir das Etikett »Neutronen-Jack« angeheftet. Im März 1984 lobte *Forbes* unsere Bemühungen in einem Artikel mit dem Titel »Außergewöhnliche Konzepte für eine ganz andere Zukunft«. An dem Tag, als die Geschichte veröffentlicht wurde, flog ich mit Henry Kissinger im Hubschrauber von Fairfield nach New York. Er hielt den Bericht für sensationell. Aus dem Mund eines im Umgang mit den Medien geschulten Mannes klang dies sehr aufmunternd. Doch die Zuversicht war rasch verflogen. Fünf Monate später kürte *Fortune* mich zum »härtesten Boss Amerikas«.

Die Medien machten den Helden Jack rasch zum Bösewicht Jack – um ihn bald darauf wieder für kurze Zeit zum Helden zu küren. Glücklicherweise stand die Börse auf meiner Seite. Nachdem unsere Aktie jahrelang nicht von der Stelle gekommen war, begann sie gemeinsam mit dem Markt abzuheben, was uns in dem Glauben bestärkte, auf dem richtigen Weg zu sein. Viele Jahre lang hatten Aktienoptionen keinen allzu hohen Wert gehabt. Im Jahr 1981, als ich Chairman geworden war, erzielten die Angehörigen von GE insgesamt lediglich einen Gewinn von sechs Millionen Dollar mit Aktienoptionen. Im folgenden Jahr sprangen die Gewinne auf 38 Millionen und im Jahr 1985 auf 52 Millionen Dollar. Während in den Medienberichten über GE im Jahr 1985 stets vom Neutronen-Jack die Rede war, verdienten unsere Mitarbeiter mehr als 50 Millionen Dollar mit Aktienoptionen.

Die Angehörigen von GE begannen in ihren Geldbörsen zu spüren, dass gute Zeiten angebrochen waren. Sie fingen an, meine Botschaft zu glauben.

Ab 1984 begann ich, zu jedem unserer drei Hauptkurse nach Crotonville zu fliegen. Wir gestalteten sie alle neu. Bis dahin hatten die Kurse auf Fallstudien aus anderen Unternehmen beruht. Nun legten wir ihnen reale Vorgänge bei GE zugrunde. Jim Baughman engagierte Noel Tichy, einen innovativen Managementprofessor von der University of Michigan, der uns bei der Neukonzeption der Kurse half. Tichy, der Crotonville von 1985 bis 1987 leitete, ging mit großem Engagement an die Arbeit und führte das »Aktionslernen« ein.

In Crotonville wurden zahlreiche Kurse angeboten, die von der Einführung neuer Mitarbeiter bis zu spezifischen Programmen für die einzelnen Abteilungen reichten. Drei Kurse hatten die Führung zum Thema. Dies waren der EDC (Executive Development Course) für die Manager mit dem größten Potenzial, der BMC (Business Management Course) für die Manager der mittleren Ebene und der MDC (Management Development Course) für viel versprechende Manager, die noch am Anfang ihrer Karriere standen.

Der dreiwöchige MDC-Kurs, der sechs- bis achtmal pro Jahr stattfand, stellte die Ausgangsstufe dar. Diese Kurse, an denen zwischen 400 und 500 Managern im Jahr teilnahmen, fanden ausschließlich in Crotonville in geschlossenen Klassen statt.

Das von Tichy entwickelte Konzept des »Aktionslernens«, in dessen Mittelpunkt die Arbeit an Problemen aus dem realen Unternehmensleben stand, bildete den Kern der fortgeschrittenen BMC- und EDC-Kurse. Die Projekte bezogen sich auf einen Schlüsselmarkt, einen wichtigen GE-Bereich oder die Fortschritte, die das Unternehmen in Qualitäts-, Globalisierungs- oder ähnlichen Initiativen machte. Es fand ein BMC-Kurs in Berlin statt, gerade als die Mauer fiel. Und die Teilnehmer an einem Kurs in Peking wurden Zeugen der Proteste auf dem Platz des Himmlischen Friedens. Die Kursteilnehmer kehrten unversehrt und um eine wichtige Erfahrung reicher nach Hause zurück.

Wir veranstalteten jährlich drei BMC-Kurse mit jeweils etwa 60 Teilnehmern sowie einen EDC für 35 bis 50 unserer viel versprechenden Manager. Beide Kurse dauerten drei Wochen und wurden so angesetzt, dass die Klassen ihre Empfehlungen in einer zwei Stunden langen Sitzung bei den Quartalsversammlungen des Corporate Executive Council (CEC) vorlegen konnten. Auf diesen Versammlungen treffen sich 35 Führungskräfte – die CEOs der größeren Geschäftsbereiche und die Top-Führungskräfte.

In den Kursen wurde derart großer Wert auf die praktischen Maßnahmen gelegt, dass sich die Teilnehmer in interne Berater des Top-Managements verwandelten. Die Klassen untersuchten unsere Wachstumschancen und die Vorgehensweise anderer erfolgreicher Unternehmen in praktisch allen Industrie- und Entwicklungsländern. Sie bewerteten, ob und wie schnell unsere vier Initiativen griffen. In jedem Fall zogen sie praktische Lehren, die in einem Unternehmensbereich in die Tat umgesetzt wurden. Wir erhielten ausgezeichnete Beratung durch unsere besten Leute, denen die Entwicklung des Unternehmens wirklich am Herzen lag, und in den Kursen wurden über die Bereiche hinweg dauerhafte Freundschaften geschlossen.

Die Teilnahme an einem dieser Kurse wurde zu einer Auszeichnung für besondere Leistungen. Niemand konnte ohne Zustimmung des Leiters der Geschäftseinheit an einem BMC-Kurs teilnehmen. Für die Aufnahme in den EDC-Kurs war das Plazet von Personalchef Bill Conaty, den Vice Chairmen und mir erforderlich. Alle für die Teilnahme an den Kursen vorgeschlagenen Manager wurden einer Personalbeurteilung unterzogen.

Mitte der 80er Jahre begannen wir in den Klassen bessere Gesichter zu sehen, und die Diskussionen gewannen an Qualität. Das Aussehen dieser Kurse hatte sich vollkommen verändert. Nachdem wir 1989 begonnen hatten, einen größeren Kreis von Managern mit Aktienoptionen zu belohnen, stellte ich in der ersten Stunde die Frage: »Wie viele von Ihnen haben Optionen erhalten?« Anfangs hob üblicherweise weniger als die Hälfte der Teilnehmer die Hand.

»Ich habe gute Nachrichten für Sie«, sagte ich dann. »Denjenigen, die Optionen erhalten haben, möchte ich gratulieren. Sie hätten sie nicht bekommen, wenn Sie keine herausragenden Manager wären. Die Aktien entwickeln sich in letzter Zeit gut, und wenn die Entwicklung anhält, können Sie sich darauf vorbereiten, richtig viel Geld mit diesen Optionen zu verdienen.« Zu diesem Zeitpunkt fragten sich die Kursteilnehmer, die noch nie eine Aktienoption gesehen hatten, was wohl als Nächstes kommen werde.

»Und ich habe eine gute Nachricht für diejenigen, die noch keine Optionen erhalten haben«, fuhr ich fort. »Jetzt wissen Sie, dass Ihr Chef nicht ehrlich zu Ihnen ist. Wenn er Ihnen gesagt hat, dass Sie ein Star sind, ist etwas nicht in Ordnung – denn alle unsere Stars erhalten Aktienoptionen. Sie sollten zu Ihrem Chef gehen und ihn fragen, warum Sie keine Option bekommen haben.« Viele verzichteten darauf – denn sie wussten instinktiv, wo sie standen.

Im Jahr 1991 entschieden wir, dass an den Spitzenprogrammen in Crotonville keine Manager mehr teilnehmen durften, die keine Aktienoptionen erhalten hatten. Alle ausgezeichneten Manager wurden mit Optionen belohnt, und jeder dieser Manager sollte nach Crotonville gehen.

Im Jahr 1995 las ich in *Fortune* einen Artikel über Pepsi-Cola und darüber, wie Geschäftsführer Roger Enrico und sein Team ihre Manager in Führungsmethoden unterwiesen. Ich fand Gefallen an ihrem Modell und entschied, dass jedes Mitglied unseres Führungsteams ebenfalls eine Unterrichtsstunde abhalten sollte. Bis dahin hatten unsere Spitzenmanager und Bereichsleiter nur sporadisch unterrichtet. Anhand der von Pepsi entlehnten Methode konnten wir den Klassen Einblick in die Vorgehensweise unserer erfolgreichsten Rollenvorbilder geben. Heute sind 85 Prozent der Lehrer in Crotonville Manager von GE.

Die architektonische Erneuerung von Crotonville war 1986 abgeschlossen. Die Schulungseinrichtungen waren durch ein neues Wohngebäude ergänzt worden. Doch vor allem saßen andere Leute in den Klassenzimmern. Die Teilnehmer waren dynamischer und eher bereit, kritische Fragen zu stellen. Alles in allem dauerte es rund zehn Jahre, bis die meisten unserer Leute wirklich verstanden, worum es uns ging. Im vergangenen Jahrzehnt hat sich der Pit mit begeisterungsfähigen und engagierten Leuten gefüllt. Die Fragen sind intelligent und anspruchsvoll – für mich und für sie.

Crotonville hat sich in eine Energiequelle verwandelt, in einen Ort, an dem ein reger Gedankenaustausch stattfindet.

Wenn ich all meine Aufgaben erledigt habe, möchte ich mich der Lehre zuwenden. Tatsächlich habe ich immer gern unterrichtet. Nachdem ich meinen Doktortitel erworben hatte, führte ich sogar Bewerbungsgespräche mit einigen Universitäten. In meiner ersten Zeit bei GE gab ich einem meiner Techniker, Pete Jones, regelmäßig Mathematikunterricht. In der Mittagspause setzten wir uns in meinem Büro in Pittsfield zusammen. Ich wusste, dass Pete intelligent war, und wollte, dass er erneut auf die Universität ging.

Pete würde gewiss sagen, dass ich ein ungeduldiger Lehrer war. Manchmal warf ich mit der Kreide nach ihm, wenn er eine Formel nicht verstand. Doch der Unterricht wirkte: Pete verließ GE, schloss sein Studium ab und unterrichtete 30 Jahre lang als Lehrer in Pittsfield.

Ich blieb leicht in Crotonville hängen. Ich verbrachte außergewöhnlich viel Zeit dort. Ich war ein- bis zweimal im Monat im Pit und unterrichtete jeweils bis zu vier Stunden lang. Im Lauf von 21 Jahren hatte ich Gelegenheit, persönlich zu fast 18 000 Managern von GE zu sprechen. Ich empfand die Ausflüge nach Crotonville stets als Verjüngungskur. Sie gehörten zu meinen liebsten Beschäftigungen.

Doch ich hielt nie Vorlesungen. Ich liebte den offenen Gedankenaustausch mit meinen Schülern, die mich ebenso viel lehrten wie ich sie. Ich betätigte mich als Moderator, der den Teilnehmern die Möglichkeit eröffnete, voneinander zu lernen. Ich konfrontierte die Klassen mit neuen Ideen, und unser Meinungsaustausch bereicherte sie. Ich wünschte mir Gegenreaktionen und Herausforderungen. In den letzten zehn Jahren habe ich sie bekommen.

Bevor ich auftauchte, schickte ich manchmal ein handschriftliches Memo voraus, in dem ich festhielt, was ich in der Sitzung behandeln wollte. Die Teilnehmer der MDC-Kurse forderte ich üblicherweise auf, als Gruppe über einige Fragen nachzudenken. (vgl. Abb. S. 193)

»Ich werde über erstklassige, zweitklassige und drittklassige Manager sprechen. Ich werde Sie nach den Charakteristika der verschiedenen Kategorien fragen … und möchte mit Ihnen darüber diskutieren.«

»Welche frustrierenden Erfahrungen machen Sie, und wie kann ich Ihnen diesbezüglich helfen?« – »Was missfällt Ihnen an einer Karriere bei GE? Was möchten Sie ändern?« – »Machen Sie Erfahrungen mit der Qualitätsinitiative? Wie würden Sie die Initiative in Ihrer Tätigkeit, in Ihrem Bereich und im Gesamtunternehmen beschleunigen?«

Im EDC-Programm verfolgte ich andere Ziele. Ich fragte die Kursteilnehmer, was sie tun würden, wenn Sie am nächsten Tag zum Leiter von GE ernannt würden. »Was würden Sie in den ersten 30 Tagen an der Spitze des Unternehmens tun? Haben Sie gegenwärtig eine Vorstellung von dem, was getan werden müsste? Wie würden Sie vorgehen, um eine ›Vision‹ zu entwickeln? Was würden Sie tun, um Ihre Vision zu ›verkaufen‹? Auf welchem Fundament würden Sie aufbauen? Welche gegenwärtigen Praktiken würden Sie abschaffen?«

Und ich forderte jeden Teilnehmer auf, sich darauf vorzubereiten, ein Führungsdilemma zu beschreiben, mit dem er in den vergangenen zwölf Monaten konfrontiert worden war – eine Werksschließung, eine Auslagerung von Tätigkeiten, eine schwierige Entlassung oder den Kauf oder Verkauf eines Unternehmensbereichs. Ich berichtete über eigene Erfahrungen, um die Diskussion im Kurs in Gang zu bringen. Eines meiner bevorzugten Fallbeispiele kreiste um ein Treffen mit Boeing-Leiter Phil Condit im November 1997. Zu jener Zeit bemühten wir uns um einen Auftrag für Flugzeugtriebwerke für das neue Langstreckenflugzeug von Boeing, die 777. Der Auftrag war über eine Milliarde Dollar wert.

Ich hatte beim Jahrestreffen von Bill Gates in Seattle die Rede nach dem Dinner gehalten. An jenem Abend hatte ich ein kurzes Gespräch mit Phil und lud ihn für den nächsten Tag zu einem privaten Mittagessen ein. Die Teams von GE und Boeing hatten lang und hart an der Wahl des richtigen Triebwerks für die Langstreckenversion der 777 gearbeitet. Phil war gut über das Thema informiert. Ich versuchte ihn davon zu überzeugen, dass unser Triebwerk das richtige für sein Flugzeug und GE der richtige Partner für Boeing sei. Phil hörte aufmerksam zu, stellte einige Fragen und beendete das Gespräch mit ausgezeichneten Nachrichten.

10/22/96

MDC Class.

I look forward to seeing you on what appears to be a full Monday for you. I know you will enjoy interacting with the BOD.

I have a few thoughts for you to think about prior to our session.

As a class (perhaps in three sections)

(A) What are the major frustrations you deal with on a daily basis that
- You or your immediate leader can confront
- I can help with

(B) What are the three best things about a GE career.

(C) What don't you like about a career in GE that you would like to see changed.

Individually –

(A) Are you experiencing the Quality initiative... How would you accelerate it in your area? your business? the Company.

Jack

»Schließen wir diese Unterhaltung mit der Feststellung ab, dass Sie das Rennen gemacht haben«, sagte er. »Allerdings müssen Sie mir etwas versprechen: Sie dürfen Ihren Leuten nicht sagen, dass sie den Auftrag haben. Sie müssen weiterhin in dem Glauben verhandeln, der Wettbewerb sei noch nicht entschieden.«

Ich willigte ein. In den folgenden zwei bis drei Monaten riefen mich unsere Verhandlungsführer laufend an und erklärten mir, wir müssten Boeing weitere Zugeständnisse beim Preis machen und mehr Unterstützung bei der Entwicklung gewähren. Jedes Mal, wenn mir meine Leute von ihren jüngsten Zugeständnissen berichteten, litt ich Höllenqualen. Doch es war unmöglich, sie über mein Gespräch mit Phil aufzuklären. Also gaben sie immer weiter nach.

Als schließlich der letzte Tag gekommen war, machte Boeing noch einmal Druck. Ich konnte es nicht mehr ertragen. Also rief ich Phil an. »Phil, ich halte es nicht mehr aus. Ich muss mein Wort brechen.« »Sie sind weit genug gegangen«, erwiderte er. »Sagen Sie Ihren Leuten, sie sollen unsere Forderung ablehnen. Der Auftrag ist ihnen sicher.«

Ein weiteres Dilemma, das ich den Kursteilnehmern schilderte, hatte mit unserer Entscheidung zu tun, die Produktion unserer Kühlschränke Ende der 90er Jahre von Louisville (Kentucky) nach Mexiko zu verlagern. Die wirtschaftlichen Fakten sprachen klar für diese Entscheidung. Auf der anderen Seite hatte die Gewerkschaft auf lokaler und nationaler Ebene alles getan, um dazu beizutragen, unsere Produktionsstätten in den Vereinigten Staaten wettbewerbsfähiger zu machen.

Unter rein wirtschaftlichen Gesichtspunkten war der Umzug nach Mexiko unvermeidlich. Wir hatten noch andere Betriebe in Louisville, und die nationale Gewerkschaftsführung bemühte sich, mit uns zusammenzuarbeiten. Schließlich entschlossen wir uns, die Produktion einer Produktlinie dort zu belassen, womit wir etwa 900 Arbeitsplätze in Louisville erhielten. Ich rechtfertigte diese Entscheidung damit, dass die Kooperationsbereitschaft, mit der wir aufgrund dieser Entscheidung rechnen durften, eine Verbesserung des Standorts Louisville erleichtern würde. Doch es war sehr schwierig gewesen, sich gegen das Diktat der Zahlen aufzulehnen.

Ich erzählte diese und andere Geschichten und ließ die Kursteilnehmer an meinen ethischen und geschäftlichen Bauchschmerzen teilhaben. Dann forderte ich einen Teilnehmer, der meines Wissens kurz zuvor in einer schwierigen Lage gewesen war, zur Beschreibung seines Dilemmas auf. Die Schleusen waren geöffnet. Diese persönlichen Diskussionen gehörten zu den fruchtbarsten Erfahrungen in Crotonville. Die Kursteilnehmer gingen in dem Wissen nach Hause, nicht die einzigen zu sein, die schwere Entscheidungen zu fällen hatten.

In den Kursen auf der Einstiegsebene eröffnete ich die Diskussion, indem ich die Teilnehmer aufforderte, sich vorzustellen. In der ersten von vier Stunden tat ich nichts anderes. Ich versuchte eine persönliche Beziehung zu ihrer Tätigkeit herzustellen und sie zum Sprechen zu bewegen. Dann hörte ich mir an, was ihnen am Unternehmen gefiel und missfiel und was sie an meiner Stelle ändern würden.

In Crotonville hatte ich auch Gelegenheit, einige Zweifel zu zerstreuen, die unsere Initiativen im Unternehmen geweckt hatten. Als wir mit der Globalisierung begannen, fragten die Leute: »Muss ich eine globale Funktion ausüben, um im Unternehmen aufzusteigen?« »Natürlich nicht«, antwortete ich. »Doch Ihre Chancen sind besser, wenn Sie im Ausland tätig werden. Eine solche Erfahrung fördert Ihre Entwicklung und die Ihrer Familie.«

Als ich versuchte, unsere Aktivitäten im Dienstleistungssektor auszuweiten, fragten die Kursteilnehmer natürlich: »Werden wir uns aus dem produzierenden Gewerbe zurückziehen?«

Meine Antwort: »Ohne ausgezeichnete Produkte kann man keine Dienstleistungen haben.«

Als wir unser Qualitätsprogramm Six Sigma einleiteten, begannen die Leute zu fragen: »Muss man Six-Sigma-Experte werden, um im Unternehmen voranzukommen?« »Es wäre sicher hilfreich«, antwortete ich dann. »Das ist eine Möglichkeit, sich von der Masse abzuheben.«

Und als wir im Jahr 1999 unsere E-Business-Initiative starteten, fragten die Leute, ob sie sich jetzt erneut in Experten für ein neues Gebiet verwandeln müssten. Einige waren derart versessen darauf, am digitalen Geschäft teilzunehmen, dass sie nicht mehr bereit waren, zwei Jahre in die Six-Sigma-Schulung zu investieren. Ich antwortete ihnen: »Six Sigma ist eine unverzichtbare Grundausbildung, die Sie wie ein Universitätsdiplom aus der Masse hervorhebt. Die digitalen Kenntnisse sind lediglich eine Fähigkeit wie das Lesen oder Schreiben. Diese Kenntnisse wird bald jeder besitzen.«

Nach jeder Unterrichtseinheit ging ich mit der Gruppe im Erholungszentrum etwas trinken, bevor ich wieder in die Zentrale zurückflog. Drei Tage später erhielt ich die Antworten der Kursteilnehmer auf die folgenden drei Fragen:

»Was fanden Sie konstruktiv und erhellend an dem Vortrag?« – »Was fanden Sie verwirrend und beunruhigend?« – »Welche wichtige Botschaft nehmen Sie mit nach Hause?«

Die Kommentare waren hilfreich. Anfang der 80er Jahre verließen viele Manager Crotonville verwirrt und besorgt. Ich nahm ihre Stellungnahmen ernst und versuchte, Lehren aus ihren Antworten zu ziehen und meine Sache im nächsten Kurs besser zu machen. Ich las jeden einzelnen Kommentar genau durch. Wenn jemand seine Unterschrift unter die Bemerkungen setzte, schickte ich ihm manchmal eine kurze Klarstellung.

Mitte der 80er Jahre begann sich in den Antworten der Teilnehmer zu zeigen, dass sie meine Argumente besser nachvollziehen konnten. Nachdem sie meine Erläuterung der Strategie und der Vision gehört hatten, erklärten sie, meine Ziele besser zu verstehen. Doch was sie von mir hörten, deckte sich oft nicht mit dem, was ihnen ihre Vorgesetzten am Arbeitsplatz sagten. Teilweise waren sie von ihren Managern mit dem Hinweis auf die Sitzung vorbereitet worden, sie würden Unsinn zu hören bekommen. Tief im Bauch der Organisation regte sich also immer noch Widerstand.

Ende der 80er Jahre nahmen alljährlich rund 5000 Mitarbeiter an verschiedenen Kursen in Crotonville teil. Doch ich hörte immer noch dieselben Fragen und Kommentare. Die Leute meinten, die Botschaft und die Vision seien sinnvoll, um dann jedoch hinzuzufügen: »Zu Hause in meinem Betrieb sieht es anders aus.« Es war zum verrückt werden. Nach all der Anstrengung hatte die Botschaft immer noch nicht die ganze Organisation durchdrungen.

An einem Nachmittag im September 1988 verließ ich Crotonville verärgert und frustriert. Dabei war die Sitzung an diesem Tag besonders gut verlaufen. Die Kursteilnehmer hatten ihre Enttäuschung über ihre vergeblichen Bemühungen zur Änderung ihrer Unternehmensbereiche herausgelassen. Ich war davon überzeugt, dass wir diese Offenheit und Leidenschaft aus den Klassenzimmern von Crotonville in die Betriebe bringen mussten.

Auf dem Rückflug nach Fairfield musste sich Baughman anhören, wie ich meinem Ärger Luft machte. »Warum herrscht nicht überall dieselbe Offenheit wie in Crotonville?« Ich wartete seine Antwort nicht ab. Ich wusste, was wir zu tun hatten. »Wir müssen den Pit in Crotonville überall im Unternehmen kopieren.«

Als der Hubschrauber in Fairfield landete, hatten wir bereits eine Lösung skizziert, die wir in den nächsten Wochen ausgestalteten. Der Grundstein für das Work-Out-Programm war gelegt.

Der Pit in Crotonville funktionierte, weil die Leute dort das Gefühl hatten, offen sprechen zu können. Ich war zwar eigentlich ihr »Boss«, doch ich hatte nur sehr geringen Einfluss auf ihre persönliche Laufbahn. Dies galt insbesondere für die Kurse, an denen die Manager der unteren Ebenen teilnahmen. Entsprechende Bedingungen mussten wir in allen Unternehmensbereichen schaffen. Es lag auf der Hand, dass deren Leiter nicht mit der Leitung der Sitzungen betraut werden durften, weil sie jeden im Raum kannten. Damit wäre die Dynamik verloren gegangen und jede Offenheit im Keim erstickt worden.

Wir kamen auf die Idee, geschulte externe Moderatoren zu engagieren. Wir dachten dabei in erster Linie an Universitätsprofessoren, die nicht persönlich involviert waren. Das Vorbild für Work-Out lieferte die traditionelle neuenglische Gemeindeversammlung. Gruppen von 40 bis 100 Mitarbeitern wurden aufgefordert, sich zu ihrem Unternehmen und der Bürokratie zu äußern, insbesondere zu Genehmigungen, Berichten, Sitzungen und Leistungsmessungen.

Work-Out war wörtlich zu verstehen: Wir wollten unnötige Arbeit aus dem System entfernen. Um dieses Ziel zu erreichen, sollte jeder Unternehmensbereich hunderte von Work-Out-Versammlungen abhalten. Es sollte ein gewaltiges Programm werden.

Eine typische Work-Out-Veranstaltung dauerte zwei bis drei Tage. Der Manager gab den Startschuss, indem er eine bestimmte Aufgabe formulierte oder eine umfassende Zielsetzung vorschlug. Anschließend zog er sich zurück. In Abwesenheit des Chefs und mit Unterstützung des Moderators begannen die Mitarbeiter, Probleme aufzulisten, Lösungsvorschläge zu diskutieren und sich darauf vorzubereiten, ihre Ideen dem Vorgesetzten vorzulegen. Der neutrale Moderator, einer von zwei Dutzend Akademikern, die Jim Baughman für das Programm gewonnen hatte, erleichterte den Meinungsaustausch zwischen den Mitarbeitern und dem Manager.

Die eigentliche Neuerung bestand darin, dass wir die Manager verpflichteten, auf der Stelle über die Vorschläge zu entscheiden. Sie hatten zumindest 75 Prozent der Ideen sofort anzunehmen oder abzulehnen. War es nicht möglich, sofort eine Entscheidung zu fällen, so musste sie bis zu einem bestimmten Termin erfolgen. Es war unmöglich, einen Vorschlag in der Schublade verschwinden zu lassen.

Als die Mitarbeiter sahen, dass ihre Ideen tatsächlich umgehend in die Praxis umgesetzt wurden, verwandelte sich Work-Out in das jüngste Gericht für die Bürokratie.

Ich werde nie eine der Work-Out-Konferenzen in unserem Haushaltsgerätebereich vergessen. Es war im April 1990. Wir saßen mit 30 Mitarbeitern im Konferenzraum des Holiday Inn in Lexington (Kentucky). Ein Arbeiter aus der Produktion legte gerade einen Vorschlag für die Verbesserung des Herstellungsverfahrens für Kühlschranktüren vor. Er beschrieb einen Teil des Prozesses, der auf der zweiten Ebene des Montagebands angesiedelt war.

Plötzlich sprang der Vorarbeiter auf und unterbrach ihn mit den Worten: »Das ist Blödsinn. Sie haben ja keine Ahnung, wovon Sie reden. Sie waren ja überhaupt noch nie da oben.«

Er schnappte sich einen Stift und begann, etwas auf das Flipchart zu schreiben. Im Nu hatte er die Präsentation übernommen und die richtige Lösung gefunden, die augenblicklich angenommen wurde.

Es war ein unglaubliches Erlebnis, die Diskussion zwischen diesen beiden Arbeitern über eine Verbesserung des Produktionsprozesses zu verfolgen. Man stelle sich vor, wie ein paar frisch vom College gekommene Jungs versuchen, einen solchen Prozess zu verbessern. Sie hätten keine Chance. Diese Arbeiter hatten die nötige Erfahrung und konnten zur Lösung der Probleme beitragen. Kein Wunder, dass die Mitarbeiter ihre Position vergaßen und meldeten sich zu Wort.

Im Unternehmen waren hunderte derartige Geschichten zu hören. Mitte des Jahres 1992 hatten 200 000 Mitarbeiter von GE an Work-Outs teilgenommen. Der Gedanke, auf dem das Programm beruhte, lässt sich am besten mit den Worten eines Arbeiters mittleren Alters beschreiben: »25 Jahre lang haben Sie nur meine Hände bezahlt, obwohl Sie auch meinen Verstand hätten haben können – und zwar gratis.«

Work-Out bestätigte, was wir bereits wussten: Die Leute, die die Arbeit tatsächlich machen mussten, verstanden am meisten davon. Fast alle vorteilhaften Entwicklungen im Unternehmen haben ihren Ursprung darin, dass eine Betriebseinheit, ein Team oder ein einzelner Mitarbeiter autonom entscheiden durfte. Work-Out setzte die Kreativität vieler Mitarbeiter frei. Das Programm trug dazu bei, eine Kultur zu schaffen, in der sich jedermann zu beteiligen begann, in der die Ideen aller Mitarbeiter zählten und in der die Führungskräfte führten, anstatt Kontrolle auszuüben. Sie coachten die Mitarbeiter, anstatt vor ihnen zu predigen. Die Resultate gaben uns Recht.

Crotonville verwandelte sich letztlich in einen Schmelztiegel für Lernerfahrungen. Unsere besten Lehrer wurden selbst zu Schülern. In der Arbeit mit ihren Schülern und durch die Feldstudien lehrten sie die Führung des Unternehmens und einander, dass es oft einen besseren Weg gab, um unsere Aufgaben zu bewältigen.

Crotonville wurde zu unserer wichtigsten Fabrik. Und bald sollte seine Produktivität noch weiter steigen, denn wir hatten eine Idee, die dem Unternehmen für alle Zeit ein anderes Gesicht geben sollte.

13 Grenzenlos: Die Ideen werfen Erträge ab

Im Dezember 1989 saß ich auf Barbados unter einem Sonnenschirm am Strand. Ich verbrachte dort verspätete Flitterwochen mit meiner zweiten Frau Jane. Da mein Terminkalender auf Jahre im Voraus voll war, hatten wir nach unserer Trauung im April jenes Jahres keine Hochzeitsreise machen können. Nun hatten wir zumindest unseren »romantischen Urlaub«, doch wie üblich war die Arbeit mein wichtigstes Gesprächsthema. Ein etwas unübliches Bettgeflüster. Zum Glück hatte Jane eine Schwäche für die Wirtschaft.

Work-Out hatte sich als gewaltiger Erfolg erwiesen. Wir trieben die Bürokratie mit dem Programm vor uns her. Überall im Unternehmen brachen sich neue Ideen Bahn. Und ich suchte nach einem Begriff, um dieses Phänomen zu beschreiben, nach einem Slogan, der von der ganzen Organisation Besitz ergreifen und den Ideenaustausch auf ein höheres Niveau heben konnte.

Ich beschrieb Jane meine Idee, die geistige Kapazität von mehr als 300 000 Menschen jedem Einzelnen von ihnen zugänglich zu machen. Es sollte so etwas wie ein Abendessen mit acht besonders intelligenten Gästen werden, die alle etwas anderes wussten. Man stelle sich vor, um wie viel klüger jeder der Gäste sein würde, wenn man einen Weg fände, die besten Gedanken eines jeden auf alle anderen zu übertragen. Genau das schwebte mir vor.

Sandy Lane auf Barbados war ein wunderbarer Ort. Ich hatte noch nie Weihnachten in der Karibik gefeiert. Der Anblick von Santa Claus, der aus einem U-Boot stieg, war möglicherweise genau der Anstoß, den ich gebraucht hatte. An jenem Tag hatte ich die Idee, die mich im kommenden Jahrzehnt beschäftigen würde.

Die arme Jane. Ich war in Fahrt. Ich sprach die ganze Zeit darüber, wie Work-Out die Grenzzäune niederriss. Plötzlich kam mir das Wort »grenzenlos« in den Sinn. Tatsächlich ließ sich mit diesem Wort mein Traum für das Unternehmen zusammenfassen. Es ging mir einfach nicht mehr aus dem Kopf. So seltsam das auch klingen mag: Ich fühlte mich, als wäre mir eine bahnbrechende wissenschaftliche Entdeckung gelungen.

Vollkommen besessen von meiner neuesten Idee, reiste ich eine Woche später direkt von Barbados nach Boca Raton zum jährlichen Treffen unserer Betriebsleiter. Zum Abschluss dieser Versammlung skizzierte ich stets die Aufgaben für das kommende Jahr. Diesmal waren die letzten fünf Seiten meiner Notizen mit Bemerkungen zum grenzenlosen Verhalten vollgekritzelt. (Ich glaube, die Bemerkungen waren besser, als sie aussahen – siehe Abb. auf S. 202) Wie üblich übertrieb ich ein wenig. Ich hatte gelernt, dass man eine große Idee mit leidenschaftlichem Einsatz verkaufen musste, wenn man irgendetwas erreichen wollte.

Ich bezeichnete *Boundaryless* als die Methode, die GE in den 90er Jahren »von den übrigen Unternehmen der Welt abheben« werde. (Zugegebenermaßen nicht gerade eine zurückhaltende Vorstellung.) In dem grenzenlosen Unternehmen, das mir vorschwebte, würden alle Mauern zwischen den Funktionen – Entwicklung, Herstellung, Marketing und so weiter – niedergerissen. Wir würden nicht mehr zwischen »inländischer« und »internationaler« Aktivität unterscheiden, sondern ebenso gern in Budapest und Seoul arbeiten wie in Louisville und Schenectady.

Ein grenzenloses Unternehmen würde auch die Mauern zur Außenwelt beseitigen, um seine Lieferanten und Abnehmer in einen einzigen Prozess zu integrieren. Es würde die Grenzen zwischen den Geschlechtern und ethnischen Gruppen aufheben. Es würde dem Team Vorrang vor dem Einzelnen geben.

Seit Bestehen des Unternehmens hatten wir den Erfinder oder den Urheber einer guten Idee stets belohnt. Boundaryless würde nicht nur den Urhebern guter Ideen, sondern auch jenen Anerkennung zollen, die eine solche Idee erkannten und entwickelten. Damit wurden die Führungskräfte ermutigt, die Anerkennung für hervorragende Ideen mit ihren Teams zu teilen, anstatt sie für sich allein in Anspruch zu nehmen. Dies veränderte die Beziehungen zueinander im Unternehmen grundlegend.

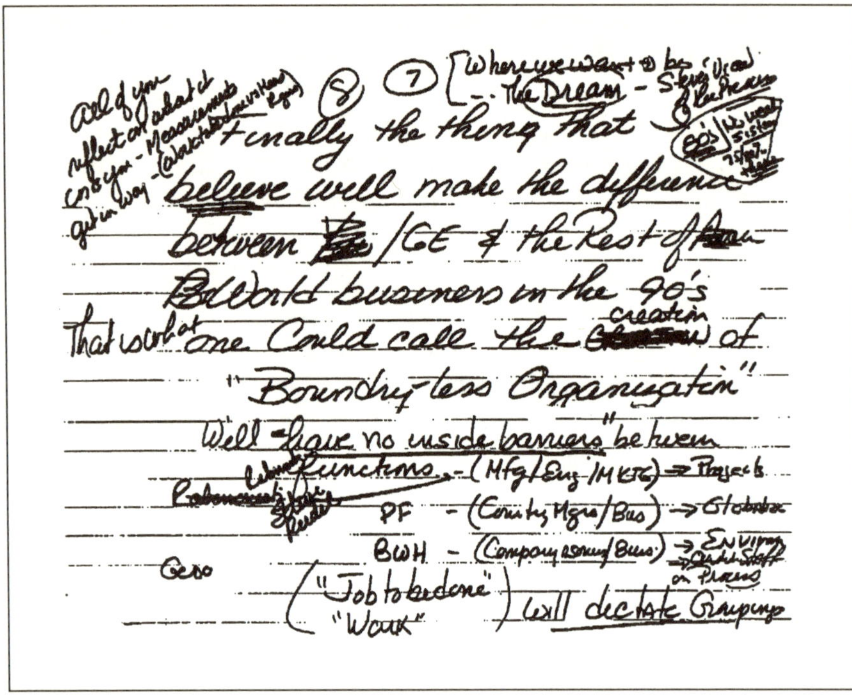

Zudem würde uns Boundaryless für die besten Ideen und Arbeitsmethoden anderer Unternehmen empfänglich machen. Wir hatten bereits damit begonnen, das Not-Invented-Here-Syndrom (NIH) zu bekämpfen, indem wir die *Kanban*-Produktionsmethode aus Japan übernommen hatten, die ein Vorläufer der Just-in-Time-Produktion war. Doch Boundaryless ging viel weiter. Ich wollte, dass jeder Mitarbeiter von GE den Tag mit dem Ziel begann, »einen besseren Weg zu finden«. Der Slogan »Finding a Better Way Every Day« wurde in unseren Produktionsanlagen und Büros in aller Welt an die Wände geheftet.

Die Idee erfüllte die von Work-Out begründete Lernkultur mit neuem Leben. Bereits im Jahr 1990 konnten wir beobachten, dass die Unternehmensbereiche begannen, untereinander Wissen auszutauschen. Boundaryless war einfach der Begriff, den wir gebraucht hatten, um diesen fließenden Austausch zu beschreiben und im Alltag der Unternehmenstätigkeit zu verankern. Wir benutzten den Slogan, um Mitarbeiter in Bedrängnis zu bringen, die eine Idee für sich behalten wollten, oder um Manager unter Druck zu setzen, die nicht bereit waren, einen guten Mitarbeiter an einen anderen Bereich abzutreten. Solche Leute mussten sich nun scherzhafte Kommentare anhören:

»Na, wenn das kein grenzenloses Verhalten ist!« Sie verstanden die Botschaft.

Im Jahr 1991 begannen wir, den Managern im Rahmen der Personalbeurteilungen Noten für ihre Fähigkeit zu grenzenlosem Verhalten zu geben. Jeder Manager im Unternehmen wurde aufgrund der Beurteilung durch seine Kollegen und später ausgehend vom Urteil seiner Vorgesetzten eingestuft. Ein leerer Kreis hinter dem Namen bedeutete, dass der Manager sein Verhalten rasch ändern musste, wenn er seinen Job nicht verlieren wollte. Wir erklärten den Leuten, wo sie standen. Bald wusste jeder im Unternehmen, wie wichtig dieser Wert geworden war.

Im Jahr 1992 tat ich etwas, was unsere Werte einschließlich der Grenzenlosigkeit wirklich zum Leben erweckte. Der Ort war erneut Boca Raton. Wir sprachen über die Fähigkeit der Manager, Ergebnisse zu liefern und gleichzeitig an den Werten von GE festzuhalten. Ich unterteilte die Manager in vier Typen.

Der Manager des Typs 1 hält – finanzielle und andere – Zusagen ein und teilt die Werte des Unternehmens. Die Entscheidung über seine Zukunft fällt uns leicht.

Typ 2 hält weder seine Zusagen ein, noch teilt er unsere Werte. Die Entscheidung über ihn ist weniger angenehm, doch ebenso einfach.

Typ 3 hält seine Zusagen nicht ein, teilt jedoch unsere Werte. Wir sind bereit, ihm eine zweite und möglicherweise auch eine dritte Chance zu geben, vorzugsweise in einer anderen Umgebung. Ich habe in solchen Fällen einige erfreuliche Überraschungen erlebt.

Typ 4 stellt uns vor die größten Schwierigkeiten. Ein solcher Manager hält all seine Zusagen ein, liefert die geforderten Ergebnisse, teilt jedoch die Werte nicht. Manager dieses Typs zwingen ihre Mitarbeiter üblicherweise zu Leistungen, anstatt sie zu motivieren. Wir haben es in diesen Fällen mit Autokraten, mit Tyrannen zu tun. Allzu oft verschließen wir angesichts der Leistungen solcher Manager die Augen vor ihren schweren Mängeln. Ich selbst habe das mehr als einmal getan.

In früheren Zeiten mochte das funktioniert haben. Doch in einem Unternehmen, das die Grenzenlosigkeit zu einem seiner Wesenszüge machen wollte, konnten wir uns Manager des Typs 4 auf gar keinen Fall mehr leisten.

Da stand ich nun in Boca Raton vor den 500 versammelten Managern und erklärte, warum im Vorjahr vier Konzernmanager, deren Namen ich nicht nannte, zum Verlassen des Unternehmens aufgefordert worden waren, obwohl sie gute finanzielle Ergebnisse vorzuweisen hatten. Wenn ich etwas deutlich machen wollte, griff ich niemals auf die herkömmliche Ausrede zurück, jemand sei »aus persönlichen Gründen ausgeschieden«.

»Sehen Sie sich um«, sagte ich. »Es fehlen fünf Manager, die letztes Jahr noch unter uns waren. Einer von ihnen wurde wegen schlechter Ergebnisse entlassen, während die vier anderen gehen mussten, weil sie unsere Werte nicht in die Tat umsetzten.«

Ich erklärte, ein Manager sei ersetzt worden, weil er nicht an Work-Out oder den Austausch von Ideen geglaubt hatte – er hatte nicht verstanden, was »grenzenlos« bedeutete. Ein anderer war nicht in der Lage gewesen, ein starkes Team aufzubauen, während der dritte sein Team nicht eigenständig arbeiten ließ. Der vierte hatte nie verstanden, worum es bei der Globalisierung ging.

»Der Grund dafür, dass ich mich so ausführlich damit beschäftige, liegt darin, dass es wirklich wichtig ist. Wir können nicht über die Auseinandersetzung mit der Wirklichkeit, über Ehrlichkeit, Globalisierung, Grenzenlosigkeit, Geschwindigkeit und Empowerment sprechen und gleichzeitig mit Leuten arbeiten, die diese Werte nicht verinnerlichen. Jeder Einzelne von uns muss den Worten Taten folgen lassen.«

Man hätte eine Stecknadel fallen hören können. Als ich ihnen sagte, dass ein Mangel an grenzenlosem Verhalten ein Kündigungsgrund sei, begriffen sie, worum es ging. Man konnte sie geradezu denken hören: Die meinen das tatsächlich ernst.

Plötzlich war der Aufruf, »jeden Tag einen besseren Weg« zu suchen, kein bloßer Slogan mehr. Diese Bemühung stand im Mittelpunkt des grenzenlosen Verhaltens und sie war Ausdruck unserer Erwartungen. Nachdem wir jahrelang mit Umstrukturierungen, Firmenübernahmen und Ausgliederungen an der Struktur von GE gearbeitet hatten, gingen wir nun dazu über, das zu entwickeln, was wir später als die »soziale Architektur« des Unternehmens bezeichnen würden.

Diese zentralen Werte würden GE von allen anderen Unternehmen unterscheiden. Wir mussten auf Vortrefflichkeit beharren und gegenüber der Bürokratie intolerant bleiben. Wir mussten die besten Ideen ungeachtet ihres Ursprungs für uns nutzbar machen. Wir mussten den Wert des geistigen Kapitals in aller Welt sowie den seiner Inhaber schätzen. Wir mussten alles für den Erfolg unserer Kunden tun. Zu jener Zeit arbeiteten in Crotonville über 5000 Mitarbeiter an einer Wer-

GE Values

All of us ... Always with unyielding integrity...

- Are passionately focused on driving customer success
- Live Six Sigma Quality ... ensure that the customer is always its first beneficiary ... and use it to accelerate growth
- Insist on excellence and are intolerant of bureaucracy
- Act in a boundaryless fashion ... always search for and apply the best ideas regardless of their source
- Prize global intellectual capital and the people that provide it ... build diverse teams to maximize it

- See change for the growth opportunities it brings ... e.g., digitization
- Create a clear, simple, customer-centered vision ... and continually renew and refresh its execution
- Create an environment of "stretch," excitement, informality and trust ... reward improvements ... and celebrate results
- Demonstrate ... always with infectious enthusiasm for the customer ... **the "4-E's" of GE leadership**: the personal **Energy** to welcome and deal with the speed of change ... the ability to create an atmosphere that **Energizes** others ... the **Edge** to make difficult decisions ... and the ability to consistently **Execute**

teerklärung. Wir hielten diese Werte für derart wichtig, dass wir sie schließlich auf laminierte Kunststoffkarten drucken ließen, die wir seither alle bei uns tragen.

Wir wollten eine Lernkultur schaffen, die es GE ermöglichen würde, viel mehr als die Summe seiner Bestandteile zu werden. Schon am ersten Tag an der Spitze des Unternehmens wusste ich, dass wir mehr waren als ein Konglomerat unzusammenhängender Unternehmen. Ich prägte früh den Begriff der »integrierten Diversität«, um den Angehörigen von GE den Vorteil eines Gedankenaustauschs über die Unternehmensbereiche hinweg vor Augen zu führen. Doch dieses Konzept funktionierte nicht. Die »integrierte Diversität« war Managementjargon. Der Begriff war zu unpersönlich und nicht menschlich genug.

Es ist verblüffend, was ein paar Worte bewirken können – oder auch nicht. Selbstverständlich genügte ein Wort oder eine Phrase nicht. Wir mussten ein System errichten, um das Konzept in die Tat umzusetzen. Vor allem mussten wir die Kriterien ändern, anhand derer wir unsere besten Mitarbeiter bezahlten.

Im alten System bestand die größte Belohnung in einem Jahresbonus, der von den Ergebnissen jedes einzelnen Geschäftsbereichs abhing. War man erfolgreich, so erhielt man seine Bonuszahlung – selbst wenn das Unternehmen insgesamt schlecht abschnitt.

Mir gefiel der Gedanke nicht, dass sich einzelne Bereiche ans Ufer retten konnten, während das Unternehmensschiff sank. Dieses Belohnungssystem war nicht geeignet, das von mir gewünschte Verhalten zu fördern. Wenn wir wollten, dass sich die Unternehmensbereiche in Ideenlaboratorien verwandelten, mussten wir die Leute entsprechend bezahlen.

Unser System arbeitete gegen uns. Als ich 1980 zum Chairman ernannt wurde, besaß ich Optionen auf 17 000 GE-Aktien und hatte einen Gewinn von weniger als 80 000 Dollar realisiert – nachdem ich zwölf Jahre lang mit Aktienoptionen belohnt worden war. Sie können sich vorstellen, wie wenig die anderen Führungskräfte erhielten. Wenn die Geschäftseinheit eines Managers, der ein Gehalt von 200 000 Dollar bezog, in einem Jahr sehr gut abschnitt, konnte dieser Manager auf eine Bonuszahlung von 25 Prozent seines Grundgehalts kommen. Das waren 50 000 Dollar. Der individuelle Bonus überstieg den Wert der Aktienoptionen deutlich. Ich wollte, dass die Resultate des Gesamtunternehmens und der Aktienkurs größere Bedeutung für die Leute erhielten als die Ergebnisse ihrer Unternehmensbereiche.

Im September 1989 stimmte der Board einer Änderung des Systems zu. Wir beschlossen, den Managern häufiger mehr Aktienoptionen zu gewähren. Da sich der Aktienmarkt Anfang der 80er Jahre vorteilhaft entwickelte, überstieg der finanzielle Nutzen, den die Mitarbeiter aus den Ergebnissen des Unternehmens zogen, alle Bonuszahlungen, die sie je für die Erfolge ihrer Geschäftseinheiten erhalten hatten. Dies förderte den Austausch von Ideen unter den 500 Managern in den höchsten Positionen.

Doch ich hätte mehr tun und schneller handeln müssen. Erst 1989 konnte ich den Optionsplan ausweiten. In jenem Jahr erhielten nicht wie bisher nur 500, sondern 3000 unserer besten Leute Optionen.

Heute bekommen jedes Jahr 15 000 Mitarbeiter Aktienoptionen – und mehr als doppelt so viele besitzen bereits welche.

Diese Änderungen am Optionsplan und ein gesunder Aktienmarkt verhalfen dem Ideenaustausch zum Durchbruch. Im Jahr 1981 wurden Optionen im Wert von sechs Millionen Dollar ausgeübt. Vier Jahre später hatte sich dieser Wert auf 52 Millionen Dollar erhöht. Im Jahr 1997 lösten 10 000 Mitarbeiter Optionen im Wert von einer Milliarde Dollar ein. Zwei Jahre später kassierten rund 15 000 Mitarbeiter 2,1 Milliarden Dollar. Anfang des Jahres 2000 besaßen etwa 32 000 Mitarbeiter Optionen im Wert von über zwölf Milliarden Dollar.

Mit den in den internen Vermögensbildungsplänen angelegten Aktien und den Aktienoptionen hält die Belegschaft von GE heute den größten Aktienanteil am Unternehmen.

Was für ein Spaß! Jeden Freitag erhielt ich eine Liste aller Mitarbeiter, die Aktienoptionen ausgeübt hatten. Die Optionen veränderten ihr Leben. Sie halfen ihnen, ihren Kindern die Universität zu bezahlen, für betagte Eltern zu sorgen oder sich ein Zweithaus zu kaufen.

Am meisten Spaß machte es mir, nach unbekannten Namen zu suchen. Es waren nicht nur große Tiere. Die Grenzenlosigkeit machte sich für alle bezahlt.

Der Besitz von Unternehmensanteilen ändert das Verhalten – und die Änderungen im Belohnungssystem erleichterten uns die Einführung der Grenzenlosigkeit im Jahr 1990. Doch es fehlten immer noch einige Teile des Puzzles. Wir mussten eine Methode entwickeln, um die besten Ideen zutage zu fördern und rasch durch die Organisation zu schleusen.

So gestalteten wir ein neues Betriebssystem. Wie in jedem Unternehmen fanden auch bei uns im Lauf eines Jahres zahlreiche Versammlungen des Managements statt, in denen Aktivitäten geplant, die Resultate vorgelegt und die Fortschritte geprüft wurden. Die Grenzenlosigkeit verknüpfte diese Versammlungen zu einem Betriebssystem, das auf dem stetigen Fluss der Ideen beruhte.

Ich betrachtete jedes Meeting als Baustein des Ideengebäudes. Ein Baustein wurde auf den anderen gesetzt, um die Ideen zu erweitern und zu vervollkommnen. So wurden die Versammlungen mehr als nur eine Reihe langweiliger, zeitaufwändiger Geschäftssitzungen. Neue Mitarbeiter erklären oft, die Besonderheit von GE liege darin, dass es seine zentralen Ideen ständig wiederhole, Sitzung für Sitzung für Sitzung.

Unser Betriebssystem wird Anfang Januar mit einer Versammlung der 500 führenden Betriebsmanager in Boca Raton in Gang gebracht. Dort werden die besten Leute und die besten Ideen gefeiert. Im Verlauf der zweitägigen Veranstaltung beschreiben Redner von allen Ebenen in zehnminütigen Vorträgen ihre Fortschritte bei der Umsetzung einer bestimmten Unternehmensinitiative. Keine langen, langweiligen Reden, keine Diavorträge, sondern einfach nur gute Ideen. (In Anhang D findet der Leser die Agenda für das Jahr 2001.)

Im März findet das erste Quartalstreffen unseres Corporate Executive Council (CEC) statt. Veranstaltungsort ist ein Raum in Crotonville, den wir als »die Höhle« bezeichnen. An den Versammlungen des CEC, die zwei Tage dauern, nehmen die 35 Manager teil, die der Führungsspitze von GE angehören, das heißt die Leiter der Unternehmensbereiche und die Spitzenmanager aus der Konzernzentrale.

In der Versammlung des CEC aktualisieren die Teilnehmer ihre Tätigkeit und beschreiben ihre Fortschritte in Bezug auf die Initiativen. Es wird von ihnen erwartet, jeweils eine vollkommen neue Idee vorzustellen, die auch von anderen Einheiten übernommen werden kann.

Im April und im Mai nehmen das Büro der Konzernleitung und unser Personalchef Bill Conaty Kontakt zu den Unternehmensbereichen auf, um die Personalbeurteilungen vorzunehmen. Dies kann sehr anregend sein: Wir führen aggressive, von brutaler Ehrlichkeit gekennzeichnete Gespräche über unsere besten Köpfe. Wir sehen uns an, welche Fortschritte die Unternehmensbereiche mit Blick auf unsere Initiativen gemacht haben und wie gut deren Umsetzung auf den unteren Ebenen vorankommt.

So können wir uns ein Bild von unseren besten und intelligentesten jungen Mitarbeitern machen. Ich schärfe den Kursteilnehmern in Crotonville stets ein: »Beteiligen Sie sich an den Initiativen. So können Sie die Aufmerksamkeit auf sich lenken.«

Im Juli findet eine zweistündige Videokonferenz statt, um festzustellen, ob die vereinbarten personellen Änderungen vorgenommen wurden. Wenn wir in einem Unternehmensbereich zu dem Ergebnis gekommen sind, dass die Initiative nicht energisch genug vorangetrieben wird, so sind die entsprechenden Korrekturen bis zur Videokonferenz im Juli vorzunehmen.

Im Juni und Juli kommen die Bereichsleiter nach Fairfield, um an den Strategieanalysen für ihre Bereiche teilzunehmen. Wir konzentrieren uns auf unsere Konkurrenten und versuchen, Aufschluss über ihre nächsten Schritte zu gewinnen, um ihnen zuvorkommen zu können. Wir spielen Schach, und wir gehen davon aus, dass unsere Konkurrenten russische Großmeister sind.

Im Oktober versammeln sich 170 Führungskräfte des Unternehmens in Crotonville zu einem Jahrestreffen, bei dem die besten im Verlauf der Personalbeurteilungen und Strategieanalysen vorgelegten Ideen in Präsentationen von zehn Minuten Dauer vorgestellt werden.

Im November stellen die Bereichsleiter ihre Betriebspläne für das kommende Jahr vor. Die Hälfte des Tages wird den spezifischen Plänen im Rahmen der verschiedenen Initiativen gewidmet. Dabei tauchen weitere neue Ideen auf.

Dann geht es wieder nach Boca Raton, wo wir die Wahl zwischen den besten im Jahresverlauf gesammelten Ideen haben. Danach können wir das neue Jahr und einen weiteren Zyklus in Angriff nehmen, in dem alle Beteiligten Gelegenheit erhalten, aufregende neue Ideen in die Tat umzusetzen.

Um diesen unablässigen Austausch von Ideen zu fördern, richteten wir eine Lenkungsgruppe für die Konzerninitiativen ein. Dies ist die einzige Stabsabteilung, deren Wachstum ich zuließ. Im Jahr 1991 engagierte ich Gary Reiner von der Boston Consulting Group als Leiter der Geschäftsentwicklung. Wir änderten die Aufgabenstellung der bis dahin für Akquisitionen zuständigen Abteilung: Von nun an sollte sie im ganzen Unternehmen die neuen Ideen zur Unterstützung der Initiativen verbreiten. Die Abteilung bestand im Wesentlichen aus rund 20 MBA-Absolventen, die zwischen drei und fünf Jahren als Berater tätig gewesen waren und nun in der realen Welt arbeiten wollten.

Wir lockten sie mit dem Versprechen zu GE, die GE-Unternehmensbereiche würden sie innerhalb von zwei Jahren abwerben. Und wir hofften, dass sie »abgeworben« würden. So konnten wir dafür sorgen, dass sie die Ideen nicht nur weitertrugen, sondern auch den Bereichsleitern bei der Umsetzung halfen. Ich hatte kein Interesse daran, dass die Unternehmensbereiche von einer Abteilung in der Zentrale verpetzt wurden. Wenn die Mitarbeiter der neuen Abteilung nicht in der Lage waren, die Ideen an den Mann zu bringen und den Bereichen zu helfen, flogen sie hinaus. Im Lauf von zehn Jahren warben die Unternehmensbereiche neun von zehn Mitarbeitern der Abteilung Initiativen ab. Rund 65 von ihnen sind immer noch bei GE, und einige sind mittlerweile in Führungspositionen aufgestiegen.

Die Aktienoptionen hatten es uns ermöglicht, den Prozess in Gang zu bringen. Das Betriebssystem verknüpfte die Punkte miteinander und verwandelte einen Prozess, der ansonsten aus einer Reihe von Routinesitzungen bestanden hätte, in einen Lernzyklus. Eine Personalbeurteilung, die das grenzenlose Verhalten in den Mittelpunkt rückte, bewegte die Mitarbeiter dazu, sich um den Ideenaustausch zu bemühen. Eine für die Initiativen zuständige Abteilung in der Zentrale beschleunigte die Veränderungen.

All diese Schritte trugen zur Verwirklichung jener Idee bei, die entstanden war, als der Weihnachtsmann auf Barbados aus einem U-Boot geklettert war.

Nur vier Monate nach meiner Rede in Boca Raton nahm ich mit Lloyd Trotter, der damals unseren Bereich Elektroprodukte leitete, an einer Personalbeurteilung teil. Lloyd erzählte uns von einer »Matrix«, die er entwickelt hatte, um die vorbildlichen Verfahren aus seinen 40 Fabriken besser erfassen zu können. Lloyd ging von zwölf Verfahren und Prozessen aus, die an sämtlichen Standorten angewandt wurden. Dann forderte er die Fabrikleiter auf, die Qualität ihrer Abläufe einzustufen, die vom Lagerumschlag bis zur Auftragserfüllung reichten. Die Fabrikleiter stuften sich auf einer Achse der Matrix auf einer Skala zwischen 1 und 5 ein, wobei 5 der höchsten Bewertung entsprach. Auf der anderen Achse wurden der Prozess oder das Verfahren eingetragen. Lloyd versammelte seine Werksleiter und bat diejenigen, die sich die besten Noten gegeben hatten, ihren Kollegen zu erklären, wie sie dieses Niveau erreicht hatten.

Doch die »Fünfer« lieferten reichlich unbefriedigende Erklärungen für ihre ausgezeichnete Selbsteinschätzung, und Lloyd erkannte, dass sein erster Versuch zur Förderung vorbildlicher Verfahren nicht sehr ernst genommen wurde. Viele Manager gerieten in eine peinliche Situation. Erst in der folgenden Bewertungsrunde begann der eigentliche Lernprozess. Beispielsweise schlug das Werk in Salisbury (North Carolina) sein Lager mehr als 50-mal im Jahr um. Bei den übrigen Standorten lag die durchschnittliche Lagerumschlagsrate bei zwölf. Bald gaben sich die Werksleiter in Salisbury die Klinke in die Hand, um herauszufinden, was dort anders gemacht wurde als bei ihnen zu Hause.

An die Stelle der Selbsteinstufungen traten schon bald quantitative Messungen.

Lloyd hatte die Gewohnheit, Kreise um die besten und Quadrate um die schlechtesten Verfahren zu zeichnen. Diese Zeichen wurden bald als »Heiligenscheine« und »Särge« bekannt – Bezeichnungen, die Lloyds Einschätzung weitgehend entsprachen.

Diese sehr aussagekräftige Matrix setzte sich rasch durch. Niemand wollte das Schlusslicht sein. Also begannen die Manager, die besten Anlagen zu besuchen, um deren Verfahren zu kopieren. Woran konnten wir erkennen, ob die Methode funktionierte? Nun, auf einem langsam wachsenden Markt gelang es Lloyd, die Gewinnmarge von 1,2 Prozent im Jahr 1994 auf 5,9 Prozent im Jahr 1996 zu erhöhen. Bis zum Jahr 2000 war sie auf 13,8 Prozent gestiegen.

Ich brachte Lloyds Matrix überall dort zur Sprache, wo mehrere Standorte denselben Aktivitäten nachgingen. Die »Trotter-Matrix« wurde zu einem im ganzen Unternehmen beliebten Werkzeug. Ich habe nirgendwo – sei es beim Vergleich von Absatzregionen oder bei der Analyse von Einsparungsmöglichkeiten in der Beschaffung – gesehen, dass die Matrix ihren Zweck, die Leistungen deutlich zu verbessern, verfehlt hätte.

Man hätte meinen sollen, dass derartige Vergleiche eine verbreitete Praxis seien, doch ich musste feststellen, dass nicht überall so verfahren wurde. Wann immer wir ein Unternehmen übernahmen, sahen wir, dass die Leute dort in Silos arbeiteten. In einer Sitzung zur Vorbereitung der Integration von Honeywell trafen wir im Jahr 2001 den Manager einer Sensorenfabrik in Freeport (Illinois), die auf der Qualitätsstufe Seven Sigma arbeitete.

Ich war überwältigt. Ich hatte noch nie eine derart effiziente Anlage gesehen. Nicht ein einziges der elf Millionen Bauelemente, die die Fabrik im Jahr 2000 ausgeliefert hatte, war fehlerhaft gewesen. Ich fragte die 20 Honeywell-Manager im Raum, wie viele von ihnen diese Fabrik besucht hätten. Es hob sich nicht eine einzige Hand. Bei General Electric wäre der arme Fabrikleiter von Besuchern überrannt worden. Wie Lloyd im Jahr 1991, hätte er auf der Agenda von Boca Raton gestanden.

Wann immer wir eine gute Idee hatten, wurde sie im gesamten Unternehmen an die große Glocke gehängt. In einigen Fällen handelten wir voreilig. Einige Ideen erwiesen sich als Rohrkrepierer. Doch wenn uns eine Idee gefiel, wurde sie in Boca Raton vorgestellt. Manchmal verliebte ich mich zu schnell. Doch wenn eine Idee nicht funktionierte, erlosch meine Leidenschaft ebenso rasch wieder.

Anfang der 90er Jahre prasselten aus allen Richtungen Ideen auf uns herab. Manche hatten ihren Ursprung sogar außerhalb des Unternehmens. Eine gute Idee schnappte ich bei einem Treffen mit Sam Walton, dem Gründer von Wal-Mart, auf. Im Oktober 1991 lud mich Sam ein, nach Bentonville in Arkansas zu kommen, um gemeinsam mit ihm einen Vortrag vor Wal-Mart-Managern zu halten. Ich war Sam zum ersten Mal 1987 bei einem Treffen seiner Regionalmanager in Nashville begegnet, als er zugestimmt hatte, seine Registrierkassendaten an unseren Leuchtmittelbereich weiterzuleiten (ein perfektes Beispiel für Grenzenlosigkeit). Auf diese Art konnten wir unsere Glühbirnen in den Regalen der Wal-Mart-Filialen ohne großen Papieraufwand rasch auffüllen.

Vier Jahre später, im Jahr 1991, flog ich nach Arkansas hinunter, wo mich Sam abholte. Er war schwer krank. Er hing am Tropf, denn er wurde mit Chemotherapie behandelt. Ich hielt vor seinem Top-Management einen Vortrag darüber, wie schwer es war, die Bürokratie in einem Unternehmen zu zerschlagen. Dann übernahm Sam und ermahnte seine Manager, niemals zuzulassen, dass die Bürokratie Besitz von Wal-Mart ergreife. Wir verbrachten ein paar unterhaltsame Stunden miteinander und sprachen über den Fluch der Bürokratie.

Auf dem Rückweg zum Flughafen fuhren wir bei einem Wal-Mart-Zentrum vorbei. Als wir durch die Regalgänge gingen, schnappte sich Sam plötzlich ein Mikrofon und gab unsere Anwesenheit bekannt: »Jack Welch von GE ist hier und macht einen Rundgang durch die Filiale. Wenn Sie irgendwelchen Ärger mit seinen Produkten haben, so zögern Sie nicht, ihn darauf anzusprechen.« Glücklicherweise nahm niemand das Angebot an. Unglücklicherweise starb Sam sechs Monate später. Er sorgte sich bis zum letzten Tag um das Unternehmen, das er aufgebaut hatte.

Während jenes Besuchs erfuhr ich von einer Wal-Mart-Idee, die mir sehr gut gefiel. Jeden Montag brachen die Regionalmanager des Unternehmens in ihre Territorien auf, wo sie die nächsten vier Tage damit verbrachten, ihre Filialen und die der Konkurrenz zu besuchen. Am Donnerstagabend kehrten sie nach Bentonville zurück, um sich am folgenden Tag in der Zentrale mit den Führungskräften des Unternehmens zu versammeln und ihre vor Ort gesammelten Erkenntnisse vorzulegen. Hatte ein Regionalmanager herausgefunden, dass eine Filiale oder eine Region bei einem sehr erfolgreichen Produkt ausverkauft war, so schickte die Zentrale Lagerbestände von anderen Standorten, um die Angebotslücke zu schließen.

So maß das Unternehmen jede Woche auf der grundlegenden Ebene – in den Regalen jeder Filiale – die Nachfrage.

Wal-Mart verfügte über ausgefeilte Computer- und Lagerwirtschaftssysteme. In den Freitagssitzungen saßen die Verkaufsmanager an der Frontseite des Raumes. Einer nach dem anderen berichteten sie über ihre Erfahrungen vor Ort. Das für die Informationssysteme zuständige Team reagierte umgehend auf die Bedürfnisse der Regionalmanager.

Am Tag meines Besuchs berichteten die Manager, es sei warm im mittleren Westen und kälter im Osten. In der einen Region hatten sie einen Überschuss an Frostschutzmitteln, während in der anderen die Bestände ausgingen. Das Problem wurde auf der Stelle behoben. Diese Verschmelzung von Hightouch vor Ort und Hightech in der Zentrale gehörte zu den Methoden, die Sam und sein Geschäftsführer David Glass anwandten, um Wal-Mart trotz seines rasanten Wachstums die Reaktionsfähigkeit eines kleinen Unternehmens zu erhalten.

Ich war begeistert und kehrte mit dem Wunsch aus Bentonville zurück, dieses System auf GE zu übertragen. Sam erlaubte mir, mehrere Managementteams aus den GE-Bereichen nach Bentonville zu schicken, wo sie an den Freitagssitzungen teilnehmen konnten.

Die Leiter unserer Unternehmensbereiche fanden sofort Gefallen an der Methode und passten sie der GE-Kultur an. Sie begannen, wöchentliche Telefonkonferenzen mit ihren Verkaufsteams vor Ort zu führen. Neben dem CEO waren auch die Marketing-, die Verkaufs- und die Produktionsleiter in der Leitung, um sofort auf jede Herausforderung reagieren zu können, sei es, dass es um Fragen der Lieferung, der Preisgestaltung oder der Produktqualität ging.

Wir bezeichneten das Verfahren als »Quick Market Intelligence« (QMI) und analysierten seine Fortschritte bei jeder Quartalssitzung des CEC. QMI war ein Volltreffer. Es brachte unser Management den Kunden näher. Wir waren nun in der Lage, auf der Stelle Fragen der Produktverfügbarkeit zu lösen und Qualitätsprobleme zu entdecken, die andernfalls erst viel später aufgetaucht wären.

Die Leiter unserer Unternehmensbereiche brachten auch eigene Ideen in den CEC. Zu den besten Ideen zählte eine, die Bob Nardelli, der CEO von GE Transportation im Jahr 1995 vortrug: Er erzählte uns, wie er eine neue Quelle herausragender Talente erschlossen hatte. Der von ihm geleitete Transportbereich in Erie hatte seit Jahren Mühe, gute Leute anzulocken. Doch nun hatte Bob in den Absolventen der amerikanischen Militärakademien, den JMOs (Junior Military Officers) eine unerschöpfliche Quelle begabter Mitarbeiter gefunden. Die meisten von ihnen hatten sich vier bis fünf Jahre bei der Armee verpflichtet, um eine Ausbildung machen zu können. Es handelte sich um fleißige, intelligente und engagierte Leute mit Führungserfahrung, die aufgrund ihrer Aufenthalte an einigen der härtesten Orte der Welt obendrein überraschend flexibel waren.

Die Nachricht über Nardellis Entdeckung verbreitete sich wie ein Lauffeuer. Als wir 80 Jungoffiziere engagiert hatten, luden wir sie für einen Tag nach Fairfield ein. Wir waren derart beeindruckt von ihrer Qualität, dass wir einen Plan ausarbeiteten, um jedes Jahr 200 JMOs einzustellen. In unseren Personalbeurteilungen maßen wir, wie erfolgreich die einzelnen Unternehmensbereiche bei der Einstellung und Beförderung ehemaliger Jungoffiziere waren.

Heute stehen mehr als 1400 ehemalige Offiziere auf unserer Gehaltsliste. Bob hatte die Idee – aber erst die Grenzenlosigkeit sorgte dafür, dass sie in all unseren Betrieben umgesetzt wurde.

Entscheidend für das Verständnis des Betriebssystems ist, dass es darin ausschließlich darum geht, zu lernen und die Resultate zu verbessern. Das System dient dazu, Ideen zu finden und zu verbreiten. Beispielsweise stellte sich im Jahr 1999 in einer Sitzung unserer Einkaufsmanager heraus, dass unser Bereich Energiesysteme mit der Online-Beschaffung große Einsparungen erzielte. Die erforderliche Software hatte eine Fremdfirma entwickelt, die dafür 100 000 Dollar zuzüglich einer vom Gewinn abhängigen Gebühr verlangte. Jack Fish, der Einkaufsleiter unseres Transportbereichs, fand Gefallen an der Idee, wollte jedoch nicht mehr 100 000 Dollar für die Software ausgeben.

Stattdessen kehrte er in sein Unternehmen zurück und fragte Pat McNamee, den IT-Manager des Transportbereichs, ob er eine billigere Version der Software entwickeln könne. Mit einer Gruppe von Studenten von der Pennsylvania State University und ein wenig Hilfe unserer Softwareentwickler in Indien entwickelte McNamee innerhalb von drei Wochen einen Prototypen für 17 000 Dollar. Zwei Wochen später veranstaltete der Transportbereich seine erste Online-Auktion für Industriehandschuhe. Ich hörte die Geschichte während einer Analyse der Betriebspläne im November und setzte Pats Idee auf die Agenda für Boca Raton.

Bei der Versammlung im Januar 2000 griffen die Unternehmensbereiche die Idee auf, und wir warfen die meisten Programme von Fremdanbietern endgültig hinaus.

Vier Monate später begegnete ich Jack Fish bei der Personalbeurteilung für den Transportbereich. Jack informierte uns über seine letzten Aktivitäten in Bezug auf die Online-Beschaffung. Sein Ziel war es, in jenem Jahr Einkaufsvorhaben im Wert von 50 Millionen Dollar über das Netz abzuwickeln. Zu diesem Zeitpunkt hatte ich bereits an Personalbeurteilungen in anderen GE-Bereichen teilgenommen, die sich sehr viel höhere Ziele für die Auktionen gesteckt hatten: So wollte beispielsweise der Bereich Energiesysteme Zulieferungen im Wert von einer Milliarde Dollar online beschaffen. Die Bereiche sprachen von beträchtlichen Einsparungen. Die Einsparungen bei der Beschaffung über das Netz beliefen sich auf fünf bis zehn Millionen Dollar pro 100 Millionen Dollar Einkaufswert.

»Jack«, sagte ich halb im Scherz, »ich weiß, dass das jetzt so klingen wird, als würde keine gute Tat unbestraft bleiben. Sie sind derjenige, der das alles ins Rollen gebracht hat. Sie sind der Neuerer. Doch jetzt haben Sie sich das niedrigste Ziel gesteckt.«

Eine Woche später schickte er mir einer E-Mail, in der er erklärte, seine Vorgabe nach Rücksprache mit seinen Kollegen auf 200 Millionen Dollar heraufgesetzt zu haben. Er erreichte das Ziel.

Die Person, die eine neue Idee hat, hat es leicht. Sie legt die Latte für die anderen – und der Kreislauf beginnt von neuem.

Die Konzernabteilung Initiativen verbreitete unter der Führung von Gary Reiner nicht nur Ideen, sondern brachte auch eigene hervor. Als Gary im Jahr 1992 unsere Strategieanalysen prüfte, entdeckte er, dass unsere Verkaufpreise jedes Jahr um ein Prozent sanken, während unsere Einkaufskosten weiter stiegen. Zur Verdeutlichung der Entwicklung zeichnete er eine einfache Schaugrafik, die er als »Monsterdiagramm« bezeichnete. Tatsächlich war es ein monströses Bild, denn die Schere zwischen unseren Verkaufspreisen und unseren Einkaufskosten schloss sich. Und damit wurden die Gewinne geringer. Wenn wir das Monster nicht bekämpften, würde es uns bei lebendigem Leib auffressen.

Im September legte Gary dem CEC seine Analyse vor. In den Versammlungen der Führungsspitze im Oktober und in Boca Raton im Januar 1993 erläuterten die beiden besten Einkaufsleiter des Unternehmens, wie sie es schafften, die Beschaffungskosten zu senken. Im Lauf der Personalbeurteilungen im Jahr 1993 nahmen wir alle Einkaufsorganisationen genau unter die Lupe.

In den folgenden vier Jahren trafen sich die Einkaufsleiter vierteljährlich in Fairfield, um mir oder einem meiner Stellvertreter ihre besten Ideen vorzulegen. Die Unternehmenbereichsleiter wussten, dass sie ihre besten Leute schicken mussten. Taten sie es nicht, so würden wir beim nächsten Mal neue Gesichter sehen.

Sobald wir bessere Leute hatten, bekamen wir bessere Ideen zu hören. So brachten wir das Monster schließlich zur Strecke.

Eine der besten Ideen, die in all den Jahren durch das Betriebssystem geschleust wurden, kam aus dem Business Management Course (BMC) in Crotonville. Hier haben wir ein ausgezeichnetes Beispiel dafür, wie wir Crotonville direkt mit dem Lernprozess im gesamten Unternehmen verknüpften. Ihren Ursprung hatte die angesprochene Idee in einer Analyse, die Bob Nelson und seine Finanzexperten im Jahr 1994 durchführten. Diese Analyse zeigte uns, was GE tun musste, um sich vor dem Ende des Jahrhunderts in ein Unternehmen mit 100 Milliarden Dollar Umsatz und einem Gewinn von zehn Milliarden Dollar zu verwandeln. Zu jener Zeit belief sich unser Jahresumsatz auf 60 Milliarden Dollar, wobei wir Gewinne von 5,4 Milliarden Dollar nach Steuern erzielten.

Ich fand Gefallen an dem Ziel und forderte im Februar 1995 die Teilnehmer eines Managementkurses in Crotonville auf, uns mit einigen Ideen zu versorgen, die uns den 100 Milliarden näher bringen würden. Ein Teil der Klasse stellte fest, was GE besonders gut konnte, indem sie die Leiter von zehn Unternehmensbereichen befragten. Eine andere Gruppe besuchte Schlüsselkunden, um sich anzuhören, wie diese unsere Wachstumsaussichten beurteilten. Ein drittes Team besuchte die Leiter schnell wachsender Unternehmen, um sich anzusehen, was wir von ihnen lernen konnten.

Ironischerweise hatte die beste Idee ihren Ursprung nicht in einem Unternehmen, sondern im U.S. Army War College in Carlisle (Pennsylvania). Tim Richards, der den vierwöchigen BMC-Kurs leitete, entwarf einen Plan, um unseren Kurs mit einem Kurs für Oberste im War College zu verschmelzen. Er hatte gelesen, dass die Armee versuchte, ihre Aufgabenstellung radikal zu ändern und von einem auf dem Kalten Krieg beruhenden Modell zu einem Konzept überzugehen, das ihr die Flexibilität verleihen würde, in Dutzenden kleinen Auseinandersetzungen in aller Welt zu bestehen. Tim glaubte, dass es Berührungspunkte geben könne. »Es war einer jener unbesonnenen Einfälle, der zufällig funktionierte«, erklärte er mir später.

Der Kurs reiste für vier Tage nach Carlisle und bekam von einem Oberst zu hören, dass uns unsere Strategie, in jeder Branche den ersten oder zweiten Rang anzustreben, möglicherweise daran hindere, Wachstumschancen zu nutzen. Der Offizier erklärte, GE verfüge über eine Vielzahl intelligenter Führungskräfte, die stets in der Lage sein würden, ihre Märkte eng genug einzugrenzen, um sich darin problemlos als Nummer eins oder zwei behaupten zu können.

Normalerweise hätte die Klasse ihre Ergebnisse unserem CEC vorgelegt, der im Juni 1995 in Crotonville tagte. Ich erholte mich zu dieser Zeit von einer Operation am offenen Herzen, sodass die Präsentation erst Ende September stattfand, als mehrere Kursteilnehmer nach Fairfield kamen.

Die Vorstellungen jenes Offiziers zur Neudefinition des Marktanteils waren in einem von acht Schaubildern festgehalten. Darin empfahl das Team eine »Änderung der Grundhaltung«: Wir sollten alle unsere gegenwärtigen Märkte neu definieren, sodass kein Unternehmensbereich einen Marktanteil von mehr als zehn Prozent haben würde. So würden alle Bereiche gezwungen sein, eine andere Vorstellung von ihren Geschäften zu entwickeln. Dies war die beste Übung zur Erweiterung des Horizonts sowie ein Durchbruch auf dem Weg zur Erweiterung der Märkte.

Fast 15 Jahre lang hatte ich den Managern die Notwendigkeit eingehämmert, in jeder Branche die Nummer eins oder zwei zu werden. Nun erklärte mir diese Klasse, dass eine meiner grundlegenden Ideen das Unternehmen behindere.

Ich sagte ihnen: »Ich finde Ihre Idee fantastisch!« Und ich fand es fantastisch, dass sie das Selbstvertrauen aufbrachten, mir dies ins Gesicht zu sagen. Das war grenzenloses Verhalten in Vollendung.

Ein großer Anteil an einem eng definierten Markt mochte uns ein gutes Gefühl geben und in den Diagrammen großartig aussehen, aber die Klasse hatte Recht: Wir waren zu Gefangenen unserer Strategie geworden.

Ich baute ihre Idee in den Vortrag ein, den ich einige Wochen später bei der Jahresversammlung unserer Führungskräfte hielt. (s. Abb. S. 219)

»Dies soll Ihnen die Augen für Wachstumschancen öffnen. Möglicherweise hemmt unsere Fixierung auf den ersten und zweiten Rang mittlerweile unser Denken und beeinträchtigt unsere Wachstumsorientierung.«

Ich forderte die Unternehmensbereiche auf, ihre Märkte neu zu definieren und im Rahmen der Betriebsplanung im November ein oder zwei »neue Gedanken« vorzulegen.

Die Erweiterung unseres Marktkonzepts wirkte sich vorteilhaft auf unser Wachstum aus. Sie bestärkte uns in dem Bestreben, aggressiv in die Dienstleistungen vorzustoßen. GE ersetzte eine »Marktdefinition« von rund 115 Milliarden Dollar im Jahr 1981 durch eine Definition, in der das Marktpotenzial auf eine Billion Dollar geschätzt wurde, womit wir genug Raum für zukünftiges Wachstum erhielten. Beispielsweise lösten wir uns im Bereich der medizinischen Systeme davon, unseren Anteil lediglich am Markt für diagnostische Bilddarstellungen zu messen, und gingen dazu über, ihn mit dem gesamten Markt für medizinische Diagnostik einschließlich der Ausrüstungswartung, der radiologischen Technologien und der Krankenhausinformationssysteme zu vergleichen.

Der Bereich Energiesysteme sah seine Dienstleistungen im Wesentlichen in der Lieferung von Ersatzteilen und der Reparatur von GE-Technologie. Definierte man das Dienstleistungsgeschäft auf diese Art, so hatten wir einen Anteil von 63 Prozent an einem Markt, der 2,7 Milliarden Dollar wert war. Das war ein sehr guter Anteil. Definierten wir den Markt jedoch anders und schlossen die gesamte Kraftwerkswartung ein, so hatte unser Bereich Energiesysteme lediglich einen Anteil von zehn Prozent an einem Markt mit einem Umsatz von 17 Milliarden Dollar.

Erweiterte man die Marktdefinition erneut und bezog Kraftstoffe, Energie, Bestände, die Anlagenwirtschaft und die Finanzdienstleistungen ein, so waren wir auf einem Markt tätig, der potenziell 170 Milliarden Dollar wert war. An diesem Markt hatten wir lediglich einen Anteil von ein bis fünf Prozent. Wieder einmal hatte uns eine neue Methode die Augen geöffnet und unseren Ehrgeiz angespornt.

In den folgenden fünf Jahren verdoppelten wir die Wachstumsrate von GE mit demselben, jedoch von neuer Dynamik erfüllten Portfolio von Geschäftsbereichen. Unsere Einnahmen stiegen von 70 Milli-

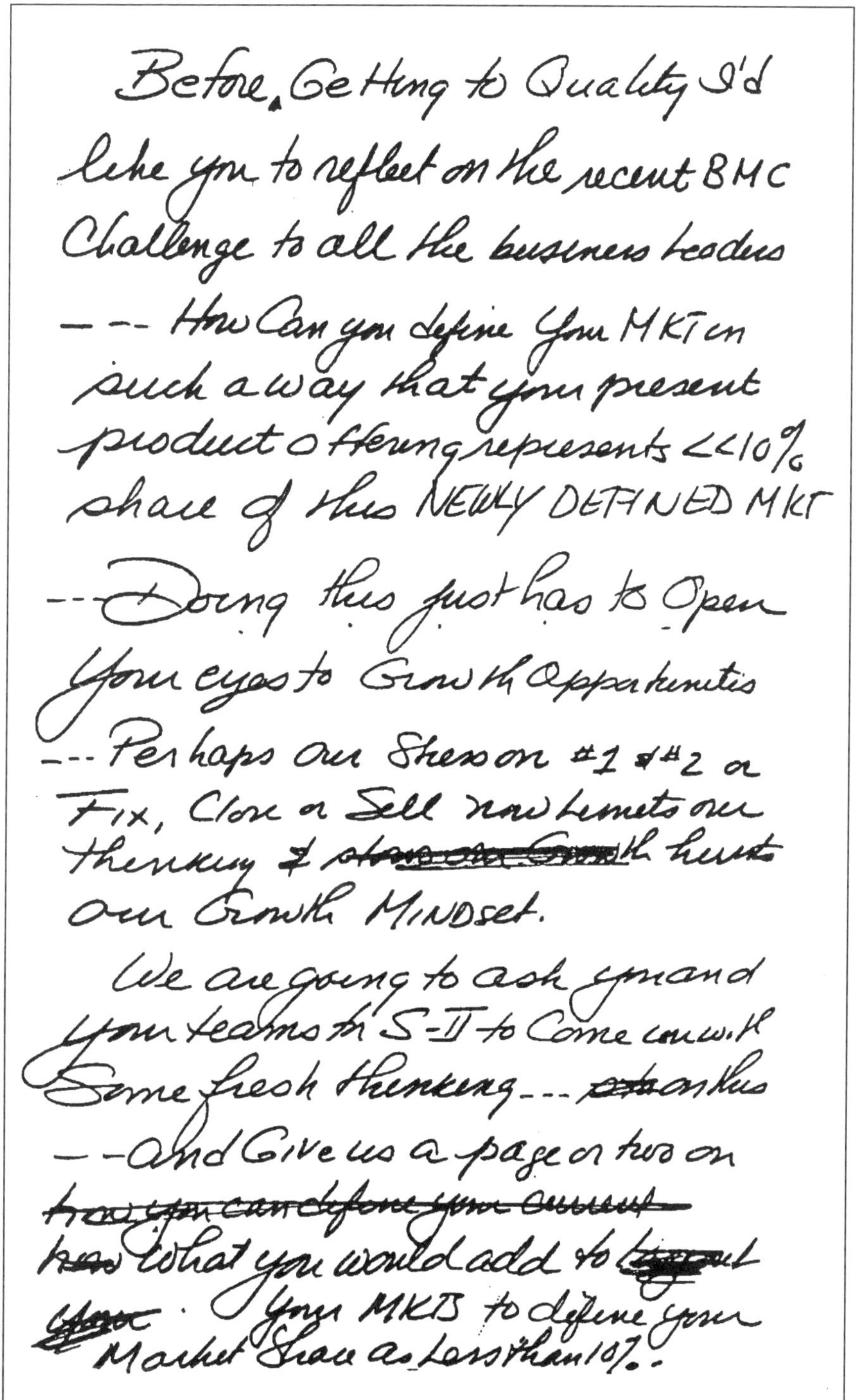

Before Getting to Quality I'd like you to reflect on the recent BMC Challenge to all the business leaders

--- How Can you define Your MKT in such a way that your present product offering represents <<10% share of this NEWLY DEFINED MKT

-- Doing this just has to Open Your eyes to Growth Opportunities

--- Perhaps our Stress on #1 & #2 or Fix, Close or Sell now limits our thinking & ~~stops our Growth~~ hurts our Growth MINDset.

We are going to ask you and your teams in S-II to Come in with Some fresh thinking --- on this

-- and Give us a page or two on ~~how you can define your current~~ what you would add to your MKTS to define your Market Share as Less than 10%.

arden Dollar im Jahr 1995 auf 130 Milliarden Dollar im Jahr 2000. Um dies zu erreichen, mussten viele Dinge geschehen, doch die neue Perspektive spielte eine wesentliche Rolle. Es erfüllte mich mit großer Zufriedenheit, dass eine Klasse in Crotonville auf eine Herausforderung reagiert hatte, indem sie die Idee eines Armeeoffiziers mit nach Hause gebracht hatte.

Dies war echtes grenzenloses Verhalten. Unsere Mitarbeiter fanden tatsächlich einen »besseren Weg«, und dies unterschied General Electric von allen anderen Unternehmen. Man konnte diesen Unterschied an den finanziellen Ergebnissen messen. Unsere Gewinnmarge stieg von 11,5 Prozent im Jahr 1992 auf einen Rekordwert von 18,9 Prozent im Jahr 2000. In unseren industriellen Tätigkeiten erhöhte sich die Rate des Kapitalumschlags von 4,4 auf einen Rekordwert von 24 im Jahr 2000. Bei Einnahmen von 130 Milliarden Dollar erzielten wir einen Reingewinn von 13 Milliarden Dollar.

Das grenzenlose Verhalten half vielen von uns gewöhnlichen Menschen, außergewöhnliche Dinge zu tun.

14 Spezialeinsätze

Besonderes Vergnügen bereiteten mir stets die »Spezialeinsätze«: Ich suchte mir einen Bereich aus, in dem ich etwas bewirken konnte, und warf das ganze Gewicht meiner Position in die Waagschale, um die Aufgabe zu bewältigen. Man könnte das natürlich auch als Einmischung betrachten. Ich habe überall im Unternehmen viele solche Spezialeinsätze absolviert.

Ich engagierte mich überall, wo mein Instinkt mich hinführte, ich setzte mich für die Qualität unserer Röntgenröhren ein und unterstützte die Einführung von Industriediamanten in Schmucksteinqualität. Ich wählte mein Einsatzgebiet und schritt zur Tat.

Einer meiner letzten Spezialeinsätze führte mich im Mai 2000 zu CNBC.

Nach zweijähriger Pause kehrte Lou Dobbs als Moderator der Sendung *Moneyline* zu CNN zurück. Seine Rückkehr stellte eine potenzielle Bedrohung für unsere Sendung *Business Center* dar, die jeden Morgen von halb sieben bis halb acht von CNBC ausgestrahlt wurde. *Business Center* mit seinen Moderatoren Ron Insana und Sue Herera hatte *Moneyline* nach dem Abgang von Dobbs überholt. Ende April rief mich Sue an und bat mich, eine E-Mail zu schreiben, um das Team aufzumuntern, das sich gerade auf den harten Kampf um die Einschaltquoten vorbereitete, der mit Dobbs Rückkehr am 14. Mai beginnen würde.

CNBC war immer eines meiner Lieblingsprojekte, und Sue war vom ersten Tag an eine der Säulen des Senders. Zudem hatte sie immer wieder bei GE und in unserem Frauensender geholfen. Ich betrachtete sie als Freundin. Da CNN lautstark die Werbetrommel für Dobbs rührte, hatte sie den Urlaub mit ihrer Familie abgeblasen, um Gegenmaßnahmen zu ergreifen.

»Statt nur eine E-Mail zu schreiben, könnte ich doch auch zu euch kommen und mich mit dem ganzen Team zusammensetzen. Was hältst du davon?«

»Gute Idee«, antwortete sie.

Eine Woche später diskutierte ich mit Ron, Sue und etwa 15 Teammitgliedern bei Keksen und Limonade im CNBC-Studio in New Jersey über ein Dutzend Ideen. Ich fühlte mich wie bei einer der Work-Out-Versammlungen, die wir ein Jahrzehnt früher abgehalten hatten. Das Team hatte gute Ideen. Sie wollten die Sendung verlängern und bereits um sechs Uhr morgens beginnen, um eine halbe Stunde Vorsprung vor *Moneyline* zu gewinnen. Der Vorschlag gefiel mir.

Am Ende der Sitzung versprach ich ihnen zusätzliche zwei Millionen Dollar, um Werbung für die Sendung zu machen. Auf dem Rückweg rief ich vom Auto aus Andy Lack an, der an diesem Tag zum President von NBC ernannt worden war. Ich fragte ihn, ob Sue und Ron am Morgen von Dobbs Rückkehr in *Today* auftreten könnten. Dann rief ich Dick Ebersol, den Leiter von NBC Sports, an. Er erklärte sich bereit, während der Entscheidungsspiele der NBA am Wochenende Werbung für *Business Center* zu machen.

Am Ende der Woche fieberte die gesamte Belegschaft von NBC dem 14. Mai entgegen.

Dobbs Rückkehr würde zweifellos die Einschaltquoten für *Moneyline* erhöhen, doch wir hatten nicht die Absicht, das Feld kampflos zu räumen. Es würde ein langer Kampf werden – und wir wollten die erste Runde gewinnen.

Als mein Nachfolger Jeff Immelt anrief, um die Ereignisse des Tages zu besprechen, musste ich ein Geständnis ablegen. Ich erzählte ihm, dass ich bei CNBC gewesen sei und wieder einmal »Projektmanager« gespielt habe. Aus seiner Zeit im Kunststoffbereich und im medizinischen Bereich wusste er, was für eine Plage ich sein konnte.

»Jeff, ich schwöre dir, das war mein einziger Spezialeinsatz heute. Du musst nur noch ein paar Monate durchhalten, dann bist du mich endgültig los.« Die Arbeit an meinen Memoiren hielt mich davon ab, Jeff in der Übergangszeit in den Wahnsinn zu treiben.

Am Sonntagabend flog ich mit Jeff nach Tokio, weshalb ich das erste Duell zwischen *Moneyline* und *Business Center* nicht verfolgen konnte. Doch das CNBC-Team hielt mich per E-Mail auf dem Laufenden. Unser *Business Center* konnte am Montag, als Dobbs zum ersten Mal nach seiner Pause in *Moneyline* auftrat, mit der Konkurrenzsendung Schritt halten. Am Donnerstag waren die Einschaltquoten von *Business Center* deutlich höher. Zum Glück kam ich am Freitag rechtzeitig aus Tokio zurück, um die letzte Sendung der Woche live zu sehen.

Ron und Sue waren großartig. Das Team hatte die Sendung deutlich verbessert. Ich freute mich für sie alle. Die erste Runde hatten sie für sich entschieden. Was für ein Adrenalinstoß!

Im Lauf der Jahre absolvierte ich hunderte solche Spezialeinsätze. Sie waren nicht immer erfolgreich, und viele meiner Ideen wurden nicht aufgegriffen. Doch ich liebte meine Einsätze, weil ich mich in ein Projekt stürzen, das Unterste zuoberst kehren und leidenschaftliche Diskussionen bewirken konnte.

Ich denke, dass ich nicht nur aufgrund meiner Position, sondern auch deshalb akzeptiert wurde, weil die Leute spürten, dass ich helfen wollte. Wir hatten immer ein gemeinsames Ziel, auch wenn wir verschiedener Meinung darüber waren, wie es am besten zu erreichen sei. Sie wussten, dass es für mich kein Problem war, wenn meine Ideen im Abfalleimer landeten. (*Anm. d. Lektors:* von wegen!)

Ein Unternehmensbereich, in den ich immer wieder meine Nase steckte, war GE Medical. Auf die eine oder andere Art hatte ich 28 Jahre lang mit diesem Bereich zu tun. Ich hatte ein Faible für die Technologie, die Mitarbeiter, die Kunden. Die Arbeit im medizinischen Bereich war für mich immer etwas Besonderes. In den 70er Jahren und Anfang der 80er Jahre war ich »virtueller Projektmanager« für CT-Scanner und MRI-Geräte.

Anfang der 90er Jahre verliebte ich mich in ein anderes Projekt: in die bildgebende Ultraschalltechnologie. GE rangierte bei dieser Technologie nur unter ferner liefen. Doch ich war davon überzeugt, dass wir das Potenzial hatten, in diesem Geschäft mitzumischen.

1992 ernannte ich mich selbst zum inoffiziellen »Projektmanager«. Nachdem wir eine teure Akquisition, die unsere Wettbewerbsposition hätte verbessern sollen, aufgegeben hatten, trieben wir die interne Entwicklung voran. Ich bat John Trani, den Leiter des medizinischen Bereichs, die übliche Hierarchie zu vergessen und direkt die Leitung des Projekts zu übernehmen. John liebte Ergebnisse und erzielte sie, indem er loyale Teams zusammenstellte, denen keine Herausforderung zu groß war.

Wir brachten das Team in einer alten Produktionsanlage unter, die wir komplett renovierten, um die Mitarbeiter zu motivieren. Das Forschungszentrum von GE räumte dem Projekt Priorität ein. Nach dem Rücktritt des Projektmanagers beschlossen wir, die Position mit einem externen Ultraschallexperten zu besetzen. Ich führte die Gespräche mit den Kandidaten und überzeugte sie von unserem Engagement in diesem Bereich, das viele Branchenexperten infrage stellten.

Wir entschieden uns für Omar Ishrak, einen erstklassigen Ultraschallfachmann, der aus Bangladesch stammte und zuvor für einen unserer wichtigsten Konkurrenten gearbeitet hatte. Wir alle hatten das Gefühl, dass er genau der Mann war, den wir brauchten.

Nun konnten wir loslegen. Ich sorgte dafür, dass Omar genug finanzielle Mittel bekam und rückte das Projekt ins Rampenlicht. Jedes Mal, wenn ich nach Milwaukee kam, um unserer Abteilung für medizinische Systeme einen Besuch abzustatten, rührte ich die Werbetrommel für Omar und das Ultraschallprojekt, obwohl es nur ein kleiner Teil des Unternehmensbereichs war.

Ich spornte Omar zu Höchstleistungen an. Er stellte hervorragende Mitarbeiter ein, darunter viele aus der Branche. Der Rest ist Geschichte. Bis 2000 stiegen wir zur Nummer eins auf und bauten einen äußerst profitablen Geschäftsbereich auf, dessen Einnahmen jährlich um 20 bis 30 Prozent stiegen und mittlerweile 500 Millionen Dollar betragen. Zu meiner Freude stieg Omar in eine Spitzenposition in der Zentrale auf.

Ein anderer Spezialeinsatz im medizinischen Bereich hatte mit der Qualität der Röhren zu tun, die wir für die Röntgenapparate und CT-Scanner von GE verwendeten. Die Geschichte begann 1993. Ich war gerade von einer Geschäftsreise zurückgekehrt, die mich zu Kunden in verschiedenen Städten geführt hatte. Die Kunden hatten mir erklärt, GE habe die beste CT-Technologie, doch unsere Röhren seien miserabel. Nach meiner Rückkehr fand ich heraus, dass unsere Röhren durchschnittlich 25 000 Computertomographien lieferten, womit ihre Lebensdauer halb so lang war wie jene der Konkurrenzprodukte. Unser CT-System war so gut, dass es die mangelhafte Qualität unserer Röhren in den Hintergrund drängte.

Ich flog nach Milwaukee und besprach das Problem mit John Trani und seinem Team. In einem attraktiven Hightech-Bereich wie den medizinischen Geräten kommt es immer wieder vor, dass einzelne Bauteile ein Schattendasein fristen. John führte mich durch die Anlage, in der unsere Röhren hergestellt wurden. Sie befand sich im selben Gebäude wie die Ultraschallentwicklung. Die Anlage war hinter einer Trennwand versteckt und wurde wie ein Stiefkind behandelt. Um zu zeigen, dass es uns ernst war, fragten wir den Herstellungsleiter für alle medizinischen Geräte, ob er das Röhrenprojekt übernehmen wolle, das Trani direkt unterstellt war. Er hielt unser Angebot für verrückt. Nach einer traditionellen Karriere in der Herstellung hatte er bereits den perfekten Job – und die Röhrenproduktion war ihm sowieso unterstellt. Weder wesentlich mehr Gehalt noch die Aussicht auf Ruhm konnten ihn davon überzeugen, dass die Leitung des »Röhrenprojekts« seiner Karriere sehr dienlich sein konnte.

Wir hatten Glück, denn wenig später fanden wir genau den richtigen Mann für diesen Job. Trani schlug Marc Onetto vor, einen begeisterungsfähigen und überschwänglichen Franzosen, der in unserem medizinischen Bereich in Europa arbeitete.

Ich lud ihn nach Fairfield ein, um ihm die Bedeutung des Jobs zu erklären. Ich sagte ihm, dass wir die Lebensdauer der Röhren von 25 000 auf 100 000 Scans erhöhen wollten, und versprach ihm, alle erforderlichen Mittel dafür zu beschaffen.

Wir finanzierten die Modernisierung der Anlage und halfen Marc, die besten Leute zu engagieren, darunter auch Mike Idelchik, einen Vollblutingenieur, der dafür lebte, Motoren zu bauen. Mike, der zuvor an der Entwicklung von Flugzeugtriebwerken gearbeitet hatte, übernahm jetzt die Funktion des Konstruktionsleiters. Er und seine Ingenieure spielten eine entscheidende Rolle bei der Verbesserung der Röhre. Während des Projekts bekam Mike ein verlockendes Angebot von einem anderen Unternehmen. Marc bat mich einzugreifen, und ich verbrachte einen Sonntagabend damit, Mike zum Bleiben zu überreden. Er blieb, wurde später Leiter der Entwicklungsabteilung bei GE Leuchtmittel und hat noch eine große Zukunft im Unternehmen vor sich.

Marc erfand den Slogan »Röhren – Das Herz des Systems«, um auf die Bedeutung dieses bisher vernachlässigten Bauteils hinzuweisen, und stellte überall Schilder auf, um sämtliche Mitarbeiter darauf aufmerksam zu machen.

In den folgenden vier Jahren faxte er mir wöchentlich detaillierte Berichte über die Fortschritte des Teams. Marc erinnert sich noch gut an eine meiner Antworten: »Zu langsam, zu französisch, mehr Tempo, sonst …« Derartige Aufmunterungen ließ er in einer Schreibtischschublade verschwinden.

Bei anderen Gelegenheiten gratulierte ich ihm zu den Fortschritten. Diese Faxmitteilungen hängte Marc gut sichtbar in der Anlage auf (siehe S. 227).

In fünf Jahren erhöhte das Team die Lebensdauer der Röhre von 25 000 auf fast 200 000 Scans. Im Jahr 2000 brachte es unter Verwendung von Six-Sigma-Technologie eine neue Röhre mit einer durchschnittlichen Lebensdauer von 500 000 Scans heraus, die in der Branche neue Maßstäbe setzte. Die Verbesserung dieses wesentlichen Bauteils ermöglichte uns die Einführung von GE LightSpeed, jenem CT-Scanner, der sich besser als jeder andere verkaufte.

Indem es die Röhre zum Herz des Systems machte, veränderte unser Team die Grundhaltung des Bereichs Bauteile. Alle profitierten von diesem Erfolg. Marc wurde zum Leiter unserer Six-Sigma-Initiative im medizinischen Bereich befördert und ist mittlerweile in der Zentrale für die globale Lieferkette dieses Bereichs verantwortlich.

Ein anderer Spezialeinsatz, der noch nicht abgeschlossen ist, betrifft unseren Unternehmensbereich Industriediamanten. Im Jahr 1998 baten mich Gary Rogers, CEO von GE Plastics, und Bill Woodburn, Leiter des Bereichs Industriediamanten um eine »geheime Besprechung«.

Ich hatte keine Ahnung, was mich erwartete. GE produziert seit den 50er Jahren Industriediamanten. Sie werden bei sehr hohen Temperaturen und unter hohem Druck aus Kohlenstoff hergestellt. Diese Diamanten eignen sich nicht als Schmucksteine, sondern werden für Schneide- und Schleifwerkzeuge verwendet.

Gary und Bill kamen nach Fairfield und brachten eine Tüte mit, aus der sie braune Natursteine und ein halbes Dutzend mit blauem Samt ausgelegte Schmuckkästchen hervorzauberten, die herrliche Schmuckdiamanten enthielten. Die beiden sprachen ohnehin eher leise, doch in diesem Gespräch verfielen sie in ein Flüstern. Sie erzählten mir, unsere Wissenschaftler hätten ein Verfahren entwickelt, mit dem braune Rohdiamanten entfärbt und in hochwertige Diamanten von größter Reinheit verwandelt werden könnten. Mit dieser neuen Methode wurden die Kräfte im Inneren der Erde nachgeahmt, um den Entstehungsprozess eines Rohdiamanten abzuschließen, der sonst noch tausende von Jahren dauern würde.

Ich war begeistert von den enormen kommerziellen Möglichkeiten,

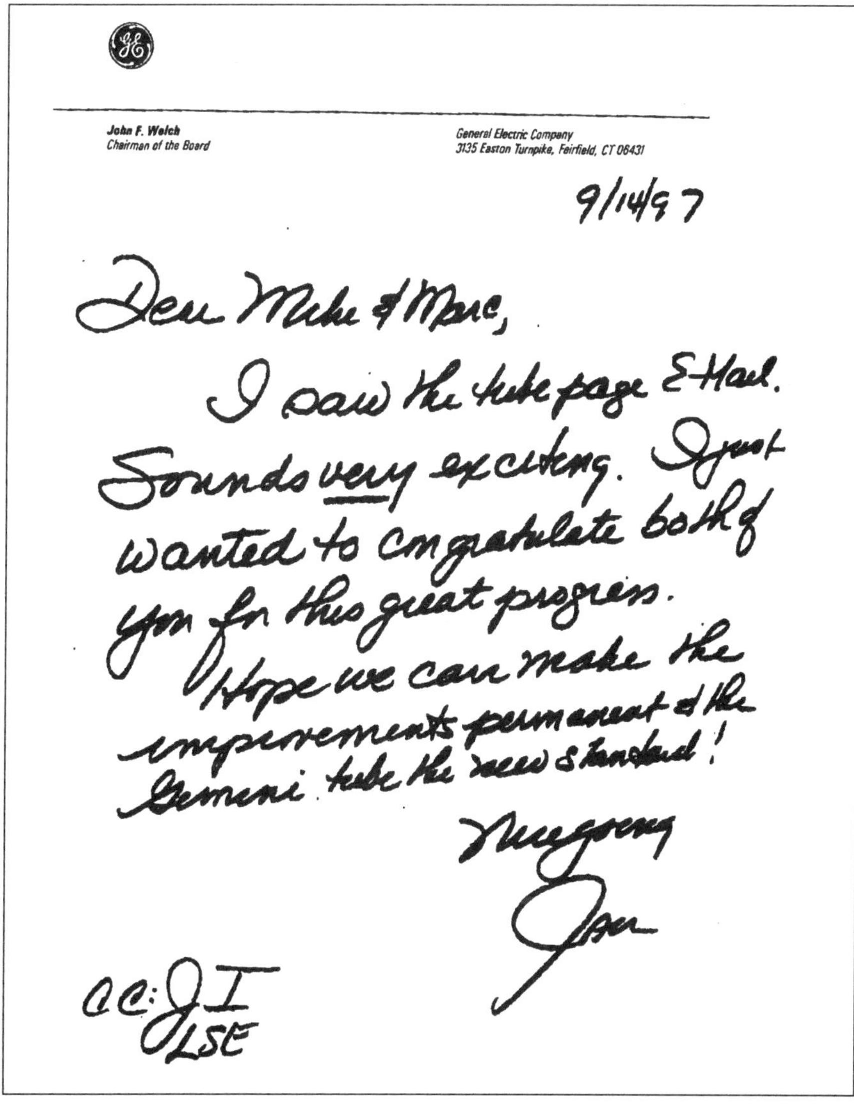
John F. Welch
Chairman of the Board

General Electric Company
3135 Easton Turnpike, Fairfield, CT 06431

9/14/97

Dear Mike & Marc,

I saw the tube page E-Mail. Sounds very exciting. I just wanted to congratulate both of you for this great progress.

Hope we can make the improvements permanent & the Gemini tube the new standard!

Keep going

Jack

cc: JI
LSE

die uns dieses neue Verfahren eröffnete. Ich konnte es gar nicht erwarten, den Stein ins Rollen zu bringen. Es war eines jener Projekte, die wirklich Spaß machen. Immerhin lagen Edelsteine mit 28 Karat vor mir. Wir standen vor einer großen Herausforderung und hatten eine große Chance: Wir verstanden nichts von dieser Branche, doch mit der von uns entwickelten Technologie konnten wir sie völlig verändern.

Ich ließ Bill jede Unterstützung zukommen. Ich half ihm, die nötigen Mittel zu beschaffen, und nahm in den nächsten drei Jahren an zahllosen Besprechungen teil, in denen wir alle Details des Projekts einschließlich eines Produktnamens diskutierten. Das hört sich nach einem Spaziergang an, nicht wahr?

In Fort Knox einzubrechen ist vermutlich einfacher, als in dieses jahrhundertealte Gewerbe einzusteigen. Die alteingesessenen Händler und Großhändler in Antwerpen, die befürchteten, wir könnten die Preise für Schmuckdiamanten untergraben, taten alles, um uns aus der Branche fernzuhalten. Sie lancierten Falschmeldungen, in denen die Qualität unserer Diamanten angezweifelt wurde. Ein Boykott durch Antwerpen zwang uns, von unserer Großhandelsstrategie abzugehen und unsere Diamanten einzeln an die Juweliere zu verkaufen.

Um den Verkauf anzukurbeln, boten wir unsere Schmuckdiamanten den Mitarbeitern zu einem Diskontpreis an. (Der Umsatz in diesem Geschäft beläuft sich mittlerweile auf 100 000 Dollar im Monat.) Ich ging sogar so weit, unseren Direktoren einen ähnlichen Vorschlag zu machen, weil ich hoffte, ein Bericht über ihre Käufe in unserer Aktionärsmitteilung von 2000 werde dem Produkt etwas mehr Publicity bringen.

Einige Direktoren kauften Diamanten im Wert von 26 000 bis 410 000 Dollar. Sie haben nichts davon gehört? Obwohl Gehälter und Zusatzleistungen ein Lieblingsthema der Medien sind, gingen die Diamantenkäufe völlig unter. Da wünschte ich mir einmal, die Presse am Hals zu haben, und alle schienen zu schlafen.

In unserem zweiten Jahr wird der Umsatz etwa 30 Millionen Dollar ausmachen, weniger als ein Drittel unserer ursprünglichen Schätzung. Als spektakulären Einstieg in eine milliardenschwere Branche kann man das nicht gerade bezeichnen. Mein Team mahnt mich immer wieder zu Geduld. Es sieht so aus, als müsste ich auch dieses Projekt meinem Nachfolger überlassen.

Die Idee für ein weiteres Vorhaben, das Jeff von mir erben wird, kam mir bei einem Besuch in Japan im Herbst 2000. Ich flog seit Jahren regelmäßig nach Japan und musste immer wieder feststellen, dass es schwierig war, die besten dortigen Universitätsabsolventen für uns zu gewinnen. Unsere Geschäfte in Japan liefen zwar immer besser, doch bis an die Spitze war es noch ein weiter Weg.

Plötzlich kam mir eine Idee. Eine der besten Methoden, um uns von den einheimischen Unternehmen abzuheben, bestand darin, uns auf die Frauen zu konzentrieren. Die japanischen Arbeitgeber interessierten sich kaum für weibliche Bewerber, und nur wenige Frauen setzten sich in den Unternehmen durch.

Wieder einmal stürzte ich mich kopfüber in die Sache. Zum Glück gab es bei GE Capital Anne Abaya, eine leitende Mitarbeiterin, die fließend japanisch sprach und auch sonst hervorragend für dieses Projekt geeignet war. Sie erklärte sich bereit, nach Tokio zu gehen und die Leitung der Personalabteilung von GE Japan zu übernehmen. Ich stellte ihr eine Million Dollar extra für eine Werbekampagne zur Verfügung, die GE als den »besten Arbeitgeber für Frauen« positionieren sollte.

Ich hatte allerdings keine Ahnung, wie viele ausgezeichnete japanische Mitarbeiterinnen bereits auf unserer Gehaltsliste standen. Als Jeff und ich im Mai 2001 auf einer Geschäftsreise in Japan waren, lernten wir bei einem Abendessen 14 unserer japanischen Managerinnen kennen, darunter die Finanzleiterin von GE Plastics Japan, die Verkaufs- und Marketingchefin von GE Medical Systems Japan, die Marketingleiterin von GE Consumer Finance Japan, und die Personalchefinnen von GE Toshiba Silicones und GE Medical Systems.

Weder Jeff noch ich hatten je einen Abend mit einer beeindruckenderen Gruppe junger Manager verbracht. An diesem Abend erhielt ich den Beweis dafür, dass ich das Potenzial der Frauen nicht unterschätzt hatte. Dieses Projekt steht erst am Anfang, doch ich weiß, dass Jeff es in meinem Sinn weiterführen wird.

Ich liebte meine Spezialeinsätze und fand sie immer ungeheuer aufregend. Die Leute, die die Hauptarbeit zu leisten hatten, dachten möglicherweise anders.

Ich wette alles darauf, dass Jeff sich seine eigenen Spezialeinsätze suchen und es ebenso wie ich sehr genießen wird, sich überall einzumischen.

TEIL III
HÖHEN UND TIEFEN

15 Selbstüberschätzung

»Um Himmels willen Jack, was werden Sie als Nächstes tun? McDonald's kaufen?«

Diese Frage riefen mir im April 1986 auf dem Golfplatz in Augusta vier Männer zu, die auf dem siebten Fairway spielten, als ich gerade vom dritten Loch abschlug. Vier Monate nach der Übernahme von RCA hatte ich Kidder Peabody gekauft, eine der ältesten Investmentbanken an der Wall Street.

Während diese vier Männer lediglich einen Scherz machten, gab es andere, die wirklich nicht viel von meiner jüngsten Übernahme hielten. Mindestens drei Boardmitglieder von GE standen ihr sehr skeptisch gegenüber: Darunter waren zwei der erfahrensten Direktoren aus dem Sektor der Finanzdienstleistungen: Walt Wriston, Chairman der Citibank, und Lew Preston, President von J.P. Morgan. Gemeinsam mit Andy Sigler, damals Chairman von Champion International, warnten sie den Board, dieser Geschäftsbereich passe überhaupt nicht zu unseren übrigen Tätigkeiten.

»In dieser Branche kommt der wichtigste Vermögenswert jeden Morgen ins Büro und geht am Abend wieder«, sagte Wriston. »Die Mitarbeiter können von einem Tag auf den anderen verschwinden. »Sie kaufen lediglich die Möbel.«

Bei einer Boardsitzung in Kansas City im April 1986 hatte ich mich für den Kauf ausgesprochen und alle anderen davon überzeugt. Es war ein klassischer Fall von Selbstüberschätzung. Die erfolgreichen Akquisitionen von RCA im Jahr 1985 und von Employers Reinsurance im Jahr 1984 waren mir zu Kopf gestiegen. Ich war nicht mehr zu bremsen. Offen gesagt war ich damals sehr von mir eingenommen. Während ich bei internen Entscheidungen oft noch nach dem richtigen »Gefühl« für das Unternehmen suchte, hatte ich das Gefühl, an der Übernahmefront unbezwingbar zu sein. Doch bald sollte ich erkennen, dass ich mich zu weit aus dem Fenster gelehnt hatte.

Die Beweggründe für den Kauf von Kidder waren einleuchtend. In den 80er Jahren waren fremdfinanzierte Übernahmen, so genannte Leveraged Buyouts (LBOs), in Mode gekommen. Dank GE Capital waren wir auf diesem Gebiet bereits eine große Nummer. In den vorangegangenen drei Jahren hatten wir uns an der Finanzierung von mehr als 75 Akquisitionen beteiligt. Darunter war auch eine der ersten erfolgreichen LBOs – die Übernahme von Gibson Greeting Cards durch Bill Simons und Ray Chambers.

Wir waren es leid, das Geld bereitzustellen, das Risiko zu tragen und zuzusehen, wie die Investmentbanken im Voraus gigantische Gebühren kassierten. Wir dachten, durch Kidder würden wir direkten Zugang zu mehr Geschäften erhalten und bei der Verteilung der Abwicklungserlöse besser abschneiden, ohne einer der Maklerfirmen an der Wall Street Provisionen zahlen zu müssen.

Acht Monate nach dem Kauf von Kidder stellte sich heraus, dass wir in einen der größten Wall-Street-Skandale aller Zeiten geraten waren. Marty Siegel, einer der erfolgreichsten Investmentbanker von Kidder, hatte gestanden, Ivan Boesky Insidertipps gegeben und dafür Koffer voller Bargeld bekommen zu haben. Darüber hinaus gestand er, dass Kidder auf der Grundlage von Informationen, die der Bank angeblich von Richard Freeman von Goldman Sachs zugespielt worden waren, Geschäfte gemacht hatte. Er bekannte sich schuldig und kooperierte mit dem Staatsanwalt Rudy Giuliani, der die Untersuchung des Falles leitete.

Am 12. Februar 1987 stürmten bewaffnete Bundesbeamte die Büros von Kidder am Hanover Square in New York. Sie unterzogen den Leiter der Arbitrage-Geschäfte, Richard Wigton, einer Leibesvisitation und führten ihn in Handschellen ab. Auch Tim Tabor, ein ehemaliger Arbitrage-Händler von Kidder, und Richard Freeman von Goldman Sachs wurden wegen Insiderhandels verhaftet. Die Vorwürfe gegen Wigton und Tabor wurden schließlich fallen gelassen. Freeman wurde zu vier Monaten Gefängnis und einer Geldstrafe von einer Million Dollar verurteilt.

Obwohl die illegalen Geschäfte bei Kidder vor der Übernahme durch GE stattgefunden hatten, trugen wir als die neuen Besitzer die rechtliche Verantwortung. Nach den Verhaftungen leiteten wir eine Untersuchung ein und arbeiteten eng mit der SEC, der Börsenaufsichtsbehörde, und mit Staatsanwalt Giuliani zusammen. Es stellte sich heraus, dass es im Kontrollsystem der Firma zahlreiche Schwachpunkte gab. Der Chairman von Kidder, Ralph DeNunzio, hatte nichts mit dem Skandal zu tun, er hatte Siegel allerdings sehr viel Handlungsspielraum gewährt.

Siegel leitete den Aktienhandel, und wenn er die Arbitrageure mit einem Geschäft beauftragte, wurden im Allgemeinen keine Fragen gestellt. Überführt wurde Siegel nicht zuletzt aufgrund einer merkwürdigen Angewohnheit: Er bewahrte in eigenen Hängeordnern jeden Notizzettel auf, mit dem er über eine telefonische Nachricht informiert wurde. Anhand dieser Zettel und der detaillierten Aufzeichnung von Telefonaten, die bei Kidder geführt wurden, war es nicht schwer, Siegels Geschäfte aufzudecken.

Giuliani hätte die Konzessionen von Kidder sperren lassen können, was das Ende der Bank bedeutet hätte. Er verzichtete darauf, verlangte jedoch von uns, einen Großteil des Managements zu entlassen. Larry Bossidy, damals einer der Vice Chairmen von GE, diskutierte zwei Samstagvormittage mit Giuliani über eine Regelung. Schließlich bezahlten wir eine Geldstrafe von 26 Millionen Dollar, lösten die Abteilung für Arbitrage-Geschäfte auf und verpflichteten uns, die Kontrollmechanismen zu verbessern. Ralph DeNunzio und einige seiner wichtigsten Mitarbeiter verließen die Bank.

Was das Top-Management betraf, blieben uns also tatsächlich nicht viel mehr als die Möbel. Wir mussten jemanden finden, der das Ansehen des Unternehmens wiederherstellte. Ich hielt Si Cathart für den richtigen Mann. Er war klug und ehrlich und genoss mein uneingeschränktes Vertrauen. Si hatte 15 Jahre im Board von GE gesessen und war Chairman von Illinois Tool Works gewesen. Ich rief ihn in Chicago an und bot ihm die Leitung von Kidder an. Seine erste Reaktion war nicht ermutigend.

»Haben Sie völlig den Verstand verloren?«, fragte er. »Si, lassen Sie uns darüber reden. Ich könnte zu Ihnen fliegen, oder Sie kommen nach New York, damit wir in Ruhe darüber sprechen können.«

Ein paar Tage später trafen Larry Bossidy und ich ihn in einem kleinen italienischen Restaurant in New York. Si legte mir ein Papier vor, auf dem er 15 Gründe aufgelistet hatte, die dagegen sprachen, ihm die Leitung von Kidder zu übertragen. Zudem hatte er die Namen von einem halben Dutzend Leuten aufgeschrieben, die seiner Meinung nach besser für die Aufgabe geeignet waren. Ich überflog die Liste und zerknüllte das Blatt.

»Si, wir haben ein echtes Problem, und Sie sind der Einzige, der uns helfen kann.«, sagte ich. »Wir müssen die Lage bei Kidder stabilisieren und das Unternehmen rehabilitieren. Das wird nicht viel länger als zwei Jahre dauern. New York ist eine tolle Stadt. Es wird Ihrer Frau und Ihnen dort sicher gefallen. Sie sind zu jung, um sich aus dem Geschäft zurückzuziehen.«

Wahrscheinlich sagte ich noch viel mehr. Larry und ich brauchten ihn wirklich für diese Aufgabe. Schließlich erklärte sich Si bereit, das Ganze mit seiner Frau zu besprechen. Zum Glück war sie begeistert von der Aussicht, nach New York zu gehen, und Si wollte uns helfen. Zwei Tage später rief er mich an und sagte zu.

Am 13. Mai stellte Giuliani das Verfahren gegen Wigton und Tabor ein. Am Tag darauf übernahm Si die Leitung von Kidder. Am Morgen informierte Larry Bossidy die Mitarbeiter von Kidder über Sis Ernennung. Nicht alle waren begeistert. Das *Wall Street Journal* zitierte den sarkastischen Kommentar eines leitenden Angestellten von Kidder: »Genau was wir brauchen: ein guter Mann aus der Werkzeugbranche.«

Ein weiteres Problem bestand darin, dass Marty Siegel nicht einfach nur ein Angestellter gewesen war, der illegale Geschäfte gemacht und einen Skandal verursacht hatte. Er war der alles überragende Star von Kidder gewesen, gut aussehend, eloquent, der bestbezahlte Mitarbeiter des Unternehmens und einer der führenden Investmentbanker der Wall Street.

Die Medien nannten Siegel das Aushängeschild von Kidder. Viele Wertpapierhändler im Unternehmen verehrten ihn und sahen ein Idol in ihm. Da er sich des Insiderhandels schuldig bekannt hatte, wurde Siegel zu einer Geldstrafe von neun Millionen Dollar, zwei Monaten Gefängnis und einer Haftstrafe auf Bewährung verurteilt. Es war ein Rätsel, warum sich dieser Mann, der alles hatte, auf Geschäfte mit Boesky eingelassen hatte.

Viele Mitarbeiter von Kidder hatten von Siegels Energie gelebt. Als der Skandal aufflog, sank die Moral in der Firma. Als Si die Bank genauer unter die Lupe nahm, stellte er fest, dass dort einiges im Argen lag. Als er nach dem Einkauf fragte – eine nahe liegende Frage für jemanden aus der Produktion – wusste niemand, wer die Abteilung leitete oder wo sie sich überhaupt befand. Ein Bonussystem gab es eigentlich nicht. Ralph hatte sich mit den Spitzenleuten zusammengesetzt und den Jahresbonus mit jedem Einzelnen individuell ausgehandelt.

Als wir die Bonuszahlungen sahen, die bei Kidder ausgeschüttet worden waren, waren wir fassungslos. Zu jener Zeit betrug der gesamte Bonuspool von GE bei einem Gewinn von vier Milliarden Dollar knapp 100 Millionen Dollar jährlich. Kidder schüttete Bonusse in Höhe von 140 Millionen aus, während sein Gewinn nur ein Zwangigstel von GE ausmachte.

An dem Tag, an dem die Leute bei Kidder ihre Bonuszahlungen bekamen, waren die Büros innerhalb einer Stunde leer. Si erzählte mir: »Man hätte eine Kanone abfeuern können, ohne irgendjemanden zu treffen.« Die meisten führten ein Leben, das sie nur mit diesen jährlichen Bonuszahlungen finanzieren konnten. Sie lebten in einer anderen Welt als wir.

Als Si zum ersten Mal die Bonusse festlegen sollte, forderte er die Mitarbeiter auf, eine Liste der Leistungen zu erstellen, die sie im Lauf des Jahres erbracht hatten. Wie nicht anders zu erwarten, behaupteten sechs Leute, bei ein und demselben Geschäft die entscheidende Rolle gespielt zu haben. Jeder von ihnen glaubte, dass ihm die Lorbeeren dafür gebührten. Dieses Verhalten war symbolisch für das Problem: eine Kultur der wachsenden Ansprüche, bei der man sich gegenseitig zu übertrumpfen versuchte.

Wo Gott uns hinstellt, hängt nicht von uns ab. Auf keinen Ort trifft das mehr zu als auf die Wall Street. Nirgendwo sonst gibt es mehr mittelmäßige Menschen, die enorm viel Geld verdienen. Natürlich gibt es ein paar Stars, die jeden Cent ihres Einkommens wert sind. Doch von der Masse, die in ihrem Kielwasser schwimmt, kann man das wahrlich nicht behaupten. Die Wall Street ist vermutlich der einzige Ort auf der Erde, wo eine Gehaltserhöhung von 100 000 Dollar als Trinkgeld betrachtet wird.

Wenn jemand bei Kidder einen Scheck über zehn Millionen Dollar erhielt, sagte er: »Zehn? Bei der Konkurrenz hat gerade jemand zwölf bekommen.« Das Wort »Danke« war dort nicht gebräuchlich. Die unerhört hohen Gehälter bei Kidder waren mir schon in einem guten Jahr ein Dorn im Auge. Doch in einem schlechten Jahr schmerzten sie mich wirklich. Die Argumente, die wir dann zu hören bekamen, lauteten etwa so: »Ja, es war ein hartes Jahr, aber wenn Sie den Leuten nicht zumindest so viel geben wie letztes Jahr, wechseln sie zur Konkurrenz.« Bei Kidder konnte man gewinnen, während das Unternehmen verlor.

Die Wall Street war vermutlich ein besserer Ort gewesen, als die Unternehmen noch Partnerschaften waren und die Teilhaber ihr eigenes Geld riskierten. Der Austausch von Ideen und Teamarbeit waren dort völlig unbekannt. Den Leuten im Investmentbanking oder im Wertpapierhandel war es gleichgültig, wie es dem Unternehmen insgesamt ging, solange ihr Bereich ein gutes Jahr gehabt hatte. Sie wollten Geld sehen. Es war eine Welt, in der es die Rettungsboote mit den Millionären immer ans Ufer schafften, während das Schiff sank.

Für Si war die Zeit bei Kidder nicht einfach. Er verbesserte die Kontrollmechanismen und stellte einige gute Leute ein. Im Oktober 1987, fünf Monate, nachdem er die Leitung der Bank übernommen hatte, gab es einen Börsenkrach. Die Gewinne von Kidder brachen ein. In jenem Jahr machte das Unternehmen einen Verlust von 72 Millionen Dollar, und wir mussten ungefähr 1000 der insgesamt 5000 Mitarbeiter entlassen.

Inzwischen war uns allen klar, dass die kulturellen Unterschiede zwischen Kidder und GE zu groß waren. Ich hätte auf die Boardmitglieder hören sollen, die mich von Anfang an vor der Übernahme gewarnt hatten. Ich wollte Kidder wieder loswerden, ohne allzu große Verluste zu erleiden. Ich hoffte, ein paar Ergebnisse vorweisen zu können, bevor wir das Unternehmen verkauften.

Si hatte auch genug von Kidder. In den zwei Jahren, die er bei der Bank war, hatte er die Lage halbwegs stabilisiert. Doch nun wollte er die Leitung jemandem übergeben, der langfristig im Unternehmen bleiben würde. Wir beauftragten einen Headhunter, einen Nachfolger für Si zu suchen. Doch wir fanden niemanden.

Larry und ich fragten Mike Carpenter, einen alten Freund, der damals Executive Vice President bei GE Capital war, ob er die Leitung von Kidder übernehmen wolle. Larry, Dennis und ich hatten Mike Ende der 80er Jahre kennen gelernt, als wir erfolglos versuchten, TransUnion zu kaufen, ein Unternehmen, das Schienenfahrzeuge vermietete. Mike arbeitete damals bei der Boston Consulting Group und hatte kurz zuvor eine strategische Analyse von TransUnion durchgeführt. 1983 kam er als Leiter der Geschäftsentwicklung zu uns.

Mike spielte eine wichtige Rolle beim Kauf von RCA und leistete hervorragende Arbeit bei GE Capital, wo er für die Leveraged Buyouts verantwortlich war. Da er eine neue Herausforderung suchte, erklärte er sich bereit, ab Februar 1989 die Leitung von Kidder zu übernehmen.

Si blieb noch einige Monate und half Mike dabei, sich einzuarbeiten. Mike setzte Sis Bemühungen fort, Integrität zu einem Grundwert des Unternehmens zu machen. Außerdem entwickelte er eine detaillierte Strategie für jeden einzelnen Geschäftsbereich von Kidder. Das Unternehmen erholte sich rasch. 1990 wies Kidder noch Verluste von 32 Millionen Dollar aus, doch schon ein Jahr später erzielte es einen Gewinn von 40 Millionen Dollar, der 1992 auf 170 Millionen Dollar stieg.

Doch wir wollten weiterhin verkaufen und begannen mit Sandy Weill von Primerica zu verhandeln. Wir wären beinahe zu einer Einigung gelangt, bei der wir ohne Verluste ausgestiegen wären. Wir waren alle der Ansicht, dass man Geschäfte an der Wall Street schnell über die Bühne bringen musste, wenn möglich übers Wochenende. Wenn die Neuigkeiten vorzeitig durchsickerten, bestand die Gefahr, dass man die Mitarbeiter verlor und geschlachtet wurde. Sandy und ich hatten am Freitag vor dem Memorial Day 1993 eine allgemeine Vereinbarung getroffen. Doch über das Wochenende zerschlug sich der Deal.

Dennis Dammerman, damals Leiter der Finanzabteilung, verhandelte am Samstag und am Sonntag über die Details und hielt mich telefonisch auf dem Laufenden. Ich ging davon aus, dass wir am Memorial Day den Vertrag unterschreiben würden.

Doch es kam anders. Als ich am Montag aus Nantucket zurückkam, hatten sich die Bedingungen für das Geschäft wesentlich geändert. Ich bewundere Sandy Weill, der Großartiges geleistet und durch kluge Akquisitionen ein erfolgreiches Unternehmen aufgebaut hat. Doch mit ihm zu verhandeln war nicht leicht. Über das Wochenende war die Vereinbarung, die uns einen Ausstieg ohne Verluste ermöglicht hätte, bis zur Unkenntlichkeit verändert worden.

Am Montagabend versuchte ich, diese Änderungen rückgängig zu machen. Doch nach ein paar Stunden wurde mir klar, dass es hoffnungslos war. Also ging ich zu Sandy und sagte: »Dieses Geschäft ist nichts für uns.« Er lächelte. Wir gaben uns die Hand und blieben Freunde.

Nachdem das Geschäft mit Primerica geplatzt war, setzte Mike seine Arbeit fort, und niemand bekam Wind von der Sache. Im Jahr 1993 stiegen die Gewinne auf 240 Millionen, und es sah tatsächlich so aus, als hätte sich das Unternehmen vollkommen erholt. Zumindest dachten wir das.

Am Donnerstag, den 14. April 1994, wollte ich gerade das Büro verlassen und in ein verlängertes Wochenende gehen, als ich einen jener Anrufe erhielt, die sich niemand wünscht.

Es war Mike. »Jack, wir haben ein Problem«, sagte er. »Auf dem Abrechnungskonto eines Händlers fehlen 350 Millionen Dollar. Wir können uns das nicht erklären und der Kerl ist verschwunden.«

Ich wusste zu diesem Zeitpunkt nicht, wer Joseph Jett war. Doch im Lauf der nächsten Tage sollte ich mehr über ihn erfahren, als mir lieb war. Jett war bei Kidder für Staatsanleihen zuständig. Er hatte eine Reihe von Scheingeschäften getätigt, um seinen Bonus aufzubessern. Diese rein fiktiven Geschäfte erhöhten künstlich den ausgewiesenen Gewinn von Kidder. Um die Sache zu bereinigen, würden wir die Bilanz des ersten Quartals mit 350 Millionen Dollar belasten müssen. Die Nachricht traf mich wie ein Faustschlag ins Gesicht: 350 Millionen Dollar. Mir wurde übel bei dem Gedanken. Ich rannte ins Badezimmer und musste mich übergeben. Ich rief Jane an, die bereits am Flughafen auf mich wartete, und bat sie, wieder umzukehren. Am Abend rief ich Dennis Dammermann an, der gerade in Crotonville unterrichtete.

Ich sagte: »Dein schlimmster Albtraum ist wahr geworden.« Tatsächlich war es mein schlimmster Albtraum. Ich hatte mit dem Kauf von Kidder einen schrecklichen Fehler begangen. Das Unternehmen hatte uns von Anfang an in Schwierigkeiten und peinliche Situationen gestürzt. Und nun auch noch das.

Dennis flog mit einem Team von acht Leuten nach New York und arbeitete das ganze Wochenende rund um die Uhr in den Büros von Kidder. Ich konnte nicht viel tun, weil sie zuerst die Bücher und die Kontosalden prüfen mussten. Wäre ich nach New York geflogen, so hätte ich sie wahrscheinlich nur verrückt gemacht. Also saß ich neben dem Telefon und wartete auf Neuigkeiten von Dennis.

Am Sonntagnachmittag hielt ich es nicht mehr aus. Als ich bei Kidder eintraf, erklärten mir Dennis und Mike, sie seien sicher, dass die auf dem Papier als Einnahmen ausgewiesenen Einträge falsch waren. Wir kannten noch nicht alle Fakten, aber da wir zwei Tage später die Einnahmen aus dem ersten Quartal veröffentlichen mussten, gingen

Grace Welch, meine Mutter, 1920.

Mutter und Vater um 1930.

Mutters ganzer Stolz, 1939.

Mein Sohn mit seiner Frau Jackie und den fünf Kindern.

Mit Katherines Sohn Luke bei der Hochzeit von Mark und Sheila im Juni 2001.

Ausspannen in Nantucket mit meiner Enkelin Carolyn.

Mit meiner Tochter Anne und ihrem Baby Claire.

Urlaub mit Jane auf Capri, 1991.

Der Weihnachtsmann auf Barbados, dessen Erscheinung mir indirekt zu meinem Konzept der »Grenzenlosigkeit« verholfen hat, 1990.

Jane und ich bestaunen ein Feuerwerk am Maharaja-Palast in Indien, 1993.

Urlaub mit den Frescos und den Foires auf Capri, 1992. Marlene Fresco, Gino Fiore, Corry Fiore, Jane Welch und Paolo Fresco (von links nach rechts).

Auf den Golfplätzen Irlands – mit einem Golf-Fan, meiner Frau Jane, 1997

Die perfekte Körperhaltung – beachten Sie die Position des Golfballs!

In Augusta mit meinen Golfkumpeln von GE: Dave Calhoun, Bill Meddaugh und Chuck Chadwell (von links nach rechts).

Jane und ich beim Golf spielen in den kanadischen Rockies mit unserem guten Freund, GE-Direktor Si Cathcart, und seiner Frau Corky.

Beim Sankaty-Head-Member-Guest-Turnier mit meinem Sohn John, 1995.

Jane und ich springen für Matt und Katie bei der Today-Show während der Olympiade 2000 in Sydney ein.

Mit meiner Familie bei der jährlichen GE-Aktionärsversammlung in Richmond im April 2000. Von links nach rechts: Mein Schwiegersohn Stephen McMillan und meine Tochter Anne, meine Schwiegertochter Sheila mit meinem Sohn Mark, Jane, meine Schwiegertochter Jackie mit meinem Sohn John und meine Tochter Katherine. Foto: Staat von Virginia.

Ein Blick in die Baugrube in Selkirk, dem zukünftigen Produktionsstandort von Noryl Plastics. Von links nach rechts: Ich, Allan Huy, Reuben Gutoff. Foto: R. Gutoff.

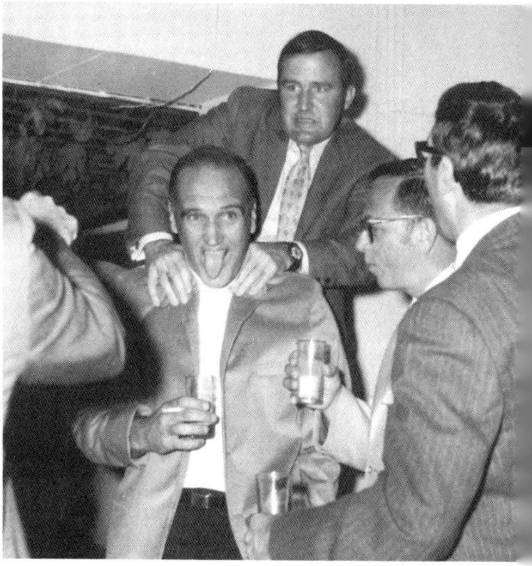

Wir hatten die schönste Zeit unseres Lebens und wurden obendrein dafür bezahlt! Ausgelassene Feier mit dem Plastics-Team in den frühen 70er Jahren.

GEs neuer Sektorenleiter, 1973. Foto: GE.

Reg Jones stellt der GE-Belegschaft den »neuen Mann« vor, 1981. Foto: GE.

Bei meiner ersten Boardsitzung als Chairman – eine ziemlich förmliche Angelegenheit. Foto: GE.

Mein erstes offizielles Foto als Chairman – mit meinen Stellvertretern Ed Hood (links) und John Burlingame. Foto: GE.

Larry Bossidy, mein neuer Vice Chairman, kam 1984 zu Ed Hood und mir ins Corporate Office. Foto: GE.

Die Bekanntgabe des 6,3-Milliarden-Dollar-RCA-Deals 1985 in New York City mit Bob Frederick und Thornton »Brad« Bradshaw. Foto: GE.

Beim Staatsdiner von Präsident George Bush für Königin Elisabeth I. von England. Ich bedauere es sehr, dass meine Eltern diesen bewegenden Augenblick nicht mehr erleben konnten.

Ein Treffen mit dem chinesischen Staatspräsidenten Jaing Zemin in den frühen 90er Jahren. Foto: GE.

Mit dem sowjetischen Präsidenten Michail Gorbatschow in den späten 80er Jahren in Russland. Foto: GE.

Mit Präsident Bill Clinton in Martha's Vineyard im Sommer 1999.

Gratulation für George Bush Jr. bei seinem Amtsantritt 2001.

»Spezialeinsatz« in der Herstellung, 1995. Foto: GE.

Mit K. P. Singh und Paolo Fresco bei unserer ersten denkwürdigen Reise nach Indien. Foto: GE.

Eine Initiative einhämmern. Foto: GE.

Eine kleine Erholungspause während einer Geschäftsreise um den Globus mit Paolo Fresco (ganz links), Larry Bossidy und Jane, 1993.

Bob und Suzanne Wright und ich feiern den Erfolg von NBC.

Jane und meine wunderbaren Freunde Anthony »Lofie« LoFrisco und dessen Frau Eleanor.

In Indien mit Jane (unten, zweite von links), K. P. Singh (oben links), Paolo Fresco (oben rechts) und seiner Frau Marlene (unten, zweite von rechts).

Mit Bill Gates und Bob Wright beim Start von MSNBC im Jahr 1995.
Foto: NBC.

»Nachhilfe« bei Sam Walton und dem Wal-Mart-Team in Bentonville. Ganz links der spätere Vice Chairman von GE, John Opie.

Der geniale Warren Buffett und ich haben im Frank Rooney's in Florida jede Menge Spaß mit unseren Karikaturen »Most Admired« von Fortune.

Im »Pit« in Crotonville, 1998.
Foto: Mark Peterson, Saba.

Gruppenporträt für den Jahresbericht 1997 mit Vice-Chairman Paolo Fresco (links), John Opie und Gene Murphy.
Foto: John Abbott.

„Ro!" Rosanne Badowski und ich bei der Arbeit im Büro.
Foto: Mark Peterson, Saba.

Ein Treffen in meinem Konferenzzimmer. Von links nach rechts: Paolo Fresco, Gary Reiner, Dennis Dammerman, Bill Conaty und John Opie.
Foto: Mark Peterson, Saba.

Ein Schicksalstag an der New Yorker Börse: Ein CNBC-Reporter fragte mich nach meiner Einschätzung zur Ankündigung von United Technologies, Honeywell kaufen zu wollen. Meine Antwort: »Das ist eine interessante Idee. Wir werden darüber nachdenken.« Foto: NYSE.

Die Präsentation meines Nachfolgers Jeff Immelt in New York City im November 2000. Foto: GE.

Das neue Team. Im Uhrzeigersinn von unten links: President und zukünftiger Chairman Jeff Immelt, Vice Chairmen Bob Wright und Dennis Dammerman und ein baldiger Pensionär. Foto: Timothy Greenfield-Sanders.

Zu Hause mit zwei meiner acht besten kleinen Freunde.

sie davon aus, dass wir es als eine Abschreibung von 350 Millionen Dollar behandeln mussten.

Ich versuchte zu begreifen, wie hunderte Millionen Dollar über Nacht verschwinden konnten. Ich konnte nicht glauben, dass so etwas möglich war. Offensichtlich wussten wir nicht genug über die Branche. Später entdeckten wir, dass sich Jett einen Schwachpunkt in den Computersystemen von Kidder zunutze gemacht hatte.

An diesem Sonntagabend rief ich 14 Unternehmensleiter von General Electric an, um ihnen die schlechte Nachricht mitzuteilen und mich bei jedem einzelnen persönlich zu entschuldigen. Ich fühlte mich schrecklich, denn dieser Vorfall würde sich auf den Aktienkurs auswirken und jeden Mitarbeiter von GE betreffen. Ich trug die Schuld an dieser Katastrophe.

Im Jahr zuvor hatten Jetts Phantomgeschäfte fast ein Viertel der Gewinne ausgemacht, die Kidder mit dem Anleihenhandel erzielt hatte. Daraufhin wurde Jett zum »Mann des Jahres« gewählt. Wir hatten ihm einen Bonus von neun Millionen Dollar bezahlt, was sogar für Kidder ein enorm hoher Betrag war. Normalerweise hätte ich mir die Sache genauer angesehen. Ich hätte nachgeforscht, wie ein einzelner Mitarbeiter so erfolgreich sein konnte, und darauf bestanden, ihn kennen zu lernen. In diesem Fall tat ich es nicht.

Es war mein Fehler, da ich nicht wie gewohnt Fragen gestellt hatte. Es zeigte sich, dass uns die Kultur von Kidder ebenso fremd war, wie die GE-Kultur den Kidder-Mitarbeitern.

Die Reaktion unserer Unternehmensleiter auf die Krise war typisch für die Kultur bei GE. Obwohl die Bücher für dieses Quartal bereits abgeschlossen waren, boten viele sofort ihre Unterstützung an, um die Lücke bei Kidder zu füllen. Einige sagten, sie könnten aus ihren Bereichen zusätzliche zehn, 20 oder sogar 30 Millionen Dollar zuschießen, um den Verlust abzufangen. Auch wenn es zu spät war, stand ihre Hilfsbereitschaft in krassem Gegensatz zu den Ausreden, die ich von den Leuten bei Kidder zu hören bekam.

Das Einzige, was sie beschäftigte, waren die Auswirkungen dieser Katastrophe auf ihr Einkommen. »Das ist unser Ruin«, erklärte einer. »Unseren Bonus können wir vergessen. Wie sollen wir unsere Leute halten?« In dieser Notsituation traten die Unterschiede zwischen den beiden Kulturen deutlicher zutage als je zuvor. Alles, was ich zu hören bekam, war: »Ich habe nichts damit zu tun. Ich habe nie etwas bemerkt. Ich kenne Jett nicht. Ich habe nie mit ihm gesprochen.« Niemand schien irgendjemanden zu kennen oder für irgendjemanden zu arbeiten. Es war einfach abstoßend.

Noch am selben Abend entließen wir Jett und suspendierten sechs weitere Angestellte. Als ich nach Hause kam, bereitete ich Jane darauf vor, dass uns eine sehr schwierige Zeit bevorstand. »Die Medien werden über mich herfallen. Lass dich davon nicht aus der Fassung bringen.«

Die Berichterstattung war gnadenlos. Wieder einmal wurde ich vom Helden zum Buhmann. Innerhalb eines Jahres berichtete das *Wall Street Journal* gleich mehrmals auf der Titelseite über den Skandal. Das *Time Magazine* erfand einen neuen Spitznamen für mich: »Jack in der Klemme«. Ein Reporter von *Newsweek* behauptete, man könne das Podest, auf dem ich stand, schon krachen hören.

In einer Titelgeschichte in *Fortune* hieß es, die Skandale bei Kidder seien auf das schlechte Management bei GE zurückzuführen. Das war natürlich völliger Unsinn. Das Problem bei Kidder beschränkte sich auf Kidder. Dieser Apfel war von Anfang an faulig gewesen. Die unzureichenden Kontrollmechanismen taten ein Übriges.

Die interne Untersuchung des Vorfalls wurde von Gary Lynch geleitet, einem ehemaligen Vollzugsbeamten der SEC, der nun bei Davis Polk & Wardwell arbeitete. Mithilfe der Prüfer von General Electric fand er heraus, dass die mangelnde Kontrolle von Jetts Geschäften ein wesentlicher Teil des Problems war. In Lynchs Bericht hieß es, Fragen über die ungewöhnlichen Spekulationsgewinne seien »ignoriert oder ungenau beziehungsweise ausweichend beantwortet« worden. Und: »Auch als seine Gewinne weiter stiegen, wurden Zweifel an Jetts Aktivitäten abgetan oder unterdrückt.«

Bei Kidder war die Anleihenabteilung das Zugpferd geworden. Sie verdiente mehr als die gesamte übrige Firma. Wenn diese Leute etwas sagten, hörte das Unternehmen zu, und nur wenige stellten die Grundlage für ihren Erfolg infrage. Wir waren nicht die Ersten an der Wall Street, die diese Lektion lernen mussten. Michael Milken und Drexel Burnham waren das deutlichste Beispiel, doch sogar ausgezeichnete Führungskräfte wie Frank Zarb und Pete Peterson kämpften mit der Dominanz des Börsenhandels bei Lehman Brothers. Es gab genug warnende Beispiele. Wir hatten sie ignoriert.

Später befand eine Richterin der SEC namens Carol Fox Foelak, Jett sei bei dem Betrug an Kidder auf »unerhörte« Weise vorgegangen und habe seine Vorgesetzten, Prüfer und andere durch falsche Angaben sowie irreführende und widersprüchliche Erklärungen bewusst getäuscht. Sie untersagte Jett jeden Kontakt mit Wertpapierhändlern und verurteilte ihn zu einer Geldstrafe von 8,4 Millionen Dollar.

Kidder verursachte uns jahrelang die größten Probleme und kostete uns einige unserer besten Führungstalente. Mitte 1994 musste ich meinen Freund Mike Carpenter bitten, als Leiter von Kidder zurückzutreten. Es war eine der schwierigsten Entscheidungen in meiner Karriere. Mike war ein ausgezeichneter Manager und hatte alles versucht, um das von Jett verursachte Desaster in den Griff zu bekommen. Er hatte unter dem Skandal mehr zu leiden als jeder andere. Die Medien wollten seinen Kopf. Sie würden die negative Berichterstattung so lange fortsetzen, bis sie dieses Ziel erreicht hatten. Wir führten ein langes Gespräch, das ich mit dem Satz beendete: »Es wird erst aufhören, wenn du zurücktrittst.« Er verstand und reagierte prompt. Jetts unmittelbarer Vorgesetzter, Ed Cerullo, Leiter des Anleihenhandels, ging einige Wochen nach Mike.

Vorübergehend setzten wir Dennis Dammerman als Chairman und CEO an Mikes Stelle und Denis Nayden, einen weiteren Veteranen von GE Capital, als President und COO ein.

Vier Monate später, im Oktober 1994, konnten wir Kidder endlich verkaufen. Wir erhielten dafür 670 Millionen Dollar und einen 24-Prozent-Anteil an Paine Webber. Auch diesmal spielte Pete Peterson eine wichtige Rolle.

Die Verhandlungen zwischen GE Capital und Don Marron, dem Geschäftsführer von Paine Webber, waren im Lauf eines Wochenendes Anfang Oktober in eine Sackgasse geraten. Ich rief Don an, um festzustellen, ob wir uns vielleicht doch noch einigen konnten. Don zog Pete, mit dem er seit vielen Jahren befreundet war, als Berater hinzu. Don und ich kannten einander nur flüchtig, sodass Pete bei den Verhandlungen eine Schlüsselrolle zukam. Pete, Don, Dennis und ich gelangten rasch zu einer allgemeinen Vereinbarung und besiegelten sie per Handschlag. Ich reiste für zehn Tage geschäftlich nach Asien, und Dennis führte die abschließenden Verhandlungen. Pete rief mich einige Male an, einmal um drei Uhr früh in Thailand, um ein paar Stolpersteine aus dem Weg zu räumen.

Das Geschäft wurde in etwa zehn Tagen abgeschlossen, und wir vier sind bis heute befreundet.

Die Geschichte ging gut aus. An einem Freitagabend Mitte 2000 rief mich Pete an, als ich gerade aus dem Büro gehen wollte. »Jack, entschuldige, wenn ich dich störe«, sagte er, »aber ich wollte dir ein schönes Wochenende bescheren.«

Pete erzählte mir, er und Don hätten Paine Webber gerade für 10,8 Milliarden Dollar an die Schweizer Bank UBS verkauft. »Wir haben zwei Milliarden Dollar für dich verdient. Ich hoffe, das ist dir recht.«

»Ein schönes Wochenende?«, rief ich. »Du hast mir gerade ein schönes Jahr beschert!«

Don, sein Team und einige wichtige Mitarbeiter von Kidder machten aus der Fusion einen Riesenerfolg. Dieser Erfolg verschaffte uns eine jährliche Rendite von zehn Prozent über die 14 Jahre, die zwischen dem Kauf von Kidder und dem Verkauf von Paine Webber lagen. Von einem finanziellen Erfolg konnte zwar keine Rede sein, aber wir schnitten besser ab als bei einigen anderen Akquisitionen.

Allerdings wollten wir eine solche Erfahrung nicht für alles Geld der Welt noch einmal machen.

Die Erfahrung mit Kidder ist unauslöschlich in mein Gedächtnis eingebrannt. Die Kultur eines Unternehmens ist ein Faktor, den man nie unterschätzen darf. Während der Dotcom-Hysterie Ende der 90er Jahre waren einige Mitarbeiter der Aktienabteilung von GE Capital sehr erfolgreich. Nun wollten sie nur bei GE bleiben, wenn sie einen Anteil an den Aktien, in die sie das Geld von GE investierten, bekämen. Ich sagte ihnen, sie könnten sich zum Teufel scheren. Ein paar gingen tatsächlich, was uns Kritik in den Medien eintrug. Es hieß, wir versäumten eine wichtige Entwicklung und täten so, als gäbe es keine New Economy. Ganz genau!

Ich nahm diesen Vorfall zum Anlass, um bei einer Versammlung des Top-Managements im Oktober klarzustellen, dass es bei GE nur eine Währung gab: GE-Aktien (s. Abb. S. 245). Es gab sie in unterschiedlicher Menge für unterschiedliche Leistungen, doch das Rettungsboot jedes Einzelnen hängt an demselben Schiff. Die umfassende Kultur, das gemeinsame Wertsystem und die einheitliche Währung zwingen uns jedoch keinen einheitlichen Stil auf: Jeder Geschäftsbereich von GE hat seinen eigenen Charakter.

Aus demselben Grund – kulturelle Differenzen – verzichteten wir bei mehreren Gelegenheiten auf den Erwerb von Hochtechnologiefirmen aus dem Silicon Valley, die unter strategischen Gesichtspunkten eine sinnvolle Ergänzung gewesen wären. Doch ich wollte GE nicht mit den Kulturen verunreinigen, die sich dort Ende der 90er Jahre entwickelten. Kultur und Werte eines Unternehmens sind einfach zu wichtig.

Selbstvertrauen und Selbstüberschätzung liegen nahe beieinander. Dieses Mal hatte ich die Grenze überschritten und eine Lektion gelernt, die ich nie wieder vergessen werde.

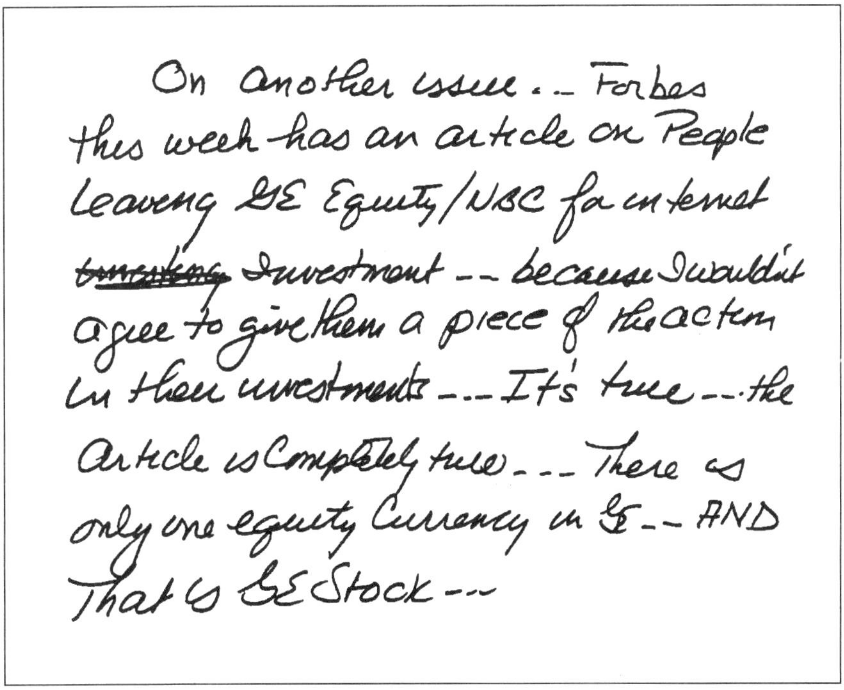

On another issue... Forbes this week has an article on People leaving GE Equity/NBC for internet ~~investing~~ Investment -- because I wouldn't agree to give them a piece of the action in their investments --- It's true -- the article is completely true --- There is only one equity currency in GE -- AND That is GE Stock ---

16 GE Capital: Die Wachstumsmaschine

An einem Abend im Juni 1998 saß ich zu Hause auf der Couch und ging die Mappe mit den Geschäftsvorschlägen durch, die wir am nächsten Tag bei der Sitzung des Boards von GE Capital besprechen würden. Plötzlich fiel mir einer der verschrobensten Vorschläge auf, die ich in 20 Jahren im Board zu Gesicht bekommen hatte.

Es ging darum, in Thailand von einer Gruppe gescheiterter Finanzierungsgesellschaften, die von den Behörden gepfändet worden waren, Autokredite im Wert von 1,1 Milliarden Dollar zu übernehmen. Ich wusste, dass sich das Land in der größten Rezession seiner Geschichte befand und dass wir dort das einzige überlebende Finanzierungsunternehmen für Autos waren. Ich erklärte Jane, die mir gegenübersaß, worum es bei dem Geschäft ging. »Der Mitarbeiter, der diesen Vorschlag präsentiert, wird nicht einmal dazu kommen, sich hinzusetzen«, versicherte ich ihr. »Wir werden ihn im Handumdrehen aus der Sitzung jagen.«

Diese Sitzungen laufen völlig anders ab als die üblichen Boardsitzungen. Wir finanzieren jährlich eine Unzahl von Aktivitäten, und potenzielle Geschäfte werden genau unter die Lupe genommen. Ungefähr 20 hartgesottene GE-Insider mit insgesamt über 400 Jahren Erfahrung in den verschiedenen Geschäftsbereichen diskutieren über sämtliche Vorschläge, ohne ein Blatt vor den Mund zu nehmen. Diese Gruppe prüft tausende von Geschäften, bevor wir darüber abstimmen. Obwohl eine strenge Vorauswahl getroffen wird, bevor die Vorschläge dem Board vorgelegt werden, lehnen wir jeden fünften zunächst ab, um ihn genauer prüfen zu lassen.

Als ich an diesem Abend die Einzelheiten über das Geschäft in Thailand las, war ich überzeugt, dass dieser Vorschlag im Papierkorb landen würde. Das Geschäft, eine Partnerschaft zu gleichen Teilen mit Goldman Sachs, sollte uns zum Eigentümer jedes neunten Autos in Thailand machen. Um die Sache durchzuziehen, müssten wir 1000 zusätzliche Mitarbeiter im Land einstellen, um die Kreditvereinbarungen abzuschließen, die Raten zu kassieren und die Wiederinbesitznahme der Fahrzeuge abzuwickeln. Sollte unser Angebot akzeptiert werden, so würden wir die Kredite für 45 Prozent ihres Nennwerts übernehmen. Die Idee stammte von Mark Norbom, der die Geschäftsstelle von GE Capital in Thailand leitete.

Am nächsten Morgen spazierte ich mit einem Lächeln in den Sitzungssaal. »Thailändische Autokredite?«, sagte ich lachend. »Ich kann es kaum erwarten, bis wir zu diesem Vorschlag kommen.« Als ich die Seite mit Marks Idee aufschlug, runzelte ich die Stirn und schüttelte den Kopf. »Wie sollen wir in wenigen Monaten 1000 Mitarbeiter einstellen und einschulen?«, fragte ich.

Marks Antwort beeindruckte mich. Er sagte, sein Team habe bereits 4000 Bewerber geprüft, mit 2000 der Kandidaten Gespräche geführt und für den Fall, dass wir die Ausschreibung gewännen, 1000 Verträge ausgestellt. Er erklärte uns, dass ein Auto in Thailand zu den wertvollsten Besitztümern zählte. Die Leute würden lieber alles andere einschließlich ihrer Wohnung aufgeben, als ihr Auto zu verlieren, nur weil sie den Kredit nicht abzahlen konnten.

Nach einer kurzen Diskussion und einem leidenschaftlichen Plädoyer von Mark stimmten wir seinem Vorschlag zu. Eine ausgezeichnete Präsentation, die mit spürbarer Begeisterung vorgetragen worden war, hatte mich in kürzester Zeit zu einer Kehrtwendung bewegt. Als ich in den Sitzungssaal gegangen war, hatte ich gedacht: »Der Bursche ist so gut wie tot.« Als ich den Sitzungssaal verließ, dachte ich: »Was für eine tolle Idee.«

Mark hatte tatsächlich Recht. In den nächsten drei Jahren verdiente General Electric gut daran und baute in Thailand ein florierendes und profitables Autogeschäft auf. In der folgenden Zeit erwarben wir in Asien eine Reihe weiterer ins Trudeln geratener Unternehmen, die sich alle gut entwickelten, was der lokalen Wirtschaft ebenso zugute kam wie GE.

Marks Karriere entwickelte sich ebenfalls gut. Er wurde Präsident von GE Japan.

Dieses kleine Geschäft in Thailand ist eines von vielen tausend, die aus GE Capital einen der wertvollsten Bestandteile von GE machten. Als ich 1978 als Sektorenleiter zum ersten Mal einen Einblick in diesen Unternehmensbereich erhielt, verdiente GE Capital mit Assets, die einen Wert von fünf Milliarden Dollar hatten, 67 Millionen Dollar. Bis zum Jahr 2000 stieg der Gewinn auf 5,2 Milliarden Dollar, das waren 41 Prozent unseres Gesamtgewinns. GE Capital besaß Vermögenswerte in Höhe von 370 Milliarden Dollar.

Die Geschichte dieses phänomenalen Wachstums wurde schon oft und in vielen Variationen erzählt. Die meisten Menschen außerhalb von GE wissen allerdings nicht, wie viel Einsatz, Erfindungsreichtum und Unternehmergeist hinter diesem Erfolg stecken. Was ich 1978 sah, war ein enormes Potenzial. Damit meine ich nicht nur die finanziellen Ergebnisse, sondern die zusätzliche Hebelwirkung, die man durch die Kombination der Rohstoffe Geld und Intelligenz erzielen kann.

Da ich mein ganzes Leben mit der Herstellung von Dingen beschäftigt gewesen war, mit Tätigkeiten, in denen jeder Cent mit harter Arbeit verdient werden musste, konnte ich nicht glauben, wie einfach dieses Geschäft allem Anschein nach war. Der Bereich hatte bereits bewiesen, dass er gut besicherte Geschäfte mit bemerkenswerten Kapitalrenditen machen konnte. Ein Beispiel: Im fremdfinanzierten Flugzeugleasing konnte man Renditen von 30 Prozent und mehr erzielen.

Ich verliebte mich in die Idee, die Methode und den Cashflow in der Produktion mit finanziellem Einfallsreichtum zu verbinden, um einen profitablen Unternehmensbereich aufzubauen. Dafür brauchten wir natürlich die richtigen Leute.

Dennis Dammerman pflegte mich an einen Ausspruch von Benjamin Franklin zu erinnern: »Ohne Kapital keine Zinsen.« Zum Glück war es bei GE Capital schon damals üblich, dass die Leute für ihre Transaktionen vom Anfang bis zum Ende verantwortlich waren. Wenn jemand ein Geschäft vorschlug, musste er dafür sorgen, dass es funktionierte. Andernfalls musste er den Vermögenswert übernehmen und selbst etwas daraus machen.

Ich war sicher, dass das Potenzial enorm war. Wir mussten dem Geschäftsbereich lediglich größere Bedeutung beimessen. Bessere Mitarbeiter und mehr finanzielles Engagement würden zu riesigen Gewinnen führen.

Zum Glück stieß ich beim Tischtennis auf Larry Bossidy. Gemeinsam mit John Stanger, dem CEO von GE Capital, brachte er den Unternehmensbereich auf Touren. Seit unserem Match in Hawaii kannte ich seine Frustration. 1978 war GE Capital ein Stiefkind von GE. In meinen ersten Jahren im Unternehmen war der Kunststoffbereich ebenfalls ein Stiefkind gewesen. Larry wollte GE Capital einen prominenten Platz im Unternehmen sichern. Als ehemaliger Finanzprüfer kannte er GE Capital in- und auswendig und wusste, was zu tun war.

Mein erster wichtiger Vorstoß zur Förderung von GE Capital bestand darin, Regs Genehmigung einzuholen, um Larry 1979 zum COO zu machen. Larry entsprach ebenso wenig wie ich der Idealvorstellung von einem GE-Manager. Er war nicht unbedingt ein Musterbeispiel für elegante Kleidung und von hinten leicht daran zu erkennen, dass sein Hemd stets aus der Hose hing. Seine Vorstellung von einem Sommeranzug bestand darin, seinen Winteranzug mit einem weißen Gürtel und glänzenden, weißen Schuhen zu kombinieren. (Angesichts seiner wachsenden Prominenz in der Geschäftswelt ist Larry mittlerweile ein heißer Kandidat für das Cover von *GQ*.)

Larry ist ein echter Familienmensch. Seine Frau Nancy ist eine fantastische Mutter für ihre neun Kinder. Larry unterstützte sie stets so gut wie möglich, arbeitete aber oft bis spät in die Nacht und an den Wochenenden. Drei ihrer Kinder begannen bei GE zu arbeiten, darunter auch Paul, der heute die Finanzierung gewerblicher Ausrüstung leitet, die mit Assets von 38 Milliarden Dollar zu den 20 erfolgreichsten Geschäftsbereichen von GE zählt.

Larry und ich dachten in vielen Dingen ähnlich. Dies galt insbesondere in Bezug auf die Mitarbeiter. Wir nahmen nicht nur Personalbeurteilungen vor, um uns die Leute genau anzusehen, sondern unterzogen sie auch im Board einer monatlichen Analyse, in der wir ihnen auf den Zahn fühlten. Wir sahen Leute, die wirklich unter Beschuss standen und jeden Monat Geschäfte zu verteidigen hatten – und in einigen Fällen mussten sie uns später erklären, wie sie Schwierigkeiten in den Griff zu bekommen gedachten.

In den 23 Jahren, in denen ich mit GE Capital zu tun hatte, wurde ich Zeuge von vier Wachstumsphasen: Von 1977 bis 1985 holten CEO John Stanger und Larry Bossidy einige unserer besten Mitarbeiter zu GE Capital. In der zweiten Hälfte der 80er Jahre begannen Bossidy (damals Vice Chairman) und der CEO Gary Wendt, das Wachstum des Geschäftsbereichs aggressiv voranzutreiben. Sie machten aus GE Capital eine Akquisitionsmaschine.

In den 90er Jahren schlossen Wendt und Denis Nayden, damals COO, mehr Geschäfte ab als je zuvor und schufen damit im Lauf eines Jahrzehnts einen Finanzdienstleistungsbereich mit globaler Reichweite. Das derzeitige Team mit Dennis als CEO und Mike Neal als COO baut dieses globale Franchise weiter aus und wendet Six Sigma sowie Digitalisierung auf die Finanzdienstleistungen an.

Rückblickend wirken diese Jahre des stetigen zweistelligen Wachstums geradezu surreal. Ich erinnere mich noch gut, dass mich in den frühen Tagen ein Geschäft von GE Capital mit einem Wert von 90 Millionen Dollar in helle Aufregung versetzte. Im Vergleich zu den thailändischen Autokrediten und den Milliardenbeträgen, die wir heute in mancher Boardsitzung vergeben, wirkt dieser Betrag lächerlich gering. Aber im Jahr 1982 waren 90 Millionen Dollar sehr viel Geld.

Damals nahmen Larry Bossidy, Dennis Dammerman und ich an einer Managementversammlung von GE Capital in Puerto Rico teil und diskutierten endlos über die Frage, ob wir American Mortgage Insurance von Baldwin United kaufen sollten oder nicht. Das Geschäft bereitete uns einiges Kopfzerbrechen – denn es war der bis dahin größte Deal von GE Capital. Wir grübelten tagelang darüber, wie viel wir bieten sollten, und machten uns die größten Sorgen über alle möglichen Komplikationen.

Es ist alles eine Frage der Perspektive. Bevor wir uns 1983 entschlossen, American Mortgage zu kaufen, unterschrieb Dennis buchstäblich jede einzelne Versicherungspolice, die wir ausstellten, weil sein Versicherungsgeschäft so klein war, dass er die Anschaffung einer Signaturmaschine nicht rechtfertigen konnte. Nach der Akquisition konnten wir nicht nur ein solches Gerät kaufen, sondern wurden ein wichtiger Anbieter in dieser Branche.

Ein Jahr später übertrafen wir diesen kleinen Deal über 90 Millionen Dollar mit der Übernahme der Employers Reinsurance Corp. (ERC) für 1,1 Milliarden Dollar. John Stanger und Dennis Dammerman hatten den Kauf von ERC, einer der drei größten amerikanischen Gesellschaften für Sach- und Haftpflichtrückversicherungen, bereits 1979 erstmals in Betracht gezogen. Die Versicherung bat uns, als Retter in der Not einzuspringen und ein unerwünschtes Angebot der Connecticut General Insurance abzuwehren. Damals waren unsere Versicherungsassets ziemlich gering. ERC zog es offensichtlich vor, eine Tochtergesellschaft von GE zu werden, als von Connecticut General, einer großen Nummer in der Branche, geschluckt zu werden.

Letztlich entschied sich ERC damals aber für einen dritten Kandidaten, der ihrer Vorstellung vom Prinzen in der glänzenden Rüstung am nächsten kam: Getty Oil, ein Unternehmen, das überhaupt nichts von der Versicherungsbranche verstand. In einem der Aufsehen erregendsten Geschäfte des Jahrzehnts wurde Getty später von Texaco gekauft, das wenig Interesse an einer Rückversicherungsgesellschaft hatte. Da wir uns schon Jahre vorher über ERC informiert hatten, konnten wir rasch ein Angebot vorlegen. Über die letzten Einzelheiten des Geschäfts verhandelte ich mit John McKinley, dem Geschäftsführer von Texaco.

Damals hatten wir noch keine Erfahrung mit Transaktionen dieser Größenordnung. Als das ERC-Team nach dem Abschluss nach Fairfield kam, erzählten sie uns beim Abendessen, dass sie die Gewinnprognose, von der wir in unserem Angebot ausgegangen waren, nicht erreichen würden.

Ich wollte sofort einen Preisnachlass. Die Übernahmeverhandlungen hatte mein Freund John Weinberg von Goldman Sachs für uns geführt. Ich rief ihn in Augusta an, ließ ihn vom Golfplatz holen und erzählte ihm empört, was ich gerade erfahren hatte. Ich bat ihn, McKinley anzurufen, um eine Herabsetzung des Kaufpreises durchzusetzen.

Zum Glück war McKinley ein Gentleman, akzeptierte unseren Einwand und gab uns einen Nachlass von 25 Millionen Dollar, sodass wir schließlich 1,075 Milliarden Dollar bezahlten. Heute ist mir mein damaliges Verhalten ein wenig peinlich, aber ich war eben ein Neuling auf diesem Gebiet, und mein Eifer war mit mir durchgegangen.

Die Übernahme von ERC war ein großer Schritt nach vorn. Das Versicherungsgeschäft florierte. Der Nettogewinn stieg von 100 Millionen Dollar im Jahr 1985 auf 790 Millionen Dollar im Jahr 1998. Doch dann unterbrachen ein harter Preiskampf und eine Reihe von Unwettern unseren Höhenflug. Im Jahr 2000 sackten die Gewinne auf 500 Millionen Dollar ab.

Wir ernannten Ron Pressman zum CEO, um das Unternehmen wieder auf Erfolgskurs zu bringen. Ron, ein ehemaliger Rechnungsprüfer, hatte ein äußerst profitables Immobiliengeschäft aufgebaut und verfügte über genau die richtige Mischung aus Grips und Disziplin. Inzwischen haben wir unsere Preispolitik korrigiert, zeigt Six Sigma die ersten Ergebnisse, und wenn das Wetter mitspielt, wird das Versicherungsgeschäft unter der Leitung von Ron bald wieder gedeihen.

Die meisten Erfolge, die wir in den 80er Jahren verbuchen konnten, erreichten wir in kleinen Schritten. Eines der Merkmale von GE Capital bestand darin, dass wir langsam in neue Märkte einstiegen. Unsere Devise lautete: »Um laufen zu können, muss man erst gehen lernen.«

Wir hatten nie eine großartige strategische Vision für GE Capital. Wir mussten nicht die Nummer eins oder zwei sein. Die Märkte waren riesig. Um zu wachsen, mussten wir lediglich die Bilanz von GE mit der Intelligenz von GE koppeln.

In den 70er Jahren hatten wir uns auf die Konsumenten konzentriert und Hypotheken und Autoleasing angeboten. Dazu kamen einige Investitionen in Transport und Immobilien.

In den 80er Jahren bemühten wir uns um ein stärkeres Wachstum, wobei wir die Risiken weiterhin strikt begrenzten. Das konservative Risikoprofil, mit dem wir in den 70er Jahren gearbeitet hatten, blieb unangetastet. Allerdings begaben wir uns auf die Suche nach Spitzenkräften, denen wir die Freiheit zugestanden, Ideen zu finden, überzeugende Gründe für ihre Finanzierung zu präsentieren und zum Wachstum von GE Capital beizutragen.

GE Capital wuchs tatsächlich mit atemberaubender Geschwindigkeit. In den letzten 20 Jahren explodierte die Zahl der Geschäfte im Bereich Material- und Gerätemanagement: von Lkw über Schienenfahrzeuge bis zu Flugzeugen. Wir stiegen in das Geschäft mit firmeneigenen Kreditkarten ein. Wir forcierten den Immobilienbereich. Während wir 1977 in einem halben Dutzend finanzieller Nischen tätig gewesen waren, hatte GE Capital 2001 bereits 28 verschiedene Geschäftsbereiche.

Es gibt wohl kein besseres Beispiel für den Wert guter Mitarbeiter als den kometenhaften Aufstieg von GE Capital. Im Lauf der Jahre wurde es von einer Reihe hoch begabter Manager geführt: Larry Bossidy, Dennis Dammerman, Norm Blake, Bob Wright, Gary Wendt, Denis Nayden. Sie alle brachten es innerhalb oder außerhalb des Unternehmens zum CEO.

Ein perfektes Beispiel für eine steile Karriere innerhalb des Unternehmens ist Denis Nayden, der 1977 sofort nach der Universität von Connecticut als Marketingfachmann für die Finanzierung von Luft- und Schienenfahrzeugen bei GE Capital begann. In den nächsten zwei Jahrzehnten kletterte er die Karriereleiter hinauf, wurde die rechte Hand von Wendt und übernahm 1998 schließlich die Leitung des Unternehmensbereichs.

Wir setzten Talente aus unseren industriellen Unternehmensbereichen ein, um GE Capital von einem reinen Finanzierungsbetrieb in einen Bereich zu verwandeln, der nicht nur finanzielle, sondern auch operative Fähigkeiten besaß. Die Hälfte der derzeitigen Führungsmannschaft von GE Capital Services kommt aus den industriellen Bereichen.

Unsere Manager wussten, wie man Unternehmen führt. Nur selten gaben wir ein schlecht laufendes Geschäft auf. Wir hassten Abschreibungen. Stattdessen übernahmen wir krisengeschüttelte Unternehmen und leiteten sie selbst. Dank unserer betrieblichen Kompetenz konnten wir einen Vermögenswert auch in schwierigen Zeiten halten.

Als im Jahr 1983 ein Kredit von Tiger International platzte, übernahmen wir selbst das Ruder und wurden zu einer Leasinggesellschaft für Schienenfahrzeuge. Als die Leasingverträge für einige unserer Passagierflugzeuge ausliefen, beschlossen wir, sie zu Frachtflugzeugen umzufunktionieren und gründeten Polar Air, eine unabhängige Frachtfluglinie. Unsere große Erfahrung im Flugzeugleasing bewegte uns dazu, 1993 Polaris zu kaufen und unsere Tätigkeit zu erweitern, indem wir 1993 und 1994 Assets der in Irland ansässigen Guiness Peat Aviation erwarben.

Heute verwaltet GE Capital Aviation Services (GECAS) 18 Milliarden Dollar an Vermögenswerten.

Wir bauten GE Capital Geschäft um Geschäft auf, wobei die überwiegende Mehrzahl dieser Deals in unseren monatlichen Boardsitzungen geprüft wurde. Das Unternehmen war bei Transaktionen im Bereich der Finanzdienstleistungen stets sehr vorsichtig. Ich fügte dem Risikoverfahren aus den 70er Jahren keine neuen Vorschriften hinzu, schränkte es aber auch nicht ein. Jedes Beteiligungsgeschäft über mehr als zehn Milliarden Dollar und jedes kommerzielle Risiko, das 100 Millionen Dollar pro Kunden überstieg, musste dem Board vorgelegt werden.

Auch als GE Capital wuchs, änderten wir die Kriterien für die Bewilligung von Geschäften nicht. Ich war an fast allen Entscheidungen beteiligt, an den guten ebenso wie an den schlechten. In den 80er Jahren wurden auch wir von der Welle der Leveraged Buyouts erfasst. 1989 finanzierten wir die Übernahme von Patrick Media, einem Unternehmen, das Reklametafeln installierte. Es wies einen ordentlichen Cashflow und akzeptable Wachstumsraten auf. Nur eines bereitete mir Sorgen: Patrick Media wurde von John Kluge verkauft, dem Leiter von Metromedia, der als durchtriebener Geschäftsmann berühmt war.

Ich wusste nicht viel über Reklametafeln, doch eines war mir klar: Wenn John Kluge der Verkäufer war, sollte ich besser nicht der Käufer sein. Ich hatte John bei den Verhandlungen für den Cox-Deal kennen gelernt. Er war mir sehr sympathisch, doch ich wusste, dass er ein außergewöhnlich cleverer Investor war. Ich hätte meinem Instinkt gehorchen und die Finger von der Sache lassen sollen. Als das Geschäft mit Reklametafeln Ende der 80er Jahre seinen Tiefpunkt erreicht hatte, übernahmen wir das Unternehmen, um eine Abschreibung in Höhe von 650 Millionen Dollar zu vermeiden. Wir bauten das Geschäft neu auf und konnten es 1995 mit einem bescheidenen Gewinn verkaufen.

1988 finanzierten wir den LBO von Montgomery Wards. Zunächst sah es aus wie ein Glücksgriff. Bernie Brennan, unser Partner zu gleichen Teilen, kam auf die von der Zeitschrift *Forbes* erstellte Liste der 400 reichsten Männer der Welt, und Wards gedieh prächtig. Das Einzelhandelsunternehmen lief auf seinen Untergang zu. Trotz der großen Anstrengungen eines neuen Managementteams war Wards nicht mehr zu retten und ging 2000 endgültig bankrott.

Doch die guten Geschäfte überwogen die schlechten bei weitem. Wir vergrößerten unseren Tätigkeitsbereich stetig. So stiegen wir zum Beispiel in Autoauktionen ein. Mir gefiel die Branche, die ich bei Cox Broadcoasting während der gescheiterten Verhandlungen im Jahr 1980 kennen gelernt hatte. Cox besaß Manheim, das bei Autoauktionen führend war. Es war ein reines Dienstleistungsgeschäft mit geringer Investition und hohen Gewinnmargen. Ed Stewart, der damals den Bereich Autoleasing leitete, begann Anfang der 80er Jahre, kleine Auktionsfirmen zu kaufen. Insgesamt erwarb er über 20 Autoauktionsfirmen und ging ein 80/20-Jointventure mit Ford Motor ein.

Bei den Auktionen ging es wie auf Flohmärkten zu. Umherziehende Händler bauten Stände auf und boten Hotdogs und Ledergürtel von Harley-Davidson feil. Die Versteigerer verkauften ein gebrauchtes Auto pro Minute. Letzten Endes war Manheim auch der Grund dafür, dass wir das Geschäft abstießen. Manheim war viel größer als wir und hatte die Möglichkeit, die Branche zu konsolidieren. Also steckten wir den Gewinn ein und verkauften Anfang der 90er Jahre an Manheim.

Viele der besten - und einige der verrücktesten - Deals, über die der Board abstimmte, stammten von Gary Wendt, der von 1986 bis 1998 in einer rasanten Wachstumsphase CEO von GE Capital war. Seine Vorschläge waren einfallsreich und kreativ. Obendrein sah Gary genau, was erforderlich war, um aus einem nicht so guten Geschäft ein ausgezeichnetes zu machen - eine äußerst seltene Fähigkeit.

Gary war Ingenieur, hatte in Harvard ein MBA-Studium absolviert und war der geborene Verhandlungsführer. Er arbeitete bei einer Immobilieninvestmentgesellschaft in Florida, bevor er 1975 von GE Credit als Manager für Immobilienfinanzierung angeworben wurde. Später beaufsichtigte er alle kommerziellen Finanzierungsgeschäfte und wurde 1984 COO von GE Capital. Als der Geschäftsführer Bob Wright GE Capital Mitte 1986 verließ, um die Leitung von NBC zu übernehmen, machte Larry Bossidy Gary Wendt zu seinem Nachfolger. Gary und Larry arbeiteten weiter an der Vergrößerung von GE Capital.

Im Jahr 1991 war es so weit, dass Larry endlich selbst ein Unternehmen leiten wollte. Er war 55 Jahre alt und Vice Chairman, hatte bei GE aber keine Aufstiegsmöglichkeiten mehr, weil ich sicher noch zehn Jahre bei GE bleiben würde. Larry wollte eine Chance, ein großes Unternehmen zu führen. Gerry Roche, ein Headhunter bei Heidrick & Struggles, eröffnete sie ihm.

An einem Montagmorgen Ende Juni kam Larry in mein Büro und erzählte mir die Neuigkeiten. »Jack«, sagte er, »du weißt, dass es für mich an der Zeit ist, eine neue Aufgabe zu übernehmen. Ich möchte nicht für den Rest meiner Karriere hier sitzen. Ich habe ein Angebot bekommen, und ich werde es annehmen.« –»Wann ist es so weit?«, fragte ich. »Es wird morgen bekannt gegeben.« - »Du bist also fest entschlossen?«, fragte ich. »Ja. Ich muss es einfach tun«, antwortete Larry.

Es war ein sehr emotionales Gespräch. Wir erinnerten uns an unsere gemeinsame Zeit seit jenem Tag im Jahr 1978, als wir in Hawaii Tischtennis miteinander spielten und ich ihn überredete, bei GE zu bleiben. Es flossen Tränen, und wir umarmten uns.

Dann eröffnete mir Larry, dass er CEO von AlliedSignal werden würde, einem Hersteller von Industrieprodukten in New Jersey. Larry sagte, AlliedSignal reize ihn, weil das Unternehmen gerade einen Neuanfang versuche und außerdem im Nordosten seinen Sitz habe, sodass seine Familie nicht umziehen müsse.

Als Roche mich später anrief, sagte ich: »Gerry, einerseits bin ich untröstlich, weil du mir meinen besten Freund und den besten Mann in diesem Unternehmen wegnimmst. Andererseits freue ich mich für ihn, weil er jedes Unternehmen in diesem Land führen kann und es verdient, der Mann an der Spitze zu sein.«

In den 90er Jahren machte sich Gary Wendt daran, in neue Gebiete vorzustoßen. Er erklärte seinem Team, es solle sich nicht vor Rückschlägen fürchten. »Wir werden den Krieg gewinnen«, sagte er.

Alle Unternehmensbereiche bemühten sich um die Globalisierung, doch keiner war so effektiv wie GE Capital. Da die Konjunktur in Europa abgekühlt war, begab sich Gary dort auf Einkaufstour. 1994 übernahm GE Capital Assets im Wert von zwölf Milliarden Dollar, mehr als die Hälfte davon im Ausland. 1995 verdoppelten sie das Tempo und erwarben Geschäfte im Wert von 25 Milliarden Dollar, davon 18 Milliarden außerhalb der USA.

GE Capital befand sich auf einem globalen Feldzug. Es kaufte Anbieter von Konsumkrediten, firmeneigene Kreditkartengeschäfte und Leasingbetriebe für Lastwagenanhänger und Schienenfahrzeuge.

Mit den Geschichten, die sich hinter diesen Geschäften verbargen, könnte man mehrere Bücher füllen. Im Sommer 1995 reisten Gary, der gerade Urlaub hatte, und Christopher MacKenzie, Leiter der Geschäftsentwicklung für Europa, mit einem Wohnmobil durch Osteuropa. Christopher produzierte Ideen am Fließband und spürte für Gary Geschäfte auf. Als sie zurückkamen, waren sie begierig, in diesem Teil der Welt alle möglichen Geschäfte zu machen. Von dieser Reise brachten sie auch den Vorschlag mit, eine Bank in Budapest zu kaufen. Ungarn gefiel uns, und die Bank passte gut zu GE Leuchtmittel, das in diesem Land bereits ein wichtiger Arbeitgeber war.

Wir kauften auch Banken in Polen und der Tschechischen Republik, um auf diesen Märkten in das Privatkundengeschäft einzusteigen. Bei dem tschechischen Deal kam es zu einer skurrilen Komplikation, denn der Besitzer der Bank besaß auch ein Vertriebsunternehmen für Haushaltsgeräte und ein Lagerhaus voller russischer Fernsehgeräte. Wir stimmten dem Geschäft erst zu, nachdem er uns versichert hatte, dass wir dieses tschechische Haushaltsgeräteunternehmen auf keinen Fall am Hals haben würden. Heute erzielen alle drei Banken Nettogewinne, die allerdings insgesamt lediglich 36 Millionen Dollar im Jahr betragen.

Dave Nissen, der Geschäftsführer des Bereichs Konsumentenkredite, schlug 1996 den Kauf von Pet Protect vor. Dabei handelt es sich um den zweitgrößten Anbieter von Lebens- und Krankenversicherungen für Katzen und Hunde in Großbritannien. Dieser Vorschlag wirkte auf den ersten Blick ebenso abstrus wie der zur Übernahme der thailändischen Autokredite. Dave begann seine Präsentation mit den Worten: »Dieser Hund wird beißen.«

Ich wusste nicht viel über Haustierversicherungen. Wir fanden heraus, dass die Branche jedes Jahr um 30 Prozent wuchs und die jährlichen Prämien 90 Millionen Dollar ausmachten. In Großbritannien waren fünf Prozent der Katzen und Hunde versichert; dies war der zweithöchste Wert nach Schweden (17 Prozent), was auf ein großes Potenzial schließen ließ.

Jim Bunt, ein Boardmitglied von GE und Finanzleiter, hatte eine Menge Spaß bei der Überprüfung dieses Geschäfts. Bei der Besprechung brachte er alle zum Schmunzeln, indem er berichtete, dass die Versicherung »die Kosten für ein Hundeheim im Fall eines unvorhergesehen Krankenhausaufenthalts des Besitzers« einschloss, nicht aber »katastrophale Verluste aufgrund von Hundebissen«.

Wir gaben unsere Zustimmung, nicht weil wir etwas von Haustierversicherungen verstanden, sondern weil wir den Leuten vertrauten, die den Vorschlag gemacht hatten.

Mit einem Preis von 23 Millionen Dollar war Pet Protect nur ein vergleichsweise kleiner Deal. Es gab viele andere, wesentlich größere Geschäfte, die ernsthafte Fragen aufwarfen. 1997 schlug Nissen vor, die Bank Aufina zu kaufen, die Geschäftseinheit für Konsumentenkredite einer großen Schweizer Bank. Ich war skeptisch.

Den Schweizer Bankiers gehört die ganze Bankwelt. Warum sollten sie eine profitable Geschäftseinheit verkaufen? Nissen erklärte, dass Schweizer Bankiers richtige Bankiers seien, die die größeren Geschäfte bevorzugten und mehr an globalem Investmentbanking interessiert seien. Privatkredite und Autofinanzierungen betrachteten sie eher als Ablenkung. Letztlich kauften wir zwei Unternehmen in der Schweiz. 2001 verdienten sie 78 Millionen Dollar.

Diese Übernahmen waren Teil eines umfassenden Plans von Nissen, der ein globales Unternehmen für Konsumentenkredite aufbauen wollte. Der erste große Deal, der GE Capital eine starke Präsenz in Europa verschaffte, fand 1990 statt: Wir übernahmen den Bereich Firmenkreditkarten der Burton Group, des größten britischen Textileinzelhändlers. Im Jahr darauf kamen Harrods und House of Fraser dazu.

Die Verhandlungen über dieses Geschäft verliefen schwierig. Der Leiter von Harrods heizte die Stimmung durch unkooperatives Verhalten an. Wenn ihm der Verlauf des Gesprächs missfiel, verließ er den Raum mit dem Hinweis, er werde in fünf Minuten zurückkommen, um eine bessere Antwort zu hören. Nachdem er das zehnmal gemacht hatte, fertigten Nissen und sein Team Karten an, auf die sie je einen Buchstaben schrieben, die gemeinsam die Aufforderung »SCREW YOU« (»Scheren Sie sich zum Teufel«) ergaben.

Als der Leiter von Harrods ins Zimmer zurückkam, hielten sie die Karten hoch. Er lachte schallend, und nach dieser humoristischen Einlage ließ die Spannung merklich nach. Wenig später brachten wir das Geschäft unter Dach und Fach.

Während Gary und Denis das globale Wachstum vorantrieben, waren wir auch zu Hause in den USA nicht untätig. Einige der interessanteren Geschäfte wurden von Mike Gaudino, dem Leiter des Bereichs für gewerbliche Kredite, vorgeschlagen. Während ich jeden Tag Unternehmen prüfte, die ich kaufen wollte, prüft Mike Unternehmen, die er retten will. Er weist immer darauf hin, dass mehr als die Hälfte der Unternehmen in den USA die Kriterien für eine Investition nicht erfüllen. Mike präsentiert dem Board jedes Jahr sechs bis sieben echte Wracks, Unternehmen, die kurz vor dem Bankrott stehen oder bereits Pleite gemacht haben. Er zwingt uns, diese Unternehmen aus einer völlig anderen Perspektive zu betrachten.

Ein gutes Beispiel ist Eatons, eine große Einzelhandelskette in Kanada, die 1997 in finanzielle Schwierigkeiten geriet. Als andere Kreditgeber eine Stützung ablehnten, gaben wir Mike die Genehmigung für eine Finanzierung in der Höhe von 300 Millionen Dollar, um einen Bankrott abzuwehren. Nach einer weiteren Verschlechterung musste das Unternehmen liquidiert werden. Doch Mike gelang es, jeden Penny zurückzuholen und außerdem noch die erwarteten Gewinne. Mit solchen Bravourstücken erhöhte Mike seine Glaubwürdigkeit. In den letzten sechs Jahren wurde nur einer seiner über 200 Vorschläge abgelehnt. Dank Mikes unkonventionellem Ansatz konnte der Geschäftsbereich, der 1993 lediglich kostendeckend arbeitete, im Jahr 2000 einen Nettogewinn von fast 300 Millionen Dollar ausweisen.

Gary Wendt wurde bei GE Capital der Hohepriester des Wachstums. Er machte die Geschäftsentwicklung zu einem wesentlichen Bestandteil der Kultur. Neben den über 200 Mitarbeitern, die Tag für Tag nach Akquisitionsmöglichkeiten suchten, beschäftigten sich auch alle leitenden Angestellten von GE Capital mit potenziellen Geschäften. Dies war Teil der wachstumsorientierten Grundeinstellung, die Gary im Unternehmen verankerte. Die *Harvard Business Review* führte GE Capital als Beispiel für die erfolgreiche Integration von Akquisitionen an und berichtete ausführlich darüber, wie Gary und sein Team diesbezüglich vorgingen.

In den 90er Jahren schlossen Gary und Denis Nayden mehr als 400 Geschäfte mit einem Gesamtwert von über 200 Milliarden Dollar ab. Gary lebte für diese Deals. Jedes Gespräch mit ihm artete in eine Verhandlung aus. Denis Nayden erinnert sich noch heute daran, wie Gary in Hongkong in einen Laden ging, um ein Radio zu kaufen. Er feilschte fast eine Stunde mit dem Verkäufer und handelte schließlich einen Preisnachlass heraus, mit dem er höchst zufrieden war. Ein paar Meter weiter entdeckte er zu seinem Entsetzen, dass das gleiche Radio in einem anderen Geschäft billiger angeboten wurde. Das ärgerte ihn das gesamte Wochenende.

Garys andere Leidenschaft war es, sich alle möglichen Tricks auszudenken, um seine Vorhaben im Board durchzubringen. Mike Neal erzählt noch heute, wie er Gary 1989 ein Geschäft zur Präsentation im Board vorschlug. Mike wollte Contel Credit kaufen, den Leasingbereich einer Telekommunikationsfirma. Während des gesamtem Vortrags schien Gary gelangweilt und sagte bis zum Schluss kein einziges Wort.

Dann meinte er: »Mike, das ist wahrscheinlich die schlechteste Akquisition, die uns je vorgeschlagen wurde, aber wir haben einen anderen Vorschlag, bei dem es um Verkehrsflugzeuge geht. Es ist ein toller Deal, den wir unbedingt durchziehen wollen. Also werden Sie dem Board Ihren Vorschlag zuerst präsentieren, unmittelbar vor unserem. Jack lehnt nur selten zwei Geschäfte nacheinander ab.«

Mike präsentierte seinen Vorschlag. Wir gaben ihm grünes Licht. Garys Geschäft wurde abgelehnt. Auch wenn über viele von Garys Vorschlägen heftig diskutiert wurde, hatte er eine sehr hohe Trefferquote. Zu einer Zeit, als ausländische Investoren in Japan noch vor verschlossenen Türen standen, schickte Gary ein kleines Geschäftsentwicklungsteam dorthin, um potenzielle Geschäftschancen zu prüfen. Als die japanische Wirtschaft Mitte der 90er Jahre in eine Rezession schlitterte, geriet der unter zahlreichen faulen Krediten leidende Banken- und Versicherungssektor des Landes in eine Liquiditätskrise. Die Japaner brauchten neues Kapital und neue Eigentümer. Als Japan für ausländische Investoren geöffnet wurde, hatte GE Capital dank Garys Aufklärungsmission einen Startvorteil.

1994 wurde das erste Geschäft abgeschlossen: der Kauf von Minebea, einer Konsumentenkreditfirma mit einem Wert von einer Milliarde Dollar, die einem Unternehmen gehörte, das Kugellager herstellte. Gemeinsam mit Jay Lapin, dem Leiter von GE Japan, stellte Gary einige innovative Geschäfte in den Bereichen Konsumentenkredite, Versicherungen und Geräteleasing auf die Beine. Jay, der früher als Anwalt in unserem Haushaltsgerätebereich gearbeitet hatte, war der perfekte Gebietsleiter. Er hatte sich sehr darum bemüht, das Vertrauen der japanischen Behörden und Geschäftsleute zu gewinnen. Er liebte das Land und seine Menschen. Die Japaner spürten das und reagierten entsprechend. Wenn ich mich in Japan aufhielt, besuchte ich die Partys in seinem Haus, wo ich die CEOs einiger der größten Konzerne des Landes und wichtige Meinungsmacher kennen lernte.

1998 kamen wir richtig in Fahrt. Das Team von GE Capital schloss in diesem Jahr zwei weitere Geschäfte in den Bereichen Lebensversicherungen, Konsumentenkredite und Leasing ab, die uns eine ausgezeichnete Position auf dem japanischen Markt für Finanzdienstleistungen sicherten.

Zunächst vereinbarten wir im Februar ein Jointventure über 575 Millionen Dollar mit Toho Mutual Life Insurance. Der Vorschlag stammte von Mike Frazier, der Finanzprüfer bei GE gewesen war. Er hatte in Fairfield für mich nach Best Practices in der ganzen Welt gesucht und war Anfang der 80er Jahre President von GE Japan gewesen. Mike hatte durch 13 Akquisitionen ein äußerst erfolgreiches US-Versicherungsunternehmen aufgebaut. Nun wollte er seinen Unternehmensbereich um Japan erweitern und wurde dabei von Gary tatkräftig unterstützt.

Ich machte mir die größten Sorgen wegen dieser Transaktion und stimmte ihr nur widerstrebend zu. Toho war ein bankrottes Unternehmen, und die Größenordnung dieser Übernahme war mir unheimlich. Wir befanden uns hier auf unbekanntem Terrain. Ich kannte die Gesetzgebung nicht und wollte sichergehen, dass Mike und sein

Team ihre Hausaufgaben gemacht hatten. Es gab ein langes Hin und Her. Im Dezember pendelte Mike zwischen Tokio und Fairfield, um sowohl unsere Bedenken als auch die des Verkäufers auszuräumen. Das Geschäft wurde kurz vor Weihnachten abgeschlossen.

Die zweite Transaktion, die im Juli 1998 bekannt gegeben wurde, bestand in der Übernahme des Geschäftsbereichs Konsumentenkredite von Lake, dem fünftgrößten Unternehmen auf dem japanischen Markt. Lake stellte über Bankautomaten kurzfristige Konsumkredite bereit. Mit 600 Zweigstellen in ganz Japan und fast 1,5 Millionen Kunden machte uns dieses Geschäft in Japan zu einer großen Nummer im Bereich der Konsumentenkredite. Dieser äußerst komplizierte Handel mit einem praktisch bankrotten Unternehmen kostete uns fast drei Jahre Arbeit.

Der erste Versuch Dave Nissens im Jahr 1996 schlug fehl, weil wir uns weigerten, die Verbindlichkeiten des Unternehmens zu übernehmen. Ein zweites Angebot ein Jahr später kam nicht viel weiter. 1998 schlugen Nissen und sein Team schließlich eine ungewöhnliche Konstruktion vor. Wir sollten den Bereich Konsumkredite von Lake kaufen und beim Aufbau eines separaten Unternehmens helfen, das die übrigen Assets von Lake behalten sollte, darunter Kunstwerke im Wert von etwa 400 Millionen Dollar, die der Besitzer des Unternehmens gekauft hatte. Wir erklärten uns bereit, im Rahmen einer Earn-Out-Vereinbarung mehr Geld auf den Tisch zu legen, das den Aktionären von Lake ausbezahlt werden würde, sollten wir bestimmte Ertragsziele erreichen.

Um das Geschäft letztlich unter Dach und Fach zu bringen, mussten wir 20 verschiedene Banken in Japan davon überzeugen, einen Abschlag auf das Darlehen zu gewähren, das sie Lake gegeben hatten. Nissens Team ließ sogar bei Christie's den Wert der Picassos und der Renoirs schätzen, die im Bürogebäude von Lake hingen. Zwar würden wir all diese Kunstwerke nicht kaufen, doch mussten wir laut der Earn-Out-Vereinbarung weniger bezahlen, wenn Lake durch den Verkauf dieser und anderer Vermögenswerte mehr Bargeld beschaffen konnte.

Bevor diese Vereinbarung dem Board von GE Capital zur Genehmigung vorgelegt wurde, arbeiteten Nissen und sein Team sie in acht Sitzungen mit Gary, Dennis Dammerman und CFO Jim Parke aus. Mir gefiel das Konzept. Kurz nach dem Kauf von Lake spielte ich in Seminole Golf mit Warren Buffett. Er gratulierte mir zu unserer jüngsten

Transaktion in Japan. Ich hatte mir Warren immer als einen bodenständigen Geschäftsmann vorgestellt und keine Ahnung von seinen globalen Ambitionen gehabt. Doch er streckt seine Fühler überall aus. »Woher wissen Sie von Lake?«, fragte ich. »Das ist einer der besten Deals, die ich je gesehen habe«, sagte er. »Wenn Sie nicht zugegriffen hätten, hätte ich es getan.«

Weniger zurückhaltend war Warren, als GE Capital im Jahr 2001 versuchte, sich an einer Umstrukturierung der Finanzierungsgesellschaft Finova zu beteiligen. Als einer der größten Inhaber von Finova-Schuldverschreibungen versuchte Warren, den in Schwierigkeiten geratenen Konzern zu retten. Ich hätte zu gerne mit Warren zusammengearbeitet, aber er lehnte ab, weil er bereits Leucadia als Partner hatte. Wir gaben ein Angebot für das Unternehmen ab. Warren überbot uns und bekam Finova.

Diesmal hatte er vor uns zugegriffen.

Gary Wendt war eine eigenwillige Persönlichkeit, um es vorsichtig auszudrücken. Man wusste nie, woher er gerade kam oder in welcher Stimmung er war. Er hasste es, kontrolliert zu werden. Ob es nun Larry Bossidy, Bob Wright oder ich war – für Gary war jeder Vorgesetzte eine Qual. Einen Chef zu haben, der ab und zu nein sagte, brachte ihn auf die Palme.

Die Trennung von Gary Ende 1998 war unvermeidlich, sobald die Nachfolgekandidaten für den CEO feststanden.

Denis Nayden, der President, und Mike Neal, ein Executive Vice President, standen bereit. Denis, der seit 21 Jahren bei GE arbeitet, ist ein Mann mit bemerkenswerter Motivation, ein ausgezeichneter Übernahmeexperte mit der Fähigkeit, große und komplexe Geschäfte zu strukturieren. Doch seine beste Eigenschaft ist seine Zähigkeit. Er kann so lange an einem Geschäft arbeiten, bis daran kein Haken mehr zu finden ist. Während Gary für die Ideen zuständig war, war Denis der Mann für die Durchführung.

In meinen Augen war Mike Neal immer die Seele von GE Capital. Im Gegensatz zu den meisten anderen Managern hatte er ohne einschlägige Vorkenntnisse in diesem Geschäftsbereich angefangen. Als ehemaliger Verkaufsmanager bei GE Supply musste er das Geschäft von der Pike auf erlernen. Mikes größte Stärke liegt im Umgang mit Menschen. Er ist beliebt, witzig und schafft es immer, Diskussionen mit einem Scherz die Spannung zu nehmen.

Jim Parke ist seit 1989 Finanzchef und hat wesentlich zum Wachstum von GE Capital beigetragen. Er besitzt ein ausgezeichnetes Urteilsvermögen und kennt das Geschäft in- und auswendig.

Dennis Dammerman, der im Lauf seiner Karriere dreimal aus dem Geschäftsbereich ausschied und wieder zurückkehrte, gab uns allen die Gewissheit, dass wir eine tragfähige Grundlage für die nächste Führungsgeneration geschaffen hatten.

Es war klar, dass Gary für den nächsten CEO von GE nicht mehr arbeiten wollte. Er hatte bei GE Capital Großartiges geleistet und erhielt eine entsprechende Abfindung. Seine Kündigung enthielt auch eine Wettbewerbsklausel.

Im Juni 2000 steckte das Versicherungs- und Finanzdienstleistungsunternehmen Conseco in großen Schwierigkeiten. Sein Aktienkurs war 1998 um 33 Prozent und 1999 um weitere 41 Prozent gefallen. Conseco brauchte dringend Hilfe. Seine Hauptaktionäre Irwin Jacobs und Thomas Lee & Associates baten Gary, die Sache in die Hand zu nehmen. Er war auch der ideale Mann für diese Aufgabe. Endlich konnte er sein eigener Chef sein.

Mit Jacobs über Gary zu verhandeln, machte mir richtig Spaß. Jacobs rief immer wieder an, um mich zu drängen, Garys Wettbewerbsklausel aufzuheben. Schließlich fragte er mich, wie viel er dafür bezahlen müsse.

»Irwin, Sie müssen mich für einen Dummkopf halten. Erwarten Sie wirklich, dass ich gegen mich selbst verhandle?« Irwin fragte, ob 20 Millionen Dollar genug seien. »Vergessen Sie es. Ich lasse ihn nicht aus dem Vertrag. Er ist zu clever und zu wertvoll.« Irwin rief mehrere Male an und erhöhte sein Angebot, blieb aber weit unter dem, was Gary wert war.

Wenig später rief mich David Harkins an, Boardmitglied von Conseco und außerdem interimistischer Chairman und CEO. Ebenso wie Irwin war auch David sehr freundlich und versuchte, mich zu einem Deal zu bewegen, wobei er sein Angebot jedes Mal ein wenig erhöhte. Nachdem wir in den folgenden zwei Tagen noch etliche weitere Telefonate geführt hatten, gelangten wir zu einer Vereinbarung. Ich war bereit, die Wettbewerbsklausel zu streichen; im Gegenzug würde Conseco alle Verpflichtungen von GE gegenüber Gary übernehmen und uns 10,5 Millionen Optionsscheine auf Conseco-Aktien mit einem Ausübungspreis von 5,75 Dollar ausstellen (dies war der Marktpreis zum Zeitpunkt der Vereinbarung).

Das Schöne an dieser Vereinbarung ist, dass es nur Gewinner gibt. Gary hat seinen idealen Arbeitsplatz gefunden, an dem er sein eigener Chef ist und mit seinem brillanten Verstand Wunder bewirken wird. Conseco kann sich über die Erholung seines Aktienkurses freuen. Und wir sind an Consecos Wohlergehen interessiert und fiebern mit Gary mit.

Als Gary GE verließ, ernannte ich Dennis Dammerman zum neuen Chairman von GE Capital Services und man wählte ihn zum Vice Chairman. Denis Nayden beförderten wir vom COO zum President und CEO. Ich hatte das Gefühl, dass diese beiden, die seit Jahren zum Erfolg von GE Capital beitrugen, uns die erforderliche Stabilität und Führungskompetenz geben würden, um das Unternehmen ins nächste Jahrhundert zu führen. Sie hielten das Team zusammen, und GE Capital konnte weiterhin auf seinen großen Stärken aufbauen. In den Jahren 1999 und 2000 erwarb das Unternehmen Assets im Wert von 47 Milliarden Dollar, davon 33 Milliarden Dollar außerhalb der Vereinigten Staaten. Mit einer Erhöhung des Reingewinns um 17 Prozent auf 5,2 Milliarden Dollar war das Jahr 2000 ein weiteres Rekordjahr mit zweistelligem Ertragswachstum.

Doch die Zahlen erzählen nicht die ganze Geschichte.

Es gibt ein sehr anschauliches Schaubild, das Wachstum, Umfang und Risikobegrenzung von GE Capital Services zeigt. Es wurde in einer Boardsitzung von GE im Juni 2001 von Jim Colica, dem langjährigen Leiter des Risikomanagements, präsentiert. Obwohl es bei einzelnen Geschäften wiederholt Rückschläge gab, sicherten uns die breite Streuung der Geschäfte und unsere Philosophie des kontrollierten Risikos ein beständiges Wachstum. 1980 hatte GE Credit zehn Geschäftsbereiche und elf Milliarden Dollar in Vermögenswerten und war nur in Nordamerika vertreten. Im Jahr 2001 hatte GE Capital Services 24 Geschäftsbereiche und 370 Milliarden in Vermögenswerten in 48 Ländern.

Dieser beeindruckende Erfolg von GE Capital Services beruht auf der Verschmelzung von Finanzierung und Fertigung. Die Idee, kreative Menschen mit der Herstellung und mit Geld zu kombinieren, hat sich als Volltreffer erwiesen.

GE Capital

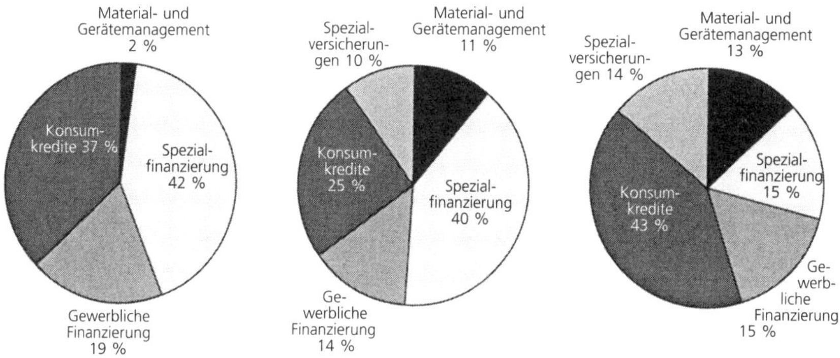

1980
10 Geschäftsbereiche/
11 Milliarden $ in Assets
Nur Nordamerika

1990
21 Geschäftsbereiche/
70 Milliarden $ in Assets
3 Länder/9 Milliarden $ global

2000
24 Geschäftsbereiche/
370 Milliarden $ in Assets
48 Länder/
140 Milliarden $ global

Genehmigungskriterien

- Max. kommerzielles Risiko pro Kunde 100 Millionen $ → Keine Veränderung
- Beteiligung 10 Millionen $ → 25 Millionen $ (Nur USA/keine Startfinanzierung)
- Vorbesprechungen → Keine Veränderung
- Monatliche Boardsitzungen → Keine Veränderung

17 Ein Glühbirnenfabrikant versucht sich als Regisseur

Als wir im Dezember 1985 die Übernahme von RCA ankündigten, sah NBC sehr viel versprechend aus. Die Sendergruppe war ein drei Milliarden Dollar schweres Unternehmen mit 8000 Mitarbeitern. Die Einschaltquoten waren beeindruckend: Das Spätabendprogramm und das Kinderprogramm am Samstagvormittag lagen in der Publikumsgunst an erster Stelle, das Hauptabendprogramm mit knappem Rückstand auf den Spitzenreiter an zweiter Stelle. Neben der *Cosby Show*, der Serie mit den höchsten Quoten, liefen auf NBC neun der 20 beliebtesten Fernsehsendungen, darunter *Family Ties*, *Cheers* und *Night Court*.

Ich dachte damals vor allem über eine Frage nach: Wie halten wir dieses Niveau? In der Zeit bis zum Abschluss des RCA-Deals im Juni 1986 beschäftigte ich mich eingehend mit dem terrestrischen Sendernetzwerk (Network).

Man musste kein Genie sein, um zu erkennen, dass der Erfolg von NBC vor allem auf das Konto zweier Männer ging. Dies waren Grant Tinker, der Präsident, und Brandon Tartikoff, der Leiter der Unterhaltungsabteilung. Sie hatten die Sendungen ausgesucht, die NBC zur Nummer eins machten.

Grant war es leid, zwischen New York und Kalifornien zu pendeln und eröffnete mir am Tag der Akquisition, dass er nicht bleiben werde. Er war jedoch überzeugt, dass sein Führungsteam auch ohne ihn fähig sei, den Sender an der Spitze zu halten. Er versicherte mir, dass ich auf jeden Einzelnen zählen konnte – auch auf Brandon.

Wenig später rief mich mein alter Freund Don Ohlmeyer an. Don war ein unabhängiger Fernsehproduzent, den ich durch Ross Johnson von

Nabisco kennen gelernt hatte. Wir hatten beim Nabisco/Dinah Shore Open zusammen Golf gespielt. Er wollte mich warnen, da er erfahren hatte, dass sich Brandon nach einem neuen Job umsah.

Brandon war mit 30 Jahren Unterhaltungschef bei NBC geworden und damit der jüngste Mann, der diesen Posten bei einem großen Sender bekleidete. Er war maßgeblich an den großen Erfolgen von NBC beteiligt, darunter *L.A. Law, Miami Vice, Cheers*, die *Cosby Show, Family Ties* und *Seinfeld.* Ich wollte ihn auf keinen Fall verlieren.

Also rief ich ihn an und lud ihn für den 12. Mai zum Abendessen ins Restaurant Primavera ein. Wir verstanden uns blendend. Er war ein ebenso großer Baseballfan wie ich. Ich versicherte ihm, dass wir große Pläne für den Sender hätten und einen Mann wie ihn nicht entbehren könnten. Einen Monat später unterzeichnete er einen Vertrag, mit dem er sich für weitere vier Jahre an NBC band. Mit Brandon als Leiter unseres Unterhaltungsteams war ich zuversichtlich, dass GE sich auch in der Fernsehbranche durchsetzen würde.

Im Lauf dieses Sommers führte ich Gespräche mit einigen Mitarbeitern von Grant Tinker, die für seine Nachfolge infrage kamen. Es waren lauter gute Leute. Grant empfahl mir Larry Grossman, der damals die Nachrichtenabteilung leitete. Doch Larry verfügte nicht über die geschäftliche Vision und die Durchsetzungskraft, die ein Geschäftsführer von NBC meiner Meinung nach unbedingt brauchte.

Ich sagte Grant, dass keiner seiner Kandidaten meinen Vorstellungen entspreche und bat ihn, sich mit Bob Wright zu treffen, den ich von Anfang an für den idealen Kandidaten gehalten hatte. Grant flog nach Fairfield, um bei einem Abendessen Bob und dessen Frau Suzanne kennen zu lernen, die mit ihrer Unterstützung viel zu Bobs Erfolg beigetragen hatte. Obwohl Grant Bob sympathisch fand, wollte er lieber einen seiner eigenen Mitarbeiter an der Spitze des Senders sehen. Dennoch ernannte ich Bob zwei Monate später zum Geschäftsführer von NBC.

Die Reaktion war vorhersehbar. Die Leute fragten sich, wie jemand, der »Glühbirnen« gebaut hatte, imstande sein sollte, einen Fernsehsender zu führen. Doch ich war zuversichtlich, dass Bob, der sich in den Bereichen Kunststoffe und Haushaltsgeräte und bei GE Capital durchgesetzt hatte, der Richtige für den Job war.

Es gab vieles, das für Bob sprach. Die Erfahrung, die er in seinen drei Jahren bei Cox Cable gesammelt hatte, würde uns helfen, mit NBC den Rahmen des herkömmlichen Network-Geschäfts zu sprengen. Bob war kreativ und verfügte über ausgezeichnete Führungsqualitäten, und er würde mit talentierten Mitarbeitern gut zurechtkommen. Darüber hinaus war er sehr großzügig und er verstand es, geschäftliche Beziehungen freundschaftlich zu gestalten. Wenn jemand in eine persönliche Krise geriet, konnte er jederzeit auf Bob zählen.

Bob und ich freuten uns über den Erfolg von NBCs Unterhaltungsprogramm, doch es gab deutliche Anzeichen dafür, dass Probleme auf uns zukamen. NBC entwickelte sich nicht weiter. Die Quoten der Unterhaltungssendungen waren zwar hoch, doch der Vormarsch der Kabelkanäle war nicht aufzuhalten. Der Nachrichtenbereich schrieb seit Jahren rote Zahlen und machte 1985 einen Verlust von rund 150 Millionen Dollar. Wie in der Unterhaltungsbranche üblich, waren die Ausgaben enorm hoch. NBC schien sich an diesen Tatsachen nicht zu stoßen.

Als Erstes nahmen wir die Verluste im Nachrichtenbereich in Angriff. Das bedeutete, dass wir uns wieder mit Larry Grossman, dem Leiter dieses Bereichs, auseinander setzen mussten. Wir lebten auf verschiedenen Planeten. Zu Beginn seiner Karriere hatte er bei NBC in der Werbung gearbeitet. Danach war er als Leiter zu PBS gewechselt, bis Grant ihn 1984 zu NBC zurückholte.

Kurze Zeit nachdem wir uns kennen gelernt hatten, lud Larry Bob und mich zu einer Party bei sich zu Hause ein, zu der auch einige der Stars von NBC kamen, darunter Tom Brokaw, der Moderator der *Nightly News*, und das Moderatorenduo von *Today*, Bryant Gumbel und Jane Pauley. Es war wirklich eine nette Party.

Es gab nur ein Problem: An diesem Abend fand das sechste Spiel der World Series 1986 statt, bei dem die Red Sox gegen die New York Mets antraten. Ich war seit meinem sechsten Lebensjahr ein begeisterter Fan der Sox, der kein Spiel ausließ.

An diesem Abend hatten die Sox zum ersten Mal seit Jahrzehnten die Chance, die World Series zu gewinnen. NBC übertrug das Spiel. Ich bezweifelte, dass Larry es überhaupt wusste. Es sollte die traurigste Nacht in der Geschichte der Red Sox werden. Bill Buckner ließ einen Ball zwischen den Beinen durch, und die Red Sox verloren das Spiel im zehnten Inning.

Es war mir unbegreiflich, dass das Spiel Larry völlig kalt ließ, doch vermutlich war es ihm ebenso unbegreiflich, dass etwas derart »Gewöhnliches« so große Leidenschaft bei mir weckte. Nach diesem

Abend war uns wohl beiden klar, dass uns Welten trennten – ein Eindruck, der sich noch einige Male bestätigen sollte.

Obwohl wir NBC News aufgefordert hatten, die Verluste zu senken, schlug Larry bei einer Budgetsitzung im November eine Erhöhung der Ausgaben vor.

Larry hasste derartige Sitzungen. Er hielt es für erniedrigend, mit Geschäftsleuten über Kosten sprechen zu müssen. In seinen Augen bestand die einzige Verpflichtung des Senders darin, eine hochwertige Berichterstattung zu gewährleisten. Ob er damit Geld verdiente oder nicht, war für Larry völlig nebensächlich. Diese Haltung verstärkte die Spannung zwischen uns beiden. Nach der Besprechung kochte ich vor Wut.

Ich dachte die ganze Nacht darüber nach. Am nächsten Morgen beschloss ich, das Problem anzusprechen und bat Bob, mit Larry zu einer Unterredung nach Fairfield zu kommen.

»Larry, die Besprechung gestern hat mir überhaupt nicht gefallen.« »Was hat Ihnen nicht gefallen?«, fragte er. »Dass Sie unsere Kostenprobleme ignorieren.« Er blieb völlig ungerührt. Wir lebten einfach nicht in derselben Welt. Nach zwei Stunden sah Larry auf die Uhr und sagte: »Jack, wir müssen langsam zum Ende kommen. Ich muss nach New York zurück, weil ich mit Oberrichter Burger zum Abendessen verabredet bin.«

»Larry, wenn Sie weiter mit den Oberrichtern dieser Welt zu Abend essen möchten, sollten Sie das Kostenproblem besser rasch in den Griff bekommen. Sie arbeiten für Bob Wright. Sie arbeiten für GE. Entweder Sie senken Ihre Kosten oder Sie suchen sich einen anderen Arbeitgeber.«

Wir schlugen uns 18 Monate mit Larry herum, bis er den Sender im Juli 1988 verließ.

Bevor er ging, landete er wie so viele Leute im Büro von Ed Scanlon. Ich hatte Ed bei den Gesprächen über die Integration von RCA kennen gelernt. Er leitete die Personalabteilung von RCA, was ihn theoretisch auch zum Personalchef von NBC machte, obwohl der Sender auf seiner Unabhängigkeit bestand. Ed war mir wirklich sympathisch. Er war geradlinig und bodenständig und bei der Verschmelzung der Kulturen von RCA und GE eine große Hilfe.

Ich wollte ihn behalten, konnte ihm aber keine Position anbieten, die mit jener bei RCA gleichwertig war. Ich hielt ihn für den besten Personalmanager von RCA und glaubte, dass er die Verbindung zwischen NBC und GE fördern würde. Um die Leitung der Personalabteilung von NBC zu übernehmen, musste er lediglich in den Aufzug steigen und die 40 Stockwerke im Rockefeller Center hinunter fahren. Der Sender war bekannt genug, um den Job für Ed attraktiv zu machen. Er nahm das Angebot an.

Was für ein Glücksfall für uns! Ed kam mit allen gut aus, von den Gewerkschaftsführern bis zu den Starmoderatoren und ihren Agenten. Es gelang ihm, eine Brücke zwischen wirtschaftlichen und kreativen Interessen zu schlagen. Bob und ich arbeiteten die nächsten 15 Jahre eng mit ihm zusammen.

Der Erfolg von NBC machte es für viele der Top-Manager noch schwieriger, den neuen Tatsachen ins Auge zu sehen. Bob bat mich, bei seiner Managementtagung, die im März 1987 im Sheraton Bonaventure Hotel in Fort Lauderdale stattfand, eine Rede zu halten. Es war ein wenig wie mein erster Auftritt vor Elfun sechs Jahre zuvor. Nicht alle waren erfreut.

Ich hielt meine Rede vor Bobs 100 Führungskräften und erklärte ihnen, dass NBC sich verändern und einer neuen Welt anpassen musste. »Das Kabelfernsehen ist im Vormarsch und wird Ihr Leben verändern. Zu viele Leute in diesem Raum leben in der Vergangenheit. Es gibt zu viele Stabsmitarbeiter, die vom Unterhaltungsbereich leben. Diese Quelle wird irgendwann versiegen. Sie müssen Verantwortung für Ihr Schicksal übernehmen. Wenn Sie es nicht tun, wird Bob es tun.«

Für die wirklich guten Leute könne sich das als großartige Chance erweisen. »Für den Durchschnitt«, fügte ich hinzu, »wird es im besten Fall nebensächlich sein.«

Weniger als 20 Prozent der Anwesenden gefiel, was ich zu sagen hatte. Der Rest hätte mich wohl gerne ins Gefängnis oder ins Irrenhaus geschickt.

Wir suchten lange nach einem Ersatz für Larry Grossman. Tom Brokaw, der Moderator der *Nightly News* und President von NBC, empfahl uns Michael Gartner. Michael hatte großartige Referenzen im Nachrichtenbereich. Er war der Redakteur der Titelseite des *Wall Street Journal* und Chefredakteur der Zeitschriften *Des Moines Register* und *Louisville Courier-Journal.* Trotz seiner etwas eigenwilligen Persönlichkeit stand er in dem Ruf, sowohl in redaktioneller als auch in finanzieller Hinsicht erstklassige Arbeit zu leisten. Er schien genau der Mann zu sein, den wir brauchten. Und in vielerlei Hinsicht war er es auch. Gartner kam im Juli 1988 zu NBC. Seine erste Managemententscheidung führte zu einer der großen Erfolgsstorys von NBC. Tim Russert war Larry Grossmans Stellvertreter gewesen. Da Gartner sich seinen Stellvertreter selbst aussuchen wollte, schlug Bob Wright Russert für eine Position im operativen Bereich vor. Tim war Stabsassistent von Gouverneur Mario Cuomo und Senator Paul Moynihan gewesen und hatte daher noch nie den Betrieb eines Unternehmens geleitet.

Michael bot ihm die Leitung des NBC-Büros in Washington an. Tim lehnte ab, weil er das Machtzentrum in New York nicht verlassen wollte. Ich unterhielt mich eine Stunde mit ihm und erklärte ihm, warum er die Leitung der größten Außenstelle von NBC News unbedingt übernehmen sollte. Es war seine Chance, Führungsqualitäten zu beweisen.

Tims Versetzung nach Washington war für alle ein Gewinn. 1989 engagierte er Katie Couric als Korrespondentin in Washington. Es war der Beginn einer unglaublichen Karriere.

Katie wurde im April 1991 Co-Moderatorin der Sendung *Today* und schaffte es in kürzester Zeit, das Publikum des Morgenprogramms zu erobern. Die Einschaltquoten begannen zu steigen. Katie ist der Routinier der Sendung. Leider erlebte Katie 1998 einen schweren Schicksalsschlag. Ihr Ehemann Jay Monahan starb an Dickdarmkrebs.

Ganz Amerika trauerte mit ihr. Katie bewältigte den tragischen Verlust, indem sie sich in einer Sensibilisierungskampagne zum Thema Krebs engagierte. Sie unterzog sich vor laufenden Kameras einer Darmspiegelung, um auf die Notwendigkeit dieser Untersuchung aufmerksam zu machen. Bei meiner letzten Generaluntersuchung sagte mir mein Arzt, dass er aufgrund von Katies Kampagne das ganze nächste Jahr ausgebucht sei.

Michael äußerte sich beeindruckt von den Erkenntnissen, die Tim Russert aus Washington in den täglichen Telekonferenzen mit den Büroleitern für die *Nightly News* lieferte. 1990 versetzte er Tim als Diskussionsteilnehmer zu *Meet the Press*. Ein Jahr später wurde Tim anstelle von Garrick Utley Moderator dieser Sendung, als Utley nach New York ging, um dort die Wochenendausgabe von *Today* zu übernehmen.

Tim ist in vieler Hinsicht etwas Besonderes. Er machte aus *Meet the Press* die Sendung mit den höchsten Einschaltquoten und wurde zum führenden politischen Kommentator im Fernsehen. Doch der Ruhm ist ihm nicht zu Kopf gestiegen. Er ist offen und ehrlich geblieben und überall beliebt, besonders bei GE. In regelmäßigen Abständen besucht er unsere Werke, um eine Rede zu halten oder die Angestellten kennen zu lernen.

Ich war nicht sicher, ob Tim unser Aktienoptionsprogramm durchschaut hatte, als ich erfuhr, dass seine zehn Jahre alten Optionen in drei Monaten auslaufen würden. Ich rief ihn an und sagte: »Weißt du, dass dieses Stück Papier in deiner Schublade eine Menge Geld wert ist und in 90 Tagen verfällt?«

»Jack, ich habe Vertrauen zu GE«, antwortete er. Wie sich herausstellte, hatte er mehr Vertrauen und Grips als die meisten von uns und tat gut daran, seine Optionen bis zum letzten Tag zu behalten.

Gartner ermöglichte nicht nur Tim eine steile Karriere. Er war auch verantwortlich für die Ernennung von Jeff Zucker zum Produktionsleiter von *Today*. Jeff hatte sofort nach Harvard als Assistent von Dick Ebersol, dem Leiter von NBC Sports, bei den Olympischen Spielen in Seoul begonnen. Dick mochte ihn, nahm ihn unter seine Fittiche und verschaffte ihm eine Position bei *Today*. Auf Ebersols Empfehlung beschlossen Gartner und Bob, Jeff, der damals gerade 26 zwar, zum Produktionsleiter von *Today* zu machen. Ihr Vertrauen wurde durch den gigantischen Erfolg der Sendung unter Jeffs Leitung belohnt. Im Jahr 2001 wurde Jeff zum Leiter der Unterhaltungsabteilung von NBC ernannt. Wir brauchen sein Talent hier.

Doch auch unter Michaels Führung lief nicht alles perfekt. Seine mangelnde Vertrautheit mit der Fernsehbranche und sein Managementstil verursachten einige Probleme. Seine mutigen Angriffe auf die Kostenstruktur von NBC waren bei GE beliebt, halfen ihm jedoch im Sender nicht. Seinen schwersten Rückschlag erlitt Michael in der Auseinandersetzung über eine *Dateline*-Reportage. Am 17. November 1992 brachte *Dateline* einen Beitrag über angebliche Sicherheitsmängel bei Kombis von General Motors. In dem Beitrag mit dem Titel »Vor der Explosion?« wurden Lieferwagen von GM gezeigt, die bei einem Aufprall explodierten. Am 8. Februar 1993 reichte GM Klage gegen NBC ein und warf dem Sender vor, die Kollisionstests manipuliert zu haben.

Bei einer internen Untersuchung stellte sich heraus, dass einige der berichteten Tatsachen reine Vermutungen waren. Obwohl Jane Pauley mit der Geschichte nichts zu tun hatte, erklärte sie sich bereit, in der Sendung eine Entschuldigung vorzulesen, um den Konflikt beizulegen. Ihr Verhalten war der Inbegriff von Teamgeist. Sie ist zu Recht seit langem ein Star.

Obwohl Michael Gartner nicht direkt für den Skandal verantwortlich war, kam er über diese Panne bei *Dateline* nie hinweg. Bevor er am 2. März zurücktrat, hatte er sich bemüht, Neal Saphiro von ABC als Produktionschef für *Dateline* zu bekommen. Neal stellte nicht nur die Glaubwürdigkeit wieder her, sondern weitete die Sendung auf drei bis vier Stunden pro Woche in der besten Sendezeit aus. Die Sendung wurde ein Riesenerfolg für NBC.

In Anerkennung seiner Leistungen wurde Neal 2001 zum Leiter von NBC News ernannt.

Nach dem Vorfall bei *Dateline* führte Bob Gespräche mit praktisch jedem in der Nachrichtenbranche, um einen Nachfolger für Gartner zu finden. Auch diesmal spielte Tom Brokaw eine entscheidende Rolle. Seine beeindruckende Professionalität vor der Kamera und sein ausgezeichneter Ruf machten ihn zum Aushängeschild von NBC. Der Nachwuchs betrachtet ihn als Vorbild. Im Lauf seiner 30-jährigen Karriere stand er zahlreichen Talenten in der Nachrichtenbranche als engagierter Mentor zur Seite.

Tom erwies sich als eine große Hilfe für Bob, der bei fast allen wichtigen Entscheidungen seinen Rat einholte. Nachdem Bob alle nahe liegenden Kandidaten ausgeschlossen hatte, schlug Tom vor, Andy Lack zu kontaktieren, der zur damaligen Zeit als Produktionsleiter bei CBS arbeitete.

Andy und Bob trafen sich im Dorset Hotel zum Essen. Bob war von Andy beeindruckt. Einige Tage später traf ich mich auf Bobs Wunsch mit Andy.

Ich glaube, ich habe schon 1000 Leuten erzählt, dass Andy die faszinierendste Person war, mit der ich je ein Einstellungsgespräch führte. Er war völlig anders als alle Leute aus der Nachrichtenbranche, die ich bis dahin kennen gelernt hatte. Er war humorvoll, spontan, voller Energie und völlig unverkrampft – Eigenschaften, die ich, wie Sie mittlerweile wissen dürften, sehr schätze. Ich konnte mich seinem Charme nicht entziehen.

Nach 20 Minuten wandte ich mich an Bob und sagte: »Worauf warten wir noch?« »Abgemacht«, antwortete Bob. Ich sah Andy an und fragte: »Warum führen Sie keinen Freudentanz auf? Wir bieten Ihnen einen großartigen Job an.«

Er antwortete: »Nach allem, was ich über Sie gehört habe, frage ich mich, ob ich die nötigen Mittel bekommen werde, um die Nachrichten wieder auf die Beine zu bringen.«

Wir versicherten ihm, dass er alles Nötige erhalten werde.

Am Sonntag rief Andy bei Bob an und sagte zu. Am Montag kündigte er bei CBS. Ab Anfang April 1993 war er für uns tätig.

In der Zwischenzeit kam Bob mit dem Kabelfernsehen voran. Als wir NBC kauften, war unser einziges Asset in diesem Bereich eine finanzielle Beteiligung am Kanal Arts & Entertainment. Bob wollte unbedingt in großem Stil ins Kabelfernsehen einsteigen. Doch die Chancen dafür schwanden. Anfang 1987 stellte er Tom Rogers ein, einen ehemaligen Mitarbeiter des Abgeordneten Tim Wirth, der sich mehrere Jahre mit Telekommunikationspolitik befasst hatte. Bob beauftragte Tom, die Anstrengungen von NBC im Kabelbereich zu erhöhen. Er hatte gute Kontakte in der Branche und war ein großartiger Verhandlungsführer und ein brillanter Stratege.

Als Erstes wandten sich Tom und Bob an Chuck Dolan, einen Pionier der Kabelfernsehbranche. Chuck war der Gründer von Cablevision Systems in Long Island, einem der größten amerikanischen Kabelfernsehbetreiber. Außerdem war er der Gründer von Bravo und der Mitbegründer von HBO. Bob kannte Chuck und dessen Familie und hätte Cox Anfang der 80er Jahre beinahe verlassen, um die Leitung von Cablevision zu übernehmen.

Im Januar 1989 wurde eine Partnerschaft vereinbart, und NBC kaufte die Hälfte von Rainbow Properties für 140 Millionen Dollar. Dadurch erwarben wir Beteiligungen an Bravo, American Movie Classics, Sports Channel USA und regionalen Sportsendern in ganz Amerika. In der Folge kaufte NBC auch Beteiligungen an Court TV, dem Independent Film Channel, dem History Channel und Romance Classics.

Bobs Vereinbarung mit Chuck sah vor, dass beide Seiten neue Ideen in die Partnerschaft einbringen konnten. Der erste große Coup war CNBC, der Sender für Wirtschaftsnachrichten. Mir gefiel die Idee von Anfang an. Ich war der Meinung, dass es genug Nachfrage für einen Wirtschaftskanal gab, und im Gegensatz zu Unterhaltung und Sport würden keine Gebühren für Senderechte anfallen.

Der einzige Konkurrent, Financial News Network (FNN), machte Verluste. Chuck stimmte zu, die Finanzierung von CNBC zur Hälfte zu übernehmen, und im April 1989 ging der Kanal auf Sendung.

1991 betrugen unsere kumulativen Verluste fast 60 Millionen Dollar. Wirtschaftsnachrichten setzten sich einfach nicht durch. FNN ging im Januar bankrott. Damals hatte FNN Zugang zu 32 Millionen Haushalten, während CNBC nur in 20 Millionen empfangen wurde. Chuck Dolan hatte kein Interesse, FNN nach dem Bankrott zu übernehmen. Er hatte genug. Er gab seinen Anteil an CNBC auf, und wir bemühten uns allein um FNN.

Wir gingen davon aus, dass wir den Sender für 50 Millionen Dollar bekommen würden, und waren alle überrascht, als Westinghouse und Dow Jones ein Eröffnungsangebot von 60 Millionen vorlegten. Die Angebote waren bereits auf 150 Millionen Dollar geklettert, als Bob und Tom Rogers zurückkamen und sagten, sie bräuchten weitere fünf Millionen. Heute mag es lächerlich erscheinen, aber damals machte uns dieses Angebot großes Kopfzerbrechen, weil es dreimal so hoch war wie unsere ursprüngliche Bewertung des Geschäfts. Zum Glück wollten wir unbedingt einen Sender für Finanznachrichten, und die zusätzlichen fünf Millionen Dollar brachten uns den Zuschlag.

Das Geschäft erhöhte unsere Reichweite um mehr als das Doppelte. Wir behielten die besten Leute von FNN, darunter Ron Insana und Sue Herera, die heute gemeinsam unser erfolgreiches Nachrichtenprogramm *Business Center* moderieren, und Bill Griffeth, der die Moderation von *Power Lunch* übernommen hat.

Im Unterhaltungsbereich sah es für uns nicht so gut aus. Von 1988 bis 1992 starteten wir Dutzende Sendungen, die keinen Anklang fanden. Von dieser Branche verstand ich wirklich nichts. Nach dem Kauf von NBC flog ich einmal nach Hollywood, um mir die Pilotsendungen für das neue Hauptabendprogramm anzusehen.

Die Präsentationen und die wilden Erfolgsprognosen für jede einzelne dieser Pilotsendungen hätten Sie hören müssen. Jede Serie war ein Volltreffer: ein fantastischer Produzent, sensationelle Stars, ein Emmy-Gewinner und so weiter. Jede Komödie ist besser als *Seinfeld*, und jede dramatische Serie verspricht mehr als *Emergency Room*. Gott sei Dank gibt es so viele Optimisten in diesem Geschäft.

Tatsächlich hörte ich nie eine Prognose, die auch eintraf. Die meisten Sendungen erweisen sich als Flops. Eine von zehn Serien überlebt das Projektstadium und geht auf Sendung, und mit viel Glück setzt sich eine von fünf Pilotserien beim Publikum durch. Die Chancen, einen Volltreffer wie *Seinfeld*, *Frasier* oder *Friends* zu landen, liegen ungefähr bei eins zu 1000.

Immer wieder bekam ich die Frage zu hören: »Was machen Sie mit NBC? Sie haben doch keine Ahnung von Fernsehserien.«

Das stimmt schon, aber ich konnte auch keine Düsenmotoren und Turbinen bauen. Meine Aufgabe bei GE war das Management von Ressourcen – von Menschen und Geld. Ich war den Technikern, die Flugzeugmotoren entwickelten, eine ebenso große (oder kleine) Hilfe wie den Leuten, die in Hollywood Programme aussuchten.

Allerdings machten wir in der Fernsehbranche keine allzu gute Figur. Die meisten der früheren Erfolgsprogramme von NBC verloren zusehends an Popularität. Brandon Tartikoff verließ NBC 1991, um die Leitung von Paramount zu übernehmen. Bob ernannte Brandons Stellvertreter, Warren Littlefield, zum Leiter der Unterhaltungsabteilung. Warren erbte eine Menge Probleme. Wir hatten keine guten neuen Serien, und der Markt für Fernsehwerbung war seit 20 Jahren nicht schlechter gewesen.

Die Gewinne von NBC fielen von einem Höchststand von 603 Millionen Dollar im Jahr 1989 auf 294 Millionen im Jahr 1992. Zu Beginn jenes Jahres mussten wir in Boca Raton entscheiden, wer Johnny Carson als Moderator der *Tonight Show* ersetzen sollte. Wir steckten in einem Dilemma, weil damals sowohl Jay Leno als auch David Letterman für unseren Sender arbeiteten.

Als ich kurz vor Mitternacht in Begleitung unseres Finanzleiters Dennis Dammerman das Besprechungszimmer betrat, tobte dort gerade eine hitzige Diskussion. Die meisten NBC-Leute von der Ostküste wollten Letterman. Die Leute von der Westküste bevorzugten Leno. Bob wollte beide behalten. Er befürchtete, der unterlegene Kandidat werde zu CBS wechseln, das für sein Spätabendprogramm ein Zugpferd brauchte. Dennis und ich saßen in einer der hinteren Reihen und hörten der Debatte zu, als Bob sich zu uns umdrehte. »Was meinen Sie?«

»Sie wissen, dass ich zu wenig davon verstehe«, antwortete ich. »Ich würde mich bei der Entscheidung nach den Werten von GE richten. Lenos Werte passen zu uns. Er ist ein anständiger Mensch. Die Zuschauer werden das zu schätzen wissen.« Die Entscheidung für Leno trug uns viel Kritik ein. Letterman ging tatsächlich zu CBS und erreichte mit seiner Spätabendshow anfänglich bessere Einschaltquoten als NBC mit Leno.

Wir wurden von allen Seiten unter Beschuss genommen, unter anderem auch von Grant Tinker. Ich mochte Grant und glaubte, eine gute Beziehung zu ihm zu haben. Doch 1994 veröffentlichte er ein Buch, in dem er Bob und mir die Schuld am Niedergang von NBC gab.

Er bezeichnete meine Entscheidung, Bob zum Leiter des Senders zu machen, als »Kamikaze-Aktion«. Darüber hinaus behauptete er, wir hätten einen schrecklichen Fehler begangen, indem wir Jay Leno statt David Letterman zum Nachfolger von Johnny Carson gemacht hatten. Außerdem warf er uns vor, wir hätten FNN viel zu teuer gekauft. CNBC war seiner Meinung nach zum Scheitern verurteilt.

»Abgesehen von dem Textlaufband mit den Börsenkursen schaffte CNBC es nicht, ein erkennbares Profil zu entwickeln«, schrieb Tinker in seinem Buch. »Ich frage mich, ob Jack sich das Programm je ansieht und was er davon hält.«

Die Gehässigkeit von Grants Bemerkungen erstaunte mich, bis ich erfuhr, dass er das Buch gemeinsam mit Bud Rukeyser geschrieben hatte. Bud war PR-Leiter von NBC gewesen und hatte den Sender im Frühjahr 1988 im Unfrieden verlassen.

Mitten in dieser Misere vergrößerten wir unsere Probleme noch. Wir gingen eine Partnerschaft mit Chuck Dolan ein, um die olympischen Sommerspiele in Barcelona im Kabelfernsehen zu übertragen. Für einen Aufpreis von 125 Dollar boten wir den Kabelkunden auf den drei Kanälen von Triplecast über 1000 Stunden Berichterstattung ohne Werbeunterbrechung an. Es war ein Flop.

Wir hatten gehofft, dass drei Millionen der 40 Millionen Haushalte mit Kabelanschluss das Angebot in Anspruch nehmen würden. Stattdessen waren es ungefähr 250 000. Wir wurden nicht nur von den Medien in der Luft zerrissen, sondern erlitten auch ein finanzielles Fiasko. Wir verloren 100 Millionen Dollar. Während Bob darauf vertraute, dass Chuck seine Verpflichtung uns gegenüber einhalten würde, befürchtete unser Rechnungswesen, dass wir den Löwenanteil des Verlusts würden tragen müssen, obwohl wir eine 50/50-Partnerschaft mit Dolan hatten.

Chuck ist einer der härtesten Verhandlungsführer, denen ich je begegnet bin. Zugleich ist er einer der anständigsten Menschen, die ich kenne. Im November erhielten wir von ihm einen Scheck über 50 Millionen Dollar zur Deckung seines Anteils an dem Triplecast-Verlust.

Doch Triplecast war nur eines von vielen Problemen, mit denen wir damals zu kämpfen hatten. Von 1992 bis 1994 verbrachten wir viel

Zeit damit, eine Lösung für diese Schwierigkeiten zu finden. Wir führten Gespräche mit einer Reihe möglicher Geschäftspartner, darunter Paramount, Disney, Time Warner, Viacom und Sony. Wir waren nicht auf Bargeld aus. Wir versuchten, die Weichen neu zu stellen, um NBC zu einem größeren und stärkeren Sender zu machen. Am weitesten kamen wir mit Disney und Paramount.

Dennis Dammerman, unsere Berater und ich trafen uns im Sommer 1994 zu einem Arbeitsessen mit dem Geschäftsführer von Disney, Michael Eisner, und seinem Team. Wir einigten uns darauf, dass Disney 49 Prozent von NBC kaufen und die operative Kontrolle übernehmen würde, während wir Mehrheitseigentümer bleiben würden. Meine Hauptbedingung war, dass Bob Wright der Geschäftsführer dieser Kombination aus Disney-Produktionsstudios und NBC-Sendebetrieb sein würde. Michael gefiel unsere Vereinbarung, und Dennis und ich waren begeistert.

Am nächsten Morgen hatte Michael seine Meinung allerdings geändert. Wir führten eine Reihe anderer Gespräche, unter anderem mit Marty Davis von Paramount, die jedoch ebenfalls ohne Ergebnis blieben. Natürlich bekam die Presse irgendwann Wind von der Sache. Es wurden wilde Spekulationen über unsere Pläne mit NBC laut.

Unsere Finanzabteilung erstellte eine Analyse, aus der hervorging, dass es langfristig sinnvoll war, den Sender zu behalten. Sein Wert betrug damals zwischen vier und fünf Milliarden Dollar. Wir waren davon überzeugt, dass wir den Wert von NBC beträchtlich erhöhen konnten. Im Oktober 1994 legte ich dem Board die Analyse vor und empfahl, NBC zu behalten.

Nie zuvor hatte ich jedes Boardmitglied einzeln gebeten, eine Entscheidung zu unterstützen. Der Board stimmte geschlossen dafür, NBC zu behalten, und wir gaben die Entscheidung der Presse bekannt.

In der Zwischenzeit machte Warren Littlefield Fortschritte bei der Entwicklung neuer Sendungen. Bob beschloss, Don Ohlmeyer als Leiter des Sendebetriebs an der Westküste zu engagieren. Don war jener alte Freund, der mich über Tartikoffs Abwanderungsgelüste informiert hatte. Warren und Don waren das perfekte Team. Warren beschäftigte sich intensiv mit den Details der Programmgestaltung. Und Don, ein fast zwei Meter großer Bär von einem Mann, der sein Herz auf der Zunge trug, besaß ein ausgeprägtes Talent für die Promotion. Er betrieb mit Erfolg eine eigene Produktionsfirma, die wir kauften, um ihn für NBC zu gewinnen. Es war nicht zuletzt seiner starken Präsenz zu verdanken, dass das Selbstvertrauen in unseren Burbank Studios wieder stieg. *Seinfeld* und *Verrückt nach dir* – zwei Serien, die noch unter der vorherigen Leitung gestartet worden waren – begannen bereits, sich beim Publikum durchzusetzen.

Innerhalb von 18 Monaten starteten Warren und Don *Frasier, Friends* und *Emergency Room*. Die Wende stand kurz bevor.

Auch mit der Nachrichtenabteilung ging es unter der Leitung von Andy Lack bergauf. Als er im April 1993 zu NBC gekommen war, waren wir bei den Nachrichten die weit abgeschlagene Nummer drei. Keine unserer Nachrichtensendungen belegte den ersten Rang – weder *Today* noch *Nightly News* oder *Dateline*. Es wurde sogar vorgeschlagen, unseren Sponsorpartnern die zweite Stunde von *Today* zu schenken, weil die Einschaltquoten so niedrig waren.

Zwei Monate, nachdem er die Leitung der Nachrichtenabteilung übernommen hatte, machte Andy einen Vorschlag, den einige seiner Kollegen für ziemlich verrückt hielten. Er wollte *Today* von dem alten Aufnahmestudio im dritten Stock des RCA-Gebäudes in ein neues Studio im Erdgeschoss des Rockefeller Center verlegen. Er hoffte, auf diese Art das Blatt wenden zu können.

»Wir könnten Katie Couric und Bryant Gumbel einsetzen, um dafür Werbung zu machen«, sagte Andy. »Es ist allerdings keine billige Idee. Das Ganze wird 15 Millionen kosten. Wenn es ein Flop wird, wird es ein Riesenflop.« »Aber nein!«, rief ich. »Es wird kein Flop. Es ist eine großartige Idee. Das machen wir!« »Dennis«, sagte ich, »du kannst doch sicher 15 Millionen Dollar auftreiben.«

Nach dem Umzug von *Today* in das neue Aufnahmestudio im Herbst 1994 begannen die Einschaltquoten zu steigen. Die riesigen Fenster, durch die die Leute ins Studio sehen konnten, und die Aufzeichnung der Show im Rockefeller Center machten *Today* zu einer Touristenattraktion. (Die Live-Konzerte von *Today* am Freitagvormittag locken oft tausende Menschen auf den Platz vor dem Center.)

Bryant Gumbel hatte nach 15 Jahren bei *Today* genug von der Arbeit am frühen Morgen. Er und sein Agent erklärten Andy, dass sie etwas Neues machen wollten. Andy und Bob begannen, über einen Ersatz für Bryant nachzudenken. Die Lösung befand sich direkt vor unserer Nase.

Bill Bolster, der Leiter von WNBC, der Sendestation von NBC in New York, musste sich etwas für die Sendung einfallen lassen, die vor

Today lief. Ein paar Jahre zuvor hatte er Matt Lauer als Moderator einer Interviewsendung auf Channel 9 in New York gesehen. Seit damals war Matts Karriere im Sand verlaufen. Eines Morgens sah Matt auf dem Lastwagen eines Gärtnereibetriebs ein Schild mit der Aufschrift »Hilfskräfte gesucht«. Er rief an und hinterließ auf dem Anrufbeantworter die Nachricht, dass er sich für den Job interessiere. Als am nächsten Tag das Telefon läutete, dachte er, es sei die Gärtnerei. Stattdessen war es Bill Bolster mit einem wesentlichen besseren Angebot.

Er engagierte Matt als Co-Moderator für die Frühnachrichten von WNBC. Wenig später sah ich ihn um halb sieben am Morgen auf WNBC, nachdem ich den Tag auf dem Heimtrainer mit CNBC begonnen hatte. Wie Bill fand ich, dass Matt auf dem Bildschirm eine gute Figur machte. Er spielte sich nicht unnötig in den Vordergrund, hatte jedoch eine gute Präsenz und sah nach einem potenziellen Ersatz für Bryant aus.

Nach einem Jahr startete ich meine Kampagne für ihn.

Ich rief Andy immer wieder an, um ihn an Matt zu erinnern. »Was hältst du von Matt Lauer?« – »Er macht sich großartig.«, antwortete Andy. »Wann wirst du ihm den Job geben?« – »Er braucht ein bisschen mehr Erfahrung.« – »Ach ... nun komm schon! Gib ihm endlich den Job!«

Der Produktionsleiter von *Today*, Jeff Zucker, setzte Matt probeweise als Nachrichtensprecher ein. Zudem sprang Matt als Ersatz für Bryant ein, wenn dieser nicht da war. Er kam gut an.

CBS warb Bryant mit einem großartigen Angebot für eine eigene Sendung im Hauptabendprogramm ab. Matt trat Anfang 1997 seine Nachfolge an. Katie Couric und Matt bilden ein wunderbares Paar, das sich bei den Zuschauern des Morgenprogramms großer Beliebtheit erfreut.

Today, das 1996 zur Morgensendung mit den höchsten Einschaltquoten avancierte, konnte den Abstand zur Nummer zwei, *Good Morning America* von ABC, noch vergrößern. Im folgenden Jahr machte Tom Brokaw die *Nightly News* zur Nummer eins, eine Position, die die Sendung bis heute halten konnte. Und Neal Saphiro, dem Produktionsleiter von *Dateline*, gelang es, unsere Hauptabendsendung mit den beiden Moderatoren Jane Pauley und Stone Phillips nach dem verunglückten GM-Bericht zu rehabilitieren. Andy brachte NBC News wirklich auf Vordermann.

Der Mann, der CNBC zum Durchbruch verhalf, war Roger Ailes, ein ehemaliger politischer Berater von Präsident George Bush und Produktionsleiter von Rush Limbaughs Fernsehsendung. Bob lernte Roger kennen und engagierte ihn im August 1993 als Geschäftsführer für CNBC. Ich war von Anfang an begeistert. Roger kreierte einen charakteristischen Stil für CNBC, stellte das Hauptabendprogramm zusammen und förderte Persönlichkeiten wie Chris Matthews. Chris verleiht den Fehlentwicklungen in Washington Dynamik. Roger entwickelte außerdem einen neuen Talkshow-Kanal namens America's Talking.

Mit seiner Hilfe stieg der Betriebsgewinn von CNBC von neun Millionen Dollar im Jahr 1993 auf 50 Millionen Dollar im Jahr 1995. Der Start von MSNBC, das wir später gemeinsam mit Microsoft ins Leben riefen, sollte indirekt zu Rogers Ausscheiden führen. Ihm missfiel unsere Entscheidung, sein Lieblingsprojekt America's Talking zu einem Bestandteil von MSNBC zu machen. Es tat mir schrecklich Leid, als Roger uns im Januar 1996 verließ, um den Fox News Channel zu starten, aus dem er einen Riesenerfolg machte.

Wir ersetzten Roger durch Bill Bolster, der WNBC zur Nummer eins in New York aufgebaut hatte. Bill hatte die Idee, bei CNBC ein Textlaufband mit den aktuellen Börsenkursen durchs Bild laufen zu lassen. Und er zog unser Wirtschaftsprogramm nach dem Vorbild der Sportberichterstattung auf. Bill erweiterte das Programm vor »Spielbeginn«, also vor Eröffnung der Börsen, um die dreistündige Sendung *Squawk Box*. Und er stellte ein hochkarätiges Ensemble zusammen: Mark Haines, Joe Kernen und David Faber.

Ihre spontanen Wortgefechte bringen den Markt schon vor den ersten Transaktionen auf Touren. Kaum ein amerikanischer Unternehmensleiter lässt sich diese Sendung entgehen. Über das »Spiel« berichtet – oft direkt vom »Spielfeld«, also vom Börsenparkett – der erste richtige Star von CNBC, Maria Bartiromo, deren Insiderinformationen ihr den Ruf einbrachten, eine der besten FinanzjournalistInnen des Landes zu sein.

Business Center, die Sendung nach dem »Spiel«, die von Ron Insana und Sue Herera moderiert wird, ist nach dem Vorbild der Sendung *Sports Center* von ESPN gestaltet. Es ist die maßgebliche Finanznachrichtensendung.

Da Bill für die Gestaltung des Tagesprogramms zuständig war, hatte er mich ständig am Hals. Ich schickte ihm Artikel aus dem *Wall*

Street Journal und der *New York Post* zum selben Thema und drängte ihn, den unverblümteren und unterhaltsameren Stil der *Post* zu übernehmen. Schließlich ist die Wirtschaft ein Spiel. Und dieses Gefühl sollte CNBC seinen Zuschauern vermitteln.

In den folgenden fünf Jahren stiegen die Gewinne von CNBC auf das Sechsfache und betrugen im Jahr 2000 stolze 290 Millionen Dollar, was den Sender zu einem der profitabelsten Assets im Kabelfernsehbereich macht.

1996 gelang NBC die Wende. Zum ersten Mal überstiegen die Betriebsgewinne eine Milliarde Dollar. *Emergency Room* war zur beliebtesten dramatischen Serie aufgestiegen und *Seinfeld* zur beliebtesten Sitcom. CNBC arbeitete Gewinn bringend und wuchs rasch. Die *Tonight Show* mit Jay Leno konnte sich gegen die Konkurrenzsendung mit David Letterman auf CBS durchsetzen, was Leno zu Amerikas populärstem Moderator im Spätabendprogramm machte.

Ende 1995 nahm Bob Wright, der wusste, dass Microsoft eine Investition in CNN erwog, mit dem Softwareunternehmen Gespräche über eine Zusammenarbeit mit NBC auf. Wir dachten schon lange über einen Kabelnachrichtenkanal nach, waren aber bisher vor den hohen Kosten zurückgeschreckt. Bei einer Strategiebesprechung im Oktober 1995 berichtete Bob von den Verhandlungen mit Microsoft.

Allerdings war uns unklar, welche Form die Partnerschaft mit Microsoft annehmen sollte. Eine Möglichkeit war eine Lizenzvereinbarung. Wir diskutierten alle infrage kommenden Alternativen. Schließlich zeichnete ich auf einem Flipchart eine Partnerschaftsstruktur auf, die der früherer Deals ähnelte. Wir würden zwei 50/50-Jointventures gründen: eines im Bereich Kabelfernsehen unter der Kontrolle von NBC und ein zweites im Internet unter der Kontrolle von Microsoft.

Tom Rogers und Bob begannen, mit dem Microsoft-Team über dieses Konzept zu verhandeln. Microsoft war vor allem daran interessiert, einen Onlinenachrichtenkanal zu entwickeln, für den es unsere Nachrichtenredaktion nutzen wollte. Das Kabelfernsehen war für sie Nebensache, was die Verhandlungen erschwerte. Am Abend vor einer Pressekonferenz, in der wir die Partnerschaft bekannt geben wollten, gab es immer noch eine Reihe ungeklärter Fragen.

Tom und sein Team waren die ganze Nacht wach gewesen und hatten versucht, das Geschäft unter Dach und Fach zu bringen. Der einzige Punkt, der nun noch offen blieb, waren Bill Gates' Bedenken gegenüber dem Kabelfernsehen.

Um sieben Uhr morgens, zwei Stunden vor einer großen Pressekonferenz in den New Yorker Studios von NBC, war das Geschäft noch immer nicht abgeschlossen.

Die Bekanntgabe der Partnerschaft sollte eine große Sache werden. Bill, der gerade in Hongkong war, würde über Satellit live an der Pressekonferenz teilnehmen, ebenso wie Tom Brokaw, der gerade in Deutschland war. Die Zeit drängte, und Bob Wright bat mich, bei Gates zu intervenieren.

Ich rief ihn an. Bill befürchtete, dass Microsoft durch den Kabelsender hohe Verluste entstehen könnten.

»Jack«, fragte er, »glauben Sie, dass der Kabelsender ein Erfolg wird?« »Ich halte es für eine todsichere Sache«, antwortete ich. »Die schwierigere Aufgabe haben Sie mit dem Onlinesender. Am Erfolg des Kabelsenders habe ich nicht den geringsten Zweifel.« Ich gab Bill eine Reihe von Garantien, um Microsoft vor größeren Verlusten zu schützen, falls wir die Reichweite des Kanals nicht erhöhen konnten. »Das genügt mir«, sagte er.

Etwa 40 Minuten vor der Pressekonferenz schlossen Bill Gates und ich das Geschäft ab. Der Kabelsender MSNBC erreichte im Jahr 2000 die Gewinnzone und wurde zur beliebtesten Nachrichtensite im Internet. MSNBC gab NBC außerdem die Gelegenheit, Brian Williams besser zu positionieren. Brian war 1993 zum Sender gekommen und unterstützte Tom Brokaw bei den *Nightly News*, die er an den Wochenenden auch moderierte. Andy Lack gab ihm seine eigene Sendung, *The News with Brian Williams*, die zum Aushängeschild von MSNBC wurde.

Brian kann ungeheuer witzig sein, auch wenn man bei seinen Fernsehauftritten nicht viel davon bemerkt. Mit seinem ausgeprägten komischen Talent würde er sich bestimmt auch als Moderator einer eigenen Late-Night-Show gut machen.

Bob und Tom Rogers suchten weiter nach Geschäftsmöglichkeiten im Internetbereich und investierten in eine Reihe von Dotcoms. Die meisten verschmolzen sie später zu einer Publikumsgesellschaft namens NBCi. Wie so viele andere Dotcoms konzentrierte sich auch NBCi zu sehr auf Werbeeinnahmen. Das Geschäftsmodell hielt dem Einbruch des Internetwerbemarkts Anfang 2000 nicht stand. 2001 kauften wir NBCi zurück und begannen es als Portal zu verwenden, um den Rest von NBC zu promoten.

Ende 1997 erhielten Bob und ich schlechte Nachrichten. Jerry Seinfeld, der Star der populärsten Sitcom, wollte aus der Serie aussteigen. Jerry hatte nicht nur die höchsten Einschaltquoten, sondern war auch mein Lieblingskomiker. Im Dezember 1997 versuchten wir ihn bei einem Brunch in Bobs New Yorker Apartment dazu zu überreden, eine weitere Saison zu bleiben.

Bereits im Jahr zuvor hatte Jerry erklärt, dass er genug habe. Damals konnten wir ihn mit Aktienoptionen dazu bewegen, noch bis zum Ende der Saison 1997 zu bleiben. Jerry bat mich, ihm zu erklären, was es mit diesen Optionen auf sich habe. Der Versuch, ihm die Börse zu erklären, war köstlich. Er hatte diese unglaublich komische Art, sich dumm zu stellen.

Damals überredeten wir ihn zum Bleiben – nun wollte er erneut aussteigen, und zwar noch vor der Saison 1998. Diesmal brachte Jerry zwei Freunde mit. George Saphiro und Howard West sahen aus wie zwei Hollywood-Agenten aus der guten alten Zeit. Bob hatte eine hervorragende Präsentation mit Schaubildern vorbereitet, um zu veranschaulichen, dass Jerry der einzige Fernsehstar wäre, der aus seiner Serie aussteigt, solange ihre Quoten noch steigen. Keine Sendung in der Geschichte des Fernsehens, nicht einmal die von Milton Brele, hatte ihre Einschaltquoten auch noch im neunten Jahr steigern können.

Jerry wollte aussteigen, solange er ganz oben war. Bob gab zu bedenken, dass Jerry den Gipfel bei weitem noch nicht erreicht habe. Er war sehr überzeugend – und wir boten Jerry 100 Millionen Dollar in GE-Aktien an, wenn er noch ein Jahr blieb.

Wir glaubten, Jerry überzeugt zu haben. Dieses Gefühl hielt etwa zehn Tage an. Am 24. Dezember – ich war über Weihnachten in Florida – rief mich Jerry aus New York an.

»Jack«, sagte er, »ich habe sehr lange darüber nachgedacht, und es tut mir furchtbar Leid, dich zu enttäuschen.« Ich wusste sofort, dass er diesmal wirklich gehen würde. »Jack, es ist Heiligabend. Jedermann ist mit seiner Familie zusammen, und ich sitze hier am Drehbuch für die nächste Folge. Ich halte das kein weiteres Jahr durch. Ich kann einfach nicht mehr.« »Ich wünschte, du hättest dich anders entschieden«, sagte ich.

Ich dankte ihm für alles, was er für uns getan hatte. Ich respektierte seine Entscheidung. Er wollte auf dem Höhepunkt aussteigen, und das tat er.

Wir verloren nicht nur Jerry, sondern auch die National Football League. Wir hatten die Spiele der NFL seit 1965 übertragen. Anfang 1998 verloren wir die Senderechte.

Doch diese Entscheidung wurde uns leicht gemacht. Es gab niemanden bei NBC, nicht einmal in der Sportabteilung, der den astronomischen Preis für die Rechte für gerechtfertigt hielt. Natürlich stürzte sich meine Lieblingszeitung, die *New York Post*, mit Vergnügen auf diese Nachricht. Eine Fotomontage auf der Titelseite zeigte mich, wie ich einen Ball fallen ließ. Doch wir taten das Richtige. Der Preis von vier Milliarden Dollar für acht Jahre war einfach verrückt.

Nach dem Verlust der Footballsenderechte starteten wir den Versuch, mit Vince McMahon, dem Leiter der World Wrestling Federation, eine neue Footballliga zu starten. Doch die XFL (für »Extreme Football«) erwies sich als Flop, und ich steckte bis zum Hals mit drin.

In vielen Branchen kann man Fehler vertuschen. Im Fernsehen ist das unmöglich. Alle Welt sieht zu, besonders die Kritiker. Ich machte mich für die XFL stark, da uns für Samstagabend ein zugkräftiges Programm fehlte. Vince McMahon besaß ein gutes Gespür und hatte das Wrestling zu einem großen Erfolg gemacht. Wir starteten die neue Liga mit acht Teams an wichtigen Standorten.

Unser Problem war, dass wir nicht wussten, ob unsere Liga Unterhaltung oder Sport sein sollte. Das Dilemma nahm seinen Anfang, als wir die Buchmacher aus Las Vegas in die Trainingslager holten. Sie sprachen sich gegen die verrückten Regeln der XFL aus, weil diese Wetten auf die Spiele erschwerten. Unsere Sportabteilung war der Meinung, dass wir die Glaubwürdigkeit und die Publicity brauchten, die die Wettbüros der XFL verschaffen würden. Damit versperrten wir uns jedoch einige andere Möglichkeiten, die den Unterhaltungswert der XFL wesentlich hätten erhöhen können.

Anfangs hatten wir hohe Einschaltquoten, die aber noch während des ersten Spiels sanken. Die Sportjournalisten zerrissen uns in der Luft. Die Berichterstattung über die Liga beschränkte sich auf den Vorwurf, die XFL sei der Totengräber des Profifootballs.

Dann begann die Totenwache. Niemand sah sich die Spiele an. Alle sahen sich nur unser Scheitern an.

Nach einer einzigen Saison von zwölf Wochen gaben wir auf. Die XFL erwies sich als finanzielles Fiasko, das uns 60 Millionen Dollar kostete – was allerdings nicht mehr war als der Verlust durch zwei erfolglose Sitcoms. Das Ganze war unerfreulich, aber kein Beinbruch.

Dank der Größe von GE können wir solche Fehlschläge relativ leicht wegstecken.

Während die XFL Schiffbruch erlitt, waren fast alle anderen Projekte, an denen Dick Ebersol beteiligt war, ein Erfolg. Dick, der Anfang 1989 zu uns gekommen war, war ein Schützling von Roone Arledge, der die Footballsendung am Montagabend und die Berichterstattung über die Olympischen Spiele revolutioniert hatte. Dick folgte Roone als König des Sportfernsehens nach.

1995 gelang Ebersol der große Coup für das Sportprogramm: Zum ersten Mal seit 20 Jahren erklärte sich das IOC bereit, NBC die Übertragungsrechte für die Spiele zu verkaufen, ohne andere Angebote einzuholen. Die Grundlage für diesen großartigen Deal hatte NBC mit der Übertragung der Sommerspiele in Seoul (1988), Barcelona (1992) und Atlanta (1996) geschaffen.

Ende Juli 1995 rief mich Bob an, um mir einen neuartigen Vorschlag zu unterbreiten. Dick und sein Team wollten gleichzeitig die Übertragungsrechte für die Spiele in Sydney 2000 und für Salt Lake City 2002 kaufen. Dick glaubte, auf diese Weise könnten wir uns die Rechte für beide Spiele sichern und uns das übliche Ausschreibungsverfahren ersparen.

Dick wollte schnell handeln. Er arrangierte eine Telefonkonferenz mit Bob, der gerade auf einem Boot vor der Küste von Nantucket war, und Denis Dammerman, der ein paar Tage in einer Hütte in Maine verbrachte. Ich selbst nahm in meinem Sommerhaus in Nantucket teil.

Der Preis war hoch: 1,2 Milliarden Dollar. »Dick, wie sieht das Worst-Case-Szenario aus?«, fragte ich. »Wir könnten 100 Millionen Dollar verlieren«, antwortete er. Wir waren alle dafür. Dick flog sofort mit dem GE-Jet nach Schweden, um sich dort mit IOC-Präsident Juan Antonio Samaranch zu treffen. Anschließend wollte er nach Montreal weiterfliegen, wo er Dick Pound treffen würde, der im IOC für die Vergabe der Fernsehrechte zuständig war.

Nach 72 Stunden hatte er die Rechte in der Tasche.

Wenige Tage später hatte Dick die nächste Idee, und Anfang Dezember 1995 kauften wir für 2,3 Milliarden Dollar die Übertragungsrechte für drei weitere Olympische Spiele – in Athen, in Turin und für die in Peking 2008.

Das Geschäft stellte sich sowohl für den Sender als auch für seine Kabelkanäle als voller Erfolg heraus.

Im Lauf der Jahre erwies sich NBC als enormer Gewinn für GE. Wir verdienten nicht nur gut mit dem Sender, sondern profitierten auch vom Glamour des Showgeschäfts. Die meisten Mitarbeiter tragen voll Stolz T-Shirts mit dem NBC-Logo. Bob tat gut daran, NBC über das Network hinaus zu erweitern. Die Zuschauerzahlen sinken weiter, womit sich das Engagement im Kabelfernsehen doppelt bezahlt macht. CNBC ist der führende Kanal für Finanznachrichten, und MSNBC ist der Kabelnachrichtensender mit den höchsten Einschaltquoten unter den 25- bis 54-jährigen Zuschauern. Obwohl NBC gemessen an den Einschaltquoten der Haushalte auf den dritten Platz zurückgefallen ist, hält der Sender seine Spitzenposition bei den 18- bis 49-Jährigen, der wichtigsten Zielgruppe der Werbung.

In der Geschichte des Fernsehens hielt sich niemand länger an der Spitze eines Networks als Bob Wright. Er hat bewiesen, dass sich ein »Glühbirnenhersteller« im Fernsehen durchsetzen kann.

18 Wann man kämpfen und wann man sich zurückziehen sollte

Ein Kindheitserlebnis ist mir besonders lebhaft in Erinnerung geblieben. Als ich eines Tages von der Schule nach Hause kam und in den zweiten Stock zu unserer Wohnung hinauflief, hörte ich schon auf der Treppe meine Mutter weinen. Ich war sehr beunruhigt. Sie stand in der Küche am Bügelbrett, und die Tränen liefen ihr über die Wangen. »O mein Gott«, sagte sie. »Franklin Roosevelt ist tot.«

Ich war damals neun Jahre alt und verstand überhaupt nicht, warum der Tod des Präsidenten meiner Mutter so nahe ging. Doch als 18 Jahre später John F. Kennedy ermordet wurde, war ich ebenso erschüttert wie sie damals.

Meine Mutter war davon überzeugt, dass Roosevelt unser Land und unsere Demokratie gerettet habe. Sie hatte ebenso wie mein Vater an den Präsidenten und unsere Regierung geglaubt. Meine Eltern glaubten fest daran, dass die Regierung dem Volk diente, die Bürger schützte und stets das Richtige tat.

Viele Jahre lang teilte ich die Überzeugung meiner Eltern. Doch später wurde mein Vertrauen in die Regierung und den Staatsapparat mehrmals auf eine harte Probe gestellt. Ich sah Regierungen aus nächster Nähe, gute und solche, die man fast als böse bezeichnen konnte. Unter den Beamten sah ich ehrliche, hart arbeitende Staatsdiener, aber auch politisch motivierte, aalglatte Karrieristen.

Das Vorgehen der Behörden war mir schon bei einigen Gelegenheiten schwer begreiflich gewesen, aber die erste wirklich negative Erfahrung machte ich im Jahr 1992. Ich saß gerade in einer Boardsitzung in Florence (South Carolina), als mich unser Hauptanwalt Ben Heineman beiseite nahm. Er sagte, das *Wall Street Journal* werde am nächsten Tag, dem 22. April, eine Story über die Klage bringen, die Ed Russell, ein im November gekündigter Vice President von GE, gegen uns eingereicht hatte.

Es handelte sich um keine gewöhnliche Klage wegen unrechtmäßiger Entlassung. Russell, der unseren Industriediamantenbereich in Ohio geleitet hatte, beschuldigte uns der Verschwörung mit der südafrikanischen Firma De Beers zwecks einer Preisabsprache für Diamanten. Er behauptete, er sei gefeuert worden, weil er sich über eine diesbezügliche Besprechung zwischen seinem Chef Glen Hiner und De Beers beschwert habe.

Ich verließ die Sitzung und setzte mich sofort mit Ben und unserer PR-Chefin Joyce Hergenhan zusammen. Ich wusste, dass Russell nicht die Wahrheit sagte. Tatsächlich war er wegen mangelnder Leistungen gefeuert worden. Ich war deshalb so sicher, weil ich zu jener Zeit einen Brief an seinen direkten Vorgesetzten geschrieben hatte, in dem ich Russels Entlassung forderte. Davon wusste Russel allerdings nichts.

Ich hatte ihn 1974 kennen gelernt, kurz bevor er als strategischer Planer zu GE stieß. Er arbeitete sich im Leuchtmittelbereich hoch und wurde 1985 zum General Manager von GE Superabrasives ernannt, wie wir unseren Industriediamantenbereich nennen. Ich kannte diesen Unternehmensbereich gut, weil ich ihn Anfang der 70er Jahre von Pittsfield aus geleitet hatte. Zu Beginn leistete Russell gute Arbeit und erzielte ansehnliche Ertrags- und Gewinnsteigerungen. Aber 1990 war damit Schluss. Die Gewinne sackten auf 57 Millionen Dollar ab, was einem Rückgang um 13 Millionen Dollar gegenüber dem Vorjahr entsprach.

Auch im folgenden Jahr verbesserten sich Russels Ergebnisse nicht. Er konnte seinem Vorgesetzten Glen Hiner, dem Leiter des Kunststoffbereichs, keine zufrieden stellende Erklärung für die Schwierigkeiten geben. Ich war beunruhigt, da ich Russell jahrelang unterstützt und mich von Anfang an für seine Beförderung zum Leiter des Industriediamantenbereichs ausgesprochen hatte.

Im September führten Hiner und ich in Pittsfield ein Gespräch mit Russell. Es sollte unser letztes sein. Er war nicht imstande, meine Fragen zu beantworten, und weigerte sich sogar, über einige offensichtliche Probleme in seinem Bereich zu sprechen, da dies nicht der Zweck des Meetings sei. Mein Finanzanalyst Bob Nelson, den ich zu dem Gespräch mitgenommen hatte, war von Russells Antwort genauso überrascht wie ich.

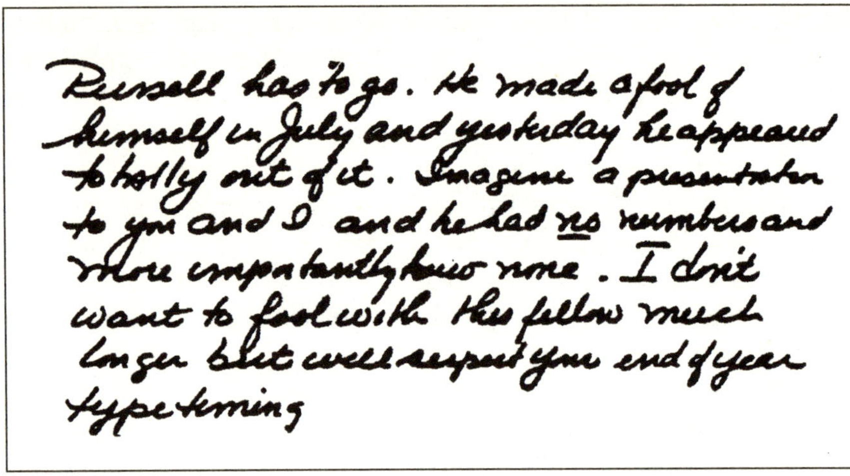
Russell has to go. He made a fool of himself in July and yesterday he appeared totally out of it. Imagine a presentation to you and I and he had no numbers and more importantly knew none. I don't want to fool with this fellow much longer but will respect your end of year type timing

»Russell muss gehen. Er hat sich im Juli lächerlich gemacht und gesteht es nicht ein. Er macht eine Präsentation und hat keine Zahlen vorzuweisen. Ich will mich nicht länger mit ihm herumschlagen, respektiere aber, dass Sie derartige Entscheidungen erst am Ende des Jahres fällen.«

Am nächsten Tag schickte ich Glen Hiner ein Memo, in dem ich unser Gespräch kurz zusammenfasste und ihm Russells Entlassung nahe legte. Etwa einen Monat später, am 11. November, bestellte ihn Hiner nach Pittsfield und kündigte ihm.

Daraufhin brachte Russell eine Klage ein. Er stellte alle möglichen verrückten Behauptungen auf und bezichtigte Hiner verschiedener Vergehen. Bevor ich eine Antwort darauf verfasste, erinnerte ich mich an das Memo, das ich Hiner geschickt hatte, und ließ es mir nach Florence faxen. Zum Glück ging daraus eindeutig hervor, dass nicht Hiner, sondern ich Russells Kündigung aufgrund mangelnder Leistungen veranlasst hatte.

Ben, Joyce und ich entwarfen eine Gegendarstellung, die wir an das *Wall Street Journal* und andere Zeitungen schickten. Darin stellten wir klar, dass Russell wegen »mangelnder Leistungen« gekündigt worden war und in einigen Gesprächen mit leitenden GE-Vertretern versucht hatte, eine höhere Abfindung herauszuschlagen. Eine Kartellrechtsverletzung habe er in keinem einzigen dieser Gespräche erwähnt. Russel war einfach ein verbitterter ehemaliger Mitarbeiter.

Die Berichte, die am nächsten Tag erschienen, enthielten noch schlimmere Neuigkeiten: Russell hatte das Justizministerium dazu gebracht, eine strafrechtliche Untersuchung wegen der angeblichen Preisabsprachen einzuleiten. Als mich ein Journalist des *Wall Street Journal* auf Russels Anschuldigungen ansprach, nannte ich sie »puren Unsinn«. Wir leiteten eigene Untersuchungen ein. Dazu engagierten wir Rechtsanwälte von Arnold & Porter sowie Dan Webb, einen Rechtsanwalt von Winston & Strawn.

Nach etwa sechs Wochen legten die externen Anwälte ihr Ergebnis vor: Russell sagte die Unwahrheit. Jetzt mussten wir das Justizministerium überzeugen. Wir teilten den Beamten die Untersuchungsergebnisse mit und stellten ein »Weißbuch« zusammen, in dem wir zwölf offenkundige Lügen in Russells Sachdarstellung nachwiesen. Doch wir stießen auf taube Ohren.

Im Februar 1994 flog ich in Begleitung von Ben Heineman nach Washington. Dort trafen wir uns mit einer Vertreterin der Anklagebehörde, der wir unsere Sicht der Dinge darlegten. Aber unsere Argumente ließen sie völlig ungerührt. Sie wollte unbedingt jemanden zur Strecke bringen. Wollten wir eine Verurteilung wegen illegaler Preisabsprachen vermeiden, so mussten wir uns eines anderen Vergehens schuldig bekennen und eine Buße zahlen.

Dazu war ich auf keinen Fall bereit. Wir hatten nichts Unrechtmäßiges getan. Die Anklage stützte sich auf einen Haufen falscher Behauptungen eines wütenden Ex-Angestellten. Wir mussten die Sache bis zum Ende durchkämpfen.

Eine Anklage vor einer Grand Jury ist eine Routinesache, wenn der Staat sie verlangt. Drei Tage nach unserer Unterredung in Washington lag die Anklageschrift gegen uns und De Beers wegen angeblicher Preisabsprachen vor. Da die Mitarbeiterin des Justizministers ihren eigenen Leuten offenbar nicht den nötigen Killerinstinkt zutraute, heuerte sie auf Regierungskosten einen externen Rechtsanwalt an.

Acht Monate später, am 25. Oktober, begann das Verfahren vor einem Bundesgericht in Columbus (Ohio). Dan Webb leitete das Prozessteam. Tatkräftige Unterstützung erhielt er von Bill Baer von Arnold & Porter und Jeff Kindler, dem Leiter unserer internen Prozess-abteilung.

Das Team leistete hervorragende Arbeit. Es konnte sämtliche Anschuldigungen widerlegen. Wir brauchten nicht einmal unsere Beweise vorzulegen.

Am 5. Dezember, nachdem sich Richter George Smith alle Beweise der Behörden angesehen hatte, wies er den Fall ab. »Die Konspirationstheorie der Regierung fällt in sich zusammen«, erklärte er. »Selbst bei wohlwollender Auslegung der Beweise sind die Argumente der Regierung nicht stichhaltig.« Der Richter sah keine stichhaltigen Hinweise für ein Fehlverhalten von GE.

Der klare Sieg im Fall Russell bewies, dass wir gut daran getan hatten, für unser Recht zu kämpfen. Die Behörden hatten keine Beweise, sondern nur die üblichen Ressentiments gegen ein großes Unternehmen. Es kommt kaum vor, dass Richter eine Klage wegen Kartellrechtsverletzung abweisen, noch bevor der Beklagte seine Argumente überhaupt dargelegt hat. Die Auseinandersetzung dauerte drei Jahre, und drei Jahre lang hatten wir jedes Mal, wenn der Fall erwähnt wurde, schlechte Presse. Nur die Fakten sagten uns, dass wir im Recht waren.

In diesem Fall zeigten sich die Behörden von ihrer schlechtesten Seite. Sie beauftragten das FBI, einen entlassenen Mitarbeiter zu verwanzen – ohne Erfolg. Sie wendeten viel Zeit auf, um einem Phantom hinterherzujagen. Sie heuerten externe Staranwälte an – und all das nur, weil sich ein paar Leute im Justizministerium profilieren wollten.

Selbstverständlich ist GE nicht vollkommen. In einer völlig anderen Angelegenheit waren die Behörden im Recht.

Auch in diesem Fall überbrachte Ben die schlechte Nachricht. Er rief mich an einem Samstagnachmittag im Dezember 1990 zu Hause an. »Du wirst es nicht glauben«, sagte er. »Einer unserer Mitarbeiter hat ein gemeinsames Schweizer Bankkonto mit einem General der israelischen Luftwaffe.« Ich traute meinen Ohren nicht. Wenn es etwas gibt, was ich bei GE jeden Tag predige, dann ist es Integrität. Sie ist unser wichtigster Wert.

Als Ben mich an diesem Tag anrief, wussten wir nur, was ein GE-Mitarbeiter in den israelischen Medien aufgeschnappt hatte. Die dortige Presse berichtete, dass sich ein Mitarbeiter unseres Unternehmensbereichs Flugzeugtriebwerke, Herbert Steindler, mit dem israelischen Luftwaffengeneral Rami Dotan verschworen hatte, um beim Verkauf von GE-Triebwerken für israelische F-16-Kampfflugzeuge Geld abzuzweigen.

Bis der Fall 19 Monate später abgeschlossen war, mussten wir 21 Manager und Mitarbeiter zur Rechenschaft ziehen, 69 Millionen Dollar an straf- und zivilrechtlichen Bußen zahlen. Wir mussten, begleitet von großem Medienrummel, vor einem Kongressausschuss aussagen. Der Leiter des Triebwerksbereichs musste sich vor einem Bundesgericht verantworten und sich für das Unternehmen schuldig bekennen, und einer meiner Stellvertreter verbrachte eine Woche in Washington, um unseren Triebwerksbereich von dem Verdacht reinzuwaschen.

Mich hätte fast der Schlag getroffen, als Ben mir diese Nachricht überbrachte. Unter unseren Angestellten war ein Betrüger! Steindler wurde sofort suspendiert, und als er sich weigerte, mit unserem internen Untersuchungsausschuss zusammenzuarbeiten, wurde er im März gefeuert. Wir engagierten Rechtsanwälte von Wilmer, Cutler & Pickering, die das Prüfungsteam von GE bei der Untersuchung unterstützen sollten. Den Großteil des Jahres lebten sie praktisch in Cincinnati am Standort des Bereichs Flugzeugtriebwerke. Gemeinsam mit unseren Prüfern verfolgten sie alle Aufträge zurück und sprachen mit jedem einzelnen Beteiligten. Im Lauf von neun Monaten überprüften sie 350 000 Seiten Dokumente und befragten über 100 Zeugen.

Unsere Untersuchungen ergaben, dass Dotan mit Steindlers Hilfe einen Subunternehmer aus New Jersey erfunden hatte. Der angebliche Besitzer dieses fiktiven Unternehmens war ein enger Freund Steindlers. Über diese Firma leiteten sie rund elf Millionen Dollar auf das gemeinsame Schweizer Bankkonto von Dotan und Steindler um. Dotan war ein fordernder und einschüchternder Kunde. Schon 1987 hatten einige Mitarbeiter Zweifel an Dotans Transaktionen geäußert. Aber der Luftwaffengeneral stellte sich als israelischer Patriot dar, der lediglich die Bürokratie umgehen wolle, und Steindler zerstreute die Bedenken seiner Vorgesetzten.

Einzig und allein Steindler hatte sich persönlich bereichert. Ihn loszuwerden war einfach. Das Problem waren die 20 anderen GE-Mitarbeiter, die von dem Betrug zwar nicht profitiert, ihn aber auch nicht aufgedeckt hatten. Diese 20 Leute hatten insgesamt 325 Jahre für GE gearbeitet. Einige von ihnen waren nie bei einem anderen Unternehmen beschäftigt gewesen. Viele hatten eine beeindruckende Karriere hinter sich und konnten ausgezeichnete Beurteilungen vorweisen. Zwei von ihnen waren leitende Angestellte und gute Freunde von Brian Rowe, dem Leiter des Bereichs Flugzeugtriebwerke.

Brian war eine Legende in der Luftfahrtindustrie, ein Pionier, der nach all den Jahren immer noch mit Leidenschaft Triebwerke baute. Brian liebte seine Leute. Er wusste nicht, wie er mit ihnen verfahren sollte. Und die Argumente, die er zu ihren Gunsten anführte, waren nicht von der Hand zu weisen. Mit Ausnahme Steindlers, der zu einer Gefängnisstrafe verurteilt wurde, hatten die Leute nur Unterlassungsfehler begangen. Sie hatten keinerlei Provisionen bezogen. Sie hatten sich foppen lassen, waren einfach schlampig gewesen oder hatten Warnsignale ignoriert.

Da nicht klar war, welche Rolle diese Mitarbeiter gespielt hatten, war es für uns sehr schwierig, über Disziplinarmaßnahmen zu entscheiden. Am meisten litt natürlich Brian.

Das Debakel hatte auch ein Gutes: Ich wurde auf Bill Conaty aufmerksam. Bill, der später Personalchef von GE wurde, hatte soeben die Personalabteilung des Bereichs Flugzeugtriebwerke übernommen. Er übernahm die Disziplinarverfahren und sorgte dafür, dass die Betroffenen möglichst fair behandelt wurden. Allen Mitarbeitern, die in den Fall verwickelt waren, wurden schriftlich die »Bedenken« oder »Anschuldigungen« auf der Grundlage unserer internen Untersuchungen mitgeteilt. Die Leute erhielten Gelegenheit, ihre Version der Geschichte zu erzählen. Wer einen Anwalt beiziehen wollte, konnte dies auf Kosten des Unternehmens tun. Zum Schluss gab Bill für jeden einzelnen Mitarbeiter disziplinarische Empfehlungen ab. Eine Zeit lang telefonierten Bill, Ben und ich fast täglich miteinander.

Da Ben und ich weit entfernt in Fairfield saßen, fiel es uns natürlich leichter als Brian, harte Disziplinarentscheidungen zu fällen. Brian hatte langjährige Freunde unter den Betroffenen. Zum Glück hatten wir alle drei große Achtung vor Bill, dem es gelang, die Differenzen zwischen uns auszuräumen.

Schließlich entließen wir elf der 21 in den Fall verwickelten Mitarbeiter oder forderten sie zum Rücktritt auf. Sechs weitere Mitarbeiter wurden zurückgestuft und die restlichen vier ermahnt. Ein leitender Angestellter musste zurückgestuft werden, ein anderer trat aus freien Stücken zurück.

Unser Vorgehen vermittelte dem Unternehmen eine klare Botschaft. Niemand sollte glauben, dass bei GE die »einfachen Soldaten« zur Rechenschaft gezogen würden, während die »Kommandanten« wie gehabt weitermachen konnten. Wir wollten unseren Managern klarmachen, dass sie die Verantwortung trugen, wenn unter ihrer Führung die Integrität verletzt wurde. Solche »Kommandanten« wurden ebenfalls zur Rechenschaft gezogen. Gleichgültigkeit gegenüber der Integrität ist bei GE ein schwerer Verstoß.

Ich lernte sehr viel aus dieser Sache – sowohl aus den Geschehnissen innerhalb des Unternehmens als auch aus den Reaktionen außerhalb von GE. In den Medien wurde der Verdacht geäußert, der Konkurrenzdruck im Unternehmen und unser Gewinnstreben verleiteten die Leute zur Unredlichkeit. Niemand wollte den Vorfall als das sehen, was er war – ein isoliertes Vergehen in einem Unternehmen mit Ombudsmännern, freiwilliger Offenlegung und einem Management, das ständig die Bedeutung von Integrität betonte.

Im Juli 1992 reiste ich nach Washington, um vor einem parlamentarischen Untersuchungsausschuss unter dem Vorsitz des Abgeordneten John Dingle auszusagen. Dingle war hart, aber ehrlich und fair. Mehr konnte ich mir nicht wünschen. Eine Woche zuvor hatten wir uns mit dem Justizministerium auf eine Bußzahlung von 69 Millionen Dollar geeinigt.

Die Aussage gehörte nicht unbedingt zu den angenehmsten Erfahrungen in meinem Leben. Aber ich begrüßte es, mich persönlich zu dem Vorfall äußern zu können. Ich erklärte dem Ausschuss: »Exzellente Leistungen und Wettbewerbsfähigkeit sind nicht unvereinbar mit Ehrlichkeit und Integrität.«

Ich fügte hinzu: »Herr Vorsitzender, die Zahl unserer Mitarbeiter entspricht der Einwohnerzahl einer mittelgroßen amerikanischen Stadt. Wir haben keine Polizei und keine Gefängnisse. Wir müssen uns auf die Integrität unserer Leute verlassen … Bedauerlicherweise funktionierte das System in diesem Fall nicht. Aber ich bin sehr stolz darauf, dass 99,99 Prozent unserer 275 000 Mitarbeiter in aller Welt Tag für Tag mit absoluter Integrität an einem mörderischen Konkurrenzkampf teilnehmen. Sie brauchen keine Polizisten und keine Richter. Sie brauchen nur ein reines Gewissen, wenn sie am Morgen in den Spiegel schauen … Sie sehen keinen Konflikt darin, es jeden Tag mit den Besten der Welt aufzunehmen, 110 Prozent oder mehr zu geben, zu konkurrieren, zu gewinnen und zu wachsen – und sich dabei stets unerschütterlich zu absoluter Integrität zu bekennen.«

Ich wurde an diesem Tag fair behandelt. Trotz des unerfreulichen Anlasses war ich froh darüber, meinen Standpunkt darlegen zu dürfen. Ich bin weiterhin fest davon überzeugt, dass Integrität das Fundament der Wettbewerbsfähigkeit sein muss.

Eines der frustrierendsten Probleme, mit denen ich mich in 25 Jahren – davon 20 an der Spitze von GE – auseinander zu setzen hatte, war die Frage der polychlorierten Biphenyle (PCB). PCB ist eine flüssige Chemikalie, die wir bis 1977 als Isolierflüssigkeit zum Brandschutz für elektrische Geräte verwendeten. Im Dezember 2000 wurde PCB zum Anlass dafür, dass das amerikanische Umweltamt die Ausbaggerung des Hudson River forderte.

Die Behörde legte dieses Vorhaben, dessen Durchführung fast eine halbe Million Dollar kosten würde, kurz vor Ende der Amtszeit von Präsident Clinton vor. Hier wurden fundierte wissenschaftliche Erkenntnisse und der gesunde Menschenverstand vom lauten Geschrei verschiedener Interessengruppen in den Hintergrund gedrängt. Es geht nur darum, einen großen globalen Konzern zu diskreditieren.

Im Lauf der Jahre hat sich die Diskussion um PCB in einen Kreuzzug verwandelt. Extremisten haben Themen wie PCB oder die Globalisierung für sich entdeckt und verwenden sie, um die grundlegende Funktion des Unternehmens infrage zu stellen. Sie betrachten Konzerne als leb- und seelenlose Objekte, die keine Werte und Gefühle kennen.

GE besteht nicht aus Ziegeln und Gebäuden, sondern aus den Menschen, die für das Unternehmen arbeiten. Diese Menschen leben in denselben Gemeinden wie ihre Kritiker, und ihre Kinder besuchen dieselben Schulen wie jene ihrer Gegner. Sie hegen ähnliche Hoffnungen und Sorgen wie andere Menschen.

Unternehmen sind menschlich. Wenn sie groß sind, geben sie leichte Ziele ab. Wenn sie erfolgreich sind, werden sie noch größere Zielscheiben.

GE zählt zu den besten Unternehmen der Welt, wenn es um Umweltschutz und Sicherheit geht. Wir haben über 100 Produktions- und Montagestandorte und praktisch keine Streitigkeiten mit Behörden über die Einhaltung von Gesetzen und Bestimmungen. Fast 60 unserer Anlagen in den Vereinigten Staaten wurden von den Behörden für gute Gesundheits- und Sicherheitsstandards ausgezeichnet.

Im letzten Jahrzehnt sank die Zahl unserer Arbeitsunfälle um mehr als die Hälfte. Wir reduzierten den Ausstoß von 17 Chemikalien, die die Ozonschicht schädigen, um über 90 Prozent und unsere Gesamtemissionen um über 60 Prozent.

Das geschah nicht zufällig. Alle unsere Werksleiter absolvieren anspruchsvolle Trainingsprogramme und legen ihren CEOs und dem Leiter der Umweltabteilung regelmäßig Berichte vor. Ich bekam alle drei Monate einen aktuellen Bericht über die Umwelt- und Sicherheitslage der einzelnen Unternehmensbereiche.

Für den Umweltschutz und die Sicherheit am Arbeitsplatz gilt dasselbe wie für alle Bereiche unserer Tätigkeit: Wir legen uns die Latte hoch, wir messen, und wir erwarten hervorragende Ergebnisse. Wir sind nicht vollkommen, aber wir versuchen stets, die Besten zu sein.

Dabei spielt Geld nie eine Rolle. GE verfügt über ausreichende Mittel, um das Richtige tun zu können, und wir wissen, dass das Richtige auf lange Sicht immer das Beste für unser Geschäftsergebnis ist. Nur in diesem Kontext kann man verstehen, warum uns das Thema PCB so wichtig ist.

Zum ersten Mal hörte ich von PCB einige Wochen vor Weihnachten 1975. Ich war damals Bereichsgruppenleiter in Pittsfield. Eines Tages stattete ich einem Halbleiterwerk in Syracuse einen Besuch ab. Der Bereichsleiter erwähnte zufällig, dass die Umweltschutzbehörde des US-Bundesstaats New York, die DEC, bald eine Anhörung abhalten werde. Er sagte, es werde dabei um zwei seiner Kondensatoranlagen im Staat New York gehen, die PCB in den Hudson River leiteten und damit möglicherweise gegen Umweltschutzbestimmungen verstießen.

Ich hatte noch nie mit PCB zu tun gehabt, aber als Chemiker verstand ich etwas von Emissionen. Die Anhörung interessierte mich.

Am Tag des Hearings hatte ich in Pittsfield nicht viel zu tun, weshalb ich beschloss, nach Albany zu der Anhörung zu fahren. Ich setzte mich in eine der hinteren Reihen und verfolgte die Anhörung, ohne dass jemand meine Anwesenheit bemerkte.

An diesem Tag machte der Gutachter von GE seine Zeugenaussage. Es handelte sich um einen Biologen, der ein für GE arbeitendes Laboratorium leitete. Er erklärte, die Untersuchung von Fischen aus dem Hudson River habe zu vernachlässigende PCB-Werte ergeben. Doch unser Experte wirkte nicht wie ein Experte. Er schien sich seiner Sache nicht sicher zu sein. Es fiel ihm schwer, klare Antworten zu geben. Je länger ich ihm zuhörte, desto unwohler fühlte ich mich. Ich wusste: Wenn er mich nicht überzeugen konnte, konnte er die Leute, die die Anhörung abhielten, auch nicht überzeugen.

Nach dem Hearing rief ich meinen Hauptanwalt Art Puccini in Pittsfield an und bat ihn, herüberzukommen. Die Sache schien mir wichtig genug, um über Nacht zu bleiben. Art und ich baten den »GE-Experten«, in mein Motelzimmer zu kommen. Wir forderten ihn auf, mit uns alle Details seiner handschriftlichen Untersuchungsergebnisse durchzugehen. Nachdem wir ihn bis halb drei Uhr morgens ausgefragt hatten, waren wir überzeugt, dass er nicht gründlich genug gearbeitet hatte. Wir wollten uns auf diese Daten nicht verlassen und sie auch als Grundlage für die Anhörung zurückziehen. Ich hätte diesen »Experten« erwürgen können.

Am nächsten Tag wies ich unsere externen Rechtsanwälte an, sich nicht auf seine Daten zu stützen und den Leiter des Hearings zu bitten, dies ebenfalls nicht zu tun. Zwei Monate später erließ die Umweltbehörde eine vorläufige Entscheidung, in der es hieß, die »PCB-Kontamination« sei auf »unternehmerisches Fehlverhalten und behördliches Versagen« zurückzuführen, da wir PCB mit einer behördlichen Genehmigung in den Fluss eingeleitet hätten.

Jetzt nahm ich die Sache in die Hand. Art und ich führten Gespräche mit dem DEC-Beauftragten Peter Berle, der später Präsident der National Audubon Society werden sollte. Mithilfe von Abe Sofaer, einem Rechtsprofessor an der Columbia University, der das Hearing geleitet hatte, erreichten wir eine Einigung. Wir verpflichteten uns, 3,5 Millionen Dollar in einen Fonds für die Flussreinigung einzuzahlen, die PCB-Forschung zu unterstützen und die Chemikalie nicht mehr zu verwenden. Das New Yorker Umweltamt erklärte sich bereit, die Fondsmittel zu verdoppeln und uns von jeder weiteren Haftung für die Wasserqualität des Hudson zu entbinden.

Die *New York Times* brachte ein Bild von Berle und mir bei der Unterzeichnung der Vereinbarung. Die Schlagzeile lautete: »Vereinbarung zwischen GE und den Behörden als Vorbild für andere Fälle von Umweltverschmutzung«. Sofaer bezeichnete die Regelung gegenüber der Zeitung als einen »Präzedenzfall für den Umgang mit Situationen, in denen gemeinsames Verschulden vorliegt«. Gouverneur Hugh Carey bot später sogar an, ein Glas Wasser aus dem Hudson River zu trinken, um zu beweisen, dass er von der Reinheit des Wassers überzeugt war.

Laut dem Vertrag vom 8. September 1976 sollte sich der Staat New York an die Bundesregierung wenden, wenn zusätzliche Maßnahmen zum Schutz der öffentlichen Gesundheit ergriffen werden müssten und zusätzliche Ressourcen benötigt würden. Dies war auf Seite 3 des Ver-

THE NEW YORK TIMES, THURSDAY, SEPTEMBER 9, 1976

Associated Press

Peter A. A. Berle, left, Commissioner of Environmental Conservation, and John F. Welch, a vice president of the General Electric Company, sign an agreement in Albany settling the case of the PCB's dumped into the Hudson.

G.E.-State Pact on PCB Is Praised As Guide in Other Pollution Cases

Special to The New York Times

ALBANY, Sept. 8—The Columbia University law professor who conducted hearings on state pollution charges against the General Electric Company said here today that yesterday's agreement to stop the company's chemical contamination of the Hudson River was "an effective precedent for dealing with situations of joint culpability."

The comment, by Prof. Abraham T. Sofaer, came after Commissioner Peter A. A. Berle of the State Department of Environmental Conservation and John F. Welch, a G.E. vice president, signed a quasi-legal agreement under which the company pledged to stop dumping toxic PCB's (polychlorinated biphenyls) by July 1, 1977.

G.E. uses PCB's to make capacitors—an electronic device for storing a charge—at plants employing about 1,200 workers in Hudson Falls and Fort Edward, north of Albany. After the manufacturing process, the PCB's have been routinely discharged into the Hudson for about 25 years.

In recommending the agreement, Professor Sofaer, whose hearings earlier this year covered 11 days of testimony, noted that G.E. had "requested and obtained" Federal and state permits to dump PCB's into the Hudson.

Until exactly a year ago, Professor Sofaer noted, when former State Environmental Commissioner Ogden R. Reid began an action against the company, "no one had ever claimed that G.E.'s PCB discharges violated state water quality standards." Governor Carey joined Commissioner Berle in saying that the agreement emphasized the "shared responsibility of the state and G.E. in PCB pollution of the Hudson."

That is why, Mr. Berle said, both the state and G.E. will cooperate in attempts to cleanse a 50-mile stretch of the Hudson, from Fort Edward to Albany, of PCB's now encrusted in the earth as sludge beneath the river.

From what is described as "reclamation" of the river, G.E. and the state will each pay $3 million. The company has agreed to put up $1 million more for state-directed research into toxic chemicals.

trags festgehalten: »Sollten die mit Blick auf die PCB-Verunreinigung für die Sanierung des Hudson River vorgesehenen Mittel nicht ausreichen, um die öffentliche Gesundheit und die öffentlichen Ressourcen zu schützen, so hat das Ministerium alles daranzusetzen, die erforderlichen zusätzlichen Gelder aus anderen Quellen als General Electric zu beschaffen. Das bedeutet unter anderem, dass das Ministerium einen Aktionsplan für die Beschaffung solcher Mittel erstellen wird, der die rasche Beantragung von Mitteln bei den Bundesbehörden und/oder anderen Geldgebern einschließt.«

Doch die Geschichte war nicht beendet.

Der Vereinbarung waren die Ergebnisse von Tierstudien zugrunde gelegt worden. Ich wollte wissen, ob PCB Krebs bei Menschen verursachen konnte und ob unsere Arbeiter gefährdet waren. Wenn eine von GE finanzierte Studie glaubwürdig sein sollte, mussten wir die angesehensten Wissenschaftler engagieren. Also suchte ich Dr. Irwin Selikoff auf, der zu jener Zeit die umweltmedizinische Fakultät der Universität Mount Sinai leitete. Selikoff war zu einer Galionsfigur der Umweltbewegung geworden, als er herausgefunden hatte, dass der Kontakt mit Asbest Lungenkrebs verursachen konnte. Ich fragte ihn, ob er bereit sei, in unseren Werken jene GE-Mitarbeiter zu untersuchen, die häufig mit PCB in Kontakt gekommen waren. Diese Mitarbeiter hatten bei der Arbeit jahrelang bis zu den Ellbogen in der Substanz gesteckt.

Selikoff stellte ein Forschungsteam zusammen und richtete in unserem Werk in Ford Edward ein Laboratorium ein. Zuerst untersuchte er über 300 Freiwillige aus den beiden GE-Fabriken. Seine Studie, die 1982 veröffentlicht wurde, überzeugte mich davon, dass PCB nicht Krebs erregend war.

Selikoffs Mortalitätsstudie ergab, dass unter den Arbeitern auch 30 Jahre nach dem ersten Kontakt mit PCB keine Krebsfälle oder andere schwere Nebenwirkungen festzustellen waren. Normalerweise kommen in einer Untersuchungsgruppe dieser Größe mindestens acht Krebsfälle vor.

Andere Wissenschaftler untersuchten Arbeiter von Versorgungsunternehmen und von Westinghouse, die intensiven Kontakt mit PCB gehabt hatten. Alexander Smith von der Behörde für Sicherheit und Gesundheit am Arbeitsplatz (NIOSH) fasste seine Ergebnisse 1982 folgendermaßen zusammen: »Etwaige negative Auswirkungen von PCB auf die menschliche Gesundheit sollten am ehesten in jenen

Gruppen festzustellen sein, die der Substanz am intensivsten ausgesetzt sind. Doch keine der veröffentlichten Arbeitsplatz- oder epidemiologischen Studien (einschließlich unserer) hat gezeigt, dass der Kontakt mit PCB am Arbeitsplatz irgendwelche negativen gesundheitlichen Auswirkungen hat.«

Die PCB-Frage war schon Jahre zuvor aufgetaucht, als zweimal falscher Alarm gegeben worden war. In den 30er Jahren löste eine PCB-haltige chemische Verbindung namens Halowax eine schwerwiegende akneartige Erkrankung aus und führte in einigen Fällen sogar zum Tod durch eine Lebererkrankung. Ein Wissenschaftler aus Harvard kam zunächst zu dem Ergebnis, dass PCB die Komponente mit der höchsten Toxizität der Verbindung war.

Doch nach weiteren Untersuchungen korrigierte er 1939 sein Ergebnis und erklärte, dass PCB »fast ungiftig« sei. Bedauerlicherweise fand diese Korrektur keine oder nur wenig Beachtung. Fast 40 Jahre später, 1977, war in einem Regierungsbericht der NIOSH lediglich zu lesen, dass die Halowax-Ergebnisse »weiterhin falsch zitiert werden«.

Selbst heute rufen immer wieder Journalisten an, die der Meinung sind, in dieser alten Halowax-Geschichte, die sowohl von der Wissenschaft als auch von den Behörden widerlegt wurde, neue, »explosive Beweise« gefunden zu haben.

Der so genannte Yusho-Fall, der sich 1968 in Japan ereignete, löste den zweiten falschen Alarm aus. Rund 1000 Menschen, die ein Pflanzenöl aus Reishülsen zum Kochen verwendeten, bekamen schwere Akne und andere Symptome. Als in dem Öl PCB nachgewiesen wurde, war bald von der »PCB-Ölkrankheit« die Rede.

Spätere Analysen japanischer Wissenschaftler ergaben jedoch, dass das Öl auch hohe Werte zweier anderer chlorhaltiger Chemikalien enthielt, beides Abfallprodukte von PCB, die bei starker Erhitzung freigesetzt wurden. Diese Wissenschaftler untersuchten auch Arbeiter in der Elektroindustrie und stellten fest, dass sie sogar höhere PCB-Werte in ihrem Blut hatten als die Yusho-Patienten. Aber sie waren nicht krank. Nachdem die Wissenschaftler Affen PCB und die beiden Chemikalien verabreicht hatten, kamen sie zu dem Schluss, dass diese Chemikalien und nicht PCB für die Yusho-Fälle verantwortlich waren.

Diese Fehlalarme bewogen eine amerikanische Forscherin namens Dr. Renate Kimbrough dazu, für die Regierung eine der ersten PCB-Studien an Ratten durchzuführen. Dr. Kimbrough stellte fest, dass Ratten, denen hohe Dosen PCB verabreicht wurden, verstärkt Lebertumore entwickelten. Mitte der 70er Jahre, als sie bei den Centers for Disease Control and Prevention und später bei der Umweltbehörde arbeitete, befasste sie sich intensiv mit dieser Thematik. Als wir uns entschlossen, über die frühen Selikoff-Studien hinauszugehen und uns ein umfassenderes Bild des Gesundheitszustands der GE-Arbeiter zu verschaffen, die mit PCB in Kontakt gekommen waren, hielten wir Ausschau nach jemandem, dessen Integrität und Glaubwürdigkeit außer Frage standen.

Also bat ich Dr. Kimbrough im April 1992, eine PCB-Studie bei GE durchzuführen.

Unsere internen Studien leitete Steve Ramsey, der früher im Justizministerium für die Durchsetzung von Umweltgesetzen zuständig gewesen war und heute der Umwelt- und Sicherheitsabteilung von GE vorsteht. Ihm stand ein GE-Forscher namens Dr. Steve Hamilton zur Seite. Sie wussten, dass die Kritiker einer von GE finanzierten Studie skeptisch gegenüberstehen würden. Also wurde ein Beirat für die vergleichende Überprüfung der Kimbrough- und anderer Studien eingerichtet. Diesem Beirat unter der Leitung des ehemaligen Leiters des National Cancer Institute, Dr. Arthur Upton, gehörten Staatsbeamte und Universitätsforscher an.

Kimbrough untersuchte praktisch alle Personen, die zwischen 1946 und 1977 in den beiden GE-Werken in Hudson Falls und Fort Edward gearbeitet hatten. Man engagierte Privatdetektive, um einige von ihnen über Gehaltsaufzeichnungen und alte Telefonbücher ausfindig zu machen. Totenscheine wurden untersucht. Rund 7075 aktuelle und ehemalige Mitarbeiter wurden in die Studie einbezogen.

1999 veröffentlichte Dr. Kimbrough einen mehr als überraschenden Bericht. Unter den Mitarbeitern unserer Werke war die Zahl der mit Krebserkrankungen zusammenhängenden Todesfälle genauso hoch oder sogar niedriger als in der übrigen Bevölkerung.

Das Umweltamt holte bei der Überprüfung der Kimbrough-Studie auch die Meinung eines Epidemiologen vom Norris Comprehensive Cancer Center der University of Southern California ein. In einem Schreiben an den Leiter der EPA-Abteilung für Risikoverfahren erklärte Dr. Thomas Mack: »Ich habe festgestellt, dass die Kimbrough-Studie gut konzipiert ist und richtig analysiert und interpretiert wurde. Die nachfassenden Untersuchungen waren vollständig ... Ich komme zu dem Schluss, dass die zusammenfassenden Aussagen ... in der

Studie richtig sind. Meiner Meinung nach sollte PCB weniger Bedeutung beigemessen werden.«

Wir erfuhren Dr. Macks Meinung nur, weil wir sie nach einer Anfrage in den Akten des Umweltamts fanden. Sein Schlusssatz lautete: »Ich weiß, dass das nicht wirklich von Nutzen für Sie ist, aber ich kann nichts anderes sagen.«

Ich bezweifle, ob dieser Satz je in die Öffentlichkeit gelangt wäre, wenn wir nicht unsere Rechtsmittel ausgeschöpft hätten, um ihn bei der Umweltbehörde auszugraben.

In diesem langwierigen Konflikt wurde GE stets als rücksichtsloser Großkonzern hingestellt, der PCB aus seinen Werken in Hudson Falls und Fort Edward (New York) in die Gewässer kippte.

Die Wahrheit ist, dass wir PCB nie irgendwohin »kippten«. Wir stellten es nicht einmal her. Seine Verwendung wurde von Brandschutz- und Baugesetzen vorgeschrieben, weil es ein langjähriges Problem der Elektroausrüstung löste. Frühere Isolierstoffe hatten leicht Feuer gefangen oder waren explodiert. PCB galt als Chemikalie, die Leben rettete. Der Staat New York stimmte unserer Emission zu und stellte uns die entsprechenden Genehmigungen aus.

Was sagen unsere Kritiker dazu?

Zunächst erklären sie, GE nehme mehr »Superfund«-Deponien in Anspruch als irgendein anderes Unternehmen. (1980 verabschiedete der Kongress ein Gesetz zur Sanierung von Abfalldeponien, das unter dem Namen Superfund Act bekannt ist.) Diese zutreffende Feststellung beinhaltet den unausgesprochenen Vorwurf, wir machten etwas falsch. Wir haben tatsächlich viele solcher Deponien – 85, um genau zu sein. Aber das hängt nur mit unserem langen Bestehen und unserer Größe zusammen. GE wurde 1892 gegründet und verfügt über mehr Fabriken in mehr Städten als jedes andere Unternehmen der Welt. Wie die meisten anderen Unternehmen entsorgen wir unsere Abfälle legal und mit den erforderlichen staatlichen Genehmigungen.

Bei den meisten Deponien, die unter den Superfund Act fallen, entfallen nicht einmal fünf Prozent der entsorgten Abfälle auf GE. Das Unternehmen ist nur eine von Dutzenden von Parteien, die Gebrauch von diesen Einrichtungen machen, darunter Stadtverwaltungen, andere Unternehmen oder Entsorgungsbetriebe. GE nimmt seine Verantwortung für diese Deponien sehr ernst. Wir haben im vergangenen Jahrzehnt fast eine Milliarde Dollar für ihre Sanierung ausgegeben.

Uns dafür zu kritisieren, solche Deponien in Anspruch zu nehmen, ist etwa so fair, wie jemandem vorzuwerfen, er habe graue Haare. Graue Haare verraten etwas über das Alter, nicht jedoch über den Charakter.

Ein weiterer oft erhobener Vorwurf lautet, wir stellten das Superfund-Gesetz infrage, um uns unseren Sanierungspflichten zu entziehen. Ja, es stimmt, dass wir einen Teil des Gesetzes angefochten haben. Die Amerikaner sind daran gewöhnt, wegen allem und jedem vor Gericht zu ziehen. Etwas anderes ist es, wenn die EPA eine Verfügung erlässt.

Dann kann man laut Gesetz nur eines tun: Man gehorcht der Behörde oder hat Schadenersatzforderungen und tägliche Bußgelder zu gewärtigen. Das Gesetz ermächtigt die EPA, unbeschränkte Sanierungsanordnungen zu geben. Es findet keine Anhörung statt, bevor die Arbeiten angeordnet werden. Das Hearing folgt erst viele Jahre später, und auch das nur, wenn die EPA die Arbeiten für beendet erklärt. Die EPA schießt erst und fragt anschließend.

Wir sind der Meinung, dass das nicht richtig ist. Ich bin Chemiker und kein Verfassungsexperte, aber ich verstehe nicht, wie das mit unserer Verfassung in Einklang zu bringen ist. Wir haben kein Grundrecht auf ein ordentliches Gerichtsverfahren. Die EPA nutzt dieses Gesetz für ihren Ausbaggerungsantrag.

Heute erklärt die EPA, dass man im Hudson ohne Gefahr für die Gesundheit schwimmen und das Flusswasser ohne Bedenken trinken kann. Weißkopfseeadler und andere Wildtiere vermehren sich im Hudson Valley. Der Antrag der Regierung auf Ausbaggerung basiert auf einer merkwürdigen Risikoeinschätzung.

Wenn jemand 40 Jahre lang jede Woche ein halbes Pfund Fisch isst, kann sich sein Krebsrisiko laut EPA um ein Tausendstel erhöhen. Mit anderen Worten: Man müsste über vier Jahrzehnte pro Jahr 52 Fischgerichte essen, um ein leicht erhöhtes Risiko zu haben. Warum kommen vernünftige Menschen nicht zu dem Schluss, dass dieses Risiko geringer ist als jenes, dem man sich durch das schlichte Einatmen der Luft aussetzt?

Wen interessiert es, dass der Verzehr der Fische aus dem Fluss zwei Jahrzehnte lang verboten war oder dass die PCB-Werte im Wasser und in den Fischen seit 1977 um 90 Prozent zurückgegangen sind? In über 20 Studien – die meisten vollkommen unabhängig von GE – konnte kein Zusammenhang zwischen PCB und Krebs hergestellt werden. Dazu kommt, dass PCB auf Ratten nicht dieselben Auswirkungen hat wie auf Menschen. Der PCB-Gehalt in Fischen liegt inzwischen bei acht ppm. Das ist laut FDA ein sicherer Wert, der den Verzehr der Fische unbedenklich macht.

Denken Sie an die Ausmaße des EPA-Vorschlags. Die Behörde schlägt vor, rund vier Millionen Tonnen Sediment aus dem Hudson zu baggern, um damit rund 50 Tonnen PCB zu bergen. Dazu müsste jedes Jahr sechs Monate lang rund um die Uhr gebaggert werden. Rund 50 Boote und Lastschiffe müssten sich ständig auf dem Fluss aufhalten, und für den Abtransport des PCB müssten kilometerlange Leitungen verlegt werden.

Die EPA schlägt vor, entlang des Flusses Anlagen zu errichten, um den Schlamm zu trocknen, der in zehntausenden Lastern oder Eisenbahnwaggons weggebracht werden müsste. Nach der Entfernung des Sediments sollen eine Million Tonnen Sand und Schotter wieder in den Fluss geschüttet werden. Außerdem müssten Taucher eine Million Wasserpflanzen ersetzen, die durch das Baggern zerstört würden.

Und trotzdem würden alle diese Aktivitäten nicht ausreichen, um das PCB vollständig aus dem Hudson zu entfernen. Durch das Baggern würde im Flussbett gebundenes PCB aufgewirbelt und flussabwärts gespült.

Stellen Sie sich vor, ein Unternehmen würde vorschlagen, irgendeine Substanz aus dem Hudson auszubaggern, wozu es die Böschungen aufreißen, das Ökosystem zerstören, die Bäume fällen und quer durch Felder und Hinterhöfe Transportwege anlegen müsste, um an die Substanz zu kommen. Es wäre eine Umweltkatastrophe.

Warum sollte jemand den Hudson ruinieren wollen? Die Umweltbehörde selbst lehnte 1984 eine Ausbaggerung ab, weil sie katastrophale Auswirkungen auf das Ökosystem befürchtete. Seit damals hat sich nichts verändert, außer der Politik – und den PCB-Werten in den Fischen: Die Werte sind um 90 Prozent zurückgegangen.

GE hat über 200 Millionen Dollar für Studien, Untersuchungen und Sanierungsarbeiten ausgegeben. Wir haben die PCB-Menge, die unter den Fundamenten unserer alten Werke ins Erdreich sickert, von 2,5 Liter auf 0,06 Liter täglich reduziert. Wir glauben, heute über die Technologie zu verfügen, die benötigt wird, um diesen Wert auf null zu senken. Eine Abwasserkontrolle verbunden mit der natürlichen Sedimentierung im Fluss würde die PCB-Konzentration in Fischen auf dasselbe Niveau verringern wie das Ausbaggern, ohne das Wasser durch das Aufwirbeln erneut mit PCB zu verunreinigen – und ohne den Fluss zu zerstören.

Unverständlich am Vorschlag der EPA ist, dass nicht untersucht wurde, ob es weniger schädliche und weniger zerstörerische Alternativen zum Ausbaggern gibt. Dabei geht es nicht um Geld. Wir werden alles bezahlen, was notwendig ist, um die Arbeit ordentlich zu erledigen.

Um das den Leuten in der oberen Hudson-Region begreiflich zu machen und ihnen zu erklären, warum wir gegen das Ausbaggern sind, gaben wir über zehn Millionen Dollar für eine Informationskampagne aus. Auch diese Kampagne löste eine kleine Kontroverse aus. Die in der Kampagne enthaltenen Informationen wurden kaum angefochten – es ging ausschließlich darum, dass GE die Stirn hatte, seinen Standpunkt öffentlich darzustellen.

Wir machen Fortschritte in dem Bemühen, die Fakten ans Licht zu bringen. Umfragen zeigen, dass die Menschen in der oberen Hudson-Region gegen den Ausbaggerungsvorschlag der EPA sind. Über 60 Stadtregierungen und Organisationen in der Region sprechen sich dagegen aus. Hoffentlich berücksichtigt die Umweltbehörde bei ihrer Entscheidung die Meinung jener, die am meisten davon betroffen sind.

Weder ich noch meine Kollegen würden diese Position vertreten, wenn wir der Meinung wären, dass die polychlorierten Biphenyle irgendjemandem Schaden zufügen. Bedauerlicherweise geht es in dieser Frage längst nicht mehr um PCB und die Gesundheit der Menschen, sondern um die Rolle der Konzerne in der Gesellschaft.

Nichts ist wichtiger als die Integrität eines Unternehmens. Integrität bedeutet nicht nur, sich an die Gesetze zu halten, sondern auch, das Richtige zu tun. Wir haben uns vergewissert, dass PCB weder unseren Mitarbeitern noch den Menschen in der Umgebung unserer Werke Schaden zufügt. Wir haben hunderte Millionen Dollar ausgegeben, um unsere Deponien und den Hudson anhand wissenschaftlich anerkannter und umweltfreundlicher Methoden zu sanieren, und wir werden weiterhin investieren, was immer erforderlich ist.

Seit dem Tag, an dem ich meine Mutter über den Tod Franklin Roosevelts weinen sah, habe ich viel gesehen. Heute stehe ich dem Staat skeptisch gegenüber, wenn auch zum Glück nicht zynisch. Nur ein Unternehmen mit hoher Integrität und ausreichend Mitteln, um für das kämpfen zu können, was es für richtig hält, kann es sich leisten, sich gegen den Staat zu stellen.

Zum Glück besitzen wir beides.

TEIL IV
WIR SPIELEN NEUE SPIELE

Wer die Wirtschaft interessant findet, wird auch General Electric interessant finden. Wer Ideen mag, wird General Electric lieben.

Dieses Unternehmen ist ein Ort, an dem Ideen ungehindert durch mehr als 20 verschiedene Geschäftsbereiche fließen und mehr als 300 000 Mitarbeitern zugänglich sind.

Die Grenzenlosigkeit macht es uns möglich, laufend neue Ideen aufzunehmen – gleichgültig, woher sie kommen mögen. Diesen völlig freien Austausch haben wir zum Bestandteil einer Abfolge ineinander fließender Betriebssitzungen gemacht. Beispielsweise kann während einer Sitzung zur Leistungsbeurteilung der Manager im Bereich Energiesysteme eine Idee zur Verbesserung der Beschaffungsabläufe in Ungarn eingebracht werden.

Am nächsten Tag sitzen wir mit der Führung des medizinischen Bereichs zusammen und unterhalten uns über die Neuerung, die der Energiebereich gerade in Ungarn eingeführt hat. Bevor man sichs versieht, kommt aus Osteuropa etwas Neues. Der Austausch ist ungezügelt, informell und manchmal sehr vergnüglich. Die Wirkung ist gewaltig. Die besten Verfahren und die besten Leute reisen unentwegt durch die Geschäftseinheiten und treiben unsere Tätigkeit voran. Dieses grenzenlose Verhalten hat eine »soziale Architektur« geschaffen, die auf unablässigem Lernen beruht.

In den 90er Jahren verfolgten wir vier große Initiativen: die Globalisierung, den Vorstoß in die Dienstleistungen, Six Sigma und das E-Business. Sie entsprangen alle kleineren Ideen. Sobald diese einmal ins Betriebssystem eingespeist waren, konnten sie wachsen. Die vier Initiativen hatten beträchtlichen Anteil am beschleunigten Wachstum von General Electric im letzten Jahrzehnt. Es handelt sich also nicht um Modeinitiativen.

Bei GE definierten wir eine Initiative als etwas, das alle erfasst – sie muss groß, umfassend und allgemein genug sein, um sich nachhaltig auf das Unternehmen auszuwirken. Unsere Initiativen sind von Dauer und ändern das Wesen des Unternehmens. Ungeachtet des Ursprungs der Initiativen setzte ich mich an ihre Spitze. Ich verfolgte sie mit einer Leidenschaft, die oft an Wahn zu grenzen schien.

Unsere Initiativen haben ihren Ursprung an verschiedensten Orten. Die Globalisierung entsprang Paolo Frescos Leidenschaft für die internationale Tätigkeit. Den Anstoß zu unserem Vorstoß in die Wartungsdienste gab die Empfehlung einer Crotonville-Klasse, wir müssten unsere Märkte umfassender definieren, wenn wir wachsen wollten. Six Sigma beruht auf einer Mitarbeiterbefragung im Jahr 1995. Obwohl unsere Mitarbeiter die Qualität unserer Arbeit für zufrieden stellend hielten, glaubten sie, wir hätten noch beträchtliches Verbesserungspotenzial. Und dem E-Business wandten wir uns – zugegebenermaßen spät – zu, weil wir es nicht ignorieren konnten. Wir wagten den Sprung und nahmen eine kalte Dusche, weil wir diese Revolution nicht verstanden. Doch wir vertrauten darauf, dass wir dank unseres Betriebssystems lernen würden, worum es in diesem Geschäft ging.

Damit die Initiativen funktionieren konnten, musste sich die Unternehmensführung vorbehaltlos dazu bekennen. Die Leidenschaft wurde durch strikte Verfahren ergänzt. Wir betrauten unsere besten Leute mit den Initiativen, und wir schulten sie, maßen ihre Leistungen und hielten ihre Ergebnisse fest. Wir verlangten von den Initiativen klare Ergebnisse: Die Leute mussten sich weiterentwickeln, und die finanziellen Resultate mussten besser werden.

Die Leiter der Unternehmensbereiche mussten sich an die Spitze der Initiativen setzen. Eine zurückhaltende und berechnende Kooperation genügte nicht. Die Bereichsleiter hatten die Leitung der Initiativen tatsächlich ihren besten Mitarbeitern zu übertragen. Wir sorgten dafür, dass Belohnungen – Gehaltserhöhungen, Aktienoptionen und Auszeichnungen in den Unternehmensversammlungen – für alle sichtbar vergeben wurden.

Welche Bedeutung eine Initiative für das Unternehmen hat, wird daran deutlich, welche Manager mit ihrer Leitung betraut werden. Die

Auswahl der richtigen Leute war nirgendwo entscheidender für den Erfolg als bei Six Sigma. Hätten wir für diese Initiative nicht die Besten und Klügsten ausgesucht, so wäre sie möglicherweise lediglich als eines von vielen »Qualitätsprogrammen« betrachtet worden.

Wir trieben alle unsere Initiativen im Januar in Boca Raton, in den Quartalsversammlungen des CEC, in den Personalbeurteilungen im April, in den Planungssitzungen im Juli, in der Versammlung der Führungskräfte im Oktober und in den Sitzungen über den Betriebsplan im September voran. Wir ließen niemals locker.

Um herauszufinden, ob eine Initiative im Unternehmen Fuß fasste, nutzten wir die jährliche Mitarbeiterbefragung. Im Jahr 1995 führten wir die erste anonyme Umfrage unter 1500 Mitarbeitern durch. Mittlerweile werden 16 000 Mitarbeiter befragt. Wir stellten dabei gezielte Fragen zur Initiative, und konnten so feststellen, ob die Botschaft die Mitarbeiter erreichte. Aufgrund der Umfrageergebnisse korrigierten wir den Kurs. Darüber hinaus diente sie dazu, Unzufriedenheit in der Belegschaft zu erkennen.

Als wir im Jahr 1995 Six Sigma einführten, fragten wir die Mitarbeiter, ob sie folgender Aussage zustimmten: »Die vom Unternehmen ergriffenen Maßnahmen zeigen deutlich, dass die Qualität höchste Priorität hat.« 19 Prozent unserer 700 Spitzenmanager stimmten dieser Aussage nicht zu. Im Jahr 2000 sank dieser Anteil auf acht Prozent. Im Jahr 1995 hielt ein Viertel unserer 3000 Führungskräfte die Aussage für nicht zutreffend. Fünf Jahre später war dieser Anteil auf neun Prozent gesunken.

Um einer Initiative zum Erfolg zu verhelfen, bedarf es voller Konzentration und leidenschaftlichen Engagements. Die Botschaft muss unablässig wiederholt werden. Aus jeder Maßnahme der Unternehmensführung muss deutlich hervorgehen, dass sie sich uneingeschränkt zu der Initiative bekennt.

Die Initiativen wirkten sich dort aus, wo sie sich auswirken sollten: in den Betriebsergebnissen. Unsere Wachstumsrate verdoppelte sich in den vergangenen fünf Jahren, und unsere Gewinnmarge erhöhte sich zwischen 1995 und 2000 von 14,4 auf 18,9 Prozent.

19 Globalisierung

GE war stets ein globales Handelsunternehmen. Gegen Ende des 19. Jahrhunderts installierte Thomas Edison entlang des Holborn-Viadukts in London ein elektrisches Beleuchtungssystem mit 3000 Lampen. Anfang des 20. Jahrhunderts errichtete GE in Japan das größte Stromkraftwerk des Landes. Einige der frühen Leiter des Unternehmens reisten per Schiff einen oder zwei Monate über das Meer, um ihre Niederlassungen in Europa und Asien zu besuchen. Dieses Unternehmen begann sehr früh mit der Globalisierung.

Reuben Gutoff und ich gründeten Mitte der 60er Jahre zwei Kunststoff-Jointventures im Ausland. Eines dieser Gemeinschaftsunternehmen wurde in Japan mit Mitsui Petrochemical aufgebaut, ein anderes mit dem niederländischen Chemie- und Faserunternehmen AKU. In beiden Fällen handelte es sich um große Chemiekonzerne, und unser Projekt im Bereich der Spezialkunststoffe erwies sich als zu klein, um für sie interessant zu sein. Doch wir waren in langfristigen Vereinbarungen gefangen. Irgendwie mussten wir da wieder herauskommen.

Ich werde die abschließenden Verhandlungen mit Mitsui nie vergessen. Tom Fitzgerald, der Verkaufsleiter des Kunststoffbereichs, begleitete mich in Tokio ins Hotel Okura, wo wir mit den Führungskräften von Mitsui zum Essen verabredet waren. Wir saßen ohne Schuhe auf dem Boden. Nach zweitägigen Verhandlungen hatte ich zwei Absichtserklärungen entworfen, um unsere Beziehungen neu zu regeln. In einer Variante wurden eine geringfügige Abstandszahlung und eine klare Trennung vorgeschlagen. In der anderen wurde davon ausgegangen, dass die Verbindung bestehen blieb, wobei Mitsui eine Verwässerung des Aktienkapitals würde hinnehmen müssen.

Beim Mittagessen stellte sich heraus, dass Mitsui ebenso gern aus der Vereinbarung herauswollte wie wir. Ich war sehr erfreut, denn ich hatte mit schwierigen Verhandlungen gerechnet. Ich händigte ihnen rasch die Absichtserklärung aus, um dann jedoch beim Blick auf meine Kopie zu erkennen, dass ich ihnen das falsche Dokument über die »Aufrechterhaltung der Vereinbarung« in die Hand gedrückt hatte.

»Ach herrje!«, platzte es aus mir heraus, »Da ist ein Tippfehler.« Ich zog das Papier zurück und kramte die Absichtserklärung über die Beendigung der Zusammenarbeit aus meiner Aktentasche. Sie unterschrieben, und wir waren frei. Nun konnten wir uns nach einem neuen Partner in Japan umsehen.

Tom hat diese Geschichte sicher schon 1000-mal erzählt, um aller Welt zu zeigen, was für ein Trottel sein Chef ist.

Wir zogen uns auch aus der Zusammenarbeit mit AKU zurück, wobei ich diesmal keinen Unfug machte. AKU hatte eine Pilotanlage für die Produktion von PPO gebaut und zwischen 20 und 30 Millionen Dollar in das Projekt investiert. Sie interessierten sich in erster Linie für eine mögliche Verwendung von PPO als Faser. Als sich herausstellte, dass unser Polymer für diese Zwecke nicht geeignet war, verloren sie das Interesse.

Doch als ich mich mit dem stellvertretenden Leiter von AKU in seinem Büro in Arnheim traf, um die Auflösung des Gemeinschaftsunternehmens zu vereinbaren, verlangte er ein paar Millionen Dollar als Ausgleich für die erlittenen Verluste. Ich erklärte ihm, es würde Monate dauern, ein solches Ansuchen durch die Bürokratie von GE zu schleusen. Außerdem hätte ich keine Ahnung, ob diese Entschädigung bewilligt würde. Allerdings sei ich befugt, auf der Stelle Schecks über maximal 500 000 Dollar auszustellen. Er akzeptierte das Angebot, und wir gründeten unser eigenes Unternehmen in Europa.

In Japan waren wir auf einen Vertriebspartner angewiesen. Wir wollten einen relativ kleinen Partner und sahen uns einige Unternehmen an. Schließlich entschieden wir uns für Nagase & Co., das zu jener Zeit in erster Linie Kodak-Filme vertrieb. Ich schloss die Vereinbarung mit dem Oberhaupt der Familie Nagase. Wir brachten das Produkt und die Technologie in die Partnerschaft ein, und sie steuerten ihre Kenntnis des komplexen japanischen Vertriebswesens bei. Gemeinsam investierten wir in Anlagen zur Mischung von Kunststoffen für den japanischen Markt. Dieses Unternehmen ist heute das Kernstück unseres asiatischen Kunststoffbereichs. Anhand desselben

Modells gestalteten wir in den 70er Jahren mit Shozo Yokogawa vom Instrumentenhersteller Yokogawa eine Zusammenarbeit im Bereich der medizinischen Geräte.

Diese Beziehungen und die Vereinbarungen, auf denen sie beruhen, bestehen seit mehr als 25 Jahren und entwickeln sich vorteilhaft, wenn sie auch immer wieder neu gestaltet werden mussten. General Electric mag riesig wirken, doch es setzt sich aus zahlreichen kleinen Teilen zusammen. Der Erfolg unserer Vereinbarungen mit Nagase und Yokogawa bestätigte uns in der Überzeugung, dass Partnerschaften mit kleineren Unternehmen, die dem Projekt große Bedeutung beimaßen, besser funktionierten. Wann immer eine Frage zu klären war, konnten sich unsere Leute direkt an die Unternehmensführung wenden, anstatt sich durch eine riesige Bürokratie kämpfen zu müssen.

Ich erinnere mich daran, wie sehr es mir auf die Nerven ging, dass sich die Japaner derart viel Zeit für Entscheidungen nahmen. Doch wenn sie sich entschieden, konnte man sein Haus darauf verwetten, dass sie zu ihrem Entschluss stehen würden. Jeder geschäftlichen Beziehung, die ich in mehr als 35 Jahren in Japan einging, entsprang eine dauerhafte persönliche Freundschaft.

In den ersten Jahren an der Spitze des Unternehmens schloss ich außerhalb der Vereinigten Staaten nur wenige isolierte Vereinbarungen ab. Einmal im Jahr reiste ich nach Europa und Asien, um mir vor Ort anzusehen, wie sich unsere dortigen Geschäfte entwickelten. Eine der frühen Vereinbarungen, ein Jointventure, das wir 1986 mit dem japanischen Unternehmen Fanuc gründeten, hatte große Ähnlichkeit mit den Partnerschaften mit Yokogawa und Nagase. Ich hegte seit jeher Bewunderung für Fanuc und seinen Leiter Dr. Seiuemon Inaba. Fanuc war der unangefochtene Marktführer bei numerischen Steuerungen für Maschinenwerkzeuge, und wir versuchten gerade, ein Projekt zur Fabrikautomatisierung auf die Beine zu stellen. Doch unser Konzept einer »Fabrik der Zukunft« stand auf tönernen Füßen. Wir hatten zwar Slogans wie »Automatisieren, Auslagern oder Aussteigen«, doch wir hatten eigentlich kein Geschäft. Wir hatten lediglich einen US-amerikanischen Vertrieb und eine Reihe guter Produktnischen.

Ich bat Chuck Pieper, den damaligen Leiter von GE Japan, Dr. Inaba aufzusuchen, um die Möglichkeiten für eine Zusammenarbeit zwischen unseren Unternehmen auszuloten. Chuck stattete Fanuc mehrere Besuche ab, die den Boden für Gespräche zwischen Dr. Inaba und mir bereiteten. Im November 1985 fand unser erstes Treffen in New York statt.

Wir waren uns sofort einig. Unser Vertrieb und Fanucs Produkttechnologie passten perfekt zusammen. Nach einigen weiteren Treffen schlossen wir eine weltweite Vereinbarung. Mit einem Volumen von 200 Millionen Dollar wurde es das größte internationale Geschäft, das wir in den 80er Jahren abschlossen. Wie Nagase und Yokogawa erwiesen sich auch Fanuc und Dr. Inaba als ausgezeichnete Partner, und das Gemeinschaftsunternehmen, an dem wir zu gleichen Teilen beteiligt waren, gedieh prächtig. Es rettete unser Projekt der »Fabrik der Zukunft«.

Um die Wahrheit zu sagen: Ich widmete der globalen Ausrichtung des Unternehmens in der ersten Hälfte der 80er Jahre nicht allzu viel Aufmerksamkeit. Allerdings löste ich unseren internationalen Sektor auf und übertrug den Leitern der Unternehmensbereiche die Verantwortung für ihre globalen Aktivitäten. Der internationale Sektor war eine Hybridorganisation gewesen, deren Aufgabe darin bestanden hatte, die Ergebnisse zu registrieren und den internationalen Einheiten unter die Arme zu greifen.

Ich war stets der Meinung, dass es so etwas wie ein globales Unternehmen nicht gebe: Nicht die Unternehmen, sondern die Geschäftsbereiche sind global. Ich wiederholte diese Botschaft 1000-mal, um den Leitern der einzelnen Geschäftsbereiche klar zu machen, dass sie selbst für die Globalisierung ihrer Einheiten verantwortlich waren.

Anfang der 80er Jahre waren die Kunststoffe und die medizinischen Systeme die einzigen wirklich globalen Unternehmensbereiche von General Electric. GE Capital hatte ausschließlich in Assets in den Vereinigten Staaten investiert. Unsere übrigen Bereiche setzten ihre Produkte in unterschiedlichem Umfang weltweit ab, wobei zwei von ihnen – Flugzeugtriebwerke und Energiesysteme – weltweite Bedeutung hatten. Doch hier handelte es sich in erster Linie um Exportunternehmen, deren Produktion ausschließlich in den Vereinigten Staaten angesiedelt war. Anfang der 70er Jahre gründete General Electric ein Jointventure mit dem französischen Unternehmen Snecma, mit dem wir das Triebwerk für das erfolgreichste Zivilflugzeug der Geschichte, die Boeing 737, bauten.

Es war Paolo Fresco, der uns wirklich auf den Globalisierungspfad führte. Im Jahr 1986 wurde er zum Leiter des in London ansässigen internationalen Bereichs ernannt. Er war den Bereichsleitern gleichgestellt, trug jedoch keine betriebliche Verantwortung. Paolo war der Inbegriff des globalen Managers. Dieser große, gut aussehende, charmante Kosmopolit hatte Freunde in aller Welt. Der aus Italien stammende Rechtsanwalt war 1963 zu GE gekommen und hatte lange Jahre die alte internationale Organisation beherrscht. Als Bereichsleiter für Europa, den Mittleren Osten und Afrika war er auch einer der besten Verhandlungsführer des Unternehmens.

Paolo wurde zum »Mr. Globalization«, zum Vater unserer globalen Aktivität. Er stand jeden Morgen mit dem Vorhaben auf, das Unternehmen außerhalb der Grenzen der Vereinigten Staaten größer zu machen. In jeder Sitzung stellte er den Kollegen bohrende Fragen zu ihren globalen Expansionsplänen. Er konnte eine echte Nervensäge sein. Ständig fragte er die Bereichsleiter nach Details über ihre internationalen Aktivitäten aus und drängte sie, mehr Vereinbarungen zu schließen, die uns eine wirklich globale Tätigkeit ermöglichen würden. Er war ein unermüdlicher Weltenbummler, der sich in jeder Zeitzone zu Hause fühlte und mindestens einmal im Monat zu einer Auslandsreise aufbrach.

15 Jahre lang reisten wir gemeinsam um die Erde. Dreimal im Jahr brachen wir für ein bis zwei Wochen auf. Wir hatten viel Spaß miteinander, und die meisten Reisen unternahmen wir in Begleitung unserer Frauen. Diese verstanden sich zum Glück ebenso gut wie wir, und wir wuchsen zusammen wie eine Familie. Während Paolo und ich Kontakte knüpften und Vereinbarungen schlossen, besichtigten unsere Frauen die Sehenswürdigkeiten und erkundeten die Kulturen der Länder, die wir besuchten.

Als Wendepunkt in unserem Bemühen um Globalisierung kann man das Jahr 1989 betrachten. Den Anstoß gab ein Anruf von Lord Arnold Weinstock, dem Chairman von General Electric Co. Ltd. in Großbritannien. (GEC trug exakt denselben Namen wie wir, obwohl niemals eine Verbindung zwischen unseren Unternehmen bestand. Erst im Jahr 2000 änderten sie ihren Namen in Marconi, womit wir die Möglichkeit erhielten, die gesamten Namensrechte zu erwerben.)

Weinstock rief mich an, weil er Hilfe gegen ein feindliches Übernahmeangebot brauchte. Paolo Fresco, Dennis Dammerman, Ben Heineman und ich flogen nach London, um uns mit der Führung von GEC zu treffen. Da der Übernahmeversuch großes Aufsehen erregt hatte, verfolgten uns die Wirtschaftsjournalisten auf Schritt und

Tritt. Als wir einer Einigung sehr nahe gekommen waren, unterbrachen wir die Gespräche und kehrten in unsere Londoner Büros zurück, um GEC die Möglichkeit zu geben, über unser Angebot nachzudenken. Wir vereinbarten, dass Weinstock unter dem Decknamen meines Vice Chairman Ed Hood Kontakt mit mir aufnehmen würde.

Er rief daraufhin mehrmals an, wurde jedoch von unseren Sekretärinnen mit dem Hinweis abgewiesen, wir befänden uns in einer Sitzung und würden zurückrufen. Schließlich gelang es Weinstock, Paolos Sekretärin Lin zu erreichen. Sie kannte Ed Hood und kam in das Konferenzzimmer, um uns zu melden: »Ich glaube, da ist ein Reporter am Telefon, der sich als Ed Hood ausgibt. Er hat einen nicht zu überhörenden britischen Akzent.«

»O je«, stieß ich hervor. »Ich habe vergessen, Ihnen zu sagen, dass Weinstock Eds Namen als Codenamen verwenden wird.« Weinstock dachte vermutlich, dass wir ihm die kalte Schulter zeigten, um ihn auf die Folter zu spannen.

Doch damit hätten wir bei ihm nichts erreicht. Er war ein kühler und gerissener Verhandlungspartner. Tatsächlich steckten zwei Persönlichkeiten in ihm. Außerhalb des Büros war er ein charmanter und unterhaltsamer Geschichtenerzähler. Er besaß Rennpferde, die gemeinsam mit den Vollblütern der Königin in einem Stall standen. Er nannte elegante, mit exquisiten Kunstwerken gefüllte Häuser sein Eigen und hatte eine sehr schöne Frau. Weinstock war ein großzügiger und unterhaltsamer Gastgeber.

Doch in seinem schmucklosen Büro verwandelte er sich in einen knauserigen Buchhalter. Alles in der Londoner Zentrale von GEC verlieh seiner Sparsamkeit Ausdruck. Die karg möblierten Räume waren kaum beleuchtet, und die Flure waren derart eng, dass man sich an die Wand drücken musste, um sich an einer geöffneten Tür vorbeizuzwängen.

Die Toilettentür war lediglich durch einen schmalen Absatz von einer offenen Treppe getrennt. War die Toilette besetzt, so lief man Gefahr, von der sich öffnenden Tür getroffen zu werden und die Treppen hinunterzufallen.

Wie er dort in Hosenträgern unter einer Hängelampe an seinem Schreibtisch saß und seine dicken Hauptbücher studierte, wirkte Weinstock sehr beeindruckend. Er lugte über seine Brille, machte mit farbigen Stiften Notizen in die Hauptbücher und kreiste alle Zahlen ein, die seinen Erwartungen nicht entsprachen. Ich war von dieser komplexen Persönlichkeit fasziniert.

Im Mai 1989 gelangten wir zu einer Einigung. Das Ergebnis unserer Verhandlungen waren mehrere Gemeinschaftsunternehmen in den Bereichen medizinische Systeme, Haushaltsgeräte, Energiesysteme und Stromverteilung. Darüber hinaus übernahmen wir einige Geschäftsbereiche von GEC. Mit diesen Vereinbarungen sicherte sich GE einen viel versprechenden industriellen Bereich, eine Operationsbasis für unseren Vorstoß auf dem europäischen Markt für Gasturbinen sowie einen 50-prozentigen Anteil am Haushaltsgerätebereich von GEC.

Im selben Jahr half uns Paolo, einen Mehrheitsanteil an Tungsram zu erwerben, einem der größten und ältesten Unternehmen Ungarns. Wir suchten eigentlich in Österreich unweit der ungarischen Grenze nach einem Standort für eine Leuchtmittelfabrik, als wir erfuhren, dass Tungsram möglicherweise zum Verkauf stand. Selbst unter dem kommunistischen Regime hatte dieses Unternehmen stets einen ausgezeichneten Ruf genossen und gute Technologie entwickelt. Abgesehen von den großen Drei – Philips, Siemens und GE – war Tungsram der größte Anbieter von Leuchtmitteln.

Paolo reiste mit einem kleinen Team nach Ungarn und nahm die Gespräche auf. Am Ende jedes Verhandlungstags rief er mich aus Budapest an, um mich über die Details auf dem Laufenden zu halten. Doch nach kurzer Zeit fiel Paolo auf, dass sich seine Verhandlungspartner seltsam verhielten: Es hatte den Anschein, als seien sie mit dem vertraut, was wir am Telefon besprachen.

Paolo äußerte den Verdacht, dass die Ungarn unsere Gespräche abhörten. Also begannen wir, abstruse Äußerungen zu machen, um festzustellen, ob sie am nächsten Tag darauf reagierten. Und tatsächlich taten sie es. Also gingen wir dazu über, die Telefongespräche zur Steuerung der Verhandlungen zu nutzen. Beispielsweise berichtete mir Paolo eines Tages, die andere Seite verlange für einen Mehrheitsanteil 300 Millionen Dollar.

»Hör zu«, erwiderte ich. »Wenn sie mehr als 100 Millionen wollen, vergessen wir die Sache.«

Am nächsten Tag fand Paolo Gesprächspartner vor, die realistischere Preisvorstellungen hegten. Wenn wir ein vertrauliches Gespräch führen mussten, reiste ein GE-Manager mit dem Zug über die Grenze nach Wien oder bediente sich der abhörsicheren Telefonzelle in der amerikanischen Botschaft. Ansonsten spielten wir weiter unser Spiel am Hoteltelefon. Am Ende sollte dies nicht zu unserem Nachteil sein.

Wir schlossen das Geschäft ab und bezahlten 150 Millionen Dollar für 51 Prozent von Tungsram. Fünf Jahre später erwarben wir die verbleibenden Anteile. Paolo und die Kommunisten begossen den Handel um Mitternacht mit einer Flasche Wodka.

Am nächsten Tag fiel die Berliner Mauer. Ohne es zu wissen, hatten wir den ersten großen Deal im neuen Osteuropa abgeschlossen. Seit Thomas Edison die Glühbirne erfunden hatte, war das Geschäft mit der Beleuchtung beinahe ausschließlich den Amerikanern vorbehalten. Der Tungsram-Deal in Kombination mit dem Erwerb eines Mehrheitsanteils am britischen Thorn im Jahr 1991 machte GE zum größten Glühbirnenhersteller der Welt. Heute haben wir in Westeuropa einen Marktanteil von mehr als 15 Prozent.

Ein weiteres denkwürdiges Ereignis im Jahr 1989 war die Reise, die uns im September nach Indien führte. Paolo brachte mich zum ersten Mal dorthin, und ich verliebte mich sofort in das Land und seine Menschen. Paolo hatte einen engen Kontakt zu K.P. Singh geknüpft, einem bekannten indischen Immobilienunternehmer.

K.P. Singh war ein ausgezeichneter Botschafter Indiens. Dieser große, feine und aristokratische Mann war ein echter Gentleman. Er organisierte für uns ein viertägiges Programm mit zahlreichen Geschäftsbesprechungen und abendlichen Feiern.

Nachdem wir in Delhi einen Tag lang Gespräche mit Wirtschaftsführern und Politikern (darunter Premierminister Rajiv Gandhi) geführt hatten, erlebten wir einen unvergesslichen Abend. Singh hatte alles, was in Delhi Rang und Namen hatte, zu einem riesigen Fest eingeladen. Zwei Bands spielten auf, und hunderte Menschen tummelten sich um mit Blüten bedeckte Becken und opulente Festtafeln, die mit Speisen aus aller Welt beladen waren.

Was für ein Empfang!

Wir setzten unsere Geschäftsbesprechungen zwei weitere Tage fort. Im Verlauf dieser Rundreise hofften wir einen Partner im Hochtechnologiesektor zu finden, der uns bei der Entwicklung anspruchsloserer und billigerer medizinischer Geräte helfen sollte. Chuck Pieper, der seinerzeit den Kontakt zu unserem japanischen Partner Fanuc hergestellt hatte, war kurz zuvor zum Leiter des medizinischen Bereichs in Asien befördert worden. Er hatte aus der Liste der Kandidaten zwei Unternehmen ausgewählt. Wir trafen uns in einem Hotel in Delhi mit ihren Vertretern. Sie waren beide erfolgreiche indische Unternehmer, wobei sich der eine durch ein offenes Auftreten auszeichnete, während der andere sehr still war.

Paolo und ich fanden großen Gefallen an der Präsentation des extrovertierten Unternehmers, der uns voller Begeisterung seine Pläne schilderte. Anschließend erklärte uns sein zurückhaltender Konkurrent Azim Premji eingehend, warum sein Unternehmen Wipro der richtige Partner für GE sei. Chuck war fest davon überzeugt, dass Premji unser Mann war. Singh, der an allen unseren Gesprächen teilnahm, blieb neutral. Er hielt beide Kandidaten für ausgezeichnet.

Nach dem Gespräch legte Chuck seine Argumente für Wipro schriftlich vor. Paolo und ich einigten uns darauf, unseren Kandidaten aufzugeben und Chucks Vorschlag zuzustimmen. Wir gründeten mit Premji ein Jointventure zu gleichen Teilen. Das Unternehmen gedieh prächtig, und Wipro erweiterte seine Fähigkeiten im Softwarebereich wesentlich, womit es sich in das Vorzeigeunternehmen des indischen Hochtechnologiesektors verwandelte. Premji wurde zu einem der reichsten Geschäftsmänner der Welt.

Für unseren letzten Tag in Indien hatte K. P. Singh einen Besuch des Taj Mahal arrangiert. Am Vorabend flogen wir nach Jaipur. Verglichen mit dem, was uns dort erwartete, war unser erster Abend in Indien gar nichts gewesen. Singh übertraf sich selbst. Bei unserer Ankunft im Hotel, das früher dem Maharadscha als Palast gedient hatte, gab es einen Empfang mit Elefanten, auf deren Rücken farbenfroh gekleidete Reiter saßen. Auf dem Rasen vor dem Hotel war ein Blumenbeet in Form des GE-Logos angelegt worden.

Am Abend veranstaltete der Maharadscha in seinem Palast zu unseren Ehren ein Festessen. Anschließend wurden wir Zeugen eines der größten Feuerwerke, die ich je gesehen habe. Wir gingen durch lange, gewundene Korridore auf das Dach des Palasts hinauf, wo wir uns auf riesigen Kissen und wunderschönen Teppichen niederließen, um das Schauspiel zu bewundern.

Wir waren überwältigt von diesem »königlichen Empfang«. Den Indern lag tatsächlich daran, dass wir ihr Land ins Herz schlossen und dort investierten.

Am nächsten Tag lernte ich die krassen Gegensätze in diesem Land kennen. Unser Wagen bahnte sich auf schmutzigen Straßen zwischen frei laufenden Tieren hindurch mühsam seinen Weg zum Taj Mahal. Dieses Monument übertraf alle meine Erwartungen. Im Hintergrund des großartigen Bauwerks, das im Sonnenlicht glänzte, erhob sich am anderen Ufer des Flusses eine riesige Satellitenschüssel – das Alte verschmolz mit dem Neuen.

Die Bemühungen von K. P. Singh und seinen Landsleuten verfehlten ihre Wirkung nicht. Sie zeigten uns ein wunderbares Land und großartige Menschen. Wir sahen in Indien eine Vielzahl von Möglichkeiten. Von nun an setzte ich mich im Unternehmen entschieden für ein Engagement auf dem Subkontinent ein.

Einen Monat später schilderte ich Indien in der Jahresversammlung der Unternehmensführung als ein Land, auf das zu setzen sich lohnte. Das indische Rechtssystem war gut entwickelt, das Land war ein viel versprechender Markt, und es wimmelte dort von Menschen mit großen technischen Fähigkeiten.

Der indische Mittelstand, der rund 100 Millionen Menschen umfasste, bot sich als riesiger Markt an. Der Bildungsstandard der Bevölkerung war hoch, die Menschen sprachen Englisch, und das Land brachte unzählige Unternehmer hervor, die sich aus den Fängen einer wuchernden Staatsbürokratie zu befreien versuchten.

Was das geistige Kapital anbelangte, war Indien hoch entwickelt, während seine Infrastruktur unterentwickelt war. Ich ging davon aus, dass der Staat die Infrastrukturprobleme in Angriff nehmen und einen Teil seiner Schulden abbauen würde.

In diesem Punkt lag ich jedoch vollkommen falsch. Wir versuchten, in Indien eine Leuchtmittel- und Haushaltsgeräteproduktion aufzubauen. Doch unsere Bemühungen verliefen im Sand. Die Stromerzeugung machte einmal Fortschritte, um dann wieder Rückschläge zu erleiden. Den Finanzdienstleistungen und dem Kunststoffbereich war lediglich bescheidener Erfolg vergönnt. Nur die medizinischen Geräte entwickelten sich gut.

Ich lag mit meiner Einschätzung aber auch vollkommen richtig. Als eigentlicher Vorzug Indiens erwiesen sich natürlich sein unerschöpfliches intellektuelles Kapital und das Engagement seiner Bevölkerung. Wir fanden in Indien Mitarbeiter mit herausragenden wissenschaftlichen, technischen und administrativen Begabungen, von denen heute fast jeder unserer Geschäftsbereiche profitiert.

Anfang der 90er Jahre trieben wir unser globales Wachstum mit Übernahmen und Allianzen voran und übertrugen unseren besten Leuten globale Aufgaben. Ende 1991 machten wir zwei wichtige Schritte. Wir beriefen Jim McNerney, einen unserer besten CEOs, in die neu geschaffene Position des President von GE Asia. Jims Funktion bestand nicht in der Leitung von Geschäftseinheiten, sondern darin, die Region zu fördern und den Bereichsleitern das Potenzial Asiens vor Augen zu führen. Er sollte nach Geschäften Ausschau halten, Kontakte herstellen und als Botschafter der Region auftreten. Wir übertrugen ihm die Aufgabe, da er große Überzeugungskraft besaß.

Acht Monate nachdem wir Jim nach Asien geschickt hatten, versetzten wir Del Williamson, der bis dahin die Abteilung Verkauf und Marketing des Stromerzeugungsbereichs in Schenectady geleitet hatte, als weltweiten Verkaufsleiter nach Hongkong. Die Verlegung des Schwerpunkts nach Asien war nahe liegend, da wir in den Vereinigten Staaten keine Stromkraftwerke verkauften. Der Markt befand sich in Asien.

Die psychologische Wirkung dieser Maßnahmen auf die Organisation war gewaltig. Wir hatten einen Spitzenmanager, der für das wichtigste Produkt des Energiebereichs verantwortlich gewesen war, aus Schenectady abgezogen. Das Unternehmen war schockiert. Plötzlich wurde den Leuten klar, dass wir es mit der Globalisierung ernst meinten. Und das bewiesen auch die Zahlen: Unser globaler Umsatz stieg von neun Milliarden Dollar im Jahr 1987 – 19 Prozent unseres Gesamtumsatzes – auf 53 Milliarden Dollar in der Gegenwart – das sind mehr als 40 Prozent unseres Gesamtumsatzes.

Unsere Strategie zeichnete sich auch dadurch aus, dass wir in Bezug auf die Globalisierung einen Standpunkt einnahmen, welcher der herkömmlichen Einschätzung widersprach: Wir konzentrierten uns auf Weltregionen, die sich entweder im Übergang befanden oder sich schlecht entwickelten. Denn wir waren der Ansicht, dort das beste Verhältnis zwischen Risiko und Ertrag vorzufinden.

Anfang bis Mitte der 90er Jahre, als die wirtschaftliche Lage in Europa schlecht war, sahen wir dort zahlreiche Möglichkeiten, insbesondere im Bereich der Finanzdienstleistungen. Mitte der 90er Jahre, als Mexiko in eine schwere Wirtschaftskrise geriet und den Peso abwerten musste, schlossen wir dort mehr als 20 Übernahmevereinbarungen und Jointventures ab und weiteten unsere Produktion erheblich aus. Ende der 90er Jahre übersiedelte unser Bereich Finanzdienstleistungen nach Japan, dessen Grenzen lange Zeit für ausländische Investoren geschlossen gewesen waren. Es handelte sich hier durchwegs um opportunistische Vorstöße, wenn auch nicht im herkömmlichen Sinn: Denn wir gingen auf diese Märkte, um dort langfristig tätig zu werden.

Mit den Übernahmen von CGR in Frankreich, Tungsram in Ungarn und Nuovo Pignone in Italien im Jahr 1994 erwarben wir unrentable oder wenig rentable Betriebe, die sich zuvor im Staatsbesitz befunden hatten. Auf der anderen Seite sicherten wir uns neue Vertriebsnetze oder gute Technologien, die uns die Globalisierung unserer Bereiche medizinische Geräte, Leuchtmittel und Energiesysteme erleichterten.

GE Capital begann seine globale Expansion Anfang der 90er Jahre. Es wurde in erster Linie in Europa aktiv, wo es Versicherungs- und Finanzunternehmen erwarb. Die Aktivität nahm zu, als Gary Wendt im Jahr 1994 in London Christopher MacKenzie engagierte. Mit Garys nachdrücklicher Unterstützung trieb Christopher eine massive Expansion in Europa voran. Ende der 90er Jahre leitete Gary in Japan eine ähnliche Entwicklung ein. Zwischen 1994 und 2000 entfielen 89 von 162 Milliarden Dollar, die GE Capital in neue Geschäfte investierte, auf Assets außerhalb der Vereinigten Staaten. GE Capital Services brauchte ein wenig länger, um mit der Globalisierung zu beginnen, trieb sie dann jedoch sehr entschlossen voran.

Wir durften nicht mit augenblicklichen Erfolgen rechnen. Es dauerte über ein Jahrzehnt, bis sich die Übernahme des medizinischen Bereichs von Thomson bezahlt machte. Dasselbe galt für die Übernahme von Tungsram. Doch der Erwerb von drei Staatsbetrieben – CGR, Nuovo Pignone und eben Tungsram – und ihre Umwandlung in dynamische und rentable Unternehmen zählen zu unseren schönsten Erfolgen.

Einige unserer Vorhaben schlugen fehl. Auf der Suche nach Produkten, mit denen wir auf den chinesischen Markt vorstoßen konnten, kamen wir zunächst auf Leuchtmittel. Wir glaubten, der chinesische Markt werde von unseren üblichen globalen Konkurrenten beherrscht. Stattdessen stellte sich heraus, dass fast jeder lokale Stadtvater Glühbirnenfabriken errichten ließ. Heute gibt es in China mehr als 2000 Glühbirnenhersteller.

Einige Versuche zum Aufbau globaler Geschäfte hinterließen auch einen bitteren Nachgeschmack. Ich erinnere mich an Gelegenheiten, in denen sich unsere Partner als nicht vertrauenswürdig und unanständig erwiesen. Die schlimmste Erfahrung machte ich im Jahr 1988, als ich mit Paolo Fresco nach Eindhoven reiste, wo wir uns mit dem

Geschäftsführer von Philips N.V. trafen. Wir hatten gehört, dass er an einem Verkauf seines Haushaltsgerätebereichs interessiert sei. Wir sahen eine Chance, uns eine gute Position auf dem europäischen Markt zu sichern.

Er war seit Mitte der 80er Jahre Geschäftsführer von Philips und hatte einige kühne Ideen zur Veränderung des Unternehmens. Während eines Abendessens im Philips House erzählte er uns, er wolle seine großen Haushaltsgeräte abstoßen. In diesem Bereich war Philips der zweitgrößte Anbieter auf dem europäischen Markt. Darüber hinaus dachte er über einen Verkauf des medizinischen Bereichs nach. Er war nicht einmal sicher, ob er den Leuchtmittelbereich behalten sollte, obwohl das niederländische Unternehmen unser größter Konkurrent in der Produktion von Glühbirnen war. Er gab den Halbleitern und der Unterhaltungselektronik den Vorzug.

Als wir uns nach dem Essen auf dem Rückweg zum Flughafen befanden, sprach ich Paolo auf das Gespräch an. »Hast du jemals zwei derart gegensätzliche Einschätzungen desselben Geschäfts gehört? Wir können unmöglich beide Recht haben. Einer von uns wird bald auf der Straße sitzen.«

Wir nahmen mit Philips Verhandlungen über den Kauf ihres Haushaltsgerätebereichs auf. Der Geschäftsführer arrangierte ein Gespräch zwischen seinem Präsidenten und Paolo. Nachdem beide Seiten alle Details der Vereinbarung sorgfältig geprüft hatten, einigten wir uns auf einen Preis und glaubten, das Geschäft sei unter Dach und Fach. Dann kam der erste Tiefschlag.

Nur einen Tag, nachdem sie sich die Hände geschüttelt hatten, teilte der Präsident von Philips Paolo eine Überraschung mit: »Es tut uns Leid, aber wir werden dieses Geschäft mit Whirlpool machen.«

Ich rief ihren Geschäftsführer an und sagte: »Sie verhalten sich nicht fair.« Er gab mir Recht und sagte: »Schicken Sie Paolo herüber, und wir werden das Problem diese Woche klären.«

Paolo, der zu jener Zeit mit seiner Frau in Cortina Urlaub machte, flog unverzüglich nach Eindhoven. Er verbrachte den gesamten Donnerstag damit, eine neue Vereinbarung auszuhandeln. Wir erhöhten unser Angebot. Am Freitagmittag waren alle Details geklärt. Die Leute von Philips sagten Paolo, er könne beruhigt ins Hotel zurückkehren.

»Wir kommen um vier Uhr mit den Papieren vorbei, damit wir sie gemeinsam unterschreiben können«, erklärte der Präsident von Philips. »Dann werden wir ein Glas Champagner miteinander trinken.«

Um fünf Uhr nachmittags suchte er Paolo in seinem Hotelzimmer auf und ließ die zweite Bombe platzen. »Es tut mir Leid. Wir werden doch mit Whirlpool abschließen. Whirlpool hat Ihr Angebot erneut überboten.« Paolo konnte es nicht fassen. Als er mich um Mitternacht anrief, war ich schockiert. Dass die Leute von Philips einmal eine Vereinbarung besiegelt und dann gebrochen hatten, war schlimm genug. Doch so etwas wie diese zweite Verhandlungsrunde hatte ich in all den Jahren als Unternehmensführer noch nicht erlebt.

Das Schöne ist, dass mir Dinge wie diese in mehr als 20 Jahren an der Spitze von GE und in tausenden Akquisitionen, Partnerschaften und Geschäften nur ganz selten widerfuhren. Und niemand verletzte die Spielregeln je so schamlos wie die Leute in Eindhoven.

Wie unsere anderen Initiativen entwickelte sich das Konzept der Globalisierung in unserem Unternehmen rasch weiter. Anfangs beschränkten wir die Globalisierung auf eine Erweiterung der Märkte, doch bald gingen wir dazu über, auch die Beschaffung von Produkten und Bauteilen global zu betrachten. Und schließlich begannen wir, das globale geistige Kapital zu erschließen.

Nehmen wir als Beispiel Indien. Ich schätzte das intellektuelle Potenzial dieses Landes stets positiv ein, doch ich hätte mir in meinen kühnsten Träumen nicht auszumalen gewagt, wie weit wir die Nutzung der geistigen Energie seiner Menschen vorantreiben würden. Indien verfügt über ein unerschöpfliches Potenzial an begabten Menschen für die Softwareentwicklung, die Entwicklungsarbeit und die Grundlagenforschung. Im Jahr 2000 steckten wir auf dem Subkontinent 30 Millionen Dollar in eine F&E-Zentrale. Mittlerweile sind wir in der zweiten Betriebsphase, und bis zur endgültigen Fertigstellung im Jahr 2002 werden wir fast 100 Millionen Dollar investiert haben. Dann wird dies die weltweit größte multidisziplinäre Forschungsstätte des Unternehmens sein und mehr als 3000 Ingenieure und Forscher beschäftigen. Bereits heute arbeiten dort mehr als 1000 Mitarbeiter, darunter 250 Personen, die einen Doktortitel führen.

In Indien findet man zahllose ausgezeichnet ausgebildete Menschen, die viele verschiedene Aufgaben bewältigen können. GE Capital hat seine Kundendienstzentren nach Delhi verlegt, und die Ergebnisse sind sensationell. Unsere globalen Kundenzentren in Indien schneiden gemessen an Qualität, Kosten, Forderungsumschlag und Kundenbewertung besser ab als vergleichbare Einheiten in den Vereinigten Staaten und Europa. Mittlerweile sind alle Industriebereiche GE Capital nach Indien gefolgt. Wir haben uns Peter Druckers Rat zu Herzen genommen: Was in den USA unser »Hinterzimmer« war, machten wir in Indien zu unserem »Schaufenster«.

In Indien finden wir für den Kundendienst und für die Eintreibung von Forderungen Mitarbeiter von einer Qualität, die wir in den Vereinigten Staaten unmöglich für diese Tätigkeiten gewinnen könnten. Die Call Center in den Vereinigten Staaten leiden unter einer hohen Mitarbeiterfluktuation. In Indien sind diese Jobs begehrt. Immer wieder hört man den Vorwurf, die Globalisierung schade den Entwicklungsländern und ihrer Bevölkerung. Ich bin anderer Ansicht. Die Globalisierung sieht sehr viel besser aus, wenn man die Gesichter jener Menschen sieht, deren Lebensstandard mit diesen Arbeitsplätzen deutlich gestiegen ist.

In den letzten Jahren haben wir GE ein globales Aussehen verliehen. Immer mehr Bürger der Länder, in denen wir tätig werden, übernehmen Führungsfunktionen bei General Electric. Als wir mit der Globalisierung begannen, mussten wir die Posten im Ausland mit amerikanischen Managern besetzen. Wir waren auf sie angewiesen, um unsere globalen Geschäfte aufzubauen. Allerdings fiel es uns später schwer, uns dieser »Krücke« wieder zu entledigen.

Wir beschleunigten die Globalisierung des GE-Personals, indem wir die internationalen Bereiche zwangen, die Zahl der Auslandsamerikaner in den Führungsfunktionen zu verringern. Wir maßen monatlich, ob diese Zahl tatsächlich sank. Auf diese Art bewegten wir die Auslandsbereiche dazu, mehr einheimische Mitarbeiter rascher in Schlüsselpositionen zu befördern. Zudem gelang es uns so, die Personalausgaben innerhalb eines Jahres um mehr als 200 Millionen Dollar zu senken. Wenn wir einen Mitarbeiter aus den Vereinigten Staaten mit einem Jahresgehalt von 150 000 Dollar nach Japan schickten, kostete dies das Unternehmen über 500 000 Dollar. Ich erinnerte unsere Bereichsgruppenleiter immer wieder an die Vorteile, die mit der Rekrutierung einheimischer Manager verbunden waren: »Möchten Sie lieber einen Freund von zu Hause mitnehmen oder drei bis vier intelligente Absolventen der Universität Tokio einstellen, die das Land kennen und seine Sprache beherrschen?«

Einen wesentlichen Beitrag zum Erfolg unserer Globalisierungsinitiative leistete eine Aufsehen erregende Beförderung, die zeigte, dass sich unsere Bemühungen bezahlt machten. Yoshiaki »Fuji« Fujimori, ein Absolvent der Universität Tokio, trat 1986 in unsere Abteilung Geschäftsentwicklung ein und stieg später zum Leiter des asiatischen Bereichs medizinische Systeme auf. Im Mai 2001 wurde Fuji zum Leiter von GE Plastics in Pittsfield ernannt.

Er ist der erste Manager aus Japan, der einen globalen Unternehmensbereich von GE leitet. Dieser Bereich hat nur noch wenig mit dem Kunststoffbereich zu tun, in dem ich vor 40 Jahren meine Laufbahn begonnen hatte.

20 Die Expansion der Dienstleistungen

Wie bei praktisch allem, was wir bei GE taten, ging es bei der Ausweitung unserer Dienstleistungsaktivitäten vor allem um die Menschen.

Die meisten unserer Mitarbeiter erzeugten Produkte und betrachteten die Dienstleistungen als »nachgeordnete Aktivitäten«. Diese umfassten die Lieferung von Ersatzteilen für die von uns verkauften Flugzeugtriebwerke, Lokomotiven und Stromgeneratoren. Schon die Bezeichnung «nachgeordnete Aktivitäten« wies diesen Tätigkeiten eine untergeordnete Bedeutung zu.

Die Techniker in jenen Unternehmensbereichen, die große Ausrüstungen herstellten, beschäftigten sich am liebsten mit den neuesten, den schnellsten, den stärksten Maschinen. Sie verschwendeten nicht viele Gedanken an nachgeordnete Aktivitäten. Und mit dieser Einstellung waren sie nicht allein. Auch unsere Verkäufer konzentrierten sich in erster Linie auf die Frage, welche neuen Ausrüstungen die Kunden benötigten.

Wir hatten ohne großen Erfolg versucht, dem Unternehmen die Dienstleistungen schmackhaft zu machen. Als der Reaktorunfall auf Three Mile Island unseren Kernenergiebereich zwang, auf den Bau neuer Reaktoren zu verzichten, musste er ein Dienstleistungsunternehmen aufbauen, um zu überleben. Damit veränderte der Kernenergiebereich sein Geschäft. Es gelang ihm, in einem Markt, der tatsächlich ein Nullwachstum aufwies, zweistellige Ertragszuwächse zu erzielen.

Der medizinische Bereich war seit jeher eine Ausnahme. Seine Tätigkeit enthielt eine wesentliche Dienstleistungskomponente. Die wichtigsten Abnehmer waren Radiologen, die zugleich auch die Benutzer der Produkte waren. Unser CT-Gerät, das im Jahr 1976 auf den Markt kam, wurde von Anfang an unter dem Motto des »Kontinuums« verkauft: Die Radiologen sollten wissen, dass sie mit einem Software-Upgrade das »Modell der nächsten Generation« erhalten würden. Sie würden nicht gezwungen sein, ein Gerät, das eine Million Dollar kostet, zu verschrotten und von vorn zu beginnen. Mit dem Konzept des Kontinuums erhöhten wir die Einnahmen aus dem Kundendienst und unseren Anteil am Ausrüstungsmarkt, während die Kunden für ihre Investitionen ein Produkt mit höherer Lebensdauer erhielten.

John Trani, der 1986 die Leitung des medizinischen Bereichs übernahm, baute auf diesem Fundament auf. Er besaß eine starke Führungspersönlichkeit und war davon besessen, die finanziellen Vorgaben zu erfüllen. John wollte die Dienstleistungsaktivitäten noch erweitern. Der medizinische Bereich war der erste, der langfristige Kundendienstverträge einführte. Und er war der einzige unserer Unternehmensbereiche, der Ferndiagnosen stellte. John ließ globale Kundendienstzentren errichten, um den Kunden ganzjährig rund um die Uhr Ferndiagnosen für ihre Geräte anbieten zu können.

Die Kunden in aller Welt erhielten je nach Zeitzone telefonische Beratung durch einen Techniker in Paris, Tokio oder Milwaukee, der ihre Probleme oft direkt lösen konnte. Der medizinische Bereich erzielte ausgezeichnete Ergebnisse, indem er dem Kundendienst dieselbe Bedeutung beimaß wie der Originalausrüstung. Zwischen 1980 und 2000 stiegen die Einnahmen dieses Bereichs um das Zwölffache auf mehr als sieben Milliarden Dollar. Ein wesentlicher Teil des Wachstums entfiel auf die Dienstleistungen, deren Anteil am Gesamtumsatz des medizinischen Bereichs von 18 Prozent im Jahr 1980 auf 31 Prozent im Jahr 1990 stieg, um sich bis 2000 auf 41 Prozent zu erhöhen.

Doch abgesehen von diesen beiden Unternehmensbereichen hatten wir nicht viel Erfolg mit unseren Vorstößen in den Dienstleistungssektor. Dies änderte sich, als jener Crotonville-Kurs im Jahr 1995 eine Neudefinition unserer Märkte anregte. Als die übrigen Unternehmensbereiche die Definition ihrer Märkte erweiterten, wurde deutlich, welches Potenzial in den Dienstleistungen steckte.

Im Januar 1996 erklärte ich bei unserer jährlichen Managementversammlung in Boca Raton, wir seien beim Verkauf neuer Produkte vielleicht zu erfolgreich gewesen. Während unsere Führungskräfte darüber diskutierten, ob wir im laufenden Jahr 50 oder 58 Gasturbinen verkaufen würden, ließen wir uns die Chance entgehen, 10 000 bereits verkaufte Turbinen zu warten. Das musste sich ändern.

Nachdem die Crotonville-Klasse ihren Vorschlag vorgelegt hatte, versammelten wir uns im November 1995 zu einer außerordentlichen Personalbeurteilung, um nach guten Mitarbeitern für die Dienstleistungen zu suchen. Im Januar des folgenden Jahres ergriffen wir im Triebwerksbereich eine erste sehr unkonventionelle Maßnahme. Wir schufen den Posten eines Leiters der Triebwerkswartung und gestanden diesem Bereich eine eigene Gewinn-und-Verlust-Rechnung zu. Wir besetzten die Position mit Bill Vareschi, der zuvor Finanzleiter des Bereichs Flugzeugtriebwerke gewesen war.

Bill war ein echter Veränderungspionier. Er war forsch, eigensinnig und unbeugsam, was ihn in meinen Augen genau zum richtigen Mann für diese Initiative machte. Er holte sich Jeff Bornstein, einen jungen Finanzexperten aus der Prüfungsabteilung, der ebenso wie sein Vorgesetzter nicht vor harten Konfrontationen zurückschreckte. Bill und Jeff verbrachten fast das ganze Jahr damit, ihr neues Dienstleistungskonzept zusammenzusetzen.

Es waren bereits einige Bausteine vorhanden, auf denen sie aufbauen konnten. So betrieben wir rund um den Erdball Werkstätten. Als wir im Jahr 1991 unsere neuen GE-90-Triebwerke an British Airways verkauft hatten, hatten wir im Rahmen des Geschäfts von der Fluggesellschaft eine große Wartungsanlage in Wales übernommen. British Airways hatte sich von der unrentablen Anlage trennen wollen, in der in erster Linie Triebwerke von Rolls-Royce gewartet und überholt wurden. Mit der Übernahme dieser Werkstatt waren wir erstmals in die Wartung von Triebwerken anderer Hersteller vorgestoßen. Im Jahr 1996 erwarb Bill mit Dennis Dammermans Hilfe Celma, eine vormals staatliche Wartungsanlage in Brasilien, die privatisiert worden war. In dieser Anlage konnten wir Triebwerke von Pratt & Whitney warten. Zwei Jahre später kauften wir Varigs Werkstatt in Brasilien, in der wir unsere eigenen Triebwerke zu geringeren Kosten warten konnten.

Im Jahr 1996 erzielten wir mit der Wartung von Triebwerken Einnahmen von drei Milliarden Dollar. Zwei Jahre zuvor hatte der Umsatz bei lediglich 2,2 Milliarden Dollar gelegen. Der Kurs stimmte. Allerdings begann zu dieser Zeit die Konsolidierungswelle in der Branche. Im Jahr 1996 übernahm das in Miami ansässige Unternehmen Greenwich Air Services das Wartungsunternehmen Aviall. Ich fragte Bill, warum wir nicht auf die Idee gekommen waren, Aviall zu kaufen. Mitte Februar 1997 schlug Greenwich erneut zu und gab seine Pläne bekannt, ein weiteres Wartungsunternehmen namens UNC zu übernehmen.

Ich rief Bill erneut an und fragte: »Was zum Teufel geht da vor?« Mit dieser neuen Übernahme wurde Greenwich zu einem wichtigen Konkurrenten. Ich wollte, dass wir dieses Unternehmen genau unter die Lupe nahmen. Zehn Tage nach Bekanntgabe des UNC-Deals beauftragte ich Bill Vareschi und Gene Murphy, den Leiter unseres Triebwerksbereichs, herauszufinden, was es uns kosten würde, Greenwich zu übernehmen. Bill war gerade damit beschäftigt, Celma in seinen Betrieb zu integrieren, und vertrat die Ansicht, wir hätten genug Anlagen, um unser Geschäft allein aufzubauen.

Doch je länger ich darüber nachdachte, desto nervöser wurde ich. Ich wollte vermeiden, dass uns einer unserer Konkurrenten Greenwich vor der Nase wegschnappte. Ich drängte Gene und Bill, eine Nacht lang darüber zu schlafen. Am nächsten Tag würden wir erneut zu einer Videokonferenz zusammenkommen.

In dieser Sitzung erklärten sie sich bereit, einen Versuch zu unternehmen. Vareschi, der den Gründer und Geschäftsführer von Greenwich, Gene Conese, seit einiger Zeit kannte, willigte ein, diesen anzurufen und ein Treffen für Sonntag zu vereinbaren. Als die Videokonferenz beendet war, griff ich Dennis Dammerman, der neben mir vor dem Bildschirm gesessen hatte, am Arm und sagte: »Wir müssen diesen Laden einfach haben.« Dennis war genauso begeistert von der Idee wie ich.

Am 2. März flog ich in Begleitung von Bill Vareschi nach Miami und suchte Gene Conese in seinem Haus auf. Er war ein Bär von einem Mann und ein schlauer Unternehmer, der sein Unternehmen aus dem Nichts aufgebaut hatte. Wir setzten uns in seinem Speisezimmer an den Tisch und tranken Kaffee. Er war offensichtlich an einem Verkauf interessiert. Gene sprach es nicht aus, aber ich hatte das Gefühl, als frage er uns, nachdem er dieses Dienstleistungsnetz aufgebaut hatte: »Wo zum Teufel seid ihr so lange gewesen?«

Wir sprachen über einen Kauf, und da die Aktie von Greenwich damals mit 23 Dollar notierte, bot ich 27 Dollar pro Aktie. Gene verlangte 35, und, wie nicht anders zu erwarten, trafen wir uns nach einigen Stunden bei 31 Dollar. Im Lauf der folgenden Woche prüften die Experten die Details, und Dennis besuchte Gene Mitte der Woche, um das Gespräch in Gang zu halten.

Am nächsten Wochenende flog ich erneut nach Miami, und am Freitag- und am Samstagabend klärten wir die letzten Probleme. Die Übernahme kostete uns 1,5 Milliarden Dollar. Gene Conese war tatsächlich ein gerissener Geschäftsmann. Er verlangte GE-Aktien für seine Firmenanteile. Er bekam sie, und seit damals hat sich der Preis unserer Aktien verdreifacht. Wir sicherten uns mit diesem Geschäft einen guten Platz in der Flugzeugwartung und erhöhten unsere Einnahmen aus diesem Geschäft über Nacht um 60 Prozent.

Dank der Übernahme von Greenwich verfügten wir nun über einen ernst zu nehmenden Wartungsbereich mit einem Umsatz von fünf Milliarden Dollar. Nun musste Bill den nächsten Schritt mit diesem Geschäft tun. Dazu war es erforderlich, dass er die gesamte Organisation verbesserte. Er musste die Ingenieure dazu bewegen, sich von der Beschränkung auf die Entwicklung neuer Triebwerke zu lösen und auch der Verbesserung der bereits verkauften Motoren Aufmerksamkeit zu widmen. Wir holten uns aus der Entwicklungsabteilung Vic Simon, einen der besten Ingenieure, und machten ihn zum Leiter des Engineering für den Kundendienst. Darüber hinaus versetzten wir einen viel versprechenden jungen Produktionsmanager namens Ted Torbeck von GE Transportation in Bills Bereich, wo Ted in der Position eines Corporate Vice President zum Produktionsmanager für die Wartung ernannt wurde.

Mit diesen beiden Versetzungen unterstrichen wir die neue Bedeutung der Dienstleistungen. Der Anteil der Dienstleistungen am Umsatz des Bereichs Flugzeugtriebwerke stieg zwischen 1994 und 2000 von 40 auf 60 Prozent.

Dasselbe Modell verwendeten wir mit ähnlichen Ergebnissen in den Unternehmensbereichen Energiesysteme und Transport. Unsere nächste Aufgabe bestand nun darin, diese Dienstleistungsbasis zu verbreitern.

Um das Gelernte im gesamten Unternehmen zu verbreiten, riefen wir im Jahr 1996 einen Council ins Leben, der vierteljährlich alle Dienstleistungsmanager von GE zusammenführte. An jeder Sitzung nahmen entweder mein Stellvertreter Paolo Fresco oder ich teil. Auch hier zeigte sich sofort, wer Ergebnisse erzielte und wer nicht – und in der folgenden Sitzung wurden die Fehlentwicklungen üblicherweise korrigiert. Der Ideenaustausch weckte insbesondere das Interesse an Akquisitionen und langfristigen Servicevereinbarungen.

Die Akquisitionen spielten eine zentrale Rolle bei der Erweiterung unserer Dienstleistungsaktivitäten. Von 1997 bis 2000 übernahm der medizinische Bereich 40 Dienstleistungsunternehmen. Der Energiebereich kam auf 31 und der Bereich Flugzeugtriebwerke auf 17 Übernahmen. Selbst der Transportbereich beteiligte sich im Jahr 2000 am Übernahmespiel und bezahlte 400 Millionen Dollar für Harmon Industries, ein in Kansas City ansässiges Unternehmen, das Eisenbahngesellschaften Signalsysteme und Wartungsarbeiten anbot.

Drei verschiedene Geschäftsbereiche – Transport, Energie und Luftfahrt – gründeten 50/50-Jointventures mit der Harris Corp., einem auf Hochtechnologie spezialisierten Luftfahrtunternehmen. Dies war ein weiteres Beispiel für den Ideenaustausch. Durch diese verschiedenen Jointventures konnten wir Eisenbahngesellschaften Daten dazu liefern, wo sich ein Zug gerade befand, oder gaben Versorgungsunternehmen Aufschluss über Störfälle in ihren Netzen. Wir haben mittlerweile den 50-Prozent-Anteil von Harris an den Jointventures mit unserem Energie- und Transportbereich übernommen.

Wir sprachen uns bei jeder Gelegenheit für mehr Technologieinvestitionen aus. Die Unternehmensbereiche reagierten und verdreifachten in vielen Fällen ihre Investitionen in die Entwicklung von Dienstleistungstechnologie. Im Jahr 2000 gaben wir 500 Millionen Dollar für F&E in diesem Bereich aus.

Diese hohen Investitionen in Dienstleistungstechnologien stellten unsere Aktivitäten in diesem Sektor auf eine neue Grundlage. Langfristige Servicevereinbarungen wären ohne Investitionen in Technologie und ohne unser Bekenntnis zu Six Sigma nicht möglich gewesen. Wenn wir langfristige Vereinbarungen schließen wollten, mussten wir komplexe Systeme entwickeln, um für Zeiträume zwischen zehn und 15 Jahren Prognosen bezüglich der Zuverlässigkeit anstellen zu können. Da die Unternehmensbereichsleiter für die Verluste geradestehen mussten, die entstanden, wenn die Leistungsfähigkeit der Ausrüstungen nicht den Prognosen entsprach, verstärkten diese Serviceverträge auch den Druck, mehr Geld in die Dienstleistungstechnologie zu investieren.

Die Technologieinvestitionen haben unsere Beziehung zu den Kunden wesentlich gefestigt. Die Wartung und die Upgrades, die wir unseren Kunden heute anbieten, ermöglichen es diesen, die Produktivität und die Lebensdauer ihrer Ausrüstung zu verlängern. Dabei haben wir viel dazugelernt.

Dienstleistungen = Nachhaltiges Wachstum

Ergebnisse des Transportbereichs

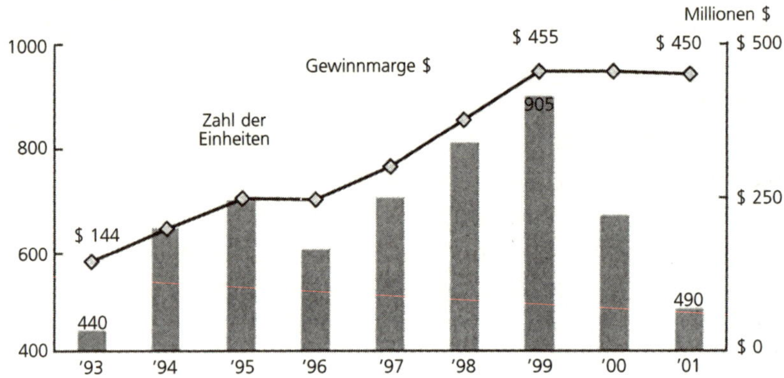

★ Wachstum der Dienstleistungen um 20%
- Reichweite wird erhöht
- Konjunkturschwankungen werden aufgefangen
- Kunden werden produktiv

Einige unserer frühen Technologieupgrades waren zu anspruchsvoll. Sie amortisierten sich erst nach drei bis fünf Jahren, während die Kunden auf Amortisationszeiten von ein bis zwei Jahren angewiesen waren, um die Investitionen in eine Hochrüstung rechtfertigen zu können. Wir haben diesen Mangel behoben und bieten mittlerweile in allen Bereichen Lösungen an, die dem Kunden eine rasche Amortisation garantieren – sei es eine längere Lebensdauer von Flugzeugtriebwerken, eine höhere Stromproduktion einer Versorgungsanlage oder ein höherer Patientendurchsatz bei einem CT-Gerät. Beispielsweise bestellte Southwest Airlines im Jahr 2001 300 Upgrade-Kits im Wert von je einer Million Dollar, um die Lebensdauer der Triebwerke in verschiedenen älteren Versionen der Boeing 737 zu erhöhen und den Treibstoffverbrauch dieser Motoren zu optimieren.

Nichts zeigt deutlicher, wie wertvoll die Dienstleistungstechnologie in einem Maschinengeschäft ist, als eine Grafik aus unserem Lokomotivenbereich. Die Produktion von Lokomotiven wird von einem Höchstwert von 905 Stück im Jahr 1999 auf den niedrigsten Stand seit acht Jahren sinken: im Jahr 2001 werden nur 490 Einheiten ausgeliefert. Im Jahr 1993 lieferte der Transportbereich 440 Lokomotiven aus, wobei sich die Gewinnmarge auf lediglich 144 Millionen Dollar belief. Hingegen wird die Gewinnmarge im Jahr 2001 dank des Wachstums der auf Hochtechnologie beruhenden Wartungsdienste fast genauso hoch ausfallen wie 1999. Und obwohl nur wenig mehr Lokomotiven ausgeliefert werden als 1993, wird die Gewinnmarge im Vergleich dreimal so hoch sein.

Wie bei anderen Initiativen misst man den Erfolg auch in diesem Fall am besten, indem man sich die Finanzzahlen ansieht. Unser Dienstleistungsgeschäft wuchs zwischen 1995 und 2001 von acht Milliarden Dollar auf 19 Milliarden Dollar und dürfte bis 2010 einen Umsatz von 80 Milliarden Dollar erreichen. Der Wert unseres langfristigen Auftragsrückstands ist seit 1995, als er sich auf sechs Milliarden Dollar belief, um das Sechsfache gestiegen und beläuft sich mittlerweile auf 62 Milliarden Dollar.

Heute verbringen wir ebenso viel Zeit mit der Erhöhung der Produktivität unserer installierten Produktbasis wie mit der Suche nach Absatzmärkten für neue Produkte.

21 Six Sigma und mehr

In meinen 20 Jahren an der Spitze von General Electric blieb ich nur einer einzigen Sitzung der Unternehmensführung im Corporate Executive Council (CEC) fern. Ich fehlte ausgerechnet bei einer unserer wichtigsten Versammlungen überhaupt. An jenem Tag hatte ich meinen Freund und ehemaligen Kollegen Larry Bossidy, der mittlerweile Geschäftsführer von AlliedSignal war, nach Crotonville eingeladen, wo er im Juni 1995 über Six-Sigma-Qualität sprechen sollte.

Für mein Fernbleiben gab es eine gute Entschuldigung: Ich lag zu Hause im Bett und erholte mich von einer Operation am offenen Herzen. Nach meiner Rückkehr aus Indien Ende Januar war ich ständig erschöpft gewesen. Ich glaubte, irgendeinen Virus aufgeschnappt zu haben. In meinem ganzen Leben hatte ich nie Mittagsruhe gehalten, doch nun begann ich, jeden Nachmittag auf der Couch in meinem Büro ein Nickerchen zu machen. Ich suchte verschiedene Ärzte in New York auf und unterzog mich allen erdenklichen Tests. Die Ärzte fanden nichts. Doch ich klagte weiter über Erschöpfung. Schließlich ging Jane zu meinem Hausarzt, beschrieb ihm die Symptome und kam mit Nitroglyzerinpillen nach Hause, die er mir für alle Fälle verschrieben hatte.

An einem Samstagabend Ende April gingen wir mit dem befreundeten Ehepaar LoFrisco bei Spazzi's in Fairfield essen. Wir aßen sehr viel Pizza und tranken einige Gläschen Wein. Jane und ich kamen spät nach Hause und wollten uns gleich zur Ruhe legen. Als ich im Bad vor dem Spiegel stand und mir die Zähne putzte, spürte ich einen Schlag in der Brust. Ich hatte schon früher unter Brustschmerzen gelitten, und da in meiner Familie häufig Herzbeschwerden auftraten, hatte ich schon oft an die Möglichkeit eines Herzinfarkts gedacht.

Doch so etwas hatte ich noch nie erlebt. Dies war keine kleine Krise. Diesmal war es Ernst.

Ich hatte das Gefühl, auf meinem Brustkorb laste ein riesiger Felsbrocken. Ich rief nach Jane. Sie kam ins Bad gelaufen und hielt mir zu meiner Überraschung die Nitroglyzerinpillen hin. Ich legte mir eine unter die Zunge. Bald fühlte ich mich etwas besser. Dann wurde ich unruhig. Statt den Notarzt zu rufen, bat ich Jane, den Wagen zu holen und mich direkt ins Bridgeport Hospital zu bringen, in dessen Aufsichtsrat sie saß. Auf dem Weg sah ich ein Hinweisschild auf ein Krankenhaus und schrie, wir müssten bei der nächsten Ausfahrt abfahren.

Es stellte sich heraus, dass wir nicht auf dem Weg zum Bridgeport Hospital, sondern zum St. Vincent's Medical Center in Bridgeport waren. Als Jane eine rote Ampel überfuhr, hielt uns ein Polizist an. Wir erklärten ihm unsere Notsituation, und er eskortierte uns mit Blaulicht und Sirene zum Krankenhaus.

Als Jane um ein Uhr nachts bei der Notaufnahme vorfuhr, sprang ich aus dem Auto, lief durch den Wartesaal und ließ mich auf eine leere Bahre fallen. »Ich sterbe!«, schrie ich. »Ich sterbe!«

Damit lenkte ich die Aufmerksamkeit der Krankenschwestern auf mich, die mir rasch eine Nitroglyzerininfusion verabreichten. Die Schmerzen ließen nach. Die anschließende Untersuchung ergab, dass ich einen Herzanfall erlitten hatte. Am Donnerstag, dem 2. Mai, führte Dr. Robert Caserta eine Angioplastie durch, um meine Hauptarterie zu öffnen. Bob hatte an der University of Connecticut studiert und war ein leidenschaftlicher Sportfan und Anhänger der New York Yankees. Da ich die University of Massachusetts besucht hatte und für die Red Sox schwärmte, gab es genug Diskussionsstoff. Kurz nach dem ersten Eingriff landete ich erneut im Krankenhaus. Die Arterie hatte sich wieder geschlossen. Als sie mich in den OP schoben, wollte mir ein Priester den letzten Segen geben.

Wenig später sah ich auf den Monitor und bemerkte, dass es Dr. Caserta schwer fiel, die Arterie wieder zu öffnen. Es stand bereits ein Chirurg für die Bypassoperation bereit, die ich so sehr fürchtete.

»Geben Sie nicht auf!«, schrie ich. »Versuchen Sie es weiter!«

Auch hier musste ich eine Nervensäge sein und konnte es mir nicht verkneifen, Anweisungen zu geben. Glücklicherweise gab der Arzt nicht auf. Es gelang ihm, die Arterie zu öffnen, und die Operation blieb mir vorerst erspart.

Als ich das Krankenhaus einige Tage später verließ, rief ich einige Leute an, um ihren Rat einzuholen, darunter Henry Kissinger und Michael Eisner von Disney, die beide schon Bypassoperationen hinter sich hatten. Michael munterte mich auf und versicherte mir, die Operation sei nicht problematisch. Henry riet mir nachdrücklich, den Eingriff im Massachusetts General Hospital vornehmen zu lassen. Derselben Ansicht war Dr. Saul Milles, der leitende Betriebsarzt von GE, der mit den Aufnahmen von meiner Angioplastie nach Boston flog.

Saul war ein Heiliger und ein wunderbarer Arzt. Ich war ihm jahrelang mit meinen Brustschmerzen und meinen eingebildeten Herzanfällen auf die Nerven gegangen. Saul musste sich mit drei der größten Hypochonder der Welt herumschlagen: Larry Bossidy, Paolo Fresco und Jack Welch. Wir drei gehören zu den Leuten, die stets eine Apotheke bei sich tragen und keinen Augenblick zögern, einen Arzt zu rufen, wenn es sie irgendwo zwickt oder drückt. Gemeinsam haben wir wahrscheinlich größeren Anteil an den steigenden Kosten für die medizinische Versorgung bei GE als eine Hundertschaft von Mitarbeitern. In den letzten Jahren haben unser gegenwärtiger Betriebsarzt Bob Galvin und sein Partner Ken Grossman unsere Betreuung übernommen.

Am 10. Mai 1995, es war ein Mittwoch, platzte Saul mit einer unerfreulichen Nachricht in eine Geschäftssitzung in meinem Haus, an der Paolo und Bill Conaty teilnahmen. Er erklärte mir, die Aufnahmen hätten bestätigt, dass ich mich einer Operation am offenen Herzen unterziehen müsse. Er hatte mir für den nächsten Tag einen Termin im Massachusetts General Hospital besorgt. Bereits einen Tag später sollte die Operation stattfinden. Dies kam alles sehr plötzlich für mich. In Anbetracht meiner familiären Vorbelastung und meiner Herzbeschwerden in den letzten 15 Jahren hatte ich mich seit langem vor einem solchen Augenblick gefürchtet, doch mir blieb nicht viel Zeit, darüber nachzudenken.

Am Abend rief ich meine Kinder an. Am Donnerstag reiste ich in Begleitung von Saul und Jane nach Boston, um Dr. Cary Akins zu treffen, der mich operieren sollte. Jane erinnert sich besser an diese Nacht als ich. Sie erzählt, dass ich mich irgendwann, es muss etwa um vier Uhr morgens gewesen sein, mit den Worten an sie wandte: »Wenn etwas schief geht, musst du verhindern, dass sie den Stecker herausziehen. Selbst wenn sie es nicht sehen können: Ich möchte, dass du weißt, dass ich hier drinnen wie besessen kämpfen werde.«

Es ging nichts schief. Tatsächlich verlief alles bestens. Ich hatte das Glück, von einem hervorragenden Chirurgen operiert zu werden. Cary führte in drei Stunden einen fünffachen Bypass durch. Wir sind seit damals sehr gute Freunde und sehen einander ein- bis zweimal im Jahr – außerhalb des Krankenhauses. Von einer Bypassoperation wird man anfangs aus der Bahn geworfen. Der ganze Körper tut weh. Doch mit jedem Tag, der vergeht, fühlt man sich besser. Ich kehrte am 5. Juli ins Büro zurück und stand Ende des Monats wieder auf dem Golfplatz. Mitte August gewann ich die ersten drei Spiele der Klubmeisterschaft in Sankaty Head (Nantucket), verlor jedoch das Finale, das auf 36 Löcher gespielt wurde.

Als ich mich zu Hause von der Operation erholte, rief Larry Bossidy an und schlug vor, auf seine Teilnahme an der Sitzung des CEC im Juni zu verzichten. Er befürchtete, es könne der Eindruck entstehen, dass er nun, da ich außer Gefecht war, zu GE zurückkehren wolle. Ich wusste seine Rücksichtnahme zu schätzen, erklärte ihm jedoch, er solle sich keine Sorgen machen. »Geh hin und erzähle ihnen alles, was du über Six Sigma weißt.«

Ich hatte das Gefühl, dass wir an einem Wendepunkt standen. Larry war der richtige Mann, um uns zu helfen. Als wir zusammengearbeitet hatten, war keiner von uns ein großer Anhänger der Qualitätsbewegung gewesen. Wir waren der Meinung, dass die frühen Qualitätsprogramme zwar schöne Slogans brachten, jedoch kaum Ergebnisse zeitigten.

Anfang der 90er Jahre probierten wir es im Triebwerksbereich mit einem Deming-Programm. Doch ich weitete es nicht auf das gesamte Unternehmen aus, da es in meinen Augen zu theoretisch war.

Nun rumorte es unüberhörbar im Unternehmen. Bei unserer Mitarbeiterbefragung im April 1995 stellte sich heraus, dass die Qualität vielen Mitarbeitern Sorgen machte. Unterdessen hatte sich der »neue Larry« bei AlliedSignal in einen leidenschaftlichen Verfechter von Six Sigma verwandelt. Bei den meisten Unternehmen kamen auf eine Million Produktionseinheiten 35 000 fehlerhafte. Auf dem Qualitätsniveau Six Sigma kamen weniger als *3,4 Fehler* auf eine Million Produktionseinheiten oder Dienstleistungsschritte. Das entspricht einem Perfektionsgrad von 99,99966 Prozent.

In der Industrieproduktion sind generell etwa 97 von 100 Erzeugnissen fehlerfrei. Das entspricht Three Sigma oder Four Sigma. Würde in anderen Bereichen auf diesem Qualitätsniveau gearbeitet, so hätte dies katastrophale Folgen: Jede Woche würden 5000 fehlerhafte chirurgische Eingriffe vorgenommen. Es gingen jede Stunde 20 000 Versandartikel verloren, und im Lauf eines Jahres würden hunderttausende falsche Rezepte ausgestellt. Wahrlich keine sehr erfreuliche Vorstellung.

Larrys Vortrag hatte große Wirkung auf unsere Leute. Er zeigte ihnen, dass AlliedSignal dank Six Sigma nicht nur »ein ruhiges Gewissen« habe, sondern tatsächlich Kosten spare. Unsere Manager waren begeistert von seinem Vortrag, und mehrere Teilnehmer riefen mich an, um sich für die Einführung von Six Sigma auszusprechen.

Als ich wieder an meinem Schreibtisch saß, hatte ich Gewissheit: Larry war wirklich überzeugt von Six Sigma, mein Management war damit einverstanden, und die Mitarbeiter sahen ein Qualitätsproblem bei GE. Also entschloss ich mich, Six Sigma einzuführen.

Wir setzten zwei Manager auf die Initiative an: Gary Reiner, der Leiter der Abteilung Konzerninitiativen, und Bob Nelson, mein langjähriger Finanzanalyst, erstellten eine Kosten-Nutzen-Analyse. Diese zeigte, dass wir ausgehend von der Annahme, GE arbeite auf der Ebene Three Sigma oder Four Sigma, mit einer Erhöhung auf Six Sigma Einsparungen im Ausmaß von sieben bis zehn Milliarden Dollar erzielen konnten, was zehn bis 15 Prozent unseres Umsatzes entsprach. Das waren gewaltige Zahlen. Angesichts solcher Möglichkeiten fiel es uns nicht schwer, uns zu einer groß angelegten Qualitätsinitiative zu entschließen.

Wie bei all unseren wichtigen Initiativen gingen wir mit großer Leidenschaft an die Arbeit, sobald die Entscheidung einmal gefallen war. Als Erstes ernannten wir Gary Reiner zum ständigen Leiter des Six-Sigma-Programms. Sein klares Denken und seine Beharrlichkeit machten ihn zum idealen Mann dafür.

Als Nächstes engagierten wir Mikel Harry, einen ehemaligen Motorola-Manager, der die Six Sigma Academy in Scottsdale (Arizona) leitete. Wenn es einen leidenschaftlichen Verfechter von Six Sigma gab, so war es Harry. Wir luden ihn zu unserem jährlichen Führungstreffen ein, das im Oktober in Crotonville stattfand. Ich strich unseren üblichen Golfausflug – eine große symbolische Geste! –, damit unsere 170 Führungskräfte die Möglichkeit hatten, Harrys Vortrag über sein Programm zu hören.

Er sprang vier Stunden lang aufgeregt von einem Flipchart zum anderen und kritzelte die Bögen mit allen möglichen statistischen Formeln voll. Ich hätte nicht sagen können, ob er ein Verrückter oder ein Visionär war. Die meisten Zuhörer, ich eingeschlossen, verstanden nicht viel von seinen statistischen Erläuterungen. Dennoch gelang es Harry mit seiner Präsentation, unsere Fantasie anzuregen. Er hatte uns genug praktische Beispiele dafür gegeben, dass an der Sache etwas dran war. Wir verließen die Sitzung aufgrund unserer mangelnden statistischen Kenntnisse ein wenig niedergeschlagen, doch wir waren Feuer und Flamme für die Möglichkeiten des Programms. Besonders großen Reiz übte die Methode auf die Ingenieure unter uns aus.

Ich hatte das Gefühl, dass es hier um sehr viel mehr ging als um Statistik für Ingenieure, doch ich hatte keine Vorstellung davon, wie weit diese Initiative tatsächlich gehen würde. Die herrschende Vorstellung lautet, bei Six Sigma gehe es um Qualitätskontrolle und Statistiken. Natürlich geht es auch darum, doch das Konzept ist sehr viel umfassender. Letzten Endes dient Six Sigma dazu, das Management zu verbessern, indem es den Managern Werkzeuge zur Lösung schwieriger Aufgaben an die Hand gibt. Der Kerngedanke von Six Sigma kann ein Unternehmen auf den Kopf stellen. Dieser Kerngedanke lautet, dass sich das Unternehmen auf den Kunden konzentrieren muss.

Im Januar 1996 planten wir in Boca Raton unser Six-Sigma-Programm. »Wir können nicht länger warten«, sagte ich. »Jeder Anwesende muss zu einem Führer der Qualitätsbewegung werden. Keiner von uns darf sich auf eine Zuschauerrolle beschränken. Was Motorola in zehn Jahren geschafft hat, müssen wir in fünf Jahren schaffen. Das heißt jedoch nicht, dass wir Abkürzungen nehmen dürfen. Wir müssen den Prozess beschleunigen, indem wir voneinander lernen.« Ich glaubte, allein der kurzfristige finanzielle Ertrag werde das Programm rechtfertigen. Und langfristig konnte es uns noch mehr einbringen.

Ich schloss meinen Vortrag in Boca Raton ab, indem ich Six Sigma als das ehrgeizigste Vorhaben in der Geschichte des Unternehmens bezeichnete. »Die Qualität ist in der Lage, GE von einem der herausragenden Unternehmen in das großartigste Unternehmen der Welt zu verwandeln.« (Wieder einmal war ich sehr überschwänglich.)

Wir verließen Boca Raton mit dem leidenschaftlichen Wunsch, Six Sigma zu einem großen Erfolg zu machen. Wir wiesen die CEOs an, die Leitung der Six-Sigma-Aktivitäten ihren besten Leuten zu übertragen. Wir zogen diese Manager aus ihren gegenwärtigen Tätigkeiten ab und betrauten sie mit der Leitung zweijähriger Projekte, die sie zu Trägern des »Schwarzen Gürtels« machen würden, wie es im Six-Sigma-Jargon heißt.

In den ersten vier Monaten in ihrer neuen Funktion absolvierten sie einen Kurs und wurden in der Anwendung der Qualitätswerkzeuge geschult. Die Projekte mussten den Geschäftszielen dienen und sich in den finanziellen Ergebnissen niederschlagen. In allen Unternehmensbereichen schossen »Black Belts«-Projekte aus dem Boden, die dazu dienten, die Antwortraten der Call Center zu verbessern, die Kapazitäten der Fabriken zu erhöhen, die Zahl der fehlerhaften Rechnungen zu senken und die Lagerbestände zu verringern. Ein wesentlicher Bestandteil unseres Six-Sigma-Programms war die Messung. Die erzielten Ergebnisse jedes Projekts wurden von einem Finanzanalysten beurteilt.

Wir bildeten tausende »Grüne Gürtel« aus. Die Träger des grünen Gürtels mussten sich einer zehntägigen Schulung unterziehen, um die Six-Sigma-Konzepte zu verstehen und sich genügend Werkzeuge anzueignen, um die Probleme lösen zu können, auf die sie in ihrer täglichen Arbeit stießen. Sie gaben ihre gegenwärtigen Tätigkeiten nicht auf, sondern eigneten sich eine Methode an, anhand derer sie ihre Leistungen verbessern konnten.

In den Kursen für das Top-Management, die ich als »Six Sigma für kleine Leute« bezeichnete, versuchten wir das Konzept anhand von Experimenten zu verinnerlichen. Wir bauten Papierflugzeuge, ließen sie durch den Raum segeln und notierten, wo sie landeten. Ich sagte zu unserem Lehrer, der den schwarzen Gürtel trug, dass hoffentlich kein Mitarbeiter einen Blick durch das Fenster werfe und uns bei dieser Beschäftigung zusehe. Die Beobachtung der Papierflieger, die überall im Raum landeten, diente dazu, uns das Konzept der Abweichung nahe zu bringen.

Wie alle unsere Initiativen wurde auch diese durch entsprechende Belohnungen unterstützt. Wir änderten unseren Incentive-Plan für das gesamte Unternehmen: Von nun an hingen 60 Prozent der Bonuszahlungen von den finanziellen Ergebnissen und 40 Prozent von den Six-Sigma-Resultaten ab. Im Februar belohnten wir vor allem jene Mitarbeiter mit Aktienoptionen, die sich zu Schwarzen Gürteln ausbilden ließen. Wir gingen davon aus, dass dies unsere besten Leute waren.

Als wir die Bereichsleiter im Februar aufforderten, ihre Empfehlungen für Optionsempfänger abzugeben, begannen die Anrufe. Das typische Telefongespräch verlief etwa so: »Jack, ich habe nicht genug Optionen für meinen Bereich. Es wurden uns nicht genug zugeteilt.« – »Was meinen Sie? Sie haben genug Optionen erhalten, um alle Schwarzen Gürtel zu belohnen.« – »Ja, aber wir konnten die Optionen nicht auf die Schwarzen Gürtel beschränken. Wir mussten eine Reihe weiterer Leute versorgen.« – »Warum das? Ich dachte, die Schwarzen Gürtel wären Ihre besten Leute. Folglich sollten sie auch die Optionen bekommen.« – »Nun ja ... es sind nicht *alle* unsere besten Leute mit Six Sigma beschäftigt.«

Meine Antwort lautete: »Stecken Sie Ihre besten Leute in das Six-Sigma-Programm und geben Sie ihnen die Optionen. Wir haben nicht mehr für Sie.«

Ich wollte die Belohnungssysteme stets dafür nutzen, die besten Leute für die Initiativen zu gewinnen. In den Unternehmensbereichen wollte jedoch niemand seine begabtesten Mitarbeiter für eine Initiative abstellen. Die CEOs hatten hohe Vorgaben zu erfüllen, und dazu brauchten sie ihre besten Manager. Daher gab es Widerstand gegen die Six-Sigma-Initiative. Anfangs zählte nur ein Viertel oder vielleicht die Hälfte der Kandidaten für den schwarzen Gürtel zu den besten Mitarbeitern. Die Übrigen wurden uns untergeschoben.

Eine aufschlussreiche Erfahrung machte ich im Verlauf einer Strategieanalyse mit der von Mike Gaudino geleiteten Abteilung Handelsfinanzierung bei GE Capital. Diese Einheit hatte nur sehr wenig mit Investitionen zu tun, sondern wickelte hauptsächlich Transaktionen ab. Unter diesen Managern einen Six-Sigma-Leiter zu finden, musste schwierig sein.

Dies wurde bei der Strategieanalyse im Jahr 1996 deutlich. Wir forderten alle Bereichsgruppenleiter auf, uns ihre Six-Sigma-Leiter vorzustellen, damit diese über ihre Fortschritte berichten konnten.

Mike hatte jemanden für die Funktion gefunden. Nun musste er mit ansehen, wie sein Mann leere Floskeln von sich gab. Es war allen Anwesenden klar, dass Six Sigma in diesem Unternehmensbereich keine Zukunft hatte. Es machte der Witz die Runde, der Six-Sigma-Leiter habe sich entschlossen, auszusteigen, bevor der Aufzug das Erdgeschoss in der Zentrale erreichte.

Beim nächsten Mal ging Mike kein Risiko ein. Er ersetzte den abgesetzten Six-Sigma-Leiter durch Steve Sargent, einen seiner besten Männer. Steve leistete ausgezeichnete Arbeit. Die Strategieanalysen funktionierten. Mikes Qualitätsprogramm wurde besser, und fünf Jahre später hatte GE einen neuen CEO für einen seiner Geschäftsbereiche: Im Jahr 2000 wurde Steve zum CEO unseres europäischen Bereichs Ausrüstungsfinanzierung befördert.

Wir bedienten uns auch der Aktienoptionen für die Schwarzen Gürtel, um uns der schwächsten Glieder zu entledigen. Sollte diese Initiative ein Erfolg werden, so musste sie von den Besten geführt werden. Ich verfolgte Six Sigma mit fanatischem Eifer und beharrte darauf, dass ab Ende 1998 niemand mehr für eine Managementfunktion in Erwägung gezogen werden durfte, der nicht zumindest einen grünen Gürtel trug. Doch obwohl ich mich stets unermüdlich für Six Sigma einsetzte und es zu einem entscheidenden Faktor in den Personalbeurteilungen machte, brauchten wir drei Jahre, um alle unsere herausragenden Manager in die Initiative zu schleusen.

Im Rahmen einer Personalbeurteilung schlug der Nuklearbereich einen Manager namens Mark Savoff für den Posten des Leiters seiner Wartungsaktivitäten vor. Doch aus der Empfehlung ging nicht klar hervor, ob dieser Manager eine Six-Sigma-Ausbildung absolviert hatte. Also rief unser Personalchef Bill Conaty in Kalifornien an und sagte: »Wir möchten, dass er herkommt und uns etwas über seine Six-Sigma-Qualifikation erzählt.« Mark reiste aus San Jose an und überzeugte uns davon, dass er sich nachdrücklich für Six Sigma einsetzte.

Er erhielt den Job und leitet derzeit das gesamte Nukleargeschäft von GE. Mittlerweile ist die Six-Sigma-Qualifikation eine unerlässliche Voraussetzung für jede Beförderung.

Im ersten Jahr der Initiative schulten wir 30 000 Mitarbeiter, gaben mehr als 200 Millionen Dollar für diese Ausbildungsmaßnahmen aus – und erzielten Einsparungen von etwa 150 Millionen Dollar.

Wir feierten gleich zu Beginn einige schöne Erfolge. Beispielsweise erhielt GE Capital jedes Jahr etwa 300 000 Anrufe von Hypothekenkunden, die sich in einem Viertel der Fälle des Voice-Mail-Systems bedienen oder erneut anrufen mussten, da unsere Mitarbeiter beschäftigt oder unerreichbar waren. Ein Six-Sigma-Team fand heraus, dass es einer unserer 42 Niederlassungen gelang, praktisch alle Anrufe zu beantworten. Das Team analysierte das System, die Abläufe, die Ausrüstung, die räumliche Gestaltung und die Belegschaft dieser Filiale und übertrug das Ergebnis auf die anderen 41 Niederlassungen. Die Kunden, die uns in einem Viertel der Fälle nicht erreicht hatten, hatten nun eine Chance von 99,9 Prozent, auf Anhieb einen GE-Mitarbeiter zu erreichen.

Ein weiteres schönes Beispiel für den Erfolg von Six Sigma betrifft GE Plastics. Unser Polykarbonat Lexan war von hoher Reinheit, doch das Material entsprach den Standards nicht, die Sony für eine Verwendung in seinen CD-ROMs und CDs festgelegt hatte. Zwei asiatische Lieferanten teilten sich die Aufträge von Sony, und wir standen im Regen. Ein Six-Sigma-Team löste die Probleme und schlug eine Veränderung des Produktionsprozesses vor, um die von Sony geforderten farblichen und statischen Eigenschaften zu erreichen. Wir ersetzten 3,8 Sigma durch 5,7 Sigma und sicherten uns das Geschäft mit Sony.

Im ersten Jahr der Initiative implementierten wir Six Sigma im gesamten Unternehmen, um die Kosten zu senken, die Produktivität zu erhöhen und fehlerhafte Abläufe zu korrigieren. Ein Unternehmensbereich, der allerdings ein Extremfall war, entdeckte, dass er dank Six Sigma die Leistungsfähigkeit seiner Fabriken erhöhen und gleichzeitig ein Jahrzehnt auf Investitionen in die Kapazität verzichten konnte.

In der nächsten Phase verwendeten wir die statistischen Werkzeuge von Six Sigma, um Mängel vorhandener Produkte zu beheben und neue Produkte zu gestalten. Als besonders nützlich erwies sich diese Maßnahme im Energiebereich. Mitte der 90er Jahre, als die Nachfrage nach Stromkraftwerken gering war, kam es in zahlreichen unserer neuen Gasturbinenkraftwerke zu Betriebsausfällen. Der Grund war, dass die Rotoren aufgrund hoher Vibrationen brachen. Im Jahr 1995 musste ein Drittel der 37 installierten Einheiten den Betrieb einstellen.

Unter Verwendung der Six-Sigma-Verfahren senkten wir die Vibrationen um 300 Prozent und behoben das Problem bis Ende 1996. Seit damals ist es in 210 Einheiten zu keinem einzigen ungeplanten Stillstand gekommen – das heißt, wir erreichten mehr als Six Sigma. Mit der Lösung des Problems eroberten wir die Führungsposition auf dem Markt für Gasturbinen der neuen Generation. Wir kamen gerade zur rechten Zeit, denn Ende der 90er Jahre stieg die Nachfrage nach Kraftwerken. So errang GE weltweit den höchsten Marktanteil bei neuen Kraftwerken.

Bei der Gestaltung neuer Produkte übernahm der medizinische Bereich die Führung. Das erste wichtige Produkt, das unter Verwendung von Six-Sigma-Werkzeugen gestaltet wurde, war ein neues CT-Gerät namens LightSpeed, das 1998 auf den Markt kam. Eine Thoraxtomographie, für die ein herkömmlicher Scanner drei Minuten brauchte, konnte mit diesem neuen Gerät innerhalb von 17 Sekunden vorgenommen werden. Ein Radiologe schrieb mir, er sei begeistert davon, dass er eine Maschine im Wert von einer Million Dollar aus der Kiste nehmen, einstecken und sofort in Betrieb nehmen könne. Das war Six Sigma der Extraklasse. In den letzten drei Jahren hat der medizinische Unternehmensbereich 22 mit Six Sigma gestaltete Produkte auf den Markt gebracht.

Im Jahr 2001 wird dieser Bereich die Hälfte seiner Gesamteinnahmen mit Six-Sigma-Designs erzielen, und jedes neue Produkt, das auf den Markt kommt, wird mit Six Sigma gestaltet. Mittlerweile bemühen sich alle unsere Unternehmensbereiche, genau so zu arbeiten.

Die Zahl unserer Six-Sigma-Projekte erhöhte sich von 3000 im Jahr 1996 innerhalb eines Jahres auf 6000. Im Jahr 1997 erzielten wir dank der Initiative Produktivitätsgewinne und Erträge in einer Höhe von 320 Millionen Dollar. Das war mehr als doppelt so viel, als wir uns ursprünglich vorgenommen hatten. Der Nutzen von Six Sigma begann sich in unseren finanziellen Ergebnissen niederzuschlagen. Im Jahr 1998 sparten wir 750 Millionen Dollar ein, und im Jahr darauf stieg dieser Wert auf 1,5 Milliarden Dollar. Unsere Gewinnmarge stieg von 14,8 Prozent im Jahr 1996 auf 18,9 Prozent im Jahr 2000. Six Sigma funktionierte.

Doch während wir selbst uns über die Ergebnisse freuten, mussten wir allzu oft feststellen, dass unsere Kunden keinen Qualitätsunterschied bemerkten. Wir gelangten zu dem Schluss, der Grund dafür sei, dass viele der Produkte, die sich auf dem Markt befanden, Jahre vor der Einführung von Six Sigma entwickelt worden waren.

Die Lösung fand ich bei einer Reise nach Spanien.

Im Juni 1998 dachte ich darüber nach, eine eigene Six-Sigma-Abteilung einzurichten, und suchte nach einem Leiter dafür. Dies war die erste und einzige neue Stabsposition, die ich als CEO von GE einführte. Damals besuchte ich unsere neue Kunststofffabrik in Cartagena, wo ich mit Piet van Abeelen und seinem Team ein Projekt besprechen wollte. Piet war der globale Produktionsleiter für den Kunststoffbereich und hatte die Wirkung von Six Sigma in einer seiner Fabriken in Bergen op Zoom an der niederländischen Küste unter Beweis gestellt. Unter Verwendung von Six-Sigma-Werkzeugen verdoppelten Piet und sein Team die Lexan-Produktion ohne nennenswerte zusätzliche Investitionen von 2000 auf 4000 Tonnen pro

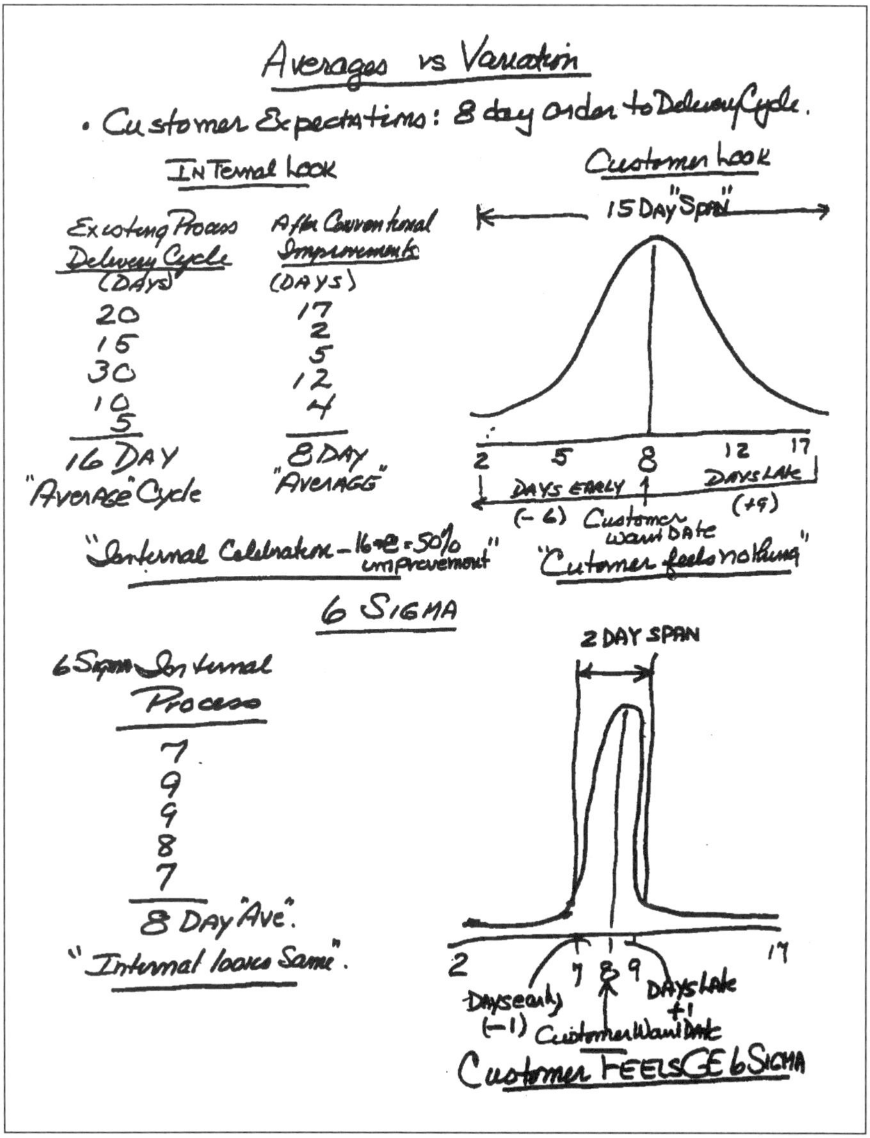

Woche. Piet verstand, wie man Six Sigma praktisch umsetzen konnte, und war in der Lage, das Konzept einfach zu erklären.

Wir aßen in einer Hacienda auf unserem Werksgelände in Cartagena zu Mittag. Ich fragte Piet, ob er Lust habe, nach Fairfield zu kommen, um eine neue Stabsfunktion zu übernehmen, die ich ins Leben rufen wollte. Ich sagte ihm, seine Aufgabe werde darin bestehen, mit einem sehr kleinen Team von zwei oder drei Leuten die Lehren aus

Six Sigma im Unternehmen zu verbreiten. Da in Piet ein Lehrer steckte, fand er die Aufgabe verlockend, obwohl er zu jener Zeit einen riesigen globalen Produktionsbereich mit tausenden Mitarbeitern leitete.

Zu unserem Glück nahm Piet den Job an. Er war es auch, der die Antwort auf die Frage fand, warum unsere Kunden die dank Six Sigma erreichten Fortschritte nicht registrierten. Piets Erklärung war einfach: Er machte uns klar, dass es bei Six Sigma nur um eines ging – um die Abweichung! Wir alle, ich eingeschlossen, hatten das Konzept am Beispiel der Papierflugzeuge studiert. Doch wir hatten es nie so gesehen, wie Piet es uns erklärte. Er stellte den Zusammenhang zwischen Durchschnittswerten und Abweichungen her. Dies war der Durchbruch.

Wir lösten uns von den Durchschnittswerten und konzentrierten uns auf die Abweichungen, indem wir die »Spanne« verringerten. Es ging darum, den Kunden zu geben, was sie wollten, und zwar, wann sie es wollten. Anhand der Spanne maßen wir beispielsweise, wie weit die Lieferung eines Produkts von dem exakten Zeitpunkt abwich, zu dem der Kunde das Produkt erhalten wollte. Wir mussten die Spanne auf null reduzieren, sodass der Kunde das Produkt immer zum gewünschten Zeitpunkt erhielt.

Unser internes Problem bestand darin, dass wir die Verbesserungen am Durchschnittswert maßen – an einem Wert, der lediglich unsere Produktions- oder Kundendienstzyklen erfasste, ohne den Kunden zu berücksichtigen. Gelang es uns beispielsweise, die Produktlieferzeiten von durchschnittlich 16 auf acht Tage zu verkürzen, so sahen wir darin eine Verbesserung von 50 Prozent – und begannen ohne Grund zu feiern.

Ohne Grund deshalb, weil unsere Kunden nichts bemerkten – mit Ausnahme von Abweichungen und unvorhersehbaren Ergebnissen. Denn einige Kunden erhielten ihre Bestellungen mit neun Tagen Verspätung, während andere die Lieferung sechs Tage zu früh erhielten.

Nun setzten wir Six Sigma ein und konzentrierten uns unter Berücksichtigung der Spanne auf den Kunden und verringerten die Spanne von 15 auf zwei Tage. Und die Kunden registrierten eine Verbesserung, da der gewünschte und der tatsächliche Liefertermin nun näher beieinander lagen. Klingt ganz einfach, nicht wahr? Tatsächlich war es einfach – nachdem wir es einmal begriffen hatten.

Wir brauchten drei Jahre, um Six Sigma zu begreifen. Die Verringerung der Spanne war für jedermann leicht zu begreifen und setzte sich auf allen Ebenen des Unternehmens durch. Genau dieses Konzept hatten wir gebraucht, um Six Sigma seine Komplexität zu nehmen. Unser Kunststoffbereich verringerte seine Spanne von 50 auf fünf Tage. Im Bereich Flugzeugtriebwerke wurde sie von 80 auf fünf und bei den Hypothekarversicherungen von 54 auf einen Tag gesenkt. Und jetzt fiel unseren Kunden die Veränderung auf!

Die Spanne lenkte unsere Aufmerksamkeit auch auf das, was wir maßen. In den meisten Fällen maßen wir die von unseren Verkäufern versprochenen Liefertermine. Doch wir maßen nicht, was die Kunden wirklich wollten und wann sie es wollten.

Mittlerweile gehen wir einen Schritt weiter. Wir messen die Spanne vom Zeitpunkt der Bestellung bis zu den ersten Einnahmen unseres Kunden: den Lieferzyklus für ein CT-Gerät vom Zeitpunkt der Bestellung bis zur Durchführung der ersten Aufnahme; die Umschlagzeit in der Triebwerkswartung von dem Zeitpunkt, da das Triebwerk von der Tragfläche des Flugzeugs abmontiert wird, bis zu dem Zeitpunkt, da die Maschine erneut abhebt; die Lieferzyklen eines Kraftwerks vom Zeitpunkt der Bestellung bis zur Erzeugung der ersten Kilowattstunde.

Jedes Bestelldatum wird dem Datum der Inbetriebnahme durch den Kunden gegenübergestellt, und in unseren Produktionsanlagen werden Diagramme aufgehängt, aus denen die Abweichung ersichtlich wird. Die Fakten sind für jedermann deutlich zu sehen. Anhand dieser Messungen können die Abweichungen greifbar gemacht werden. Die Kunden sehen und spüren, was wir tun.

Six Sigma ist eine universelle Sprache. Die Konzepte von Abweichung und Spanne werden in Bangkok und Schanghai ebenso gut verstanden wie in Cleveland und Louisville.

Wir weiten die Initiative weiter aus, indem wir sie direkt zu unseren Kunden bringen. Wir nennen diese Initiative »Six Sigma: Beim Kunden, für den Kunden«. Das bedeutet, dass Schwarze und Grüne Gürtel von GE in die Betriebsanlagen der Kunden geschickt werden, um ihnen dabei zu helfen, ihre Leistungen zu verbessern.

Wenn die Kunden aufnahmefähig sind, funktioniert dies sehr gut. Im Jahr 2000 führte der Bereich Flugzeugtriebwerke 1500 Projekte bei mehr als 50 Fluglinien durch und half den Kunden, ihre Gewinnmargen um 230 Millionen Dollar zu erhöhen. Der medizinische Bereich schraubte in 1000 Projekten die Margen seiner Krankenhauskunden um mehr als 100 Millionen Dollar hinauf.

Indem es unsere internen Maßstäbe mit den Bedürfnissen unserer Kunden in Einklang gebracht hat, hat uns Six Sigma unseren Kunden näher gebracht und das beiderseitige Vertrauen gefestigt.

Wir entdeckten, dass Six Sigma nicht nur für Ingenieure geeignet war. Die Initiatoren von Qualitätsprogrammen gehen oft irrtümlich davon aus, diese Programme seien nur etwas für Techniker. Stattdessen sollten sich die besten und intelligentesten Mitarbeiter unabhängig von ihrer Funktion daran beteiligen.

Werksleiter können Six Sigma einsetzen, um den Ausschuss zu verringern, die Konsistenz der Produktqualität zu verbessern, Ausrüstungsprobleme zu lösen oder Kapazitäten aufzubauen.

Personalmanager brauchen Six Sigma, um die Rekrutierungszyklen zu verkürzen. Verkaufsmanager können es nutzen, um die Zuverlässigkeit ihrer Absatzprognosen zu erhöhen, bessere Preisstrategien zu entwerfen oder die Preisschwankungen genauer vorauszusagen.

Selbstverständlich können sich auch Installateure, Automechaniker und Gärtner dieser Methode bedienen, um ein besseres Verständnis ihrer Kunden zu entwickeln und ihre Dienstleistungen besser den Bedürfnissen ihrer Kunden anzupassen.

Doch während sich Six Sigma in vielen Funktionen als nützlich erwies, erhöhte es unsere Trefferquote bei der Auswahl von Sitcoms nicht.

Ich muss zugeben, dass es mir an Beispielen für seinen Nutzen in der Praxis von Rechtsanwälten und Beratern fehlt. Wahrscheinlich fällt es diesen Berufsgruppen schwer, Six Sigma anzuwenden, da sie gerade von den Abweichungen leben.

Six Sigma hat die Kultur unseres Unternehmens und unsere Methode zur Förderung unserer Mitarbeiter – insbesondere jener mit »großem Potenzial« – grundlegend geändert. Wir hatten stets ausgezeichnete Ausbildungsprogramme in den Abteilungen, insbesondere im Finanzwesen. Doch die Vielgestaltigkeit des Unternehmens machte es uns schwer, ein universelles Ausbildungsprogramm zu gestalten. Mit Six Sigma haben wir jetzt genau das Werkzeug in der Hand, das wir für eine allgemeine Managementausbildung benötigen, denn dieses Konzept lässt sich in einem Kundendienstzentrum genauso anwenden wie in einer Produktionsanlage.

Im Jahr 2000 trugen 15 Prozent der Führungskräfte von GE den schwarzen Gürtel. Bis 2003 sollten es 40 Prozent sein. Es ist sehr wahrscheinlich, dass Jeff Immelts Nachfolger den schwarzen Gürtel eines Six-Sigma-Experten tragen wird.

In den letzten Jahren pflegte ich in meinen Kursen in Crotonville zu scherzen, der Grund dafür, dass ich mir mit der Einführung des E-Business derart lange Zeit gelassen habe, sei darin zu suchen, dass wir erst Six Sigma perfektionieren mussten.

»Wenn ich schließlich mein Buch schreiben werde«, erklärte ich den Kursteilnehmern, »werde ich schreiben, wir hätten gewusst, dass wir bei GE zuerst Six Sigma einführen mussten, bevor wir uns an das E-Business heranwagen konnten. Für das E-Business brauchte man Geschwindigkeit und perfekte Ausführung. Six Sigma versorgte uns mit beidem.«

Die Klasse brach üblicherweise in Gelächter aus. Die Teilnehmer waren jünger und klüger als ich und wussten, dass ich lange gebraucht hatte, um die Bedeutung des Internets zu verstehen.

Doch das E-Business war unsere nächste Aufgabe.

22 Das E-Business

Die Revolution im Internet wäre mir beinahe entgangen. Es war meine Frau Jane, die mich mit dem neuen Medium vertraut machte. Sie bewegte sich seit Jahren im Netz, um den Kontakt zu ihren Freunden zu pflegen. Oft, wenn ich am Abend noch Papiere für den nächsten Tag durchging, saß sie mir gegenüber am Computer und schrieb E-Mails.

Im Jahr 1997 begann Jane, über das Internet Aktien zu kaufen und zu verkaufen und ihr Portfeuille online zu kontrollieren. Sie war so erfolgreich dabei, dass ich sie bat, auch meine Investments in die Hand zu nehmen. Wohin wir auch gingen, Janes Laptop begleitete uns. Doch ich widersetzte mich all ihren Versuchen, auch mich zur Verwendung des Computers zu bewegen. Ich glaubte, dies sei vergebliche Liebesmüh, denn ich kannte mich nicht einmal mit der Tastatur aus. »Jack«, sagte sie, »man kann einem Affen das Tippen beibringen.«

Doch dann erfuhr ich Ende des Jahres 1998, dass einige Leute ihre Weihnachtseinkäufe vom Büro aus im Internet erledigten. Nun begann ich das Netz endlich ernst zu nehmen, und in den Weihnachtsferien verfasste ich für die jährliche Versammlung in Boca Raton eine Rede über die wachsende Bedeutung des Internets. Diese Worte sollten das Unternehmen auf die Aktivität im Netz vorbereiten. Doch meine Leidenschaft für das neue Medium wurde erst einige Monate später geweckt.

Im April verbrachten Jane und ich einige Tage in Mexiko, wo wir unseren zehnten Hochzeitstag feierten. Diesmal war sie es, die es an Romantik fehlen ließ. Jane konnte sich kaum von ihrem Laptop losreißen. Eines Nachmittags erzählte sie mir, dass im Internet über die Möglichkeit eines Aktiensplittings bei GE und über meine potenziellen Nachfolger debattiert werde. Sie forderte mich auf, mir die Messageboards anzusehen, die dem Unternehmen bei Yahoo! gewidmet waren. Ich war sehr bald gefesselt von dem, was die Leute über mein Unternehmen zu sagen hatten.

»Du kannst es dir anschauen«, sagte Jane lachend, »aber du kannst nie antworten.« Sie zwang mich dazu, ein paar E-Mails zu schreiben, und zeigte mir einige Websites. Bald begann ich den Drang zu verspüren, ins Netz zu gehen, um mir die Nachrichten und die neuesten Kommentare über GE anzusehen. Einmal ließ ich Jane sogar am Pool allein, um ins Zimmer zurückzukehren und den Computer einzuschalten. Als sie 20 Minuten später hereinkam, fand sie mich über ihren Laptop gebeugt. Sie wusste, dass ich angebissen hatte. Es war wie damals auf Barbados.

Ich kam mit Verspätung zu dieser digitalen Party, doch als mich das Internetfieber einmal erwischt hatte, wurde ich es nicht mehr los. Plötzlich erkannte ich, dass diese neue Technologie Auswirkungen auf General Electric haben konnte. Ich hatte keine genaue Vorstellung davon, wie diese Auswirkungen aussehen oder wann sie sich bemerkbar machen würden. Doch ich wusste, dass wir uns mit aller Kraft auf das Internet stürzen mussten.

Als die Finanzmärkte Ende der 90er Jahre vom Dotcom-Rausch erfasst wurden, war alle Welt rasch bereit, die herkömmlichen Großunternehmen abzuschreiben. Alles drehte sich nur noch um die Frage, wer welches neue Unternehmen im Internet gegründet hatte. Ich konnte mich mit der populären Gegenüberstellung von Old und New Economy nie anfreunden. In meinen Augen taten die Leute im Internet dasselbe, was sie 100 Jahre zuvor getan hatten: Sie kauften und verkauften Güter. Der einzige Unterschied lag in der Technologie, die sie dafür verwendeten.

Allerdings spielte sich der Handel nun sehr viel schneller und auf globaler Ebene ab, und die Neuerungen erfassten sämtliche Bereiche der wirtschaftlichen Tätigkeit. Die wesentlichen Erkenntnisse für uns bestanden darin, dass man keinen Nobelpreisträger brauchte, um ein Geschäft im Internet einzurichten. Das sahen wir, als der Transportbereich uns zeigte, wie einfach und billig es war, eine Auktionssite einzurichten.

Sobald wir erkannt hatten, dass der Übergang zum digitalen Geschäft nicht schwierig war, wurde uns klar, dass die großen Unternehmen der Old Economy wenig zu befürchten hatten, sofern sie die

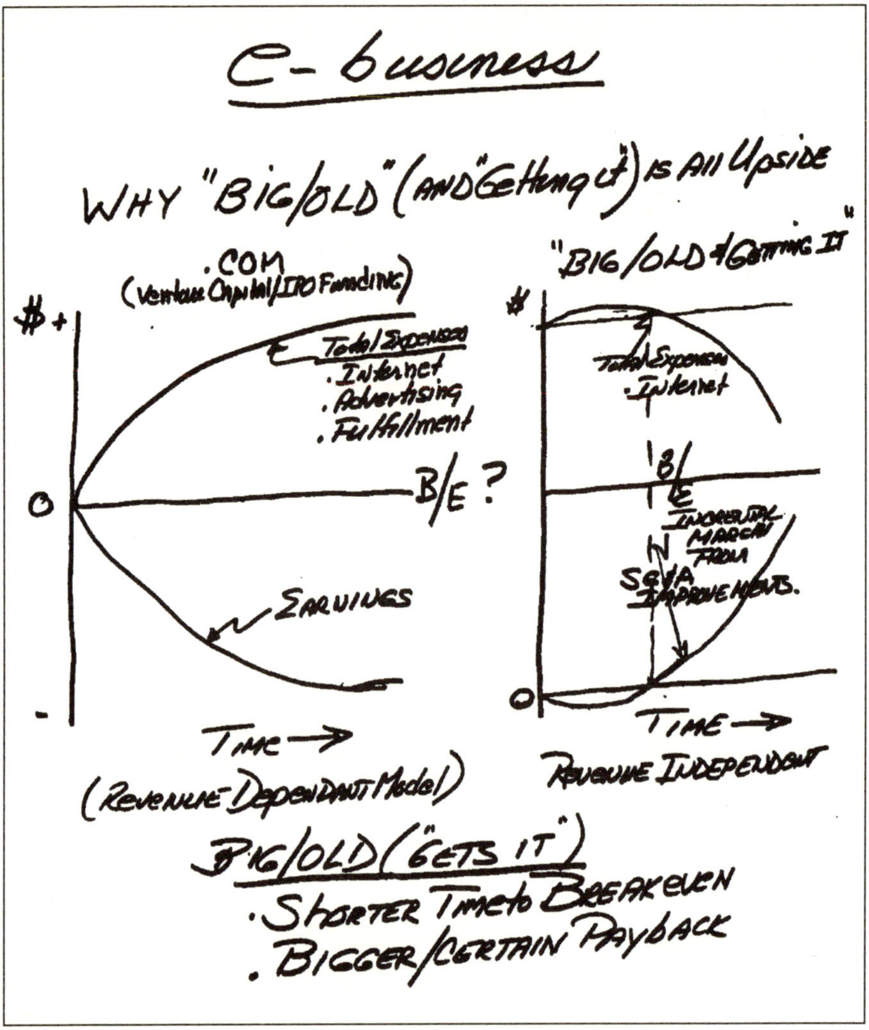

Botschaft verstanden. Tatsächlich verschaffte ihre Größe ihnen sogar einen Vorteil.

Ich zeichnete ein Schaubild, um mir das Internet und seine Auswirkungen auf GE vor Augen zu führen. Zu jener Zeit war die Welt verrückt nach jedem Unternehmen, an dessen Name ein Pünktchen und ein »com« hing. Ich verwendete dieses Schaubild im Unternehmen und gegenüber der Investmentgemeinde. Es trug dazu bei, jene Mitarbeiter zu beruhigen, die befürchteten, unsere Tätigkeit gehöre der Vergangenheit an. Und es gab den Investoren die Sicherheit, dass GE einen Erfolg versprechenden Plan hatte.

Im Dotcom-Modell steigen die Ausgaben für die Entwicklung im Internet, für die Werbung und für die Erfüllung der Aufträge rasch. Die Verluste steigen direkt proportional zu den Ausgaben. Ob und wann die Gewinnschwelle erreicht wird, ist ungewiss und hängt fast immer von der Entwicklung der Einnahmen ab.

Den »großen und alten« Unternehmen entstehen lediglich für die Entwicklung des Internets zusätzliche Kosten. Das große Unternehmen verfügt bereits über starke Marken und über Systeme zur Erfüllung der Aufträge. Es beginnt rasch von den durch das Internet zu erzielenden Einsparungen zu profitieren. Es erreicht die Gewinnschwelle rascher und erzielt eine höhere, sicherere Rendite, wobei der Gewinn üblicherweise von den Einnahmen unabhängig ist.

Das Schaubild zeigte die Vorteile von General Electric gegenüber den Dotcoms. Wir mussten unsere Werbeausgaben nicht erhöhen. Wir besaßen bereits starke Marken. Wir mussten keine Lieferorganisationen aufbauen oder Lagerhäuser errichten. Dank Six Sigma verbesserten wir unsere Abläufe stetig. Wir konnten vom größten Vorzug der Digitalisierung profitieren: Sie ermöglichte es uns, die Tätigkeiten mit geringer Wertschöpfung zu beseitigen. Jeder Prozess kann verbessert werden, um die Produktivität zu erhöhen. Diese Technologie kann die Effizienz großer Unternehmen wesentlich erhöhen.

Das E-Business versetzte uns in die Lage, unsere Märkte auszudehnen, neue Kunden zu finden und globale Lieferantenbeziehungen einzugehen. Unsere Größe verringerte die finanzielle Belastung der einzelnen Einheiten durch Investitionen in die Technologie. Ich gelangte in Bezug auf das Internet zu folgendem Schluss: Wenn die Unternehmen der Old Economy ihre Produktivität und ihre Marktanteile erhöhten, verringerten sich die Wachstumschancen der Unternehmen der New Economy.

Die Skeptiker waren der Meinung, wir könnten unsere Effizienz nicht weiter erhöhen, und fragten mich, ob überhaupt noch Saft in der Zitrone sei. Tatsächlich wurde uns im Internet auf einem goldenen Teller eine neue Zitrone serviert – und dazu eine Pampelmuse und vielleicht auch noch eine Wassermelone.

Wir unterteilten unsere Möglichkeiten im Internet in drei Bereiche: Einkauf, Abwicklung und Verkauf. Wir kauften jedes Jahr Güter und Dienstleistungen im Wert von 50 Milliarden Dollar. Indem wir einen Teil dieser Güter und Dienstleistungen online beschafften, erhielten wir Zugang zu mehr Lieferanten und konnten unsere Kosten verringern. Selbst wenn wir nur einen kleinen Teil unserer Beschaffung über das Netz abwickelten, würde uns das viel Geld ersparen.

Anfangs war die Rede von Einsparungen im Ausmaß von zehn bis 20 Prozent bei praktisch allem, was wir einkauften. Als die tatsächlichen Ergebnisse vorlagen, stellte sich heraus, dass diese Einsparungen eher zwischen fünf und zehn Prozent liegen würden. In vielen Fällen waren mit neuen Lieferanten auch neue Kosten verbunden: Kosten für die Bewertung der Qualität, Zölle, Steuern, Versandkosten und sonstige Gebühren. Dennoch erzielten wir im Jahr 2000, als wir Zulieferungen im Wert von sechs Milliarden Dollar online beschafften, gewaltige Einsparungen. Im Jahr 2001 wird unser netzgestützter Einkauf voraussichtlich ein Volumen von 14 Milliarden Dollar erreichen.

Besonders lohnend waren die Verbesserungen, die uns dank der Digitalisierung in der »Abwicklung« gelangen. In großen Unternehmen erfordert die Abwicklung riesige Abteilungen, die Berge von Papier erzeugen. Die Digitalisierung beseitigt einen Großteil dieses Aufwands und andere lästige Arbeiten und erhöht damit die Qualität vieler Arbeitsplätze. Im Jahr 2000 sparten wir 150 Millionen Dollar ein. Im Jahr 2001 erwarten wir trotz Implementierungskosten von 600 Millionen Dollar Einsparungen von einer Milliarde Dollar in der Abwicklung.

Im Bereich des Verkaufs konnten wir dank des Internets den Kundendienst verbessern. Wir konnten die Aufträge rascher erfüllen. Die Kunden konnten Informationen über ihre Lieferungen einholen, ohne eine Vielzahl von Telefonaten führen zu müssen. Die Zeiten, da Versandmitarbeiter einem Kunden irrtümlich erklärten, seine Bestellung sei auf dem Weg, gehörten jetzt der Vergangenheit an. In Kombination mit Six Sigma ermöglichte es uns das Internet, unsere Kunden besser zu betreuen. Im Jahr 2000 betrug unser Umsatz im Onlineverkauf sieben Milliarden Dollar, und für 2001 rechnen wir mit einem Volumen von 14 bis 15 Milliarden Dollar.

Wirklich ins Rollen kam die Digitalisierung in dem Augenblick, da wir sie in unser Betriebssystem integrierten. Bei unserer Managementversammlung in Boca Raton im Januar 1999 forderte ich die Bereichsleiter auf, bis zu den Strategiesitzungen im Juni Ideen für das E-Business vorzulegen. Im März lud ich den ersten von vier Gästen ein, die vor dem CEC über das E-Business sprechen sollten: Joe Liemandt von Trilogy Systems, Lou Gerstner von IBM, Rich McGinn von Lucent Technologies und John Chambers von Cisco.

Joe Liemandt versetzte uns mit seiner Schilderung der Bedrohung durch die Dotcoms in Angst und Schrecken. Lou Gerstner gab uns mit seiner pragmatischen Einschätzung des Internets und der Rolle der Dotcoms wieder festen Boden unter den Füßen. Rich McGinn erklärte uns die neuen Technologien, die noch in den Kinderschuhen steckten, und beschrieb uns seine Vision der Zukunft des Internets. John Chambers zeigte uns, dass wir die größten Einsparungen erzielen konnten, indem wir das Internet zur Verbesserung unserer internen Abläufe nutzten

Joe Liemandt öffnete uns die Augen für die Gefahren, die uns drohten. Ich hatte ihn in Pittsfield kennen gelernt, als er noch ein Kind war. Sein Vater war in meiner Frühzeit im Kunststoffbereich in Pittsfield als strategischer Planer tätig gewesen. Joe erklärte uns unmissverständlich, dass es dort draußen tausende Kids gab, die nur darauf warteten, uns den Garaus zu machen. Er sagte uns nichts anderes als: »Sie sind groß, fett und plump. Sie sind ein leichtes Ziel.«

Seine beängstigende Prognose war genau das, was wir gebraucht hatten, um GE auf Trab zu bringen. Wir stellten Teams zusammen, die wir in verschiedenen Gebäuden unterbrachten und damit beauftragten, potenzielle Internetmodelle zu analysieren, die für uns das werden konnten, was Amazon.com für den herkömmlichen Buchhandel war.

Mit dem für uns typischen revolutionären Eifer tauften wir diese Einheiten »Destroyyourbusiness.com« (DYB). Wir erhofften uns von den DYB-Teams neue Geschäftsmodelle für unsere bestehenden Unternehmensbereiche. Daher mussten wir die Teams vor Störungen durch jene schützen, die die Arbeit in den Bereichen »auf die übliche Art« machten.

Während einer Geschäftsreise im Frühjahr 1999 machte ich eine lehrreiche Erfahrung. Ich traf den 36 Jahre alten Leiter unserer Konsumkrediteeinheit in London. Im Verlauf unserer Geschäftsanalyse erwähnte er, dass er sich gerade mit seinem Mentor getroffen habe.

»Mit Ihrem Mentor?«, fragte ich. »Warum fungieren *Sie* nicht als Mentor für die viel versprechenden Mitarbeiter?« – »Nein, dies ist etwas anderes«, antwortete er. »Ich setze mich drei bis vier Stunden pro Woche mit einem 23-Jährigen zusammen, der *mir* den Umgang mit dem Internet erklärt. Ich bin der Betreute!«

Diese Idee gefiel mir auf Anhieb. Am folgenden Tag hielt ich in Ungarn vor einer Gruppe ungarischer Unternehmensgründer einen Vortrag. Wie üblich glaubte ich, ihnen alle möglichen Weisheiten zu vermitteln. Nach meinem Vortrag stürmten mehrere Zuhörer auf mich zu, um mir die üblichen Gratulationen zu einer »tollen Rede« angedeihen zu lassen. Dann sagten sie: »Sie haben eine großartige Idee, die wir uns merken werden.« Ich war ein wenig enttäuscht darüber, dass mein »beredter Vortrag« auf eine einzige Idee reduziert worden war. Sie erklärten mir, die Idee des Mentoring sei wirklich sehr nützlich.

Nach meiner Rückkehr forderte ich unverzüglich unsere 500 Spitzenmanager auf, sich Internet-Mentoren zu suchen, die nach Möglichkeit weniger als 30 Jahre alt sein sollten. Diese Betreuer, die vielfach halb so alt wie wir waren, arbeiteten drei bis vier Stunden wöchentlich mit uns Neanderthalern. Ich hatte zwei Mentoren. Meine offizielle Mentorin war Pam Wickham, eine Mitarbeiterin unserer PR-Abteilung. Sie liebte das Internet und wusste alles darüber. Sie hatte wesentlich zur Einrichtung unserer ersten Website im Kunststoffbereich beigetragen und war später mit einer Beförderung in die Zentrale geholt worden.

Meine Assistentin Rosanne übernahm die Aufgabe, mich aus alltäglichen Nöten zu befreien. Jedes Mal, wenn ich nicht weiterwusste, schrie ich: »Ro, Hilfe!« Dann kam sie herein und half mir aus den Schwierigkeiten, in die ich mich gebracht hatte, weil ich meine Möglichkeiten überschätzt hatte. Sie war stets in der Lage, die Probleme zu lösen.

Anfang 2000 dehnten wir das Mentorenprogramm auf 3000 Manager des Unternehmens aus. Hier bot sich die Gelegenheit, die Organisation »auf den Kopf zu stellen«. Intelligente, dynamische Jungmanager kamen in Kontakt mit dem Top-Management. Dabei entdeckten die Manager der oberen Ebenen auch neue Talente und erfuhren mehr darüber, was im Unternehmen tatsächlich vor sich ging.

Wir engagierten sogar einen »Mentor« für den Board. Im Oktober 1999 bot ich Scott McNealy, dem Leiter von Sun Microsystems, einen Direktorenposten an. Er konfrontierte uns im Board mit neuen Konzepten und hielt 1999 in der Führungskräfteversammlung in Crotonville einen Vortrag, der das Management beeindruckte. Scott erwies sich nicht nur als wertvoller und konstruktiver Kritiker, sondern wurde auch ein Golfpartner. (In Anbetracht meines Alters steigen seine Chancen, mich zu besiegen. Scott besitzt auch einen ausgeprägten

Sinn für Humor. Als seine Frau Susan mit dem vierten Kind schwanger wurde, schickte er mir eine E-Mail: »Wir dürfen uns nicht wundern. Wir haben Eishockey ohne Torhüter gespielt.«)

Wir lernten viel, doch wir waren weiterhin versucht, das Dotcom-Modell für Ein- und Verkauf zu kopieren und Methoden zu übernehmen, die sich als kontraproduktiv erweisen konnten. Ein gutes Beispiel war der elektronische Austausch mit Dritten. Wie andere Unternehmen vergaßen auch wir beinahe eine Grundregel des Geschäftslebens: Lasse niemals zu, dass sich jemand zwischen dich und deine Abnehmer oder deine Lieferanten stellt. Es dauert zu lange, diese Beziehungen aufzubauen, und sie sind zu wertvoll, um sie zu verlieren.

Ein gutes Beispiel dafür, welche Fehler wir vermieden, lieferte PlasticsNet, ein Onlinemarktplatz in der Kunststoffbranche. Das Unternehmen hatte kein eigenes Produkt, sondern schnitt sich bei allem, was es verkaufte, ein Scheibchen ab. Es war ein Zwischenhändler, obwohl die Funktion des Internets gerade darin bestand, die Mittelsmänner zwischen Herstellern und Käufern zu beseitigen.

Bei GE hatten wir Polymerland.com. Gary Rogers, der damals den Kunststoffbereich leitete, war einer der Vorreiter des E-Business im Unternehmen. Anders als die Leute von PlasticsNet hatten wir das Produkt und die erforderlichen Informationen. Zu jener Zeit nahm Polymerland weniger als 10 000 Dollar in der Woche aus dem Onlineverkauf ein. Das war kaum der Rede wert, aber PlasticsNet hatte einen geringeren Umsatz.

Um das Internetgeschäft auszubauen, änderte der Kunststoffbereich das Incentivesystem für seine Verkäufer und entsandte E-Business-Spezialisten in die Regionen, um die Kunden mit dem Einkauf über das Netz vertraut zu machen. Das Modell gefiel mir sehr, und ich überhäufte sämtliche Spitzenmanager mit Telefonaten und E-Mails, um es ihnen schmackhaft zu machen. Ich ließ mir jeden Tag die Zahlen schicken. Es war eine großartige Lernerfahrung und ein großer Spaß. Die Manager waren es bald leid, mich über die Website von GE Plastics reden zu hören, und begannen den Leuten von Polymerland nachzulaufen, um ihr Modell zu kopieren. Das Unternehmen lernte.

Wir gingen ursprünglich davon aus, der Kunststoffbereich könne im Jahr 1999 online Waren für etwa 500 Millionen Dollar verkaufen. Schließlich wurde es eine Milliarde. Wir hatten die Möglichkeiten unterschätzt. Wir hatten uns das Ziel nicht hoch genug gesteckt, da wir geglaubt hatten, es handle sich um ein schwieriges Vorhaben.

Doch dem war nicht so. Heute verkauft Polymerland Waren im Wert von 50 Millionen Dollar in der Woche. Der Verkauf 2001 wird die Schwelle von 2,5 Milliarden Dollar überschreiten.

Doch der Kunststoffbereich war nicht allein. Im Jahr 2000 setzte das Unternehmen insgesamt sieben Milliarden Dollar im Internet um. Der Großteil dieser Einnahmen entfiel auf vorhandene Kunden, die nun online bestellten, doch wir fanden auch neue Käufer und erhöhten den Umsatz mit den bestehenden Kunden.

Auf dem Höhepunkt der Dotcom-Hysterie richteten wir wie besessen neue Sites ein. Dies war Ausdruck unserer Begeisterung und Energie, doch Anfang 2000 geriet die Sache zusehends außer Kontrolle. Der Haushaltsgerätebereich gestaltete eine hübsche Site mit dem Titel MixingSpoon.com. Dort fand der Besucher Rezepte und Diskussionsforen, konnte Rabattkupons herunterladen und erhielt Einkaufstipps zu allem, was ein Koch für seine Küche brauchen konnte. Das einzige Problem war, dass auf dieser Site keine Haushaltsgeräte verkauft wurden.

Dies wurde ein warnendes Beispiel für das, was wir als »Dotcom-Nebel« bezeichneten: nett gestaltete Sites, die jedoch keine geschäftliche Existenzberechtigung hatten. Wir lernten, dass man besser auf Websites verzichtet, die keinen finanziellen Nutzen haben (indem sie zum Verkauf von Produkten beitragen oder den Kundendienst verbessern).

Unsere DYB-Teams gelangten rasch zu dem Schluss, im Internet warteten mehr Chancen als Gefahren auf uns. Also formulierten wir ihre Aufgabe neu und machten sie zu »Growyourbusiness.com« (GYB). Von nun an trennten wir sie nicht mehr von den herkömmlichen Geschäftseinheiten, sondern integrierten ihre Konzepte in die bestehenden Geschäftsmodelle.

Im Juni 1999 verschickte ich (allerdings sehr spät) meine erste E-Mail an das gesamte Unternehmen. Innerhalb von 48 Stunden gingen auf einer eigens eingerichteten Site fast 6000 Antworten ein. Mitarbeiter aus allen Geschäftsbereichen und aus aller Welt, von einfachen Fabrikarbeitern bis zu Führungskräften, teilten mir ihre Gedanken, Eindrücke, Klagen und Sorgen mit. Das ganze Unternehmen begann, sich am neuen Spiel zu beteiligen.

Unsere E-Business-Initiative hat zahlreiche neue Verfahren hervorgebracht. Der Kunststoffbereich hat in den Speichersilos einiger seiner großen Kunden elektronische Sensoren installiert, die automatisch eine Meldung an unsere Lager schicken, wenn die Materialvorräte des Kunden schwinden. Zur Auffüllung der Bestände wird eine Bestellung über das Internet ausgelöst. GE Capital nutzt das Internet, um anhand der Umsatzrechnung seiner Kreditkunden den täglichen Bargeldfluss zu überwachen. GE Capital sieht sofort, wenn ein Kunde in Zahlungsschwierigkeiten gerät, und kann die potenziellen Verluste begrenzen.

Jeden Freitag besprachen wir in der Unternehmensführung die Zahlen, die unsere 22 größten Unternehmensbereiche in den Bereichen Einkauf, Abwicklung und Verkauf vorzuweisen hatten: Was hatte ein Bereich online eingekauft, wie viele Auktionen hatte er durchgeführt, wie groß war der Preisabschlag in den Auktionen gewesen, welches Ziel hatte sich der Bereich für das Jahr gesteckt? Da diese wöchentlichen Zahlen laufend begutachtet wurden, trieben sie die Bereiche zu größerer Aktivität an.

Das E-Business ist die einzige Aktivität, in der die Ziele, die man sich heute steckt, in 30 Tagen lächerlich wirken können. Die Lernkurve ist extrem steil. Wir waren jedes Mal schockiert, wenn wir auf das zurückblickten, was wir zu wissen *geglaubt* hatten.

Eine weitere wichtige Lektion brachte uns John Chambers von Cisco bei. Er drängte uns, die neben den Online-Arbeitsprozessen weiter bestehenden Offline-Arbeitsabläufe zu beseitigen. Solange wir dies nicht täten, würden die Mitarbeiter weiterhin mit Papier arbeiten und nicht wirklich zur Digitalisierung übergehen. Die Folge seien Produktivitätseinbußen. Wenige Monate nach Johns Vortrag wimmelte es bei Cisco von GE-Managern. Mehr als 150 unserer Führungskräfte wollten wissen, wie Cisco seine Arbeitsabläufe digitalisiert hatte. Bald begannen wir, Drucker und Netzwerkkopierer zu entfernen und sämtliche Reise- und Ausgabenberichte, Gehaltsinformationen und interne Finanzberichte über das Netz abzuwickeln.

Das ganze Unternehmen begann digital zu arbeiten. Mittlerweile gibt es Bereichsleiter, die in ihren Büros kein Papier mehr dulden. Doch um dies zu erreichen, musste die gesamte Organisation vollkommen umdenken.

Im Frühjahr hörte ich mir eine Analyse der E-Business-Aktivitäten unseres Bereichs Hypothekarversicherungen an. Der Bereichsleiter hatte eine Strategie entwickelt, um die Arbeitsabläufe von »Berührungspunkten« zu reinigen – gemeint waren jene Schritte im Bewilligungsprozess, in denen ein Mitarbeiter mit Papier arbeiten musste. Der Bereich hoffte bis zu 30 Prozent seiner Gemeinkosten zu beseitigen.

Dies gab den Anstoß zu unserer »e-make«-Strategie. Wir gelangten zu dem Schluss, dass wir mit der Digitalisierung der Arbeitsabläufe gewaltige Einsparungen erzielen konnten: Zehn Milliarden Dollar oder 30 Prozent unserer gesamten Betriebskosten. Die Aussicht war verlockend. Wir bemühten uns seit jeher um größere Effizienz, doch in der Digitalisierung fanden wir den heiligen Gral der Kostensenkung.

Das E-Business wird viele Tätigkeiten verbessern. Nehmen wir zum Beispiel den Verkauf: Heute verbringt ein Verkäufer zwischen 30 und 35 Prozent seiner Zeit mit dem Kunden. Er muss zu viel Zeit für die Verwaltung, für die Ausstellung von Aufträgen, für Diskussionen über Außenstände und für die Suche nach verspäteten Lieferungen aufwenden. Im Internet können all diese Aufgaben effizienter bewältigt werden. Wir verschaffen den Verkäufern mehr Zeit für das Gespräch mit ihren Kunden, nehmen ihnen die Aufgabe ab, Bestellungen aufzunehmen, und geben ihnen die Möglichkeit, sich in Berater ihrer Kunden zu verwandeln.

Unser medizinischer Bereich gibt Ärzten oder Radiologen in Denver heute die Möglichkeit, im Internet ihren Patientendurchsatz mit dem tausender anderer – nicht genannter – Kollegen in aller Welt zu vergleichen. Diese Leistungsdaten ermöglichen ihnen festzustellen, wo sie stehen. Wir bieten ihnen über das Internet Dienste an, um die festgestellten Mängel zu beheben.

Unser Bereich Energiesysteme ermöglicht es den leitenden Ingenieuren der lokalen Versorgungsunternehmen, im Internet den Treibstoffverbrauch ihrer Turbinen mit dem von fast 100 anderen Stromversorgern zu vergleichen, deren Namen ebenfalls nicht genannt werden. Ein Mausklick genügt, um ein Wartungspaket zu bestellen, das es diesen Ingenieuren erlaubt, die Leistungen ihrer Anlagen zu verbessern.

Das E-Business und die von GE installierten Ausrüstungen sind füreinander gemacht. Wir integrierten das E-Business in unseren genetischen Code, da wir erkannten, dass es uns die Möglichkeit gab, General Electric neu zu erfinden.

Was mich betrifft, so kämpfe ich immer noch mit meinem Computer: »Ro, bitte hilf mir! Ich bin stecken geblieben.«

TEIL V
EIN BLICK ZURÜCK
UND EIN BLICK NACH VORN

23 »Go Home, Mr. Welch«

Am 7. Juni 2001 flogen wir nach Brüssel, in der Hoffnung, die Europäische Kommission zur Genehmigung der Übernahme von Honeywell International zu bewegen. Acht Monate zuvor hatten Mike Bonsignore, der Chairman von Honeywell, und ich diese 44 Milliarden Dollar teure Akquisition in einer NBC-Sendung bekannt gegeben. Seit damals arbeiteten tausende Mitarbeiter beider Unternehmen fieberhaft an der Ausführung der Fusionspläne.

Als ich mit Mike Smith, dem Leiter des Flugelektronikbereichs von Honeywell, in New York ins Flugzeug stieg, versuchte unser Team in Brüssel gerade eine Lösung für die Einwände zu finden, die der EU-Fusionsausschuss gegen die Übernahme geäußert hatte. Einige Tage zuvor hatten wir angeboten, Teile von Honeywells Raumfahrtbereich im Wert von 425 Millionen Dollar abzustoßen.

Davor hatten wir der Europäischen Kommission vorgeschlagen, die Produktion der neuen Triebwerke für Regionalflugzeuge und der Triebwerkstarter von Honeywell zu veräußern. Zu den Käufern dieser Produkte zählten GE selbst sowie unsere größten Konkurrenten im Triebwerksbereich, Rolls-Royce und Pratt & Whitney. Wir hielten diese Zugeständnisse für ausreichend, da Vertreter der Wettbewerbsbehörden in den USA und elf anderen Ländern beide Veräußerungen bereits für unnötig erklärt hatten.

Am Abend vor unserer Abreise nach Brüssel hatte überraschend das Büro von EU-Wettbewerbskommissar Mario Monti angerufen, um die für Freitag geplante Besprechung abzusagen. Das war offensichtlich kein gutes Zeichen. Dennoch setzte unser Team in Brüssel die Verhandlungen fort und prüfte die Reaktion des Fusionsausschusses auf unseren neuesten Vorschlag. Die Verhandlungen gestalteten sich schwierig, weil der Ausschuss uns immer wieder aufforderte, neue Vorschläge vorzulegen. Im Grunde waren wir gezwungen, gegen uns selbst zu verhandeln.

Trotz dieser Hindernisse hoffte ich auf eine Einigung mit der EU-Kommission. Im Flugzeug erklärte mir Mike die strategische Bedeutung der einzelnen Teile seines Flugelektronikbereichs. Sollte die EU-Kommission sich mit unserem letzten Angebot nicht zufrieden geben, würden wir versuchen, ihr die Fusion mit anderen Offerten in der Höhe von 30 bis 50 Millionen Dollar schmackhaft zu machen.

Für Mike war die Aussicht, einige Teile seines Geschäftsbereichs zu verlieren, sicher nicht angenehm. Er und sein Team hatten viele Produktlinien ganz neu aufgebaut. Als wir über eine mögliche Veräußerung sprachen, hatte ich das Gefühl, ihm seine Kinder wegzunehmen. Wenn irgendein Vorgesetzter damals einen Teil meines Kunststoffbereichs verkauft hätte, hätte ich das wie eine Amputation empfunden.

Dann kam ein Anruf von Dennis Dammerman und Ben Heineman aus Brüssel. Der EU-Fusionsausschuss forderte weitere Zugeständnisse in Milliardenhöhe – von Millionen war keine Rede mehr. Den Verkauf von Mikes Geschäftseinheiten konnten wir damit vergessen. Veräußerungen im Wert von ein paar Millionen Dollar würden offensichtlich nicht ausreichen, um die Fusion bei der EU durchzubringen.

Das Geschäft, das von den Medien als größte Industriefusion aller Zeiten bezeichnet wird, begann ganz harmlos.

Am 19. Oktober 2000 traf ich in der New Yorker Börse meinen alten Freund Azim Premji. Azim ist ein Unternehmer, den ich elf Jahre zuvor bei meiner ersten Indienreise kennen gelernt hatte. Er war gerade in New York, um den Börsengang seines Unternehmens Wipro zu feiern. Nachdem Azim um vier Uhr nachmittags die Schlussglocke geläutet hatte, bat ihn Bob Pisani von CNBC um ein Interview. Plötzlich drehte sich Bob zu mir um und hielt mir das Mikrofon unter die Nase. Er fragte mich, was ich von der Meldung halte, dass United Technologies Honeywell übernehmen könnte. »Das ist eine interessante Idee«, presste ich hervor. »Was werden Sie tun?«, fragte er. »Wir werden in Ruhe darüber nachdenken.«

Tatsächlich fiel ich vor Schreck fast um. Ich blickte zum Ticker hoch und sah, dass der Aktienkurs von Honeywell um fast zehn Dollar gestiegen war. Die Nachricht kam völlig überraschend für mich und setzte mir wirklich zu.

Einige Monate zuvor hatten wir eine Übernahme von Honeywell erwogen. Das Unternehmen schien gut zu GE zu passen. Es gab drei wesentliche Bereiche, in denen die Geschäfte von Honeywell sich mit unseren überschnitten: Flugzeugtriebwerke, Industriesysteme und Kunststoffe. Auf der Produktebene gab es keine direkten Überschneidungen. So war Honeywell bei den Triebwerken für kleine Firmenjets führend, während GE bei den großen Düsenflugzeugen eine führende Position einnahm. Insgesamt würde GE durch die Übernahme 25 Milliarden Dollar an Einnahmen und 120 000 Angestellte dazugewinnen.

Nachdem wir die Kosten durchgerechnet hatten, kamen wir Anfang Februar 2000 zu dem Schluss, dass Honeywell zu teuer sei. Die Aktien wurden damals für 50 bis 60 Dollar gehandelt.

Seit Februar hatte sich allerdings viel geändert. Larry Bossidy, der Ende 1999 AlliedSignal mit Honeywell fusioniert hatte und Chairman geworden war, trat im April zurück. Im nächsten Quartal gab Honeywell eine Gewinnwarnung, und der Aktienkurs fiel. Am Tag vor meinem Besuch an der Börse waren die Aktien für 36 Dollar zu haben.

Das schwache Quartal hatte den Marktwert des Unternehmens von über 50 Milliarden Dollar Anfang 2000 auf 35 Milliarden gedrückt.

Ich musste so schnell wie möglich mehr über den Verkauf an United Technologies (UT) erfahren. Ich rief unser Boardmitglied Si Carthcart an und erinnerte ihn daran, dass wir uns bereits ein paar Monate zuvor für Honeywell interessiert hatten. Zum aktuellen Aktienkurs war das Unternehmen sehr interessant für uns. Ich bat Dennis Dammerman, am nächsten Morgen mit einem Team nach New York zu kommen, um die Möglichkeit einer Akquisition zu besprechen.

Wir waren gerade dabei, meinen Nachfolger auszuwählen, also rief ich die drei Kandidaten an, die es in die Endauswahl geschafft hatten, um die Sache mit ihnen zu besprechen. Alle drei waren dafür, insbesondere Jim McNerney, der Leiter unseres Triebwerksbereichs.

In den vorangegangenen Wochen hatten McNerney und sein COO Dave Calhoun mit einem Team von Bankern die Möglichkeit eines Geschäfts mit Honeywell geprüft. Außerdem wusste ich, dass sich Lloyd Trotter, der Leiter von GE Industrial Systems, für den Industriebereich von Honeywell interessierte. Lloyd hatte sich schon vor der Fusion von Honeywell mit AlliedSignal für eine Übernahme ausgesprochen.

Am nächsten Morgen, es war ein Freitag, kamen mehrere GE-Teams mit dem Hubschrauber aus Fairfield nach New York. Ich rief Bill Harrison, den Chairman von Chase Manhattan, an und bat ihn, mir seinen Stellvertreter Geoff Boisi, den Leiter des Investmentbankings, als Berater zur Verfügung zu stellen. Boisi hatte tatsächlich Zeit und stieß wenig später zu unserem Team, um die Zahlen unter die Lupe zu nehmen.

Jim McNerney und Dave Calhoun nahmen per Videokonferenz an der Diskussion teil. Sie waren der Meinung, Honeywells Flugelektronikbereich passe hervorragend zu unserem Triebwerksbereich. Und es gab keinerlei Überschneidungen. Honeywells Bereich für kleine Triebwerke würde uns Zugang zu einem Markt verschaffen, den wir bis dahin unseren Hauptkonkurrenten Rolls-Royce und Pratt & Whitney überlassen mussten. Lloyd Trotter gelangte bei seiner Analyse des Industriebereichs zu demselben Ergebnis.

Wir kamen zu dem Schluss, dass wir Honeywell ein besseres Angebot unterbreiten konnten als United Technologies. Zwischen den Produkten von Honeywell und UT gab es eine Reihe von Überschneidungen. Darüber hinaus waren Probleme mit der Wettbewerbsaufsicht im Fall von UT wesentlich wahrscheinlicher. Es war uns klar, dass wir schnell handeln mussten. Wir hatten erfahren, dass die Boards der beiden Unternehmen kurz davor standen, die Fusion zu genehmigen. Aber wir hatten einen Vorteil, der uns ein Gegenangebot erleichterte. Die Bedingungen der Übernahme durch UT waren durchgesickert. UT wollte Honeywell mit seinen Aktien kaufen und bewertete das Unternehmen mit etwas über 50 Dollar je Aktie. Das waren insgesamt rund 40 Milliarden Dollar. Es war ein gutes Geschäft für United Technologies, und ich wusste, dass wir mehr bieten konnten.

Dennis und ich hatten darüber gesprochen, ob sich das Geschäft auf meinen Rücktritt am 30. April 2001 auswirken könnte. Wenn wir die Fusion durchzogen, würde ich länger bleiben müssen. Ich konnte von meinem Nachfolger unmöglich verlangen, mit einer Akquisition dieser Größenordnung allein fertig zu werden.

Allerdings kam es für mich eigentlich nicht infrage, in den Ruhestand zu treten und das größte Geschäft in der Geschichte von GE sausen zu lassen. Schließlich kamen wir zu folgendem Ergebnis: Sollten wir Honeywell übernehmen, würde ich meinen Rücktritt verschieben. Die Entscheidung über meinen Nachfolger sollte aber zum bereits vereinbarten Zeitpunkt fallen. Der Auserwählte würde dann eben einige Monate länger, als ursprünglich geplant, »designierter Chairman« sein. Als ich Dennis und die Boardmitglieder anrief und ihnen den Vorschlag machte, die Übernahme von Honeywell zu versuchen, stimmten sie zu.

Am nächsten Vormittag rief ich in der Zentrale von Honeywell in Morristown (New Jersey) an, um mit Mike Bonsignore zu sprechen. Er war bereits in einer Besprechung mit seinem Board, um das Angebot von UT zu diskutieren. Mikes Sekretärin wollte die Sitzung nicht unterbrechen. Zum Glück kannte meine Sekretärin Rosanne Badowski Mikes Sekretärin. Ro rief sie an und überzeugte sie, dass es dringend war. Sie richtete ihr von mir aus, dass ich sofort eine Presseaussendung mit einem Angebot für Honeywell losschicken werde, wenn sie Mike nicht aus der Sitzung hole.

Mike kam ans Telefon und erklärte mir, der Board stehe fünf Minuten vor dem Abschluss des Geschäfts. »Tun Sie das nicht«, sagte ich. »Ich möchte Ihnen einen besseren Deal vorschlagen.«

Ich bot Mike an, sofort in den Hubschrauber zu steigen. In einer Stunde würde ich in Morristown sein. Er sagte, das sei nicht nötig. Doch er brauchte ein schriftliches Angebot von uns. »Kein Problem. Ich faxe Ihnen gleich etwas durch.«

Ich schrieb unser Angebot in groben Zügen auf ein Blatt Papier, das er zehn Minuten später in Händen hielt. Mein Vorschlag war ein Aktientausch im Verhältnis von eins zu eins. Als Schlusssatz fügte ich hinzu: »Mike, ich würde gerne so bald wie möglich nach Morristown kommen, um alle Ihre Fragen zu beantworten.«

Nach meinem Fax und weiteren Telefonaten unterbrach der Board von Honeywell die Sitzung und verschob die Entscheidung über das Angebot von UT. Der Board von UT hatte dem Geschäft bereits zugestimmt und wartete auf eine Nachricht von Honeywell. Doch Mike hatte UT vorläufig auf die Warteliste gesetzt, und wir hatten einen Fuß in der Tür.

Nach Börsenschluss erklärte United Technologies, es habe die Fusionsgespräche beendet. Es dauerte nicht lange, bis durchsickerte, dass GE in das Geschäft eingestiegen war. Als ich am Freitagabend aus dem Büro ging, sah es gut für uns aus. Ich fuhr ins Zentrum, um Andy Lack, den Nachrichtenchef von NBC, zu treffen. Wir waren mit ihm und seiner Frau Betsy in einem italienischen Restaurant namens Campagna in der 21. Straße zum Abendessen verabredet. Ich hatte

Jane noch nicht erreicht und erzählte ihr nun begeistert von den guten Neuigkeiten.

Sie war weniger begeistert, verstand aber, warum die Sache für mich so wichtig war. Sie freute sich auf meine Pensionierung im April. Wir hatten begonnen, ein neues, kleineres Haus in Fairfield zu planen, und erst eine Woche zuvor hatte ich den Mietvertrag für ein Büro in Shelton (Connecticut) unterschrieben. Außerdem hatten wir vor, im Juni zehn Tage Urlaub auf Capri zu machen. Wenn wir Honeywell kauften, würde dieser Urlaub vermutlich ins Wasser fallen.

Am nächsten Morgen berichteten die Zeitungen bereits über die Verhandlungen.

Am Samstagnachmittag fand eine erste Besprechung in New York statt, an der auf unserer Seite Dennis Dammerman, Ben Heineman, unser neuer Finanzleiter Keith Sherin, der Dammerman abgelöst hatte, und ich teilnahmen. Für Honeywell waren Mike Bonsignore, Hauptanwalt Peter Kreindler und Finanzleiter Richard Wallman gekommen. Wir trafen uns bei den Anwälten von Honeywell am Times Square und verhandelten zwei Stunden lang über den Preis, ohne zu einer Einigung zu gelangen. Unser Angebot – alles in GE-Aktien – lag etwas unter 45 Milliarden Dollar. UT hatte fast fünf Milliarden weniger geboten.

Ich bot für jede Honeywell-Aktie eine GE-Aktie. Mike wollte aber 1,1 GE-Anteile und ließ keinen Millimeter nach. Als ich mein Angebot schließlich auf 1,055 Anteile verbesserte, waren wir uns einig. Wir besiegelten das Geschäft mit einem Handschlag.

Nachdem Mike die Vereinbarung mit seinem Board besprochen hatte, musste ich ihnen versprechen, dass ich in der Übergangszeit bei GE bleiben würde.

Ich fuhr schnell ins Büro zurück, damit unsere Anwälte die Details ausarbeiten konnten. Zur Feier des Tages gönnte ich mir etwas ganz Besonderes: Ich fuhr zum Yankee-Stadion hinaus, wo an diesem Abend das Eröffnungsspiel der World Series zwischen den Yankees und den Mets stattfand. Ich kam gerade rechtzeitig zum Spielbeginn ins Stadion.

Am Sonntag arbeiteten die Anwälte und Investmentbanker die Vertragsbedingungen aus. Für einen Außenstehenden sah das Geschäft wahrscheinlich wie eine Blitzaktion aus. Doch in Wirklichkeit hatten wir Honeywell bereits seit drei Jahren im Visier. Als AlliedSignal und

Honeywell dann fusionierten und der Aktienkurs fiel, mussten wir nicht mehr lange nachdenken.

Das Angebot von United Technologies ließ unser Angebot lediglich spontan erscheinen.

Vieles an diesem Geschäft erinnerte mich an den RCA-Deal. Doch diesmal waren Luftfahrzeuge das strategische Kernstück. Der Kauf von Honeywell verdoppelte die Größe unseres Luftfahrtbereichs, erweiterte unsere Palette von Triebwerken und eröffnete uns den Zugang zu einem neuen Bereich: zur Flugelektronik, das heißt zum Gehirn des Flugzeugs.

Unsere Industriebereiche verdoppelten durch die Akquisition ihren Umfang. Wir bekamen einige neue Produktlinien bei den Chemikalien und im Kunststoffbereich Nylon dazu. Wie beim Kauf von RCA kamen auch einige Nischenbereiche hinzu, die uns in Zukunft sehr nützlich sein konnten.

Es gab allerdings einen großen Unterschied zum RCA-Deal: Damals hatten wir 19 Prozent von GEs Marktwert investiert, um an Erträge heranzukommen, die 14 Prozent der unsrigen ausmachten. Im Fall von Honeywell stand einem Marktwert von acht Prozent ein Ertragsanteil von 16 Prozent gegenüber. Ich war sicher, dass wir aus Honeywell wesentlich mehr herausholen konnten, wenn wir denselben Weg wie bei GE einschlugen: Wir mussten den Dienstleistungsbereich ausbauen sowie Six Sigma und das E-Business einführen. Wir rechneten mit Einsparungen von 1,5 Milliarden Dollar durch diese Initiativen und andere Maßnahmen zur Produktivitätssteigerung.

Darüber hinaus schlossen wir das Geschäft in einer Zeit ab, in der es GE besser ging als je zuvor. Wir würden das Jahr 2000 mit einem Rekordumsatz von 130 Milliarden Dollar und Rekordgewinnen von 12,7 Milliarden Dollar abschließen, was einer Gewinnsteigerung von 19 Prozent entsprach. Das bedeutete, dass sowohl unsere Umsätze als auch die Gewinne fünf Jahre hintereinander zweistellig gewachsen waren.

Am Sonntag überlegten wir gemeinsam mit unserer PR-Leiterin Beth Comstock, wie wir den Analysten an der Wall Street und den Medien die Akquisition von Honeywell verkaufen sollten. Beth ist ein Vollprofi. Ich entdeckte sie bei NBC, wo sie zuerst für die PR der Nachrichtenabteilung verantwortlich war und später die PR für die gesamte Sendergruppe leitete. Sie war die mit Abstand ranghöchste Mitarbeiterin, die von NBC zu GE gekommen war.

Als immer mehr Einzelheiten des Geschäfts durchsickerten, stellte sich Beth den zahllosen Journalistenfragen, die am Sonntagvormittag auf uns herabprasselten, und plante die Pressekonferenz, bei der wir die Übernahme bekannt geben würden. Ich wusste, dass die Medien aus der Verschiebung meines Rücktritts eine große Sache machen würden. Doch ich wollte, dass sie über die Fusion berichteten und nicht über einen Geschäftsführer, der sich an seinen Job klammert. Es wäre ganz leicht gewesen, mit einem Paukenschlag abzutreten. Ich schlug Beth vor, bei der Pressekonferenz ein Dia von einem Mann zu zeigen, der sich mit letzter Kraft irgendwo anklammert, um nicht in die Tiefe zu stürzen. Ich war der Meinung, wir konnten die Sache ebenso gut mit Humor angehen. (Leider schafften wir es nicht, bis zur Pressekonferenz ein solches Dia aufzutreiben.)

Auf jeden Fall waren am Sonntagabend alle Papiere unterschrieben.

Am nächsten Morgen traf ich mich mit Mike Bonsignore zu einem kurzen Frühstück. Danach standen wir den Journalisten und Analysten vier Stunden lang Rede und Antwort. Es begann mit einer Pressekonferenz um neun Uhr in einem völlig überfüllten NBC-Aufnahmestudio. Mike und ich saßen auf den Regiestühlen und beantworteten dutzende Fragen.

»Ich möchte Ihnen meine neue Eroberung vorstellen.«

»Er hat Recht«, sagte Mike. »Ich habe in den letzten 72 Stunden mehr Zeit mit Jack verbracht als mit meiner Frau.«

Wir erklärten unsere Beweggründe für die Fusion. Ich versuchte dabei jeden Verdacht zu zerstreuen, mit dem Kauf von Honeywell nur meinen Abschied hinauszögern zu wollen.

»Hier geht es nicht um einen alten Esel, der seinen Platz nicht räumen will«, sagte ich. »Keine Sorge. Ich werde kein weiteres 50-Milliarden-Dollar-Geschäft abschließen, um dann noch einmal sechs Monate bei GE herumzuhängen.«

Als jemand fragte, wie es mit der Genehmigung der Regulierungsbehörden aussehe, antwortete ich, dass es keine Probleme geben sollte. Ich erklärte, das Geschäft werde irgendwann im Februar unter Dach und Fach sein. »Das ist das sauberste Geschäft, das Sie je gesehen haben.« (Ich glaube das noch immer, ebenso wie praktisch alle Welt mit Ausnahme der Europäischen Kommission.)

An diesem Abend war ich sehr zufrieden. Der Tag war gut verlaufen. Da es schon spät war, blieb ich in New York und fuhr nicht mehr nach Hause. Als ich meine Kontaktlinsen herausnahm, verletzte ich die Hornhaut eines Auges. Ich ging ins Bett und versuchte einzuschlafen, doch die Schmerzen waren zu groß. Ich rief meinen Arzt an, der mir riet, sofort ins Krankenhaus zu fahren. Zu allem Überfluss erwischte ich einen Taxifahrer, der kein Wort Englisch sprach und mich zuerst zu einer falschen Adresse brachte. Es war nach Mitternacht, als ich endlich in der überfüllten Notaufnahme eintraf. Ich musste zwei Stunden warten. Immerhin konnte der Arzt mir helfen.

Bis ich ein Taxi fand, das mich nach Hause brachte, dauerte es wieder eine Weile. Um drei Uhr lag ich endlich im Bett. Dieser unerfreuliche Vorfall mitten in der Nacht holte mich schnell in die Wirklichkeit zurück. Vielleicht hätte ich ihn als schlechtes Omen verstehen sollen.

Das Letzte, womit ich gerechnet hatte, war eine langwierige Wettbewerbsuntersuchung der Europäischen Kommission. Da die Kommission die Fusion von AlliedSignal und Honeywell im Jahr zuvor genehmigt hatte, ging ich davon aus, dass es von dieser Seite keine Probleme geben würde. Honeywell musste damals nur ein paar kleine Zugeständnisse in der Höhe von etwa 30 Millionen Dollar an das französische Elektronikunternehmen Thales machen, um die Bewilligung zu erhalten.

Die EU-Kommission hatte zwar eine große Fusion im Telekommunikationsbereich zwischen WorldCom und Sprint sowie die Fusion von Time Warner und EMI verhindert, doch in diesen beiden Fällen hatten sich einige Produktbereiche überschnitten.

Die ersten Zweifel kamen uns im Januar. Wir hörten, dass Thales in Brüssel Stimmung gegen die Fusion machte und die Kommission dazu drängte, von Honeywell alle möglichen Zugeständnisse zu verlangen.

Ich flog am 11. Januar nach Brüssel, um Kommissar Monti und seinen Stab kennen zu lernen. John Vassallo, GEs Verbindungsmann zur EU, und unsere externen Anwälte nahmen ebenfalls an dieser ersten Besprechung teil. Ich forderte die Kommission auf, ihre Entscheidung bereits in der so genannten »Phase 1« bekannt zu geben. Der Stichtag für diese Phase war der 6. März. Sollte sie bis dahin zu keiner Entscheidung gelangen, würde eine »Phase 2« folgen, die bis Juli dauern konnte.

Kommissar Monti eröffnete die Besprechung mit dem Hinweis, dass die Zusammenarbeit zwischen den Teams hervorragend sei und sehr geschätzt werde. Nachdem wir eine Weile über das Verfahren gesprochen hatten, betonte ich, wie wichtig eine Genehmigung in Phase 1 sei, obwohl ich natürlich wusste, dass jedes Unternehmen dasselbe behauptete.

Doch in unserem Fall war eine rasche Genehmigung tatsächlich wichtig. Honeywell und AlliedSignal waren erst seit einem Jahr verschmolzen und noch nicht vollständig integriert. Jede Verzögerung würde die bestehenden Probleme noch vergrößern. Ich sagte, ich würde alles tun, um die Bedenken der Kommission so rasch wie möglich auszuräumen.

Es war mir bekannt, dass einige Konkurrenten in der Prüfung durch die EU-Kommission eine Möglichkeit sahen, für sich ein paar »Leckerbissen« aus den Assets von Honeywell herauszuschlagen. Wir wussten, dass ihnen schon beim Gedanken an diese Geschäftsbereiche das Wasser im Mund zusammenlief. Kommissar Monti betonte aber, dass unsere Rivalen keinen Einfluss auf das Geschäft haben würden: »Ich versichere Ihnen, dass eigennützige Absichten Ihrer Konkurrenten in dieser Untersuchung keine Rolle spielen werden.«

Als ich fragte, ob den Angaben von Konkurrenten und Kunden die gleiche Bedeutung beigemessen werde wie unseren, erklärten Kommissar Monti und Enrique Gonzalez-Diaz, der die Untersuchungen des Fusionsausschusses leitete, dass beide Quellen wichtig und notwendig für das Verfahren seien.

Gonzalez-Diaz meinte, Konkurrenten seien eine gute Quelle für sachliche Informationen. Außerdem sei er verpflichtet, sich ihre Bedenken anzuhören. Er fügte hinzu, sie jedoch meistens »cum grano salis«, also mit Vorbehalten, zur Kenntnis zu nehmen. (Was darunter zu verstehen war, erfuhr ich erst später.)

»Kann ich noch irgendetwas tun?«, fragte ich. »Ich habe noch nie an einem solchen Verfahren teilgenommen.« »Sie tun bereits alles, was von Ihnen erwartet wird«, antwortete Kommissar Monti. »Wir werden alle Möglichkeiten ausschöpfen, um das Verfahren zu beschleunigen. Ich garantiere persönlich dafür.«

Nach dieser Besprechung ging ich mit Kommissar Monti Mittagessen. Er machte einen freundlichen und intelligenten Eindruck auf mich, wenn er auch etwas förmlich war. Wir unterhielten uns über alles mögliche und verstanden uns gut. Dennoch bestand er darauf, mich mit dem Nachnamen anzusprechen. »Mr. Monti, bitte sagen Sie Jack zu mir«, forderte ich ihn auf. »Ich werde Sie erst Jack nennen, wenn der Fall abgeschlossen ist«, antwortete er.

Dennoch war ich nach diesem zweieinhalbstündigen Mittagessen optimistisch, dass wir bald eine Genehmigung erhalten würden. Doch Mitte Februar kamen schlechte Nachrichten. Anscheinend wollte der EU-Fusionsausschuss eine umfassendere Untersuchung einleiten, die bis zu vier Monaten dauern konnte. Ich beschloss, wieder nach Brüssel zu fliegen, um weitere Verzögerungen zu vermeiden.

Am 25. Februar, einem sonnigen Sonntagnachmittag, flog ich direkt von Florida nach Brüssel. Bei unserer Ankunft in Brüssel am Montagmorgen schneite es. Ben Heineman und ein Team von Anwälten stießen zu uns, um die weitere Strategie zu besprechen. Danach fuhren wir alle zur Zentrale der Europäischen Kommission.

Kommissar Monti hatte sich anscheinend entschlossen, den Stichtag auf Juli zu verschieben. Ich beschrieb ihm eine Stunde lang die katastrophalen Folgen für uns und hatte das Gefühl, auf Verständnis zu stoßen. Ich konzentrierte mich auf die Leistungen von General Electric in Europa und erwähnte unseren bemerkenswerten Erfolg bei der Sanierung von verstaatlichten Unternehmen sowie unsere starke Präsenz in Europa, wo wir 85 000 Mitarbeiter beschäftigten. Außerdem wies ich noch einmal darauf hin, dass es zwischen Honeywell und GE in keinem Bereich Überschneidungen gebe. Wir boten weitere Zugeständnisse an, die über den Verkauf von Geschäftsbereichen hinausgingen, um alle Bedenken der Europäischen Kommission auszuräumen. Am Ende meines Vortrags betonte ich noch einmal, wie wichtig eine rasche Entscheidung sei.

Meine Argumente schienen einen gewissen Eindruck auf Kommissar Monti gemacht zu haben. Er schlug uns vor, im Hotel zu warten, während er und seine Mitarbeiter meine Argumente noch einmal durchgingen. Gegen halb sieben wurden wir verständigt, dass die Besprechung beendet sei. Wir fuhren also wieder zurück, nur um zu erfahren, dass sie ihre Meinung nicht geändert hatten und »Phase 2« einleiten würden.

Darüber hinaus brachten sie einige sehr ungewöhnliche Einwände gegen die Fusion vor, die weit über die üblichen Kartellbedenken hinausgingen. Sie wollten die »umfassendere Auswirkung« untersuchen, die die starke Präsenz von GE und Honeywell in der Flugzeugindustrie haben würde.

Kommissar Monti war mir sympathisch, aber ich fand keinen Zugang zu ihm. Es war enttäuschend. Die Kommission hatte nichts von einer raschen Genehmigung der Fusion. Einige der lautesten Beschwerden kamen von europäischen Unternehmen, besonders von Rolls-Royce und Thales. Doch auch unsere amerikanischen Konkurrenten, darunter United Technologies und Rockwell Collins, stimmten in den Chor der Gegner ein.

Ich war immer noch zuversichtlich, dass sich eine Lösung finden würde. Obwohl die Regulierungsbehörden die Fusion vorerst blockierten, arbeiteten tausende Menschen auf beiden Seiten Tag und Nacht, um sicherzustellen, dass für den Fall eines Abschlusses alle wichtigen Integrationsentscheidungen gefällt waren.

Am 2. Mai genehmigte das amerikanische Justizministerium die Fusion, nachdem wir uns bereit erklärt hatten, Honeywells Geschäftsbereich für Militärhubschraubermotoren zu verkaufen und unseren Wartungsbereich für kleine Düsentriebwerke und Außenstromaggregate zu öffnen.

Sechs Tage später legte die Europäische Kommission eine 155 Seiten lange Erklärung vor, in der sie alle ihre Einwände anführte. Die Argumente deckten sich weitgehend mit ihrer Begründung für eine umfassendere Untersuchung, waren aber wesentlich detaillierter.

Zum Abschluss der Phase 2 Ende Mai fand eine zweitägige Anhörung statt. Der Fusionsausschuss und der Kommissar, die mehrere Monate als Ermittler und Kläger agiert hatten, übernahmen nun die Rolle des Richters und der Geschworenen. Schließlich entschieden sie über ihren eigenen Antrag.

Die Anhörung selbst war eine Farce.

Am ersten Tag zeigten wir, dass die Einwände der Kommission nicht stichhaltig waren. Unabhängige Wirtschaftsexperten, Kunden und unser eigenes Rechtsteam entkräfteten ein Argument nach dem anderen. Während der Anhörung verließ Enrique Gonzalez-Diaz, der dem Kommissar am Ende eine Empfehlung geben würde, häufig den Raum – manchmal für mehr als eine halbe Stunde.

Am zweiten Tag kamen unsere Konkurrenten zu Wort. United Technologies musste eine eidesstattliche Erklärung zurückziehen, weil sie sachlich nicht korrekt war. Rockwell Collins, das Collins gerade ausgliederte und an die Börse brachte, vertrat bei der Anhörung einen anderen Standpunkt als gegenüber potenziellen Investoren. An diesem Tag verließ Gonzalez-Diaz den Raum nur selten.

Nachdem unsere Konkurrenten den ganzen Tag Zeit gehabt hatten, ihre Vorwürfe und Behauptungen gegen uns vorzubringen, bekamen wir 15 Minuten, um sie zu widerlegen.

Was für ein Verfahren – eine Anhörung, bei der Kläger und Richter ein und dieselbe Person sind!

Am 7. Juni, als der Fusionsausschuss kurz vor einer Entscheidung stand, flog ich gemeinsam mit Mike Smith von Honeywell ein letztes Mal nach Brüssel. Während des Fluges erhielt ich die Nachricht, dass die Kommission weitere Zugeständnisse verlangte. Wir kamen um halb neun Uhr abends in Brüssel an und fuhren sofort ins Hotel, wo die Teams von Honeywell und GE sowie außenstehende Anwälte die neuen Forderungen der Kommission prüften.

Wir besprachen, was wir der Kommission bei der Sitzung am nächsten Tag vorschlagen würden. Bis Mitternacht arbeiteten wir einen Vorschlag aus, in dem wir unser Schlichtungsangebot auf 1,3 Milliarden Dollar erhöhten.

Es kam nicht zu der Besprechung mit Mr. Monti am nächsten Morgen, weil er der Ansicht war, die Positionen der Parteien lägen zu weit auseinander. Stattdessen setzten sich unsere Teams zusammen, und Honeywell und GE präsentierten unseren neuen Vorschlag über 1,3 Milliarden Dollar.

Am Freitagabend flog ich nach Capri, um dort das Wochenende mit meiner Frau und Marlene und Paolo Fresco zu verbringen. Paolo, früher mein Partner und Boardmitglied von GE, der inzwischen Chairman von Fiat war, hatte mir schon öfter mit seinen Ratschlägen geholfen. Am Montagabend flog ich nach Brüssel zurück und traf mich mit den GE-Teams zum Abendessen. Dennis berichtete mir von einer Besprechung mit dem Fusionsausschuss, die ein paar Stunden zuvor stattgefunden hatte: Die Kommission hatte auch unser neues Angebot abgelehnt.

Außerdem erzählte er von einem Vorfall, der uns allen zu denken gab. Unser Schlichtungsangebot über 1,3 Milliarden Dollar enthielt wesentliche neue Zugeständnisse, die unter anderem auch den Verzicht auf einige attraktive Flugelektronikprodukte beinhaltete. Am Montagmorgen fragte ein Mitglied des Fusionsausschusses unser Team, warum in dem Angebot ein unbedeutendes Bauteil fehlte, das in einer bestimmten Anlage von Honeywell in Redmond (Washington) hergestellt wurde.

Dennis war geschockt. Von unseren Leuten wusste niemand, von welchem Bauteil die Rede war. Nur einem Konkurrenten, der den Produktionsbetrieb von Honeywell genau kannte, konnte auffallen, dass eine derart kleine Komponente in dem Vorschlag fehlte. Jetzt wurde uns klar, was Gonzalez-Diaz unter »cum grano salis« verstand.

Am Morgen des 12. Juni kehrte unser Team an den Verhandlungstisch zurück und erhöhte unser Angebot auf 1,9 Milliarden Dollar. Peter Kreindler, der Hauptanwalt von Honeywell, legte dem Fusionsausschuss diesen neuen Vorschlag vor. Er erklärte, dass die Veräußerung der besten Flugelektronikprodukte von Honeywell jegliche Bedenken der Kommission zerstreuen müsse. Die Ausschussmitglieder stellten zahlreiche Fragen und schienen interessiert.

Einige Stunden später einigten Ben, Peter und ich uns auf das letzte Angebot, das GE und Honeywell machen würden. Peter schrieb Ben einen Brief, in dem er den Betrag und die Veräußerungen festhielt, die unsere Verpflichtungen laut Fusionsvereinbarung erfüllen würden. Es fiel uns schwer, so weit zu gehen, doch wir waren der Meinung, dass sich das Geschäft auch unter diesen Bedingungen noch lohnte. Am 14. Juni, dem Stichtag für die Vorlage eines Vorschlags, würden wir der Kommission den Verkauf von Geschäftselementen im Wert von 2,2 Milliarden Dollar anbieten.

Peters Brief gab uns einen Spielraum von 340 Millionen Dollar, die ich Kommissar Monti am nächsten Tag anbieten konnte. Alle meinten, ich solle allein zu der Besprechung am 13. Juni gehen. Wir wussten nicht, ob an der Sitzung nur Kommissar Monti oder noch weitere Personen teilnehmen würden.

Als ich in Mr. Montis Büro in der Rue de la Loi kam, wurde ich von seiner Sekretärin in Empfang genommen. Sie schien überrascht zu sein, dass ich allein war. »Wo ist denn Ihr Stab?«, fragte sie. »Ich bin allein gekommen. Ich bin hier, um die offizielle Reaktion auf unser letztes Angebot zu hören.«

Da tauchte Mr. Monti auf und führte mich in sein Büro. Wir unterhielten uns kurz und gingen dann in einen Konferenzraum, in dem die Mitglieder des Fusionsausschusses und ihre Mitarbeiter auf uns warteten. Ich legte meine Aktentasche auf den Tisch und setzte mich. Mir gegenüber saßen acht bis zehn Beamte. Außer Kommissar Monti waren auch Enrique Gonzalez-Diaz, der das Untersuchungsteam des Fusionsausschusses leitete, Alexander Schaub, Leiter der Generaldirektion Wettbewerb und Götz Drauz, der Leiter des Fusionsausschusses, anwesend.

Zu Beginn der Sitzung las Kommissar Monti eine Erklärung vor, in der er unserem Team für seine Bemühungen dankte. Er erklärte, unser Vorschlag sei unzureichend, und las eine Reihe von weiteren Forderungen vor. Ich musste mitschreiben, um keinen der vielen Geschäftsteile von Honeywell zu vergessen, die wir verkaufen sollten. Die geforderten Veräußerungen hatten einen Gesamtwert von fünf bis sechs Milliarden Dollar. Unter diesen Bedingungen war eine Fusion von GE und Honeywell völlig uninteressant.

»Mr. Monti, diese Forderungen erstaunen und schockieren mich«, sagte ich. »Zugeständnisse in diesem Umfang kommen für uns nicht infrage. Wenn das Ihre Position ist, fliege ich noch heute Abend nach Hause. Ich muss meine Memoiren fertig schreiben.«

Alexander Schaub, ein bulliger Deutscher mit rundem Gesicht, brach in Gelächter aus. »Das könnte Ihr letztes Kapitel werden, Mr. Welch«, sagte er. »›Go Home, Mr. Welch‹ ist ein perfekter Titel.« Die Bemerkung löste die Anspannung, die im Raum geherrscht hatte. Ich war der Einzige, dem nicht zum Lachen zumute war.

Anschließend gab es noch eine kurze Diskussion über einen vollständigen oder teilweisen Verkauf von GE Capital Aviation Services (GECAS), unserer Flugzeugleasing- und Finanzierungstochter, und einigen weiteren wichtigen Geschäftsteilen. Doch wir kamen auf keinen grünen Zweig.

Am Abend hatte ich eine weitere Besprechung mit Mr. Monti, die nicht länger als 20 Minuten dauerte. Ich erklärte ihm, wir seien so weit gegangen, wie wir konnten, und kündigte ihm unser letztes Angebot für den nächsten Tag an. Er nickte, und ich ging.

Am nächsten Tag, dem 14. Juni, telefonierten wir kurz. Ich erwähnte die Veräußerung eines weiteren Honeywell-Geschäftsteils im Wert von 340 Millionen Dollar, mit der unser Angebot insgesamt 2,2 Milliarden Dollar ausmachte. »Gestern Abend war es mir peinlich, darüber zu sprechen, weil wir mehrere Milliarden Dollar voneinander entfernt waren«, sagte ich. »Dennoch ist das unser letztes Angebot.« Er dankte mir für die Information, zeigte aber kein Interesse an dem Angebot.

Wir gingen in die Kanzlei unserer Anwälte, wo die Teams von Honeywell und GE wochenlang gearbeitet hatten. Wir waren alle am Boden zerstört. Während ich selbst nur ein paar Besprechungen mit dem Fusionsausschuss geführt hatte, hatten sich unsere beiden Teams unzählige Stunden mit den Beamten herumgeschlagen.

Am späten Nachmittag schickten wir das offizielle Angebot von GE/Honeywell mit einer kompletten Aufstellung der Veräußerungen im Gesamtwert von 2,2 Milliarden an das Büro der Kommission.

Vor meiner Abreise rief mich Kommissar Monti an, um mir alles Gute zu wünschen. Zum ersten Mal nannte er mich »Jack«. Ich dankte ihm. »Nun, da die Entscheidung gefallen ist«, erklärte er, »kann ich ›Auf Wiedersehen, Jack‹ sagen.«

»Also dann auf Wiedersehen, Mario.«

In diesem Moment konnte ich nicht glauben, dass unsere umfangreichen Zugeständnisse nicht ausgereicht hatten. Mit den Veräußerungen in den USA hatten sie einen Gesamtwert von 2,5 Milliarden Dollar – etwa 40 Prozent der wichtigsten Produktlinien im Luft- und Raumfahrtbereich. Ich hoffte, der Fusionsausschuss würde zweimal darüber nachdenken.

Die Entscheidung des EU-Ausschusses sorgte für großes Aufsehen. Viele Zeitungen und Zeitschriften kritisierten die Ablehnung der Fusion durch die Kommission. Einige Politiker in Washington bezogen öffentlich Stellung gegen die Entscheidung und drängten die Kommission, sie zu überdenken.

In Anbetracht dieser Reaktionen vereinbarten wir mit Honeywell, einen letzten Versuch zu unternehmen. Am Montag, dem 25. Juni, trafen Dennis, Ben und ich Mike Bonsignore und Peter Kreindler in New York. Wir beschlossen, der EU-Kommission ein weiteres Angebot zu unterbreiten: Wir würden 19,9 Prozent von GE-CAS im Rahmen einer privaten Platzierung an einen oder mehrere Investoren verkaufen, deren Auswahl General Electric überlassen war, und wir würden einen unabhängigen Direktor in den aus fünf Mitgliedern bestehenden Board von GE-CAS aufnehmen. Wir stellten klar, dass eine Minderheitsbeteiligung unserer Konkurrenten an GE-CAS für uns nicht infrage kam. Mike und Peter stimmten dieser Einschränkung zu.

Wir diskutierten über Veräußerungen im Luft- und Raumfahrtbereich und beschlossen, zusätzlich zu den 19,9 Prozent von GE-CAS den Verkauf von Honeywell-Geschäftsbereichen mit einem Umsatz von 1,1 Milliarden Dollar anzubieten. Dies würde definitiv unser letzter Vorstoß sein.

Am nächsten Morgen rief ich Kommissar Monti an und bat ihn um ein Treffen mit Mike Bonsignore und mir in Brüssel, um ihm unseren jüngsten Vorschlag zu präsentieren. Er hielt ein Treffen zu diesem Zeitpunkt für unpassend und schlug vor, dass unsere europäischen Anwälte den neuen Vorschlag vorlegen sollten. Ich bat ihn, dies auch Mike Bonsignore mitzuteilen. Mike und ich erklärten unsere Bereitschaft, sofort nach Brüssel zu fliegen, sobald wir ein Signal von Kommissar Monti bekämen.

Wie vereinbart unterbreiteten unsere Anwälte den neuen Vorschlag. Kurz darauf, am Donnerstag, dem 28. Juni, rief Mr. Monti an, um uns mitzuteilen, dass unser letztes Angebot »nicht ausreichend« sei. Er fügte hinzu, dass es schon zwei Monate zuvor nicht genügt hätte.

»Wir haben versucht, Ihren Einwänden Rechnung zu tragen. In Anbetracht unserer enormen Zugeständnisse ist dieses Urteil sehr enttäuschend.« Mike Bonsignore, der über Konferenzschaltung an dem Gespräch teilnahm, äußerte sich in ähnlicher Weise. Um halb sechs rief mich Mike an und sagte, er werde am nächsten Morgen einen allerletzten Versuch starten. Ich wandte ein, dass wir bereits alles Erdenkliche getan hätten und mit weiteren Vorschlägen die Kommission nur verärgern würden.

»Jack, ich muss es einfach noch einmal versuchen«, sagte er.

Am nächsten Morgen erhielt ich ein neues Angebot von Honeywell. In einem zweiseitigen Brief, den Mike auch an die Medien weiterleitete, bat er mich, zu unserem Angebot vom 14. Juni über Veräußerungen im Wert von 2,2 Milliarden Dollar zurückzukehren. Darüber hinaus bat er uns, den Vorschlag in Bezug auf GE-CAS abzuändern. Er wollte die Auswahl der Minderheitsaktionäre und des unabhängigen Boardmitglieds der Kommission überlassen. Damit bot Honeywell alle Veräußerungen zuzüglich einer für uns nachteiligen Lösung für GE-CAS an.

Zum Ausgleich schlug Mike vor, den Preis für Honeywell herabzusetzen, indem er das Tauschverhältnis von 1,055 GE-Aktien für jede Honeywell-Aktie auf 1,01 GE-Aktien senkte.

Dieses Angebot war inakzeptabel. Jeff Immelt, der an allen Entscheidungen über Honeywell beteiligt war, seit er im Dezember zu meinem Nachfolger bestimmt worden war, stimmte mit mir und unseren Vice Chairmen überein, dass eine Fusion unter diesen Bedingungen nicht sinnvoll sei. Es tat uns schrecklich Leid für all die Leute in beiden Unternehmen, die so viel Zeit in dieses Geschäft investiert und monatelang an den Details der Integrationspläne gearbeitet hatten. Doch wir konnten den Vorschlag von Honeywell einfach nicht annehmen.

Ich berief eine Boardsitzung ein, erklärte unsere Position und erhielt die Genehmigung, die von Honeywell vorgeschlagene Änderung der Fusionsvereinbarung abzulehnen. Das war keine schwere Entscheidung. Die Europäische Kommission hatte uns aller strategischen Vorteile beraubt.

»Die Forderungen der Kommission untergraben die strategischen Beweggründe für unser Geschäft«, schrieb ich in einem Brief an Mike. »Der neue Vorschlag, mit dem Sie auf die Forderungen der Kommission reagieren, ist aus denselben Gründen nicht im Interesse unserer Aktionäre.«

Dass die Kommission die Übernahme von Honeywell ablehnte, war für beide Seiten bedauerlich. Sie hätte beiden Unternehmen genutzt. Wir alle hatten nichts unversucht gelassen, um die Vereinbarung zu retten.

Zehn oder 15 Jahre früher hätte ich dieses Geschäft als eine fantastische Chance gesehen, die uns entging. Nicht mehr und nicht weniger. Doch da ich am Ende meiner Karriere stand und sogar meinen Rücktritt verschoben hatte, empfand ich das Scheitern des größten Geschäfts, das GE je geplant hatte, als persönliche Niederlage.

Dennoch hatte es zwischen Kommissar Monti und mir nie irgendwelche Ressentiments gegeben. Unser Umgang war sogar immer von Sympathie geprägt gewesen, und unsere Teams hatten sich große Mühe gegeben, unsere Differenzen auszuräumen. Leider waren wir Regeln unterworfen, die es der Kommission gestatteten, sowohl die Rolle des gegnerischen Teams als auch die des Schiedsrichters zu übernehmen.

Als der Fusionsausschuss die strategischen Beweggründe für die Fusion von GE und Honeywell zunichte machte, war sie nicht mehr im Interesse unserer Aktionäre.

Es ging hier nicht um mich. Es ging um die Besitzer des Unternehmens. Und unser größter Aktionär ist unsere Belegschaft.

Am Wochenende war ich bei einem Hochzeitsempfang im Country Club von Fairfield. Ich stand auf der Veranda, trank einen Cocktail und genoss den Ausblick auf den Golfplatz und Long Island Sound. Es ist ein herrliches Stück Land.

Meine Freunde fragten mich, was mit dem Honeywell-Geschäft passiert sei. Ich zeigte auf den Golfplatz und sagte: »Stellt euch vor, ihr wollt diesen schönen Golfplatz kaufen. Doch die Stadtverwaltung verlangt, dass ihr die Löcher zwei, drei, vier, fünf und acht – die besten Löcher – einem anderen Golfplatz in der Gegend abtretet. Und obendrein müsst ihr einen Teil eures eigenen Hauses verkaufen.«

Ich denke, sie verstanden, was ich in Brüssel erlebt hatte.

In der Welt von heute, in der es für alles Vorschriften gibt und Prozesse an der Tagesordnung sind, ist der Leiter eines großen Unternehmens ständig von einer Bürokratie bedroht, die keiner Kontrolle unterworfen ist. Ich erlebte bei GE zwei Fälle, in denen uns ein ordentliches Verfahren verweigert wurde.

Wenn die EPA sich auf das Superfund-Gesetz für Abfalldeponien beruft, gibt es nur noch eine Regel: Entweder man gehorcht und führt die vorgeschriebene Sanierung durch, oder man wird zu saftigen Schadenersatzzahlungen und einem täglichen Strafgeld von 27 000 Dollar verdonnert. Einspruch darf man erst erheben, wenn die Arbeiten abgeschlossen sind – also Jahre später.

Da uns ein ordentliches Gerichtsverfahren verweigert wurde, fochten wir die Verfassungsmäßigkeit dieses Gesetzes vor einem Bundesgericht an.

Als die Europäische Kommission die Übernahme von Honeywell ablehnte, gab es ebenfalls keine Möglichkeit, Einspruch einzulegen. Die Bürokraten können extreme Standpunkte vertreten und haben keinen Grund, einen Kompromiss zu suchen. In den USA müssen die Kartellbehörden einen Gerichtsbeschluss erwirken, um eine Fusion zu verhindern. In Europa ist das anders. Unternehmen sollten das Recht auf eine faire öffentliche Anhörung vor einem unparteiischen Gericht innerhalb eines vernünftigen Zeitraums haben. Nur Regierungen können gegen diese Ungerechtigkeit etwas unternehmen.

Die Unternehmen sollten dieselben Rechte haben wie jemand, der gegen eine Verkehrsstrafe Einspruch einlegt. Sie sollten Anspruch auf ein ordentliches Verfahren haben.

24 Was es bedeutet, ein Unternehmen zu leiten

Ein Unternehmen zu leiten ist der aufregendste Job, den man sich vorstellen kann. Mir fallen die verschiedensten Dinge dazu ein: Abenteuer. Spaß. Leidenschaft. Ständige Bewegung. Geben und Nehmen. Besprechungen bis spät in die Nacht. Unglaubliche Freundschaften. Guter Wein. Feiern. Großartige Golfplätze. Wichtige Entscheidungen. Krisen und Druck. Viele Versuche. Einige Volltreffer. Das Hochgefühl des Siegers. Die Enttäuschung des Verlierers. Die Bezahlung ist gut – doch der wirkliche Lohn ist die Freude an der Arbeit.

Wie jeder Job hat auch dieser Vorteile und Nachteile. Der Kalender ist schon ein Jahr im Voraus voll, jeder Tag ist von morgens bis abends verplant, und jeden Tag taucht irgendeine Krise auf, die den gesamten Zeitplan über den Haufen wirft. Die Tage sind unendlich lang, doch die Stunden verfliegen, weil die Zeit immer zu knapp ist. Die Arbeit nimmt dich völlig in Anspruch und ist immer präsent, egal was du gerade tust.

Außerhalb des Unternehmens gab es alle möglichen langweiligen Verpflichtungen, doch im Unternehmen verging die Zeit stets wie im Flug – zumindest für mich, da ich die Tagesordnung bestimmte. Ich war zu unzähligen offiziellen Veranstaltungen eingeladen. Mein Glück war, dass ich nur an denen teilnehmen musste, die mich interessierten. Einige waren wirklich etwas Besonderes, zum Beispiel die Staatsbankette im Weißen Haus. Ich lernte dort einige der klügsten Köpfe dieses Landes kennen. Die meisten von ihnen waren bescheiden und humorvoll.

Einen typischen Arbeitstag gibt es nicht. In der Zeit, als ich an diesem Buch arbeitete, gab es Tage, an denen ich von halb neun Uhr morgens bis halb neun Uhr abends von einer Besprechung zur anderen hetzte. Einmal machte mir Larry Kirshbaum, der Geschäftsführer von Warner Books, Vorwürfe, weil ich mit dem Schreiben dieses Buches nicht weiterkam.

»Um Himmels willen Larry, ich hatte gestern nicht die geringste Chance, auch nur eine Zeile zu schreiben. Es war ein verrückter Tag.«

»Was war los?«, fragte er.

Als ich es ihm erzählte, wollte er unbedingt, dass ich es in meinen Memoiren erwähne: Der Tag begann um halb neun mit der monatlichen Boardsitzung von GE Capital. Diesmal hatten wir besonders viele Geschäfte zu besprechen. Die Palette reichte von einem Angebot für eine bankrotte Lebensversicherungsgesellschaft in Japan mit 5,5 Milliarden Dollar an Vermögenswerten bis zu einem Kredit über 500 Millionen Dollar für ein Kraftwerk in Mississippi. Denis Nayden, der CEO von GE Capital, erklärte kurz, warum ein Geschäft von Interesse war, bevor die Bereichsleiter es mit ihren Teams präsentierten.

Jim Blunt, der Finanzleiter von GE, hatte die Aufgabe, die Geschäfte gemeinsam mit den Teams von GE Capital zu analysieren. Am Tag vor der Sitzung verschickte er per E-Mail eine ein- bis zweiseitige Zusammenfassung jedes Geschäfts mit einer persönlichen Empfehlung. Jim, der seit Jahren dem Board angehört, ist der Zyniker unter uns, ein brillanter Verrückter, dem es gelingt, in den Zahlen Humor – und verborgene Gefahren – zu entdecken. Im Herbst 2000 überredete ich ihn, seinen Rücktritt um zwei Jahre zu verschieben, weil sein wacher Verstand und seine völlige Respektlosigkeit für GE Gold wert sind. Unser neuer CEO sollte noch eine Weile von seinen scharfsinnigen und geistreichen Einsichten profitieren.

Bei dieser Sitzung erteilte er Jeff Immelt und mir eine scharfe Rüge, weil wir unsere Zustimmung zu einem Geschäft gegeben hatten, bevor er seine Meinung dazu äußern konnte. Er schrieb: »Wie einer Meldung von Reuters am Donnerstag, dem 17. Mai 2001 zu entnehmen war (siehe Anhang), stimmen der CEO und der designierte CEO diesem Geschäft anscheinend zu ... sollte jemand einen Einwand haben, so möge er jetzt sprechen oder für immer schweigen.«

Wir brauchten über vier Stunden, um elf Geschäfte zu besprechen. Neun wurden genehmigt. Eine Akquisition über vier Milliarden Dollar ließen wir erneut prüfen. Die Finanzierung von vier Bürogebäuden im Wert von 111 Millionen Dollar in New York lehnten wir ab. Im zyklischen Immobiliengeschäft hatten wir schon zweimal viel Geld verloren. Da in New York gerade überall gebaut wurde, befürchteten wir ein Überangebot. Nur Blunt, dem die Struktur des Geschäfts gefiel, stimmte dafür. Es war einer der wenigen Fälle, in denen wir nicht auf seine Empfehlung hörten.

Nach der Boardsitzung holte ich mir rasch ein Sandwich und eilte zur nächsten Sitzung: Das Thema war die Akquisition von Honeywell. Dave Calhoun, der Geschäftsführer des Bereichs Flugzeugtriebwerke war aus Cincinnati angereist, und aus Phoenix waren einige Leute von Honeywell gekommen.

Zu dieser Zeit fand gerade eine Anhörung vor der Europäischen Kommission zu möglichen Auswirkungen der Fusion auf den Wettbewerb statt. Ich hatte keine Probleme mit den Kartellbehörden erwartet, doch nun forderte die EU-Kommission den Verkauf mehrerer Geschäftsbereiche. Wir mussten wissen, wie Honeywell den strategischen Wert der einzelnen Bereiche beurteilte.

Diese Besprechung dauerte länger als erwartet, wodurch sich der nächste Termin von ein Uhr auf drei Uhr verschob. Auf diese Sitzung, in der es um unsere Mitarbeiter ging, freute ich mich. Thema waren die Personalbeurteilungen, die wir in den letzten sechs Wochen in unseren Betrieben vorgenommen hatten. Bill Conaty, der Leiter des Personalwesens, bereitete die Unterlagen für dieses Meeting vor, das fünf Stunden dauerte. Mein Nachfolger Jeff Immelt leitete die Besprechung, und ich schaffte es tatsächlich, mich zurückzuhalten.

Bei unseren Besuchen in den Betrieben »entdeckten« wir oft auffallend begabte Mitarbeiter und suchten begeistert nach neuen Herausforderungen für sie. Bei der Nachbesprechung entschieden wir, in welchen Geschäftsbereichen wir diese Nachwuchstalente einsetzen würden.

Außerdem sprachen wir über die Nachbesetzung der Führungspositionen in unseren Unternehmensbereichen und diskutierten darüber, was mit den unteren zehn Prozent der Führungskräfte geschehen solle. Manchmal erbringen die untersten zehn Prozent in einem Unternehmensbereich bessere Leistungen als das Mittelfeld in einem anderen Unternehmensbereich. Das sorgt jedes Mal für hitzige Debatten.

Diesmal diskutierten wir auch die Eingliederung von Honeywell, einschließlich der neuen Organisationen, die für Flugzeugtriebwerke, den Industriebereich und den Kunststoffbereich vorgesehen waren. Wir sprachen eine Stunde darüber, welche Positionen die Führungskräfte von Honeywell in dem fusionierten Unternehmen übernehmen würden und welche GE-Mitarbeiter ihren Platz räumen sollten. Wir wählten aus 50 Managern die 35 aus, die 2001 am Executive Development Course (EDC) teilnehmen würden. Das ist insofern bedeutsam, weil wir ihnen damit signalisieren, dass wir sie als die Führungskräfte der Zukunft betrachten.

Viele Jahre lang war die Erhöhung der Frauen- und Minderheitenquote im Management eines der Hauptthemen dieser Besprechungen. Die Daten für dieses Jahr zeigten, dass diese Quote seit 1996 um über 70 Prozent gestiegen war. Heute gehören mehr als 30 Prozent unserer 3000 Top-Manager zu einer dieser Gruppen.

Ihr Anteil an den Vice Presidents ist um 25 Prozent auf insgesamt 16 Prozent gestiegen. Das entspricht zwar noch nicht dem Six-Sigma-Standard, doch immerhin werden heute 30 Milliarden Dollar unserer Einnahmen von Führungskräften verwaltet, die entweder Frauen sind oder einer Minderheit angehören. Wir bauen unsere Pipeline rasch aus. Unser Mentorenprogramm funktioniert.

In der letzten halben Stunde der Sitzung sprachen wir über die zwei oder drei besten Praktiken jeder Initiative, die Jeff bei der Junisitzung der Unternehmensführung im CEC hervorheben würde.

Die Besprechung dauerte bis halb neun. Das Letzte, woran ich nach diesem Tag dachte, waren meine Memoiren.

Natürlich war nicht jeder Tag so hektisch. Für die Leitung eines Unternehmens gibt es keine festen Regeln. Jeder hat seine eigenen Methoden. Auch ich kenne keine Zauberformel, doch da ich überheblich genug bin, meine Memoiren zu veröffentlichen, werde ich versuchen, einige der Ideen weiterzugeben, die in meinem Fall erfolgreich waren. Ich würde mich freuen, wenn sie auch anderen eine Hilfe wären.

INTEGRITÄT

Ein Student im ersten Semester stellte mir vor kurzem bei einer Diskussionsveranstaltung der Fairfield University Business School die folgende Frage: »Wie kann man gleichzeitig ein guter Katholik und ein guter Geschäftsmann sein?«

Die Lösung ist einfach: Indem man stets seine Integrität wahrt. Weder in guten noch in schlechten Zeiten bin ich von diesem Grundsatz abgewichen. Auch wenn jemand anderer Meinung war als ich – und das kam oft genug vor – konnte er sich darauf verlassen, dass ich fair blieb. Das trug zu besseren Beziehungen mit Kunden, Lieferanten, Analysten, Konkurrenten und Behörden bei. Es bestimmte den Ton im Unternehmen. Für mich kam immer nur ein Weg infrage – der gerade Weg.

UNTERNEHMEN UND GESELLSCHAFT

Es gibt unterschiedliche Meinungen über die Rolle, die Unternehmen in der Gesellschaft spielen sollten. Ich bin der Meinung, soziale Verantwortung beginnt mit einem starken, wettbewerbsfähigen Unternehmen. Nur ein gesundes Unternehmen kann das Leben der Menschen verbessern und bereichern.

Wenn ein Unternehmen Gewinne erzielt, zahlt es Steuern, mit denen wichtige Dienstleistungen finanziert werden. Darüber hinaus errichtet es erstklassige Anlagen, die die Sicherheits- und Umweltschutzbestimmungen erfüllen. Erfolgreiche Unternehmen reinvestieren in ihre Mitarbeiter und Anlagen. Gesunde Unternehmen bieten gute und sichere Arbeitsplätze, die den Angestellten die Zeit und die Mittel geben, einen Beitrag zur gesellschaftlichen Entwicklung zu leisten.

Im Gegensatz dazu sind schwache Unternehmen oft eine Belastung für die Gesellschaft. Sie erzielen wenig oder gar keinen Gewinn und zahlen daher wenig oder gar keine Steuern. Oft versuchen sie kurzfristig zu sparen und investieren wenig in die Entwicklung ihrer Mitarbeiter und Arbeitsplätze. Die ständige Gefahr einer Kündigung führt bei den Angestellten zu Unsicherheit und Angst. Die Sorge um ihre eigene Zukunft verringert ihre Bereitschaft, anderen zu helfen.

Ich habe das in Pittsfield (Massachusetts), wo ich meine ersten 17 Jahre bei GE verbrachte, selbst erlebt. In Pittsfield gab es zwei Unternehmensbereiche – einen gesunden und einen maroden. Der Kunststoffbereich florierte und wuchs. Wir stellten erstklassige Mitarbeiter ein und bauten neue Labors. Unsere Angestellten hatten sichere Arbeitsplätze und konnten einen Beitrag zur Gemeinschaft leisten. Im Gegensatz dazu machte unser Transformatorbereich seit einem Jahrzehnt immer größere Verluste. Irgendwann war er nicht mehr wettbewerbsfähig, und in den 80er Jahren mussten wir die Anlagen schließen. Dieser unrentable Unternehmensbereich konnte keinen langfristigen Beitrag zum Gedeihen des Gemeinwesens leisten.

In Pittsfield herrschte großer Unmut, als wir die Werke schließen mussten. Doch diese Entscheidung hatte nichts damit zu tun, dass General Electric oder ich einen Geschäftsbereich oder eine Stadt bevorzugten oder benachteiligten. Es ging ausschließlich um den schlechten Zustand eines Unternehmensbereichs und die Auswirkungen auf die Gesellschaft.

Deshalb bedeutet soziale Verantwortung für einen Unternehmensleiter vor allem, für den finanziellen Erfolg seines Unternehmens zu sorgen. Nur ein gesundes, profitables Unternehmen ist in der Lage, seiner sozialen Verantwortung gerecht zu werden.

DEN TON ANGEBEN

Die Organisation orientiert sich an den Führungskräften. Ich bläute unseren Bereichsleitern stets ein, dass das Engagement der Organisation von ihrem persönlichen Einsatz abhänge. Ihrem Beispiel würden tausende Mitarbeiter folgen. Der Unternehmensleiter gibt den Ton an. Ich versuchte, jeden Tag alle Menschen bei GE zu erreichen. Ich wollte für jeden einzelnen Mitarbeiter präsent sein.

Auf meinen Geschäftsreisen – nach Europa, Asien oder in andere Teile der Welt – arbeitete ich 16 Stunden am Tag. Ich erreichte hunderte, wenn nicht sogar tausende Menschen. In Crotonville führte ich Gespräche mit über 18 000 Managern. Bei jeder Personalbesprechung setzte ich mich mit den Gewerkschaftsführern zusammen. Ich versuchte, ihre Anliegen zu verstehen, damit sie meine verstanden. Ich wollte nicht nur ein Bild im Jahresbericht sein. Ich wollte jemand sein, den jeder bei GE kannte.

NUTZEN DES GEISTIGEN POTENZIALS EINER ORGANISATION

Eine der wichtigsten Aufgaben eines Unternehmensleiters besteht darin, das geistige Potenzial aller Mitarbeiter auszuschöpfen. Das Geheimnis ist dabei, die besten Ideen aufzuspüren und im Unternehmen zu verbreiten. Ich versuchte stets, wie ein Schwamm gute Ideen aufzusaugen. Der erste Schritt war stets, für die Ideen aller Mitarbeiter offen zu sein. Anschließend mussten die besten Ideen im gesamten Unternehmen quer durch alle Ebenen und Bereiche verbreitet werden. Unsere Work-Out-Initiative förderte den grenzenlosen Austausch und die Entwicklung von Ideen. Wir verknüpften alle Sitzungen von den Personalbeurteilungen bis zu den Strategiesitzungen im »Betriebssystem«. Dadurch konnten wir neue Ideen nicht nur schneller verbreiten, sondern sogar verbessern. Auch die Schulungen in Crotonville beschleunigten den Ideenaustausch im Unternehmen.

Heute sind die Suche nach neuen Möglichkeiten und der Austausch von Ideen und Kenntnissen ein selbstverständlicher Bestandteil der Kultur von GE.

ZUERST DIE MENSCHEN, DANN DIE STRATEGIE

Für eine Aufgabe die richtigen Leute zu finden ist wesentlich wichtiger als eine Strategie zu entwickeln. Das gilt für alle Geschäftsbereiche. Ich verbrachte jahrelang ungeheuer viel Zeit damit, viel versprechende Strategien zu entwickeln, die nie Ergebnisse brachten. Wir hatten großartige Pläne für den Ultraschallbereich. Doch umsetzen konnten wir sie erst, als wir den richtigen Mann dafür gefunden hatten. Wir hatten fabelhafte Strategien, um die Wartung von Flugzeugtriebwerken und Energiesystemen zu einem lukrativen Geschäft zu machen. Doch die Dienstleistungen wurde so lange vernachlässigt, bis wir Führungskräfte einsetzten, die sich voll und ganz dafür engagierten.

Wir mussten erkennen, dass uns die brillantesten Strategien nichts nutzten, wenn wir nicht die richtigen Leute mit der Durchführung betrauten.

INFORMELLE ATMOSPHÄRE

Eine informelle Atmosphäre beschränkt sich nicht darauf, einander zu duzen oder legere Kleidung zu tragen. Es geht um sehr viel mehr. Man muss dafür sorgen, dass jeder Einzelne zählt – und es auch weiß. Titel sind dabei unwichtig. Für eingebildete Manager, Egozentriker und Karrieristen ist kein Platz. Was zählt, sind Leidenschaft, gute Zusammenarbeit und der ungehinderte Ideenaustausch. Jeder ist willkommen, und von jedem wird erwartet, dass er sich beteiligt.

Bürokratie ist ein Wettbewerbsnachteil. Eine informelle Atmosphäre ist ein Wettbewerbsvorteil.

SELBSTBEWUSSTSEIN

Arroganz ist tödlich, und übermäßiger Ehrgeiz kann dieselbe Wirkung haben. Arroganz und Selbstbewusstsein liegen sehr nah beieinander. Berechtigtes Selbstvertrauen ist eine Siegerqualität. Der beste Beweis für Selbstbewusstsein ist Offenheit für Veränderungen und neue Ideen – egal aus welcher Quelle sie stammen. Selbstbewusste Menschen haben keine Angst vor einer kritischen Prüfung ihrer Ideen. Sie genießen die intellektuelle Auseinandersetzung, die zu neuen Einsichten führt. Sie bestimmen die Offenheit und Lernfähigkeit einer Organisation. Wie findet man solche Menschen? Indem man nach Leuten sucht, die sich offensichtlich wohl in ihrer Haut fühlen – Menschen, die sich selbst mögen und keine Angst haben, es auch zu zeigen.

Kein Job der Welt ist es wert, dass man sich selbst verleugnet.

LEIDENSCHAFT

Wenn ich eine Klasse in Crotonville fragte, welche Eigenschaften einen »Spitzenspieler« ausmachen, freute ich mich am meisten, wenn die erste Antwort »Leidenschaft« war. Für mich macht Leidenschaft viele Sünden wett. Eine Eigenschaft haben alle Sieger gemein: Sie engagieren sich mehr als alle anderen. Kein Detail ist ihnen zu minder, kein Ziel zu hoch. Ich habe bei der Auswahl unserer Führungskräfte immer auf diese Eigenschaft geachtet. Mit leidenschaftlich meine ich nicht laut oder auffallend. Leidenschaft kommt von innen.

Gute Unternehmen können Leidenschaft entfachen.

DIE MITARBEITER FORDERN

Die jährliche Budgetaufstellung ist ein gutes Beispiel dafür, wie es nicht laufen sollte.

Sie kennen die Prozedur. Ein Team in einer Geschäftseinheit arbeitet einen Monat lang an einer Präsentation für die Zentrale und sammelt Argumente, um die Gewinnvorgabe für die eigene Einheit möglichst niedrig zu halten. Das Team aus der Zentrale hat sich vorgenommen, das Maximum aus diesem Betrieb herauszuholen. Das Team der Geschäftseinheit legt alle möglichen Diagramme zur schlechten Wirtschaftslage und zum harten Wettbewerb vor und erklärt: »Wir schaffen höchstens zehn.« Die Zentrale verlangt 20.

Nach der Vorlage dutzender Power-Point-Folien und nach stundenlangem Hin und Her einigt man sich schließlich auf 15.

Das Team der Geschäftseinheit kehrt zufrieden nach Hause zurück. Die Einheit muss weniger leisten, als sie leisten könnte. Die Manager in der Zentrale sind ebenfalls zufrieden, weil sie mehr aus der Einheit herausgeholt haben als erwartet.

Warum spielen sie dieses Spiel? Im Lauf der Jahre haben die Mitarbeiter ihre Lektion gelernt: Erfüllen sie die Budgetvorgabe, so werden sie belohnt. Erreichen sie das Ziel nicht, so werden sie bestraft. Jeder spielt nach diesen Regeln.

In einem Unternehmen, das seine Mitarbeiter fordern will, werden die Einheiten gebeten, Pläne zu erstellen, die ihre Träume widerspiegeln – die besten Ergebnisse, die sie für möglich halten; ihr »Best-Case-Szenario«. Bei der Präsentation in der Zentrale sind nicht Zahlen das Hauptthema, sondern neue Möglichkeiten und Wachstum.

Wenn das Team der Geschäftseinheit nach Hause zurückkehrt, haben beide Seiten eine relativ klare Vorstellung davon, was der Betrieb tun wird und welche Ziele er anstrebt. Auf dieser Grundlage wird der Betriebsplan erstellt. Das Team weiß, dass es an den Ergebnissen im Vorjahr und an den Leistungen der Konkurrenz gemessen wird – und nicht an einer Zahl, die nach langen internen Verhandlungen festgelegt wurde. Das »Best-Case-Szenario«, das sie selbst entwickelt haben, spornt sie zu Höchstleistungen an.

Wir gaben unseren Mitarbeitern nie einen Betriebsplan vor, der ihnen alles abverlangte. Dennoch erzielten wir immer wesentlich bessere Ergebnisse, als wir – und die Wall Street – erwartet hatten.

Eine Kultur, in der die Mitarbeiter voll gefordert werden, ist schwer zu etablieren, und auch bei General Electric ist sie auf einige Geschäftsbereiche beschränkt. In einigen Fällen gaben Manager auf niedrigeren Ebenen ihren Mitarbeitern sehr hohe Zahlen vor, bezeichneten sie als Budget und bestraften jene, die sie nicht erreichten. Ich glaube nicht, dass so etwas heute noch vorkommt, aber ich würde nicht darauf wetten wollen.

Dennoch werden wir immer versuchen, unseren Mitarbeitern Aufgaben zu stellen, an denen sie wachsen können.

FREUDE AN DER ARBEIT

Die Arbeit muss Spaß machen. Viel zu viele Menschen sehen in ihrer Arbeit nicht mehr als eine Tätigkeit, mit der sie ihren Lebensunterhalt verdienen.

Ich bin der Ansicht, dass es die Moral hebt und eine Organisation belebt, wenn man Fortschritte und Erfolge feiert. Seit meinen ersten Tagen im Kunststoffbereich habe ich immer nach Möglichkeiten gesucht, selbst die kleinsten Siege zu feiern.

In Crotonville fragte ich die Studenten oft: »Feiern Sie genug?« Ich war jedes Mal enttäuscht, wenn sie »Nein« murmelten oder überhaupt verstummten. So billig kamen sie allerdings nicht davon. »Sehen Sie nicht mich an. Ich kann Ihnen das Feiern nicht abnehmen. Wir werden keinen Vice President für Partys und Festlichkeiten ernennen. Das müssen Sie schon selbst in die Hand nehmen. Sie haben die Autorität. Tun Sie es. Sie müssen den Leuten keinen neuen Mercedes schenken. Eine Kiste Bier oder ein Abendessen für zwei tun es auch.

»Sorgen Sie dafür, dass Ihr Team Spaß hat – so lange es produktiv ist.«

SINNVOLLE MESSUNGEN UND BELOHNUNGEN

Als ich einmal die Bilanz eines Unternehmensbereichs durchging, fiel mir auf, dass er im vierten Quartal ungewöhnlich hohe Einnahmen, jedoch keinen Gewinn auswies. Ich fragte die Manager: »Was zum Teufel ist bei euch passiert?« – »Wir hatten im vierten Quartal einen Verkaufswettbewerb, und alle leisteten gute Arbeit!« – »Was ist mit der Gewinnspanne?« – »Wir haben keine Gewinnspanne verlangt.«

Das ist ein einfaches Beispiel für ein allgemeines Problem: Man bekommt das, was man misst. Man bekommt das, was man belohnt.

Statische Messungen verlieren irgendwann ihren Sinn. Die Marktbedingungen ändern sich, neue Geschäftsbereiche entstehen, neue Konkurrenten tauchen auf. Für mich war immer eine Frage entscheidend: »Messen und belohnen wir die Leistungen, die wir erwarten?«

Wenn Sie Messungen und Belohnungen nicht auf bestimmte Leistungen ausrichten, werden Sie sehr oft Leistungen bekommen, auf die Sie gar keinen Wert legen.

DIFFERENZIERUNG FÜR EIN ERSTKLASSIGES UNTERNEHMEN

Es gehört zu den schwierigsten und unangenehmsten Aufgaben einer Führungskraft, die guten von den schlechten Mitarbeitern zu trennen. Dennoch halte ich die Differenzierung der Mitarbeiter für unerlässlich, wenn man eine erstklassige Organisation aufbauen will. Bei uns funktionierte sie mithilfe der Vitalitätskurve. Wir setzten sie ein, um Führungskräfte zu zwingen, ihre Teams kontinuierlich zu verbessern. Die jährliche Auslese der schwächsten Mitarbeiter ist das beste Mittel gegen Bürokratie. Unsere Befragungen zeigten, dass Mitarbeiter mit schwachen Leistungen für die Führungskräfte auf den unteren Ebenen eine größere Belastung darstellen als für ihre höherrangigen Kollegen.

Die Differenzierung der Mitarbeiter ist eine schwierige Aufgabe. Wenn sie jemandem leicht fällt, hat er in der Organisation nichts verloren. Dasselbe gilt für jemanden, der dieser Aufgabe nicht gewachsen ist.

FÖRDERUNG ERSTKLASSIGER MITARBEITER

Immer wieder sagten wir unseren Bereichsleitern: »Die Anlagen gehören euch. Die Mitarbeiter sind nur gemietet.« Bill Conaty und ich fühlten uns für die 750 Topmanager von GE persönlich verantwortlich. Wir kümmerten uns um ihre Entwicklung, ihre Belohnung und ihre Beförderungen. Wir führten die Menschenfabrik, um erstklassige Führungskräfte zu produzieren.

Unsere Bereichsleiter wussten, dass sie belohnt wurden, wenn sie herausragende Mitarbeiter hervorbrachten. Unsere grenzenlose Kultur führte dazu, dass die besten Mitarbeiter nicht mehr »gehortet«, sondern dort eingesetzt wurden, wo man sie am meisten brauchte und wo sie sich entwickeln konnten.

Natürlich hörte ich oft ein lautes Seufzen am anderen Ende der Leitung, wenn ich einen Bereichsleiter anrief und ihm mitteilte, dass wir einen seiner besten Mitarbeiter in einen anderen Bereich versetzen würden. Niemandem fällt es leicht, sich von seinen besten Leuten zu trennen. Doch drei Minuten später sprachen wir schon darüber, wer die Lücke füllen sollte. Und da wir über ein großes Reservoir an erstklassigen Leuten verfügen, waren die Chancen auf einen würdigen Nachfolger äußerst hoch.

ANERKENNUNG

Die Leistungen meiner Mitarbeiter zu würdigen, war für mich so selbstverständlich wie atmen. In einer Verdienstgesellschaft gibt es nichts Wichtigeres als Anerkennung. Ich teilte ständig Lob und Anerkennung aus – ob es nun Aktienoptionen und Gehaltserhöhungen oder einfach ein paar anerkennende Worte waren.

Die Leute sollten immer wissen, wo sie stehen. Meine direkten Untergebenen bekamen mit dem Jahresbonus einen handschriftlichen Brief von mir, in dem ich auf zwei bis drei Seiten festhielt, was ich mir für das kommende Jahr erwartete. Ich legte den Brief des Vorjahres bei, in dem ich einige Stellen rot kennzeichnete, um meine langfristigen Prioritäten zu verdeutlichen.

Diese Briefe waren in zweierlei Hinsicht sinnvoll. Erstens war ich gezwungen, über jeden Geschäftsbereich nachzudenken und meine Prioritäten festzulegen. Und zweitens sahen meine direkten Untergebenen, dass ich ihre Leistungen sehr genau verfolgte – und dass sie mir wichtig waren. Es war ein zeitaufwändiges Verfahren, und wenn ich wieder einmal am Sonntagabend an meinen Briefen saß, wünschte ich, ich hätte nie damit angefangen. Doch es war eine gute Übung für mich. (Einige dieser Briefe an meinen Nachfolger Jeff Immelt finden Sie im Anhang.)

DIE KULTUR ZÄHLT

Das lernte ich spätestens durch das Fiasko mit Kidder. Bei der Fusion von Honeywell und AlliedSignal wurde es ebenfalls deutlich. Ein Jahr nach dem Zusammenschluss der beiden Unternehmen stritten sie noch immer darüber, wessen Kultur vorherrschen sollte. Die Fusion von DaimlerChrysler, die als »Zusammenschluss gleichgestellter Partner« geplant war, schien in beiden Unternehmen für große Verwirrung zu sorgen.

Solche Probleme lassen sich weitgehend vermeiden, wenn man die Wertordnung des Unternehmens von Anfang an klarstellt. Wer sie nicht akzeptiert, muss gehen.

Eine Organisation, die wirklich daran interessiert ist, ihr gesamtes geistiges Potenzial zu nutzen, kann nur eine Kultur haben. Die Hysterie, die das Internet Ende der 90er Jahre in der Geschäftswelt auslöste, erfasste auch einige Mitarbeiter bei GE Capital. Sie wollten von uns Aktien der Unternehmen, in die sie das Geld von GE investierten. Wir sagten ihnen, sie sollen sich zum Teufel scheren. Bei GE gibt es nur eine Währung: GE-Aktien.

Unsere Kultur war auch der Grund dafür, dass wir Ende der 90 Jahre mehrmals auf die Möglichkeit verzichteten, attraktive Hochtechnologiefirmen im Silicon Valley zu kaufen. Die Werte dieser Dotcoms waren nicht mit der Kultur von GE zu vereinbaren.

Das heißt nicht, dass wir unter unseren Mitarbeitern keine Individualisten dulden oder ausgezeichnete Leistungen nicht mit außerordentlich hohen Entlohnungen honorieren. Was den persönlichen Stil und die Bezahlung betrifft, gibt es in unserer Kultur großen Spielraum. Doch von unseren grundlegenden Werten werden wir nie auch nur einen Millimeter abrücken.

STRATEGIE

Geschäftlicher Erfolg beruht weniger auf grandiosen Prognosen als auf der Fähigkeit, rasch auf Veränderungen zu reagieren. Deshalb muss die Strategie dynamisch und vorausschauend sein.

Bob Nelson, mein langjähriger Finanzanalyst und der Geschichtsexperte von GE, verhalf mir zu dieser Erkenntnis, indem er mir einen Artikel über den preußischen General Helmut von Moltke zeigte. Seine Ansichten führten uns zu einer Reihe von Fragen, die mir im Lauf der Jahre viel nützlicher waren als all die Daten in den strategischen Plänen. Mein strategisches Denken stützt sich auf fünf einfache Fragen:

- Welche Position nimmt Ihr Unternehmen heute weltweit im Hinblick auf Marktanteile, Produktlinien und Regionen im Vergleich zu seinen Konkurrenten ein?
- Welche Aktivitäten Ihrer Konkurrenten haben die Wettbewerbslandschaft in den letzten beiden Jahren verändert?
- Was haben Sie in den letzten beiden Jahren getan, um die Wettbewerbslandschaft zu ändern?
- Welche Aktivitäten Ihrer Konkurrenten in den kommenden beiden Jahren fürchten Sie am meisten?
- Was werden Sie in den nächsten beiden Jahren tun, um diesen Aktivitäten zuvorzukommen?

KONKURRENTEN

Es gibt zwei »Wahrheiten« zum Thema Wettbewerb, von denen ich sehr wenig halte.

Die eine lautet: »Unser Marktanteil schwindet, weil unsere Konkurrenten verrückt sind und das Produkt verschenken.« Diese Aussage musste ich im Lauf der Jahre immer wieder hören. In den meisten Fällen erwies sie sich als Unsinn. In Wirklichkeit hatte der Konkurrent eine bessere Kostenstruktur oder bot das Produkt aus einem strategischen Grund so günstig an.

Auch ich brauchte eine Weile, bis ich dahinterkam, dass wir den Fehler nicht bei den anderen, sondern bei uns selbst suchen mussten.

Auch die zweite »Wahrheit« geht von falschen Voraussetzungen aus: Ein Team schlägt die Entwicklung eines neuen Produkts vor, um den führenden Konkurrenten zu überholen. Dahinter steht die Annahme, dass die Konkurrenz schlafen wird, während wir das neue Produkt entwickeln. Doch meistens sind die Rivalen hellwach.

Nehmen wir zum Beispiel die Entwicklung unseres Flugzeugtriebwerks GE-90. Die Ingenieure überzeugten mich davon, dass wir mit diesem neuen Triebwerk die Anforderungen für die neuen Kurz- und Mittelstreckenflugzeuge von Boeing erfüllen würden. Sie versicherten mir, weder Pratt & Whitney noch Rolls-Royce könnten mit ihrer Technologie eine Schubkraft von 90 000 Pfund erreichen. Unsere Ingenieure irrten sich: Pratt & Whitney und Rolls-Royce gelang es, die Schubkraft ihrer Triebwerke sogar auf 94 000 Pfund zu erhöhen.

Zum Glück ging die Geschichte gut aus. Wir konnten die Schubkraft unseres neuen Triebwerks auf 115 000 Pfund steigern. Damit erfüllten wir die Anforderungen für die Langstreckenversion der Boeing 777 und konnten einen großen Auftrag an Land ziehen.

Bei jedem neuen Produktplan überlegten wir, was unser cleverster Konkurrent tun könnte, um uns zu übertreffen. Das war mühsam, aber wirksam. Unterschätzen Sie nie einen Konkurrenten.

AM PULS DES UNTERNEHMENS

Ich fühlte mich in der Zentrale nie wirklich wohl, und als ich CEO wurde, verstärkte sich dieses Gefühl. Seit meinem ersten Job im Februar 1972 war ich am liebsten draußen bei den Leuten, am Puls des Unternehmens. Ich verbrachte mindestens ein Drittel meiner Zeit in den Betrieben von GE. Ich habe keine Ahnung, wie viel Zeit ein Unternehmensleiter in den Unternehmensbereichen verbringen sollte. Doch ich weiß sehr genau, dass ich jeden Tag alles daran setzte, aus dem Büro zu kommen.

Mein Leitsatz lautete: In der Zentrale wird nichts hergestellt oder verkauft. In den Betrieben konnte ich mir hingegen am besten ein Bild davon machen, was im Unternehmen wirklich los war.

MÄRKTE VERSUS GEISTESHALTUNG

Märkte zeigen keine Reife. Geisteshaltungen tun es manchmal. In unserem Fall zeigte sich das besonders deutlich, als wir mit beinahe religiösem Eifer unsere Strategie verfolgten, in jedem Tätigkeitsbereich den ersten oder zweiten Rang zu erobern und schwache Geschäftsbereiche entweder zu restrukturieren, zu verkaufen oder zu schließen. Als wir den Marktanteil unserer Unternehmensbereiche aus einer anderen Perspektive betrachteten, veränderte sich unsere Geisteshaltung. Wir forderten alle Unternehmensbereiche auf, ihren Markt so zu definieren, dass ihr Marktanteil nur noch zehn Prozent ausmachte. Plötzlich taten sich auf reifen Märkten enorme Wachstumschancen auf. Sogar ein paar alte Ackergäule sahen auf einmal aus wie feurige Araberhengste. Mit demselben Portfolio von Geschäftsbereichen stieg unsere Einnahmenwachstumsrate in der zweiten Hälfte der 90er Jahre auf mehr als das Doppelte.

LANGFRISTIGE INITIATIVEN UND KURZFRISTIGE MASSNAHMEN

In 20 Jahren gab es bei GE nur vier Initiativen – Globalisierung, Dienstleistungen, Six Sigma und E-Business.

Initiativen wirken langfristig. Sie bewirken grundlegende Veränderungen in einem Unternehmen. Sie bauen aufeinander auf. Und das Betriebssystem von GE verstärkt sie.

Im Gegensatz dazu sind kurzfristige taktische Maßnahmen notwendig, um einer Funktion oder einem Unternehmen neue Vitalität und Energie zu verleihen. Drei Beispiele: Wir werteten die Leitung der Beschaffung auf und gingen dazu über, mit Lieferanten aus aller Welt zusammenzuarbeiten. Damit ersparten wir uns Millionen von Dollar. Wir reduzierten die Zahl der Auslandsamerikaner in Managementfunktionen im Ausland. Damit ersparten wir uns Millionen von Dollar. Darüber hinaus zwangen wir die internationalen Geschäftsbereiche, vor Ort mehr Mitarbeiter einzustellen, was unser Image als globales Unternehmen förderte. Wir schränkten die Geschäftsreisen ein und setzten stattdessen auf das Internet. Damit ersparten wir uns wiederum Millionen von Dollar. Unsere Mitarbeiter konnten zwar weniger Vielfliegermeilen sammeln, verbrachten dafür aber mehr Zeit zu Hause, was ihre Lebensqualität erhöhte.

Wenn eine Organisation den Unterschied zwischen grundlegenden Veränderungen und kurzfristigen Maßnahmen versteht, fällt es ihr leichter, ihren Fokus zu wahren.

DER BOTSCHAFTER

Ich machte unermüdlich Propaganda für alles, was wir taten – von der Notwendigkeit, uns der Realität zu stellen und die Kultur zu verändern bis zu unseren umfassenden Initiativen, die die Organisation neu gestalteten. Wenn ich eine Idee oder Botschaft hatte, die ich in der Organisation etablieren wollte, konnte ich nicht oft genug darauf hinweisen. Ich wiederholte sie immer und immer wieder, bei jedem Meeting und jeder Besprechung, jahrelang, bis ich es selbst schon nicht mehr hören konnte. Ich war immer der Meinung, ich müsse unermüdlich auf einer Idee beharren, um hunderttausende Menschen restlos davon zu überzeugen.

Wenn ich mir meine handschriftlichen Notizen für meine Reden in Boca Raton durchsehe, wird mir wieder bewusst, wie oft ich dieselben Dinge sagte. Nur der Blickwinkel und die Betonung änderten sich. »Boundaryless« ist ein klobiges Wort, das ich kaum über die Lippen brachte, und ich verhaspelte mich unzählige Male. Dennoch wiederholte ich es bis zum Umfallen.

In dieser Hinsicht war ich oft maßlos und vielleicht sogar besessen. Ich weiß nicht, ob das der einzige Weg ist, aber in meinem Fall führte er zum Ziel.

MITARBEITERBEFRAGUNGEN

Wir holten die Meinung unserer Mitarbeiter auf verschiedene Art ein: Crotonville, Personalbeurteilungen, Vitalitätskurven, Aktienoptionen. Auf diese Weise war das Management gezwungen, sich direkt mit den Mitarbeitern auseinander zu setzen. Die Einführung von Mitarbeiterbefragungen im Jahr 1994 war ein großer Fortschritt.

Wir fragten nicht nach der Qualität des Kantinenessens oder den Gehältern. Wir stellten grundlegende Fragen, wie zum Beispiel: »Ist das Unternehmen, über das Sie im Jahresbericht lesen, das Unternehmen, für das Sie arbeiten?«

Wir führten das Unternehmen nicht anhand von Umfragen, doch die Offenheit unserer Mitarbeiter bei diesen anonymen Onlinebefragungen half uns, den Erfolg unserer Initiativen richtig einzuschätzen. Wir zeigten die Ergebnisse nicht nur unseren Mitarbeitern, sondern auch den Boardmitgliedern und den Wertpapieranalysten. Am Anfang waren die Analysten schockiert, doch die Umfrageergebnisse gaben den Diagrammen, die ich präsentierte, wesentlich mehr Aussagekraft.

AUFWERTUNG VON FUNKTIONEN

Wenn ich der Meinung war, dass eine Unternehmensfunktion nicht so erfolgreich war, wie sie sein sollte, ernannte ich mich zu ihrem inoffiziellen Leiter. Nehmen Sie die Beschaffung als Beispiel – den Kauf von Milliarden von Bauteilen, Produkten und Dienstleistungen.

Die Beschaffung war früher ein Abstellgleis für Leute, die sich in der Produktion nicht bewährt hatten. Mitte der 80er Jahre, als unsere Beschaffungskosten nicht rasch genug sanken, wurde klar, dass wir etwas ändern mussten. Also bestellte ich die Beschaffungsleiter aller Unternehmensbereiche einmal im Quartal zu einer Besprechung nach Fairfield. Einige Bereichsleiter genierten sich sehr für ihre Beschaffungsleiter. Die wirklich Unfähigen sah ich in der Regel nur einmal.

Diese vierteljährlichen Sitzungen führten wir auch für den Dienstleistungsbereich, Six Sigma und E-Business ein – für alle Bereiche, die wirklich wichtig waren. Das half uns, die besten Mitarbeiter in der Organisation aufzuspüren.

Nachdem wir in allen Bereichen engagierte Leiter eingesetzt hatten, konnten sich gute Ideen rasch in der Organisation ausbreiten.

DER WERBEMANAGER

Zu den Aufgaben eines Unternehmensleiters gehört es auch, über das Image und den Ruf des Unternehmens zu wachen. Ich nahm diese Verantwortung stets ernst. Über 20 Jahre lang sah ich mir tausende von Vorschlägen für Werbeanzeigen an. In all diesen Jahren wurde kein einziger Werbespot ausgestrahlt, den ich nicht persönlich gutgeheißen hatte.

Wir hatten großartige Werbeteams, die zuerst von Len Vickers und dann von Richard Costello geleitet wurden. Als Len im Jahr 1978 mehrere Werbeagenturen damit beauftragte, einen neuen Slogan für General Electric zu erfinden, schlug Phil Dusenberry, der Kreativdirektor von BBDO, folgenden Slogan vor: »GE: We bring good things to life.« Ich war auf Anhieb begeistert von diesem Spruch, und BBDO machte das Rennen.

Manchmal ging ich den Agenturen und unserem eigenen Werbeteam schrecklich auf die Nerven, weil ich mich in alles einmischte. Ich liebte es, an den Anzeigen und Spots herumzufeilen, wusste immer ganz genau, was mir gefiel und was nicht, und wollte auf jeden Werbespot von GE stolz sein können. Ich war der Ansicht, dass wir die Meinungsmacher des Landes am besten über das Nachrichtenprogramm am Sonntagvormittag erreichen konnten. Für diese Werbespots gaben wir den Großteil unseres Werbebudgets aus. Mein Engagement für die Werbung behielt ich bis zum Schluss bei. Noch wenige Monate vor meiner Pensionierung wählte ich den Fernsehspot für unsere neuen Energie sparenden Kühlschränke persönlich aus und prüfte dafür etliche Storyboards.

Das gute Image von GE war sehr wichtig, und ich als Unternehmensleiter war dafür verantwortlich.

MITSPIELEN ODER ZUSCHAUEN

Ob ich mich in ein Projekt einmischte oder nicht, hing ausschließlich von meinem Instinkt ab. Während ich die Verbesserung unserer Röhren im medizinischen Bereich selbst in die Hand nahm, hielt ich mich aus der Planung und der Preisgestaltung des 2,7 Millionen Dollar teuren Scanners, der unseren größten Durchbruch in der Krebsdiagnostik darstellte, völlig heraus.

Wenn ich das Gefühl hatte, einen Beitrag leisten zu können, engagierte ich mich. Wenn ich wusste, dass ich wenig oder gar nichts beitragen konnte, hielt ich mich heraus.

In diesem Fall war es nicht notwendig, eine klare Linie zu verfolgen. Ich suchte mir Bereiche aus, in denen ich etwas bewirken konnte. Ich lief voll Begeisterung aufs Feld, wenn ich glaubte, zum Sieg beitragen zu können. Mit derselben Freude feuerte ich die anderen von der Zuschauertribüne aus an, wenn ich auf dem Spielfeld nichts verloren hatte.

DIAGRAMME ENTWERFEN

Ich war vermutlich der einzige Geschäftsführer, der mit 65 Jahren Diagramme für Präsentationen immer noch selbst zeichnete. Diagramme zu entwerfen hat mir mehr als alles andere geholfen, Ordnung in meine Gedanken zu bringen. Ein komplexes Problem auf ein einfaches Diagramm zu reduzieren, ist ein faszinierender Prozess. Vor jedem Meeting mit Analysten saß ich stundenlang mit meinen Mitarbeitern zusammen und entwarf ein Diagramm nach dem anderen. Ich liebte es einfach und habe enorm davon profitiert. Das Verrückte daran war, dass wir unsere letzte Präsentation immer für unsere beste hielten.

BEZIEHUNGEN ZU DEN AKTIONÄREN

Bei GE waren immer gute Leute für die Beziehungen zu den Aktionären zuständig, doch früher waren es meist Mitarbeiter aus dem Finanzwesen, die bereits am Ende ihrer Karriere standen. Sie saßen in der Zentrale, und ihre Funktion beschränkte sich darauf, Fragen von Analysten und Anlegern zu beantworten.

Ende der 80er Jahre begannen wir, junge, viel versprechende Finanzmanager mit Marketingkenntnissen in diesem Bereich einzusetzen. Als Marketingleiter für GE-Aktien waren sie ständig unterwegs, um Anleger zu besuchen und GE zu vermarkten. Sie mussten in diesem Job sowohl defensiv als auch offensiv agieren können. Jeder, der diese Position innehatte, musste damit leben, dass seine Leistungen Tag für Tag am Kurs der GE-Aktien gemessen wurden. Aufgrund ihrer hohen Qualifikationen im Finanzbereich waren diese jungen Manager bereits auf dem Weg nach oben und nützten diese Aufgabe, um ihre Verkaufs- und Präsentationsfähigkeiten zu verbessern.

Auf diese Weise wurde aus einem Versorgungsjob ein begehrtes Karrieresprungbrett: Warren Jensen, der diese Chance als Erster nützen konnte, stieg zuerst zum Finanzleiter von NBC auf, wechselte dann zu Delta Airlines und schließlich zu Amazon.com. Sein Nachfolger Mark Begor ist heute Finanzchef von NBC. Der nächste war Jay Ireland, der heute die Sendergruppe NBC leitet. Mark Vachon ist seit drei Jahren für die Beziehungen zu den Aktionären bei GE zuständig und hat sich bereit erklärt, länger als die üblichen zwei bis drei Jahre zu bleiben, um während des Wechsels an der Unternehmensspitze eine gewisse Kontinuität zu wahren.

Unser gesamtes Team für Investor Relations besteht aus zwei Leuten. Das ist nur möglich, weil unsere aufsteigenden Stars von einem Fixstern unterstützt werden: Joanna Morris, die früher als Auditorin für uns arbeitete, hält seit Jahren eisern die Stellung. Sie gibt eine perfekte Lehrmeisterin für die jungen Manager ab und ist zufrieden mit ihrem stationären Job. Joanna hat Familie und wollte deshalb nicht ständig auf Reisen sein.

PROBLEME WÄLZEN

»Probleme wälzen« ist ein Ausdruck, den ich oft verwendete. Ich meinte damit Besprechungen, die oft spontan einberufen wurden, um ein komplexes Problem von allen Seiten zu beleuchten. Mitmachen durften alle, die über nützliches Know-how verfügten. Titel oder Positionen spielten dabei keine Rolle. Wir wälzten Probleme in allen möglichen Bereichen, von Public Relations und Umweltschutz über die Agenda für Boca Raton bis zu großen Übernahmen und Fusionen. Der Sinn der Übung war es, gemeinsam auf neue Ideen und Perspektiven zu kommen und sie über Nacht zu überdenken. Auf diese Weise gelangten wir zu einigen unserer besten Entscheidungen.

Das Problemewälzen war ein demokratischer Prozess. Alle wussten, dass sie unabhängig von ihrer Stellung in der Hierarchie als gleichberechtigte Gesprächspartner am Tisch saßen und ihre Ideen völlig offen äußern konnten.

DEIN HINTERZIMMER IST DAS WOHNZIMMER EINES ANDEREN

Diese Weisheit stammt von Peter Drucker. Wir wendeten sie an.

Wir führten unsere Kantine nicht selbst. Das überließen wir einem Gastronomieunternehmen. Wir druckten unsere Unterlagen nicht selbst. Das überließen wir einer Druckerei. Wir fanden heraus, wo wir wirklich zur Wertschöpfung beitragen konnten und steckten unsere besten Leute und Ressourcen in diese Bereiche.

Das Hinterzimmer ist nicht der Ort, wo Sie Ihre besten Leistungen erbringen. Wir machten unser Hinterzimmer zum Wohnzimmer eines anderen und profitierten davon, dass er dort seine besten Leistungen erbrachte. Damit waren wir sehr erfolgreich. Dieses Konzept war die Grundlage des Outsourcing. Es war auch die Grundlage für viele unserer Entlassungen Anfang der 80er Jahre. Wir lagerten Arbeit aus.

Es machte mich immer sehr wütend, wenn Politiker und Wirtschaftswissenschaftler behaupteten, dass vor allem kleine Unternehmen neue Arbeitsplätze schufen. Tatsächlich entstanden viele dieser neuen Arbeitsplätze erst dadurch, dass große Unternehmen Arbeit auslagerten.

SCHNELLIGKEIT

In Crotonville beschwerte ich mich oft darüber, dass wir nicht schnell genug waren. Ich bereute selten, *dass* ich gehandelt hatte, doch ich bereute oft, dass ich nicht *schnell genug* gehandelt hatte. Ich erinnere mich an kaum eine Situation, in der ich sagte: »Ich wünschte, ich hätte mir noch ein halbes Jahr Zeit gelassen, bevor ich diese Entscheidung fällte.«

Ich glaube, meine raschen Entscheidungen über Mitarbeiter, Anlagen und Investitionen waren einer der Gründe für meinen schnellen Aufstieg im Unternehmen. Dennoch bedauerte ich 40 Jahre später, als ich in den Ruhestand ging, dass ich in vielen Fällen nicht schnell genug gehandelt hatte.

GROSSE UNTERNEHMEN, KLEINE UNTERNEHMUNGEN

In großen Unternehmen gehen kleine Unternehmungen oft unter. Wenn Unternehmen wachsen, kann ihre Größe zu einem Nachteil werden. Die Kommunikationsprobleme, die vielen Managementschichten und die Anonymität machen es fast unmöglich, eine informelle, motivierende Atmosphäre zu schaffen.

Die Vorteile kleiner Unternehmen – Wendigkeit, Schnelligkeit, gute Kommunikation – gehen in großen Unternehmen oft verloren. Im Kunststoffbereich lernte ich diese Vorteile schätzen. Als ich die Leitung von GE übernahm, wusste ich, dass ich kleine Projekte aus der Haupttätigkeit herauslösen und gezielt fördern musste, um das Unternehmen weiterzubringen.

Auf diese Weise feierten wir große Erfolge in allen Bereichen: mit Noryl im Kunststoffbereich, dem CT-Scanner und den Ultraschallgeräten im medizinischen Bereich, mit den gewerblichen Krediten bei GE Capital. Natürlich funktionierte diese Strategie nicht immer. Doch ein positiver Effekt stellte sich auf jeden Fall ein: Die Mitarbeiter dieser Projekte waren hoch motiviert und verfügten über die nötigen Mittel.

Die kleinen Unternehmungen erregten viel Aufmerksamkeit und brachten Helden hervor. Wir feierten nicht nur die Sieger, sondern auch jene, die scheiterten, weil sie den Mut aufgebracht hatten, Risiken einzugehen.

Wir wussten, was es bedeutet, ein großes Unternehmen zu sein. Ein großes Unternehmen kann nichts Schlechteres tun, als seine Größe zu »verwalten«. Größe befreit oder hemmt. Wir versuchten uns jeden Tag daran zu erinnern, dass unsere Größe uns die Freiheit gab, neue Wege zu beschreiten und Misserfolge leichter wegzustecken.

Das waren nur ein paar Anregungen – Grundsätze, die mir halfen. Und natürlich hatte ich sehr viel Glück.

In den letzten 24 Jahren hatte ich einen Glücksbringer – einen Aktenkoffer aus braunem Leder, der mich überallhin begleitete. Meine Sekretärin gab ihm den Spitznamen »Mr. Lucky«. Ich gewann diesen Aktenkoffer bei einem Golfturnier in Atlanta im Jahr 1977, in dem Jahr, als ich nach Fairfield kam. Er hat bessere Tage gesehen. Er ist abgegriffen und fleckig oder, wie Rosanne es ausdrückte, »scheußlich und schäbig«.

Mr. Lucky leistete mir stets gute Dienste. Er brachte mir oft Glück, und ich wollte mich nie von ihm trennen. Ich gab ihn nur ein einziges Mal aus der Hand. Damals nahm Rosanne ihn mit nach Hause, um eine aufgetrennte Naht nachzunähen. Ich war nicht abergläubisch, aber ich wollte mein Glück nicht auf die Probe stellen.

Als ich an meinem letzten Tag bei GE das Büro verließ, nahm ich Mr. Lucky mit. Mein Freund Larry Bossidy sagte immer: »Das ist typisch Jack. Er braucht keine neue Aktentasche. Mit dieser ist er gekommen, und mit dieser wird er gehen.«

25 Ein paar Worte über Golf

GE zu leiten war das größte Abenteuer meines Lebens. Hätte ich einen anderen Beruf wählen sollen, so hätte ich mich wahrscheinlich für eine Karriere als Golfprofi entschieden. Seit ich als Caddie im Kernwood Country Club in Salem meine ersten Bälle einlochte, zählte der Golfsport zu meinen großen Leidenschaften. Mein Vater hatte Recht: Anders als Eishockey und Football war Golf ein Sport, den ich mein ganzes Leben betreiben konnte.

Golf verbindet zwei Elemente, die ich liebe: Menschen und Wettkampf. Meine dauerhaftesten Freundschaften schloss ich beim Golfen. Jeder Spieler, dem schon einmal ein perfekter Abschlag oder ein Vier-Meter-Putt gelungen ist, kennt die Faszination dieses Sports.

Ich brachte mir das Golfspielen mehr oder weniger selbst bei. Als ich mit neun Jahren begann, spielte ich mit den älteren Caddies im Klub. Mit meinen alten, abgenutzten Schlägern konnte ich von Glück reden, wenn der Ball 40 Meter weit flog. Wollte ich mehr spielen als die paar Stunden am Montagmorgen, in denen die Caddies auf den Platz durften, so musste ich es heimlich tun.

Damals hätte ich für fünf gute Schläger meinen rechten Arm gegeben. Heute bekomme ich die besten und teuersten Schläger geschenkt und kenne die schönsten Golfplätze der Welt.

Doch ich habe auch heute noch eine Schwäche für die Rolle des Caddies. Im Sommer 2000 ließ ich es mir mit 64 Jahren nicht nehmen, meinem siebenjährigen Enkel Jack bei einem Kinderturnier im Sankaty Head Golf Club seinen Golfbag hinterherzutragen.

Der kleine Jack hatte einen besseren Schwung als ich in meinen ersten Jahren. Ich hatte den typischen Schwung eines Caddies – flach, ohne besondere Technik und mit dem falschen Griff. Ich schlug den Ball wie beim Hockey durch die Gegend. Vom Üben hielt ich nicht viel. Ich wollte einfach nur spielen. In der High School war ich Kapitän des Golfteams, und auch im College spielte ich Golf.

Meine Golfpartner machen sich darüber lustig, dass ich mir von jedem Tipps hole – von anderen Spielern auf dem Platz, von den Caddies, ja sogar von den Kellnern im Klubrestaurant. Ich finde, jeder Tipp ist einen Versuch wert. Ich kaufe mir die neuesten Bälle oder probiere einen neuen Driver aus – alles, was mir helfen könnte, ein bisschen mehr Länge in die Schläge zu bringen. Professionellen Rat hole ich mir bei Jerry Pittman, der früher als Profi auf dem herrlichen Golfplatz von Seminole in Florida arbeitete. Ich frage ihn jedes Mal dasselbe: »Wie kann ich beim Abschlag um zehn Meter länger werden?«

»Wie alt sind Sie jetzt?«, fragt er dann zurück. »Wie alt waren Sie letztes Jahr? Warum nehmen Sie es nicht endlich zur Kenntnis?«

Ich nehme es nicht zur Kenntnis, weil ich fest davon überzeugt bin, dass ich mich noch verbessern kann.

Das war schon immer so. Beim Golf jagt man immer der Illusion des perfekten Spiels hinterher. Wenn man das Hin und Her des Wettkampfs liebt, was auf mich eindeutig zutrifft, ist ein Golfturnier kaum zu überbieten.

Abgesehen davon ist Golf ein sehr geselliger Sport. Ich habe auf dem Golfplatz einige der großartigsten Menschen kennen gelernt, von denen viele zu guten Freunde wurden. Während einer Golfpartie lernte ich zum Beispiel John Kreiger vor 40 Jahren im Berkshire Hills Country Club in Pittsfield kennen. Anthony »Lofie« LoFrisco und Carl Warren traf ich vor 25 Jahren im Silver Spring Country Club in Ridgefield (Connecticut) und Jacques Wullschleger vor 15 Jahren im Sankaty Head Golf Club.

Unter meinen Kollegen fand ich in Chuck Chadwell und Dave Calhoun aus dem Bereich Flugzeugtriebwerke und Bill Meddaugh von GE Supply drei großartige Golfpartner. Wir spielen alle auf ähnlichem Niveau und liefern uns erbitterte Wettkämpfe. Wir spielen mindestens 36 Löcher pro Tag, manchmal sogar 54. (Es gab Jahre, in denen ihre Bonuszahlungen aus »unbestimmten Gründen« geringer ausfielen.)

Als Leiter von GE traf ich zahlreiche interessante Golfpartner. Ich erinnere mich an ein Spiel in Nantucket mit Warren Buffet, Bill Gates und meinem Freund Frank Rooney, der Warren die Schuhfabrik seiner Frau verkauft hatte. Bill und ich spielten gegen Warren und Frank.

Als wir am Green des ersten Lochs ankamen, versenkte Warren den Putt zum Par.

»Okay«, sagte Bill, »das Spiel ist vorbei.« »Warum? Was ist los?«, fragte ich verwirrt.

Bill erklärte mir, dass er und Warren eine Wette laufen hätten. Der Erste, der ein Par spielte, gewann einen Dollar. Wenn bis zum neunten Loch keiner ein Par schaffte, gewann derjenige mit dem niedrigeren Score. Da stand ich mit zwei der reichsten Männer der Welt auf dem Golfplatz – und die beiden spielten um einen Dollar.

Einen Moment lang dachte ich, die beiden würden das Spiel tatsächlich beenden.

Frank Rooney zählt zu den Protagonisten einer anderen amüsanten Geschichte. Frank war früher Chairman von Melville und hatte seit Jahren einen Vertrag mit Warren Buffett, der ihn zu einem Arbeitstag in der Woche verpflichtete. Diese »Arbeitstage« verbrachte er regelmäßig auf dem Golfplatz. Eines Tages spielte ich mit Frank. Er spielte eine Runde von 78 – er war fast ebenso alt – und fügte mir eine herbe Niederlage zu.

Daraufhin schickte ich Warren einen kurzen Brief, erzählte ihm von dem Spiel und beschwerte mich darüber, dass seine Angestellten offensichtlich nicht genug arbeiteten.

Warren schrieb zurück: »Kein Angestellter von Berkshire Hathaway spielt unter 80, und ich kann mich nicht an einen Rooney auf meiner Gehaltsliste erinnern.«

Durch Golf gewann ich sogar ein Mitglied für den GE-Board. Vor etwa drei Jahren veröffentlichte die Zeitschrift *Golf Digest* eine Liste der Golf spielenden Unternehmensleiter. Scott McNealy von Sun Microsystems nahm den ersten Rang ein, gefolgt von meiner Wenigkeit. Wenig später bekam ich eine Nachricht von Scott: »Ich möchte sicher gehen, dass ich wirklich die Nummer eins bin. Nennen Sie Ort und die Zeit, und wir werden die Sache ein für alle Mal klären.«

Als ich seine Nachricht sah, rief ich ihn sofort an. Wir legten einen Tag fest, und Scott erklärte sich bereit, nach Nantucket zu kommen. Wir lieferten uns einen Wettkampf über 36 Löcher, den ich gewann. Nach zwei Wochen schickte mir Scott einen Pokal mit der Inschrift *Welch Cup*. Im darauf folgenden Jahr spielten wir in Augusta wieder 36 Löcher. Auch diesmal ging der Sieg an mich, und ich konnte den Pokal behalten. Letztes Jahr konnte er ein »Kurzmatch« über 18 Löcher für sich entscheiden und den Pokal nach Kalifornien mitnehmen.

(Er kann es übrigens nicht ertragen, dass ich von einem Kurzmatch spreche.)

Erst nachdem ich ihn das erste Mal geschlagen hatte, fragte ich Scott, ob er unserem Board beitreten wolle. Der Zeitpunkt für die Anfrage war gut gewählt, da wir kurz vor dem Start unserer E-Business-Initiative standen.

Ich hatte Glück. Scott forderte mich zu einer Zeit heraus, in der sich mein Spiel gerade deutlich verbesserte. Lange Zeit hatte ich den Ball irgendwie über den Platz befördert und mich nur durch mein gutes Spiel auf dem Grün gerettet.

Bevor ich 1989 Jane heiratete, hatte ich lange Zeit Handicap 10. Da ich wollte, dass sie mit mir Golf spielte, begann ich sie zu unterrichten. Dadurch verbesserte sich mein eigenes Spiel deutlich. Ich konnte mein Handicap auf 2 bis 3 senken und gewann zwei Klubmeisterschaften in Sankaty Head. Bevor ich Jane kennen lernte, konnte ich maximal zwei Runden gewinnen.

Als ich begann, ihr Golfstunden zu geben, analysierte ich zum ersten Mal in meinem Leben meinen Schwung. Als ich Jane sagte, sie solle weiter ausholen, wurde mir klar, dass auch ich einen weiteren Rückschwung machen musste. Also arbeitete ich daran. Und ich lernte, meinen Schwung richtig zu Ende zu führen, was ich bis dahin nie getan hatte.

Jetzt sage ich vor jedem Abschlag: »Fred Couples, Fred Couples, Fred Couples.« Couples hat ein ausgezeichnetes Finish, und ich versuche immer, mir seinen Schwung vorzustellen, wenn ich abschlage.

Das Training mit Jane half mir, die Bewegungsabläufe in einzelne Abschnitte zu unterteilen und mich auf die Verbesserung meiner Technik zu konzentrieren. Dadurch ließ die Qualität meines Spiels gegen Ende der Runde nicht mehr nach, wie es früher immer der Fall gewesen war. Ich konnte mich deutlich verbessern, und das Spiel machte mir noch mehr Spaß als früher.

1992 spielte ich vor der Klubmeisterschaft zehn Tage hintereinander täglich 36 Löcher. Ich verringerte mein Handicap auf 2 und gewann das Turnier.

Zwei Jahre später behielt ich bei der Klubmeisterschaft erneut die Oberhand. Ich setzte mich im Finale um Haaresbreite gegen meinen Freund Jacques Wullschleger durch. Er ist ein fantastischer Golfspieler. In den letzten 16 Jahren haben wir jedes Jahr 40 bis 50 Runden miteinander gespielt. Von 100 Spielen gewinnt er 99. Zum Glück war

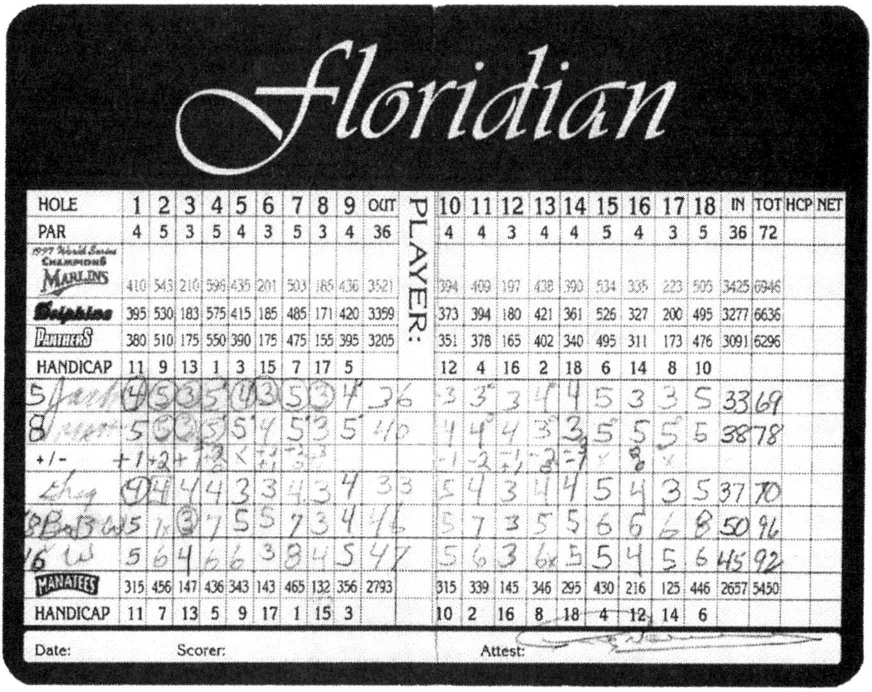
Floridian

HOLE	1	2	3	4	5	6	7	8	9	OUT	10	11	12	13	14	15	16	17	18	IN	TOT	HCP	NET
PAR	4	5	3	5	4	3	5	3	4	36	4	4	3	4	4	5	4	3	5	36	72		
1997 World Series Champions Marlins	410	543	210	596	435	201	503	185	436	3521	394	409	197	438	390	534	335	223	505	3425	6946		
Dolphins	395	530	183	575	415	185	485	171	420	3359	373	394	180	421	361	526	327	200	495	3277	6636		
Panthers	380	510	175	550	390	175	475	155	395	3205	351	378	165	402	340	495	311	173	476	3091	6296		
HANDICAP	11	9	13	1	3	15	7	17	5		12	4	16	2	18	6	14	8	10				
5 Jack	4	5	3	5	4	3	5	3	4	36	3	3	3	4	4	5	3	3	5	33	69		
8 Matt	5	5	3	5	5	4	5	3	5	40	4	4	4	3	3	5	5	5	5	38	78		
+/-	+1	+2	[illegible]	[illegible]	[illegible]	[illegible]	[illegible]	[illegible]			-1	-2	[illegible]	[illegible]	[illegible]	[illegible]	[illegible]	[illegible]					
Greg	4	4	4	4	3	3	4	3	4	33	5	4	3	4	4	5	4	3	5	37	70		
18 Bob	5	7	3	7	5	5	7	3	4	46	5	7	3	5	5	6	6	6	8	50	96		
16 W	5	6	4	6	6	3	8	4	5	47	5	6	3	6	5	5	4	5	6	45	92		
Manatees	315	456	147	436	343	143	465	132	356	2793	315	339	145	346	295	430	216	125	446	2657	5450		
HANDICAP	11	7	13	5	9	17	1	15	3		10	2	16	8	18	4	12	14	6				

PLAYER:

Date: Scorer: Attest:

die Klubmeisterschaft 1994 dieses eine Spiel von 100, das ich für mich entscheiden konnte. Ich gewann in einem »Sudden Death«, indem ich einen Fünf-Meter-Putt am 37. Loch zu einem Birdie einlochte.

Jacques ist etwas ganz Besonderes. Nachdem er gegen mich verloren hatte, schnitzte er in tagelanger Arbeit ein Modell des Leuchtturms von Sankaty und überreichte mir das Kunstwerk zur Erinnerung an unser Duell.

Es gibt ein Spiel, auf das ich ganz besonders stolz bin. Matt Lauer, Co-Moderator der Sendung *Today*, kennt den Golfprofi Greg Norman und lud ihn im Frühling 1998 zu einem Spiel auf Wayne Huizengas Golfplatz Floridian in Florida ein. Es war sehr nett von Greg, mit zwei Amateuren wie uns zu spielen. Greg spielte die Runde locker mit 70 Schlägen, Matt spielte 78.

Mein Score war mit 69 niedriger als Gregs. Allerdings hatte ich von den Back-Tees abgeschlagen, während er von den Pro-Abschlägen spielte. Ich freute mich wie ein Kind. Ich erzählte es überall herum und faxte die Scorecard jedem, den ich kannte. Beim Business Council Meeting eine Woche danach hatte ich die Scorecard auch dabei und zeigte sie überall herum.

Greg amüsierte sich köstlich darüber. Er unterschrieb meine Scorecard und erlaubte mir, damit anzugeben. Ich sagte ihm, wenn ich die Geschichte noch ein paar 100 Leuten erzählte, würde am Ende ich vom Pro-Abschlag und er vom Damenabschlag gespielt haben. Ich fürchte, ich ging in meiner Begeisterung etwas zu weit. Schließlich wurde sogar in der Presse über meinen »Sieg« berichtet, und Don Imus erwähnte es im Radio. Eines Tages rief mich Greg an und fragte scherzhaft: »Jack, haben Sie es jedem Menschen auf der Erde erzählt?«

»Haben Sie jemanden getroffen, der die Geschichte noch nicht kennt?« fragte ich zurück. »Wenn ja, so müssen Sie mir unbedingt seine Adresse geben.«

26 Der »neue Mann«

Um seine Anonymität zu wahren, nannten wir ihn »NG«. Das war unser Code für »New Guy«.

Die Identität meines Nachfolgers geheim zu halten, war der einfachste Teil des Auswahlverfahrens – der einzige einfache Teil. Die Entscheidung über meinen Nachfolger war nicht nur die wichtigste, sondern auch die schwierigste Entscheidung meiner gesamten Karriere. Sie trieb mich fast zur Verzweiflung und bereitete mir viele schlaflose Nächte. Mindestens ein Jahr lang galten dieser Entscheidung mein erster Gedanke am Morgen und mein letzter Gedanke am Abend.

Mich für einen der drei Kandidaten zu entscheiden, fiel mir deshalb so schwer, weil alle drei ausgezeichnet waren: Jeff Immelt, der den medizinischen Bereich leitete, Bob Nardelli, der für den Energiebereich verantwortlich war, und Jim McNerney, der Leiter des Bereichs Flugzeugtriebwerke. Alle drei übertrafen unsere Erwartungen bei weitem. Ihre Leistungen waren durchwegs herausragend.

Jeder von ihnen erwies sich als fähig, General Electric zu leiten. Doch alle drei waren nicht nur ausgezeichnete Führungskräfte, sondern auch gute Freunde. Zwei dieser Freunde würde ich enttäuschen müssen.

Das Auswahlverfahren dauerte lang und war aufreibend. Da ich mich 20 Jahre zuvor selbst in einem solchen Wettlauf hatte durchsetzen müssen, kannte ich die Vor- und Nachteile des Verfahrens. Ein paar Jahre nach meiner Ernennung zum CEO hätte ich meinen Nachfolger vermutlich noch so ausgewählt, wie ich selbst ausgewählt worden war. Reg Jones war sorgfältig und bedächtig vorgegangen und hatte viel Lob dafür geernet. Doch in diesen 20 Jahren hatte sich das Unternehmen von Grund auf verändert, und ich konnte ein wenig anders vorgehen.

GE hatte sich zu einem informellen, geschlossenen Unternehmen entwickelt. Alle drei Kandidaten waren von dieser sozialen Architektur geprägt. Sie hatten keine Angst vor Veränderungen und verfügten über ausreichendes Selbstbewusstsein. Darüber hinaus hatte ich in den vierteljährlichen CEC-Sitzungen, im Verlauf der Personalbeurteilungen und bei zahlreichen anderen Versammlungen Gelegenheit, mir ein genaues Bild von ihren Fähigkeiten zu machen.

Ich ging mit den folgenden Überlegungen an das Auswahlverfahren heran:

Erstens sollte mein Nachfolger der unangefochtene Führer von GE sein. Ich wollte ihn nicht mit enttäuschten Mitarbeitern zurücklassen, die möglicherweise den Geist und die Werte beeinträchtigen würden, für die wir so hart gearbeitet hatten.

Zweitens wollte ich politische Ränke vermeiden. Ein Wechsel an der Unternehmensspitze ist eine enorme Ablenkung für eine Organisationen, die ihre Aufmerksamkeit nach außen und nicht nach innen richten muss. Beim letzten Auswahlverfahren vor zwanzig Jahren hatten die Winkelzüge der Kandidaten für viel böses Blut gesorgt. Reg konnte nichts dafür. Es war das Verfahren selbst. Er hatte die Kandidaten zu sich in die Zentrale geholt, um sie genauer unter die Lupe nehmen zu können. Doch diese hatten begonnen, gegeneinander Politik zu machen.

Drittens wollte ich sicher sein, dass der Board sich an der Auswahl beteiligte und geschlossen hinter meinem Nachfolger stand. Ich selbst hatte diese Unterstützung in den ersten Jahren zum Glück genießen dürfen. Die Ratschläge und der Rückhalt des Boards hatten mir geholfen, schwierige Zeiten zu überstehen, in denen ich als Neutronen-Jack tituliert wurde und unter dem fehlgeschlagenen Engagement in die Investmentbank Kidder Peabody litt.

Und viertens wollte ich jemanden auswählen, der jung genug war, um die Aufgabe mindestens zehn Jahre lang erfüllen zu können. Ein Unternehmensleiter kann rasch Veränderungen bewirken, doch ich war stets der Meinung, man sollte für seine Entscheidungen und besonders für seine Fehler langfristig die Verantwortung übernehmen. Hätte der neue Mann weniger Zeit, so wäre er möglicherweise versucht, überhastete Veränderungen im Unternehmen durchzuführen, um ihm seinen Stempel aufzudrücken. Ich hatte Ähnliches schon etliche Male beobachtet. Während ich GE leitete, hatten einige Unternehmen fünf oder sechs Geschäftsführer. Ich wollte nicht, dass so etwas bei GE passierte.

Das waren meine Überlegungen, als wir im Frühling 1994 mit der Suche nach meinem Nachfolger begannen. Ich war damals 58 Jahre alt und hatte noch sieben Jahre als Geschäftsführer vor mir. Ich war der Meinung, dass wir so viel Zeit brauchten, um die richtige Wahl zu treffen. Hierbei handelt es sich um eine schwierige Entscheidung. Man muss sich an der Zukunft orientieren, nicht an der Vergangenheit. Wir mussten jemanden finden, der mit ständigen Veränderungen gut zurechtkam und das Unternehmen sicher in die Zukunft führen würde. Als ich Bill Conaty im November 1993 zum Leiter des Personalwesens ernannte, sagte ich ihm, unsere wichtigste Aufgabe sei die Auswahl des nächsten Chairmans von GE. »Wir beide werden in den nächsten Jahren sehr viel Zeit damit verbringen, die richtige Person für diese Aufgabe zu finden.« Wir ahnten nicht, wie anstrengend die Suche werden würde.

Im Frühling 1994 machten wir uns an die Arbeit. Es gab natürlich einen Nachfolgeplan für Notfälle: eine kurze Liste von Leuten, die das Ruder übernehmen konnten, wenn mir etwas zustieß. Doch nun mussten wir zum ersten Mal weiter denken und unser Augenmerk auf jene richten, die das Potenzial hatten, die Führung von GE im Jahr 2001 zu übernehmen.

Bevor wir anfingen Namen aufzuschreiben, erstellte Chuck Okosky, der für die Führungskräfteentwicklung zuständig war, ein Profil des »idealen Geschäftsführers«. Es wurde eine lange Liste von Fähigkeiten und Eigenschaften, die mein Nachfolger haben sollte: Integrität/Werte, Erfahrung, Vision, Führungsqualitäten, Durchsetzungsvermögen, Format, Fairness, Energie/Stabilität/Mut. Chuck fügte auch noch Eigenschaften wie »unstillbarer Wissensdurst« und »Mut zur Konfrontation« hinzu. Mir war wichtig, dass es meinen Nachfolger nicht störte, »unter einem Mikroskop zu arbeiten« und dass er die Nerven hatte, um hohe Einsätze zu spielen. Diese Übung erwies sich als nicht sehr nützlich. Nicht einmal Jesus hätte all diese Anforderungen erfüllt.

Also gingen Bill, Chuck und ich die Personalbeurteilungen durch und fanden 23 Kandidaten. Diese Liste umfasste natürlich die Abteilungsleiter, aber auch eine zweite Gruppe von 16 jüngeren Managern, von deren Potenzial wir alle überzeugt waren. Unter ihnen waren auch die drei Kandidaten, die schließlich in die Endauswahl kamen. Der jüngste war 36, der älteste 58 Jahre alt (dies war offensichtlich ein Notkandidat). Zu den Kandidaten gehörten die Leiter einiger unserer Unternehmensbereiche sowie junge Vice Presidents. Das waren im Jahr 1994 unsere besten Anwärter.

Wir erstellten Karrierepläne für jeden dieser Kandidaten und legten ihre Beförderungen bis zum Jahr 2000 fest. Wir wollten, dass die Jüngeren Erfahrungen in verschiedenen Geschäftsbereichen sammelten.

Im Juni 1994 präsentierten Bill und ich dem Board das Ergebnis unserer Arbeit. Wir legten den Direktoren das Profil des »idealen Geschäftsführers« und die Namenliste der 23 Kandidaten vor, mit genauen Plänen für die 16 Anwärter in der zweiten Gruppe. Von diesem Moment an dienten alle Karriereentscheidungen dazu, diese Manager als meine Nachfolger aufzubauen.

In Anbetracht dieser sorgfältig ausgearbeiteten Pläne sind die Ergebnisse aus heutiger Sicht ernüchternd. Nur neun der 23 Manager auf dieser ersten Liste arbeiten noch bei GE. Einer ist der neue Geschäftsführer, drei sind Vice Chairmen und fünf leiten große Geschäftsbereiche. Elf Kandidaten verließen das Unternehmen aus verschiedenen Gründen, wobei sieben heute andere Unternehmen leiten. Drei gingen in den Ruhestand, zwei von ihnen als Vice Chairmen.

In den folgenden Jahren beobachteten wir jeden Schritt unserer 23 Kandidaten. Wir stellten ihnen laufend neue Aufgaben. Die acht, die im Juni 1998 in die engere Wahl kamen, waren durch 17 verschiedene Tätigkeiten geschleust worden. Wir holten Jim McNerney von GE Asia-Pacific zurück, wo wir ihn hingeschickt hatten, um unser Engagement für die Globalisierung zu beweisen. Jim hatte bereits Erfahrung in den Bereichen Produktion, Informationsdienste und Finanzdienstleistungen. Als Nächstes ernannten wir ihn zum Geschäftsführer des Beleuchtungsbereichs. Zwei Jahre später wurde er Geschäftsführer des Bereichs Flugzeugtriebwerke.

Bob Nardelli, der in den Bereichen Haushaltsgeräte und Beleuchtung gearbeitet hatte, leitete damals den Bereich Transportsysteme. Nun übertrugen wir ihm die Leitung des Energiebereichs.

Jeff Immelt hatte den Großteil seiner Laufbahn im Kunststoffbereich verbracht. Wir versetzten ihn in den Bereich Haushaltsgeräte, damit er eine Vorstellung von dem harten Wettbewerb in dieser Branche bekam. Anschließend kehrte er wieder in den Kunststoffbereich zurück und übernahm im Jahr 1997 die Leitung des Bereichs Medizinische Systeme.

Nach unserer ersten Präsentation vor dem Board im Juni 1994 hielten wir jeden Juni und Dezember formelle Boardbesprechungen zur Nachfolgefrage ab. Außerdem legte ich dem Board zweimal jährlich eine aktuelle Beurteilung der Kandidaten vor: im Februar, wenn die finanziellen Incentives für unsere Topmanager ausbezahlt wurden, und im September, wenn die Aktienoptionen vergeben wurden.

Damit die Direktoren sich persönlich ein Bild von den Kandidaten machen konnten, gab es jeden April und Juli Golf- und Tennisveranstaltungen in Augusta oder Fairfield. Im Dezember veranstalten wir ein Weihnachtsfest, zu dem auch die Ehepartner eingeladen wurden. Vor dem Beginn jeder dieser Veranstaltungen legten meine Assistentin Rosanne und ich die Golf- und Tennispartner und die Tischordnung fest, damit die Boardmitglieder mit verschiedenen Kandidaten zusammenkamen.

Im Jahr 1996 sollten die Boardmitglieder, die dem Nachfolgekomitee angehörten, die Kandidaten besser kennen lernen – und zwar ohne mich. Ich bat Si Cathart, den Vorsitzenden, sein Komitee in die verschiedenen Geschäftsbereiche zu bringen. Si ist nicht nur ein überaus kompetentes Boardmitglied, sondern auch ein sehr guter Freund und Berater. Er zögerte nie, mir einen nötigen Rüffel zu erteilen, sparte aber auch nicht mit Lob, wenn ich es verdiente.

Er und G. G. Michaelson waren bereits im Board, als Reg mich zum Vorsitzenden ernannte. Um eine gewisse Kontinuität zu wahren, sollten diese beiden und Frank Rhodes, der auch dem Komitee angehörte, in der Übergangszeit im Board verbleiben. Also bat ich den Board, das vorgeschriebene Datum für ihren Rücktritt auszusetzen, damit das Unternehmen weiterhin von ihrer Erfahrung profitieren konnte. Neben G. G. und Frank gehörten außerdem Claudio Gonzalez, der Geschäftsführer der mexikanischen Niederlassung von Kimberley-Clark's, und Andy Sigler, der pensionierte Chairman von Champion International, zu Sis Komitee.

Sie verbrachten einen ganzen Tag mit jedem Bereichsleiter und seinem Team. Am Abend gingen sie dann noch gemeinsam essen oder spielten Golf oder Tennis. Ich nahm auf diese Zusammentreffen keinerlei Einfluss. Am Anfang riefen mich einige Kandidaten an und fragten: »Jack, worum geht bei diesen Besuchen?« »Das ist eure Show«, antwortete ich. Der Board sollte sich einen Eindruck von der Arbeitsweise der einzelnen Bereichsleiter verschaffen. Einige hielten penibel ausgearbeitete Präsentationen ab. Andere hatten nur ein paar Unterlagen vorbereitet. Einige kamen mit ihrem gesamten Stab. Andere brachten nur einen oder zwei ihrer Mitarbeiter mit. Nach jedem dieser Zusammentreffen informierte mich Si von den Eindrücken des Komitees.

Nach vier Jahren waren von ursprünglich 23 Kandidaten noch acht übrig. Wir kamen immer wieder auf das Profil des »idealen Geschäftsführers« zurück, ergänzten oder strichen Eigenschaften, aber das Profil sah immer noch wie eine Beschreibung von Superman aus. Eine wesentlich größere Hilfe war mir eine Liste von acht grundlegenden Zielen, die Bill, Chuck und ich 1998 zusammenstellten:

- Die stärkste Führungspersönlichkeit auswählen.
- Nach der optimalen Mischung aus Eigenschaften und Fähigkeiten suchen.
- Alle Kandidaten in der Übergangszeit und unter der kommenden Führung im Unternehmen halten.
- Kontraproduktiven Wettbewerb so weit wie möglich vermeiden.
- Gelegenheiten schaffen, um die Anwärter vor der endgültigen Entscheidung aus nächster Nähe zu beobachten.
- Die Übergangszeit auf die Größe und die Komplexität des Unternehmens abstimmen.
- Nachbesetzung der Positionen regeln, die durch die Versetzung der Kandidaten frei werden.
- Optionen unter Berücksichtigung von Ziel 4 und 5 so lange wie möglich offen halten.

Das war zugegebenermaßen eine Wunschliste. Aber sie erwies sich als nützlich. Wir würden nicht all diese Ziele erreichen. Ich erkannte, dass Nummer 3 unrealistisch war. Wir würden nicht alle Kandidaten halten können, und ich gelangte zu dem Schluss, dass dies auch nicht sinnvoll sein würde. Punkt 4 und 5 waren kaum vereinbar. Wenn wir die Kandidaten nach Fairfield holten, um sie uns aus nächster Nähe zu beobachten, riskierten wir, dass der Wettbewerb zwischen ihnen die Stimmung vergiftete und ihre Arbeit beeinträchtigte. An den übrigen Zielen konnten wir festhalten.

Aus meiner Zeit als Kandidat wusste ich, dass politische Ränke keine Rolle spielen durften. Es ist zwar schwer zu glauben, aber die Auswahl meines Nachfolgers verlief tatsächlich sehr kollegial und fair. Als der Beschluss gefallen war, sagten mir die Finalisten, sie hätten ebenso entschieden.

Unsere Werte waren so wichtig geworden, dass die Kandidaten unfaires Verhalten eines anderen Kandidaten nicht geduldet hätten. Selbst in der letzten Runde Ende 1998, als durch die Berichterstattung in den Medien der Druck stieg, unternahm keiner der drei irgendetwas, um einem Rivalen zu schaden.

Da alle drei bis zum Schluss in ihren Geschäftsbereichen blieben – Bob in Schenectady, Jim in Cincinnati und Jeff in Milwaukee – konnten sie sich auf ihre Arbeit konzentrieren. Das hatte allerdings auch einen großen Nachteil. Im Gegensatz zu Reg, der uns damals alle nach Fairfield geholt hatte, würde ich nicht die Möglichkeit haben, mir jeden Kandidaten aus nächster Nähe anzusehen.

Doch ich konnte darauf verzichten. Ich hatte mit diesen drei Managern jahrelang viel Zeit verbracht. Außerdem fand ich immer wieder eine Gelegenheit, sie mir genauer anzusehen, ohne sie in die Zentrale zu berufen. Zum Beispiel holte ich im Jahr 1997 alle drei in den Board von GE Capital. Nach den monatlichen Boardsitzungen gingen wir zusammen essen. Ich versuchte diese Mittagessen in Fairfield ganz informell zu gestalten. Die Stimmung war entspannt, und ich erfuhr, was sie von den aktuellen Geschäftschancen hielten. Eine Zeit lang klappte das sehr gut, doch als die Entscheidung näher rückte, wurden uns diese Treffen immer unangenehmer. Also verzichteten wir schließlich darauf.

Ich fand eine Alternative, die ein wenig Ähnlichkeit mit Regs Methode hatte. Im Frühling 1999 begann ich, die Geschäftsführer unserer elf größten Unternehmensbereiche einzeln zum Abendessen einzuladen. Bei dieser Gelegenheit fragte ich sie nach ihrer Meinung über unsere Geschäftsbereiche: welche wir behalten oder abstoßen sollten und wer an der Spitze des Unternehmens stehen sollte. Ich forderte sie auf, drei Führungskräfte zu nennen, da ich niemanden zwingen wollte, sich auf einen Gewinner festzulegen. Diese informellen Gespräche erleichterten zwar die Zusammenstellung eines Führungsteams, aber für die Auswahl meines Nachfolgers waren sie keine Hilfe.

Dann wiederholte ich die Einzelgespräche mit den wichtigsten Geschäftsführern im Frühling 2000. Diesmal konzentrierte ich mich vor allem auf Dinge, die außerhalb ihres eigenen Geschäftsbereichs lagen. Ich wollte ihre Meinung über die laufenden Verhandlungen mit den Gewerkschaften und über Umweltfragen hören. Ich fragte sie, was sie von den anderen Kandidaten hielten. Auch hier gab es keine Überraschungen. Alle mochten und respektierten einander. Ich stellte auch zahlreiche Fragen über unsere Werte und Prozesse, was ihnen daran gefiel und was sie anders machen würden.

Drei von ihnen stellte ich eine besonders schwierige Frage: »Werden Sie das Unternehmen verlassen, wenn Sie nicht zu meinem Nachfolger ernannt werden?« Zwei von ihnen bejahten diese Frage. Der Dritte meinte, er wolle den Job, fühlte sich dem Unternehmen jedoch so verbunden, dass er bleiben würde. Ich nahm das nicht allzu ernst, weil ich wusste, dass die Headhunter über ihn herfallen würden. Zu diesem Zeitpunkt war mir bereits klar, dass es uns nicht gelingen würde, alle Kandidaten zu halten.

Von Anfang an sah ich in dem Auswahlverfahren mehr als die Suche nach einem neuen Geschäftsführer. Ich wollte ein größeres Führungsteam zusammenstellen und Vice Chairmen ernennen, die den Neuen unterstützen würden. Ich wollte in diesen Positionen keine enttäuschten Kandidaten oder Leute, die nicht mit meinem Nachfolger zusammenarbeiten konnten. Die idealen Anwärter auf diese Positionen waren meiner Meinung nach Dennis Dammerman, damals Geschäftsführer von GE Capital, und Bob Wright von NBC. Bei meinen Einzelgesprächen mit den Kandidaten wurden die beiden von allen als zentrale Führungskräfte bezeichnet. Dennis wurde Ende 1997 und Bob im Juli 2000 zum Vice Chairman ernannt. Dennis war praktisch von Anfang an am Auswahlverfahren beteiligt, während Bob erst nach seiner Ernennung zum Vice Chairman eine Rolle spielte.

Als die Medien im Jahr 2000 dem bevorstehenden Wechsel an der Spitze von GE wachsende Aufmerksamkeit widmeten, stieg die Unsicherheit innerhalb des Unternehmens. Wenn ich in Crotonville unterrichtete, tauchte immer wieder die Frage auf, wie ich alle drei Kandidaten halten wollte und wer sie als Bereichsleiter ersetzen würde. Die Analysten an der Wall Street stellten dieselben Fragen.

An einem Wochenende im Juni kam mir beim Duschen plötzlich eine hervorragende Idee. (Unter der Dusche habe ich oft sehr gute Einfälle.) Da ich sicher war, dass uns die beiden Kandidaten, die nicht das Rennen machten, verlassen würden, beschloss ich, sie zu meinen Bedingungen zu »verlieren«.

Ich würde ihre Positionen nicht erst nachbesetzen, wenn sie gingen, sondern ihre Nachfolger schon jetzt bestimmen. Bob, Jim und Jeff standen dadurch vielleicht fünf unangenehme Monate bevor, doch ihre Nachfolger hatten auf diese Weise genug Zeit, sich einzuarbeiten. Die Mitarbeiter dieser Geschäftsbereiche konnten sich auf ihren neuen Chef einstellen. Diese vorgezogene Nachfolgeregelung würde außerdem die Gerüchte und Spekulationen zum Verstummen bringen und die Analysten an der Wall Street beruhigen.

Bei unseren Personalbeurteilungen muss jeder Bereichsleiter seinen Nachfolger vorschlagen. Oft ist das eine reine Routineübung. Doch im April 2000 hatte ich allen unseren Bereichsleitern geschrieben und sie aufgefordert, diesmal mindestens eine Stunde dafür aufzuwenden. Aus diesen Beurteilungen ging hervor, wen die drei Kandidaten besonders schätzten.

Am Montag morgen erzählte ich Bill und Dennis von meiner Idee. Sie waren ebenso begeistert wie ich. Nun konnten wir leitende Positionen mit Leuten besetzen, von denen wir wussten, dass sie mit den Geschäftsführern gut zusammenarbeiten würden. In den nächsten Tagen informierten wir die Boardmitglieder von unserem Plan. Er wurde von allen gutgeheißen.

Nun musste ich noch Bob, Jeff und Jim darauf vorbereiten. Ich räumte ein, dass es ihnen gegenüber vielleicht nicht ganz fair war. Aber ich gab ihnen zu bedenken, dass es für ihre Mitarbeiter und unsere Aktionäre das Beste war. Dennoch waren sie überrascht von dieser Entscheidung. »Soll das heißen, dass ich mir einen neuen Job suchen muss, wenn ich nicht zum Unternehmensleiter ernannt werde?«, fragte einer von ihnen. »Ja, ganz genau. Sie haben es selbst herausgefordert, indem Sie mir erklärten, Sie würden General Electric verlassen, sollten Sie nicht Geschäftsführer werden. Und nun sage ich ›Hier ist Ihr Nachfolger. Sie haben sechs Monate Zeit, um ihm die Geschäfte zu übergeben.‹« »Ich fühle mich ein bisschen überrollt«, antwortete er. »Ich weiß, dass es hart für Sie ist. Aber ich sehe keine andere Möglichkeit.«

Keiner der drei war von meinem Plan begeistert, doch sie sahen ein, dass es für das Unternehmen das Beste war. Wenn wir für den Sinn der Menschenfabrik je eine Bestätigung brauchten, bekamen wir sie im Juni 2000. Wir hatten drei großartige Führungskräfte zur Verfügung, die wir als neue Chief Operating Officers einsetzen konnten – und keiner war älter als 43.

Dave Calhoun hatte das Prüfungswesen geleitet, bevor wir ihm die Leitung des Kunststoffbereichs in Asien übertrugen. Als Nächstes versetzten wir ihn in den Transportbereich, und nach einer weiteren Station im Beleuchtungsbereich übernahm er schließlich die Leitung des Rückversicherungsbereichs. Er ist intelligent, witzig, schnell, sportlich und kann gut mit Menschen umgehen. Für die Position des COOs im Bereich Flugzeugtriebwerke, der von Jim McNerney geleitet wurde, war er perfekt geeignet.

John Rice hatte ich bei einem Mittagessen mit jungen Auditoren in Schenectady kennen gelernt. Er zeichnete sich durch einen scharfen Verstand und eine starke Persönlichkeit aus und war mir auf Anhieb sympathisch. Ich sagte ihm: »Vergessen Sie das Finanzwesen und suchen Sie sich einen Job im operativen Bereich.« John befolgte meinen Rat und wechselte in den Haushaltsgerätebereich. Nach einigen Beförderungen ersetzte er Dave Calhoun als CEO von GE Plastics Asia und später als CEO von GE Transportation. Diese Erfahrungen prädestinierten ihn für die Position des Chief Operating Officer im Bereich Energiesysteme unter Bob Nardelli.

Joe Hogan hatte im Kunststoffbereich eine Reihe von globalen Projekten geleitet, bevor er CEO von GE-Fanuc wurde. Joe ist 43 und sieht aus wie 15. Wahrscheinlich muss er in jeder Bar seinen Ausweis herzeigen. Doch trotz seines jugendlichen Aussehens ist er ein erfahrener Manager mit hervorragenden Führungsqualitäten. Wir hatten ihn einige Monate zuvor mit der Leitung des E-Business im Bereich Medizinische Systeme betraut, um ihn auf seinen nächsten Job als Chief Operating Officer unter Jeff Immelt vorzubereiten.

Diese drei herausragenden Manager als künftige Leiter unserer drei größten Geschäftsbereiche zu positionieren, sorgte für ein Maß an Stabilität, das wir in dieser Zeit gut brauchen konnten. Während 300 000 Mitarbeiter, mich eingeschlossen, nach wie vor keine Ahnung hatten, wer ihr neuer Chairman sein würde, wussten zumindest die Mitarbeiter dieser drei Geschäftsbereiche, wer ihr neuer Geschäftsführer sein würde.

Den Medien erklärte ich, die Veränderungen seien »ein natürlicher Schritt unseres Nachfolgeplans«. Genauere Auskünfte über diese personellen Veränderungen oder die Wahl meines Nachfolgers gab ich weiterhin keine.

Ebenso wenig wie Bob, Jeff und Jim. Keiner von uns wollte, dass die Medien einen Zirkus daraus machten. Die Hoffnung, die Medien aus der Sache heraus halten zu können, war allerdings etwas naiv. Die ersten Geschichten über meine Nachfolge waren schließlich bereits 1996 erschienen. Im September, zwei Monate vor der Bekanntgabe meines Nachfolgers, schienen sich die Medien für nichts anderes mehr zu interessieren.

Innerhalb von drei oder vier Tagen veröffentlichten *Business Week, Wall Street Journal, Financial Times* und die Londoner *Sunday Times* Artikel, die nicht nur die Namen der Spitzenkandidaten, sondern auch eine kritische Beurteilung der drei enthielten, obwohl wir keinerlei Informationen über sie zur Verfügung gestellt hatten.

Als diese Artikel erschienen, war ich bei den Olympischen Spielen in Australien. Als ich sie in meinem Hotelzimmer las, war ich überrascht, wie viel Aufmerksamkeit meine Nachfolge erregte. Ich bedauerte die drei Kandidaten, weil ich wusste, welchem Druck sie durch diese Artikel ausgesetzt waren.

Um halb eins in der Nacht setzte ich mich an meinen Laptop und schrieb ihnen eine E-Mail:

Jeff, Jim, Bob,
ich bedaure, dass ihr diesem Medienzirkus ausgesetzt seid.
Ich dachte, ich könnte es besser als Reg machen, indem ich euch nicht in die Zentrale hole. Doch wie es aussieht, stürzt sich die Presse trotzdem auf das Thema. Ihr haltet euch großartig, und dafür möchte ich euch danken. Das Unternehmen kann sich glücklich schätzen, dass ihr dieses aufreibende Verfahren mitmacht. Eure hervorragenden Ergebnisse und eure bewundernswerte Haltung haben das Auswahlverfahren auch für mich zu einer großen Herausforderung gemacht. Ihr seid wirklich etwas Besonderes. Danke.

Ich meinte jedes Wort ernst. Von einem der drei bekam ich folgende Antwort:

Um es kurz zu sagen, Jack: Wir schätzen uns glücklich, dass wir als Ihre Nachfolger in Betracht gezogen werden. Dieses Gefühl wiegt stärker als die Belastung durch den Medienrummel. Für uns bedeutete das Auswahlverfahren Wachstum, Herausforderung und Spaß. Unabhängig von seinem Ausgang war es für uns alle eine unvergessliche Erfahrung. Sie tun das Richtige für GE, und wir unterstützen das Auswahlverfahren.
Ihr Lieblingskandidat.

Diese Antwort war typisch für die Qualität der Kandidaten. Doch das machte es für mich nur noch schwieriger. Manchmal sagte ich im Scherz, ich hoffe darauf, dass einer von ihnen etwas Dummes oder Verrücktes tun werde. Ein Skandal hätte mir die Entscheidung erleichtert. Bei der nächsten Boardbesprechung gestand ich den Direktoren, wie schwer mir die Entscheidung fiel. Sam Nunn, ein ehemaliger Senator aus Georgia, der dem Board seit dem Jahr 1997 angehörte, hatte eine großartige Antwort parat.

»Jack«, sagte er, »hören Sie auf, sich selbst Leid zu tun, weil Sie sich für einen der drei entscheiden müssen. Sie haben alle drei berühmt gemacht. Sie sind Anwärter auf den besten Job in Amerika, und es ist immer noch nicht klar, wer ihn bekommen wird. Das heißt, dass alle drei erstklassig sind. Sie haben sie zu ihren offiziellen Nachfolgekandidaten gemacht und damit mehr für ihre Karriere getan als jeder andere.«

Diese Worte trösteten mich, doch meine Entscheidung erleichterten sie nicht. Als die Berichte in den Zeitungen erschienen, waren alle drei Kandidaten bei einer Konferenz von Prudential Securities in Stowe (Vermont). Ein paar Tage später traf ich zufällig John Blystone, der ebenfalls bei dieser Konferenz gewesen war. John hatte GE im Jahr 1996 verlassen, um die Leitung von SPX zu übernehmen.

»Sie können wirklich stolz sein«, sagte er. »Ihre drei Kandidaten haben bei der Konferenz großen Eindruck gemacht. Es ist bewundernswert, wie sie einander unterstützen. Die Aktionäre haben gesehen, dass die Spitze des Unternehmens sich als Team versteht. Sie müssen wirklich stolz auf sie sein.« John hatte übrigens keine Ahnung, dass er zu den Kandidaten auf unserer allerersten Liste aus dem Jahr 1994 gehört hatte.

Ich war furchtbar stolz auf die drei. Sie waren in vieler Hinsicht verschieden, doch alle drei waren sie großartige Menschen. Und in ihren Tätigkeiten waren sie unübertrefflich. Sie erzielten mit ihren Geschäftsbereichen Rekordgewinne und eroberten Rekordmarktanteile, und die Arbeitsmoral unter ihren Mitarbeitern war so hoch wie nie zuvor.

Bob übernahm im Jahr 1995 die Leitung des Bereichs Stromturbinen – eines unserer Sorgenkinder. Die Turbinen wiesen technische Mängel auf und verursachten immer wieder Betriebsstillstände. Der Reingewinn dieses Bereichs war drei Jahre in Folge gefallen. Bob ließ die technischen Mängel beheben und nutzte einen Engpass bei der

Stromversorgung, der die Nachfrage in die Höhe trieb. Er verbesserte die betrieblichen Abläufe, um dem erhöhten Bedarf gerecht zu werden. Und er übernahm dutzende Unternehmen in aller Welt.

Er erhöhte das Betriebsergebnis von 770 Millionen Dollar im Jahr 1995 auf 2,8 Milliarden Dollar im Jahr 2000. Darüber hinaus rechnete er für die Jahre 1999 bis 2000 mit einem Anstieg des Reingewinns um eine Milliarde Dollar jährlich. Es gibt nur wenige Unternehmen auf der Welt, die eine Milliarde Dollar nach Steuern verdienen, und Bob war auf dem besten Weg, den Reingewinn drei Jahre hintereinander jährlich um eine weitere Milliarde zu erhöhen.

Auch Jim hatte beeindruckende Ergebnisse vorzuweisen. In den drei Jahren, in denen er den Bereich Flugzeugtriebwerke leitete, steuerte er mehr zum Gesamtgewinn von GE bei als irgendein anderer der 20 erfolgreichsten Geschäftsbereiche. Er steigerte das Wachstum des Bereichs von 7,8 Milliarden Dollar im Jahr 1997 auf 10,8 Milliarden im Jahr 2000 und erhöhte die Erträge um 21 Prozent pro Jahr. Er baute den Dienstleistungsbereich aus, bis er mehr als die Hälfte des Gesamtgewinns des Bereichs brachte. Und die Entwicklung des Triebwerks GE-90 für die Boeing 777, des größten und stärksten Düsentriebwerks, war eine großartige strategische Leistung.

Jeff wirkte im medizinischen Bereich Wunder. Er entwickelte das Konzept eines globalen Produktunternehmens, das für fast jedes Unternehmen des Konzerns als Vorbild dienen wird. Das intellektuelle Kapital, die Bauteile und die Fertigerzeugnisse, die er dazu brauchte, beschaffte er sich in allen Teilen der Welt. Er führte zahlreiche Übernahmen durch und gliederte die akquirierten Unternehmen geschickt in seinen Bereich ein. Unter seiner Leitung konnte sich der medizinische Bereich nicht nur als Gerätehersteller sondern auch als Informationsunternehmen durchsetzen. Nach drei Jahren unter seiner Leitung warf der Bereich Rekordeinnahmen und -gewinne ab. Der Umsatz stieg von 3,9 Milliarden Dollar im Jahr 1996 auf 7,2 Milliarden Dollar im Jahr 2000, während der Reingewinn um 21 Prozent pro Jahr zunahm. Jeff verbesserte unsere Wettbewerbsposition in Europa und machte uns in Asien zur Nummer eins. Darüber hinaus brachte der medizinische Bereich mithilfe von Six-Sigma-Technologie mehr neue Produkte heraus als irgendein anderes Unternehmen des Konzerns.

Doch nicht nur ihre herausragenden Leistungen machten die Entscheidung so schwer. Ich kannte alle drei schon viele Jahre. Ich hatte sie in Crotonville unterrichtet. Lange bevor sie die Leitung von Geschäftsbereichen übernahmen, hatte ich unzählige Stunden in allen möglichen Besprechungen mit ihnen verbracht. Ich hatte sie gefördert und zugesehen, wie sie teilweise sehr schwierige Aufgaben bewältigten und sich zu unglaublich selbstbewussten Führungskräften entwickelten.

Jeff lernte ich im Jahr 1982 kennen, als er an der Harvard Business School ein MBA-Programm absolvierte. Als er sich entschied, für GE und nicht für Morgan Stanley zu arbeiten, versuchte ihn ein Partner von Morgan doch noch für sein Unternehmen zu gewinnen.

»GE? Wenn Sie bei Morgan Stanley anfangen, werden Sie nach spätestens sechs Monaten ihre erste Präsentation vor Jack Welch abhalten. Wenn Sie zu GE gehen, werden Sie ihn mit viel Glück nach zehn Jahren zum ersten Mal zu Gesicht bekommen.« Einen Monat, nachdem er bei GE angefangen hatte, saß Jeff mit mir und fünf anderen Mitarbeitern aus der Marketingabteilung in einer Besprechung.

Wie so viele starke Führungskräfte musste auch er schwere Zeiten überstehen – und ich saß ihm dabei im Nacken. Wir hatten ihn im Jahr 1989 in den Bereich Haushaltsgeräte versetzt, damit er in dieser harten Branche Erfahrung sammeln konnte. Er lernte während dieser Zeit mehr und wesentlich schneller, als wir erwartet hatten. Jeff musste gleich zu Beginn mit einer Rückrufaktion fertig werden, als sich der Kompressor eines neuen Kühlschranks als fehlerhaft herausstellte. Jeff stellte 7200 Mitarbeiter ab, um drei Millionen Kompressoren zu reparieren. In den monatlichen Betriebsbesprechungen, die wir während dieser Krise abhielten, konnte ich mir persönlich ein Bild von ihm machen.

Auch als Jeff 1994 ein sehr hartes Jahr im Kunststoffbereich hatte, machte ich ihm das Leben nicht gerade leichter. Als General Manager von GE Plastics America hatte er einer Reihe von Festpreisverträgen zugestimmt und wurde nun zwischen steigenden Materialkosten auf der einen Seite und seinen Verpflichtungen gegenüber unseren Kunden auf der anderen Seite zerrieben. Er blieb um 50 Millionen Dollar hinter seiner Gewinnvorgabe zurück. Jeff erzählt heute, dass er im Januar 1995 in Boca Raton alles getan habe, um mir aus dem Weg zu gehen. Er kam spät zum Abendessen und ging früh zu Bett. Am letzten Abend erwischte ich ihn, als er gerade in den Aufzug steigen wollte, um in sein Zimmer zu verschwinden.

Ich packte ihn an der Schulter und sagte: »Jeff, ich bin ein großer Fan von Ihnen, aber Ihr Bereich hatte das schlechteste Jahr des ganzen Konzerns. Das schlechteste Jahr von allen Geschäftsbereichen. Ich mag Sie und weiß, dass Sie mehr können. Aber wenn Sie das nicht in Ordnung bringen, werfe ich Sie hinaus.« Darauf antwortete er: »Wenn die Ergebnisse sich nicht verbessern, brauchen Sie mich nicht rauszuwerfen, weil ich dann von selbst gehen werde.«

Natürlich bekam er die Ergebnisse in den Griff – und meisterte alle folgenden Aufgaben mit Bravour.

Über Bob und Jim könnte ich ganz ähnliche Geschichten erzählen. Für mich war es eine emotionale Entscheidung. Mit jedem der drei Kandidaten verbanden mich viele gemeinsame Erlebnisse und eine echte Freundschaft.

Es fiel mir nie schwer, Entscheidungen zu treffen. Doch dieser Fall war anders.

Bei der Boardsitzung im Juli 2000 diskutierten wir mit dem Nachfolgekomitee drei Stunden lang über die Stärken und Schwächen jedes einzelnen Kandidaten. Ich versuchte, mir alle Argumente unvoreingenommen anzuhören. Ich wollte mir bis zum Ende alle Optionen offen halten. Nach dieser Besprechung gingen wir wie üblich mit unseren Bereichsleitern Golf spielen. Ich bat das Komitee, am nächsten Tag eine Stunde früher zusammenzutreten und bis dahin in Ruhe über unsere dreistündige Diskussion nachzudenken.

Es sollte noch bis zum 29. Oktober 2000 dauern, bis ich mich zu einer Entscheidung durchringen konnte. Der Board besuchte an diesem Sonntag ein Turbinenwerk in Greenville (South Carolina). Ich hatte diesen Ausflug bereits vor einem Jahr geplant. Heute weiß ich, dass es keine gute Idee war, weil ich Bob Nardelli dadurch unter großen Druck setzte. Aber ich liebte es, dem Board unsere Musterbetriebe vorzuführen, und dank Bob war das Turbinenwerk ein echtes Prachtexemplar. Am nächsten Morgen lieferte Bob übrigens eine beeindruckende Präsentation ab.

Nach einem Golfwochenende in Augusta mit den Boardmitgliedern, an dem auch viele ehemalige Direktoren teilnahmen – eine Tradition, die noch aus Regs Zeiten stammt – flogen wir nach Greenville, wo wir im Poinsett Club zu Abend aßen.

An diesem Sonntagabend gab es vor der Bekanntgabe meines Nachfolgers noch eine kleine Programmeinlage. Zufällig brachte die Sendung *60 Minutes* an diesem Abend einen Beitrag über mich. Im Speisesaal waren einige Fernseher aufgestellt worden, damit wir uns die Sendung live ansehen konnten.

Als sich der Beginn wegen eines Footballspiels um fast eine halbe Stunde verzögerte, wurde ich schrecklich nervös. Die Interviews mit Lesley Stahl waren zwar gut verlaufen, aber da sie aus 23 Stunden Filmmaterial einen 15-minütigen Beitrag zusammengestellt hatten, wusste ich nicht, was auf mich zukommen würde. Meine Sorge war unbegründet. Ich kam sehr gut weg. Dennoch war ich froh, dass es vorbei war.

Nach dem Abendessen fuhren wir in ein nahe gelegenes Hotel, wo wir einen Besprechungsraum für die Sondersitzung des Boards gemietet hatten. Um Störungen zu vermeiden, postierten wir vor dem Eingang einige unserer Sicherheitskräfte. Kurz nach zehn Uhr eröffnete ich die Sitzung: »Wir sind zu einer Entscheidung gelangt.«

In der nächsten Viertelstunde erklärte ich dem Board, warum ich mich für Jeff entschieden hatte. Ich wies auf seine großartigen Leistungen im medizinischen Bereich hin, der als Modell für die Zukunft von GE dienen würde. Für mich zeichnete sich Jeff durch eine vollkommene Mischung aus Intelligenz und Durchsetzungskraft aus und verfügte außerdem über eine Eigenschaft, die ich ganz besonders schätze – er war mit sich selbst im Reinen. Obwohl auch die beiden anderen Finalisten hervorragende Qualifikationen aufwiesen, hielt ich Jeff für die beste Wahl.

Nach mir kamen Dennis Dammerman und Bob Wright zu Wort. Dennis erzählte von dem Bewerbungsgespräch, das er im Jahr 1982 mit Jeff geführt hatte, als dieser noch an der Harvard Business School war. Er hob besonders seine Führungsqualitäten und seine Konzentration auf den Kunden hervor. Bob sprach über die beeindruckende Karriere, die bereits hinter ihm lag. Dann hatten die Boardmitglieder das Wort. Alle stimmten meiner Entscheidung zu. Frank Rhodes unterstrich Jeffs Fähigkeit zu lernen und sich weiterzuentwickeln. Er sagte, Jeff habe die nötige intellektuelle Bandbreite und sei zweifellos die richtige Wahl.

Es war eine der besten Besprechungen, die ich je erlebt habe. Jeder wollte etwas sagen. Wir hatten alle dieselbe Bürde getragen. Mindestens zwei der Direktoren meinten, wir sollten versuchen, wenigstens einen der beiden anderen Kandidaten zu halten. Die Aussicht, zwei unserer besten Mitarbeiter auf einmal zu verlieren, lag ihnen schwer im Magen.

»Sollten Sie nicht versuchen, zumindest einen zum Bleiben zu bewegen?«, fragte ein Boardmitglied. »Ich war selbst in dieser Situation«, sagte ich. »Ich weiß, wie es ist. Der neue Leiter dieses Unternehmens muss voller Selbstbewusstsein und Begeisterung an die Arbeit gehen. Er soll nicht das Gefühl haben, dass ihm zwei ehemalige Rivalen im Nacken sitzen.«

Dann bat ich Bill Conaty um seine Meinung. Er hatte anfangs ebenfalls dafür plädiert, einen der beiden zu behalten. Bill erklärte, er habe ursprünglich gedacht, die Erfahrungen und Fähigkeiten der beiden anderen Kandidaten seien zu wertvoll, um beide gehen zu lassen. Doch dann habe er eingesehen, dass ich Recht hatte. Schließlich kamen wir überein, die beiden verdienten es, ein eigenes Unternehmen zu leiten.

Ich beendete die Sitzung mit den Worten: »Wir möchten jetzt keine endgültige Entscheidung fällen. Denken Sie drei Wochen darüber nach. Wenn Sie Fragen oder Bedenken haben, rufen Sie mich an.« Ich kündigte an, dass ich die Mitglieder des Komitees am Mittwoch vor dem Erntedankfest anrufen würde, um noch einmal über die Entscheidung zu sprechen und ihre endgültige Zustimmung einzuholen.

Wir beendeten diese zweistündige Sitzung in Greenville um Mitternacht.

Sechs Tage vor der Oktobersitzung des Boards in Greenville geschah etwas, das den Zeitplan für meinen eigenen Abgang aus dem Unternehmen über den Haufen warf. Wir kündigten die Übernahme von Honeywell an, und ich erklärte mich bereit, GE erst ein paar Monate später zu verlassen, um die Fusion der beiden Unternehmen zu beaufsichtigen. Die Übernahme war das größte Geschäft in der Geschichte von General Electric, und in den Medien wurde viel über die Auswirkungen auf meine Ablösung spekuliert.

Doch innerhalb des Unternehmens glaubte niemand, dass sich durch die Übernahme irgendetwas ändern würde. Und wir behielten Recht. Ich verließ das Unternehmen Anfang September 2001, vier Monate später als ursprünglich geplant.

In den darauf folgenden drei Wochen rief mich ein halbes Dutzend Boardmitglieder an, die sich alle positiv zur Wahl meines Nachfolgers und zum Auswahlverfahren äußerten. Ich war von meiner Entscheidung fest überzeugt, fürchtete mich aber davor, Bob und Jim davon zu informieren.

Am Mittwoch vor dem Erntedankfest rief ich die Mitglieder des Nachfolgekomitees an und holte ihre Zustimmung ein, um am Freitag dem gesamten Board Jeffs Ernennung zum designierten Chairman bekannt zu geben. Indem wir die Entscheidung während der Feiertage fällten, vermieden wir eine weitere Flut von Medienberichten über die Nachfolge. Es wurde allgemein angenommen, dass wir unsere Entscheidung nach der regulären Boardsitzung am 15. Dezember bekannt geben würden. Ich setzte die offizielle Abstimmung des Board für Freitag, den 24. November, um fünf Uhr an. Um diese Uhrzeit war die Börse bereits geschlossen.

Nachdem der Board Jeffs Ernennung zum Chairman einstimmig genehmigt hatte, rief ich Jeff um halb sechs in South Carolina an, wo er mit seiner Familie gerade Urlaub machte.

»Der Board hat eine Entscheidung gefällt. Ich habe erfreuliche Nachrichten für Sie. Können Sie mit Ihrer Familie über das Wochenende nach Florida kommen? Wir gehen dann alle zusammen Mittagessen.«

Statt einen von GEs eigenen Jets zu verwenden, ließen wir Jeff, seine Frau Andy und ihre Tochter Sarah um halb elf Uhr vormittag von einem Charterflugzeug in Charleston abholen. Aus Sicherheitsgründen reiste Jeff unter dem Namen von Si Catharts Sohn James. Si schickte einen Wagen, der die Immelts abholte und zu mir nach Hause brachte. Um keinerlei Aufsehen zu erregen, landete das Flugzeug auf dem Stewart Airport statt auf dem West Palm Airport, den die Flugzeuge von GE normalerweise anflogen.

Als der Wagen vorfuhr, wartete ich schon in der Einfahrt, um Jeff zu begrüßen und ihm zu gratulieren. Wir fuhren gemeinsam in ein italienisches Restaurant in North Palm Beach. Nach dem Essen brachte Jane Jeffs Frau und seine Tochter in meine Wohnung in Eastpoint. Jeff und ich fuhren zu mir nach Hause, um uns auf die Pressekonferenz vorzubereiten, die am Montag in New York stattfinden würde. Bill Conaty, der über das Wochenende in Florida war, kam herüber, um uns zu helfen. Wir gingen die Pressemitteilung durch, die wir schon zuvor verfasst hatten, und ersetzten »NG« durch Jeffs Namen.

Dennis Dammerman und Bob Wright stießen an diesem Abend mit ihren Frauen zu uns, um Jeffs Ernennung zu feiern. Wir hatten viel Spaß an diesem Abend. Dennoch hatte ich die ganze Zeit ein flaues Gefühl im Magen. Ich wusste, dass ich erst den angenehmen Teil der Arbeit erledigt hatte.

Ich fürchtete mich davor, Bob und Jim zu sagen, dass sie den Job nicht bekommen würden und wartete mit den Anrufen bis zwei Uhr nachmittags. Ich kannte die Zeitpläne aller drei Kandidaten und wusste, wann ich sie wo erreichen konnte. Beide waren zu Hause, als ich anrief.

»Der Board und ich sind zu einer Entscheidung gelangt. Ich würde diese Entscheidung und die Beweggründe dafür gerne mit Ihnen besprechen.«

Es kam für mich nicht infrage, ihnen den Ausgang der Abstimmung am Telefon mitzuteilen. Ein persönliches Gespräch war das Mindeste, was ich ihnen schuldete. Dennoch wollte ich ihnen keine falschen Hoffnungen machen. Ich hatte meine Worte sorgfältig einstudiert und sogar mit Jane geprobt, bevor ich die beiden anrief.

Um drei Uhr nachmittags landete ich bei strömendem Regen auf dem Westpalm Airport. Der Flugverkehr an den Feiertagen war durch schwere Stürme in der östlichen Hälfte des Landes stark beeinträchtigt. Viele Flughäfen waren gesperrt. Als ich unseren Piloten mitteilte, dass wir nicht den Westchester Airport anfliegen würden, weil ich nach Cincinnati musste, waren sie entsetzt. Bei diesem katastrophalen Wetter mussten sie nun auch noch alle Flugpläne ändern. Die Piloten meinten, wir würden frühestens in zwei Stunden starten können. Ich nutzte die Zeit, um noch einmal darüber nachzudenken, was ich Bob und Jim sagen würde. Mir graute davor. Es war so, als müsste man eines seiner Kinder weggeben. Es schien mir so ungerecht. Alle drei hatten ihr Bestes für das Unternehmen gegeben. Sie hatten sich nie unfair verhalten, weder mir gegenüber noch untereinander.

Sie hatten alles gegeben und unsere Erwartungen weit übertroffen. Nun musste ich zwei von ihnen die schlechteste Nachricht ihrer ganzen Karriere überbringen. Darüber hinaus konnte ich nicht mehr tun, als ihnen zu versichern, dass irgendwo anders eine glänzende Zukunft auf sie wartete.

An diesem Tag wurde es früh dunkel. Wir verließen Palm Beach um halb sechs und kamen gegen sieben Uhr in Cincinnati an. Es war bitterkalt und nebelig. Mit meiner alten Lederaktentasche stapfte ich über das Flugfeld zum spärlich beleuchteten Flughafengebäude. Es war kein Mensch zu sehen.

Als ich bei dem Gebäude ankam, wartete Jim schon auf mich. Ich begrüßte ihn, und wir gingen in ein kleines Besprechungszimmer. »Das wird das schwierigste Gespräch meines Lebens«, sagte ich. Die Enttäuschung stand Jim ins Gesicht geschrieben.

»Ich habe mich für Jeff entschieden. Wenn Sie auf jemanden wütend sein müssen, dann auf mich. Hängen Sie mein Bild an die Wan und werfen Sie mit Dartpfeilen danach. Ich kann Ihnen nicht einm sagen, warum ich mich für Jeff entschieden habe. Ich bin einfach m nem Instinkt gefolgt. Es gab drei Goldmedaillengewinner, aber nur eine Goldmedaille.«

Jim scherzte, dass es in diesem Fall wohl keine Neuauszählung der Stimmen geben werde. Er spielte damit auf die chaotische Präsidentenwahl an, die gerade das ganze Land in Aufregung versetzte. Seine Reaktion war großartig.

Er sagte: »Ich möchte, dass Sie Folgendes wissen: Ich wollte den Job, aber ich respektiere Ihre Entscheidung. Das Auswahlverfahren war sehr fair, weil Sie die Karten auf den Tisch legten und jedem von uns die gleichen Chancen gaben.«

Wir unterhielten uns noch über eine halbe Stunde und sprachen über das Leben, seinen Vater und seine 18 Jahre bei GE. Ich sagte Jim, dass er sich seit unserer ersten Begegnung im Jahr 1982 enorm entwickelt habe. Greg Liemandt, einer meiner Kollegen in Pittsfield, hatte ihn von McKinsey abgeworben. Seit damals hatte er in jedem seiner Jobs bei GE Großartiges geleistet und sich zum Schluss mit den Veränderungen im Bereich Flugzeugtriebwerke selbst übertroffen.

»In den letzten beiden Jahren waren Sie am besten, und Sie werden jeden Tag besser. Wohin Sie auch gehen, Sie werden einen großartigen Unternehmensleiter abgeben.«

Ich ging zurück zum Flugzeug und warf die Pläne der Crew erneut über den Haufen. »Wir fliegen nicht nach Westchester, sondern nach Albany.« Um neun Uhr abends landeten wir auf dem Flughafen von Albany. Es war immer noch feucht und kalt. Wegen des starken Rückenwinds kamen wir zehn Minuten früher an, und Bob war noch nicht da.

Ich war froh über diesen kurzen Aufschub. Ihm die schlechte Nachricht zu überbringen, würde mir besonders schwer fallen. Ich hatte hn schon Ende der 70er Jahre kennen gelernt, einige Jahre früher als ie beiden anderen Kandidaten. Er war damals Werksleiter bei GE. ein Vater hatte ebenso wie Jeffs Vater sein ganzes Leben für GE gebeitet.

m Jahr 1988 verließ Bob GE und wechselte zu Case Corp. Er gete zu den wenigen Führungskräften, die ich auf keinen Fall gehen en wollte. Ich konnte ihn zwar damals nicht zum Bleiben überredoch drei Jahre später kehrte er zu uns zurück. Seit damals verund bewunderte ich seine Leistungen im operativen Bereich. Ergebnisse waren die besten, die ich in meinen 40 Jahren bei sehen hatte. Vermutlich waren es sogar die besten, die ein Gebereich in der Geschichte von GE erzielte.

Bob kam pünktlich, und wir setzten uns auf eine Couch in einer Ecke der großen, menschenleeren Wartehalle. Als ich ihm die Entscheidung mitteilte, war seine Enttäuschung nicht zu übersehen.

»Was hätte ich noch tun müssen?«, fragte er. »Bob, Sie haben mehr getan, als ich je erwartet hätte. Sie haben hervorragende Arbeit geleistet. Alle mögen und schätzen Sie, und Sie werden ein großartiger Unternehmensleiter sein. Ich kann Ihre Frage nicht beantworten. Sie haben alles getan, was von Ihnen erwartet wurde, und noch viel mehr. Ich habe einfach das Gefühl, dass Jeff der Richtige ist, um dieses Unternehmen in die Zukunft zu führen. Es gibt nur einen Schuldigen, und der bin ich.«

Wir führten ein langes Gespräch. Er wollte ganz genau wissen, was den Ausschlag gegeben hatte, und war mit meinen Antworten offensichtlich nicht zufrieden. Seine glänzenden Betriebsergebnisse machten es schwer für ihn, die Entscheidung zu akzeptieren. Ich versuchte erneut, seine Enttäuschung zu mildern.

»Bob, Sie werden ein erstklassiger Unternehmensleiter sein. Jedes Unternehmen kann sich glücklich schätzen, einen Leiter wie Sie zu bekommen.« Wir gaben uns die Hand und umarmten uns.

Als ich wieder im Flugzeug saß, bestellte ich einen doppelten Wodka mit Eis. Auf dem Rückweg nach Westchester starrte ich aus dem Fenster in die Nacht und nippte an meinem Drink. Einerseits war ich erleichtert, dass es vorbei war. Ich freute mich für Jeff und war überzeugt, dass wir den besten Kandidaten ausgewählt hatten. Andererseits tat es mir schrecklich Leid, dass ich zwei Freunde enttäuschen musste, die so viel für das Unternehmen getan hatten. Ich schwor mir, alles für sie zu tun, was in meiner Macht stand.

Die Pressekonferenz am Montag war ein voller Erfolg. Jeff schlug sich großartig. Unser einziger Fehler war, unsere Kleidung vorher nicht abzusprechen. Wir tauchten beide mit hellblauem Hemd und dunkelblauem Blazer auf. Die Journalisten amüsierten sich köstlich über unseren Partnerlook.

In den folgenden Tagen sprach ich mit zwei Freunden, Gerry Roche von Heidrick & Struggles und Tom Neff von Spencer Stuart, über die Jobs, die Bob und Jim im Auge hatten.

Innerhalb von zehn Tagen wurde Jim zum Geschäftsführer von 3M und Bob zum Geschäftsführer von Home Depot ernannt. Einer unserer Direktoren, Ken Langone, spielte bei Bobs Ernennung eine wichtige Rolle. Er war der Gründer und ein Großaktionär von Home Depot und konnte es gar nicht erwarten, Bob die Leitung des Unternehmens zu übertragen.

Bei unserer jährlichen Weihnachtsfeier zeigte sich deutlich, auf welchen Werten General Electric beruht. Jim und Bob kamen mit ihren Frauen, um mit Reg, Jeff und mir zu feiern. Als ich die beiden in meiner Rede erwähnte, erhielten sie von unseren Direktoren und Führungskräften stehende Ovationen. Niemand klatschte lauter als ich.

Ein paar Wochen später in Boca Raton platzte ich fast vor Stolz. Ich hatte mich sehr auf Jeffs erste Präsentation als designierter Chairman gefreut, doch der neue amerikanische Präsident George Bush bat einige Unternehmensleiter, zu denen auch ich zählte, zu einer Besprechung nach Austin. Also hielt ich in Boca nur eine kurze Eröffnungsrede und verließ unsere Bereichsleitertagung zum ersten Mal seit 33 Jahren vorzeitig.

Dies erwies sich als Glücksfall, weil Jeff sich in meiner Abwesenheit viel unbefangener fühlte und sich überzeugend als neuer Leiter von GE präsentieren konnte. Als ich am Abend aus Austin zurückkehrte, wartete in meinem Hotelzimmer die Videoaufzeichnung seiner Präsentation auf mich.

Es war eine Freude zu sehen, wie souverän er das Kommando über General Electric übernahm. Jeff war geistreich, intelligent, visionär und strahlte unglaublich viel Stärke aus. Er war tatsächlich der Leiter dieses Unternehmens!

In meiner Abschlussrede in Boca sagte ich, dass ich Jeffs Präsentation auf Video gesehen habe und so stolz auf ihn sei wie ein Vater, der seinen ersten Sohn bekommt. Seine großartige Rede erinnerte mich an einen der glücklichsten Momente in meinem Leben: Als ich vor 39 Jahren mit einer Schachtel Pralinen unter dem Arm in das Labor auf der Pittsfield Avenue kam, um mit meinen Kollegen die Geburt meines ersten Kindes Katherine zu feiern.

Ich glaube, ich war an diesem Tag in Boca ebenso stolz auf Jeff wie sein Vater, der 38 Jahre bei GE gearbeitet hatte.

Ich war sicher: Der »neue Mann« war auch »der richtige Mann«.

Nachwort

Vor fast 20 Jahren stand ich im Hotel Pierre in New York vor den Wall-Street-Analysten und beschrieb ihnen meine Vision für das General Electric der Zukunft. So hoch meine Erwartungen damals sein mochten: Was das Unternehmen und seine Menschen seitdem tatsächlich erreicht haben, hätte ich mir damals nie erträumt.

Wir zerschlugen eine riesige Bürokratie. Wir bauten ein Weltklasseunternehmen auf, dessen herausragende Leistungen in aller Welt Anerkennung finden. Ich glaube behaupten zu dürfen, dass das Unternehmen, das ich zurücklasse, eine wirkliche Meritokratie ist, in der die Leistung über den Aufstieg entscheidet. In diesem Unternehmen arbeiten engagierte, begeisterungsfähige und integre Menschen, die zu ihren Werten stehen.

Dieses Unternehmen lebt für große Ideen. Seine Mitarbeiter kommen tatsächlich jeden Morgen mit dem Wunsch zur Arbeit, »einen besseren Weg zu finden«.

Es war eine schöne Reise. Allerdings machen die Veränderungen in diesen 20 Jahren lediglich einen kleinen Teil der Entwicklung des Unternehmens aus. Wir bauten auf einem 100 Jahre alten Fundament auf. Ich weiß nicht, was in den kommenden 20 Jahren aus diesem Unternehmen werden kann. Doch ich weiß, dass es von einem herausragenden Team in die Zukunft geführt wird.

In den ersten zehn Jahren ähnelte die Reise teilweise einem Kreuzzug. Mit unseren Neuerungen waren wir unserer Zeit voraus, und wir mussten harte Kritik einstecken. Doch wir ertrugen sie in dem Bewusstsein, dass es keine eingeschränkte Revolution geben kann.

Die eingeschränkte Umgestaltung eines Unternehmens ist ebenso wenig möglich.

Obwohl mir ein ganz anderer Ruf vorauseilte, war ich oft zu vorsichtig. Ich wartete zu lange mit der Trennung von Managern, die nicht bereit oder willens waren, sich der Wirklichkeit zu stellen. Ich zögerte bei einigen Akquisitionen, reagierte spät auf das Internet und schreckte davor zurück, all die Rituale und Traditionen unserer alten Bürokratie zu beseitigen.

Ich hätte fast alles schneller tun können und sollen.

Trotz alledem hat sich GE in ein Unternehmen verwandelt, das den Wandel begrüßt, die Vorteile seiner Größe nutzt, um größere Risiken einzugehen, und sich auf seine Kunden statt auf sich selbst konzentriert. Ich bin seit jeher der Überzeugung, dass ein Unternehmen, dessen innerer Wandel nicht mit der Veränderung der Außenwelt Schritt hält, zum Scheitern verurteilt ist.

Die einzige Frage bei solchen Unternehmen lautet, wann sie vom unvermeidlichen Ende ereilt werden.

Üblicherweise neigen 100 Jahre alte Unternehmen nicht dazu, Veränderungen zu begrüßen. Doch das General Electric, das ich verlasse, liebt die Veränderung. In unserem Bemühen, unablässig zu lernen und uns neue Ideen anzueignen, stützen wir uns auf ein Betriebssystem, das es unterschiedlichen Geschäftsbereichen ermöglicht, einander gegenseitig zu befruchten und dadurch rascher zu wachsen und bessere Leistungen zu erbringen.

Es waren keine großartigen Strategien, sondern großartige Menschen, die unserer Revolution zum Erfolg verhalfen. Wir verbrachten außerordentlich viel Zeit damit, die besten Mitarbeiter anzuwerben, auszubilden, zu fördern und zu belohnen. Hätten wir nicht die besten Leute gehabt, die sich um stetige Verbesserung bemühten, so wäre der Erfolg unseres Vorhabens begrenzt gewesen.

Zu den folgerichtigen Ergebnissen des stetigen Bemühens um Verbesserung zählt die Globalisierung. Wir haben die Welt nach den besten Produkten und den talentiertesten Menschen abgesucht. Ein perfektes Beispiel für den Erfolg dieser Bemühungen ist unser neues Radiologiesystem Proteus. Dieses System, das mittlerweile in Peking hergestellt wird, ist das Ergebnis einer interkontinentalen Lieferkette, die uns für jedes seiner 719 Bauteile die beste Qualität und die niedrigsten Kosten sichert. Die Komponenten werden in den Vereinigten Staaten, Kanada, Mexiko, Nordafrika, Korea, Taiwan und mehreren west- und osteuropäischen Ländern hergestellt. Der Generator für das Gerät kommt aus Indien, das Aufhängungssystem aus Mexiko und die Bildröhre aus den Vereinigten Staaten. Montiert werden diese und viele andere Bauteile in einem Werk in Peking.

Und zusammengehalten werden alle Teile von Six Sigma.

Von Büchern wie diesen wird erwartet, dass sie mit Vorhersagen enden ...

Mir fällt es schwer, Vorhersagen anzustellen.

Zu der Zeit, als ich die Leitung von General Electric übernahm, wurde allgemein von drei »unvermeidlichen« Entwicklungen ausgegangen: Das Erdöl kostete 35 Dollar pro Fass und würde bald 100 Dollar kosten – sofern man überhaupt welches bekommen würde. Das japanische Produktionsmonster würde Amerika verschlingen. Und die Inflation, die damals bei 20 Prozent lag, würde unaufhörlich steigen.

So viel zu den Vorhersagen.

Allerdings gibt es offensichtlich Kräfte, die unsere Vorstellungen von der Gestalt der Märkte und Unternehmen sowie unser Konzept der Unternehmensführung verändern werden.

In China hat sich der kapitalistische Geist fast aus der Flasche befreit. Dieses Land wird im kommenden Jahrhundert gewaltigen Einfluss ausüben. Die chinesischen Unternehmer sehnen den Wandel herbei. Das chinesische Regime kontrolliert die Gesellschaft, lässt jedoch die Wirtschaft von der Leine.

Wenn Sie Diagramme zu den künftigen Marktanteilen zeichnen, sollten Sie Platz für die Chinesen lassen. In China gibt es Unternehmen, von denen Sie noch nie gehört haben, die im kommenden Jahrzehnt jedoch auf der Wettbewerbslandkarte auftauchen und Ihre Existenz bedrohen werden.

China ist viel mehr als ein Markt. Es verwandelt sich rasch in einen gewaltigen Konkurrenten.

Die wachsende wirtschaftliche Macht des Landes wird seine Beziehungen zu Europa, den Vereinigten Staaten und Japan belasten. Die Spannungen im Welthandel werden steigen. Ich weiß nicht, welche Form der Protektionismus annehmen wird, doch ich weiß, dass lang und erhitzt darüber diskutiert werden wird.

Eine zweite Anregung: Die Hierarchie gehört der Vergangenheit an. Das Unternehmen der Zukunft wird praktisch keine Managementschichten mehr haben und die Grenzen zwischen den Bereichen und

Funktionen aufheben. Es wird aus einer Reihe von Informationsnetzen bestehen, in denen mehr Elektronen und weniger Menschen die Prozesse steuern werden. Die Informationen werden durch die gesamte Organisation fließen. Die Führungskräfte werden keine Möglichkeit mehr haben, jene Informationen zu horten, die ihnen einst große Macht sicherten.

Den Großteil der Informationen, die ein Manager benötigen wird, um seine Aufgaben zu bewältigen, wird er in einem »digitalen Cockpit« auf einem Computerschirm finden. Der Computer wird alle benötigten Echtzeitdaten liefern und automatisch Warnsignale geben, wenn bestimmte Entwicklungen eine unverzügliche Reaktion des Managers erfordern.

Doch während mehr Information als je zuvor zur Verfügung stehen wird, wird es auch weiterhin vom menschlichen Urteilsvermögen abhängen, ob das Unternehmen gedeiht.

Wenige Monate vor meinem Ausscheiden bei GE ging ich eines Abends in New York in einen Laden in der Fifth Avenue, um mir einen neuen Pullover zu kaufen. Als der Verkäufer ins Lager ging, um meine Größe zu suchen, trat der Manager an mich heran. »Mr. Welch, kann ich kurz mit Ihnen sprechen?«

Er war ein junger Afroamerikaner, der mich am Vorabend in einem Fernsehinterview gesehen hatte. Meine Aussagen hatten ihm gefallen, doch er wollte mir noch eine Frage dazu stellen. Ich hatte in jenem Interview darauf hingewiesen, dass sich ein Unternehmen laufend der schlechtesten zehn Prozent seiner Mitarbeiter entledigen müsse.

Der Geschäftsführer zog mich in eine Ecke, wo uns niemand hören konnte, und erklärte mir, dass er 20 Verkäufer habe. »Muss ich wirklich zwei von ihnen auf die Straße setzen?« fragte er.

»Das werden Sie wahrscheinlich tun müssen, wenn Sie das beste Verkäuferteam auf der Fifth Avenue haben wollen.« Ich glaube, es war diesem Manager klar, dass es schwer, wirklich schwer ist, der Beste zu werden.

Es erfordert Selbstvertrauen, Mut und die Bereitschaft, sich Angriffen zu stellen.

Das Bündnis zwischen Bob Nardelli und Ken Langone bei Home Depot hat im Board von General Electric eine Vielzahl amüsanter Kommentare ausgelöst. Ken ist eine Legende. Er ist groß, laut, großzügig und intelligent. Er hält mit seiner Meinung nicht hinter dem Berg und ist ein idealer Direktor. Ich holte ihn im Jahr 1999 vor allem deshalb in unseren Board, weil er wirklich alle Welt kennt. Mit Ken wollte ich Jeff Immelt eine ebenso große Stütze zur Seite stellen, wie ich sie in Walter Wriston fand, der aller Welt erzählte, ich werde der beste Unternehmensleiter Amerikas werden.

Es hätte beinahe funktioniert. Doch einige Wochen, nachdem Bob zu Home Depot gegangen war, erfuhr ich, dass Ken in New York herumlief und überall erzählte, was für eine fantastische Arbeit Bob leiste. Ich rief Ken an.

»Sie haben mich erwischt«, sagte er lachend. »Von nun an wird es nicht mehr Bob, Bob, Bob, sondern Jeff, Jeff, Jeff heißen.«

Wenige Wochen später rief mich Patty Sellers an, eine Journalistin von *Fortune*. Sie wollte über eine andere Geschichte mit mir sprechen, erwähnte jedoch beiläufig, dass sie Ken Langone für einen Artikel über Home Depot interviewt habe. Ich fragte sie, was Ken über Jeff gesagt habe. Sie antwortete, er habe kein Wort über Jeff gesagt. Er habe sich lediglich sehr lobend über Bob geäußert. Nun hatte ich eine Zeugin. Ich rief Ken an und machte ihm die Hölle heiß.

»Sie Mistkerl«, scherzte ich. »Ich weiß, dass Sie immer noch ›Bob‹ sagen. Sie hatten mir das Versprechen gegeben, nur noch ›Jeff‹ zu sagen!«

Ich weiß, dass Ken mit gutem Grund gemischte Gefühle hat. Als Gründer von Home Depot und Direktor von GE sieht er zwei hervorragende Unternehmensleiter bei der Arbeit. Ich muss nur darauf aufpassen, dass er »ehrlich« bleibt.

Bevor ich GE im September 2001 verließ, hatte ich zahlreiche Gelegenheiten, mich zu verabschieden. Zu den denkwürdigsten Abschiedsfeiern zählte das letzte Treffen der 550 Spitzenmanager von GE in Boca Raton im Januar. Nachdem ich 33 Jahre lang – mehr als die Hälfte meines Lebens – an diesen Versammlungen teilgenommen hatte, würde dies die letzte sein.

Ich hatte im Jahr 1981 ein sehr gutes Unternehmen übernommen, das von einer großen Zahl von Menschen zu einem noch besseren Unternehmen gemacht worden war. Ich war davon überzeugt, dass mein Nachfolger ein großartiges Unternehmen übernehmen und zu einem noch großartigeren machen werde. Denn dies ist die Aufgabe des Chairman.

Ich wollte sichergehen, dass die Botschaft in meiner Abschiedsrede gut »rüberkäme«. Meine Gedanken hielt ich wie üblich auf einem Notizblock fest. Ich brauchte zwei Tage, um auszugestalten, was ich sagen wollte, denn ich wollte auf jeden Fall vermeiden, rührselig zu klingen.

Ich wollte allen Anwesenden klar machen, dass sich General Electric in den kommenden zwei Jahrzehnten mehr verändern musste als in den vergangenen 20 Jahren.

Was ich unseren Managern an jenem Morgen sagte, galt für jedes Unternehmen. Die Botschaft war einfach: Vergesst, was wir gemeinsam erreicht haben. Vergesst die Vergangenheit.

»In den vergangenen 20 Jahren haben wir gemeinsam viel verändert«, sagte ich. »Es war eine faszinierende Reise, von der mir schöne Erinnerungen und dauerhafte Freundschaften geblieben sind. Doch so viel wir auch miteinander erreicht haben mögen – vergessen Sie es. Mit den Zeitungen von heute wird der Fisch von morgen verpackt.

Nun beginnt ein ganz neues Spiel: Sie werden ungeahnte Veränderungen erleben, die sich mit einer unvorstellbaren Geschwindigkeit ereignen werden. Was für eine Freude für jene, die den Wandel lieben. Was für eine Bedrohung für jene, die ihn nicht begreifen.«

Abschließend sagte ich den Managern von GE, sie sollten das Unternehmen auf den Kopf stellen, durchschütteln. Die Rede wurde wohlwollend aufgenommen. Für mich und viele meiner langjährigen Freunde war es ein bewegendes Ende.

Bei den Treffen in Boca Raton ist es Brauch, dass Joyce Hergenhan, meine frühere PR-Leiterin, die heute den GE Fund leitet, am letzten Abend die Ergebnisse der Golf- und Tennisspiele bekannt gibt.

Es war ein windiger und kalter Tag gewesen. Einige Spieler hatten sich nach vier Löchern ins Klubhaus zurückgezogen, weil es ihnen auf dem Platz zu kalt war. Joyce verkündete mein Ergebnis und sagte: »Ich bin sicher, jeder Anwesende hat eine Lieblingsgeschichte über Jack Welch, doch da ich das Mikrofon habe, werden Sie sich meine anhören.« Ich dachte: Bitte keine weitere Abschiedsrede.

»Vor dreizehn Jahren«, sagte sie, »musste ich in New Haven ins Krankenhaus, um mich einer schwierigen Operation zu unterziehen. Am Tag nach dem Eingriff erhielt ich einen Anruf von Jack, der mir seinen Besuch ankündigte. Anstatt mich zu freuen, sagte ich ihm, ich wolle lieber keine Besucher empfangen, da meine Frisur völlig zerstört sei.

Seine Antwort war typisch: ›Ich kann es nicht glauben, Joyce. Ich komme, um dich aufzumuntern, nicht um zu dir ins Bett zu hüpfen!‹ Das sagt alles über Jack. Da lag ich und dachte an den Tod, doch ich machte mir Gedanken über meine Haare. Jacks Humor, seine Direktheit und seine Freundschaft holten mich rasch wieder in die Realität zurück.«

Die 550 Anwesenden brüllten vor Lachen, und mein Gesicht lief ein wenig rot an. Was sie sagte, traf es ziemlich gut. Ich glaube, nur der Leiter eines wirklich persönlichen Unternehmens – eines Eckladens – konnte so etwas zu einem Mitarbeiter sagen.

Als nächster ergriff Jeff Immelt das Wort. Die Kellner flitzten durch den Raum, um mit Champagner gefüllte Gläser zu verteilen. Jeff sagte an jenem Abend einige sehr nette Dinge über mich. Er sprach darüber, wie ich damals im Jahr 1981 im Pierre Hotel meinen Traum beschrieben hatte, ein Unternehmen aufzubauen, dessen Angehörige über ihre Grenzen hinausgehen könnten. Jeff sagte, er und alle anderen Anwesenden hätten in diesem Unternehmen Erfahrungen gemacht, die sie nie für möglich gehalten hätten.

Ich war sehr bewegt, insbesondere, als sich alle erhoben und applaudierten. Jeff bahnte sich durch das Labyrinth von Tischen seinen Weg bis zu mir und umarmte mich. Ich setzte mich wieder und hoffte, alle anderen würden dasselbe tun.

Sie taten es nicht. Schließlich sprang ich auf meinen Stuhl, hob mein Glas und sprach einen Toast. »Gemeinsam haben wir Dinge erreicht, die wir für unerreichbar hielten. Wir haben Orte aufgesucht, die zu sehen wir nie gehofft hatten. Wir haben Träume verwirklicht, die wir für unmöglich hielten. Ich hatte das Glück, all das dank Ihrer guten Arbeit zu erreichen. Ich danke Ihnen dafür.«

Es war ein wunderbarer Abend. Ich wünschte, meine Mutter hätte ihn mit mir erleben können.

Danksagung

Mein Leben lang hatte ich das Glück, Menschen an meiner Seite zu haben, die mich unterstützten, ermutigten und liebten. Sie erfüllten mein Leben mit Freude und halfen mir, mich zu entwickeln. Sie ließen mich oft besser aussehen als ich bin. Über einige von ihnen, zum Beispiel über meine Mutter, habe ich in diesem Buch bereits so viel erzählt, dass ich sie hier nicht mehr extra erwähnen muss. Es gibt jedoch viele andere, die in diesem Buch kaum oder gar nicht vorkommen. Dr. Jim Westwater, mein Doktorvater, ist einer von ihnen. Ohne diese Menschen hätte nie jemand von diesem Jack Welch gehört.

Ich fürchte, es ist nicht möglich, alle Menschen zu erwähnen, denen ich Dank schulde. Wenn ich also jemanden vergessen habe, der in meinem Leben eine Rolle gespielt hat, möge er mir verzeihen. Auch wenn mein Dank kurz ausfällt, ist meine Dankbarkeit unendlich groß.

Als Erstes muss ich meiner Frau Jane für ihre Geduld und Liebe danken. Sie ist meine beste Freundin und meine engste Vertraute. Jane war in der Zeit, als ich dieses Buch schrieb, mehr als verständnisvoll. Ich möchte mich auch bei meinen vier großartigen Kindern Kathy, John, Anne und Mark bedanken. Ich weiß, dass es nicht einfach ist, Jack Welch zum Vater zu haben. Sie haben mir diese Rolle jedoch immer leicht gemacht. Sie haben mir acht entzückende Enkelkinder geschenkt, die eine große Bereicherung für mein Leben darstellen und in Zukunft ein noch wichtigerer Teil davon sein werden.

Ich lernte schon sehr früh in meiner Laufbahn, wie wichtig eine gute Assistentin ist. Ich hatte vier: Eunice Hurley im Kunststoffbereich, Louise Koval in meiner Zeit als Gruppenleiter, Helga Keller in Fairfield und in meinen ersten sieben Jahren als Geschäftsführer und schließlich Rosanne Badowski. Ohne Rosanne hätte ich meine Arbeit in den letzten 13 Jahren oft nicht bewältigt. Sie war mir stets eine große Stütze. Rosannes Assistentin Sue Baye hat in den letzten 20 Jahren ebenfalls entscheidend dazu beigetragen, dass alles glatt lief.

Ich hatte viele gute Lehrer in meinem Leben, und ich habe versucht, sie alle in diesem Buch zu erwähnen. Es gab GE schon 100 Jahre, bevor Jack Welch auf den Plan trat. Den Menschen, die dieses Unternehmen aufgebaut haben, bin ich zu großem Dank verpflichtet: Fred Borch, der GE vor Reg Jones leitete und den Mut hatte, mich zum Vice President zu machen, und Jack McKitterick, sein Unternehmensstratege. Fred und Jack waren echte Abenteurer. Auch wenn nicht alle ihre Pläne aufgingen, leisteten sie Großartiges. Sie suchten stets nach neuen Möglichkeiten und liebten es, neue Weg zu beschreiten.

Es ist unmöglich, allen zu danken, die zum Aufstieg des Unternehmens beigetragen haben. Einige Namen tauchten in meinen ersten Jahren bei GE immer wieder auf. Die Bemühungen dieser Menschen waren von entscheidender Bedeutung für die Entwicklung des Unternehmens. Whit Ridgway forcierte die globale Expansion des Gasturbinenbereichs. Gerhard Neumann war in den Anfängen die treibende Kraft für den Bereich Düsentriebwerke. »Ticker« Klock erkannte das Potenzial von GE Capital. Sie und ihre Mitarbeiter schufen die Grundlage für unsere Arbeit.

Ich möchte allen Mitarbeitern in Selkirk danken, die mir in meiner ersten Managementposition zum Erfolg verhalfen, von Billy Mack bis Kevin Murray, die vom ersten Tag an dabei waren und über 30 Jahre blieben.

Ted LeVino kann ich gar nicht genug danken. Als ehemaliger Leiter des Personalwesens erkannte er, dass bei GE eine umfassende Veränderung notwendig war. Seine Unterstützung während des Rennens um Regs Nachfolge war entscheidend. Mit Frank Doyle, Jack Pfeiffer und Bill Conaty hatte ich stets hervorragende Partner im Personalbereich. Frank war mir in meinen ersten Jahren als Geschäftsführer, als unsere Umstrukturierung von vielen infrage gestellt wurde, eine besondere Hilfe.

Keiner von ihnen wurde in diesem Buch ausreichend erwähnt. Dasselbe gilt für Glen Hiner, der den Kunststoffbereich jahrelang erfolgreich leitete, und Gary Rogers, der die drei größten Geschäftsbereiche leitete: Energiesysteme, Haushaltsgeräte und Kunststoffe. Ich war begeistert, als Jeff Immelt Gary im Jahr 2001 als Vice Chairman in den Board holte.

Es gab noch viele andere herausragende Führungskräfte, die in den verschiedenen Geschäftsbereichen von GE ihre Spuren hinterließen. Dazu zählen unter anderem Dick Stonesifer und Larry Johnston im Bereich Haushaltsgeräte, Jack Urquhart im Bereich Energiesysteme, Jim Rogers bei den Motoren, Uwe Wascher im Kunststoffbereich und Carl Schlemmer im Transportbereich. Carl überzeugte uns, in Lokomotiven zu investieren, als nur wenige an diesen Geschäftsbereich glaubten. Heute setzen wir unsere besten Nachwuchskräfte im Transportbereich ein, weil sie dort wertvolle Erfahrungen sammeln können.

Die herausragenden Leistungen von Lloyd Trotter, dem Geschäftsführer des Industriebereichs, habe ich bereits erwähnt. Doch ich möchte ihm an dieser Stelle besonders dafür danken, dass er GE in so vieler Hinsicht zu einem besseren Unternehmen gemacht hat. Seine menschlichen Qualitäten machen ihn zu einem Vorbild für jeden Mitarbeiter von GE. Er gründete und leitete das African-American Forum von GE, wo Top-Manager des Unternehmens mit Mitarbeitern zusammentreffen, die Minderheiten angehören.

Im Lauf der Jahre arbeiteten viele exzellente Leute für General Electric, die enge und dauerhafte Beziehungen zu unseren Kunden aufbauten. Ihr Beitrag war in den Zeiten, als die Führung des Unternehmens wechselte, ganz besonders wertvoll. Zu ihnen gehören unter anderem Ed Bavaria und Chuck Chadwell (Flugzeugtriebwerke), Del Williamson (Energiesysteme), Jim DelMauro, Paul Mirabella und Tom Dunham (Medizinische Systeme), Dave Trucker (Transportbereich) und Charlie Crew, Omer Murphy und Herb Rammrath aus dem Kunststoffbereich.

Einige Mitglieder des Boards habe ich in meinen Memoiren bereits erwähnt, doch viele andere, die ich in diesem Buch bisher nicht angeführt habe, spielten ebenfalls eine wichtige Rolle. Meinen besonderen Dank möchte ich Sandy Warner aussprechen, der in jeder Sitzung für eine globale Perspektive sorgte, sowie Henry Henley, Charlie Dickey, Barbara Preiskel, Wayne Calloway, George Low, Bob Mercer, Jim Cash und einigen Partnern, die in den letzten Jahren hinzukamen, darunter Andrea Jung, Ann Fudge und Shelly Lazarus.

Von RCA bekamen wir nicht nur Gene Murphy, der später einer unserer Vice Chairmen wurde, sondern auch Rick Miller, der die Fernsehgeräteherstellung von GE und RCA erfolgreich zusammenführte, und John Rittenhouse, der diese Aufgabe in den Bereichen Raumfahrt und Verteidigung übernahm. Darüber hinaus bekamen wir drei exzellente Direktoren: Thornton »Brad« Bradshaw, den ehemaligen Leiter des Generalstabs General David Jones und den ehemaligen Justizminister William French Smith.

Ich möchte auch jenen drei Mitarbeitern danken, die unseren Pensionsfonds verwalteten und dazu beitrugen, den Lebensabend unserer Angestellten besser abzusichern: Ed Malone, Dale Frey, der die Aktivitäten wesentlich erweiterte, und der derzeitige Leiter John Myers. Ein Beispiel für die Kreativität, mit der Dale und John an ihre Aufgabe herangingen, ist ihre Investition in das Gebäude von Gulf & Western in New York, Central Park West 1. Sie übernahmen das Gebäude Mitte der 90er Jahre, als der Immobilienmarkt sehr unsicher war, gingen eine Partnerschaft mit Donald Trump ein und nutzten seinen Namen und sein Marketingtalent, um das Gebäude in eine der gewinnbringendsten Hotel- und Wohnanlagen von New York zu verwandeln.

Neben Peter Drucker gehörte auch Ram Charan zu den Menschen außerhalb des Unternehmens, die mir viele wertvolle Denkanstöße lieferten. Ich liebte es, mit Ram Ideen zu wälzen. Bei einer unserer Diskussionen über die Werte von GE und ihre Bedeutung prägte er den Begriff »soziale Architektur«.

Zu besonderem Dank bin ich Bill Lane verpflichtet, der jedes Jahr den Brief an die Aktionäre mit mir ausarbeitete und diese Aufgabe ebenso wichtig nahm wie ich.

Neben engen Geschäftsfreunden wie den Frescos, den Bossidys, den Wrights und den Puccinis konnte ich noch auf viele andere Freunde zählen, von denen mir zwei Paare besonders nahe stehen: Anthony LoFrisco und seine Frau Eleanor sowie Carl Warren und seine Frau Donna. Ich möchte ihnen allen für die vielen schönen Stunden danken, die wir im Lauf der Jahre miteinander verbracht haben.

Ich hatte das Glück, überall wo ich hinkam, großartige Golfpartner zu finden, mit denen ich fast jedes Wochenende den größten Spaß hatte. Im Berkshire Hills Country Club bildete ich mit Dave Dansereau, Pete Jones und John Kreiger ein unzertrennliches Viergespann. Im Country Club von Pittsfield spielte ich mit Sel Atherton, Ernie Sagaly und Jim O'Brien. Im Silver Spring Country Club waren es Carl

Warren, Ron Weber und Chuck Lokey. Und im Country Club von Fairfield zog ich mit Ocie Adams, Tom Graham, Bill Gray und Tom Kreitler über den Platz.

Mein Dank geht auch an Bill Hutton und seine Frau Joan. Mit seinen 94 Jahren geht Bill immer noch jeden Tag in sein Büro bei Prudential Securities. Er ist der Inbegriff des vollendeten Gentleman. Bill und Joan, die jahrelang Clubmeister in Sankaty Head waren, nahmen Jane unter ihre Fittiche, obwohl sie eine blutige Anfängerin war. Bill ruft noch heute an, um mir zu gratulieren, wenn unser Aktienkurs steigt.

Ich möchte Strat Sherman und Noel Tichy danken, die das erste Buch über mich geschrieben haben. Die Arbeit mit ihnen half mir, Ordnung in meine Ideen und Gedanken zu bringen. Noel spielte außerdem eine wichtige Rolle bei der Umstrukturierung von Crotonville.

Ein Buch zu schreiben, war eine völlig neue und wesentlich größere Herausforderung, als ich gedacht hatte. Zum Glück wurde ich von Mitarbeitern aus allen Bereichen unterstützt, wofür ich mich hiermit noch einmal bedanke. Jeff Immelt und Dennis Dammerman waren besonders hilfreich und lieferten mir wertvolle Anregungen und Einblicke für dieses Buch. Ich danke auch Bob Nelson, Brackett Denniston, Bill Conaty, Beth Comstock und Joyce Hergenhan, die einige Teile des Manuskripts bearbeiteten. Nicht zu vergessen Pam Wickham und Katie Varner, die die Recherche wichtiger Fakten und Zahlen übernahmen.

Mein besonderer Dank geht auch an Andy Lack von NBC, dem der Titel für dieses Buch einfiel. Unabhängig von Andy schlug mir Bob Woodward von der *Washington Post* etwas später denselben Titel vor. Da zwei erfolgreiche Journalisten zu demselben Ergebnis kamen, war die Sache für mich klar.

Ich hoffe, ich konnte in diesem Buch bereits zum Ausdruck bringen, wie unendlich dankbar ich Reg Jones für seine unermüdliche Unterstützung bin. Ich möchte ihm an dieser Stelle noch dafür danken, dass er meinem Co-Autor John Byrne in zwei ausführlichen Gesprächen Einblick in sein Leben gab und ihm meine Ernennung zum Geschäftsführer aus seiner Sicht schilderte.

Doch kein Mitarbeiter von GE investierte mehr Zeit und Arbeit in dieses Buch als meine Assistentin Rosanne. Sie opferte viele Wochenenden und Abende und trug entscheidend zur Qualität dieses Buches bei. Sie half mir, ungeschickte Formulierungen zu verbessern, steuerte zahlreiche Vorschläge bei und korrigierte etliche Fehler.

Einige Freunde aus meiner Kindheit, insbesondere Bill Cullen und George Ryan, halfen mir, die Erinnerung an unsere Jahre in Salem aufzufrischen. John Kreiger, ebenfalls ein alter Freund von mir, erinnerte mich an einige Geschehnisse in unserer gemeinsamen Zeit in Pittsfield. Auch bei meiner ersten Frau Carolyn möchte ich mich bedanken, die sich viel Zeit nahm, um John Byrne von unseren gemeinsamen Jahren zu erzählen.

Bernadine Healy, die Leiterin des Roten Kreuz, steuerte den Begriff »oberflächliche Geistesverwandtschaft« bei, der das Verhalten von Bürokraten so treffend beschreibt.

Es war Mark McCormack, der mich dazu überredete, meine Memoiren zu schreiben. Jahrelang besuchte er mich zweimal pro Jahr, bis ich schließlich einwilligte. Mark Reiter, mein Agent bei McCormack's IMG, half mir bei der Auswahl der Verlage in den USA und in vielen anderen Ländern.

Mein ganz besonderer Dank gilt natürlich meinem Co-Autor John Byrne. Wir verbrachten weit über 1000 Stunden miteinander, in denen wir jeden Satz, jedes Wort und jedes Komma durchgingen. Darüber hinaus führte John Interviews mit mehr als 50 Leuten, um mein Gedächtnis anzukurbeln. Mit seiner Gelassenheit und seinem ausgeglichenen Temperament gab er dem Team große Stabilität. Nach 15 bis 16 Stunden Arbeit, wenn wir anderen kurz vor dem Umfallen waren, setzte er sich wieder an den Computer und überarbeitete eine Stelle, mit der wir nicht zufrieden waren. Seine Genauigkeit und Ausdauer waren beeindruckend.

Das Team von Time Warner Trade Publishing war großartig. Die spontane Begeisterung, mit der der Verlagsleiter Larry Kirshbaum und der Cheflektor Rick Wolff auf das Projekt reagierten, war der Grund, warum wir uns für Warner entschieden. Wir haben es keine Sekunde bereut.

Larry erklärte das Buch zu seinem Lieblingsprojekt, das er praktisch rund um die Uhr betreute. Als wir wieder einmal bis spät in die Nacht arbeiteten, drehte ich mich zu Larry und sagte: »Jedes Mal, wenn ich dich ansehe, habe ich das Gefühl, dass ich gerade erst zur Welt gekommen bin und mich zum ersten Mal sehe.« Larry ist mir mit seiner Begeisterung richtig ans Herz gewachsen.

Auch Rick beschäftigte sich ständig mit dem Buch. Wir bezeichneten ihn als unseren »Aufsichtsbeamten«, weil er uns unaufhörlich drängte, unsere Abgabetermine einzuhalten. Da das nicht immer half, mussten Harvey-Jane Kowal und Bob Castillo, die für die Fertigstellung des Manuskripts zuständig waren, Wunder wirken, um das Buch rechtzeitig herauszubringen.

Wahrscheinlich habe ich etliche Leute nicht erwähnt, die dieses Buch erst möglich gemacht haben. Ich hoffe, sie wissen dennoch, wie dankbar ich ihnen bin.

ANHANG

Anhang A
Schnelles Wachstum in einer langsam wachsenden Wirtschaft*

Wohin gehen wir? Was wird aus General Electric werden? Welche Strategie verfolgen wir?

Dies wäre der geeignete Augenblick, um einen versiegelten Brief aus der Tasche zu ziehen, der die großartige Strategie enthielte, die General Electric im kommenden Jahrzehnt verfolgen soll. Doch es gibt keinen solchen Brief. Und ich werde nicht versuchen, die verschiedenen Initiativen von General Electric mit Gewalt in ein übergeordnetes Konzept zu zwängen. Diese Initiativen sind grundverschieden: Wir stellen 1,5 Milliarden Dollar für neue Kunststofffabriken bereit, übernehmen einen CAD/CAM-Lieferanten wie Calma, kaufen innerhalb von vier Monaten vier Softwarefirmen, investieren 300 Millionen Dollar für die Produktivitäts- und Kapazitätserhöhung in einem Lokomotivenwerk, errichten ein Mikroelektroniklaboratorium in unserem Forschungszentrum in Schenectady, investieren in ein Zentrum zur Erforschung von Mikroelektronikanwendungen in Raleigh/Durham und in ein neues Entwicklungszentrum für die Fabrikautomation in Charlottesville (Virginia).

Es hätte einfach keinen Sinn, die verschiedenen Initiativen und all die zahlreichen individuellen Geschäftspläne in eine allumfassende zentrale Strategie für das gesamte Unternehmen – in einen großen Plan – zu zwängen.

Was die vielen dezentralisierten Pläne und Initiativen dieses Unternehmens miteinander verknüpft, ist keine zentrale *Strategie*, sondern eine zentrale *Idee*: ein einfaches Kernkonzept, an dem sich General

* Vorgetragen vor Vertretern der Finanzwirtschaft in New York City, 8. Dezember 1981

Electric in den 80er Jahren bei der Umsetzung seiner vielfältigen Pläne und Strategien orientieren wird.

Auf der Suche nach einer Möglichkeit, Ihnen diese Ideen zu vermitteln, stießen wir auf einen Brief, den ein Planungsmanager von Bendix an den Herausgeber der Zeitschrift *Fortune* geschrieben hatte. Ich möchte diesen Brief zitieren, da er viel meiner eigenen Vorstellungen von der strategischen Planung sehr klar darlegt. Hier der Wortlaut dieses Briefes:

»Durch ihre exzellente Artikelreihe zur gegenwärtigen Praxis der strategischen Planung zieht sich ein roter Faden: die ewige Suche nach einem allgemein gültigen Zugang, der automatisch die richtigen Antworten gibt. Doch diese Suche führt stets in die Irre.

In seinem Werk *Vom Kriege* fasste Carl von Clausewitz das Problem zusammen. Der Mensch werde keine Formel für die strategische Planung finden. Die detaillierte Planung schlage zwangsläufig fehl, da unvermeidliche Friktionen auftauchten: zufällige Ereignisse, Fehler bei der Umsetzung und der unabhängige Wille der Gegenseite. Vielmehr müsse den menschlichen Elementen Vorrang eingeräumt werden: Führung, Moral und dem instinktiven Vermögen der besten Generäle.

Der preußische Generalstab unter dem älteren von Moltke setzte dieses Konzept in die Praxis um. Er erwartete nicht, dass der Schlachtplan die erste Berührung mit den feindlichen Kräften überdauern werde. Stattdessen steckten sich die preußischen Generäle lediglich die allgemeinsten Ziele und konzentrierten sich auf die Fähigkeit, unvorhergesehene Gelegenheiten zu ergreifen ... *Die Strategie bestand nicht in einem langfristigen Aktionsplan. Sie bestand in der Entwicklung einer zentralen Idee unter sich stetig ändernden Bedingungen.*

Wirtschaft und Krieg mögen unterschiedlichen Zielen dienen und verschiedenen Regeln gehorchen. Doch in beiden Sphären ist man mit dem unabhängigen Willen anderer Parteien konfrontiert. Ein vorgefertigtes Konzept eignet sich nicht für die Auseinandersetzung mit dem unabhängigen menschlichen Willen oder mit der Entfaltung der Situationen in der realen Welt.«

Ich möchte diese Vorstellung von einer Strategie, die nicht in einem »langfristigen Aktionsplan«, sondern »in der Entwicklung einer zentralen Idee unter sich stetig ändernden Bedingungen« besteht, auf die Führung der General Electric Company anwenden.

Die reale Welt in den 80er Jahren konfrontiert uns mit der Inflation, die offenkundig der große Feind ist. Die meisten Länder und Regierungen werden den Preisauftrieb mit Austeritätsprogrammen bekämpfen. Das Ergebnis – eine weltweite Drosselung des Wirtschaftswachstums, das geringer ausfallen wird als in den vergangenen drei Jahrzehnten – muss die Grundlage für unsere Planungen für die 80er Jahre darstellen.

Wenn die Unternehmen unter diesen Bedingungen des gedrosselten Wachstums um ihren Anteil an den schrumpfenden Märkten kämpfen, wird der mittelmäßige Anbieter von Produkten und Dienstleistungen – das Unternehmen, das mit dem Strom schwimmt – keinen Platz mehr auf dem Markt haben. Unter diesen Bedingungen werden sich nur jene Unternehmen durchsetzen, die in der Lage sind, die wirklichen Wachstumsbranchen aufzuspüren und darin tätig zu werden, und die darauf beharren, in jeder Branche, in der sie sich engagieren, den ersten oder zweiten Rang zu erobern – sie müssen das schlankste oder zweitschlankste Unternehmen in der Branche sein, die niedrigsten oder zweitniedrigsten Kosten haben und weltweit hochwertige Güter und Dienstleistungen anbieten. Oder sie müssen einen klaren technologischen Vorsprung haben, einen klaren Vorteil in einer Marktnische.

Wenn General Electric in diesen Wachstumsbranchen tätig wird und dort den ersten oder zweiten Rang einnimmt, muss es sich die Frage stellen, wie schnell es wie groß werden kann. Wie viele Ressourcen – Menschen und Geld – können wir in diese Chance investieren, um zu gewährleisten, dass wir diese Führungsposition nutzen können?

Auf der anderen Seite müssen wir uns dort, wo wir nicht den ersten oder zweiten Rang einnehmen und keinen technologischen Vorsprung haben oder eine Chance zur Erlangung eines solchen Vorsprungs sehen, jene harte Frage stellen, die Peter Drucker formuliert hat: »Würden Sie heute in dieser Branche tätig werden, wenn Sie nicht bereits dort aktiv wären?« Und wenn die Antwort darauf nein war, müssen wir uns jene zweite schwierige Frage stellen: »Was werden Sie nun tun?«

Jene Unternehmensführungen und Unternehmen, die dies in den 80er Jahren nicht tun, die sich aus welchen Gründen auch immer – Tradition, Gefühl, eigene Managementschwächen – an Verlierer klammern, werden im Jahr 1990 vom Markt verschwunden sein. Man halte sich nur die Tatsache vor Augen, dass in der Expansionsphase zwischen 1945 und 1970 fast die Hälfte jener Unternehmen, die es unter die Fortune 500 gebracht hätten, vom Markt verschwand. Sie wurden übernommen, gingen zugrunde oder rutschten unbemerkt aufgrund mangelnden Wachstums aus der Liste.

Wir glauben, dass diese zentrale Idee – die Nummer Eins oder Zwei in jeder Branche zu werden – kein bloßes Ziel, sondern eine Erfordernis ist. Werden wir ihm gerecht, so werden wir am Ende dieses Jahrzehnts über eine weltweit einzigartige Kombination von Geschäften verfügen.

Rund um diese greifbare zentrale Idee werden wir die immateriellen zentralen Werte anordnen – vorrangige Themen, die dem Unternehmen zu einer zweiten Natur werden. Diese Werte tragen folgende Bezeichnungen: Realität, Qualität/Vorzüglichkeit und das menschliche Element.

Ich möchte versuchen, Ihnen zu erklären, was wir mit Realität meinen. Es ist nicht so einfach wie es klingen mag, ein Unternehmen oder eine Gruppe von Menschen dazu zu bringen, die Welt nicht so zu sehen, wie jene sie sich wünschen, sondern so, wie sie tatsächlich ist. Wir müssen jedem Mitglied dieses Unternehmens eine Einstellung vermitteln, die es den Menschen ermöglicht und sie ermutigt, die Dinge so zu sehen, wie sie sind, anstatt darin zu sehen, was sie sich zu sehen wünschen. Die Verbreitung dieser Vorstellung von der Realität im gesamten Unternehmen ist eine Voraussetzung für die Umsetzung unseres zentralen Konzepts, das heißt der Notwendigkeit, den ersten oder zweiten Rang in jedem unserer Tätigkeitsbereiche zu erlangen. Wenn wir von Qualität und Vorzüglichkeit sprechen, meinen wir die Schaffung einer Atmosphäre, in der jedes Mitglied des Unternehmens auf jedes unserer Produkte und jede unserer Dienstleistungen stolz sein kann. Das bedeutet, dass wir über unsere Grenzen hinauszugehen und in manchen Fällen besser zu werden versuchen, als wir je für möglich gehalten hätten. Ich sehe, dass dies täglich in fast allen Bereichen überall in diesem Unternehmen geschieht.

Die Frage der Vorzüglichkeit führt uns zu unserem dritten und letzten Wert, den ich nur als unser menschliches Element bezeichnen kann. Wir schaffen eine Umgebung, in der es die Menschen wagen könnten, Neues zu versuchen, eine Atmosphäre, in der es nur von den Grenzen ihrer Kreativität und ihrer Motivation abhängt, wie weit und wie rasch sie vorstoßen können.

Diese Werte – Realität, Qualität und das menschliche Element –, die man auch als weiche Werte bezeichnen könnte, werden es unserem Unternehmen ermöglichen, geistig offener, anpassungsfähiger und beweglicher zu werden als Unternehmen, die nur einen Bruchteil unseres Umfangs haben. Diese Werte werden es uns ermöglichen, unser gemeinsames Erbe und unsere gemeinsame Kultur zu bewahren, sie werden gleichzeitig jedoch auch jenen Managern Autonomie geben, die unsere in ihren Branchen führenden Geschäftsbereiche führen und aufbauen. Wir werden ihnen die Mittel zur Verfügung stellen, die sie benötigen, um es in einem Gefecht nach dem anderen direkt mit den Konkurrenten aufzunehmen, auf die sie stoßen. Wir werden ihnen alle finanziellen, technologischen und Managementmittel geben, die ein Unternehmen von unserer Größe bieten kann, ihnen jedoch zugleich die Freiheit und Flexibilität geben, die die Besitzer von Unternehmen ihrer Größe brauchen, um sich in den 80er Jahren durchzusetzen.

General Electric setzt sich aus unterschiedlichen Unternehmen zusammen, deren Tätigkeitsbereich vom Erdöl bis zur Hochtechnologie reichen. Die meisten auf einzelne Produktlinien beschränkten Unternehmen haben versucht, ihre Tätigkeitsfelder zu vergrößern, haben jedoch Schwierigkeiten, den richtigen Weg zu finden. Wir haben das Ziel bereits erreicht: Wir sind ein erforderliches, diversifiziertes, sehr rentables Industrie- und Finanzunternehmen. Gemessen an der Entwicklung des Bruttosozialprodukts und der Mitglieder der S&P 400 haben wir in den 70er Jahren überdurchschnittlich gut abgeschnitten. Wir besitzen das Engagement und das Potenzial, um in den 80er Jahren noch erfolgreicher zu werden. Wenn Sie einen Zusammenhang zwischen der Entwicklung von GE und jener des Bruttosozialprodukts herstellen möchten, so kann unser Unternehmen keinesfalls als Anhänger bezeichnet werden, der vom Sozialprodukt gezogen wird. Vielmehr ist General Electric das Zugpferd des Bruttsosozialprodukts.

Meine Vorhersage lautet, dass sie dieses Unternehmen ebenfalls in dieser Position sehen werden – und ich lade Sie ein, unsere Leistungen aufgrund der Fortschritte zu messen und zu bewerten, die wir auf dem von mir beschriebenen Weg machen.

Ich danke Ihnen für Ihre Aufmerksamkeit. Nun werden mir meine Mitarbeiter Ihre Fragen vorlegen.

Anhang B
Agenda für die Personalbeurteilungen der Session C für 2001

1. Führung
   - Prognose für entscheidende Geschäfts- und Organisationsfaktoren im nächsten Jahr und Diskussion erforderlicher Veränderungen in Organisation und Führung (*in Organigrammen Hervorhebung der Führungskräfte, die ihre Funktion weniger als zwei Jahre ausüben*).
   - Beurteilung der direkten Untergebenen. Anführung aller EMS aus dem e-EMS-System zwecks Diskussion der Leistungen/Eignung für Beförderungen.
   - Verwendung des Formats für die Relative Einstufung (20-70-10) aller Führungskräfte und Mitarbeiter.
   - Auflistung der besten Ersatzkandidaten für jede Position direkter Untergebener (*Angaben zur Six-Sigma-Erfahrung*).
   - Verwendung des »Balkendiagramms« zwecks Gehaltsdifferenzierung und des »Planungsdiagramms« zur Verdeutlichung der Dynamik von Einstellungen/Abgängen

2. E-Business – Digitalisierung
   - Geschäftsführer, Finanzleiter und Team überprüfen Digitalisierung der Entscheidungsunterstützung und Änderung des »Führungstags«.
   - Prüfung von Vision/Aktionen für die digitalisierte Organisation (*weniger Schichten, Umschichtung der Mittel für Durchführungs-/Abwicklungsbereich, neue Ideen*). Beispiele für eigenes »Führungscockpit«.

3. Qualität – Konzentration auf den Kunden
   - CEO/Qualitätsleiter diskutieren über Status/Vitalität der Six-Sigma-Organisation.
   - Zusammenfassung Six-Sigma-»DNA« der Beförderungen 2000 von MBB/BB-Positionen in betriebliche Funktionen mit besten/wirkungsvollsten Beispielen. Diskussion der zukünftigen MBB/BB-Pipeline.
   - Diskussion des Qualitätsschulungsprogramms und Beschreibung der Pläne zur Verwirklichung und Aufrechterhaltung von 100 Prozent Six-Sigma-Zertifizierung der Mitarbeiter.

4. Globalisierung
   - CEO/Beschaffung/Produktionsleiter analysieren Maßnahmen von Organisation/Führung zur globalen Beschleunigung wichtiger Beschaffungsinitiativen (*Intellekt, Technologie, Auktionen und so weiter*).
   - Analyse von Maßeinheiten und Struktur des globalen Geschäfts (*Teammessungen, globale oder regionale Dynamik, Lokalisierungspläne*).

5. Verkauf/Dienstleistungen – Technologie
   - CEO/Verkaufs-/Kundendienst-/Technologieleiter (*Kundendienst, Produkt*) diskutieren Leistungen und Effektivität des Führungsteams in Bezug auf Nutzung neuer Chancen.
   - Beschreibung von Prozessen und Ressourcen für die nahtlose Integration von Verkaufs- und Kundendienstteams zur Förderung des Wachstums.

6. Talente
   - Einstufung der Leistungen der Mitarbeiter des Bereichs (20-70-10) samt Beförderungseignung (*Format liegt bei*). In Bezug auf leistungsfähigste Schlüsselakteure Diskussion der Entwicklungspläne. In Bezug auf leistungsschwächste Mitarbeiter Vorschlag geplanter Lösung.
   - Verwendung des »Balkendiagramms« zur Verdeutlichung der Gehaltsdifferenzierung und des »Planungsdiagramms« zur Verdeutlichung der Dynamik von Einstellungen/Abgängen.

7. Diversität
   - Fortschritte 2000/Vorhaben 2001 (einschließlich Diversitätszahlen des Bereichs für die USA) für alle Bevölkerungen.
   - Überprüfung von Status und Resultaten des Mitarbeitermentoring sowie Plänen zur Erhöhung der Diversität im Bereich.
   - CEO/Leiter Affinitätsgruppen analysieren Spielpläne 2001 zur Entwicklung und Betreuung viel versprechender Mitarbeiter.

8. Pipelineentwicklung
   - Liste der Mitarbeiter mit hohem Potenzial und der bevorzugten Kandidaten.
   - Nominierungen für EDC/BMC/Führungskräftebewertungen (*einschließlich Name, Titel, Leistungseinstufung, Diversitätsstatus, Heimatland*).

9. Integration von Honeywell
   - Detaillierte Beschreibung der Organisationschancen und Schlüsseltalente.

10. Anhang
    - »Planungsdiagramm« zum Ersatz für Führungskräfte/Mitarbeiterbasis (*Name, Diversitätsstatus, Titel, »von/nach«*).
    - »Balkendiagramm« zum Ersatz (*Name, Einstufung, Diversitätsstatus, Titel*).

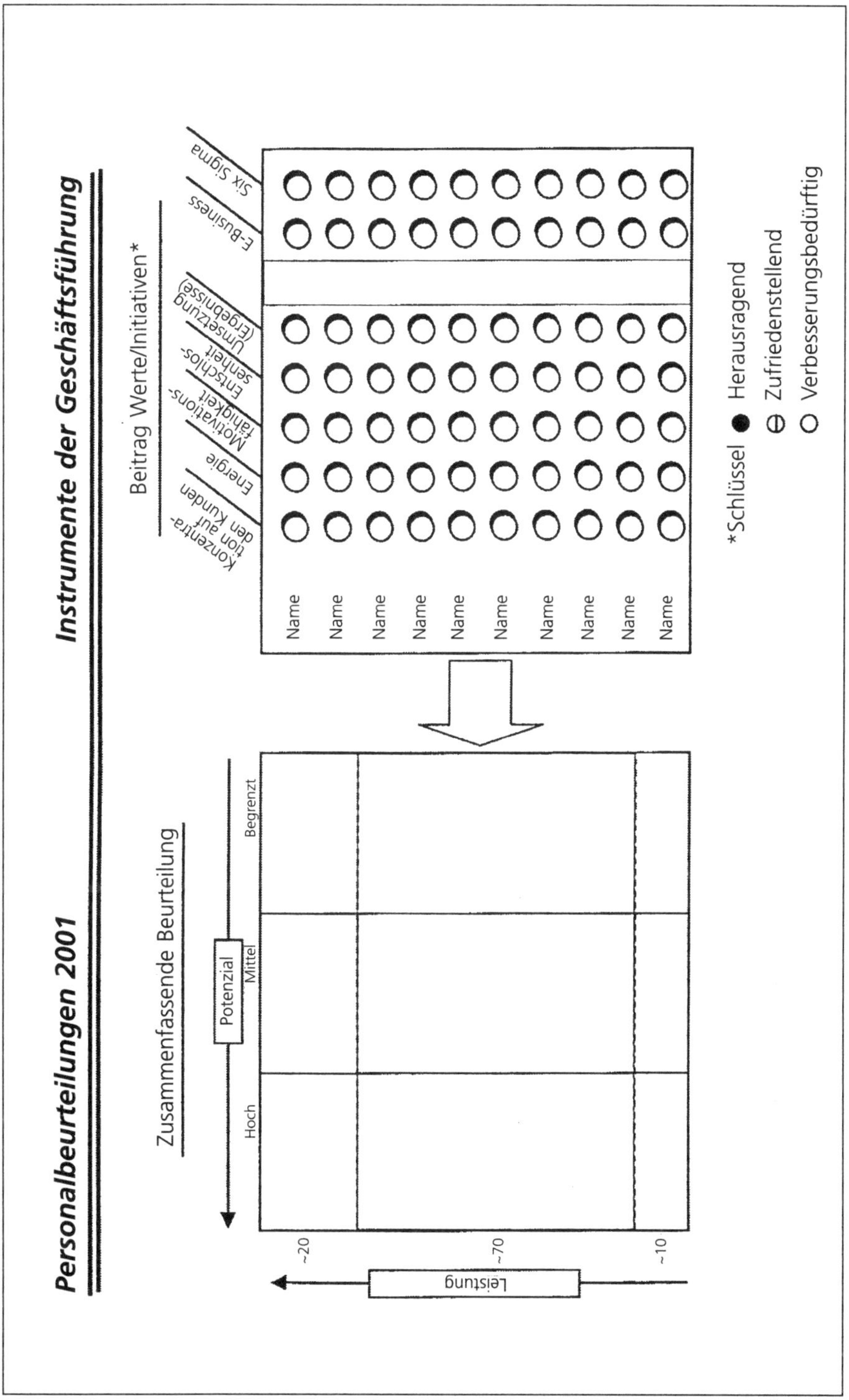
Personalbeurteilungen 2001
Instrumente der Geschäftsführung
Zusammenfassende Beurteilung
Potenzial
Hoch
Mittel
Begrenzt
Leistung
~20
~70
~10
Beitrag Werte/Initiativen*
Konzentra-
tion auf
den Kunden
Energie
Motivations-
fähigkeit
Entschlos-
senheit
Umsetzung
(Ergebnisse)
E-Business
Six Sigma
Name
Name
Name
Name
Name
Name
Name
Name
Name
Name
*Schlüssel
Herausragend
Zufriedenstellend
Verbesserungsbedürftig

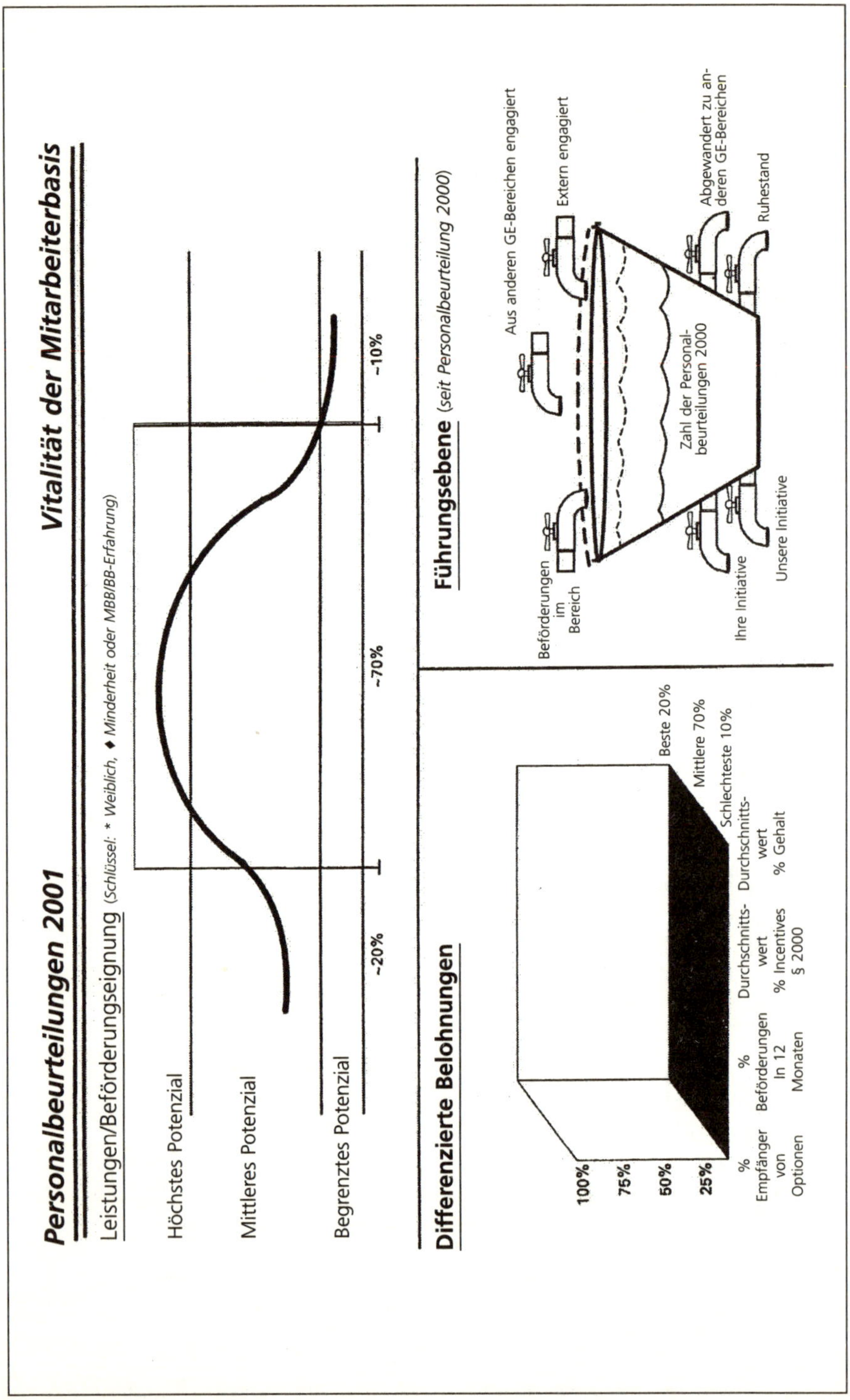
Personalbeurteilungen 2001
Vitalität der Mitarbeiterbasis
Leistungen/Beförderungseignung (Schlüssel: * Weiblich, ♦ Minderheit oder MBB/BB-Erfahrung)
Höchstes Potenzial
Mittleres Potenzial
Begrenztes Potenzial
~20%
~70%
~10%
Differenzierte Belohnungen
100%
75%
50%
25%
% Empfänger von Optionen
% Beförderungen In 12 Monaten
Durchschnitts-wert % Incentives $ 2000
Durchschnitts-wert % Gehalt
Beste 20%
Mittlere 70%
Schlechteste 10%
Führungsebene (seit Personalbeurteilung 2000)
Aus anderen GE-Bereichen engagiert
Extern engagiert
Beförderungen im Bereich
Zahl der Personal-beurteilungen 2000
Abgewandert zu anderen GE-Bereichen
Ruhestand
Ihre Initiative
Unsere Initiative

Anhang C

John F. Welch
Chairman of the Board

General Electric Company
3135 Easton Turnpike, Fairfield, CT 06431

2/19/01

Dear Jeff,

Congratulations on everything --- Your year at Medical, your selection as CEO of the best Company in the world and the wonderful start you have in this new role. I knew you were really good --- but you are even better than I could imagine.

Congratulations on the #________ --- it is just the beginning!

I look forward to cheering you on and will always be available when you feel it would be useful.

Nice going,

Jack

John F. Welch
Chairman of the Board

General Electric Company
3135 Easton Turnpike, Fairfield, CT 06431

Dear Jeff, 2/13/00

Congratulations on a sensational year. Your IC is $____ up 41% over last year reflecting this. Attached are my comments on last year.

For 2000, I think it is - - .

1.) More New products (DFSS)

2.) Better "operations" Cash, cost mgt. - - - Have to both grow & acquire - - - - and get prepared for a rainy day. We can tighten up and really execute in 2000

3.) Make the Global Product Company a way of life - - Another year should really do this.

Jeff, Congratulations. Jack

John F. Welch
Chairman of the Board

General Electric Company
3135 Easton Turnpike, Fairfield, CT 06431

2/8/99

Dear Jeff,

Congratulations on sensational year! Your IC is $ ____ up 42% reflecting this. My comments on last year's letter illustrate the wonderful results you had.

For '99.

1.) Integration is the name of the game. With Marquette, Elscint, and all the global service acquisitions this is the risk. If I were you, I would review progress on these formally at least once a month. Conclude [illegible]

2.) Digital x-ray can change the whole game -- but EGHG has to deliver as does the center. This game changer after Light speed can really open up the distance between ourselves & #2.

3.) I know you will make [illegible] a huge deal. This is bigger than Med Systems for GE.

Great job.

Wow! 2/29 will be Cap.

[illegible]

John F. Welch
Chairman of the Board

General Electric Company
3135 Easton Turnpike, Fairfield, CT 06431

2/8/99

Wonderful 4.) Your customer 6σ focus on order to first image can be the company role model. Lightspeed touched a few --- this can touch them all.

Yankee 5.) Ultrasound & Nuclear have gone from also-rans to real players. Be sure you use Session C to review their teams' capabilities --- Have the people matched the businesses growth?

Jeff, another great year. I like everything you are doing in every way. Call on me for anything. As I said last year, I want to help.

Best,

Jack

P.S. I'll be looking for your businesses' Internet ideas! -- New Distribution??

PPS. The "Global Product Company" is a huge deal - It will take enormous energy & decisiveness to make it happen.

John F. Welch
Chairman of the Board

General Electric Company
3135 Easton Turnpike, Fairfield, CT 06431

2/16/98

Dear Jeff –

What a great year! Congratulations and your '97 IC of $____ up 58% reflects my comments on the attached '97 letter.

As you look to '98 there are several things to focus on –

Appears to be going well. 1.) The ultrasound integration – We've never bought a Silicon Valley Co. and made it work. It must be nurtured by you personally & we can't lose external focus in the process.

You did it 2.) The initial tube success must be proliferated across full line.

Great! 3.) Europe must have another big Delta. We've had "fixes" before --- they just never lasted.

Lightspeed a huge hit! 4.) CT must have another sensational business oriented year.

Wonderful job! 5.) The focus on services must continue and more acquisitions found. Differentiated pricing models must be developed to stop overall erosion from core. A great opportunity

John F. Welch
Chairman of the Board

General Electric Company
3135 Easton Turnpike, Fairfield, CT 06431

2/16/98

Better

6.) I'd like to see us get L America and Mexico clarified organizationally as Mexico is a separate opportunity as is LA. They each need focus.

Will see

7.) The Euro and Yr 2000 represent a chance for Larry first and you to set Company role models. The Euro presents opportunities for Larry to show we can get margin out of this change.

'99 is the year!

8.) Apollo is a huge deal — both as a product and the GE image. Push Lonnie on this and stay on him. The Mammo competitors will be hyping this

Jeff – I loved the year you had and look for another spectacular one in 98. Your concise communication, willingness to learn & grow were very special. I am available to play any role you want — just call on anything.
Have a great year.

Jack

Anhang D

OMM2001

Operating Managers Meeting

Business Agenda

January 3-4, 2001
Operating Managers Meeting
Boca Raton, Florida

January 3, 2001 – Day I

7:30	Opening Remarks	*Jack Welch*
	Financial Report	*Keith Sherin*
	Honeywell Update	*Dennis Dammerman*
	Integrity	*Ben Heineman*
	NBC Update	*Bob Wright*
	Break	
	e-BUSINESS	
	Overview	*Jeff Immelt*
	Make	
	Driving Productivity Through Digitization	*Denis Nayden* *John Rice* *Joe Hogan* *Dave Calhoun*
	Break	
	Sell	
	Changing Industry Structure	*Larry Johnston*
	Growth Through Digitization	*Bill Meddaugh*
	Buy	
	e-Sourcing Best Practices	*Lloyd Trotter*
	e-Transactions	*Ted Torbeck*
	Integration of Make Buy, Sell	*Rick Smith*

January 4, 2001 – Day II

7:30	Overview	*Jeff Immelt*
	GLOBALIZATION	
	Global Best Practice Translations	*Gary Rogers*
	Sourcing Intellect Globally	*Scott Donnelly*
	Sourcing Services Globally	*Tiger VN Tyagarajan*
	Global Sourcing and Digitization	*Marc Onetto*
	Break	
	SIX SIGMA	
	Overview	*Piet van Abeelen*
	At the Customer	*David Joyce*
	Price Management Using Span	*Charlene Begley*
	Fulfillment Span	*Bill Driscoll*
	Break	
	SERVICES	
	The Installed Base Growth Opportunity	*George Oliver* *Ric Artigas* *Dennis Cooke* *Mike Neal*
	Stretch Break	
	Closing Remarks	*Jack Welch*

Register

»Jack Welch hat nicht nur klare und wirkungsvolle Führungskonzepte, er hat sie erfolgreich umgesetzt und kann sie wie kein Zweiter weitervermitteln.«

Dr. Daniel Vasella, Chairman & CEO, Novartis International

»Jack Welch kann allen Managern dieser Welt als Vorbild gelten. Er fordert eine hohe Arbeitsleistung von seinen Mitarbeitern, aber am meisten fordert er von sich selbst. Er redet nicht nur von *Customer feedback*, sondern setzt es selbst mit vorbildhafter Konsequenz und Schnelligkeit um.«

Jürgen Weber, Vorsitzender des Vorstands, Deutsche Lufthansa AG

»Jack Welch ist der Top-Manager des 20. Jahrhunderts, der Maßstäbe gesetzt hat. Mit seinen innovativen Managementtechniken ist es ihm gelungen, harte Restrukturierung und dynamisches Wachstum, Fokussierung auf Marktführerschaft und Führung im Konglomerat, Shareholder- und Stakeholder-Value unter einen Hut zu bringen. Er hat General Electric zu einem der meistbewunderten Unternehmen der Welt gemacht.«

Professor Roland Berger, Sprecher der Geschäftsführung, Roland Berger & Partner

»Jack Welch hat äußerst erfolgreich bewiesen, dass sich ein Weltkonzern mit der Energie und dem Geist eines jungen Wachstumsunternehmens führen lässt. Welchs Führungsstil ist direkt, offen und unbürokratisch. Mit einem umfassenden Talentmanagement und einem unerschütterlichen Glauben an die Kreativität der Mitarbeiter hat er das wertvollste Unternehmen der Welt geschaffen.«

Thomas Köhler, Sprecher der Geschäftsführung, Accenture Deutschland

»Nicht allein Jack Welchs einzigartiges wirtschaftliches Verständnis hat GE zu einem der weltweit profitabelsten Unternehmen gemacht. Sein Geheimnis ist die Kunst, Talente zu erkennen und zu Spitzenmanagern zu formen.«

Alfred Müller, Mitglied des Vorstands,
Ernst & Young Deutsche Allgemeine Treuhand AG

»Die Manager-Legende Jack Welch ist nicht nur einer der mächtigsten Wirtschaftsbosse Amerikas, sondern auch einer der besten Entrepreneure aller Zeiten. Sein Führungsstil, mit dem er General Electric zu einem der profitabelsten Mischkonzerne der Welt aufbaute, wurde von ganzen Managergenerationen übernommen.«

Antonio Schnieder, Vorsitzender der Geschäftsführung, Cap Gemini Ernst & Young Zentraleuropa

»Was Jack Welch gestern über morgen dachte, ist heute Realität. Deshalb ist er so erfolgreich. Beispiel Internet: Jack Welch erkannte früh, dass das Internet als bloße Beschaffungshilfe eingesetzt eine Vergeudung teurer Kapazitäten darstellt und begriff die Vernetzung der Computer als Chance für General Electric. So wachsen Unternehmen.«

Dr. Michael Träm, Partner/Sprecher der Geschäftsleitung, A.T. Kearney